LE TRAITÉ
Rustica
du
Jardin

LE TRAITÉ
Rustica
du
Jardin

Rustica
EDITIONS

Ont participé à cet ouvrage:

Les fleurs
Michel Beauvais

Les arbustes
Jérôme Goutier

Les pelouses
Denis Retournard

Les haies
Denis Retournard

Les scènes fleuries
Michel Beauvais

Les balcons et terrasses
Fabienne Abergel

Les fruits
Jean-Yves Prat

Les légumes
Gérard Meudec

Les plantes d'intérieur
Valérie Garnaud-d'Ersu

Le guide des techniques du jardinier
Michel Beauvais

Relecture
Catherine Cohen
Christiane Keukens
Rosenn Le Page

Conception graphique
Bleu T

Mise en pages
Société Tauros
et **Sebastian Mendoza / Rustica**

Couverture
Sebastian Mendoza

Dessins
Isabelle Arslanian

Comité de direction de l'ouvrage
Marcel Guedj, Bruno Vaesken

Réalisé avec la collaboration de
Carole Hardouin

Sommaire

Pour fleurir votre jardin 8

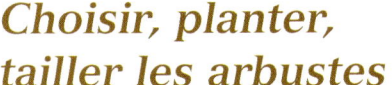

Choisir, planter, tailler les arbustes 162

$\mathcal{S}$ommaire

AVANT-PROPOS

En un seul livre, tout savoir sur le jardinage et le jardin !

Vous avez dans la main un cube noir de terreau et son plant d'impatiens ou de muflier, un sachet de graines rousses rebondics... La promesse de fleurs est liée à la justesse des gestes de plantation, à l'arrosage, aux soins apportés au bon moment à la jeune plante. Vous voulez réussir ! La saison passe vite et il serait dommage de ne pas profiter d'un jardin fleuri cet été.

Le Traité Rustica du jardin veut être le garant du succès, votre compagnon jardinier. Vous décidez de semer des fleurs, des légumes, planter un arbuste de haie, un arbre fruitier, vous vous lancez dans la taille, le greffage, le bouturage... Ce guide vous dit quand intervenir, comment faire. Il vous fait aussi rêver et vous propose des associations fleuries pour inventer des plates-bandes, massifs, balconnières et découvrir d'autres fleurs, d'autres plantes...

Chaque portrait sur une page, ou plus selon l'importance de la famille de végétaux, décrit la fleur, le légume, le fruit dans le détail. En un coup d'œil, vous vérifiez la couleur, la forme, l'époque de mise en place, de floraison, de récolte selon... Vous bénéficiez des conseils de culture toute l'année.

Pour chaque plante présentée, plusieurs centaines au total, *Le Traité Rustica du jardin* vous livre systématiquement les trucs à faire ou à savoir pour réussir sans écueils. Les gestes ou techniques les plus difficiles sont détaillés et expliqués par des dessins clairs et pratiques.

Le Traité Rustica du jardin jardine avec vous en 544 pages tout en couleurs. Et si vous vous posez des questions, la dernière partie de l'ouvrage y répond.

Que vous soyez lectrice, lecteur fidèle de la revue *Rustica*, amateur de jardinage ou débutant soucieux de fleurir son jardin et sa maison, ou de récolter des légumes et des fruits sains et naturels, vous trouverez dans *Le Traité Rustica du jardin* idées et solutions.

Bruno Vaesken
Directeur général de Rustica

Pour *Fleurir* votre jardin

Pour fleurir votre jardin

Si les végétaux ligneux, c'est-à-dire les arbres et les arbustes, constituent la structure du jardin, les vivaces, les bulbeuses et les annuelles représentent en quelque sorte son habillage.

Les vivaces

Les vivaces sont des plantes qui vivent plusieurs années, et qui ne donnent que des tiges herbacées. Dans leur majorité, elles présentent une partie aérienne caduque, qui disparaît sous l'effet des gelées ; elles ne survivent donc que par leur partie souterraine. Certaines ont un feuillage persistant (bergénia, pervenche). On multiplie les vivaces par division, bouturage ou par semis.

Les bulbeuses

Les bulbeuses vivent elles aussi plusieurs années. Elles se caractérisent par la présence d'un organe de réserve souterrain (bulbe, rhizome, tubercule). On distingue les bulbeuses rustiques (tulipe, crocus), qui supportent l'hiver, fleurissent au printemps et observent une période de repos en été ; on les laisse souvent en place, mais on peut aussi les arracher pour les replanter en automne. Les bulbeuses non rustiques (dahlia, glaïeul), sensibles au gel, sont plan-

Hémerocalle 'Yashmin'.

tées au printemps et arrachées en automne, pour être conservées à l'abri du froid pendant l'hiver. On multiplie les bulbeuses presque uniquement par division, par séparation des caïeux, c'est-à-dire des petits bulbes qui se forment à la base du bulbe adulte.

Les annuelles

Les annuelles ont évidemment une durée de vie courte, puisqu'on les sème en général au printemps, afin qu'elles fleurissent en été, avant de mourir en automne.

Les bisannuelles

Les plantes bisannuelles (myosotis, rose trémière) vivent sur deux années : on les sème en été, pour qu'elles commencent à se développer avant les froids. Elles observent une période de repos en hiver, puis fleurissent au printemps (ou en été), avant de donner leurs graines et de disparaître. On multiplie les annuelles et les bisannuelles par semis.

Vivaces ou annuelles

Ces divisions n'ont rien d'absolu. Beaucoup de plantes considérées comme annuelles sont des vivaces de régions chaudes que l'on cultive en annuelles sous nos climats. De même, certaines espèces bisannuelles sont traitées en annuelles, et des plantes qui se comportent en annuelles dans la nature peuvent être cultivées en bisannuelles. Par ailleurs, un même genre botanique compte souvent à la fois des espèces vivaces et annuelles. C'est le cas des soleils (genre *Helianthus*) qui regroupent quelques annuelles, tel le soleil des jardins (*Helianthus annuus*), et de nombreuses vivaces comme le très vigoureux *Helianthus salicifolius*.

Les annuelles et les bisannuelles sont avant tout des plantes à massif, et également à jardinière et à potée. À croissance rapide, elles donnent de nombreuses fleurs durant tout l'été, souvent même jusqu'en automne. C'est dans leurs rangs que l'on trouve les floraisons les plus longues – l'impatiens, la verveine, l'agératum et le bégonia annuel fleurissent pratiquement depuis le mois de mai jusqu'aux premières gelées.

Les vivaces ont un grand avantage puisqu'elles refleurissent fidèlement tous les ans. À l'heure actuelle, ce sont un peu les chouchous des jardiniers, dans ce que l'on appelle la mixed-border, c'est-à-dire un massif regroupant des plantes dont les floraisons se succèdent pratiquement d'un bout de l'année à l'autre.

Bulbeuses : faciles à cultiver

Les bulbeuses, ont pour elles d'être faciles à cultiver et de donner, en général, une belle floraison brillamment colorée. Celle des bulbeuses de printemps est spectaculaire, mais souvent un peu fugace, alors que celle des bulbeuses d'été se prolonge plusieurs semaines ou même plusieurs mois. On les utilise dans les massifs et les jardinières, mais aussi pour étoiler la pelouse de taches de couleur dès que l'hiver se termine, ou pour rehausser les parties sauvages du jardin.

Capucine 'Impératrice des Indes'.

Acanthe

Acanthus

Plante méditerranéenne remarquable par son feuillage, l'acanthe a été l'un des motifs préférés des architectes et des sculpteurs grecs, romains, byzantins et arabes.

- Plantation : printemps
- Floraison : été
- Exposition : soleil ou mi-ombre
- Sol : profond et bien drainé
- Utilisation : massif, jardin sauvage
  Hauteur : 0,80 à 1,50 m
  Vivace

L'acanthe (Acanthus mollis) *donne ses épis floraux spectaculaires, en été.*

Acanthus hungaricus
80 cm. Proche de *A. mollis*, à feuilles moins amples et plus découpées, fleurs marquées de pourpre en juin-juillet.

Acanthus mollis
1 à 1,50 m. Grandes feuilles persistantes à long pétiole, ovales, découpées et dentées, vert foncé et brillantes. Fleurs blanc rosé groupées en longs épis dressés sur une tige droite, de juin à août.

Acanthus spinosus
80 cm. Feuilles persistantes très découpées et épineuses, vert foncé et brillantes. Fleurs rose lilacé de mai à juillet.

Culture

L'acanthe aime les sols poreux et sablonneux, même secs et cailouteux, mais elle s'adapte bien en sol ordinaire. Elle préfère la mi-ombre en terre peu profonde.
Plante de région chaude, elle résiste bien en hiver dans la région parisienne, mais son feuillage est parfois détruit par les gelées. Dans les zones froides, protégez la souche par une litière de feuilles ou de paille après les premières gelées.
Achetez et plantez l'acanthe en avril-mai, dans une terre bien ameublie. Arrosez régulièrement jusqu'à la reprise.

Utilisation

Laissez l'acanthe se développer librement dans les jardins sauvages. Plantez-la aussi en isolé sur les pelouses et dans les massifs, mais contrôlez son développement. Les épis floraux sont superbes dans les bouquets.

Protection

Étalez une couche de paille au pied de la plante.

◆ **Le conseil du jardinier**
L'acanthe est facile à multiplier : prélevez les jeunes pousses qui apparaissent autour de la plante mère. Vous pouvez aussi la semer après avoir récolté les graines avant qu'elles ne soient projetées au loin par l'éclatement des capsules.

Achillée

Achillea

Plante de soleil, de chaleur et de terrain sec, l'achillée fleurit en été pendant très longtemps, et se distingue aussi par un feuillage fin, souvent argenté et aromatique.

- Plantation : automne ou printemps
- Floraison : été
- Exposition : soleil
- Sol : léger, sablonneux, plutôt sec
- Utilisation : massif, bouquet
  Hauteur : 0,40 à 1 m
  Vivace

Avec ses larges inflorescences, l'achillée (Achillea filipendulina) est plus belle en groupe.

Pour planter en terre lourde et argileuse, amendez en incorporant un mélange de terreau et de sable. Espacez de 30 à 50 cm. Rabattez la touffe après floraison. Pour multiplier, divisez les touffes en avril, ou semez de mai à août en pépinière.

Utilisation

Constituez des groupes d'au moins 3 plantes dans les massifs. Associez les achillées à d'autres vivaces de plein été, en particulier aux delphiniums, aux pavots, aux marguerites, et à des annuelles. Utilisez les espèces basses dans les rocailles.

Achillea filipendulina
80 cm à 1 m. Plante robuste à inflorescences aplaties, jaune d'or, feuillage fin, dense et aromatique.
– 'Coronation Gold', 80 cm, inflorescences jaune d'or, aplaties et larges, de juin à septembre. Feuillage fin et découpé, gris argenté, en touffe dressée.
– 'Gold Plate', 1 m, inflorescences jaune d'or, aplaties et très larges de juin à août. Feuillage découpé, vert.

Millefeuille *Achillea millefolium*
70 cm. Inflorescences aplaties, blanches, de juin à septembre. Feuillage léger et très divisé, vert.
– 'Cerise Queen', 50 cm, inflorescences rouge pourpré de juin à août. Feuillage très découpé en touffe lâche.

Bouton d'argent *Achillea ptarmica*
50 cm. Petites fleurs blanches, en bouquets, de juillet à septembre. Feuillage vert foncé.
– 'Boule-de-Neige', 50 cm, nombreux pompons blancs, fleurs doubles, en gros bouquets, de juillet à septembre. Feuillage fin, vert foncé.

Culture

Installez les achillées en plein soleil et dans un sol parfaitement drainé, surtout pour les espèces à feuillage duveteux.

Problème

L'achillée est surtout menacée par l'humidité du sol qui entraîne la pourriture de la souche.

Nettoyage

Coupez les hampes lorsque la floraison est terminée.

Alysse

Alyssum

La corbeille-d'or, vivace, est avant tout une plante de rocaille et de muret fleuri, très décorative aussi en bordure. L'alysse odorant est l'une des annuelles les plus faciles à cultiver.

- Semis : avril à juillet
- Floraison : juin à septembre ; avril-mai (corbeille-d'or)
- Exposition : soleil
- Sol : bien drainé
- Utilisation : rocaille, massif
  Hauteur : 10 à 20 cm
  Annuelle ou vivace

La corbeille-d'or (Alyssum saxatile) *se couvre de fleurs jaunes, au printemps.*

Alysse odorant *Alyssum maritimum* 10 à 20 cm. Annuelle. Petites fleurs blanches ou roses, agréablement parfumées, en bouquets denses, de juin à septembre. Petites feuilles étroites et allongées, vert cendré.
– 'Atoll', très tapissant ; race aux coloris pastel.
– 'Nuit d'Orient', très tapissant, rose pourpré.
– 'Rosy O'Day', rose clair, très parfumé.
– 'Tapis de Neige', blanc pur.
– 'Wonderland', rouge carmin foncé.

Corbeille-d'or *Alyssum saxatile* 20 cm. Vivace. Petites fleurs nombreuses, jaune d'or, en avril-mai, formant des bouquets denses. Feuilles ovales, vert grisâtre. Refleurit parfois en septembre.
– 'Plenum', à fleurs doubles.

Culture

Semez l'alysse odorant en pleine terre, sur un sol bien drainé. Après la levée, éclaircissez à 10-15 cm. La levée et la croissance sont très rapides.

La corbeille-d'or demande un sol sableux, poreux et plutôt sec. Elle pousse dans très peu de terre. Cette plante devient moins belle en vieillissant. Remplacez-la tous les 3-4 ans par des sujets issus de semis ou de boutures de tige prélevées en été.

Rouille blanche

Des pustules blanchâtres sur les feuilles de la corbeille-d'or sont un signe de rouille blanche. Éliminez les parties touchées et traitez à l'aide d'un fongicide spécifique contre la rouille (manèbe).

Utilisation

L'alysse odorant est idéal pour boucher les trous dans les plates-bandes et les massifs : il pousse rapidement, et on peut le semer tard. Utilisez-le aussi dans les dallages et les rocailles, comme la corbeille-d'or. Plantez cette dernière en haut d'un muret : au printemps, elle fera une grosse masse retombante jaune d'or.

Éclaircissage

Respectez un espacement de 10 à 15 cm entre les plantes.

▶ Le conseil du jardinier

Ayez toujours un paquet de graines d'alysse odorant afin de le semer dans les massifs et les plates bandes, partout où la terre est nue.

Ancolie

Aquilegia

Plante traditionnelle des jardins, l'ancolie est aussi une plante sauvage commune dans de nombreuses régions sur les talus, au bord des routes et dans les sous-bois clairs.

- Plantation : automne ou printemps
- Floraison : mai-août
- Exposition : mi-ombre ou soleil
- Sol : frais et bien drainé, plutôt calcaire
- Utilisation : massif, sous-bois, rocaille
  Hauteur : 0,40 à 1 m
  Vivace

Culture

Incorporez du terreau ou un bon compost de jardin, bien décomposé, à la plantation. Espacez les pieds de 30 à 40 cm.
Supprimez les fleurs fanées pour que la plante ne s'épuise pas. Rabattez sévèrement après la floraison. Arrosez régulièrement et binez autour du pied en été.
Multipliez par division des touffes après la floraison.

Utilisation

Constituez de larges groupes dans les sous-bois clairs, en compagnie de fougères, d'astilbes et de ligulaires. Plantez les grandes ancolies dans les massifs et installez les petites dans les rocailles fraîches. Jolies fleurs pour les bouquets.

Aquilegia formosa *ssp.* formosa.

La fleur de l'ancolie (Aquilegia chrysantha) *présente de longs éperons.*

Aquilegia chrysantha
'Yellow Queen'
80 cm. Fleurs jaune clair et jaune citron, à éperons très allongés. Feuillage ample, nettement bleuté.

Ancolie commune
Aquilegia vulgaris
1 m. Feuillage divisé en folioles ovales, vert bleuté, formant une belle touffe. Fleurs bleu violacé, à éperons, en mai-juin.

Aquilegia alpina
40 cm. Grandes fleurs bleu foncé à éperons courts en juillet, août. Feuillage très divisé et lobé. Demande un sol frais.

HYBRIDES
– 'Black and White', 60 cm, fleurs bleu très foncé à sépales blancs.
– 'Crimson Star', 50 cm, fleurs rouge et blanc, à éperons très allongés.
– 'Nora Barlow', 80 cm, fleurs doubles en jolis pompons hérissés, rose carmin et crème.

Rouille

La rouille entraîne l'apparition de petites pustules jaunes sous les feuilles. Effectuez des pulvérisations répétées de fongicide (manèbe) au printemps.

Anémone

Anemone

L'anémone ou « fleur du vent » doit son nom aux graines plumeuses que le vent emporte à de grandes distances. L'anémone prend des formes très diverses.

Les couleurs éclatantes de l'anémone de Caen égaient le jardin, au printemps.

■ Anémones des fleuristes

Anemone coronaria
35 cm. Fleurs en coupe aux coloris riches et vifs, parfois bicolores, à centre noir, en avril-mai. Feuilles très divisées.
Nombreuses variétés, en particulier l'anémone de Caen, à grandes fleurs très colorées.

Anémone Sylvie *Anemone nemorosa*
15 cm. Fleurs blanc pur, lavées de rose à l'extérieur, à centre jaune, en mars-avril. Feuilles découpées. Appelée aussi « anémone des bois ».
– 'Alboplena', à fleurs blanches, doubles.
– 'Robinsoniana', à fleurs bleu glycine.

Culture

Cultivez les anémones en sol léger et plutôt sec. Ces plantes demandent du soleil quand elles sont en pleine végétation, mais elles supportent de l'ombre plus tard dans la saison. Laissez-les en

Attention

Les anémones sont des plantes toxiques par toutes leurs parties. L'anémone Sylvie était jadis utilisée en frictions locales contre les rhumatismes et l'anémone du Japon contre certaines affections de la peau.

■ Anémones de rocaille

Anemone blanda
15 cm. Fleurs de 4 à 5 cm de diamètre, blanches ou bleues, à centre jaune, en mars. Feuilles divisées, vert foncé.

– 'Blue Shades', à fleurs bleues.
– 'Radar', à fleurs rose vif à centre blanc.
– 'White Splendour', à grandes fleurs blanc pur.

place en permanence ou arrachez les pattes quand le feuillage est fané, pour les conserver et les planter à l'automne.

Multipliez en divisant les pattes en automne.

Comment les planter ?

Plantez les pattes en septembre-octobre, à la rigueur en novembre : creusez un trou de 10 cm de profondeur et de 25 cm de diamètre. Rebouchez-le sur 5 cm avec de la terre enrichie de terreau et d'un peu de sable. Placez les pattes en les espaçant de 10 à 15 cm. Rebouchez, tassez légèrement à la main et arrosez. Une plantation au début du printemps est possible, mais la floraison est tardive.

Utilisation

Les anémones de rocaille sont avant tout des plantes de petits espaces, à installer en petits groupes d'au moins 5 ou 6 pattes. Mariez-les aussi à des bulbeuses fleurissant à la même époque : jacinthes des bois, scilles, muscaris et *Ipheion uniflorum*. Cultivez-les aussi en potées et dans les grandes jardinières d'une terrasse.

■ Anémone du Japon

Anemone hupehensis
0,60 à 1,20 m. Fleurs de 5 à 7 cm de diamètre, blanches ou roses à centre jaune, s'épanouissant d'août à octobre. Feuilles lobées et vert foncé, en touffe dense.

Astuce

Marquez l'emplacement des souches d'anémones tubéreuses avec un bâtonnet et une étiquette pour éviter d'endommager les pattes en travaillant le sol.

Anemone hupehensis
'September Charm'.

VARIÉTÉS ET HYBRIDES
– 'Couronne Virginale', 80 cm, grandes fleurs doubles, blanc pur.
– 'Honorine Jobert', 80 cm, fleurs simples, blanc pur.
– 'Praecox', 80 cm, fleurs simples, rose carminé.
– 'Prinz Heinrich', 80 cm, fleurs doubles, rose vif.
– 'Rubra Plena', 80 cm, fleurs doubles, rose carmin foncé.
– 'September Charm', 1 m, fleurs simples, rose satiné.

Culture

L'anémone du Japon aime les terres riches et bien drainées, sans trop d'humidité en hiver. Cultivez-la à mi-ombre ou au soleil, mais évitez l'ombre un peu dense car les fleurs s'inclinent fortement. Évitez aussi les fortes insolations.

Comment les planter ?

Achetez et plantez les anémones du japon en godets en automne dans les régions à hiver doux et en sol léger, ou au printemps. Incorporez du terreau du commerce ou du compost de jardin à la plantation. Espacez les pieds de 40 à 50 cm.

Utilisation

L'anémone du Japon est l'une des plus belles vivaces d'automne. Associez-la dans les massifs à des plantes qui fleurissent en même temps qu'elle : l'aster d'automne, la marguerite d'automne, *Lobelia cardinalis*, Sédum 'Herbstfreude'. Cultivez-la aussi dans les sous-bois clairs en compagnie de fougères, et au pied des arbustes à fleurs. C'est une très belle fleur pour les bouquets.

Humidité

Robustes, les anémones craignent surtout les sols trop humides. Elles sont parfois touchées par une maladie virale qui entraîne la décoloration du feuillage. Éliminez les sujets atteints.

Plantation

Plantez les pattes à 10 cm de profondeur, sur un mélange fertile et bien drainé.

Arrosage

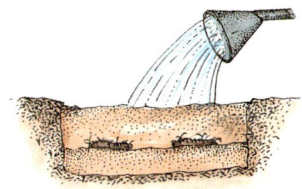

Arrosez après la plantation.

▶ *Le conseil du jardinier*

En terrain sec, l'anémone du Japon fleurit chichement. Arrosez-la généreusement durant tout l'été, et apportez un peu d'engrais bien équilibré. En automne ou au début du printemps, étalez une couche de terreau autour du pied.

Arabis

Arabis

C'est sur les murets de pierre sèche, où elle pousse dans les interstices, que l'arabis corbeille-d'argent révèle la beauté et l'éclat de sa floraison printanière.

■ Plantation : printemps ou automne
■ Floraison : mars à juin (selon les espèces)
■ Exposition : soleil
■ Sol : ordinaire, bien drainé
■ Utilisation : muret, rocaille, dallage
Hauteur : 10 à 15 cm
Vivace

La corbeille-d'argent double, 'Plena', est très lumineuse.

Culture

L'arabis aime les terres sèches et siliceuses et le plein soleil. Elle est capable de pousser dans très peu de terre et forme de belles touffes très étalées. Espacez les pieds de 40 cm pour la corbeille-d'argent et de 25 cm pour les espèces plus petites. Multipliez les espèces par semis, d'avril à juillet, en pépinière, et les variétés par boutures de tête.

Utilisation

Ce sont des plantes de rocailles et de lieux secs. Plantez-les dans les joints des murets de pierre sèche. Les espèces les plus tapissantes, surtout *Arabis ferdinandi-coburgii* 'Variegata', sont également très belles dans les dallages.
Mariez-les aux bulbeuses de printemps. Les tulipes et les scilles sont bien mises en valeur quand elles s'épanouissent au-dessus d'un tapis d'arabis.

Arabis blepharophylla
10 cm. Fleurs rose pourpré de février à avril. Feuilles charnues en petites rosettes. Préfère les sols pas trop secs.

Corbeille-d'argent *Arabis caucasica*
15 cm. Nombreuses petites fleurs blanches, en grappes terminales, de mars à mai. Feuillage argenté s'étalant en coussin.
– 'Plena', à fleurs doubles.
– 'Rosea', à fleurs rose carminé.

Arabis ferdinandi-coburgii
'Variegata'
10 cm. Fleurs blanches en avril-mai. Petites feuilles serrées et panachées de crème.

Rouille, mildiou

Cette plante est parfois touchée par la rouille (pustules blanches sur les feuilles) et par le mildiou (feuilles cloquées et tachées de jaune). Supprimez les parties touchées et pulvérisez des fongicides spécifiques.

Nettoyage

Rabattez la touffe à la cisaille après la floraison.

Arum d'Éthiopie

Zantedeschia aethiopica

Un peu frileux, l'arum d'Éthiopie survit cependant à l'hiver, sauf froid exceptionnel, sous le climat de la région parisienne.

Les grandes fleurs de l'arum d'Éthiopie aiment le voisinage de l'eau.

Dans les régions froides, cultivez l'arum en pot et rentrez-le dans un local non chauffé de novembre à mars. Multipliez en prélevant les rejets qui apparaissent en périphérie de la souche.

Utilisation

L'arum est superbe par ses grandes fleurs blanches à centre jaune, mais aussi par son feuillage ample et généreux. Cultivez-le dans les massifs ou même en isolé, ou encore dans un grand pot pour décorer une terrasse. Il est particulièrement à son aise en larges groupes, au bord des bassins et des ruisseaux. Ses fleurs, portées par une longue hampe, sont aussi belles et durables en bouquets. Associez-le aux grands épis colorés du kniphofia ou à ceux du delphinium, aux asters d'été et d'automne, à la primevère du Japon et aux Carex, graminées d'ornement aimant les sols frais.

Multiplication

Prélevez les rejets qui apparaissent en périphérie.

Arum d'Éthiopie
Zantedeschia aethiopica
Grandes fleurs blanches en forme de cornet (spathe) avec au centre un épi (spadice) jaune. Grandes feuilles vert foncé, en forme de pointe de flèche.
– 'Crowborough',
à grandes fleurs, très florifère.

Culture

Incorporez un mélange de terre et de tourbe à la plantation. Évitez surtout les terrains secs et pierreux. Plantez uniquement au printemps pour que la plante ait le temps de s'installer avant les froids. À l'approche des premières gelées, coupez les feuilles et recouvrez la souche d'une litière épaisse de feuilles mortes ou de paille.

Pourriture des racines
Le rhizome souterrain de l'arum d'Éthiopie est parfois atteint par la pourriture qui entraîne la mort de la plante. En prévention, évitez les sols à humidité stagnante.

Aster

Aster

L'aster a un défaut : il est sensible à l'oïdium qui souille le feuillage et compromet la floraison. Heureusement, certaines variétés se montrent résistantes.

- Plantation : printemps ou automne
- Floraison : juillet à octobre (selon les variétés)
- Exposition : soleil
- Sol : fertile et un peu frais
- Utilisation : massif, bouquets
  Hauteur : 0,30 à 1,5 m
  Vivace

L'aster d'automne (Aster novae-angliae 'Mme Loyau') est généreux et coloré.

■ Aster d'été

Aster d'été *Aster amellus*
60 cm. Grandes fleurs à pétales (ligules) étroits et à cœur jaune, de juillet à septembre. Feuilles lancéolées, rugueuses. S'étale par ses tiges souterraines ligneuses.
– 'Geneviève Lepage', rose carmin.
– 'Lac de Genève', bleu soutenu.
– 'Rudolf Goethe', bleu violacé.
– 'Veilchenkönigin', violet foncé.

■ Aster d'automne

Aster x dumosus
30 à 50 cm. Fleurs nombreuses, à cœur jaune. Feuilles très étroites.
– 'Alice Haslam', 40 cm, rose carminé.
– 'Jenny', 50 cm, fleurs doubles, rouge pourpré.

– 'Marjorie', 30 cm, rose pâle.
– 'Snowsprite', 50 cm, blanc pur.
– 'Victor', 30 cm, bleu malvacé pâle.

Aster novae-angliae
1 à 1,50 m. Fleurs à centre jaune, regroupées en grappes, en septembre-octobre, sur des tiges dressées non ramifiées. Feuilles oblongues. Plante vigoureuse, peu sensible à l'oïdium.
– 'Andenken an Alma Pötschke', 1 m, rouge rubis.
– 'Harrington's Pink', 1,40 m, rose saumoné.
– 'Herbstschnee', 1,20 m, blanc.
– 'Rosanna', 1,30 m, rose foncé.
– 'Septemberrubbin', 1,20 m, rose carminé.

Aster novi-belgii
0,60 à 1,40 m. Fleurs à centre jaune, en septembre-octobre sur des tiges ramifiées. Feuilles vertes, lancéolées et allongées. Aime les sols frais.
– 'Ada Ballard', 1 m, demi-double, bleu-mauve.
– 'Blue Radiance', 60 cm, pétales étroits, bleu clair.
– 'Crimson Brocade', 80 cm, violet clair.
– 'Eventide', 1 m, demi-double, violet foncé.
– 'Marie Ballard', 1 m, double, bleu soutenu.
– 'Patricia Ballard', 1 m, demi-double, rose foncé.
– 'White Ladies', 1 m, demi-double, bleu clair.

Aster ptarmicoides 'Major'
50 cm. Nombreuses petites fleurs blanches à cœur jaune, en gros bouquet léger, de juillet à septembre. Feuilles étroites.

Culture

Les asters ne sont pas très exigeants quant au sol, mais ils se montrent plus florifères et moins sensibles aux maladies en sol fertile et frais. Ils acceptent une terre calcaire.
Dans leur majorité, ils s'étalent d'eux-mêmes par de robustes tiges souterraines et deviennent parfois envahissants.
Fertilisez en étalant du compost de jardin bien décomposé sur la

'Harrington's Pink' se distingue par son coloris raffiné et subtil.

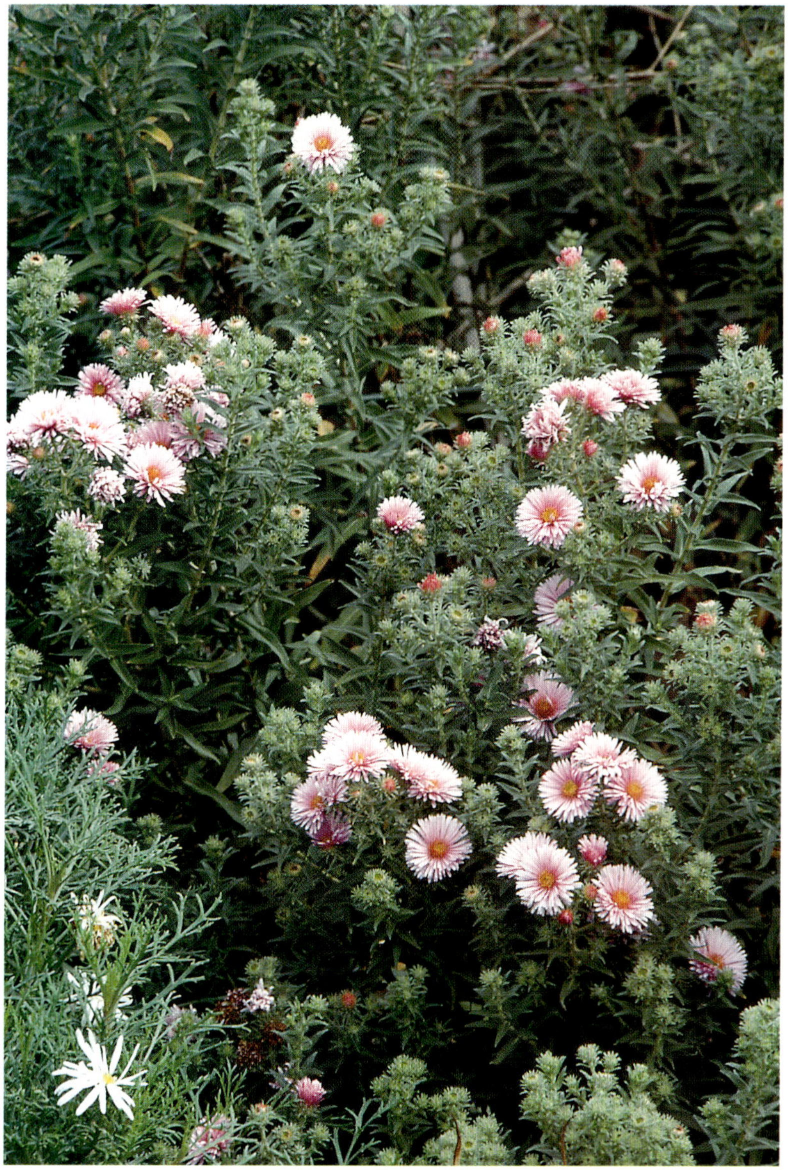

Oïdium

De nombreuses espèces et variétés sont touchées par l'oïdium qui se traduit par des efflorescences blanchâtres sur les feuilles ; la plante est affaiblie et la floraison souvent compromise. Cette maladie survient souvent quand l'été est frais et sec. En prévention, cultivez en sol fertile et assez frais. Arrosez régulièrement en été et divisez les souches tous les 3 ou 4 ans, afin de replanter les éclats dans un autre endroit du jardin. En cas d'attaque, effectuez des applications répétées d'un fongicide à base de soufre.

Division des souches

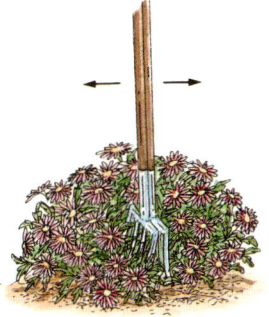

Utilisez 2 fourches-bêches pour faire éclater la souche.

souche à l'automne ou apportez de l'engrais complet au début de la végétation. Espacez de 30 à 40 cm l'aster d'été et l'aster nain d'automne, et de 50 à 60 cm les grands asters d'automne.
Multipliez les asters en prélevant les rejets qui apparaissent en périphérie de la touffe. Procédez à la division des touffes denses en faisant levier à l'aide de 2 fourches-bêches tous les 2 à 3 ans.

Utilisation

Dans les massifs, l'aster se marie facilement avec d'autres plantes de fin de saison : l'anémone du Japon, le rudbéckia, le solidago, le coréopsis, l'œnothère, le delphinium et le penstemon.
Les asters nains sont de jolies plantes de bordure qui méritent aussi d'être plantées en grande rocaille.

Le conseil du jardinier

Pour éviter l'envahissement par les asters, il suffit d'entourer leur souche par une barrière enterrée, par exemple une bande de matière plastique de 20 cm de hauteur, des tuiles ou des ardoises. Vous pouvez aussi les cultiver dans un conteneur en plastique enterré, dont vous aurez supprimé le fond.

Astilbe

Astilbe

La gracieuse astilbe avec ses plumets légers et colorés, préfère l'ombre ou la mi-ombre. Elle n'accepte le plein soleil que dans les sols franchement humides.

■ Plantation : printemps ou automne

■ Floraison : juin-juillet

■ Exposition : ombre ou mi-ombre

■ Sol : léger, acide et frais

■ Utilisation : massif, bordure, bouquets

Hauteur : 0,35 à 1,2 m

Vivace

L'astilbe offre ses gros épis aériens et gracieux, au début de l'été.

Astilbe x arendsii

0,40 à 1,40 m. Hybrides assez divers par leur aspect, à feuillage vert vif et épis floraux plumeux et gracieux, dressés et bien colorés, en juin-juillet.

– 'Anita Pfeiffer', 1 m, rose soutenu, puis rose clair.

– 'Bressingham Beauty', 1 m, rose saumoné.

– 'Else Schluck', 1 m, rouge vif.

– 'Gertrud Brix', 70 cm, rouge carminé.

– 'Hyacinth', 1 m, rose vif.

– 'Mont Blanc', 80 cm, blanc.

– 'Red Sentinel', 60 cm, très plumeux, rouge intense.

– 'Weisse Gloria', 70 cm, blanc crème.

Astilbe chinensis

0,30 à 1,20 m. Plante solide et vigoureuse, à long rhizome souterrain. Feuilles ovales vert franc. Inflorescences légères et généreuses sur des tiges un peu poilues. Elle supporte des terrains plus secs que les autres espèces.

– 'Pumila', 35 cm, à inflorescences rose lilacé sur des tiges rigides, en juillet-août. Naine et tapissante.

– 'Purpulanze', 1,20 m, à grosse touffe à épis floraux rose pourpré, en juillet-août.

– 'Superba', 1 m, touffe vigoureuse à épis rose carminé, en juillet-août.

Astilbe japonica

0,40 à 1 m. Feuillage vert vif, brillant. Floraison généreuse, souvent hâtive (dès le début juin).

– 'Gladstone', 50 cm, à fleurs blanches.

– 'Peach Blossom', 60 cm, rose tendre.

– 'Queen Alexandra', 1 m, rose carminé.

Astilbe simplicifolia

30 à 50 cm. Plante naine à feuillage le plus souvent pourpré. Floraison en larges plumets.

– 'Sprite', 30 cm, rose nacré clair, en juin.

Astilbe x thunbergii

1 à 1,20 m. Vigoureuse à grands épis gracieux un peu retombants.

– 'Straussenfeder', 1 m, grand épi rose saumoné soutenu, très plumeux, en juillet-août.

Cultivez côte à côte plusieurs variétés d'astilbe dans un massif ombragé.

Culture

Installez les astilbes dans un sol plutôt acide, assez léger. En sol ordinaire, effectuez un apport de terre de bruyère. Ces plantes aiment le bord des bassins et des cours d'eau, sous le couvert de grands arbres à feuillage caduc. Évitez-leur l'ombre dense et surtout le plein soleil, sauf en sol franchement humide. Fertilisez-les en leur apportant un peu d'engrais en cours de végétation. Supprimez les inflorescences fanées et rabattez-les en automne. Espacez-les de 40 cm environ.

Si le sol de votre jardin est un peu sec, cultivez les astilbes en situation ombragée et arrosez régulièrement. Cependant, pour éviter qu'elles ne subissent des coups de sécheresse, creusez un trou de 30 à 40 cm de profondeur, assez large pour au moins 3 ou 4 pieds, et tapissez le fond d'une bâche en plastique percée de 2 ou 3 trous. Remplissez d'un mélange de bonne terre de jardin et de terre de bruyère, plantez les astilbes et arrosez. La terre va ainsi rester humide.

Multipliez-les par division des touffes au printemps ou en automne.

Utilisation

Les astilbes sont souvent plantées en bordure des massifs de plantes de terre de bruyère, notamment en compagnie des rhododendrons (elles prennent la relève quand ces derniers ont terminé leur floraison). Associez-les aussi à d'autres plantes aimant la fraîcheur et l'ombre, en particulier aux ligulaires, aux digitales, aux hostas, aux fougères. Cultivez-les aussi pour les bouquets d'hiver (on les obtient alors par forçage) ou d'été.

Plantation en sol sec

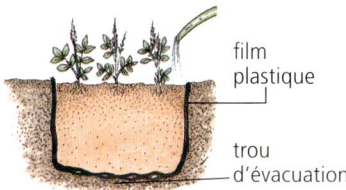

film plastique

trou d'évacuation

Créez une poche de terre de jardin additionnée de terre de bruyère à l'aide d'un film plastique, qui va retenir l'humidité.

▶ Le conseil du jardinier

Les astilbes se laissent facilement forcer et on les cultive souvent pour fleurir la maison en hiver. En novembre-décembre, quand il commence à geler, empotez-les dans un mélange de terre de bruyère et de terre de jardin. Enterrez les pots sous 10 cm de terre. Un mois après, rentrez les pots au fur et à mesure, d'abord dans une pièce fraîche, puis dans une pièce chauffée et à bonne luminosité. Arrosez abondamment.

Aubriète

Aubrieta deltoidea

L'aubriète, plante originaire des montagnes du sud de l'Europe, est particulièrement beau sur les murets de pierre sèche, en plein soleil.

- Plantation : printemps ou automne
- Floraison : avril-mai
- Exposition : soleil
- Sol : léger, bien drainé
- Utilisation : rocaille, bordure
  Hauteur : 10 à 25 cm
  Vivace

L'aubriète forme des coussins largement étalés de fleurs très colorées.

Aubrieta deltoidea
15 cm. Tiges grêles, couchées, qui s'enracinent rarement. Petites feuilles persistantes, souvent duveteuses et grisâtres. Fleurs nombreuses, à 4 pétales, roses ou bleues, en avril-mai. Très nombreuses variétés à fleurs simples, semi-doubles ou doubles.
– 'Alsace', semi-double, rose pâle à centre plus foncé.
– 'Blue King', à feuillage vert, fleurs bleu violacé clair à centre plus clair.
– 'Bressingham Pink', à feuillage grisâtre, fleurs semi-doubles rose soutenu.
– 'Dr Mules', fleurs violet pourpré.
– 'Jeanne Cayeux', grandes fleurs violettes à cœur clair.

– 'Ville d'Orléans', à feuillage vert foncé, fleurs rouge-magenta virant au violet-mauve.

Culture

L'aubriète aime les terres légères et sablonneuses, plutôt calcaires, et le plein soleil. Une fois installée, elle ne demande guère de soins. Toutefois, pour que les plantes restent compactes, rabattez-les sévèrement après la floraison, à l'aide de la cisaille.
Plantez les pieds au début du printemps en les espaçant de 30 cm. Multipliez-les par boutures de tête (de l'extrémité des tiges) en juin-juillet, ou semez en pépinière d'avril à juillet. Repiquez

avec précaution, car les racines sont très fragiles. Mettez en place au printemps.

Utilisation

L'aubriète est avant tout une plante de rocaille, de muret et de dallage.

Nettoyage

Rabattez après la floraison.

Multiplication

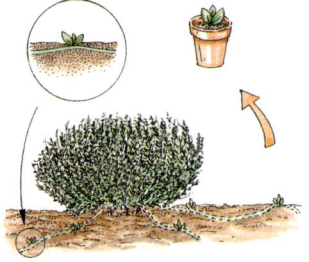

Marcottez l'aubriète en couchant les tiges.

◆ Le conseil du jardinier

La multiplication par marcottage permet d'obtenir de nombreuses plantes. Rabattez l'aubriète après la floraison et buttez-la avec un mélange de terre et de sable. Débuttez à l'automne et prélevez les pousses enracinées pour les repiquer en pépinière ou en godets.

Bergénia

Bergenia

Avec ses belles feuilles persistantes et brillantes, le bergénia est décoratif toute l'année et offre en outre une superbe floraison précoce et parfumée.

- Plantation : printemps ou automne
- Floraison : novembre à mai (selon les espèces)
- Exposition : soleil ou mi-ombre
- Sol : ordinaire, plutôt frais
- Utilisation : massif, bordure, rocaille
  Hauteur : 30 à 40 cm
  Vivace

Superbe par son feuillage, le bergénia (ici 'Beethoven') est remarquable, aussi, par ses fleurs.

Bergenia cordifolia
40 cm. Feuilles persistantes ovales, coriaces, brillantes, à bords ondulés. Floraison en épis dressés, sortant peu du feuillage, d'avril à mai.
– 'Purpurea', à fleurs rouges.

Bergenia crassifolia
40 cm. Feuilles coriaces ovales, vertes et légèrement pourprées en hiver. Floraison rose clair, bien dégagée des feuilles, en mars-avril.

Bergenia purpurascens
30 cm. Feuilles pourprées au revers. Fleurs pourprées de février à avril.

Astuce
Pour que les feuilles du bergénia soient fortement teintées de pourpre en hiver, cultivez cette plante au soleil (mais surveillez bien les arrosages en été).

HYBRIDES
– 'Abendglüt', 30 cm, à feuilles vertes, pourprées en hiver. Floraison rouge pourpré foncé, en avril-mai.
– 'Ballawley', 30 cm, à feuillage vert, devenant rouge bordeaux en hiver. Floraison rouge écarlate en mars-avril et souvent en novembre-décembre.
– 'Silberlicht', 30 cm, à feuillage vert, fleurs blanches virant au rose très clair, en mars-avril.

Culture

Le bergénia est peu exigeant et il s'adapte dans presque tous les sols de jardin. Il accepte les terres calcaires et supporte le proche voisinage de la mer. Il est plus beau à mi-ombre, mais il vient bien en plein soleil en sol frais et dans les régions tempérées. Évitez-lui l'ombre dense, où il ne fleurit pas, et les fortes insolations.
Espacez les pieds de 40 à 50 cm. Multipliez par division des touffes au printemps. Repiquez les éclats sans attendre, directement en place.

Le conseil du jardinier
Si le bergénia ne fleurit pas, c'est souvent parce qu'il s'étouffe lui-même : effectuez la division des touffes tous les 3 ou 4 ans. Évitez en outre les engrais azotés.

Boule azurée

Echinops

Superbe dans les massifs, en larges groupes, pour ses inflorescences bleu intense, la boule azurée est aussi très belle en bouquets frais ou secs.

- ■ Plantation : printemps ou automne
- ■ Floraison : juin à septembre
- ■ Exposition : soleil
- ■ Sol : fertile et bien drainé
- ■ Utilisation : massif, bouquet, jardin sauvage
  Hauteur : 0,80 à 1,20 m
  Vivace

Les inflorescences de la boule azurée donnent au jardin un caractère champêtre.

Echinops baunaticus
90 cm. Feuilles rugueuses, lobées, argentées au-dessous. Inflorescences en boules bleues. Espèce souvent cultivée en bisannuelle.

Echinops ritro
1 à 1,20 m. Plante dressée à grandes feuilles lobées, légèrement épineuses, à revers argenté. Inflorescences en grosses boules bleu azur.
– 'Veitch's Blue', 80 cm, belle variété à inflorescences bleu acier.

Echinops sphaerocephalus
1 à 1,20 m. Feuilles plus épineuses que chez la précédente. Inflorescences en boules de couleur bleu grisâtre.
– 'Niveus', 1,20 m, à inflorecences blanc grisâtre.

Oïdium

La boule azurée est parfois touchée par l'oïdium qui se traduit par une efflorescence blanchâtre sur le feuillage, qui finit par jaunir. En prévention, arrosez régulièrement. En cas d'attaque, traitez à l'aide d'un fongicide à base de soufre.

Culture

Avec son aspect de chardon, la boule azurée demande le plein soleil. Elle accepte les sols ordinaires, mais préfère les terres fertiles (plutôt calcaires) à condition qu'elles soient bien drainées.
Espacez les pieds de 40 à 60 cm. Multipliez les espèces en prélevant les rejets ou par bouturage de racines au printemps. Le semis donne aussi de bons résultats, surtout pour *Echinops banaticus*. Semez entre juin et septembre, en pépinière bien abritée, sans oublier d'arroser. Repiquez en massif au début du printemps.

Utilisation

Formant de grosses touffes arrondies, la boule azurée est très belle dans les massifs, mais il faut planter trois ou quatre pieds pour obtenir une masse conséquente. Retenez-la aussi pour les jardins sauvages où elle peut habiller de plus larges surfaces. Associez-la à des espèces qui aiment, comme elle, les terres biens drainées et le plein soleil comme le coréopsis, la verge d'or et le rudbéckia.

◆ Le conseil du jardinier
Ces plantes sont envahissantes par leurs racines souterraines. Placez des barrières enterrées ou supprimez régulièrement les rejets.

Bruyère

Erica, Calluna

Utilisez largement les bruyères dans les rocailles, mais plantez-les aussi pour former de vastes tapis sur les pentes, en les associant notamment aux conifères nains.

- ■ Plantation : automne ou printemps
- ■ Floraison : toute l'année suivant les variétés
- ■ Exposition : soleil ou mi-ombre
- ■ Sol : bien drainé, acide
- ■ Utilisation : massif, rocaille, jardinière
  Hauteur : 15 à 50 cm
  Sous-arbrisseau

Dans un massif, une belle touffe de bruyère a beaucoup de charme.

■ Bruyères à floraison hivernale et printanière

Bruyère alpine *Erica carnea*
20 cm. Plante rustique et compacte à branches étalées. Fleurs en épis de 5 cm de long. Supporte les sols calcaires et la mi-ombre. Ne demande presque pas de taille. Nombreuses variétés rouges, roses et blanches.

Erica x darleyensis
30 cm. Plante rustique à floraison généreuse et prolongée. Préfère les sols acides, mais accepte un peu de calcaire. Nombreuses variétés rouges, roses et blanches.

■ Bruyères à floraison estivale

Bruyère cendrée *Erica cinerea*
25 cm. Compacte et tapissante, pour plein soleil et sol acide. Floraison de juin à septembre. Nombreuses variétés rouges, roses et blanches.

Bruyère commune *Calluna vulgaris*
30 à 40 cm. Plante assez vigoureuse aimant les sols acides et sableux. Nombreuses variétés dans tous les coloris, à feuillage grisâtre, vert foncé ou panaché de jaune.

Culture

Si les bruyères, dans leur majorité, aiment les sols acides, certaines acceptent les terres neutres ou même calcaires. Mais, pour planter la bruyère commune ou la bruyère cendrée, il faut incorporer une bonne quantité de terre de bruyère (ou un mélange de tourbe et de terre de bruyère). Faites tremper la motte des plantes avant de les mettre en place. Le plein soleil est préférable pour la plupart des espèces. Espacez les pieds de 40 à 50 cm (4 à 6 au m²). Multipliez les bruyères en prélevant de petites boutures ligneuses et en les repiquant en caissette, dans un mélange de sable et de tourbe. Conservez de préférence sous châssis.

Bouturage

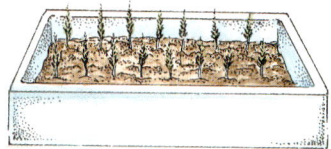

Piquez les boutures de tête en caissette.

▶ Le conseil du jardinier

Rabattez assez sévèrement les bruyères après leur floraison. Vous maintiendrez ainsi un port compact et vous prolongerez leur durée de vie.

Campanule

Campanula

Populaire pour ses jolies clochettes bleues, cette plante prend des dimensions et des formes très diverses, et offre aussi d'autres coloris.

Une campanule à fleurs regroupées en bouquets : Campanula glomerata.

■ Campanules naines

Campanule des Carpates
Campanula carpartica
20 cm. Plante à tiges grêles ; petites feuilles en forme de cœur et dentées, vert frais. Fleurs nombreuses en clochettes bleu clair, de juin à août. Elle a donné des variétés à fleurs bleu foncé et blanches.

Campanula glomerata
20 cm. Tapissante à feuilles en forme de cœur. Longues clochettes largement ouvertes, bleu violacé, regroupées en bouquets denses, de juin à août. Variétés blanches et violettes.

Campanula porscharskyana
15 cm. Plante à tiges plus ou moins rampantes et feuillage dense formant un coussin. Fleurs étoilées bleu clair, de mai à septembre. Fleurs blanches et roses.

■ Campanules moyennes ou grandes

Campanula lactiflora
1, 50 m. Tiges dressées et ramifiées. Grandes feuilles ovales et rugueuses, en touffe lâche. Fleurs en grandes clochettes bleu clair. On cultive beaucoup la variété 'Loddon Anna', à fleurs rose pâle.

Campanula latifolia
1 m. Vigoureuse, elle forme une touffe dressée à feuilles denses, ovales et velues. Nombreuses et grandes clochettes bleu pur, de juin à août. On cultive beaucoup la variété 'Macrantha', à fleurs bleu violacé.

Campanula persicifolia ssp. sessiliflora.

Campanula persicifolia
80 cm. Feuilles étroites et allongées sur des tiges dressées. Clochettes bleues, largement ouvertes, en grappes lâches, de juin à août. Variété blanche.

Campanula pyramidalis
1,50 m. Touffe basale de feuilles oblongues et vernissées. Fortes tiges dressées portant, sur toute leur longueur, des fleurs étoilées bleu vif de 3 cm de diamètre, de juin à août. Souvent cultivée en bisannuelle. Variété blanche.

Culture

Ces plantes rustiques et robustes viennent bien en sol ordinaire, plutôt calcaire. Elles redoutent surtout l'humidité persistante et les terres très sèches. Elles préfèrent le soleil, mais supportent bien la mi-ombre (notamment *C. latifolia*). La multiplication est facile par division des touffes et même par semis, de mai à juillet en pépinière.
Plantez-les en les espaçant de 25 à 30 cm pour les espèces naines, et de 40 cm pour les grandes.

Utilisation

Les petites campanules sont des plantes faciles pour les bordures, les rocailles et les murets fleuris. Elles se ressèment souvent spon-

La campanule carillon présente des clochettes géantes et très colorées.

tanément. Utilisez les grandes campanules en groupe dans les massifs composés de vivaces et d'arbustes, et réservez quelques pieds pour la fleur coupée.

■ Campanules annuelles
Campanule carillon
Campanula medium
60 cm. Feuilles ovales formant une rosette à la base. Forte tige velue, ramifiée au sommet. Nombreuses et grosses fleurs en clochettes, en juin-juillet. Il existe des variétés bleues (divers tons), roses et blanches, à fleurs simples ou doubles. Remarquable en bouquet.

Culture

Semez de mai à juillet en pépinière bien exposée. Repiquez une première fois en pépinière, quand les plantes ont quelques feuilles. Mettez-les en place en automne ou au début du printemps, en les espaçant de 40 cm. Ce mode de culture peut être appliqué à *Campanula pyramidalis*.

Utilisation

La campanule carillon est spectaculaire par ses grosses clochettes, mais cette floraison est brève. On l'utilise surtout pour les bouquets.

▶ Le conseil du jardinier
Utilisez les campanules naines, en particulier la campanule des Carpates, pour constituer un tapis coloré sous les rosiers buissons à fleurs roses, blanches ou jaunes, dont elles habillent le pied souvent dégarni. Vous obtenez ainsi de superbes effets colorés.

Limaces et escargots
Les campanules sont peu touchées par les maladies et les insectes parasites. En revanche, elles sont souvent attaquées par les limaces et les escargots. Effectuez un ramassage systématique, le soir à la lampe torche, ou utilisez des appâts empoisonnés (dangereux pour les animaux domestiques).

Centaurée

Centaurea

La centaurée annuelle est une fleur des champs très populaire, puisqu'il s'agit du bleuet. Mais il existe aussi de nombreuses et belles espèces vivaces.

Le bleuet double, 'Blue Diadem', offre une superbe nuance de bleu.

■ Centaurées annuelles

Bleuet *Centaurea cyanus*
70 cm. Tiges ramifiées portant des feuilles étroites et duveteuses. Fleurs bleu soutenu de juin à août. Nombreuses variétés doubles de coloris variés.

Centaurée ambrette
Centaurea moschata
70 cm. Tige dressée et ramifiée portant des fleurs d'aspect plumeux, très parfumées, de juin à septembre. Nombreuses variétés, notamment 'Imperialis The Bride', blanche, et 'Imperialis Favorite', rose.

Centaurée odorante
Centaurea moschata 'Suaveolens'
60 cm. Grandes fleurs jaune citron très parfumées, d'aspect plumeux. Pour sol sec.

Culture

Semez en avril-mai en place ou en pépinière. Après la levée, éclaircissez ou repiquez en espaçant de 30 cm.

Utilisation

Semez-les dans les massifs, notamment dans les jardins de bord de mer. Utilisez les vivaces en larges groupes sur les pelouses, et pour garnir les pentes abruptes, en plein soleil.

■ Centaurées vivaces

Barbeau de montagne
Centaurea montana
40 cm. Feuilles lancéolées et argentées formant une touffe basale. Fleurs bleu violacé de mai à août. Il existe une variété blanche.

Centaurea dealbata
80 cm. Feuilles lobées vert grisâtre à revers argenté. Fleurs roses à centre clair en mai-juin et souvent aussi en septembre-octobre.

Centaurea macrocephala
1,20 m. Feuilles ovales formant de grosses touffes. Tiges non ramifiées portant de gros boutons marron donnant des fleurs jaune vif de juillet à septembre.

Culture

Les centaurées sont peu exigeantes et réussissent même en sol pauvre, caillouteux et calcaire. Elles demandent le plein soleil. Espacez-les de 30 à 40 cm – de 50 cm pour *C. macrocephala*. Multipliez-les par division des touffes au printemps, ou en prélevant les rejets.

Chrysanthème

Chrysanthemum

Avec leurs belles fleurs, du type marguerite, les chrysan-thèmes sont des plantes robustes, pour les massifs et les plates-bandes de plein soleil, en sol ordinaire.

- Plantation : printemps ou automne
- Floraison : mai à octobre (selon les espèces)
- Exposition : soleil
- Sol : bien drainé, même sec
- Utilisation : massif, bouquet
  Hauteur : 0,30 à 1,20 m
  Vivace ou annuelle

Chrysanthemum arcticum *'Roseum' est un excellent choix pour une bordure.*

Chrysanthèmes vivaces

Chrysanthemum arcticum
35 cm. Touffe étalée à feuilles vert foncé et vernissées. Fleurs blanches teintées de rose à cœur jaune, d'août à octobre.
– 'Roseum', à fleurs rose pâle.
– 'Schwefelglanz', à feuillage vert clair et fleurs jaune clair.

Pyrèthre *Chrysanthemum coccineum* syn. *Pyrethrum roseum*
80 cm. Tige non ramifiée à feuilles découpées, vert franc. Grandes fleurs roses ou rouges, en mai-juin.

Chrysanthemum nipponicum syn. *Nipponanthemum nipponicum*
80 cm. Feuilles persistantes, coriaces et dentées. Fleurs blanches à centre jaune, de juin à août.

Tanaisie
Chrysanthemum vulgare syn. *Tanacetum vulgare*
1,20 m. Plante en touffe dressée à feuilles très divisées, vert foncé. Fleurs en petits pompons jaune d'or, de juillet à septembre.

Culture

Les différentes espèces aiment le plein soleil et préfèrent les sols bien drainés. Elles se ressèment souvent spontanément. Espacez-les de 30 à 40 cm. Utilisez-les en massif, où elles apportent de belles couleurs sur une longue période, ou pour les bouquets.

Chrysanthèmes annuels

Chrysanthème à carène
Chrysanthemum carinatum
50 cm. Tige ramifiée à feuilles charnues, dentées, vert grisâtre. Fleurs bicolores, de coloris très divers, à centre brun.

Chrysanthème à carène 'Polar Star'.

Chrysanthème des jardins
Chrysanthemum coronarium
1 m. Tige très ramifiée à feuilles découpées. Fleurs simples ou doubles, jaunes ou blanches de juillet à septembre.

Chrysanthème des moissons
Chrysanthemum segetum
50 cm. Tige ramifiée à feuilles dentées. Fleurs jaune d'or à centre jaune verdâtre, de juin à septembre.

Culture

Semez-les en avril-mai, directe-ment en place. Éclaircissez à 25 cm, et à 40 cm pour le chry-santhème des jardins. Le chry-santhème à carène peut aussi se cultiver en bisannuel.

Coréopsis

Coreopsis

Robuste, peu exigeant, et donnant une profusion de fleurs jaunes durant tout l'été, le coréopsis est un partenaire presque obligé des massifs et des plates-bandes ensoleillés.

■ Plantation : printemps ou automne

■ Floraison : mai à octobre (selon les espèces)

■ Exposition : soleil

■ Sol : bien drainé ou un peu frais

■ Utilisation : massif, bouquet

Hauteur : 0,30 à 2 m

Vivace ou annuelle

Coreopsis verticillata *'Moon Beam'*: un coloris clair, original et séduisant.

Coreopsis rosea 'American Dream' 40 cm. Variété récente à feuilles étroites, donnant de très belles fleurs rose vif à partir de juin – et jusqu'à octobre si vous rabattez les fleurs fanées.

Coreopsis tripteris
1,80 m. Feuillage lobé et vert foncé, à odeur d'anis. Fleurs jaune clair à centre foncé. Plante spectaculaire pour les très arrière-plans.

Coreopsis verticillata ▲
60 cm. Tiges dressées à feuillage divisé et fin. Fleurs jaune d'or, de juin à octobre. Résiste bien à la sécheresse.

■ Coréopsis vivaces

Coreopsis grandiflora
1,20 m. Grosse touffe de tiges dressées à feuilles lancéolées. Fleurs solitaires jaune d'or, de mai à septembre. Préfère les sols frais.
– 'Badengold', 80 cm, à grandes fleurs jaune d'or.
– 'Domino', 40 cm, à fleurs bicolores jaune et brun à cœur doré.
– 'Eldorado', 80 cm, à fleurs abondantes, jaune vif.
– 'Sonnenkind', 40 cm, vigoureux, à fleurs jaune d'or.

– 'Sunray', 40 cm, à fleurs doubles jaune d'or.
– 'Mayfield', 80 cm, à fleurs jaune d'or.

Coreopsis lanceolata
80 cm. Feuilles lancéolées. Fleurs solitaires jaune vif, de mai à septembre. Préfère les sols frais.
– 'Goldfink', 40 cm, à fleurs jaune d'or.
– 'Rotkehlchen', 40 cm, à fleurs bicolores jaune et brun.
– 'Ville de Genève', à fleurs frangées, à centre rouge-brun .

❘ Le conseil du jardinier

Après quelques années, les touffes de coréopsis vivaces deviennent parfois moins florifères. Il faut alors pratiquer la division des touffes tous les 3 ans, en automne ou au début du printemps, et repiquer immédiatement les éclats après avoir jeté les parties nécrosées.

– 'Grandiflora', 60 cm, à grandes fleurs jaune d'or.

– 'Moonbeam', 40 cm. Plante en large touffe à feuillage vert foncé et à nombreuses fleurs jaune beurre.

– 'Zagreb', 25 cm, à fleurs jaune d'or.

Culture

Les coréopsis sont des plantes rustiques et solides, à la floraison estivale infatigable. Ils aiment le plein soleil et se contentent d'un sol ordinaire bien drainé. Toutefois, *C. grandiflora* et *C. lanceolata* sont plus florifères en sol frais. Ils demandent peu d'entretien : désherbez régulièrement et arrosez en période de sécheresse prolongée. Prévoyez des tuteurs, en situation ventée, pour les variétés les plus hautes. Rabattez les touffes après la floraison.

Espacez les coréopsis de 30 à 40 cm. Multipliez-les par division des touffes en automne ou au début du printemps. Le semis en pépinière, de mai à juillet, donne de bons résultats.

■ Coréopsis annuels

Coreopsis tinctoria

1 m. Tiges grêles et ramifiées à feuillage étroit. Fleurs bicolores, jaunes à centre brun, avec un cœur pourpré.

– 'Mahagony Midget', 20 cm, variété naine à fleurs simples rouge acajou, très abondantes.

Culture

Semez clair, en pépinière, en avril. Éclaircissez après la levée, et repiquez en place en espaçant de 25 cm. Vous pouvez aussi semer directement en place, ou semer sous châssis ou sous serre froide, en mars, pour obtenir une floraison précoce.

Une espèce élégante par son feuillage fin et ses petites fleurs : C. verticillata.

Utilisation

Les coréopsis vivaces et annuels sont avant tout de remarquables plantes pour les massifs d'été, et se distinguent par leur longue floraison. Vous les planterez notamment dans les jardins des résidences secondaires, car ils ne demandent que peu de soins. Ils viennent aussi fort bien en bacs et en jardinière. Réservez en outre quelques pieds dans un potager ou dans un coin discret du jardin pour la fleur coupée.

« Baves de coucou »

Les coréopsis sont rarement touchés par les maladies et les insectes. Toutefois, on observe parfois sur les feuilles de petits amas mousseux que l'on appelle «baves de coucou». Ils sont produits par un insecte suceur, la cicadelle, qui laisse des taches sur les feuilles. Les dégâts sont rarement importants. Dans les cas graves, traitez à l'insecticide.

Nettoyage

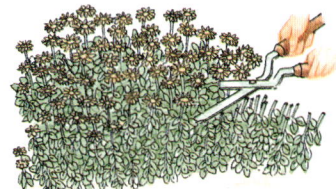

Rabattez à la cisaille après la floraison.

◆ *Le conseil du jardinier*

Prenez la précaution de rabattre toutes les tiges qui ont fleuri, sur les vivaces comme sur les annuels, pour empêcher les fleurs d'aller à graine et pour permettre la formation de nouveaux boutons floraux.

Digitale

Digitalis

Les hautes tiges à fleurs en entonnoir des digitales sont spectaculaires dans les massifs. N'oubliez pas que toutes les espèces sont toxiques.

- Plantation : printemps ou automne
- Floraison : juin à août
- Exposition : soleil ou mi-ombre
- Sol : bien drainé, plutôt acide
- Utilisation : massif, bouquet
  Hauteur : 0,40 à 1,80 m
  Vivace ou bisannuelle

Digitalis x *mertonensis fleurit aussi bien à mi-ombre qu'en plein soleil.*

Digitale pourpre *Digitalis purpurea* 1,20 m. Grandes feuilles ovales, vert grisâtre, en rosette basale. Fleurs rose pourpré, plus claires et marquées de pourpre à l'intérieur.
– 'Alaba', à fleurs blanc pur.
– 'Gloxiniiflora', 1,80 m, à fleurs rouges, roses ou blanches.

Digitalis grandiflora
1 m. Feuilles étroites et allongées, vert franc, en rosettes. Fleurs en clochettes bien ouvertes, jaune clair marqué de brun à l'intérieur, de juin à août.

Digitalis lanata
80 cm. Feuillage vert foncé et duveteux, en rosette. Fleurs blanc crème veinées de brun pourpré, en juillet-août. Vivace ou bisannuelle.

Digitalis lutea
70 cm. Feuilles lancéolées et vert foncé, en rosettes. Fleurs allongées jaune clair, de juin à août.

Digitalis x *mertonensis*
80 cm. Feuilles duveteuses, vert foncé, en rosettes. Grandes fleurs rose saumoné, plus claires et marquées de pourpre à l'intérieur. L'une des plus belles digitales de mai à juillet.

Culture

Les digitales n'aiment pas les sols argileux et calcaires, mais prospèrent dans les terres légères et à tendance acide. Elles fleurissent mieux au soleil, mais apprécient un peu d'ombre dans les régions chaudes.
Espacez-les de 35 cm environ. Pour les multiplier, le semis est la méthode la plus sûre (beaucoup d'espèces se ressèment d'ailleurs spontanément, en particulier la digitale pourpre). Semez les graines fines de mai à juillet en pépinière. Éclaircissez ou repiquez en pépinière et mettez en place en octobre ou en mars.

Utilisation

Installez les digitales en lisière de bosquet ou dans les sous-bois clairs. Constituez aussi des groupes denses sur les pelouses et dans les massifs.

Érigéron

Erigeron

Appelé aussi « vergerette », l'érigéron est un proche cousin de l'aster. Il est précieux dans les massifs pour assurer la liaison entre les autres plantes.

- ■ Plantation : printemps ou automne
- ■ Floraison : de mai à novembre (selon les espèces)
- ■ Exposition : soleil
- ■ Sol : ordinaire, bien drainé
- ■ Utilisation : massif, bordure, bouquet
  Hauteur : 20 à 80 cm
  Vivace

Une plante de bordure des plus florifères: Erigeron karvinskianus.

forte humidité. Il préfère une tendance calcaire et les hybrides apprécient un peu de fraîcheur. Il demande le plein soleil.

Espacez les espèces basses de 25 cm, et les hybrides de 40 cm. Pour les multiplier, divisez les touffes au début du printemps ou semez en pépinière de mai à juillet, avant de repiquer en place en automne ou au printemps.

Utilisation

Les espèces naines sont précieuses pour les bordures et les rocailles. Dans les massifs, cultivez l'érigéron en groupes et associez-le à des fleurs plus grandes qui se détacheront sur le fond coloré de sa généreuse floraison.

Erigeron aurantiacus
20 cm. Feuilles allongées, en rosettes. Nombreuses petites fleurs orangé vif, de juin à août.

Erigeron glaucus
25 cm. Feuillage vert grisâtre en touffe. Nombreuses fleurs roses à cœur jaune, de mai à novembre.

Erigeron karvinskianus
20 cm. Plante presque rampante. Feuilles trilobées. Nombreuses petites fleurs blanches ressemblant à la pâquerette, de mai à octobre.

HYBRIDES
Ils sont nombreux, forment des touffes et atteignent en général 50 ou 60 cm de hauteur.
– 'Dunkelste Aller', violet foncé.
– 'Felicity', rose.
– 'Foerster's Liebling', demi-double, rouge foncé.
– 'Rosa Juwel', demi-double, rose.
– 'Sincerity', bleu-mauve.
– 'Violetta', demi-double, violet .

Culture

L'érigéron est peu exigeant et s'adapte dans tous les sols, sauf à

Nettoyage

Supprimez les fleurs fanées pour obtenir une nouvelle floraison.

▶ **Le conseil du jardinier**
Rabattez les fleurs fanées pour favoriser une nouvelle floraison. Effectuez 1 ou 2 apports d'engrais pour plantes à fleurs au cours de la croissance.

Euphorbe

Euphorbia

La sève blanche de l'euphorbe est irritante pour la peau et dangereuse pour les yeux. Portez des gants pour la manipuler et faites la leçon aux enfants.

- ■ Plantation : printemps ou automne
- ■ Floraison : avril à juin
- ■ Exposition : soleil
- ■ Sol : ordinaire, pas trop lourd
- ■ Utilisation : massif, jardin sauvage

  Hauteur : 5 cm à 1,20 m

  Vivace

Un feuillage d'un beau vert intense : Euphorbia amygdaloides 'Robbiae'.

Euphorbe de Corse
Euphorbia myrsinites
20 cm. Plante très étalée à feuillage persistant vert bleuté. Inflorescences jaune verdâtre.

Euphorbia amygdaloides 'Purpurea'
50 cm. Feuillage vert grisâtre. Jeune feuillage pourpre au printemps. Inflorescences jaunes.

Euphorbia characias var. *wulfenii*
1,20 m. Tiges dressées, garnies de feuilles allongées et étroites, vert bleuté. Inflorescences vert chartreuse.

Euphorbia cyparissias
30 cm. Petit feuillage très fin, vert, formant une touffe. Inflorescences jaune verdâtre.

Euphorbia polychroma
35 cm. Tiges rougeâtres et feuillage vert grisâtre. Inflorescences jaune verdâtre.

Culture

Robustes et faciles à cultiver, les euphorbes s'adaptent à presque toutes les terres de jardin. Elles ne redoutent que l'humidité stagnante. Elles aiment le plein soleil et supportent en général assez bien la sécheresse.
Espacez de 25 à 40 cm les espèces basses et de 1 m *E. characias* var. *wulfenii*. Multipliez-les en les semant de mai à juillet, en pépinière, ou encore par boutures de tête au printemps.

Utilisation

Les euphorbes les plus basses, tel *E. cyparissias*, sont remarquables dans les rocailles et sur les dallages. Les plus grandes constituent de très beaux groupes dans les massifs de vivaces. Cultivez-les aussi parmi les arbustes. Associez-les à des plantes à fleurs bleues, en particulier aux iris, aux camassias et aux nepetas, pour créer de belles scènes colorées.

Euphorbia characias.

▶ *Le conseil du jardinier*
En cas de contact de la sève avec la peau, lavez-vous à grande eau. En cas de contact avec les yeux, consultez rapidement un médecin.

Fougère

Les grandes fougères ont besoin d'espace pour étaler largement leurs grandes frondes gracieuses : ne les serrez pas trop, elles n'en seront que plus belles.

- Plantation : printemps ou automne
- Exposition : ombre ou mi-ombre
- Sol : frais, léger, acide à légèrement calcaire
- Utilisation : sous-bois, lieu ombragé
  Hauteur : 0,20 à 2 m
  Vivace

La fougère d'Allemagne, avec ses frondes claires, forme de vastes tapis.

Fougère d'Allemagne
Matteuccia struthiopteris
80 cm. Touffe érigée de frondes vert clair, avec des frondes fertiles brunes au centre. Espèce rhizomateuse. Sol humide. Espacement : 40 à 50 cm.

Fougère femelle
Athyrium filix-femina
80 cm. Très courante dans les bois. Feuillage caduc, vert clair, découpé, à port étalé. Préfère les sols humides, mais s'adapte en sol ordinaire. Excellent couvre-sol. Espacement : 50 cm.

Fougère royale *Osmunda regalis*
1,20 m. Superbe touffe érigée de frondes caduques vert clair à larges divisions. Les frondes fertiles se développent au centre. Préfère les terres acides et humides, mais supporte aussi le calcaire. Elle peut dépasser 2 m dans de bonnes conditions, mais sa croissance est lente. Espacement : 1 m.

Langue de cerf ▲
Phyllitis scolopendrium
40 cm. Frondes lisses et entières, vernissées, allongées, de couleur vert clair. Sol ordinaire, frais ou humide. Espacement : 40 à 50 cm.

Onoclea sensibilis
50 cm. Touffe érigée de frondes caduques, vert clair, prenant de belles teintes cuivrées à l'automne. Sol frais à très humide. Espacement : 50 cm.

Culture

Les fougères sont faciles à cultiver et ne demandent que peu de soins lorsqu'elles sont installées. Toutes préfèrent les terres fraîches ou même humides, légères et poreuses, riches en humus et acides. Cependant, beaucoup s'adaptent aussi en sol ordinaire s'il est assez frais. De nombreuses espèces acceptent une ombre dense.
Pour les multiplier, séparez les rejets des espèces rhizomateuses. Le semis en caissette, au printemps, est assez facile et donne de bons résultats.

Utilisation

Les fougères sont indispensables pour tous les lieux ombragés des jardins, pour le bord de l'eau, pour le pied des murs exposés au nord. Elles permettent de garnir des parties très sombres où presque rien ne pousse. Associez-les à d'autres plantes d'ombre : rodgersia, liriope, hosta.

Gaillarde

Gaillardia

Spectaculaires, les fleurs de la gaillarde apportent des couleurs chaudes dans les massifs, et elles durent en outre très longtemps en bouquets.

- ■ Plantation : printemps ou automne
- ■ Floraison : mai à septembre
- ■ Exposition : soleil
- ■ Sol : ordinaire, bien drainé
- ■ Utilisation : massif, bordure, bouquet
  Hauteur : 20 à 70 cm
  Vivace ou annuelle

La gaillarde vivace 'Nieske' offre des coloris somptueux et chauds.

■ Espèces vivaces

Gaillardia aristata
50 à 70 cm. Feuilles lancéolées formant une touffe. Fleurs de 5 cm de diamètre, de mai à septembre.
– 'Burgunder', rouge brunâtre.
– 'Dazzler', brun orangé à pointes jaunes.
– 'Kobold', rouge et jaune.

Culture

Peu exigeante, la gaillarde est une plante vigoureuse et robuste, qui fleurit généreusement tout l'été. Elle supporte la sécheresse et les terres calcaires, mais redoute l'humidité. Installez-la en plein soleil. Rabattez les touffes en août, pour qu'elles demeurent compactes.
Espacez les pieds de 30 à 40 cm. Multipliez par division des touffes en mars, ou semez de mai à juillet en pépinière, pour mettre en place en avril.

Oïdium
La gaillarde est parfois touchée par l'oïdium qui se traduit par un feutrage blanc sur les feuilles. Pour l'éviter, arrosez dans les périodes de sécheresse prolongée. En cas d'attaque, utilisez un fongicide à base de soufre.

■ Espèces annuelles

Gaillarde peinte
Gaillardia pulchella var. *picta*
65 cm. Feuilles en spatule et fleurs plus grandes et plus colorées que celles de la vivace. Plusieurs variétés à fleurs simples ou doubles de juillet à octobre.

Culture

Semez-en sous abri en mars, avant de repiquer en godets ou en massif en avril-mai. Espacez ou éclaircissez à 40 cm.

Utilisation

La gaillarde mérite d'être retenue dans les massifs ensoleillés pour ses couleurs riches et sa longue floraison. Associez-la à d'autres plantes d'été qui ne risquent pas d'être éclipsées par son éclat.

Oïdium

Contre l'oïdium, traitez dès l'apparition de traces blanchâtres sur les feuilles.

◆ Le conseil du jardinier

Les fleurs des gaillardes les plus hautes sont lourdes et risquent d'être couchées par le vent et la pluie. Par précaution, placez des tuteurs discrets.

Gentiane

Gentiana

Les gentianes sont des plantes de montagne. Beaucoup poussent dans les Alpes et les Pyrénées, où elles sont en général protégées, c'est-à-dire interdites de cueillette et de ramassage.

La grande gentiane atteint souvent 1,50 m de hauteur.

basale. Forte tige feuillée, terminée par des inflorescences jaunes étagées. Très belle plante, mais à croissance lente. Il faut attendre plusieurs années pour la première floraison.

Culture

Les gentianes sont rustiques, mais souvent un peu difficiles à cultiver. Elles demandent un sol poreux, assez fertile, en général à tendance acide. Elles apprécient un peu de fraîcheur pendant leur période de végétation, mais n'aiment pas l'humidité hivernale. Elles préfèrent le soleil, mais s'accommodent d'un peu d'ombre. Espacez-les de 25 cm pour les plus petites, à 50 cm pour la grande gentiane.

Utilisation

C'est leur bleu très intense qui constitue leur principal atout . Plantez-les dans les rocailles, sur les murets de pierre sèche ou même en bordure. La gentiane est une plante de massifs, de grandes rocailles ou de jardins sauvages.

Gentiana asclepiadea
50 cm. Souche épaisse. Feuilles ovales formant une touffe dense. Fleurs bleu foncé, pendantes, en août-septembre.

Gentiana sino-ornata
15 cm. Feuilles étroites, vert clair. Fleurs bleu foncé striées de bleu pourpré, de juillet à octobre.

Gentiane acaule *Gentiana acaulis*
10 cm. Feuillage tapissant, en rosette. Grandes fleurs bleu profond, en mai-juin. Espèce la plus cultivée, préférant la mi-ombre.

Grande gentiane *Gentiana lutea*
1,50 m. Souche épaisse. Grandes feuilles ovales, nervurées, vert grisâtre, formant une rosette

À savoir
La racine de la grande gentiane est réputée fébrifuge et tonique. Elle est extrêmement amère et on l'utilise surtout pour la préparation de liqueurs.

Géranium, pélargonium

Ces plantes, qui sont souvent confondues, sont pourtant bien différentes par leur mode de culture, leur aspect et leur utilisation au jardin.

- Plantation : printemps ou automne
- Floraison : mai à octobre (selon les espèces)
- Exposition : soleil ou mi-ombre
- Sol : ordinaire
- Utilisation : massif, jardin sauvage, couvre-sol
  Hauteur : 20 à 70 cm
  Vivace ou annuelle

Géranium zonale (Pelargonium) '*Rokoko*'.

■ Géraniums vivaces
Geranium

Plantes robustes et rustiques, formant en général des touffes basses, à feuillage décoratif, donnant une abondante floraison au printemps ou en été. Les coloris sont surtout le rose, le mauve, le violet, le bleu et le blanc. Nombreuses espèces et variétés.

Geranium endressii 'Wargrave Pink'
30 cm. Feuillage brillant, vert clair. Fleurs rose saumoné, de mai à août. Envahissant.

Geranium 'Johnson Blue'
40 cm. Beau feuillage découpé vert foncé. Grandes fleurs bleu soutenu, en juin-juillet (le plus bleu de tous les géraniums).

Geranium macrorrhizum
30 cm. Feuillage persistant, vert clair, aromatique, prenant de belles teintes en automne. Fleurs rose soutenu, de mai à juillet. Envahissant.

Geranium phaeum ▲
70 cm. Vigoureux à feuillage très ample. Petites fleurs violacées, pendantes, en mai-juin. Plante d'ombre.

Geranium sanguineum
30 cm. Petites feuilles vert foncé, denses. Fleurs rose carmin, de mai à octobre. S'étale de lui-même. Diverses variétés roses et blanches. ▼

Culture

Facile à cultiver, le géranium vivace se plaît en sol ordinaire. Beaucoup d'espèces supportent la sécheresse. Évitez toutefois les sols humides et très acides. La floraison est en général plus belle au soleil, mais la mi-ombre est bien supportée par de nombreuses espèces. Les géraniums vivaces s'étalent souvent d'eux-mêmes par leurs rhizomes souterrains. Ils peuvent devenir envahissants. Rabattez-les après la floraison pour les conserver compacts. Espacez les pieds de 30 à 50 cm, selon les espèces. La multiplication est facile par division des touffes ou par semis effectués de mai à juillet, en pépinière. Beaucoup de géraniums se ressèment spontanément.

Utilisation

Les géraniums vivaces sont précieux dans les massifs, car ce sont des plantes robustes qui fleurissent abondamment et longtemps. Formez des groupes de plusieurs sujets pour obtenir de belles masses de couleur. Les espèces rhizomateuses sont de beaux couvre-sols que l'on peut utiliser sur des grandes surfaces.

■ Pélargoniums
Pelargonium
Très populaires, ces plantes non rustiques se distinguent par leur exceptionnelle floraison de très longue durée. Il existe aussi des espèces à feuillage aromatique.

Géranium-lierre
Pelargonium x *hederaefolium*.
Petites feuilles vernissées sur des rameaux grêles et retombants. Nombreuses variétés à fleurs simples et doubles.

Géranium zonale
Pelargonium x *hortorum*.
C'est le classique géranium à massif, à beau feuillage brillant et grosses têtes florales. Nombreuses variétés dans tous les tons du rouge, du rose et du blanc.

Culture

Installez les géraniums *(Pelargonium)* non rustiques au soleil et dans une terre fertile et fraîche, même si ces plantes supportent bien la sécheresse.
Supprimez les fleurs fanées et apportez un peu d'engrais pour

Géranium zonale (Pelargonium) *double à fleurs rouges.*

favoriser la repousse. Ces espèces sont souvent cultivées en annuelles. On peut toutefois les conserver sous abri durant l'hiver. Il faut alors les sortir dès que le temps se réchauffe, en avril-mai, les rempoter et les arroser.
Multipliez les géraniums en prélevant des boutures à la fin de l'été et plantez-les dans un mélange sableux, en arrosant modérément. Conservez-les en serre froide durant l'hiver.

Utilisation

Les géraniums-lierres conviennent surtout à la décoration des jardinières, des vasques et des suspensions. Les géraniums zonales, très faciles à cultiver en pots, eux aussi, sont utiles pour former de belles taches de couleur dans les massifs.

Bouturage

Repiquez la bouture dans un mélange de sable et de tourbe.

◆ Le conseil du jardinier
Le géranium-lierre ou le géranium zonale peut passer l'hiver dans un garage, même sans lumière. Il faut alors le rabattre avant de le rentrer. Pour le faire fleurir tôt en saison, mettez-le dans une pièce non chauffée en mars. Arrosez-le et apportez-lui de l'engrais. Sortez-le en mai et continuez les apports d'engrais.

Graminées d'ornement

Formant des touffes gracieuses, avec souvent des épis décoratifs en été, les graminées d'ornement sont le plus souvent vivaces, mais également annuelles.

- Plantation : printemps ou automne
- Floraison : été
- Exposition : soleil ou mi-ombre
- Sol : ordinaire
- Utilisation : massif, bouquet
  Hauteur : 0,10 à 2,50 m
  Vivace ou annuelle

La touffe gracieuse, bleutée, à épis blonds, de la fétuque bleue.

■ Espèces vivaces

Avoine vivace
Helictotrichon sempervirens
1,20 m. Touffe bleutée d'aspect hérissé de 40 cm. Épis blonds en été. Sol sec.

Fétuque bleue *Festuca glauca*
25 cm. Feuillage bleuté et argenté de 15 cm de hauteur. Épis en été. Sol sec.

Miscanthus floridulus
2,50 m. Feuillage vert grisâtre, ample et retombant, très gracieux. Belles teintes d'automne. Sol un peu frais.

Miscanthus sinensis 'Gracillimus'
1,50 m. Feuillage fin, élégant, et retombant. Sol un peu frais.

Culture

Espèces faciles à cultiver. Il suffit de rabattre le feuillage fané pour laisser la place au nouveau. Multipliez-les par semis, de mai à août, ou encore par division des touffes.

■ Espèces annuelles

Gros-minet *Lagurus ovatus*
50 cm. Gros épis duveteux et argentés.

Orge à crinière *Hordeum jubatum*
70 cm. Touffe lâche de 50 cm de hauteur. Épis d'aspect plumeux, à longues barbes, en été.

Pennisetum rueppelii
70 cm. Longs épis rosés, élégants.

Tremblette *Briza minor*
30 cm. Épillets très légers, vert blond.

Culture

Semez les annuelles directement en place, ou en pépinière, pour les repiquer ensuite.

Utilisation

Les graminées vivaces méritent d'être largement utilisées dans les massifs composés de vivaces et d'arbustes. Elles lient les autres plantes par leurs touffes gracieuses, et apportent en outre du mouvement puisqu'elles sont agitées par le vent. Les miscanthus sont très beaux en isolé ou pour constituer des séparations temporaires. Les annuelles sont surtout cultivées pour les bouquets secs.

Nettoyage

Attendez la fin de l'hiver pour rabattre la touffe à la base.

Gypsophile

Gypsophila

La gypsophile est souvent associée aux rosiers, dans les massifs comme dans les bouquets : les roses paraissent émerger d'un véritable nuage de petites fleurs blanches.

- Plantation : printemps ou automne
- Floraison : mai à août
- Exposition : soleil
- Sol : profond et bien drainé
- Utilisation : massif, bouquet
  Hauteur : 0,10 à 1 m
  Vivace ou annuelle

Gypsophila repens *'Rosa Schönhet'* offre une multitude de petites fleurs.

■ Espèces vivaces

Gypsophila paniculata
1 m. Tige très ramifiée. Feuilles étroites, vert grisâtre. Très petites fleurs blanches, innombrables, en larges panicules, de juin à août.
– 'Bristol Fairy', à fleurs blanches, doubles.
– 'Flamingo', à fleurs roses, doubles.

Gypsophila repens
10 cm. Plante tapissante, feuillage bleuté, nombreuses petites fleurs blanches, de mai à août.
– 'Rosea', à fleurs roses.

Culture

La gypsophile n'aime pas l'humidité. Elle préfère les terrains poreux et plutôt secs, et exige le plein soleil.
Espacez de 1 m la grande gypsophile, et de 35 cm l'espèce tapissante. Le semis est le meilleur moyen de multiplier ces plantes. Semez de mai à juillet, en pépinière ; repiquez en godets et mettez en place en avril, sans briser la motte. N'attendez pas trop pour repiquer, car la gypsophile présente une racine pivotante et la reprise peut être difficile. Pour les mêmes raisons, ne dérangez pas les plantes en place.

■ Espèces annuelles

Gypsophila elegans
50 cm. Tige ramifiée et petit feuillage étroit. Très nombreuses fleurs blanches. Il existe aussi des variétés roses.

Gypsophila muralis 'Garden Bride' 20 cm. Très belle plante à floraison rose clair, très légère, pour les suspensions.

Culture

Semez directement en place en avril-mai. Après la levée, espacez à 35 cm.

Utilisation

Si la gypsophile annuelle est surtout cultivée pour les bouquets, elle forme aussi de belles masses légères dans les massifs. *Gypsophila paniculata*, avec ses grandes inflorescences aériennes, est idéale pour lier les autres plantes dans un nuage blanc ou rose. Utilisez-la aussi dans les jardins sauvages pour son allure décontractée. Cultivez *Gypsophila repens* en rocaille et sur muret fleuri.

Cueillette

Coupez les tiges quand les fleurs commencent à s'épanouir.

Hélianthème

Helianthemum

Plante de région chaude, l'hélianthème résiste en général à l'hiver sous un climat comme celui de la région parisienne. Toutefois, il est prudent de lui donner une situation abritée.

- ■ Plantation : printemps
- ■ Floraison : mai à août
- ■ Exposition : soleil
- ■ Sol : bien drainé, calcaire
- ■ Utilisation : rocaille, muret
  Hauteur : 10 à 20 cm
  Sous-arbrisseau

L'hélianthème 'Anjou', en bordure, sur un terrain drainé, et au soleil.

Utilisation

Les fleurs de l'hélianthème sont assez fugaces, mais elles se succèdent de mai à août. Utilisez ces plantes dans les rocailles, par groupe de 3 ou 5 d'une même variété, afin de former de belles taches de couleur à une époque où les plantes alpines ont terminé leur floraison. Plantez-les aussi sur les murets de pierre sèche ou dans de grandes jardinières au sol bien drainé.

Bouturage

Prélevez la bouture de tête et repiquez-la en godet.

◆ Le conseil du jardinier

L'hélianthème réussit bien en jardinière ou en vasque. Installez-le dans un mélange de bonne terre de jardin, de terreau (non acide) et de sable – qui peut être remplacé par du gravier fin.

Les espèces botaniques sont peu cultivées. En revanche, il existe de très nombreux hybrides. Ce sont des plantes à base ligneuse, presque rampantes, à feuilles étroites vert grisâtre. Les coloris vont du rose au rouge et du jaune à l'orangé.

- 'Anjou', rose saumon.
- 'Fire Dragon', orange foncé.
- 'Lawrenson's Pink', rose à cœur cuivré.
- 'Rhodante Carneum', rose chair.
- 'Rubra Plena', rouge foncé (fleurs doubles).
- 'Wisley Primrose', jaune d'or.

Culture

Les hélianthèmes aiment les sols secs, caillouteux ou sablonneux, à tendance calcaire. Si le sol est mal drainé, ils risquent de succomber à l'humidité hivernale. Ils exigent le plein soleil et supportent les expositions brûlantes.
Espacez-les de 30 à 40 cm. La multiplication est délicate. Divisez les touffes bien établies et étalées. Sinon, prélevez des boutures herbacées au printemps et plantez-les dans un substrat très sableux. Abritez-les sous châssis durant le premier hiver. Rabattez-les après la floraison.

Hellébore

Helleborus

La rose de Noël, la plus connue des hellébores, reine de l'hiver dans les jardins, est une plante originaire des Alpes où elle fait l'objet d'une protection totale.

- Plantation : automne ou printemps
- Floraison : novembre à avril
- Exposition : mi-ombre ou ombre
- Sol : fertile, plutôt calcaire
- Utilisation : massif, sous-bois
  Hauteur : 30 à 60 cm
  Vivace

La fleur délicate de Helleborus orientalis *s'épanouit en hiver.*

Helleborus orientalis
40 cm. Feuilles amples et divisées, vert foncé, s'étalant sur le sol. Fleurs d'abord verdâtres, puis pourprées, de janvier à avril.

Pied de griffon *Helleborus foetidus*
30 cm. Plante à base ligneuse. Feuilles divisées, coriaces, dentées, vert foncé. Fleurs en forme de clochette, vert clair bordées de brun rougeâtre en mars-avril.

Rose de Noël *Helleborus niger*
30 cm. Tiges tachées de pourpre. Feuilles divisées, coriaces et vert foncé. Fleurs blanches souvent lavées de pourpre à l'extérieur, de novembre à mars.

Culture

Les hellébores aiment les sols riches en humus, assez frais, plutôt calcaires. Ils supportent le soleil dans les régions tempérées et en sol frais, mais ils préfèrent la mi-ombre. Fertilisez-les en étalant une couche de compost de jardin à leur pied.
Espacez-les de 40 à 50 cm. Pour les multiplier, divisez les touffes au printemps. Repiquez les éclats dans un mélange riche en terreau et arrosez régulièrement. Vous pouvez également semer les graines en été, en pépinière.

Utilisation

Les hellébores comptent parmi les rares plantes vivaces à fleurir en hiver. Aussi, ils sont précieux pour la décoration des massifs. Placez-les près de l'allée qui conduit à la porte d'entrée, ou de manière qu'ils soient visibles des fenêtres, afin de bien profiter de leur floraison. Associez-les aux bruyères d'hiver et aux bulbeuses précoces : le perce-neige, le crocus ou l'iris bulbeux. Ces plantes restent décoratives toute l'année par leur beau feuillage persistant vert foncé.

À savoir

L'hellébore était utilisé autrefois comme purgatif en herboristerie. Cependant, il s'agit d'une plante toxique dont l'ingestion provoque de graves troubles.

Heuchera

Heuchera

Portées par de longues tiges grêles, les petites fleurs délicates et légères de l'heuchera, dans tous les tons du rose et du rouge, sont très belles dans les bouquets de printemps et d'été.

- Plantation : automne ou printemps
- Floraison : juin à août
- Exposition : soleil ou mi-ombre
- Sol : ordinaire, plutôt frais
- Utilisation : massif, rocaille, bordure, bouquet
- Hauteur : 50 à 70 cm
- Vivace

Les fleurs de l'heuchera forment un nuage coloré au-dessus du feuillage.

frais, à tendance calcaire. Il s'accommode d'un sol ordinaire et supporte bien la sécheresse. Il est plus florifère au soleil, mais fleurit également à mi-ombre.

Espacez les pieds de 40 cm. La multiplication est assez facile, par division des rhizomes charnus à l'automne ou au printemps. Repiquez immédiatement les éclats.

Utilisation

L'heuchera, par sa floraison élégante et son feuillage marbré et persistant, est une excellente plante de bordure, notamment pour les allées un peu ombragées. Utilisez-le aussi en petits groupes dans les rocailles. Associez-le à l'iris, à l'ancolie, à la digitale. Plantez-le également au pied des rosiers buissons, en couvre-sol.

Heuchera x brizoides
60 cm. Souche charnue. Feuillage persistant, marbré, s'étalant en coussin. Petites fleurs en clochettes formant des bouquets lâches à l'extrémité des tiges grêles.
– 'Pluie de feu', 60 cm, à fleurs rouge vif.
– 'Snowstorm', 40 cm, à fleurs rouge cerise.
– 'Virginal', à fleurs blanches.

Heuchera micrantha 'Palace Purple'
60 cm. Larges feuilles pourprées et brillantes formant une touffe étalée. Fleurs blanches portées par des tiges pourpres.

Culture

L'heuchera est une plante robuste, capable de s'adapter dans tous les jardins. Il préfère les sols fertiles, bien drainés mais

Division des rhizomes

Coupez le rhizome et plantez les morceaux en les enterrant à peine.

Le conseil du jardinier
Pour obtenir une plante plus florifère, divisez systématiquement les souches tous les 3 ou 4 ans.

Hosta

Hosta

S'ils donnent une jolie floraison en été, les hostas sont surtout cultivés pour leur beau feuillage – malheureusement très menacé par les limaces.

- ■ Plantation : automne ou printemps
- ■ Floraison : juin à septembre (selon les espèces)
- ■ Exposition : soleil, mi-ombre ou ombre
- ■ Sol : plutôt frais, équilibré
- ■ Utilisation : bordure, sous-bois, massif
  Hauteur : 30 à 90 cm
  Vivace

Hosta 'Francee' : une floraison délicate sur un superbe feuillage.

Hosta fortunei 'Aureomarginata'
90 cm. Feuilles vertes marginées de jaune. Fleurs lilas clair.
– 'Francee'
60 cm. Feuilles vertes, en forme de cœur, marginées de blanc.
– 'Krossa Regal'
70 cm. Grandes feuilles vert bleuté, ondulées. Fleurs lilas.

Hosta plantaginea 'Royal Standard'
80 cm. Feuilles vert clair. Fleurs blanches, parfumées.

Hosta sieboldiana 'Frances Williams'
75 cm. Feuilles amples, bleues et marginées de jaune. Fleurs bleu pâle.

Hosta tardiana 'Halcyon'
30 cm. Feuillage gris bleuté. Fleurs mauves.

Culture

Assez peu exigeants, les hostas demandent peu de soins. Une fois installés, ils vivent très longtemps et s'étalent souvent d'eux-mêmes. Ils préfèrent les sols assez fertiles, plutôt frais mais bien drainés. Incorporez un peu de terreau à la plantation et arrosez régulièrement au moins la première année. Fertilisez en étalant du compost de jardin au pied des plantes. Les hostas supportent l'ombre dense, mais préfèrent la mi-ombre. On peut aussi les planter au soleil, en région tempérée, à condition de maintenir le sol frais.
Espacez les pieds de 30 à 50 cm. La multiplication est facile, par division des touffes au printemps ou en automne.

Utilisation

Constituez de larges groupes d'hostas dans les sous-bois et les lieux ombragés et frais, en les associant aux fougères, à l'épimédium, au rodgersia, au darnera, au bergénia et au pachysandra. Utilisez les espèces plus petites en rocailles et pour constituer des bordures.

Limaces, escargots

Les feuilles des hostas sont très attaquées par les limaces et les escargots. En prévention, couvrez le sol d'aiguilles de pin. Les appâts empoisonnés sont efficaces, mais dangereux pour les animaux domestiques.

Joubarbe

Sempervivum

Avec leur aspect d'artichauts miniatures et joliment colorés, les joubarbes forment souvent de belles colonies persistantes, dans les rocailles et sur les murets de pierre sèche.

La floraison de la joubarbe toile d'araignée est toujours surprenante.

Joubarbe toile d'araignée
Sempervivum arachnoideum
10 cm. Petites rosettes grisâtres recouvertes de filaments blancs. Fleurs roses en juillet.

Joubarbe des toits
Sempervivum tectorum
15 cm. Rosettes de 5 à 7 cm de diamètre, de feuilles charnues, vert clair à pointe violette ; floraison violacée.

Sempervivum calcareum
10 cm. Rosettes aplaties, vert grisâtre à pointe marron, incrustées de calcaire, très pittoresques. Fleurit rarement.

Culture

Installez les joubarbes en plein soleil et en terre légère, sablonneuse, plutôt calcaire, même très peu profonde. Sur les murets fleuris, introduisez dans les joints un mélange de terreau, de terre de jardin et de sable, avant de mettre la joubarbe en place en aplatissant la motte.
En rocaille, espacez les rosettes de 10 à 20 cm. Multipliez en prélevant les jeunes rosettes périphériques enracinées.

Utilisation

Placez les joubarbes dans les rocailles, pour qu'elles s'étalent et recouvrent les roches. Toutes les espèces acceptent la culture dans les murets de pierre sèche et dans les dallages.
Elles sont aussi très décoratives dans les pots et les vasques, d'où elles débordent pour retomber de manière pittoresque.

À noter

Les rosettes ayant donné des fleurs meurent et sont remplacées par de nouvelles, poussant en périphérie.

Le saviez-vous ?

La joubarbe des toits est une plante indigène qu'on laissait autrefois se développer librement sur les toits de chaume, d'où elle pend souvent en grosses masses. Elle était réputée protéger de la foudre.

Plantation

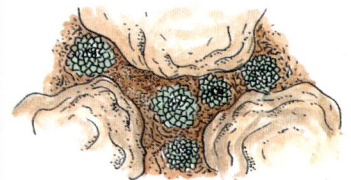

Installez les rosettes dans des poches de mélange terreux, entre les roches.

Kniphofia

Kniphofia

Les grands épis floraux du kniphofia changent souvent de couleur au cours de la saison, avec leurs fleurs cylindriques qui s'épanouissent de haut en bas.

■ Plantation : printemps
■ Floraison : juin à septembre
■ Exposition : soleil
■ Sol : drainé, profond
■ Utilisation : massif, pelouse, bouquets
Hauteur : 0,50 à 1,2 m
Vivace

Un des kniphofias les plus jaunes : la variété 'Bee's Sunset'.

Le kniphofia supporte habituellement l'hiver sous le climat de la région parisienne. Prenez toutefois la précaution de protéger la souche par une litière de feuilles mortes de l0 cm d'épaisseur.

Multipliez le kniphofia en divisant les touffes au début du printemps. Prélevez les jeunes pousses qui apparaissent en périphérie des plantes bien établies. Repiquez-les immédiatement dans un autre endroit du jardin.

Utilisation

Plantez cette belle vivace en isolé, sur une pelouse, ou associez-la avec les bambous, les yuccas, les cannas, *Lobelia cardinalis* et d'autres plantes de même type pour créer des scènes exotiques.

Multiplication

Prélevez un rejet enraciné en périphérie de la touffe.

► Le conseil du jardinier
Pour que le kniphofia résiste mieux au froid, enterrez profondément la souche charnue : elle sera isolée par la couche de terre.

Kniphofia uvaria
1 m. Appelée aussi « faux aloès », cette espèce à grosse souche charnue donne des feuilles rubanées et étroites, en touffe. En été, les fortes hampes dressées portent un épi floral cylindrique sur lequel les fleurs tubulaires s'ouvrent de haut en bas. Elles sont d'abord rouges puis jaunes, et l'épi apparaît donc bicolore.

HYBRIDES
– 'Alcazar', 1 m, à feuillage teinté de bronze ; épis rouge feu.
– 'Little Maid', 60 cm, à épis jaune paille.
– 'Royal Standard', l,20 m, à épis rouge orangé et jaune.
– 'Vanilla', 1 m, à feuillage fin ; épis étroits, jaune vif.

Culture

Installez le kniphofia dans un sol très bien drainé, profond et assez fertile. La plante résiste bien à la sécheresse, mais préfère une terre un peu fraîche durant l'été. Le plein soleil est indispensable.

Lavande

Lavandula

Les fleurs de lavande, qui embaument les armoires et éloignent les mites, sont utilisées pour produire une essence très parfumée. Elles donnent en outre un miel délicieux.

- ■ Plantation : printemps ou automne
- ■ Floraison : juillet à septembre
- ■ Exposition : soleil
- ■ Sol : drainé, plutôt calcaire
- ■ Utilisation : massif, rocaille, bouquet

Hauteur : 0,30 à 1 m

Vivace ou sous-arbrisseau

Une grosse touffe de lavande est toujours belle en isolée.

Lavande vraie
Lavandula angustifolia
40 à 60 cm. Petites feuilles linéaires grisâtres. Fleurs très parfumées, en juin-juillet. À l'origine de nombreuses variétés.

Lavande à toupet
Lavandula stoechas
60 cm. Feuillage duveteux et grisâtre. Épis floraux violet pourpré en avril-mai, surmontés d'un toupet de bractées bleu violacé. Très parfumée.

Lavande papillon
Lavandula stoechas ssp. *pedunculata*
60 cm. Feuillage grisâtre. Épis floraux violacés en avril-mai, surmontés de grandes bractées violettes. Assez sensible au froid.

Lavandin *Lavandula intermedia*
40 cm. Feuillage vert. Épis bleu vif en juillet-août. Très parfumé.

Culture

La lavande est une plante méditerranéenne qui supporte malgré tout assez bien le froid et que l'on peut cultiver en toute région. Elle demande un sol léger, bien drainé, plutôt calcaire, et se plaît dans les terres caillouteuses ou sablonneuses. Elle s'adapte cependant à toute bonne terre de jardin. La lavande à toupet préfère les sols acides. Mettez-la de préférence en place au printemps. En sol lourd et humide, amendez avec un mélange de terreau et de sable.

Effectuez une taille annuelle, après la floraison, pour maintenir une forme compacte.

Espacez les pieds de 40 à 50 cm. Multipliez par bouturage en juillet-août.

Utilisation

Plantez les lavandes au premier plan des massifs d'arbustes, dans les rocailles, et associez-les aux plantes vivaces aimant le soleil et les sols secs. Récoltez les fleurs pour les bouquets secs et pour parfumer les armoires.

Cueillette

Coupez les épis au sécateur quand les fleurs commencent à s'épanouir.

Ligulaire

Ligularia

Les feuilles des ligulaires forment de belles touffes denses dans les jardins humides. Ces plantes à fleurs jaunes vivent longtemps et sont précieuses pour l'ornement des endroits semi-ombragés.

- Plantation : printemps ou automne
- Floraison : juin à septembre
- Exposition : soleil ou mi-ombre
- Sol : frais ou humide, profond
- Utilisation : massif, sous-bois, bord de l'eau
  Hauteur : 1 à 1,80 m
  Vivace ou sous-arbrisseau

Ligularia przewalskii: *des épis fins et élancés sur un feuillage découpé.*

cheur et prospèrent même en terre nettement humide. Elles sont très belles à mi-ombre, mais acceptent aussi le soleil, sous climat tempéré et en situation fraîche.

Espacez-les de 0,50 à 1 m. Multipliez-les par semis, effectué entre avril et juillet, en pépinière.

Utilisation

Toutes les ligulaires sont des plantes remarquables pour les sous-bois clairs et les massifs un peu ombragés. Installez-les aussi en isolés ou en larges groupes au bord des pièces d'eau et des ruisseaux. Associez-les au rodgersia, à l'euphorbe, au gunnera, à l'iris, au carex et au rhéum.

Ligularia dentata
1,20 m. Grandes feuilles arrondies. Grandes fleurs jaune orangé, de juillet à septembre, sur des tiges ramifiées.
– 'Desdemona', 1 m, à grandes feuilles arrondies et pourprées. Grandes fleurs jaune orangé, de juillet à septembre.

Ligularia x palmatiloba
1,60 m. Feuilles lobées, vert foncé. Fleurs jaune vif, en épis de juin à août.

Ligularia przewalskii
1,20 m. Feuilles très découpées, vert foncé. Fleurs jaunes en épis, de juin à août, tiges brunes.

Ligularia stenocephala
1,20 m. Feuilles arrondies et très dentées. Fleurs jaunes en épis, de juin à août, sur des tiges brunes.

Ligularia wilsoniana
1,80 m. Très grandes feuilles arrondies. Fleurs jaune vif se présentant en grands épis lâches, en août-septembre, sur de hautes tiges dressées.

Culture

Installez les ligulaires en sol fertile et profond, riche en matières organiques, plutôt calcaire. Incorporez du terreau à la plantation. Ces plantes aiment la fraî-

Fertilisation

Étalez une couche de terreau au pied de la plante.

▶ Le conseil du jardinier

Ne coupez pas les grands épis de *Ligularia wilsoniana* quand les fleurs perdent leurs couleurs. Même fanés, ils participent encore au décor du jardin en automne.

Lin

Linum

Les champs de lin, d'un bleu intense, illuminent la campagne. Les espèces des jardins sont différentes et offrent de superbes tons bleus, mais aussi des fleurs rouges, roses ou blanches.

- ■ Plantation : printemps ou automne
- ■ Floraison : de juin à août
- ■ Exposition : soleil
- ■ Sol : sec et léger
- ■ Utilisation : massif, bordure, rocaille

Hauteur : 30 à 50 cm

Vivace ou annuelle

Un lin à fleurs blanches qu'il faut découvrir : Linum monogynum.

■ Espèces vivaces

Lin jaune *Linum flavum*
30 cm. Plante en touffe dressée. Tiges grêles. Feuilles étroites et lancéolées, fleurs jaune d'or réunies en bouquets denses.

Lin vivace *Linum perenne*
50 cm. Tiges grêles formant une gerbe dressée. Petites feuilles vert bleuté, grandes fleurs bleu clair veinées de bleu foncé.
– 'Album', à fleurs blanches.

■ Espèces annuelles

Lin rouge *Linum grandiflorum*
40 cm. Plante en touffe de tiges fines, à feuilles étroites. Grandes fleurs roses ou rouges.
– 'Bright Eyes', à fleurs blanches à cœur rouge foncé.

Culture

Le lin est une plante de terre sèche et de plein soleil. Les espèces vivaces s'accommodent de sols pierreux, calcaires et maigres, mais elles s'adaptent dans toutes les terres de jardin, sauf les terres lourdes et humides. L'espèce annuelle préfère un sol un peu plus fertile.

Espacez les pieds de 30 à 40 cm. Semez les annuelles en avril-mai, directement en place, avant d'éclaircir si nécessaire. Semez les vivaces de mai à juillet en pépinière, pour mettre en place à l'automne ou au début du printemps suivant. Vous pouvez multiplier les vivaces au printemps, par boutures de tête de 5 à 10 cm de long, qu'il faut repiquer dans un mélange de tourbe et de sable.

Utilisation

Le lin, vivace ou annuel, forme de jolies touffes dans les massifs. Associez-le à d'autres plantes de plein soleil comme le coréopsis, la gaillarde et la potentille. Toutes les espèces sont décoratives en grande rocaille et dans les jardins sauvages.

Bouturage

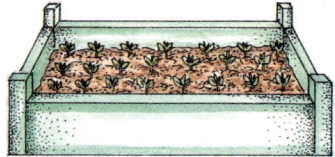

Piquez les boutures en caissette, dans un mélange bien drainé.

Lupin

Lupinus

Le lupin est une fleur traditionnelle des jardins, et ses gros épis joliment colorés sont familiers ; mais il faut découvrir certaines espèces peu répandues.

■ Plantation : printemps ou automne
■ Floraison : juin à septembre
■ Exposition : soleil ou mi-ombre
■ Sol : ordinaire, plutôt acide
■ Utilisation : massif, fleur coupée
Hauteur : 0,50 à 1,5 m
Vivace ou annuelle

Les gros épis du lupin ornent élégamment les massifs, au printemps.

■ Espèces vivaces

Lupin en arbre *Lupinus arboreus*
1,50 m. Petit arbuste à feuillage vert grisâtre et fleurs jaune soufre, de juin à septembre. Sensible au froid, il demande une protection hivernale sous le climat parisien.

Lupins hybrides de Russell
0,50 à 1 m. Plantes vigoureuses, à tiges dressées et à feuilles digitées. Épis floraux volumineux, pouvant atteindre 80 cm de mai à juillet.

■ Espèces annuelles

Lupinus hartwegii
80 cm. Tiges très ramifiées portant des épis floraux de couleurs variées, de juillet à septembre.

Lupinus luteus
50 cm. Fleurs jaune soufre, virant à l'orange, très parfumées et assez précoces.

Lupinus nanus 'Pixie Delight'
40 cm. Gros épis de 20 cm de long portés par des tiges courtes.

Culture

Le lupin est peu exigeant et s'adapte à tous les sols, sauf franchement calcaires. Il est très décoratif dans les terres profondes, fertiles et légères. Il supporte assez bien la sécheresse.
C'est une plante de soleil, mais les hybrides de Russell prospèrent à ombre légère. Rabattez sévèrement les plantes après la floraison. Espacez les pieds des hybrides de 30 à 40 cm, et de 60 cm pour le lupin en arbre. Pour toutes les espèces, la multiplication par semis est la plus facile. Semez les vivaces en place ou en godets, à partir de mai ; espacez-les ou repiquez-les en place quand elles ont quelques feuilles. On peut également effectuer la division des touffes en octobre ou en avril, mais le semis est plus sûr. Semez les espèces annuelles en place en avril.

Utilisation

Plantez les lupins vivaces ou annuels dans les massifs, en grosses touffes, ou même en bordure pour les variétés basses.

Taille

Rabattez les tiges après la floraison.

◆ Le conseil du jardinier

Le lupin vivace ne vit pas très vieux. Il devient moins florifère après 3 ou 4 ans, et il vaut alors mieux le remplacer.

Lychnis

Lychnis

Tous les lychnis sont des plantes de plein soleil, faciles à cultiver et tolérant les sols secs et relativement peu fertiles. Utilisés en groupe, ils produisent un effet spectaculaire.

La coquelourde des jardins se distingue par ses couleurs vibrantes.

Coquelourde des jardins
Lychnis coronaria
1 m. Feuillage très argenté et duveteux formant une touffe basale; tiges ramifiées et feuillées, portant des fleurs d'un rose carminé très vif de mai à août.
– 'Alba', à fleurs blanches.

Croix de Jérusalem
Lychnis chalcedonica
1 m. Touffe dressée à feuilles allongées et opposées sur des tiges assez raides. Petites fleurs rouge vermillon, en inflorescences aplaties, de mai à août.
– 'Morgenrot', 1,20 m, à fleurs rose saumoné.
– 'Rauhreif', 1,20 m, à fleurs blanches.

Lychnis x *haageana*
40 cm. Feuillage vert franc. Fleurs rouge orangé ou vermillon, regroupées par 2 ou 3, de juin à septembre.

Œillet de Jupiter *Lychnis flos-jovis* 60 cm. Feuillage duveteux et argenté, en touffe basale. Grandes fleurs rose vif, de mai à juillet.

Culture

Installez les lychnis dans un sol léger, bien drainé, à tendance plutôt acide et en plein soleil. Ils aiment le plein soleil et supportent la sécheresse et les fortes insolations. Rabattez sévèrement les tiges après la floraison.
Espacez les pieds de 50 cm pour la coquelourde et la croix de Jérusalem, et de 30 à 40 cm pour l'œillet de Jupiter et *L.* x *haageana*. Le meilleur mode de multiplication est le semis, effectué entre mai et août, en pépinière et en sol bien drainé. Repiquez en place au début du printemps.

Utilisation

La coquelourde et la croix de Jérusalem sont avant tout des plantes à massif, spectaculaires en larges groupes par leurs teintes vives. Le feuillage argenté de la coquelourde est intéressant pour jouer sur les contrastes avec les feuillages verts et pourprés. *Lychnis* x *haageana* est décoratif en bordure et en rocaille.

Marguerite

Leucanthemum

Les marguerites des jardins sont des hybrides de la grande marguerite *(Leucanthemum maximum)*, et elles s'épanouissent à partir de juin, souvent jusqu'en septembre.

- Plantation : printemps ou automne
- Floraison : juin à septembre
- Exposition : soleil
- Sol : ordinaire, pas trop sec
- Utilisation : massif, jardin sauvage, fleur coupée
  Hauteur : 0,40 à 1 m
  Vivace

La traditionnelle marguerite apporte une note champêtre au jardin.

HYBRIDES

Leucanthemum maximum

Feuilles vert foncé, persistantes, un peu coriaces et dentées. Fleurs blanches à disque jaune, simples, demi-doubles ou doubles, parfois à pétales (ligules) frangés.

– 'Beauraing', 90 cm, à fleurs simples à pétales arrondis.
– 'Beauté Nivelloise', 90 cm, à fleurs simples d'aspect ébouriffé.
– 'Bernadette Lepage', 70 cm, à grandes fleurs demi-doubles.
– 'Petite Princesse d'Argent', 40 cm, à fleurs simples.

– 'Polaris', 1,20 m, à très grandes fleurs simples. Vigoureuse.
– 'Priesterkragen', 1 m, à fleurs demi-doubles, d'aspect ébouriffé.
– 'Wirral Supreme', 80 cm, à grandes fleurs doubles.

Culture

La marguerite fleurit abondamment dans toutes les bonnes terres de jardin, en plein soleil. Rabattez très sévèrement la plante après la floraison. Espacez les pieds de 40 cm. On trouve assez facilement des graines de différents hybrides. Semez-les à partir de mai, en pépinière, éclaircissez après la levée et mettez en place en automne ou au printemps. Certaines variétés, semées en avril, fleurissent dès la première année. Procédez aussi par division des touffes.

Utilisation

Cultivez la marguerite dans les massifs, dans les jardins sauvages et pour la fleur coupée. Associez-la aux lupins, aux digitales, aux euphorbes et aux delphiniums.

Repiquage

Repiquez en espaçant les pieds de 40 cm.

❧ Le conseil du jardinier

La marguerite se ressème souvent abondamment. Cependant, les fleurs obtenues ne sont pas toujours identiques à celles de la plante dont elles sont issues. Il est donc préférable d'acheter des graines ou de procéder par division.

Marguerite d'automne

Dendranthema

Les variétés les plus précoces s'épanouissent dès le début du mois d'août, les plus tardives courant septembre. Mariez-les pour prolonger la floraison.

- ■ Plantation : printemps ou automne
- ■ Floraison : août à octobre
- ■ Exposition : soleil
- ■ Sol : assez fertile, pas trop humide
- ■ Utilisation : massif, fleur coupée
  Hauteur : 30 à 40 cm
  Vivace

Une variété simple très lumineuse 'Mary stocker'

HYBRIDES

Ces plantes forment des touffes denses et compactes, avec des feuilles vert foncé et dentées. Leurs fleurs offrent des coloris très divers et sont simples ou doubles.

Très nombreuses variétés parmi lesquelles :
– 'Apollo', 80 cm, à fleurs demi-doubles, rouge brique à cœur jaune d'août à septembre.
– 'Clara Curtis', 60 cm, à fleurs simples, roses d'août à septembre.
– 'Denise', 40 cm, à pompons jaune vif (nain) d'août à septembre.
– 'Feu de l'Automne', à fleurs doubles, jaune vif.

– 'Mary Stocker', à fleurs simples, jaune beurre lavé de beige.

Culture

Installez la marguerite d'automne dans une terre de préférence assez riche en matières organiques et bien drainée, plutôt calcaire, et en plein soleil. Arrosez régulièrement tout l'été et effectuez quelques apports d'engrais pour plantes à fleurs. Rabattez les touffes après la floraison. Dans les régions fraîches, il est préférable de protéger la souche par une litière de feuilles. Espacez les pieds de 40 à 50 cm. Multipliez par division des touffes en mars, sur des plantes bien installées.

Oïdium

La marguerite d'automne est parfois touchée par l'oïdium qui se traduit par un feutrage blanchâtre sur les feuilles. Intervenez rapidement. Supprimez les parties touchées et effectuez des pulvérisations de fongicide à base de soufre.

Utilisation

Avec ses superbes coloris, riches ou subtils, la marguerite d'automne est l'un des plus beaux ornements d'automne pour le jardin. Associez-la aux asters, aux anémones du Japon et aux solidagos.

Nettoyage

Rabattez à la cisaille après la floraison.

Monarde

Monarda

Cette plante américaine est robuste, facile à cultiver et elle donne une floraison très généreuse tout l'été, avec un feuillage dense et aromatique.

La monarde (Monarda citriodora) *séduit par ses nombreuses fleurs ébouriffées.*

Monarda didyma
80 cm. Touffe buissonnante à tiges fortes et feuilles ovales et pointues, vert foncé. Fleurs rouge écarlate, d'aspect ébouriffé.
– 'Alba', à fleurs blanches.

HYBRIDES
– 'Beauty of Cobham', 1 m, à fleurs rose-mauve.
– 'Cambridge Scarlet', 1 m, à fleurs rouge écarlate.
– 'Croftway Pink', 1 m, à fleurs rose clair.
– 'Mahagony', 80 cm, à fleurs rouge acajou.

Culture

La monarde s'adapte à peu près dans tous les sols, mais elle préfère les terres un peu fraîches, profondes et fertiles. Toutefois, elle supporte bien un peu de sécheresse. C'est surtout une plante de soleil, mais elle prospère aussi à mi-ombre, surtout dans les régions chaudes. Rabattez-la après la floraison.

Le saviez-vous ?
La monarde attire les abeilles et elle est cultivée par les apiculteurs. Son feuillage aromatique peut être utilisé pour préparer des infusions rafraîchissantes, ce qui lui vaut aussi le nom de « thé d'Oswego ».

Espacez les pieds de 40 cm. La monarde se multiplie facilement par division des touffes effectuée au début du printemps ou en automne.
On trouve également des graines qu'il faut semer au printemps.

Utilisation

Cette plante, parfois appelée « chevelure du diable » pour l'aspect ébouriffé de ses inflorescences, est idéale pour les massifs d'été : elle forme une belle touffe de feuillage odorant et sa floraison, colorée et pittoresque, dure longtemps. Associez-la en particulier aux achillées, mais également aux rudbeckias, aux pavots d'Orient, aux véroniques et aux centaurées.

Division

Divisez les touffes en automne ou au printemps.

Népéta

Nepeta

Avec sa floraison très abondante, en épis bleus, qui tient souvent de mai à septembre, la népéta est l'une des meilleures plantes à associer aux rosiers roses, blancs et jaunes.

- Plantation : printemps
- Floraison : mai à septembre
- Exposition : soleil
- Sol : bien drainé
- Utilisation : massif, bordure, rocaille, muret
  Hauteur : 25 à 90 cm
  Vivace

La floraison aérienne de la népéta 'Six Hills Giant' tient très longtemps.

Nepeta x faassenii
25 cm. Feuilles crispées et argentées. Fleurs en épis bleu lavande, de mai à octobre.
– 'Six Hills Giant', 40 cm, à fleurs bleu lavande. Vigoureuse.
– 'Snow Flake', 25 cm, à fleurs blanches.

Nepeta mussinii
25 cm. Tapissante à feuillage vert grisâtre. Fleurs bleues légèrement violacées, de mai à septembre.

Nepeta sibirica
90 cm. En touffe dressée et dense. Feuillage vert foncé. Fleurs bleu foncé, de juin à septembre.

– 'Souvenir d'André Chaudron', 40 cm, à beau feuillage foncé. Grandes fleurs bleu foncé (à protéger en hiver).

Culture

Toutes les espèces aiment les sols bien drainés, caillouteux ou sablonneux, mais elles s'adaptent aussi en sol ordinaire (de préférence à tendance calcaire). Elles redoutent surtout l'humidité hivernale. Placez-les en plein soleil. Rabattez-les près du sol au début du printemps – et non en automne car la plante serait plus sensible au froid.

Espacez les pieds de 40 cm (de 50 cm pour *N. sibirica*). Multipliez par division des touffes en mars-avril. Le semis (en pépinière de mai à juillet) donne également de bons résultats pour les espèces botaniques.

Le saviez-vous ?
Les nepetas, surtout *N. mussinii*, sont des plantes mellifères, cultivées par les apiculteurs. Elles attirent aussi toute une faune sauvage, et notamment des papillons de toutes couleurs.

Utilisation

Appelée également « menthe des chats » pour son feuillage aromatique qui attire les petits félins, la népéta se distingue par une des floraisons les plus abondantes et un des bleus les plus soutenus des plantes du jardin. Elle mérite donc d'être davantage utilisée dans les massifs, pour les espèces hautes, dans les bordures et les rocailles pour les plus compactes. *Nepeta mussinii* est une très jolie tapissante de rocaille et de muret fleuri. Associez les népétas aux rosiers et aux arbustes à fleurs, aux sauges, aux stachys, aux lychnis. Dans un jardin bleu, mariez la népéta à *Salvia azurea* ou *S. uliginosa*, au lin bleu, à la véronique en épis, au perovskia.

Œillet

Dianthus

Presque toutes les espèces d'œillet se distinguent par leur parfum suave, et il faut donc les cultiver près des allées ou de la terrasse, afin de bien en profiter.

Œillet mignardise 'Inshriach Dazzler' : pour bordures et rocailles.

■ Œillets vivaces

(floraison : mai à juillet)
Œillet à delta *Dianthus deltoides*
20 cm. Petit feuillage vert sur des tiges couchées puis ascendantes. Fleurs roses très parfumées.
– 'Leuchtfunk', rouge écarlate.

Diantus 'allwoodii'
15 cm. Feuillage fin en coussin étalé. Belles et grandes fleurs très colorées.
– 'Baby Rose', rose clair.
– 'Charme Printanier', fleur rouge carminé.
– 'Rubis', rouge vif.

Œillet à plumet *Dianthus superbus* 40 cm. Touffe lâche. Feuilles vertes, étroites. Grandes fleurs en dentelles, très parfumées, de coloris variés.

Œillet de Grenoble
Dianthus gracianopolitanus
20 cm. Feuillage fin et tapissant. Fleurs simples, rose clair.

Œillet des sables *Dianthus arenarius* 15 cm. Petit feuillage vert grisâtre en coussin. Fleurs blanches, parfumées, à pétales découpés.

Œillet mignardise
Dianthus plumarius
25 à 30 cm. Petites feuilles fines sur une plante gazonnante. Grosses fleurs doubles. Très nombreuses variétés, à fleurs simples ou doubles, de coloris variés, vifs ou pastel.

Culture

Tous les œillets vivaces aiment les terres légères, très bien drainées, plutôt calcaires, et le plein soleil. Ils se plaisent notamment dans les sols caillouteux des rocailles. Rabattez-les à la cisaille après la floraison.
Espacez les pieds de 30 à 40 cm. Multipliez par semis effectué à partir de mai en pépinière. Mettez en place en automne. On peut aussi prélever des boutures

de tiges pour les faire s'enraciner dans un mélange de sable et de terreau.

Œillet de Chine 'Princess Pink' : des fleurs délicatement frangées.

Utilisation

Ces petits œillets, tapissants ou formant de larges coussins, sont très décoratifs dans les rocailles, sur les murets fleuris et dans les grandes jardinières de terrasse où l'on peut profiter de leur parfum. Ils font aussi de très jolies petites bordures.

■ Œillets bisannuels

Œillet de poète *Dianthus barbatus* 40 cm. Tiges couchées puis ascendantes. Feuilles vertes, ovales-elliptiques ; fleurs à pétales barbus regroupées en bouquets, odorantes, en mai-juin. Variétés à fleurs simples et à fleurs doubles, de coloris variés.

Œillet des fleuristes 'Floristan' 50 cm. Nouvelle variété à grosses fleurs très doubles, dans des coloris variés en mai-juin (peut être cultivé en annuel).

Culture

Semez à partir d'avril, en pépinière bien exposée. Repiquez une première fois en pépinière, puis mettez en place en octobre ou au début du printemps. Il est prudent d'abriter les jeunes plantes sous châssis en hiver. L'œillet 'Floristan' peut également être cultivé en annuel.

Utilisation

L'œillet de poète est une plante facile à cultiver, traditionnelle dans les jardins et charmante par sa floraison et son parfum. On le cultive beaucoup pour les bouquets, mais il est aussi très décoratif dans les bordures et les massifs

(il fleurit même à mi-ombre). L'œillet des fleuristes, dont la culture est un peu plus délicate, est principalement cultivé pour les bouquets.

■ Œillets annuels

Œillet de Chabaud
Tiges solides, grandes fleurs doubles et odorantes dans des coloris variés.
– 'Géant', 50 cm, à grandes fleurs de bonne tenue.
– 'Lillipot', 25 cm, à fleurs doubles, de coloris variés, pour potées et bordures.

Œillet de Chine *Dianthus chinensis* 30 cm. Tiges ramifiées, fleurs à pétales très frangés non odorantes, de coloris très variés, fleurissant tout l'été jusqu'en automne.

Culture

Semez en janvier-février, sous abri chauffé ; repiquez en godets en mars. Mettez en place début mai : la floraison commence en juillet. Vous pouvez aussi semer

un peu plus tard, en mars, sous châssis, avec une mise en place en juin : la floraison a alors lieu en août-septembre. Dans les régions à hiver doux, on peut cultiver l'œillet de Chine en bisannuel.

Utilisation

Les œillets annuels sont assez difficiles à cultiver puisqu'il faut les semer sous serre, mais on peut les acheter sous forme de plants, en mai. Avec leur floraison dense, leur parfum délicieux et leurs coloris très divers, ils sont avant tout destinés aux bouquets, sauf les plus petits que l'on cultive en pots et en jardinière.

Semis précoces

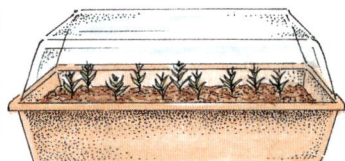

Semez les œillets annuels sous abri chauffé ou mini-serre en janvier-février

Panicaut

Eryngium

On l'appelle souvent chardon bleu pour ses inflorescences. Ses feuilles découpées, très argentées, ses formes pittoresques et son caractère épineux sont très décoratifs.

- ■ Plantation : printemps ou automne
- ■ Floraison : juin à novembre (selon les espèces)
- ■ Exposition : soleil
- ■ Sol : léger, bien drainé, plutôt calcaire
- ■ Utilisation : massif, jardin sauvage, fleur coupée, fleur séchée

  Hauteur : 0,40 à 1,80 m

  Vivace

Espacez les pieds de 40 cm, et de 60 cm pour *E. agavifolium*. Multipliez par semis effectué directement en place ou en pépinière de mai à juillet. Mettez en place à l'automne. En situation ventée, prévoyez des tuteurs pour les espèces les plus grandes.

Le chardon bleu des Alpes est très décoratif en large groupe.

Chardon des Alpes
Eryngium alpinum
60 cm. Feuilles non découpées. Inflorescences en boules bleu acier, à bractées épineuses, en juillet-août.

Chardon des Pyrénées
Eryngium bourgatii
50 cm. Feuillage découpé et veiné. Nombreuses inflorescences épineuses bleu intense, en juillet-août.

Eryngium agavifolium
1,80 m. Feuilles épineuses, vertes, rappelant celles des agaves.

Inflorescences vertes, puis brunes, de septembre à novembre.

Eryngium planum
1 m. Feuilles arrondies. Nombreux petits pompons bleu argenté, d'aspect très épineux, de juin à septembre.

Culture

Plante de plein soleil, supportant bien les fortes insolations et le voisinage de la mer, le panicaut aime les sols secs, caillouteux, plutôt calcaires, même pauvres. En revanche, il redoute l'humidité.

Utilisation

Le panicaut est un beau chardon bleu, pittoresque, remarquable par ses inflorescences épineuses, d'aspect métallique, de longue durée. Plantez-le dans les massifs de plein soleil, mais aussi sur les pentes ensoleillées et sèches et dans les grandes rocailles. *Eryngium planum*, en groupe de quelques individus, est décoratif sur une pelouse ou devant une façade. Les inflorescences, très belles dans les bouquets de saison, conservent leur couleur bleue en séchant.

Le saviez-vous ?

Découvert dans les années 1960 au Mexique, *Eryngium proteiflorum* est une espèce encore rare, mais magnifique. Avec un beau feuillage épineux, il donne des inflorescences bleu acier entourées d'une collerette de bractées gris-blanc. Il est également superbe en fleur séchée.

Pavot

Papaver, Meconopsis

Le pavot est décoratif aussi pour son fruit, que l'on utilise pour les bouquets secs. Certaines variétés sont même surtout cultivées pour leurs capsules bruissantes de graines.

- ■ Plantation : printemps ou automne
- ■ Floraison : avril à octobre (selon les espèces)
- ■ Exposition : soleil ou mi-ombre
- ■ Sol : léger, assez fertile, plutôt calcaire
- ■ Utilisation : massif, jardin sauvage, fleur coupée
  Hauteur : 0,10 à 1,2 m
  Vivace et annuelle

Le pavot d'Orient offre des coloris d'une richesse exceptionnelle.

■ Pavots vivaces

GENRE PAPAVER

Papaver atlanticum
40 cm. Feuillage bleuté, découpé, en petites touffes. Fleurs rouge orangé d'avril à juin.

Papaver burseri
10 cm. Feuillage vert bleuté, découpé et lobé. Fleurs blanches, jaunes, orangées ou rouges, de juin à septembre.

Pavot d'Islande *Papaver nudicaule*
40 cm. Feuillage bleuté et découpé. Fleurs blanches, jaunes, orangées ou rouges, de juin à septembre.

Pavot d'Orient *Papaver orientale*
1,20 m. Feuilles découpées, velues, vert foncé, formant une touffe basale (disparaissant après la floraison pour ressortir en automne). Grandes fleurs en coupe, avec ou sans macules à la base, brillamment colorées.
– 'Allegro', 60 cm, rouge clair.
– 'Beauty of Livermere', 1 m, rouge foncé (pétales ondulés).
– 'Mary Finan', 80 cm, rouge intense (pétales frangés).
– 'Perry's White', 80 cm, blanc pur à macules noires.

GENRE MECONOPSIS

Pavot bleu de l'Himalaya
M. betonicifolia
80 cm. Tige ramifiée ; feuilles ovales, crénelées, vert bleuté, en touffe basale. Grandes fleurs de 6 cm de diamètre, bleu ciel à centre jaune, regroupées en bouquets, de juin à août.

Pavot du pays de Galles
M. cambrica
30 cm. Feuillage vert franc, découpé, en petite touffe. Fleurs jaune intense de 4 cm de diamètre, de juin à octobre.

Culture

Les pavots sont des plantes peu exigeantes, qui aiment les sols bien drainés et qui réussissent à peu près partout, sauf dans les terres lourdes, acides et humides. Ils demandent le plein soleil.
Espacez-les de 25 à 30 cm (40 à 50 cm pour le pavot d'Orient). Ces plantes supportent mal la transplantation. Semez-les à partir d'avril-mai, en place ou, mieux, en godets. Éclaircissez après la levée. Mettez en place,

Mildiou

Les pavots sont résistants, mais ils sont parfois touchés par le mildiou quand le temps est trop humide. En prévention, espacez-les suffisamment pour que l'air circule, et amendez les terres trop lourdes. Au premier symptôme, éliminez les parties touchées et effectuez des pulvérisations de fongicide.

sans endommager la motte, au début de l'automne.

Le pavot du pays de Galles est très facile à cultiver, en sol ordinaire, bien drainé, au soleil ou à mi-ombre (il se ressème abondamment de lui-même). En revanche, le pavot bleu, superbe et rare, est assez délicat : plantez-le en sol à la fois frais et bien drainé, en situation bien abritée et à mi-ombre. Il préfère les climats tempérés à hiver doux et à forte pluviosité.

■ Pavots annuels

Coquelicot *Papaver rhoeas*
50 cm. Feuilles découpées, vertes. Fleurs sur pédoncule grêle et velu, de 5 à 10 cm de diamètre, rouge écarlate. Diverses variétés à fleurs simples ou doubles, rouges, orangées, roses, crème, blanches.

HYBRIDES
Pavots à fleur de pivoine
80 cm. Grandes fleurs doubles, d'aspect un peu ébouriffé, en juin-juillet.
– 'Flemish Antique', rose flammé de blanc.
– 'Frosted Salmon', rose saumon.
– 'White Cloud', blanc pur.
– 'Yellow Peony', jaune soufre.

Pavots à sécher
– 'Le Géant', 1,20 m, à grandes

Le sympathique coquelicot est toujours brillant dans les massifs.

fleurs rose lilacé et capsules de 5 cm de diamètre.
– 'Poule et Poussins', 80 cm, à fleurs rouges et capsules vertes curieusement décorées.

Culture

Le coquelicot et les autres pavots annuels apprécient les terres bien drainées, même sèches et assez pauvres, et supportent la sécheresse. Semez en place, en avril ; éclaircissez de 20 à 30 cm quand les plantes ont quelques feuilles.

Utilisation

Tous les pavots sont spectaculaires par leurs grandes fleurs et leurs couleurs souvent brillantes et éclatantes. Leur défaut réside surtout dans la brièveté de leur floraison, et il faut donc les installer en compagnie d'autres plantes, qui assurent le relais.
Plantez les petites espèces vivaces dans les rocailles et sur les talus, et utilisez largement le coquelicot dans les jardins sauvages. Le pavot du pays de Galles *(Meconopsis cambrica)*, qui, lui, fleu-

rit longtemps, est précieux pour apporter de la couleur dans les sous-bois clairs et au pied des murs exposés à l'est ou même au nord. Quant au pavot bleu de l'Himalaya, c'est une plante délicate, à mettre bien en évidence.
Les pavots sont très décoratifs dans les bouquets, en particulier le pavot d'Islande. Pour qu'ils tiennent longtemps, cueillez-les quand ils sont encore au stade de bouton (juste avant l'épanouissement) et plongez rapidement le bas de la tige dans l'eau bouillante.

Plantation du pavot vivace

Plantez avec la motte car les racines sont fragiles.

Penstémon

Penstemon

S'ils ne sont pas parfaitement rustiques, les penstemons se distinguent par une exceptionnelle floraison estivale – et il serait dommage de s'en priver.

- Plantation : printemps
- Floraison : mai à octobre
- Exposition : soleil
- Sol : assez fertile
- Utilisation : massif, fleur coupée
  Hauteur : 0,20 à 1 m
  Vivace

Le penstémon donne de gros épis aux coloris subtils (ici, la variété 'Hidcote').

Penstemon
'Andenken an Friedrich Hahn'
1 m. Tiges dressées. Feuilles oblongues, fleurs allongées, rouge écarlate, de juin à octobre.

Penstemon barbatus
1 m. Feuilles oblongues, vert bleuté. Grandes fleurs rouges, en entonnoir allongé, de juin à septembre, sur des tiges élégantes. Un des moins sensibles au froid. – 'Coccineus', à fleurs rouge vermillon.

Penstemon 'Evelyn'
50 cm. Feuillage vert clair. Fleurs en clochettes rose tendre, de juin à octobre.

Penstemon heterophyllus
'Blue Springs'
50 cm. Feuillage vert foncé et dense. Fleurs bleu vif de mai à juillet.

Penstemon hirsutus
50 cm. Feuillage foncé. Fleurs blanches lavées de bleu.

Penstemon 'Souvenir d'Andrien Régnier'
50 cm. Feuillage dense. Grandes fleurs en clochettes rose clair à gorge blanche.

Culture

Les penstémons préfèrent les sols assez fertiles, bien drainés, à tendance calcaire ; ils supportent la sécheresse. Placez-les en plein soleil. Rabattez-les après la première floraison pour favoriser la repousse. Arrosez sans excès durant tout l'été.
Espacez les pieds de 30 à 40 cm. La multiplication est délicate. Semez entre mai et août, en pépinière ou en caissette, pour repiquer après la levée. Abritez sous châssis ou en serre (non chauffée) durant l'hiver et mettez en place au printemps. Quelques maisons grainetières proposent des graines.

Utilisation

Les penstémons sont avant tout des plantes de massif d'été, très colorées et à longue floraison. En outre, ils sont décoratifs par leur feuillage persistant. Avec leurs longues tiges, ils font aussi de bonnes fleurs coupées.

◆ Le conseil du jardinier

Les penstémons résistent en général à l'hiver sous un climat comme celui de la région parisienne, mais il est cependant préférable de les protéger en étalant une couche de paille ou de branches de conifères sur les souches.

Pervenche

Vinca

Capable de s'étaler très rapidement, la pervenche allie un feuillage couvrant et persistant à une jolie floraison bleue qui, au printemps, éclaire les sous-bois.

- Plantation : printemps ou automne
- Floraison : avril à juin
- Exposition : mi-ombre ou ombre
- Sol : léger, assez frais
- Utilisation : couvre-sol
  Hauteur : 10 à 50 cm
  Vivace

La fraîche pervenche est précieuse pour garnir les parties ombragées.

Grande pervenche *Vinca major*
30 cm. Tiges ligneuses, couchées. Feuilles persistantes, ovales, de 5 cm de long. Fleurs bleues de 4 cm de diamètre.
– *Vinca major* ssp. Hirsuta
50 cm. Feuilles plus allongées et fleurs presque violettes. Très vigoureuse, elle s'étend à grande vitesse.
– 'Variegata', 40 cm, à feuilles panachées de crème. Fleurs bleues.

Petite pervenche *Vinca minor*
30 cm. Tiges ligneuses fines ; feuilles ovales, de 5 cm de long. Fleurs bleues de 2 cm de diamètre.
– 'Alba', à fleurs blanches.
– 'Argenteovariegata', à feuilles panachées de crème.

– 'Atropurpurea', à feuillage vert et fleurs pourprées.
– 'Aureovariegata', à feuilles panachées de jaune d'or.
– 'La Grave', à fleurs bleues.

Culture

Solide et très rustique, la pervenche est peu exigeante, mais elle se montre plus vigoureuse et plus belle dans les terres à la fois fertiles, fraîches et bien drainées ; elle n'aime pas beaucoup la sécheresse. Elle pousse et fleurit sous une ombre dense, mais préfère la mi-ombre. Elle demande très peu d'entretien : on se contente de limiter son développement. Espacez les pieds de 40 cm. La multiplication est très facile : il suffit de prélever de jeunes plantes enracinées sur les tiges rampantes, ou de bouturer.

Utilisation

La pervenche est précieuse pour constituer des tapis de verdure sous les arbres, dans les sous-bois et dans toutes les zones d'ombre. Son développement est plus facile à contrôler que celui du lierre. Utilisez-la au pied des vivaces d'ombre, comme le rodgersia et les fougères.

Le saviez-vous ?

La pervenche est aussi appelée, localement, « violette des morts », « violette de serpent » ou « bergère ». C'est une plante médicinale : en cas de blessure ou de coupure, utilisez les feuilles broyées pour leurs vertus astringentes et cicatrisantes.

Repiquage

Prélevez des plantes enracinées pour les repiquer, ailleurs, au jardin.

Phlox

Phlox

Floraison généreuse, coloris riches et très divers, parfum suave et culture facile, ce sont les atouts de cette plante précieuse pour les massifs et les rocailles.

■ Plantation : printemps ou automne

■ Floraison : avril à octobre (selon les espèces)

■ Exposition : soleil ou mi-ombre

■ Sol : fertile, plutôt acide un peu frais

■ Utilisation : massif, bordure, rocaille, fleur coupée

Hauteur : 10 à 50 cm

Vivace et annuelle

Phlox paniculata *'Amethyst'. Les variétés offrent une vaste gamme de coloris.*

■ Espèces vivaces

Phlox paniculata hybrides ▲
0,50 à 1 m. Plante robuste, en touffe dressée, à tiges raides ; feuilles lancéolées ; de juin à septembre, larges inflorescences de couleurs variées : violettes, mauves, roses, carmin, rouges, blanches. Nombreuses variétés.

Phlox nains
Phlox subulata hybrides
10 à 15 cm. Touffe compacte, souvent tapissante. Fleurs très nombreuses, en avril-mai.

Culture

Incorporez du terreau à la plantation des phlox, afin que le sol reste frais et riche en humus. Évitez les terrains calcaires et placez-les en plein soleil et en situation dégagée : lorsque les conditions de culture sont inadéquates, ces plantes sont souvent atteintes par l'oïdium. Rabattez après la floraison. Arrosez régulièrement en été et étalez du compost de jardin au pied, à la fin du printemps et en automne, pour fertiliser et conserver au sol sa fraîcheur.
Espacez les pieds de 30 à 40 cm. Multipliez par division des touffes en avril.

■ Espèce annuelle

Phlox de Drummond
Phlox drummondii
15 à 45 cm. Petite touffe dressée à feuilles ovales-lancéolées. Larges inflorescences de juin à octobre aux coloris variés, vifs ou pastel.

Culture

Le phlox de Drummond supporte mal le repiquage. Semez-le en place, en avril-mai. Lorsque les jeunes plantes ont quelques feuilles, éclaircissez à 20 cm. Arrosez régulièrement en été et évitez les terrains trop secs et peu profonds. En région chaude, une ombre légère d'après-midi est la bienvenue.

Utilisation

Vivaces ou annuels, les phlox sont de superbes plantes à massif, très florifères, idéales pour constituer de larges masses colorées. Les espèces et variétés compactes doivent être retenues pour les rocailles et les jardinières.

Fertilisation naturelle

Étalez une couche de compost au pied du phlox, pour conserver au sol sa fraîcheur.

Pied- d'alouette

Delphinium

Précieux pour les fonds de massif, les grands pieds-d'alouette offrent des fleurs superbement colorées, et notamment quelques-uns des plus beaux bleus du jardin.

- Plantation : printemps ou automne
- Floraison : juin à octobre (selon les espèces)
- Exposition : soleil
- Sol : profond et fertile
- Utilisation : massif, fleur coupée

Hauteur : 0,40 à 2 m

Vivace et annuelle

'King Arthur' et 'Galahad', deux pieds-d'alouette géants très florifères.

■ Espèces vivaces

Delphinium x *belladona*
0,80 à 1,20 m. Tiges ramifiées formant une large touffe. Fleurs abondantes et de longue durée.

Pied-d'alouette de Chine
Delphinium grandiflorum
40 cm. Plante naine, ramifiée, à feuillage très découpé. Fleurs d'un bleu gentiane lumineux, marqué de violet.

Hybrides
Pacific Giant
1,80 m. Tiges vigoureuses, non ramifiées, portant de longs épis de grandes fleurs, avec souvent une tache centrale appelée « mouche ».
– 'Astolat', à fleurs roses à mouche noire.

– 'Black Knight', à fleurs violet foncé à mouche noire.
– 'Blue Bird', à fleurs bleu clair à mouche noire.
– 'Blue Jay', à fleurs bleu clair à mouche noire.
– 'Galahad', à fleurs blanc pur.
– 'Guinevere', à fleurs rose-mauve à mouche blanche.
– 'King Arthur', à fleurs violet foncé à mouche blanche.

Culture

Assez exigeantes, ces plantes aiment les terres fertiles, profondes et riches en humus. Il est préférable de préparer le sol quelques semaines avant la plantation, en bêchant à une profondeur d'un fer de bêche, et en incorporant du terreau ou du fumier bien décomposé. Installez les pieds-d'alouette en situation abritée des vents et en plein soleil. Arrosez régulièrement en été et fertilisez en étalant du terreau au pied 2 fois par an. Prévoyez des tuteurs pour les variétés hautes. Rabattez les tiges en juillet, après la première floraison, pour en obtenir une seconde en septembre-octobre.

Respectez un espacement de 40 à 70 cm entre les pieds (selon les variétés). Divisez les touffes tous les 3 ou 4 ans, en mars-avril, pour que les plantes demeurent florifères. Jetez le centre ligneux et replantez immédiatement les éclats. Il est parfois nécessaire d'utiliser 2 fourches-bêches, dos à dos, pour faire éclater les souches. Procédez également par semis (les graines sont assez largement diffusées) effectué à partir de mai en pépinière; éclaircissez après la levée et mettez en place à l'automne ou au printemps suivant.

Le saviez-vous ?

La légende raconte qu'un jeune garçon sauva un dauphin *(delphinium)* des filets d'un pêcheur, qui, de colère, le noya. Mais Flore, sollicitée par Neptune, changea le garçon en fleur... le *delphinium* était né. En fait, ce nom fait allusion à la forme du bouton qui évoque le mufle du mammifère marin.

Le pied-d'alouette 'Thunderstorm', à épis floraux très volumineux.

et il est préférable de le semer en place début mai, pour obtenir une floraison à partir de juin. Éclaircissez à 15 cm pour la variété 'Fleurs de Jacinthe', et à 30 cm pour les plus grands.

Utilisation

Les grands pieds-d'alouette (qu'on appelle aussi couramment de leur nom scientifique « delphinium ») comptent parmi les plus beaux ornements du jardin et conviennent aussi bien à un style champêtre qu'à un massif ordonné et géométrique. Ils donnent l'occasion d'introduire des verticales, qui apportent de la variété et du relief. Utilisez les variétés les plus hautes en fond de massif.

■ Espèces annuelles

Pied-d'alouette des jardins
Delphinium ajacis
0,40 à 1 m. Feuillage fin, fleurs nombreuses.

– Race 'Imperial'
90 cm. Fleurs doubles, brillamment colorées (violet, bleu, rose et blanc).
– 'Fleurs de Jacinthe'
50 cm. Plante compacte à fleurs doubles, en gros épis, aux coloris très soutenus.

Limaces

Elles sont les principales ennemies du delphinium et causent parfois des dégâts importants, en particulier en début de saison sur les jeunes pousses. Luttez en émiettant finement la terre autour des plantes et en ramassant les débris végétaux pour éliminer les refuges potentiels des mollusques. Les appâts empoisonnés sont efficaces, mais dangereux pour les animaux de compagnie. Placez-les sous une tuile mécanique. La cloche, en verre ou en matière plastique, est également une très bonne protection.

Culture

Le pied-d'alouette annuel a les mêmes exigences que les vivaces pour le sol et l'ensoleillement.
Il supporte mal la transplantation

Attention

Toutes les espèces de pied-d'alouette sont toxiques dans toutes leurs parties. Tenez-en compte lorsque vous les manipulez, et prenez des précautions si vous avez de jeunes enfants.

Tuteurage

Palissez la tige au fur et à mesure de sa croissance sur un tuteur discret.

Cloche-piège

Placez les appâts antilimaces sous cloche pour éviter que les animaux de compagnie ne s'y risquent.

Pigamon

Thalictrum

Trop peu connu, le pigamon séduit par la légèreté de son feuillage, joliment teinté de bleu, et par ses grandes inflorescences estivales, vaporeuses et élégantes.

- Plantation : printemps ou automne
- Floraison : juin à août
- Exposition : soleil ou mi-ombre
- Sol : frais, fertile, plutôt acide
- Utilisation : massif, fleur coupée
  Hauteur : 1 m à 1,80 m
  Vivace

Le pigamon (Thalictrum delavayi) *est une vivace des plus gracieuses.*

Culture

Plantez le pigamon en terre riche en matières organiques et fraîche, mais pas humide. Cette plante supporte le plein soleil dans les régions tempérées et en sol frais, mais elle préfère la mi-ombre. Prévoyez des tuteurs discrets en situation ventée pour les espèces les plus hautes. Rabattez sévèrement après la floraison.

Espacez les pieds de 40 cm. On peut multiplier par division, au printemps, mais le semis est préférable, en pépinière, de mai à août. Mettez en place au printemps.

Utilisation

Par son feuillage vert bleuté, léger et élégant (ressemblant à celui de l'ancolie), et par sa floraison très légère, en pompons plumeux, le pigamon est un bel ornement des zones fraîches et un peu ombragées du jardin. Groupez-le sous les grands arbres en le mariant aux fougères, aux primevères, aux ligulaires, aux digitales et aux grandes campanules.

Oïdium

Le pigamon est assez sensible à l'oïdium (blanc). En prévention, arrosez régulièrement. Au premier symptôme, traitez à l'aide d'un fongicide à base de soufre.

Thalictrum aquilegifolium
1 m. Feuillage vert bleuté en touffe étalée. Pompons très légers, blanc pourpré, en grandes inflorescences.
– 'Album', à inflorescences blanches.
– 'Purpureum', à inflorescences pourpres.

Thalictrum delavayi
1,20 m. Feuillage vert bleuté en touffe dressée. Grandes inflorescences mauves, très légères.
– 'Hewitt's Double', à fleurs doubles rose soutenu.

Thalictrum favum sussp. *Glaucum*
1,80 m. Feuillage léger et bleuté. Inflorescences très légères, vaporeuses, jaune beurre.

Pivoine

Paeonia

La pivoine tient longtemps en bouquet, mais il faut la cueillir quand elle est au stade du bouton ouvert, et la mettre immédiatement dans l'eau.

- ■ Plantation : printemps ou automne
- ■ Floraison : mai à juillet
- ■ Exposition : soleil
- ■ Sol : profond et fertile
- ■ Utilisation : massif, fleur coupée
- Hauteur : 0,50 à 1,50 m
- Vivace

La pivoine (ici, 'Elsa Sass') demeure l'une des vedettes du printemps.

- 'Mollis', à fleurs simples, rose vif.
- 'Rosea Plena', à fleurs doubles, rose vif.
- 'Rubra Plena', à fleurs doubles, rouge intense.

Pivoine de Chine 'Opal Hamilton'.

Culture

Très exigeantes, les pivoines herbacées aiment les sols profonds, riches en humus, bien drainés et plutôt acides. Ameublissez le sol

■ Espèces herbacées

Pivoine de Chine *Paeonia lactiflora* 0,50 à 1,20 m. Feuilles divisées, vert foncé en touffe étalée. Plusieurs fleurs odorantes par tige. Nombreuses variétés.
- 'Albert Crousse', à fleurs doubles, rose tendre teinté de crème, parfumées.
- 'Festiva Maxima', à fleurs blanches maculées de carmin et parfumées.
- 'Kimo Kimo', à fleurs simples, rouge carmin lavé de grenat.
- 'Monsieur Jules Elie', à grosses fleurs rose argenté, parfumées.
- 'Sarah Bernhardt', à fleurs doubles, rose tendre, parfumées.

Pivoine des jardins *Paeonia officinalis* 50 à 80 cm. Feuilles divisées, vert foncé. Fleurs solitaires (une par tige), volumineuses, non parfumées.

À noter

Une fois plantée, il arrive que la pivoine ne fleurisse pas avant 1 ou 2, parfois même 3 ans. Elle a en effet besoin de temps pour s'installer, et il faut se montrer patient. Apportez-lui de l'engrais pour plantes à fleurs (fortement dosé en potasse et en phosphore) pour favoriser son démarrage. Pour les mêmes raisons, il faut éviter de déranger la pivoine (même pour la diviser) une fois qu'elle est dans son élément.

au moins un mois avant la plantation en apportant un compost de jardin ou un fumier animal bien décomposé, ainsi que de la tourbe (surtout en terre neutre ou légèrement calcaire). Évitez particulièrement les terrains secs, pierreux et franchement calcaires.

Installez les plantes en situation abritée et bien ensoleillée (bien qu'elles tolèrent une ombre légère dans les zones chaudes).

Espacez les plantes de 0,60 à 1 m (selon les variétés). Multipliez en prélevant des éclats comportant au moins un œil, en août-septembre. Cependant, cette opération est éprouvante pour la plante mère, qui a parfois besoin d'un an de récupération avant de refleurir.

■ Espèces arbustives

Pivoine en arbre
Paeonia suffruticosa 1 à 1,50 m. Branches ramifiées, peu nombreuses. Feuillage découpé, vert clair. Fleurs solitaires, très volumineuses. Croissance lente.
– 'Genioraku', à grandes fleurs semi-doubles, blanches.
– 'Reine Élisabeth', à fleurs doubles, rouge coccinné nuancé d'orangé.
– 'Renkaku', à fleurs simples, blanches.

'Adolphe Rousseau', une pivoine de Chine double de forme classique.

Culture

La pivoine en arbre est elle aussi assez exigeante, mais elle apprécie surtout un sol léger, poreux et bien drainé. Arrosez-la régulièrement tout l'été, surtout quand elle est jeune.

Espacez les pieds de 1 à 1,50 m. La multiplication est délicate. Les professionnels procèdent par greffe sur des racines de pivoine herbacée. Toutefois, on peut aussi prélever des rejets en périphérie d'un sujet établi depuis longtemps.

Utilisation

Herbacée ou arbustive, la pivoine est l'une des vedettes du jardin à la fin du printemps. Cultivez-la dans les massifs composés, en l'associant à des plantes à floraison estivale, qui prennent le relais. Placez la pivoine de Chine près des allées ou des terrasses pour profiter de son parfum.

N'oubliez pas les variétés simples, très belles avec leur cœur jaune, qui présentent un caractère plus naturel et plus champêtre. La pivoine est aussi l'une des plus belles fleurs à bouquet.

Mildiou

La pivoine peut être touchée par différentes maladies cryptogamiques, en particulier le mildiou, qui provoque un noircissement des pousses, et par des pourritures sur les feuilles et au collet. Par précaution, espacez suffisamment les touffes et fertilisez 2 fois par an. Si vos pivoines ont été touchées l'année précédente, faites un traitement préventif à l'aide d'un fongicide.

Tuteurage des pivoines

Liez la touffe de pivoines pour éviter qu'elle ne se couche.

▶ *Les conseils du jardinier*

Pour que la pivoine fleurisse abondamment chaque année, étalez à son pied une bonne couche de compost de jardin, au moins au printemps et, éventuellement, en automne, mais n'étouffez pas la base de la plante.

La pivoine en arbre est rustique, mais elle fleurit tôt et ses boutons sont parfois endommagés par les gelées tardives dans les régions un peu fraîches. Par précaution, cultivez la plante en situation abritée des vents ou au pied d'un mur.

Polygonum

Polygonum syn. *Persicaria*

Les espèces de polygonum, très diverses par leur aspect, sont à recommander dans les terrains frais et surtout au bord de l'eau où elles font de remarquables couvre-sols.

- Plantation : printemps ou automne
- Floraison : avril à octobre (selon les espèces)
- Exposition : soleil ou mi-ombre
- Sol : fertile et frais
- Utilisation : couvre-sol
  Hauteur : 0,10 à 1,20 m
  Vivace

La bistorte 'Superbum' produit une multitude de petits épis rose clair.

Culture

Le polygonum aime les terres fraîches, riches en humus et bien équilibrées. Il fleurit plus abondamment en plein soleil, mais il prospère aussi à mi-ombre. C'est une plante vigoureuse, à croissance rapide, qui ne demande d'ordinaire que peu de soins. Espacez les pieds de 30 à 50 cm, selon la taille de l'espèce. Multipliez par division des touffes au printemps ou à l'automne.

Utilisation

Le polygonum (ou renouée) est l'un des meilleurs couvre-sols pour terrains frais ou humides, où il s'étale rapidement. Utilisez-le aussi en sol ordinaire, en arrosant régulièrement, pour constituer de vastes tapis, par exemple sous les arbustes à fleurs. Les épis, roses ou rouges, sont très décoratifs dans les bouquets.

Bistorte *Polygonum bistorta*
60 cm. Feuilles oblongues, pointues, vert clair, en touffe. Fleurs en épis rose clair, d'avril à juin.
– 'Superbum', à abondante floraison rose clair.

Polygonum affine
30 cm. Forte souche, feuilles lancéolées, partant toutes de la base. Épis dressés rose soutenu, d'avril à juillet.
– 'Superbum', à épis nombreux, presque rouges. Vigoureux.

Polygonum amplexicaule
1,20 m. Feuilles en forme de cœur, vert foncé, de 15 cm de long, prenant de belles teintes d'automne. Épis roses de 15 cm, sur de hautes hampes ramifiées, de juillet à septembre.
– 'Atrosanguineum', à longs épis rouge rubis.

Polygonum capitatum
10 cm. Feuillage vert grisâtre, avec une marque brune, en V. Nombreux petits épis rose clair, de juillet à septembre.

Le saviez-vous ?

Différentes espèces de polygonum sont des plantes médicinales, notamment la renouée des oiseaux (*P. aviculare*), réputée efficace dans le traitement des varices, et la bistorte, dont les feuilles sont utilisées comme hémostatique sur les blessures.

Primevère

Primula

Très diverses par leur forme et leurs couleurs vives ou tendres, les primevères apportent au printemps couleur et gaieté. Découvrez de belles espèces encore trop peu cultivées.

La primevère des jardins est populaire pour ses belles couleurs.

Primevère des jardins
Primula x hortensis
15 cm. Feuilles ovales en rosette. Fleurs nombreuses (une par tige), en mars-avril, aux coloris très vifs (blanc, rose, rouge, violet, jaune), souvent bicolores.

Primevère auricule, ou oreille-d'ours *Primula auricula*
20 cm. Feuilles charnues en large rosette. Fleurs aux coloris profonds, avec toujours un œil central clair.

Primula elatior
30 cm. Feuilles ovales, en rosette. Fleurs nombreuses (plusieurs par tige), aux coloris vifs et variés, en avril-mai (la meilleure pour les bouquets).

Primevère du Japon
Primula japonica
60 cm. Feuilles spatulées, en rosette, vert franc. Tiges dressées portant des fleurs étagées de coloris variés (blanc, rose, rouge, carmin), de juillet à septembre. Plante de lieux humides.

Primula beesiana
40 cm. Primevère candélabre à feuilles ovales, en rosette. Plusieurs hampes florales farineuses portant des couronnes étagées de fleurs rose carmin à centre orangé, de mai à juillet. Plante de lieux humides.

Primula x bullesiana ou *bulleyana*
50 cm. Feuilles ovales en rosette. Fleurs étagées sur la tige, aux coloris pastel, de mai à juillet.

Primula denticulata
30 cm. Fleurs rose pourpré de mars à mai, formant une inflorescence sphérique, apparaissant avant les feuilles en rosette.
– 'Alba', à fleurs blanches.
– 'Rubis', à fleurs violet pourpré.

Primevère du Tibet
Primula florindae
60 cm. Feuilles elliptiques en grosse rosette. Fleurs jaune tendre, en clochettes parfumées, formant un bouquet au sommet des hampes, en juin-juillet.

Primevère du Japon.

Primula denticulata *'Rubis'*.

Primula polyneura
30 cm. Feuilles ovales, vert foncé, en rosette. Fleurs rose carmin, à petit œil jaune, en bouquet au sommet des hampes. Plante de sol léger.

Primula x pruhonicensis 'Wanda'
10 cm, petite primevère de rocaille à fleurs bleu violacé, qui s'épanouissent en mars-avril, avant l'apparition des feuilles.

Primula rosea
15 cm. Rosette de feuilles oblongues se développant surtout après la floraison. Petites fleurs

rose carmin très soutenu, en mars-avril. Plante de lieux humides.

Primula vialii
50 cm. Feuilles étroites et allongées, vert clair, en rosette. Fleurs regroupées en grappes compactes et dressées, rouge écarlate, puis roses, en juin-juillet. Plante de sol léger.

Culture

Les primevères aiment les sols assez riches en humus, à tendance légèrement acide, mais beaucoup supportent aussi une tendance calcaire. Certaines espèces (primevère du Japon, *Primula beesiana*) préfèrent les terrains humides et prospèrent au bord de l'eau, alors que d'autres *(Primula vialii, Primula polyneura)* apprécient les sols légers. Toutes sont des plantes de mi-ombre qui acceptent le plein soleil dans les régions tempérées, à condition d'être suffisamment arrosées. Les primevères des jardins, très répandues, réussissent bien en sol

ordinaire et sont faciles à cultiver. Espacez les primevères de 15 à 40 cm, selon l'espèce. La multiplication par division des touffes est facile pour toutes celles qui s'étalent naturellement par leurs rhizomes, par exemple pour l'oreille-d'ours. Le semis donne aussi de bons résultats et on trouve assez facilement des graines. Semez de mai à juillet, en pépinière mi-ombragée, sur une terre légère en enterrant très peu les graines ; maintenez légèrement humide. Repiquez en pépinière (ou éclaircissez) et mettez en place à l'automne, de préférence avec la motte.

Utilisation

Les primevères des jardins sont idéales pour les potées et les jardinières, et aussi pour égayer les massifs et les bordures au début du printemps. Utilisez-les largement en compagnie des bulbeuses de printemps. La primevère du Japon et les autres espèces de lieux humides sont particulièrement décoratives au bord des bassins et des ruisseaux. Associez-les aux fougères, aux astilbes, aux hostas et aux iris du Japon. Les espèces de terre légère et humifère sont très jolies dans les rocailles mi-ombragées, en association avec d'autres alpines.

Multiplication des primevères

Prélevez les jeunes pieds en périphérie de la touffe.

Rose trémière

Althaea rosea

La rose trémière est une plante vivace, de durée de vie assez courte, mais cultivée souvent en bisannuelle : elle est alors plus florifère et se montre moins sensible à la rouille.

■ Plantation : printemps ou automne
■ Floraison : juillet à septembre
■ Exposition : soleil
■ Sol : fertile, équilibré
■ Utilisation : massif, bouquet
Hauteur : 0,60 à 3 m
Vivace, bisannuelle ou annuelle

La très romantique rose trémière possède tout le charme des fleurs d'autrefois.

■ Espèce annuelle

Althaea chinensis
1,50 m. Proche de *A. rosea*, mais moins vigoureuse et à fleurs moins grandes et moins doubles, à semer en place en avril-mai.
– 'Majorette' est une charmante variété naine de 60 cm.

Culture

Semez de mai à août, en pépinière et en terrain pas trop sec ; repiquez en place, avec la motte, en automne ou au printemps.

Utilisation

La rose trémière est une grande classique des fonds de massifs ; ses longues tiges dressées, sont précieuses pour les vieux murs, ou en groupe isolé sur une pelouse.

■ Espèces vivaces

Althaea rosea
Tige dressée non ramifiée. Feuilles lobées et rugueuses. Fleurs de 5 à 20 cm de diamètre, en coupe, disposées le long de la tige. Nombreuses variétés à fleurs doubles, en pompons. Coloris : rose, saumon, rouge, pourpre, marron, jaune, crème, blanc, vert.

Hybrides Charter, 2 m, à grandes fleurs doubles réunies en pompons serrés.
– 'Nigra', à grandes fleurs simples pourpre presque noir.

Althaea ficilifolia
2 m. Proche de la précédente, avec des feuilles à 3 lobes rappelant celles du figuier ; grandes fleurs simples de coloris variés.

Rouille

La rose trémière est souvent touchée par la rouille qui se manifeste par de petites taches sur les feuilles et des pustules au revers. Cette maladie ne compromet pas la floraison, mais elle déforme le feuillage et le rend peu décoratif. Pour l'éviter, cultivez en sol riche en humus et pas trop sec. Une culture en bisannuelle sera préférable, en changeant de place chaque année. Par précaution, traitez préventivement avec un fongicide spécifique, et éliminez les feuilles touchées.

Rouille

La rouille est une maladie fréquente, qui défigure le feuillage. Éliminez les feuilles atteintes.

Rudbéckia

Rudbeckia

Plante de plein soleil, le rudbéckia attire l'œil par le contraste de ses pétales d'un jaune vif et brillant avec son centre souvent très saillant et presque noir.

- Plantation : printemps ou automne
- Floraison : juin à septembre
- Exposition : soleil
- Sol : bien drainé, pas trop sec
- Utilisation : massif, fleur coupée
  Hauteur : 0,25 à 1,70 m
  Vivace ou annuelle

*Le rudbéckia (*Rudbeckia fulgida *var.* speciosa*) brille de tous ses feux dans les massifs.*

■ Espèces vivaces

Rudbeckia fulgida var. *deamii*
80 cm. Feuilles et tiges velues, vert grisâtre. Fleurs jaune d'or à cœur noir, de juin à septembre.
– 'Goldsturm', 70 cm. Feuillage vert foncé en touffe dense. Fleurs jaune d'or à cœur brun, de juillet à septembre.

Rudbeckia laciniata
1,50 m. Feuillage découpé et tiges peu ramifiées. Belles fleurs jaune clair à disque vert, de juillet à septembre.
– 'Goldquelle', 80 cm. Plante compacte et dense. Grosses fleurs doubles jaune d'or.

Rudbeckia nitida 'Herbstsonne'
1,70 m. Feuillage lobé vert grisâtre clair. Fleurs jaune primevère à centre vert clair, de juillet à septembre.

Rudbeckia subtomentosa
1,50 m. Tiges dressées et ramifiées. Feuillage découpé, vert foncé. Fleurs jaune clair à disque brun, d'août à octobre.

Culture

Le rudbéckia résiste bien à la sécheresse, mais il fleurit mieux en sol un peu frais et assez fertile, à tendance calcaire. Évitez-lui les terres très humides et malsaines. Installez-le en plein soleil. En situation ventée, tuteurez les variétés hautes. Supprimez régulièrement les fleurs fanées.
Espacez les pieds de 40 à 50 cm. Multipliez au printemps ou à l'automne, par division des touffes. Le semis donne également de bons résultats : semez de mai à juillet, en pépinière, éclaircissez ou repiquez encore une fois en pépinière, et mettez en place à l'automne.

■ Espèces annuelles

Rudbeckia amplexicaulis
60 cm. Tiges dressées et ramifiées. Grandes fleurs jaune orangé, à pétales (ligules) retombants et à cœur noir en cône très saillant.

Rudbeckia hirta
30 à 60 cm. Tiges ramifiées et feuilles lancéolées. Fleurs (capitules) jaune d'or à centre brun et saillant, de juin à octobre.

Oïdium

Le rudbéckia est rarement touché par les insectes ou les maladies. Toutefois, quand le temps est sec et froid ou la lumière insuffisante, il peut être atteint par l'oïdium qui se traduit par un feutrage blanc sur la plante. Traitez à l'aide d'un fongicide à base de soufre.

– 'Becky Mix', 25 cm. Plante compacte à fleurs jaune d'or à cœur conique noir.
– 'Toto', 25 cm, à feuillage assez ample, vert foncé. Grandes fleurs jaune d'or à centre brun.
– 'Goldilocks', 60 cm, à grandes fleurs semi-doubles et doubles, jaune d'or à cœur noir.
– 'Yeux Irlandais', 60 cm. Belle variété originale pour ses fleurs jaune d'or à centre vert clair et lumineux.
– 'Plaisir Double', 80 cm, à grosses fleurs de 12 cm de diamètre, semi-doubles, jaune d'or à cœur noir.

Culture

Le rudbéckia annuel demande un sol plus riche que le vivace. Arrosez régulièrement pendant toute la croissance et supprimez les fleurs fanées.
Semez en mars-avril sous châssis ou en pépinière bien exposée. Repiquez en place en mi-juin, en espaçant de 40 à 50 cm, ou semez en place en avril-mai, avant d'éclaircir.

Utilisation

Appelé parfois « chapeau de soleil », pour la forme particulière de sa fleur, le rudbéckia est une des meilleures plantes à massif de plein été, avec une floraison prolongée jusqu'en automne. Utilisez les espèces et les variétés les plus grandes dans le fond des

Rudbeckia laciniata *'Goldquelle'*.

massifs. Pour les bouquets, cueillez les fleurs quand elles sont complètement épanouies. Mariez le rudbéckia aux achillées, aux asters, à l'anémone du Japon, aux marguerites et aux centaurées.

■ Rudbéckia pourpre
Echinacea purpurea
80 cm. Feuilles ovales, en touffe basale. Tiges dressées. Fleurs solitaires à pétales (ligules) rouge pourpré et à centre saillant brun pourpré, de juin à septembre.
– 'Abendsonne', 80 cm, à fleurs rouge carminé à centre brun orangé.
– 'Alba', 70 cm, à fleurs blanches à centre brun orangé.
Cette plante a les mêmes exigences et le même mode de culture que les rudbéckias vivaces.

Tuteurage des rudbéckias

Tuteurez les tiges du rudbéckia en situation ventée.

▶ *Le conseil du jardinier*
Rabattez les touffes des vivaces près du sol en novembre-décembre ou, à la rigueur, au tout début du printemps, pour laisser la place aux nouvelles pousses.

Santoline

Santolina

Plante méditerranéenne, la santoline résiste cependant assez bien au froid. Si elle est abîmée par les gelées, elle repart en général du pied.

■ Plantation : printemps
■ Floraison : juillet à août
■ Exposition : soleil
■ Sol : bien drainé
■ Utilisation : massif, bordure
Hauteur : 40 à 50 cm
Vivace (sous-arbrisseau)

La santoline (Santolina chamaecyparissus) *forme des touffes très étalées, en sol sec.*

Santolina chamaecyparissus
40 cm. Charpente dense et ramifiée. Feuillage fin, gris argenté et tomenteux. Fleurs en petits pompons jaunes.

Santolina neapolitana
50 cm. Feuillage très fin, plumeux, gris argenté, et port souple. Fleurs jaune vif.

Santolina pinnata
40 cm. Feuillage très fin, vert argenté. Fleurs jaunes, très nombreuses.

Santolina rosmarinifolia
40 cm. Feuillage très fin, vert vif et vernissé. Grosses fleurs jaune foncé.

Culture

La santoline préfère les terres sèches, cailouteuses et maigres, à tendance calcaire, mais elle s'adapte bien en sol ordinaire. Elle redoute l'humidité. Installez-la en plein soleil et en situation dégagée. Taillez sévèrement au printemps. Les apports d'engrais et l'arrosage sont inutiles.

Espacez les pieds de 50 cm. Multipliez en prélevant des boutures de tête de 10 cm. Repiquez-les dans un mélange de sable et de tourbe, en caissette. Placez-les en godets individuels pour les hiverner sous châssis, et mettez-les en place au printemps. Le semis, effectué en pépinière en juin-juillet, donne de bons résultats pour l'espèce *S. chamaecyparissus*.

Utilisation

La santoline, ou petit-cyprès, est une plante de rocaille et de massif où elle forme de jolies touffes argentées, colorées de jaune tout l'été. Elle reste décorative en hiver par son feuillage persistant. Associez-la aux sauges, aux véroniques, aux thyms, aux armoises, aux perovskias.

Taille

▶ **Le conseil du jardinier**
Rabattez sévèrement la santoline pour qu'elle conserve un port compact, mais attendez le début du printemps, car une taille d'automne entraîne une plus grande sensibilité au froid.

Sauge

Salvia

Plus de cent espèces et variétés de sauge sont utilisées comme plantes décoratives dans les jardins, et presque toutes présentent un feuillage aromatique.

■ Plantation : printemps
■ Floraison : mai à octobre (selon les espèces)
■ Exposition : soleil
■ Sol : bien drainé, plutôt calcaire
■ Utilisation : massif, bordure, couvre-sol
  Hauteur : 0,20 à 1,20 m
  Vivace, bisannuelle ou annuelle

Salvia nemorosa se distingue par sa nuance de bleu riche et profonde.

fiée, à feuilles persistantes, ovales, vert grisâtre, très aromatiques. Fleurs violet clair, en épis, en juin-juillet.
– 'Icterina', 50 cm, à feuillage panaché de jaune.
– 'Purparascens', 60 cm, à feuillage grisâtre et pourpré.
– 'Tricolor', 50 cm, à feuillage panaché de vert, de jaune et de rose. ▼

■ Espèces vivaces

Salvia azurea
90 cm. Touffe dressée à feuillage étroit, vert foncé grisâtre. Fleurs bleu foncé en épis allongés, de juin à septembre.

Salvia glutinosa
80 cm. Touffe dense de feuillage vert mat. Inflorescences jaunes marquées de brun, de juillet à septembre (accepte la mi-ombre et les sols acides).

Salvia involucrata 'Bethellii'
Tiges dressées à feuilles ovales d'un vert très lumineux, presque « fluo ». Inflorescences rose soutenu de juillet à octobre. L'une des plus belles, mais peu rustique. À protéger ou à rentrer en hiver.

Salvia microphylla
1 m. Touffe dressée. Tiges à base ligneuse, petites feuilles arrondies. Inflorescences rouge vif, de juillet à septembre. Peu rustique, à protéger.

Salvia nemorosa 'Blaukönigin'
60 cm. Touffe dressée. Feuilles étroites et allongées. Fleurs en longs épis fins, bleu violacé, de juillet à septembre.

Salvia patens
60 cm. Touffe dense. Feuilles ovales. Inflorescences en épis lâches et gluants, bleu violacé, de juillet à septembre.

Sauge officinale Salvia officinalis
60 cm. Plante ligneuse, très rami-

Culture

Toutes les sauges aiment les terres un peu sèches et réussissent même en sol pierreux et ingrat. Il faut les installer en plein soleil et de préférence en situation abritée (beaucoup sont sensibles au froid).
Espacez-les de 40 à 50 cm. Pour la majorité des espèces, le semis est le meilleur mode de multiplication. Effectuez-le en pépinière, à la fin du printemps ou au début de l'été. On peut également procéder par bouturage de tête, notamment pour les espèces ligneuses.

■ Espèces bisannuelles

Toute-bonne, ou sauge sclarée
Salvia sclarea
1,20 m. Plante à tige dressée, très velue, à grandes feuilles ovales, dentées, de couleur vert grisâtre, aromatiques. Inflorescences lilacées, en épi terminal, de juin à août.

Culture

Semez de mai à août, en place ou en pépinière, et mettez alors en place quand les plantes sont encore jeunes. Espacez de 60 cm.

■ Espèces annuelles

Ce sont souvent des vivaces peu rustiques, que l'on cultive en annuelles.

Salvia coccinea
40 cm. Proche de la sauge *Splendens*. Feuillage vert vif. Floraison en épis lâches, de mai à octobre. Coloris rouges, roses, saumon, blancs.

Salvia farinacea
60 cm. Touffe dressée à feuilles ovales et allongées. Floraison violette, de longue durée (juin à octobre), en longs épis fins. Vivace dans le Midi. Coloris bleus, violets, blancs. ▼

Salvia splendens ▲
20 à 40 cm. Tige dressée et ramifiée. Feuilles ovales vert franc. Inflorescences à bractées rouge écarlate, de très longue durée (mai à octobre).
– 'Dress Parade', à coloris en mélange (pourpre, rouge, rose, blanc).
– 'Feu de la Saint-Jean', 30 cm, rouge intense.
– 'Fire Star', 25 cm, rouge écarlate.
– 'Phoenix pourpre', 25 cm, violet foncé.
– 'Phoenix blanc', 25 cm, blanc pur.

Culture

Les sauges annuelles demandent une terre à la fois fertile et bien drainée, et le plein soleil. Arro

sez-les sans excès en été, et apportez un peu d'engrais en cours de croissance.
Semez en mars, en caissette, sous abri, à une température de 18 °C environ. Après la levée, quand les jeunes plantes ont quelques feuilles, repiquez-les en godets individuels. Endurcissez-les en les aérant et en les sortant et mettez-les en place en mai, en les espaçant de 15 à 30 cm.

Utilisation

Toutes les sauges sont de belles plantes à massif, et les espèces vivaces sont idéales pour les lieux secs et très ensoleillés. Les annuelles sont irremplaçables, dans les plates-bandes, pour leurs coloris soutenus et la longue durée de leur floraison. La sauge sclarée et la sauge officinale, cultivées par ailleurs comme plantes aromatiques, sont décoratives dans les jardins sauvages.

Bouturage de la sauge

Supprimez les feuilles inférieures et plantez en substrat bien drainé.

◆ Le conseil du jardinier

Rabattez la sauge officinale après la floraison, en éliminant les épis fanés. Vous pouvez aussi effectuer une taille sévère, en automne ou en hiver, si vous souhaitez limiter son développement. Cultivez cette sauge dans un coin ensoleillé, réservé aux plantes aromatiques, en l'associant au romarin et au laurier.

Saxifrage

Saxifraga

Plantes de montagne, poussant souvent sur les rochers, les saxifrages séduisent par leur charmant feuillage persistant et par leurs inflorescences gracieuses et légères.

Les saxifrages mousses, très tapissantes, donnent aussi de jolies fleurs.

Utilisation

Faciles à réussir, les saxifrages sont en général de petites plantes tapissantes à feuillage persistant, constituées de petites rosettes très décoratives. La floraison est légère, élégante, et facile à marier avec d'autres fleurs. Installez les saxifrages dans les rocailles où, très souvent, elles s'étalent largement en quelques années et recouvrent les roches. Les plus petites conviennent aussi très bien pour les murets fleuris.

Saxifrage au printemps.

Désespoir du peintre
Saxifraga umbrosa
30 cm. Tapissante, à rosettes aplaties. Fleurs blanc rosé, en épis lâches, en mai-juin.

Saxifrages Arendsi-hybrides
10 à 15 cm. « Saxifrages mousses » formant un tapis d'aspect moussu et préférant les terrains un peu frais et une ombre légère.
– 'Alba', à fleurs blanches.
– 'Ware's Crimson', à fleurs rouges.

Saxifraga cotyledon var. *pyramidalis*
60 cm. Grosses rosettes de feuilles épaisses. Nombreuses petites fleurs blanches, de mai à juillet, sur des tiges dressées.

Saxifraga paniculata
40 cm. Rosettes de feuilles incrustées de calcaire, s'étalant en coussins. Fleurs blanches ponctuées de rouge en mai-juin.

Saxifraga paniculata
40 cm. Rosettes de feuilles incrustées de calcaire, s'étalant en coussins. Fleurs blanches ponctuées de rouge en mai-juin.

Culture

Plante de sol bien drainé, la saxifrage apprécie malgré tout les terres assez riches en humus. Dans les rocailles, incorporez un peu de terreau avant la plantation. Les différentes espèces préfèrent le soleil, mais fleurissent aussi à ombre légère. Évitez-leur les fortes insolations en sol sec.
Espacez les pieds de 20 à 40 cm, selon les espèces. La multiplication est très facile puisqu'il suffit de prélever des rosettes de feuilles enracinées, en périphérie de la plante mère. Replantez-les ailleurs en ayant soin de ne pas enterrer le collet.

Multiplication

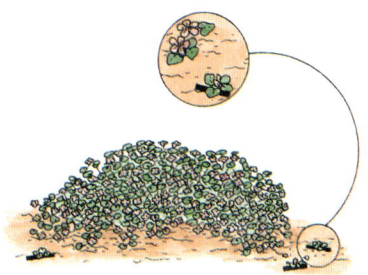

Prélevez les rosettes enracinées en périphérie de la plante.

Scabieuse

Scabiosa

La scabieuse fleurit très longtemps. Si vous prenez la peine de supprimer régulièrement ses fleurs fanées durant tout l'été, vous la verrez bravement épanouie en plein novembre.

- ■ Plantation : printemps ou automne
- ■ Floraison : juin à novembre
- ■ Exposition : soleil
- ■ Sol : bien drainé, plutôt calcaire
- ■ Utilisation : massif, rocaille, fleur coupée

Hauteur : 30 à 80 cm

Vivace ou annuelle

Culture

Peu exigeante, la scabieuse s'accommode de toutes les terres de jardin suffisamment bien drainées. En sol lourd et argileux, amendez avec un mélange de terreau ou de sable. Plantez la scabieuse en plein soleil, même en situation ventée.

Espacez les pieds de 40 cm pour la scabieuse du Caucase, de 30 cm pour les autres. Toutes les espèces sont faciles à obtenir par semis effectué entre mai et août, en pépinière.

■ Espèces annuelles

Scabieuse des jardins *Scabiosa atropurpurea*
50 à 90 cm. Feuilles ovales. Tiges dressées portant de grosses fleurs rondes, d'aspect hérissé et de coloris variés (bleu, mauve, rose, blanc).

Culture

Semez en place en avril-mai. Quand les plantes ont quelques feuilles, éclaircissez à 40 cm.

Utilisation

Avec leurs fleurs curieuses et originales, les scabieuses sont très décoratives dans les massifs d'été, où elles forment de belles touffes. Associez-les aux centaurées, aux marguerites, aux asters, aux astrances et aux achillées.

La fleur de la scabieuse du Caucase mérite d'être admirée de près.

■ Espèces vivaces

Scabieuse du Caucase
Scabiosa caucasica
80 cm. Feuilles étroites, vert grisâtre. Grandes fleurs (capitules) bleu lilacé, à pétales fripés et dentelés et à disque central composé de très petites fleurs et plus clair.
- – 'Alba', à fleurs blanches.
- – 'Clive Greaves', à fleurs bleu clair.
- – 'Fama', à fleurs bleu lavande.

Scabiosa graminifolia
30 cm. Feuilles velues et grisâtres, formant une petite touffe étalée. Fleurs en petits pompons bleu lilacé.

Scabiosa ochroleuca
80 cm. Feuilles velues, vert grisâtre, formant une belle touffe. Fleurs en pompons jaune tendre.

Sédum

Sedum

Les sédums sont étonnants par la variété de leur feuillage et de leur floraison. Ce sont de petites plantes intéressantes à collectionner dans une rocaille ou dans des pots dans un sol léger et sablonneux et en plein soleil.

- Plantation : printemps ou automne
- Floraison : mai à octobre (selon les espèces)
- Exposition : soleil
- Sol : bien drainé, plutôt calcaire
- Utilisation : massif, rocaille, muret, couvre-sol
  Hauteur : 5 à 50 cm
  Vivace

Sedum floriferum *forme un tapis coloré à partir de juin.*

Poivre des murailles *Sedum acre*
10 cm. Petit feuillage persistant vert clair. Fleurs jaune vif, en mai-juin.

Orpin blanc *Sedum album*
10 cm. Tapissant à feuillage persistant vert intense. Floraison blanche, en juin-juillet.

Sedum cauticolum 'Lidakense'
15 cm. Plante basse s'étalant rapidement. Feuilles arrondies et crénelées, vert bleuté. Fleur rose-mauve, en septembre-octobre.

Sedum floriferum
'Weihenstephaner Gold'
15 cm. Plante basse à feuilles allongées, vert foncé, formant un tapis dense. Fleurs jaune vif marquées de rouge, donnant un aspect orangé, de juin à septembre.

Sedum 'Herbstfreude'
50 cm. Grosse touffe de feuillage vert bleuté. Inflorescences aplaties et larges, rouge-brun, en septembre-octobre. Très décoratif en automne, et jusqu'en hiver.

Sedum kamtschaticum
20 cm. Petite touffe dense. Feuilles caduques, aplaties, vert franc. Fleurs jaune orangé, de juillet à septembre.

Sedum 'Matrona'
50 cm. Grosse touffe de feuillage rouge cuivré. Inflorescences aplaties, vieux rose, d'août à octobre.

Sedum pachyclados
8 cm. Tapissant à feuilles persistantes, aplaties, disposées en rosette de couleur vert bleuté. Fleurs blanches, en juin-juillet.

Sedum 'Ruby Glow'
20 cm. Touffe très étalée. Feuilles arrondies, vert bleuté, se teintant de pourpre. Inflorescences aplaties rouge pourpré, d'août à octobre.

Le saviez-vous ?

Le poivre des murailles, ou orpin brûlant *Sedum acre*, pousse dans toutes les régions de France, sur les murets et les rochers. Il a longtemps été utilisé comme plante médicinale, pour traiter brûlures, coupures et cors, et pour faire mûrir les furoncles.

Sedum spectabile

40 cm. Touffe dressée. Feuilles aplaties et vert bleuté. Inflorescences aplaties rose clair, de juillet à octobre.
– 'Brilliant', à fleurs rouge cramoisi.
– 'Carmen', à fleurs rose foncé. ▼

Sedum spurium

5 cm. Tapissant, à développement assez rapide. Feuilles semipersistantes, aplaties, ovales, vert foncé. Fleurs roses en juillet-août. Très résistant au froid et aux intempéries.
– 'Album Superbum', à feuillage vert clair et fleurs blanches.
– 'Atropurpureum', à feuilles teintées de pourpre et fleurs pourpres.

Culture

Avec leurs feuilles charnues, les sédums supportent bien la sécheresse et sont capables de pousser dans très peu de terre. Ils aiment les sols bien drainés, rocailleux ou sablonneux, et le plein soleil.
Espacez les pieds de 20 cm pour les plus nains, et de 30 à 40 cm pour ceux qui forment une touffe dressée. Multipliez en prélevant des jeunes plantes enracinées en périphérie de la plante mère, ou par semis.

Le poivre des murailles (Sedum acre) *pousse souvent spontanément sur les murets.*

Utilisation

Comme les saxifrages, les sédums, appelés aussi « orpins », sont de jolies plantes de rocaille et de muret de pierre sèche, capables de former des tapis ras, persistants ou caducs, recouvrant les roches. Les plus grands, telles les variétés 'Herbstfreude' ou 'Matrona', sont décoratifs en massif et en bordure par l'aspect et la couleur de leur feuillage et par leur floraison, et demeurent décoratifs en hiver.
Pour mieux admirer leur feuillage original et leurs jolies fleurs, cultivez aussi les sédums dans des vasques et des coupes, sur la terrasse ou sur les marches d'un escalier de jardin. Associez-les à de petites vivaces partageant leurs exigences : les campanules alpines, les potentilles, les saxifrages, les joubarbes, les thyms et les véroniques.

Bouturage du sédum

▶ Le conseil du jardinier

Les sédums à grandes feuilles charnues peuvent être bouturés par bouture de feuille. C'est un procédé facile qui vous permettra de disposer de nombreuses plantes. Prélevez les feuilles en avril-mai, laissez-les sécher deux jours et placez-les en caissette dans un mélange de tourbe et de sable. Après quelques semaines, une jeune plante apparaît à côté de chaque feuille.

Soleil

Helianthus

Les grands soleils sont des plantes traditionnelles, d'été et d'automne, dans les jardins. Il faut découvrir aussi les variétés annuelles à fleurs doubles, très décoratives.

- ■ Plantation : printemps ou automne
- ■ Floraison : juillet à octobre
- ■ Exposition : soleil
- ■ Sol : ordinaire, plutôt calcaire
- ■ Utilisation : massif, fleur coupée
- Hauteur : 0,40 à 3,50 m
- Vivace ou annuelle

Culture

Semez en place en avril-mai. Éclaircissez à 50-70 cm, selon les variétés.

Utilisation

Les grands soleils sont précieux pour les fonds de massifs, et ils restent décoratifs tard en automne. Vous pouvez aussi créer un beau groupe au milieu d'une pelouse ou devant une façade. Les variétés les plus basses sont utiles pour constituer de grosses masses colorées dans les massifs. Par leurs nombreuses graines, les soleils attirent les oiseaux dans votre jardin, en automne et en hiver.

Après les fleurs, les graines qui attirent les oiseaux.

■ Espèces vivaces

Helianthus atrorubens
2 m. Rhizomateux. Feuillage vert foncé. Fleurs jaune d'or à centre brun, de juillet à octobre.

Helianthus microcephalus
1,80 m. Envahissant. Tiges ramifiées portant de nombreuses petites fleurs jaune d'or.

Culture

Les soleils sont faciles à réussir en sol ordinaire. Ils supportent bien la sécheresse, mais préfèrent un peu de fraîcheur en été. Tous demandent le plein soleil. Les espèces rhizomateuses sont envahissantes, et il faut limiter leur développement.
Espacez les pieds de 0,50 à 1 m. Multipliez par division, ou par semis en pépinière, de mai à août.

■ Espèces annuelles

Soleil des jardins *Helianthus annuus* 1 à 3 m. Tige peu ou pas ramifiée. Feuilles amples, dentées et rugueuses. Fleurs (capitules) jaunes, se tournant vers le soleil, pouvant atteindre 40 cm de diamètre.
– 'Coucher de Soleil', 2 m, à grandes fleurs simples dans les tons bruns et rouge foncé.
– 'Hallo', 1,50 m, à fleurs jaune vif à centre presque noir.
– 'Ours en Peluche', 40 cm, à grosses fleurs doubles, jaune orangé, à l'aspect de houpette.
– 'Pacino', 40 cm. Plante naine à nombreuses fleurs jaunes à centre brun-jaune.
– 'Sonnegold', 1,50 m, à grosses fleurs doubles, orangées, à pétales très fins.
– 'Titan', 3,50 m. Énorme fleur jaune d'or à centre brun.

Soleil annuel double.

▶ Le conseil du jardinier

Pincez les tiges des variétés annuelles quand elles ont environ 30 centimètres, pour obtenir des plantes plus trapues et plus florifères.

Solidago

Solidago

Précieux par sa floraison de fin d'été et d'automne, le solidago est une plante généreuse, résistante au froid, qui ne demande pratiquement aucun soin de culture.

■ Plantation : printemps ou automne
■ Floraison : juillet à septembre
■ Exposition : soleil
■ Sol : ordinaire, plutôt calcaire
■ Utilisation : massif, fleur coupée
Hauteur : 0,40 à 1,30 m
Vivace

Culture

Plantes peu exigeantes, les solidagos supportent la sécheresse, mais fleurissent plus abondamment s'ils bénéficient d'un peu de fraîcheur. Placez-les en plein soleil et évitez les situations ventées pour les espèces les plus hautes. Certains solidagos sont envahissants par leurs rhizomes souterrains. Espacez les pieds de 40 à 50 cm. La multiplication est facile, par division des touffes en automne ou au printemps. Si la souche est très dense, faites-la éclater à l'aide de deux fourches-bêches placées dos à dos. Rabattez les tiges à la fin de l'automne.

Utilisation

Solides et rustiques, les solidagos, appelés aussi « verges d'or », sont de belles plantes à massif qui apportent de la couleur au jardin en fin de saison. Associez-les aux asters, aux véroniques, aux anémones du Japon. Ses fleurs tiennent longtemps en vase.

Solidago 'Strahlenkrone' se distingue par ses inflorescences très étalées.

Solidago canadensis
1,20 m. Envahissant. Tiges fortes et raides. Feuilles allongées. Grosses grappes dressées jaune soutenu.
– 'Goldenmosa', 50 cm, à feuillage vert clair, fleurs jaune clair.
– 'Golden Shower', 80 cm, à tiges un peu arquées. Inflorescences amples de fleurs jaune vif.

– 'Laurin'. 40 cm. Plante compacte à feuillage dense et à fleurs jaune vif.

Solidago shortii
1,30 m. Tiges fortes et feuillage foncé. Grandes inflorescences pyramidales jaune intense.

Le saviez-vous ?

La verge d'or commune (*Solidago virgaurea*) est une plante indigène rhizomateuse assez répandue dans les campagnes. Elle a été utilisée par la médecine populaire pour réduire les calculs rénaux et en collutoire contre les aphtes de la bouche.

Thlaspi

Iberis

Parmi les fleurs blanches du jardin, les plus éclatantes et les plus lumineuses sont peut-être celles du thlaspi, véritable neige d'avril.

- Plantation : printemps ou automne
- Floraison : mars à août (selon les espèces)
- Exposition : soleil
- Sol : bien drainé
- Utilisation : massif, bordure, rocaille

  Hauteur : 10 à 30 cm

  Vivace ou annuelle

Le thlaspi (Iberis gibraltarica) *se couvre littéralement de fleurs, au printemps.*

Rabattez les touffes après la floraison pour conserver un port compact, une deuxième floraison se produit parfois en septembre. Luttez régulièrement contre les mauvaises herbes.

Espacez les pieds de 30 cm. Multipliez par division des touffes en automne, ou par semis de mai à août, en pépinière.

Espèces annuelles

Thlaspi blanc *Iberis amara*
25 cm. Plante compacte très ramifiée, à petit feuillage, donnant une profusion de fleurs blanches, parfumées, de juin à octobre.

Thlaspi violet *Iberis umbellata*
35 cm. Plante ramifiée à petites feuilles allongées. Floraison en bouquets denses, violette, lavande, rose ou rouge de juin à octobre.

Espèces vivaces

Iberis gibraltarica
35 cm. Plante ligneuse à feuilles épaisses, vert foncé. Fleurs blanches marquées de violet, d'avril à juin.

Iberis saxatilis
10 cm. Petit feuillage en coussin dense. Fleurs blanches, d'avril à juin.

Thlaspi toujours vert
Iberis sempervirens
25 cm. Feuillage fin, vert foncé, persistant, en coussin étalé. Fleurs blanc argenté, en avril-mai.
– 'Snow Flake', à fleurs blanc pur.
– 'Weisser Zwerg', 15 cm. Compact, à fleurs blanches.

Culture

Le thlaspi pousse facilement en sol ordinaire s'il est bien drainé. Il apprécie une tendance calcaire et supporte bien la sécheresse.

Utilisation

Avec son feuillage persistant et son éclatante floraison, le thlaspi constitue une jolie bordure pour les allées et les massifs. Plantez-le aussi en petites taches, dans les rocailles, auxquelles il apporte de la verdure toute l'année. Les espèces les plus basses s'adaptent bien sur les murets fleuris en compagnie de l'aubriète, de la joubarbe et du sédum.

Verbascum

Verbascum

Des hampes florales jaillissantes et des grandes feuilles, disposées en rosette étalée parfois duveteuses et argentées, sont les deux atouts du verbascum.

- Plantation : printemps ou automne
- Floraison : mai à août (selon les espèces)
- Exposition : soleil
- Sol : ordinaire, bien drainé
- Utilisation : massif, jardin sauvage, fleur coupée
  Hauteur : 0,70 à 1,80 m
  Vivace

Le verbascum ou bouillon-blanc est une plante géante au caractère champêtre.

Culture

Les verbascums aiment les sols bien drainés, mais assez riches en matières organiques. Incorporez du terreau à la plantation. Évitez les terres sèches et brûlantes ou très humides. Ces plantes demandent le plein soleil et une situation abritée des vents. Mettez en place des tuteurs discrets pour les variétés hautes.

Espacez les pieds de 45 cm pour les espèces les plus petites, et de 60 cm pour les grandes. La multiplication est un peu délicate pour les hybrides : procédez par bouture de tige, au printemps. Elle est facile pour les espèces : semez en pépinière à la fin du printemps.

Utilisation

Les verbascums, également appelés «molènes», sont des plantes très élégantes dans les massifs, avec leurs tiges élancées, gracieuses, et leurs fleurs colorées, en longs épis. Plantez-les en larges groupes d'une même variété et associez-les au lis, au panicaut, au rudbéckia et au phlox. Ils donnent de belles fleurs pour les bouquets.

▶ Le conseil du jardinier

Rabattez les verbascums au ras du sol après les premières gelées. Fertilisez la terre en étalant du compost de jardin au pied des plantes.

Verbascum bombyciferum

1,80 m. Grandes feuilles ovales, duveteuses, blanc argenté, en touffe basale. Fleurs jaune soufre en longs épis, de juin à août. Vivace à courte durée de vie ou bisannuelle. Se ressème abondamment.

Verbascum nigrum

1,50 m. Grandes feuilles vert foncé. Fleurs jaunes à centre rouge en longs épis, de mai à juillet.

Verbascum phoeniceum

70 cm. Grandes feuilles vert foncé en touffe basale. Tiges ramifiées. Fleurs roses, violettes ou blanches, de mai à juillet.

HYBRIDES

– 'Pink Domino', 80 cm, à grandes feuilles vert foncé et fleurs rose pourpré, de juin à août.
– 'Royal Highland', 1 m, à feuillage foncé et fleurs rose argenté, en longs épis, de juin à août.
– 'Wega', 1,80 m, à feuillage vert grisâtre, tiges ramifiées et grandes fleurs jaunes, de juin à août.

Véronique

Veronica

Les véroniques, qu'elles soient dressées et verticales ou basses et tapissantes, offrent des bleus parmi les plus intenses et profonds du jardin. Il existe des variétés à fleurs blanches ou roses.

Les épis dressés de la véronique (Veronica gentianoides) *séduisent par leur distinction.*

Veronica gentianoides
40 cm. Plante tapissante à feuilles épaisses, vert foncé et vernissées, en rosette. Fleurs bleu clair, en mai-juin.
– 'Variegata', à feuilles panachées de blanc.

Veronica longifolia
1 m. Touffe dressée. Feuilles étroites, allongées et fortement dentées. Fleurs bleu intense en longs épis, de juin à août.

Veronica petraea 'Mme Mercier'
10 cm. Tapissante à feuilles vert foncé et pourprées. Fleurs lilacées en petites grappes, en avril-juin.

Véronique en épis *Veronica spicata*
50 cm. Touffe dressée à tiges velues. Feuilles lancéolées et dentées. Fleurs bleu vif en épis fins, en juin-juillet.
– 'Alba', à fleurs blanches.
– 'Anne-Sylvie Lepage', à fleurs bleu intense.
– 'Rosea', à fleurs roses.

Veronica surculosa 'Rosea'
10 cm. Tapissante à feuillage grisâtre. Fleurs blanc rosé de mai à juillet.

Veronica teucrium 'Royal Blue'
30 cm. Tapissante à petites feuilles allongées et fleurs bleu roi, en épis dressés, de juin à août.

Culture

La véronique n'est pas difficile et pousse pratiquement partout, sauf dans les terres humides, mais il lui faut beaucoup de soleil. Elle supporte bien la sécheresse et préfère une tendance calcaire.
Espacez les pieds de 25 cm, pour les petites espèces de rocaille, et de 40 cm pour les grandes. La multiplication est facile par semis, effectués de mai à août, en pépinière, ou par division au début du printemps.

Utilisation

La véronique en épis et les espèces les plus grandes comptent parmi les plantes à massif offrant les bleus les plus purs. Plantez-les en larges groupes pour obtenir de belles masses colorées. Les espèces les plus basses trouvent leur emploi dans les rocailles, sur les murets fleuris, dans les dallages. Mariez les véroniques à des plantes à fleurs jaunes telles les euphorbes, les millepertuis, le lin jaune, ou encore à *Isatis tinctoria*, avec ses inflorescences légères.

▶ Le conseil du jardinier
Rabattez les véroniques après la floraison pour que la touffe reste compacte.

Violette

Viola

Presque toutes les violettes sont des plantes vivaces, mais beaucoup d'hybrides sont cultivés en bisannuels, car ils deviennent moins florifères la troisième année.

■ Plantation : automne
■ Floraison : mars à septembre
■ Exposition : soleil ou mi-ombre
■ Sol : léger, fertile
■ Utilisation : rocaille, sous-bois, jardinière
Hauteur : 10 à 20 cm
Vivace

Rien n'égale en fraîcheur les petites violettes Viola cornuta *'Blue Carpet'.*

Violette cornue *Viola cornuta*
15 cm. Plante vivace très rustique, souvent cultivée en bisannuelle. Feuilles oblongues, vert foncé. Fleurs bleues, d'avril à août.

Violettes cornues hybrides
Viola x *cornuta*
15 cm. Nombreuses variétés à très petites fleurs, de mars à juillet. Le plus souvent bisannuelles.
– 'Johnny Jump Up', à petites fleurs tricolores, violet, mauve et jaune.
– 'Molly Sanderson', à fleurs noires, satinées (plutôt vivace).
– 'Prince Henri', à petites fleurs violettes à cœur jaune.

Violette odorante *Viola odorata*
15 cm. Plante en petite touffe, s'étalant par son rhizome. Feuilles en forme de cœur. Fleurs violettes ou blanches, odorantes, d'avril à septembre.
– 'Cendrillon', à fleurs bleu violacé.
– 'Czar Blanc', à fleurs blanches.
– 'Czar Bleu', à fleurs bleues.
– 'Mrs Pinehurst', à fleurs violettes à longues tiges.
– 'Reine des Blanches', fleurs doubles, blanches.

Culture

Les violettes préfèrent les sols assez riches en humus et légers. Elles supportent assez bien la sécheresse, mais n'aiment pas l'humidité permanente. Elles apprécient la mi-ombre, mais prospèrent aussi au soleil si elles sont régulièrement arrosées.
Espacez les pieds de 20 à 25 cm. La multiplication est facile pour les vivaces qui s'étalent d'elles-mêmes par leurs stolons : il suffit de prélever de jeunes plantes enracinées. On peut aussi les semer comme les bisannuelles. Pour ces dernières, semez de mai à juillet, en pépinière, en terre légère. Repiquez en pépinière ou éclaircissez quand les plantes ont quelques feuilles. Mettez en place en automne, avec la motte.

Utilisation

Les violettes apportent une note délicieusement romantique et fraîche aux sous-bois, aux rocailles fraîches et aux bordures. Utilisez-les aussi largement en pots et en jardinière, pour profiter de leur parfum.

Division

Prélevez les jeunes pieds en périphérie de la touffe.

Bégonia tubéreux

Begonia x *tuberhybrida*

Pour obtenir une profusion de fleurs opulentes, achetez les plus gros tubercules disponibles sur le marché, d'au moins 7 cm de diamètre (ou 5 cm pour les Multiflores).

- ■ Plantation : mars à mai
- ■ Floraison : juin à octobre
- ■ Exposition : mi-ombre ou ombre
- ■ Sol : fertile, léger et frais
- ■ Utilisation : massif, bordure, jardinière, suspension
  Hauteur : 0,20 à 1 m
  Non rustique

Le bégonia tubéreux est précieux pour fleurir les sous-bois.

Begonia x *tuberhybrida*
Gros tubercules bruns. Tiges charnues. Grandes feuilles vert foncé, joliment veinées de blanc ou de rouge. Fleurs simples ou doubles, aux coloris vifs.

À FLEURS SIMPLES
– 'La Madelon', nombreuses petites fleurs rose tendre, à 4 pétales en croix et à cœur jaune.
– 'Crispa Marginata', à grandes fleurs simples blanches, roses ou jaunes, à pétales frisés et ourlés de rouge.

À FLEURS DOUBLES
– 'Marmorata', à grosses fleurs blanches marbrées de rouge carmin.
– 'Non Stop', port compact, à très grosses fleurs doubles, supportant le soleil (race Multiflore).

– 'Pendula Géant', 30 à 50 cm, port retombant, à grosses fleurs doubles.

Culture

Mettez les tubercules en végétation en mars-avril, en pot et à l'intérieur, en les enterrant très peu dans un mélange de terre et de terreau, à une température de 15 à 20 °C. Les yeux (et la partie déprimée du tubercule) doivent être tournés vers le haut. Arrosez régulièrement et aérez. Mettez en place en mai en espaçant de 25 cm.
Vous pouvez aussi les planter directement en place en mai, dans un sol enrichi de terreau (mélangé à du sable si la terre est lourde), mais la floraison sera plus tardive. Tout l'été, supprimez les fleurs fanées régulièrement. Arrosez sans mouiller le feuillage avec un engrais spécial plantes fleuries si vous les cultivez en pot. Après la première gelée, lorsque le feuillage est fané, arrachez les tubercules et laissez-les sécher à l'abri. Nettoyez-les (sans les laver) et supprimez les tiges, avant de les placer en caissette, dans un local obscur et frais, protégés du gel.
On multiplie en séparant les pousses, qui se développent après la mise en végétation, à l'aide d'un couteau bien affûté, afin de prélever un petit talon de tubercule. Placez cet éclat en pot.

Utilisation

Le bégonia tubéreux est précieux pour la décoration des massifs ombragés, mais c'est surtout une plante ornementale de jardinière et de pot, très colorée. Les variétés à port retombant sont utilisées en suspension.

Multiplication

Multipliez en prélevant une pousse avec un talon.

Crocosmia

Crocosmia

La floraison du crocosmia est nettement plus longue que celle de la majorité des autres bulbeuses, et ses fleurs gracieuses et vives tiennent également longtemps en vase.

- ■ Plantation : printemps
- ■ Floraison : juin à octobre
- ■ Exposition : soleil
- ■ Sol : fertile et bien drainé
- ■ Utilisation : massif, bordure, bouquet
  Hauteur : 0,60 à 1,20 m
  Assez rustique

*Les fleurs du crocosmia (*C.masonorum*) sont particulièrement éclatantes.*

apportez un peu d'engrais pour plantes à fleurs.

Les hybrides récents se montrent assez rustiques pour passer l'hiver en place en région parisienne (avec un bon paillage). Dans les zones fraîches, il est prudent de déterrer les bulbes après la première gelée pour les conserver en cave jusqu'au printemps.

Multipliez les crocosmias en prélevant, au début du printemps, les petits bulbes qui apparaissent sur les tiges souterraines, ou divisez les grosses souches à la même époque.

Utilisation

Les couleurs flamboyantes des crocosmias et l'élégance de leur floraison mise en valeur par leur beau feuillage en font des plantes précieuses pour les massifs ensoleillés. Associez-les à des vivaces, comme les rudbéckias, pour réaliser une scène jaune et rouge.

Crocosmia hybride
Plante à rhizome bulbeux. Feuilles en forme de sabre, dressées, assez raides, vert clair. Fleurs en grappes, portées par des tiges grêles et ramifiées, légèrement retombantes.
– 'Emily McKenzie', 60 cm, orange vif.
– 'Fire Bird', 90 cm, rouge orangé.
– 'Lucifer', 1 m, rouge feu (variété la plus cultivée).
– 'Norwich Canary', jaune vif.

– 'Solfatare', 60 cm, jaune abricot intense.

Culture

Installez les crocosmias en avril, en situation chaude et abritée, dans un sol fertile et assez frais mais bien drainé. Plantez-les en groupe d'une dizaine, en espaçant les bulbes de 5 à 10 cm, pour former une grosse touffe. Placez-les à une profondeur de 5 à 10 cm. Arrosez régulièrement en été, et

Division d'une touffe

À la fourche-bêche, prélevez une partie d'une touffe bien établie, pour la transplanter ailleurs.

Crocus

Crocus

Les petits crocus botaniques sont moins répandus que les hybrides à grosses fleurs. Ils présentent des teintes délicates, étonnantes, et se montrent souvent très précoces.

- Plantation : août à novembre
- Floraison : janvier à avril ou septembre à décembre
- Exposition : soleil
- Sol : léger et fertile
- Utilisation : bordure, rocaille, pelouse fleurie
  Hauteur : 5 à 15 cm
  Rustique

Les crocus comptent parmi les premières fleurs du printemps.

Crocus chrysanthus hybrides
Floraison très précoce (janvier à mars). Fleurs petites et nombreuses.
– 'Advance', intérieur crème et extérieur violet.
– 'Ladykiller', intérieur blanc pur, extérieur pourpre liseré de blanc.

Crocus vernus hybrides
Crocus à grandes fleurs, à floraison en mars-avril.
– 'Grand Jaune', jaune vif et brillant.
– 'Grand Maître', bleu violacé.
– 'Peter Pan', blanc pur.
– 'Pickwick', blanc strié de bleu.

Crocus botaniques
– *C. ancyrensis*, orange vif, de janvier à mars.
– *C. korolkowii*, jaune vif à centre jaune foncé et extérieur bronze, de janvier à mars.

– *C. tomasinianus*, intérieur bleu lavande, extérieur gris-bleu, de janvier à mars.

Crocus d'automne
– *C. ochroleucus*, blanc crème à base jaune, d'octobre à décembre.
– *C. zonatus*, fleur lavande à cœur jaune, en septembre-octobre.

Culture

Plantez les crocus de septembre à novembre (ou en août pour les crocus d'automne), à une profondeur de 5 à 10 cm, en les espaçant également de 5 à 10 cm. Pour obtenir un effet naturel, jetez une poignée de bulbes et installez-les là où ils tombent. Vous pouvez aussi les planter en groupes denses, d'une douzaine de bulbes, pour faire une tache de couleur dans les rocailles. Dans les pelouses, plantez-les en larges nappes successives.

Les crocus aiment les terres légères, assez fertiles. Dans les sols lourds, piquez les bulbes dans une poche remplie d'un mélange de terre et de terreau.

Il est préférable de laisser les bulbes en place : ils refleurissent fidèlement chaque année. Mais vous pouvez aussi les déterrer, lorsque le feuillage est complètement fané, pour les garder dans un endroit frais jusqu'à l'automne.

Multipliez en prélevant les petits bulbes (caïeux) qui se forment à la base des gros.

Utilisation

Les crocus figurent parmi les premières fleurs à éclore au printemps. Pour créer des scènes naturelles, évitez d'accumuler les variétés – sur une pelouse, par exemple, une espèce unique sera souvent plus décorative. Plantez aussi les crocus dans les rocailles, et même en jardinière.

► *Le conseil du jardinier*
Pour effectuer la première tonte d'une pelouse, il faut attendre que le feuillage des crocus soit fané : choisissez donc de préférence les espèces les plus précoces (par exemple *C. ancyrensis*).

Dahlia

Dahlia x *hortensis*

Reine des massifs d'été, très sensible au froid, cette plante peut néanmoins être laissée en place dans les régions froides : il faut alors enterrer les souches à au moins 20 cm de profondeur.

- Plantation : mars à mai
- Floraison : juillet aux gelées
- Exposition : soleil
- Sol : fertile, profond et frais
- Utilisation : massif, bordure, jardinière, bouquet
  Hauteur : 0,15 à 2 m
  Non rustique

Le somptueux dahlia 'Prince Indien', à fleurs de camélia.

Dahlias cactus
Fleurs doubles à pétales roulés et effilés.

Dahlias à fleurs d'anémone
Fleurs simples à centre en nid-d'abeilles.

Dahlias à collerette
Grandes fleurs simples avec une collerette centrale de petits pétales.

Dahlias balle
Grosses fleurs doubles globuleuses.

Dahlias pompon
Petites fleurs globuleuses.

Dahlias à fleurs de camélia
Plantes d'obtention récente, très florifères, donnant de nombreuses petites fleurs. Intéressantes pour la fleur coupée.

❧ Le conseil du jardinier

Pour acheter vos dahlias, renseignez-vous auprès des horticulteurs spécialisés, chez qui vous trouverez un nombre très important de variétés et des fleurs plus belles et plus colorées. En effet, les variétés à grande diffusion sont sélectionnées pour des raisons de productivité (facilité de bouturage et de reproduction), sans tenir compte des qualités intrinsèques de chaque plante – qui sont au contraire essentielles aux spécialistes du dahlia.

Dahlia x *hortensis*
Plante à racines tubéreuses. Feuilles opposées, divisées en folioles ovales, vert franc ou vert foncé, à revers plus clair. Fleurs (capitules) simples, semi-doubles ou doubles.

LES RACES DE DAHLIAS
Dahlias à fleurs simples, dahlias mignons
Fleurs à une seule rangée de pétales (surtout nains ou demi-nains).

Dahlias décoratifs
Très grosses fleurs doubles à pétales plats et arrondis sur des tiges élevées.

Culture

Plantation

Plantez les souches de dahlia à partir du 15 avril sous climat moyen (dès le début du mois ou même dès mars dans le Midi). Incorporez du terreau de commerce ou un compost de jardin parfaitement décomposé à la terre de culture, surtout en terre trop lourde ou trop légère. Enterrez les souches à une profondeur d'environ 10 cm, en les recouvrant d'un mélange de terreau et de terre.

Dahlia cactus.

Espacez les variétés hautes de 0,60 à 1 m, et les naines d'environ 40 cm. Installez les tuteurs à la plantation, car vous risqueriez ensuite d'endommager les souches.

Pour obtenir une floraison plus précoce, mettez les souches en végétation dès le mois de mars, en pot et sous abri, à une température d'au moins 15 °C, en arrosant régulièrement. Donnez beaucoup de lumière lorsque les pousses apparaissent. Mettez ces plantes en place au mois de mai, après les risques de gelée, la souche enterrée sous 10 cm de terre. Creusez une cuvette de 40 cm de diamètre autour du pied pour faciliter les arrosages.

Entretien

Arrosez régulièrement les dahlias pour maintenir le sol frais. Un bon paillage de compost de jardin ou de feuilles mortes sera bénéfique pour réduire l'évaporation et éviter les mauvaises herbes. Sinon, aérez le sol en binant régulièrement, mais superficiellement pour ne pas endommager les souches.

Pour obtenir une profusion de fleurs sur les variétés hautes, pincez la tige au-dessus de la troisième paire de feuilles, afin d'obliger la plante à ramifier.

En cours de végétation, effectuez quelques apports d'engrais liquide pour plantes à fleurs (engrais complet de formule NPK 4.5.7 par exemple). En revanche, n'apportez pas d'engrais azoté qui entraîne un développement excessif du feuillage au détriment de la floraison.

Palissez les tiges sur les tuteurs au fur et à mesure de leur croissance. Supprimez systématiquement les fleurs fanées pour permettre aux boutons de pousser.

Conservation

À l'époque des premières gelées, coupez les tiges à quelques centimètres du sol et arrachez les souches à la fourche-bêche. Laissez-les sécher à l'abri dans un local sain et bien aéré, frais mais non gélif (une température de 5 °C est idéale), et débarrassez-les du plus gros de leur terre. Vous pouvez également les enfouir dans le sable pour qu'ils soient mieux protégés.

Multiplication

Elle se pratique sur les souches bien développées. Mettez-les en végétation en mars, dans du terreau humide et sous abri. Les « yeux » apparaissent bientôt au niveau du collet de la plante. Effectuez alors la division au couteau propre et bien affûté. Chaque éclat doit comporter au moins un œil et un tubercule.

Dahlia semi-double.

Saupoudrez les plaies d'un peu de fongicide, et replantez immédiatement les éclats en pot.

Utilisation

Les grands dahlias et les demi-nains sont utilisés dans les massifs, surtout en arrière-plan, et pour les bouquets. Les variétés naines conviennent pour les bordures, les jardinières et les potées.

Ramification

Pincez les tiges pour les obliger à ramifier

▶ **Le conseil du jardinier**

Si vous souhaitez obtenir de très grosses fleurs, en particulier pour vos bouquets, supprimez les deux petits boutons floraux au-dessous du gros bouton terminal (éboutonnage), ainsi que les bourgeons à l'aisselle des feuilles sur les deux étages inférieurs.

Fritillaire

Fritillaria

La couronne impériale est une plante traditionnelle des jardins d'autrefois qui revient à la mode. Ne la plantez pas trop tard en automne pour être sûr d'avoir une bonne floraison.

La couronne impériale 'Aurora', dans la majesté de sa floraison.

Fritillaria camschatcencis
20 à 40 cm. Appelée parfois « lis noir ». Fleurs pourpre très foncé, à anthères noires, en mai.

Couronne impériale
Fritillaria imperialis
0,90 à 1,20 m. Forte tige dressée, feuilles lancéolées vert franc. Fleurs en clochettes, disposées en couronne en haut de la tige, surmontées d'un bouquet de bractées vertes, en avril-mai. Soleil.
– 'Aureo marginata', à fleurs orangées, feuillage marginé de jaune.
– 'Aurora', rouge orangé.

– 'Lutea', jaune vif.
– 'Prolifera', deux couronnes de fleurs rouge vif.
– 'Rubra Maxima', rouge.

Fritillaire-damier
Fritillaria meleagris
10 à 30 cm. Fleurs en clochettes, blanches ou lilacées, ponctuées de pourpre, en mars-avril. Mi-ombre ou soleil. Appelée aussi « œuf de pintade ».

Fritillaria michailovsky
20 cm. Fleurs en clochettes brunes pendantes, à liseré jaune vif, en avril-mai. Mi-ombre.

Fritillaria pallidiflora
40 cm. Fleurs en clochettes jaune pâle à l'intérieur, acajou à l'extérieur. Mi-ombre.

Fritillaria verticillata
40 cm. Fleurs en clochettes blanches, rehaussées de lignes pourpres, en avril-mai. Mi-ombre.

Culture

Plantez les bulbes assez tôt, dès septembre si possible, mais pas en décembre car les plantes pourraient ne pas fleurir. Repiquez les gros bulbes de la couronne impériale de 20 à 30 cm de profondeur, et ceux des petites espèces de 5 à 10 cm. Pour obtenir un effet intéressant, plantez au moins une dizaine de bulbes d'une même espèce.
Toutes les fritillaires apprécient les terres à la fois riches et bien drainées, plutôt calcaires, à l'exception de la fritillaire-damier qui préfère les sols humides.
Laissez-les en place car elles n'aiment pas être dérangées.

Utilisation

Spectaculaire, la couronne impériale est une plante de massif que l'on peut même isoler, au milieu d'un tapis de myosotis, par exemple. Les autres sont surtout des espèces pour rocaille fraîche, pour potée et pour jardin sauvage.

Glaïeul

Gladiolus

Les grands glaïeuls sont surtout cultivés pour la fleur coupée mais les petits, à découvrir, sont charmants dans les massifs, les rocailles et les jardins sauvages.

■ Plantation : printemps
■ Floraison : juin à octobre
■ Exposition : soleil
■ Sol : riche et bien drainé
■ Utilisation : massif, jardinière, bouquet
  Hauteur : 0,50 à 1,20 m
  Non rustique (sauf les espèces botaniques)

Le glaïeul est indispensable pour les grands bouquets d'été.

Glaïeuls hybrides à grandes fleurs 1 m et plus. Forte tige dressée. Feuilles en forme de sabre. Grosses fleurs en entonnoir, en épi, s'épanouissant à partir de la base. Tous les coloris, sauf le bleu. Certaines variétés sont bicolores.

Glaïeuls-papillons
80 cm. Fleurs plus petites, souvent frangées et bicolores. Variétés hâtives, à planter au début du printemps.

Glaïeuls botaniques
Gladiolus communis ssp. *byzantinus*
70 cm. Feuilles étroites, vert foncé. Fleurs rose-rouge, en épis lâches, en mai.

Gladiolus illyricus
35 cm. Feuilles étroites. Fleurs rose pourpré, tachées de blanc, en épis très lâches, en mai.

Culture

Plantez les glaïeuls dans un sol bien drainé, si possible enrichi de compost parfaitement décomposé, à l'automne. Choisissez une situation bien ensoleillée et abritée des vents. Épandez un peu de poudre d'os avant de planter.

Enterrez les bulbes à une profondeur de 10 cm espacés de 15 cm. Quand la tige se développe, plantez des tuteurs fins (pas trop près de la base pour ne pas endommager le bulbe).
Arrosez régulièrement et faites quelques apports d'engrais liquide pour plantes à fleurs.
Arrachez les bulbes de glaïeul en octobre, coupez les tiges, laissez-les sécher et enlevez le plus gros de la terre. Placez-les en caissette, sur du sable, sans qu'ils se touchent, et rentrez-les dans un local aéré, obscur, frais mais non gélif. Les glaïeuls botaniques se cultivent comme les narcisses et restent en place en hiver.

Utilisation

Les glaïeuls hybrides et les glaïeuls-papillons sont parfois utilisés dans les massifs, mais ils sont surtout cultivés pour la fleur coupée.
En revanche, les glaïeuls botaniques sont de très jolies plantes de rocaille, de petits massifs et de jardins sauvages.

Conservation des bulbes

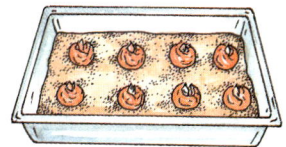

Durant l'hiver, conservez les bulbes de glaïeuls en caissette.

Hémérocalle

Hemerocallis

Cette plante est également appelée « lis d'un jour » parce que ses fleurs s'ouvrent le matin et sont fanées le soir, cependant elles se succèdent pendant plusieurs semaines.

'Iron Gate Glacier', l'une des plus belles hémérocalles blanches.

Hémérocalles tétraploïdes, tiges plus fortes, fleurs plus grandes aux couleurs plus soutenues.

Culture

L'hémérocalle accepte autant les terrains un peu secs que les sols frais, évitez simplement l'humidité stagnante. Elle doit bénéficier d'au moins 5 h de soleil par jour. En incorporant du terreau du commerce ou du compost de jardin bien décomposé, ameublissez en profondeur. Creusez un trou de 15 cm de profondeur et formez au centre une petite butte sur laquelle vous posez la souche pour que le collet soit enterré de 3 cm. Rebouchez avec de la terre fine, tassez à la main et arrosez copieusement. Arrosez en été. Laissez le feuillage fané sur la souche jusqu'au printemps, où de nouvelles pousses apparaissent. Multipliez en divisant les touffes tous les 3 ou 4 ans.

Hémérocalles hybrides
Plantes à souche charnue. Feuilles rubanées, plus ou moins retombantes, parfois persistantes ou semi-persistantes. Fleurs en entonnoir, en grappes, portées par des hampes dressées et ramifiées, de 5 à 23 cm de diamètre, en juin-juillet. Coloris : jaune, orange, rouge, rose, lilas, pourpre, crème, blanc.

Diverses variétés bicolores, certaines sont parfumées, d'autres à fleurs doubles.

Catégories
Grandes hémérocalles, 0,70 à 1,20 m.
Hémérocalles naines, 30 à 60 cm.
Hémérocalles remontantes, seconde floraison en août-septembre.

Plantation des rhizomes

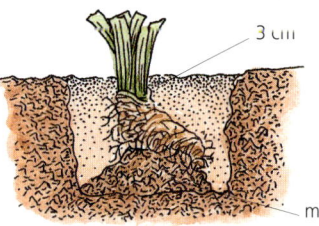

3 cm

monticule

Posez le rhizome sur une petite butte en enterrant le collet de 3 cm.

Iris

Iris

Les iris offrent une gamme de coloris inégalée – du blanc au violet et au rouge pourpré, du jaune crème au jaune vif et à l'orangé, du rose au brun et même au noir d'ébène. Il n'y manque que le rouge vif.

■ Plantation : août ou de septembre à avril

■ Floraison : mars à août

■ Exposition : soleil

■ Sol : ordinaire, bien drainé ou frais

■ Utilisation : massif, rocaille, bordure, bouquet
Hauteur : 5 cm à 1,20 m
Rustique

Un iris des jardins somptueux, 'Le Sans Culotte'.

■ Iris rhizomateux

Plante à souche très charnue. Feuilles dressées et rubanées. Fleurs composées de 3 pétales internes, souvent dressés, et de 3 sépales externes, étalés ou retombants.

Iris des jardins ou grands iris
0,60 à 1,20 m. Très nombreuses variétés à grandes fleurs, souvent délicieusement parfumées, et aux coloris somptueux. Floraison en mai-juin.

Iris intermédiaires
40 à 60 cm. Les variétés sont nettement moins nombreuses, mais toujours très colorées et parfumées. Floraison juste avant celle des iris des jardins.

Iris Lilliput
30 à 40 cm. Nombreuses variétés très colorées. Floraison précédant celle des iris intermédiaires.

Iris Lilliput 'Démon'.

Iris miniatures
25 cm. Plantes très naines. Floraison précoce.

Iris japonais
Hybrides de *Iris kaempferi*
0,60 à 1,20 m. Feuilles assez étroites, dressées en grosse touffe. Inflorescences ramifiées et grandes fleurs ouvertes à plat. Floraison de juin à août.

Iris de Sibérie *Iris sibirica*
0,60 à 1,20 m. Feuilles très étroites, en touffe dense moins haute que l'inflorescence. Fleurs fines, à sépales réfléchis.

Culture

Plantation

Plantez les iris de préférence en été, afin qu'ils s'installent avant les froids.

Les iris des jardins, les iris intermédiaires et les iris Lilliput préfèrent les sols bien drainés et légers, neutres ou à tendance calcaire. Évitez surtout les terrains humides et marécageux. En terre acide, amendez en épandant de la chaux. Préparez le sol en labourant profondément. Incorporez un mélange de terreau et de sable, ou de gravier fin, si la terre est argileuse et lourde.

En revanche, les iris japonais et les iris de Sibérie aiment les sols frais et même franchement humides (bien que les seconds supportent un peu de sécheresse).

Creusez un petit trou, de quelques centimètres de profondeur, formez une légère butte au milieu et posez dessus le rhizome : il doit affleurer au niveau du sol. Déployez tout autour les petites racines et rebouchez avec de la terre fine. Tassez énergiquement à la main et arrosez généreusement. Par temps sec, continuez à arroser durant l'automne – et ensuite au printemps.

Espacez les plantations de 30 à 40 cm pour les iris Lilliput, et de 40 à 50 cm pour les autres.

Entretien

Luttez contre les mauvaises herbes, en prenant garde de ne pas endommager la souche des iris en sarclant. Arrosez régulièrement pendant la croissance et jusqu'à la floraison, si le printemps est peu pluvieux. La fertilisation

n'est pas nécessaire si le sol est riche et équilibré, toutefois, pour favoriser la floraison, vous pouvez incorporer des engrais organiques, telle la poudre d'os, ou encore un engrais pour plantes à fleurs (en doses minimes). N'utilisez pas d'engrais azoté qui entraîne le développement du feuillage au détriment de la floraison.

Multiplication

Au bout de 4 ou 5 ans, les souches deviennent moins florifères. Déterrez-les et divisez-les en jetant le centre de la plante, souvent nécrosé, et en conservant les rhizomes. Replantez-les par 4 ou 5 pour obtenir une belle touffe.

Utilisation

Les iris des jardins sont des plantes somptueuses, par leurs coloris et leurs parfums, pour massifs, bordures et rocailles. Les plus grands font de très belles fleurs coupées.

Les iris japonais et les iris de Sibérie décorent à merveille les berges des pièces d'eau et des ruisseaux, et de tous les lieux humides.

■ Iris bulbeux

Plantes à feuilles rubanées ou très fines. Fleurs typiques de l'iris, mais souvent petites.

Iris 'Symphonie'.

Iris de Hollande
hybrides de *Iris xiphium*
40 à 70 cm. Feuilles vert foncé. Inflorescence en grappes, non ramifiée, en mai-juin. Coloris vifs (jolies fleurs coupées).

Iris reticulata
10 cm. Feuilles linéaires. Fleurs par 2 ou 3, parfumées, bleues ou violettes, en février-mars.

Iris danfordiae
10 cm. Feuilles linéaires. Fleurs jaune vif à crête orange.

Culture et utilisation

Plantez les bulbes en automne, en terre bien drainée, dans les rocailles et en bordure, en les regroupant au moins par 10. Associez-les aux autres bulbeuses précoces, comme le perce-neige et le crocus.

Plantation des rhizomes

terre fine

Plantez les rhizomes des iris en terre légère de manière qu'ils affleurent au niveau du sol.

▶ Le conseil du jardinier

La floraison des iris est somptueuse, mais assez courte. Dans vos massifs, plantez diverses espèces pour avoir des fleurs plus longtemps.

Pourriture bactérienne

Les rhizomes de l'iris sont parfois touchés par une pourriture bactérienne qui entraîne la dégénérescence et la mort rapide de la plante. Elle survient surtout dans les sols mal drainés ou déséquilibrés, au moment de la floraison. Déterrez les rhizomes touchés et supprimez les parties pourries. Appliquez un fongicide en poudre sur les plaies. Détruisez les rhizomes très atteints.

Jacinthe

Hyacinthus

Avec leurs grosses grappes parfumées, les jacinthes éclairent le début du printemps. Elles offrent des bleus superbes avec les variétés 'Bleu de Delft', bleu intense, ou 'Ostara', bleu porcelaine profond.

- Plantation : automne
- Floraison : mars à mai
- Exposition : soleil ou ombre légère
- Sol : fertile, léger
- Utilisation : massif, bordure, jardinière, potée
  Hauteur : 15 à 25 cm
  Rustique

Jacinthe 'Violet Pearl', à grappe dense et bien parfumée.

Utilisation

Les grosses grappes de la jacinthe sont très décoratives en massif, en bordure, en rocaille, en jardinière et en pot. Les variétés multiflores sont adaptées pour les potées.
Les jacinthes hâtives sont traditionnellement utilisées avec les narcisses et les tulipes hâtives, les variétés tardives avec les tulipes Triomphe.

Repiquage des bulbes forcés

Repiquez les jacinthes forcées, au jardin, quand elles arrivent au terme de leur floraison.

Le conseil du jardinier

La jacinthe se cultive souvent à l'intérieur sur carafe, les racines trempant dans l'eau, ou en pot, le bulbe à demi enterré. Achetez de gros bulbes ayant reçu un traitement thermique. Pour les pots, maintenez le substrat humide. Lorsque les fleurs sont fanées, vous pouvez planter les bulbes forcés en pot au jardin, avec leur motte, en les enterrant à 10 cm. Ils fleuriront (moins densément) l'année suivante.

Jacinthes hybrides
Plantes à gros bulbe à écailles. Feuilles linéaires vert foncé. Petites fleurs tubulaires, souvent parfumées, regroupées en grappes dressées. Coloris : blanc, rouge, rose, bleu, violet, jaune, orange.
Il existe des variétés à fleurs doubles comme 'Hollyhock', rouge carminé.

Les jacinthes multiflores donnent de 8 à 12 tiges portant des grappes moins denses que celles de la jacinthe classique.

Culture

Plantez les bulbes de septembre à novembre en terre légère et bien drainée. Si le sol est lourd et compact, incorporez un mélange de terreau et de sable ou de la terre de bruyère. Enterrez les bulbes à 10-15 cm de profondeur.
Au printemps, coupez les hampes florales quand la floraison est terminée. Attendez que le feuillage soit fané pour déterrer les bulbes. Laissez-les sécher avant de les rentrer dans un local obscur, frais et aéré, jusqu'à l'automne. Vous pouvez aussi les laisser en place.

Lis

Lilium

Les grands lis, aux coloris rares, subtils ou vibrants, sont toujours très gracieux dans les massifs ou en touffe isolée, sur une pelouse. Prenez la précaution de les cultiver en situation abritée des vents.

- Plantation : automne ou printemps
- Floraison : mai à août
- Exposition : soleil ou ombre légère
- Sol : fertile, bien drainé
- Utilisation : massif, pot
  Hauteur : 0,30 à 2,50 m
  Rustique (sauf certaines espèces)

Le lis hybride 'Connecticut King', au coloris original.

Lis hybrides
Plantes bulbeuses à tige dressée, assez forte et raide. Feuilles lancéolées ou linéaires, disposées tout le long de la tige. Fleurs en coupe ou en trompette, à style allongé, le plus souvent regroupées en bouquet.

Hybrides à fleurs en trompette
Plantes du type « lis royal », très allongées et très odorantes.

Hybrides asiatiques
Plantes robustes et rustiques. Chaque hampe porte de 6 à 20 fleurs, très ouvertes, disposées en bouquet (elles redoutent le calcaire).

Hybrides orientaux
Plantes à très grandes fleurs (jusqu'à 20 cm de diamètre), le plus souvent parfumées et délicatement piquetées de carmin ou de rouge foncé.

Lis botaniques
Lilium superbum
2 à 3 m. L'un des plus grands. Grandes fleurs jaune orangé, tachetées de marron, et rouges aux extrémités des pétales, en juillet.

Lis de la Madone *Lilium candidum*
1,20 m. Grandes fleurs blanc pur, très parfumées, en mai-juin (à planter en août-septembre).

Lis martagon *Lilium martagon*
1 m. Espèce indigène (Alpes) à fleurs rose pourpré, tachées de pourpre, en juillet.

Lis royal *Lilium regale*
1,50 m. Fleurs parfumées en trompette, blanches, ombrées de pourpre au revers, à centre jaune.

Culture

Plantation

Plantez les bulbes de lis au début du printemps ou même en automne, à une profondeur de 10 à 20 cm (sauf dans le cas du lis de la Madone qu'il ne faut recouvrir que de 2 cm de terre). Un excès d'humidité ou un sol trop lourd et trop compact entraînent la dégénérescence et la pourriture

Faire un bouquet de lis

Si vous cueillez les lis pour vos bouquets, ne coupez que le tiers de la tige afin de laisser suffisamment de feuillage pour que le bulbe puisse se reconstituer.

Le lis 'Montreux', cultivé en groupe dense.

Installez les lis en groupe dense dans les massifs, en les mariant aux delphiniums et aux pavots, ou cultivez-les en grosse touffe isolée sur une pelouse. Les petites variétés (jusqu'à 80 cm) se prêtent à la culture en bac, il leur faut alors beaucoup d'engrais.

Traiter contre les criocères

Le criocère du lis est un joli petit coléoptère rouge vif, que l'on voit souvent au printemps sur le feuillage. Il pond sur la plante, et ses larves, brunes et visqueuses, dévorent rapidement les feuilles en se logeant dessous. On s'en débarrasse à l'aide d'un insecticide de contact. Si vos lis ont été attaqués l'année précédente, faites des traitements préventifs dès que les tiges atteignent 30 cm environ.

Plantation des bulbes

20 à 35 cm

graviers + terreau

En sol lourd, étalez une couche de gravier et de terreau, avant de planter les bulbes dans un mélange de terre et de terreau.

▶ Le conseil du jardinier

Contrairement aux autres espèces, le lis de la Madone, *Lilium candidum*, se plante peu profondément, à 2 ou 3 cm, en sol non calcaire et bien drainé.

---

des bulbes. Il faut alors creuser un trou de 50 cm de profondeur et déposer au fond 10 cm de gravier mélangé à du terreau. Versez ensuite une couche de bonne terre de jardin enrichie de terreau, avant de placer les bulbes. Dans tous les cas, incorporez du terreau du commerce ou un compost de jardin bien décomposé à la terre de culture. Plantez plus profondément en sol léger et sablonneux. Évitez les terres humides.

Les lis aiment le soleil, mais les fortes insolations leur sont préjudiciables. Dans les régions chaudes, un peu d'ombre l'après-midi leur est bénéfique, surtout pour les variétés de couleurs pastel et délicates.

Espacez les bulbes de 20 à 35 cm, selon les variétés.

Entretien

En situation ventée, placez des tuteurs discrets (bambous fins) au moment de la plantation, et palissez les tiges au fur et à mesure de leur croissance.

Arrosez régulièrement, pour ne pas laisser le sol se dessécher, mais sans excès, l'humidité permanente entraînant la pourriture. Après la floraison, ne laissez pas le feuillage se dessécher. Apportez un engrais complet, ou un engrais organique (poudre d'os) au cours de la période de croissance. Paillez en été pour conserver au sol son humidité. À l'automne, vous pouvez fertiliser en étalant une couche de compost sur la souche.

Les lis n'aimant pas être déplacés, on les laisse à demeure au jardin : une souche peut ainsi fleurir au même endroit des dizaines d'années. Si vous êtes obligé de les bouger, faites-le en automne, après le dessèchement des tiges. Replantez immédiatement les bulbes.

Pourriture

La pourriture (botrytis et fusarium) touche les bulbes, les tiges et les feuilles, surtout chez les sujets cultivés en sol insuffisamment drainé ou lorsque la saison est très humide. En prévention, saupoudrez les bulbes de fongicide avant de les planter et amendez le sol avec du terreau et du sable. En cas de contamination, il faut supprimer les plantes atteintes.

Muguet

Convallaria majalis

L'origine du mot muguet, qu'on appelle aussi « lis des vallées » ou « lis de mai », vient de l'ancien français « mugue », dérivé de « musc », par allusion à son parfum.

- Plantation : automne ou printemps
- Floraison : avril-mai
- Exposition : mi-ombre
- Sol : léger et frais
- Utilisation : couvre-sol, sous-bois, jardin sauvage, bouquet
  Hauteur : 20 à 25 cm
  Rustique

Le muguet est imbattable pour la fraîcheur et la délicatesse de sa floraison.

Muguet *Convallaria majalis*
Plante à rhizome traçant, 2 feuilles en cornet, puis ovales. Fleurs en clochettes blanches, odorantes, portées par une petite tige. Jolis fruits rouges en été.

– 'Flore Plena', à fleurs doubles.
– 'Fortin', plante compacte très florifère à boutons rosés et fleurs blanches (tardive).
– 'Picta', à fleurs blanches ponctuées de rouge.
– 'Rosea', à fleurs roses.

– 'Rosea grandiflora', à grandes fleurs roses.
– 'Striata', à fleurs blanches et feuilles rayées de jaune.

Culture

Achetez les griffes en automne et mettez-les en place en les espaçant de 10 à 15 cm, en sol suffisamment frais, fertile, mais pas trop humide. Évitez l'ombre où la plante fleurit peu ou pas du tout. Le muguet s'étale assez rapidement par ses fins rhizomes souterrains.
La multiplication est facile puisqu'il suffit de prélever les jeunes pousses enracinées, après la floraison, en juin.

Utilisation

Le muguet est cultivé pour les bouquets, mais c'est aussi un excellent couvre-sol, sous les arbustes et les grands arbres à feuillage léger : il est vigoureux et élimine les mauvaises herbes. Associez-le à d'autres plantes de mi-ombre et de situation fraîche, en particulier à l'hosta, à la fougère, à la pervenche, à l'astilbe et à la ligulaire.

◗ Le conseil du jardinier

Le muguet est une plante toxique dans toutes ses parties (puissant tonique cardiaque). Attention aux jeunes enfants qui peuvent être attirés par les baies rouges !

Muscari

Muscari

Les épis bleus, compacts, du muscari, sont très décoratifs en potée, et l'on peut aussi facilement les forcer (après exposition au froid) pour les intérieurs l'hiver.

■ Plantation : automne
■ Floraison : mars à juin
■ Exposition : soleil
■ Sol : frais et fertile
■ Utilisation : bordure, rocaille, pelouse, potée
Hauteur : 15 à 40 cm
Rustique

Les petites grappes bleues de Muscari armeniacum *sont agréablement parfumées.*

Muscari armeniacum
15 cm. Feuilles étroites. Fleurs bleues, odorantes, en épi dressé, en mars-avril.
– 'Blue Spike', 15 cm, à épi bleu pâle, vert chartreuse au sommet.

Muscari botryoides 'Alba'
15 cm. Fleurs blanc pur en épi compact.

Muscari comosum 'Plumosum'
40 cm. Appelé aussi muscari plumeux. Fleurs d'aspect plumeux, en filaments violacés (très différent des autres muscaris).

Muscari latifolium
15 cm. Feuille unique, épi de fleurs prune à sommet bleu .

Muscari tubergenianum
20 cm. Feuilles étroites. Fleurs en épis d'un bleu très vif.

Culture

Plantez les bulbes de septembre à novembre, en sol bien équilibré, ni trop humide ni trop sec, de 5 à 10 cm de profondeur selon leur grosseur. Espacez-les de 10 à 15 cm. Le muscari demande du soleil à sa période de végétation. L'ombre entraîne la dégénérescence des bulbes.
Arrosez si nécessaire au printemps (notamment les sujets cultivés en pot). Fertilisez et protégez en étalant du compost de jardin sur les souches, en automne.
Multipliez après la floraison, par séparation des bulbilles.

Utilisation

Ces jolies petites plantes forment des groupes gracieux dans les rocailles, en bordure, dans les grandes jardinières. Cultivez aussi les plus précoces sur les pelouses (qu'il ne faut pas tondre ras avant que le feuillage des muscaris soit fané). Associez-les aux bulbeuses de printemps : crocus, narcisse, tulipe, et aux bisannuelles : myosotis et giroflée.
Muscari armeniacum et *M. botryoides* 'Alba' peuvent devenir envahissants lorsque les conditions leur conviennent.

Arrosage d'une potée

Arrosez 1 fois par semaine les muscaris cultivés en pot durant leur période de floraison.

Narcisse

Narcissus

Vedettes du printemps, les premiers narcisses s'épanouissent souvent dès février et les derniers en avril-mai, avec une floraison plus longue que celle des autres bulbeuses.

- Plantation : automne
- Floraison : mars à mai
- Exposition : soleil ou mi-ombre
- Sol : bien drainé, consistant
- Utilisation : massif, bordure, rocaille, jardinière, bouquet
  Hauteur : 10 à 50 cm
  Rustique (sauf quelques espèces)

Narcisse à petite couronne
30 à 50 cm. Fleur unique à petite couronne.

Narcisse double
30 à 50 cm. Fleur unique, double, de forme variable.

Narcisse papillon
30 à 50 cm. Fleur unique à couronne très large, recouvrant les deux tiers du périanthe, éclatée.

Narcisse bicolore, à grande couronne, 'Ice Follies'.

Narcisse double 'Pink Paradise'.

■ Narcisse

Plante bulbeuse à feuilles en forme de sabre, dressées, en touffe. Fleurs solitaires ou en bouquets (jusqu'à 20) d'un périanthe (partie extérieure) et d'une couronne centrale plus ou moins prononcés. Coloris : jaune, orangé, blanc (liseré rouge chez le narcisse des poètes).

■ Narcisses hybrides

Narcisse trompette
30 à 50 cm. Fleur unique, couronne plus longue que les pétales.

Narcisse à grande couronne
30 à 50 cm. Fleur unique, grande couronne, moins longue que les pétales.

▶ *Le conseil du jardinier*

Les petits narcisses Tazetta, avec leurs nombreuses fleurs, comptent parmi les meilleurs pour les rocailles et les petits massifs. Cependant, comme ils sont assez sensibles au froid, plantez-les profondément, à 20 cm, la couche de terre les protégera ainsi.

Narcisse 'Petit Four'.

Narcissus triandrus
25 à 40 cm. 2 ou 3 fleurs par tige. Fleurs pendantes à couronne arrondie, parfumées.

Narcissus cyclamineus
15 à 40 cm. Pétales repliés en arrière et très grande trompette.

Petite jonquille *Narcissus jonquilla*
20 à 40 cm. Feuillage fin, 2 ou 3 fleurs parfumées par tige.

Narcisse à bouquet
Narcissus tazetta
15 à 40 cm. Plusieurs fleurs par tige, odorantes (à planter profondément, à 20 cm).

■ Narcisses botaniques

Jonquille
Narcissus pseudonarcissus
20 cm. Feuillage vert grisâtre. Grande fleur unique jaune soutenu à trompette jaune plus foncé. Se naturalise en sous-bois clair.

Narcisse des poètes
Narcissus poeticus var. *recurvus*
40 cm. Fleur unique, parfumée, blanche, à pétales récurvés et petite couronne jaune soufre à liseré blanc. C'est le dernier narcisse à fleurir, en avril-mai.

Narcissus bulbocodium var. *conspicuus*
10 cm. Fleur unique, jaune d'or, à périanthe étroit et très grosse couronne. Pour rocaille fraîche.

Narcissus tazetta var. *canaliculatus*
15 cm. Plusieurs petites fleurs blanches à couronne jaune par tige.

Culture

Les narcisses sont des plantes robustes, rarement malades, qui refleurissent fidèlement chaque année sans demander beaucoup de soin. Ils préfèrent les terres argileuses, consistantes, plutôt fraîches, mais s'adaptent à toutes les bonnes terres de jardin. Évitez surtout les sols franchement humides ou très secs.
Choisissez une exposition ensoleillée ou mi-ombragée : les coloris seront plus vifs et la floraison plus longue à mi-ombre, mais l'ombre dense est défavorable.
Plantez de préférence en septembre ou début octobre, pour que les bulbes aient le temps de s'installer avant les froids (une plantation en novembre donne en général une floraison plus tardive). Enterrez-les à une profondeur de 10 à 20 cm, selon la gros-

seur des souches (variable selon les espèces). Achetez des bulbes multiples, qui donnent plusieurs fleurs.
Arrosez au printemps les plantes cultivées en jardinière et en pot. Après la floraison, coupez les hampes florales à la base, mais laissez le feuillage jaunir de lui-même.
Multipliez en divisant les souches bien établies, pour prélever une partie des bulbes, qu'il faut replanter aussitôt.

Utilisation

Souvent cultivés en massif, les narcisses sont sans doute plus décoratifs dans les prairies naturelles, sur les talus, dans les sous-bois clairs, où ils forment de vastes colonies. Les petites variétés et les narcisses botaniques composent de petits groupes pleins de charme dans les rocailles et conviennent bien à la culture en jardinière et en pot.

■ Narcisses à forcer

Ce sont des variétés très odorantes, adaptées pour la floraison à l'intérieur. Plantez-les en coupe, sur du gravier, en versant de l'eau dans le fond.
– 'Totus Albus', 40 cm, variété la plus courante, à fleurs très élégantes, blanc pur. Elle n'est pas rustique à l'extérieur.

Division des touffes

Divisez les touffes à la fourche-bêche à la fin de la floraison.

Perce-neige

Galanthus nivalis

Première fleur annonciatrice du printemps, le perce-neige est également attrayant pour la décoration intérieure : forcez-le, dans un pot ou une coupe, pour le faire fleurir à Noël.

- ■ Plantation : automne
- ■ Floraison : janvier à mars
- ■ Exposition : mi-ombre ou soleil
- ■ Sol : léger et frais
- ■ Utilisation : massif, bordure, sous-bois, pelouse, potée
- Hauteur : 10 à 30 cm
- Rustique

Le perce-neige forme des touffes denses, surmontées de petites fleurs.

Perce-neige *Galanthus nivalis* 10 à 15 cm. Feuilles linéaires vert foncé grisâtre. Fleur solitaire en clochette pendante, blanche. Pétales internes tachés de vert. – 'Flore-plena', à fleur double.

ESPÈCES VOISINES
Galanthus elwesii
15 cm. Feuillage grisâtre. Fleur plus grande que chez *G. nivalis*.

Galanthus plicatus
20 cm. Plus vigoureux et à fleurs plus grandes que *G. nivalis*.

Culture

Plantez le perce-neige de septembre à novembre, de préférence en sol siliceux et léger, à tendance acide. En terrain lourd, les bulbes dégénèrent en quelques années, et finissent par disparaître. Cette plante pousse bien sous les arbres et arbustes à feuillage caduc, mais supporte aussi le soleil dans les régions tempérées.

Enterrez les bulbes à une profondeur de 5 à 10 cm (plus profondément en sol siliceux), en les espaçant également de 5 à 10 cm. Par la suite, le perce-neige ne demande plus aucun soin particulier. Veillez simplement à ne pas supprimer le feuillage avant le jaunissement (en particulier sur les pelouses, qu'il ne faut pas tondre trop tôt).

Multipliez le perce-neige par division des touffes, après la floraison.

Utilisation

Le perce-neige trouve facilement sa place en massif, en bordure, en rocaille, au pied des arbres et des arbustes. Il se naturalise souvent, dans les sous-bois et sur les pelouses.

Plantation

15 cm

Jetez sur le gazon une poignée de bulbes et plantez-les là où ils tombent. Percez les trous à l'aide d'un bâton non pointu (le plantoir laisse une poche d'air sous le bulbe).

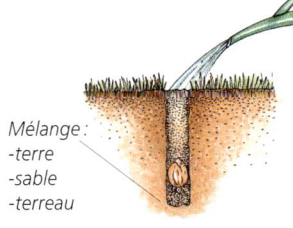

Mélange :
-terre
-sable
-terreau

Ouvrez un trou de 15 cm et jetez dans le fond une poignée d'un mélange de terre, de terreau et de sable. Placez le bulbe et rebouchez du même mélange puis arrosez.

Attention

Le perce-neige est une plante toxique (par ingestion). Placez les bulbes hors de portée des jeunes enfants.

Renoncule

Ranunculus asiaticus

Facile à cultiver, la renoncule présente des fleurs de couleurs vives, très doubles, que l'on connaît bien chez les fleuristes. C'est aussi une jolie plante très colorée pour le jardin.

- Plantation : automne ou printemps
- Floraison : mai à juillet
- Exposition : soleil
- Sol : léger
- Utilisation : bordure, potée, bouquet
  Hauteur : 30 à 50 cm
  Assez rustique

Certaines variétés sont bicolores. On trouve surtout des bulbes en coloris variés, mais quelques horticulteurs vendent les coloris séparés.

Culture

Plantez les griffes de renoncule au tout début du printemps, c'est-à-dire en mars au nord de la Loire et dans les zones fraîches. Dans les régions à hiver doux, plantez de septembre à novembre en protégeant les souches d'une couche de feuilles mortes. Cette plante préfère les sols légers et sablonneux, non calcaires, et redoute surtout l'humidité. Placez-la au soleil ou en situation légèrement ombragée. Enterrez les griffes sous 3 à 5 cm de terre fine, en les espaçant de 10 cm.

Après la floraison, attendez que le feuillage soit fané pour déterrer les bulbes. Conservez-les durant l'hiver dans un abri frais, mais non gélif. Dans les régions chaudes, vous pouvez aussi les laisser en place si le sol est parfaitement drainé.

Multipliez la renoncule tubéreuse par division des griffes, lors de la plantation.

La renoncule donne ses fleurs globuleuses à la fin du printemps.

Renoncule *Ranunculus asiaticus*
40 cm. Plante à souche charnue (griffe). Tiges dressées. Feuilles arrondies et incisées, vert franc. Floraison à partir de mai.

– Géante d'Anjou
40 cm. Grosses fleurs doubles, presque globuleuses, de 5 à 8 cm de diamètre.
Coloris très divers : jaune, rouge, orange, jaune, blanc.

Utilisation

La renoncule est très décorative en bordure et en potée fleurie. Elle est cultivée pour les bouquets, car elle tient longtemps en vase.

Scille

Scilla

La scille de Sibérie fleurit précocement, en même temps que le crocus et le narcisse trompette, et diffuse ses jolies nuances bleues dans les scènes de printemps.

Les inflorescences de la scille du Pérou sont largement étalées.

tout l'humidité. Elle apprécie le soleil mais supporte aussi très bien la mi-ombre (plusieurs espèces se naturalisent volontiers en sous-bois).
Laissez les bulbes à demeure. Multipliez en divisant les souches et en repiquant les petits bulbes.

Utilisation

La scille est précieuse pour sa bonne tenue à mi-ombre, et peut être utilisée en sous-bois au pied des grands arbres à feuillage caduc. Elle rend aussi très bien en rocaille et en grande jardinière. Les petites variétés peuvent être cultivées sur pelouse (plutôt sèches).

Scilla bifolia
10 cm. 2 feuilles linéaires par bulbe. Fleurs étoilées, bleu gentiane, en bouquet, en mars. Accepte le sous-bois.
– 'Rosea', forme à fleurs roses.

Scilla mischtschenkoana
10 cm. Fleurs bleu porcelaine très précoces, en épis, souvent dès février. Accepte le sous-bois.

Scilla peruviana
30 cm. Gros bulbe. Feuilles lancéolées, en rosette. De très nombreuses fleurs, bleu vif, en inflorescence conique, en mai. Cultivez en situation abritée. En hiver, protégez la souche par une litière de feuilles.

Scille de Sibérie *Scilla sibirica*
20 cm. De 2 à 4 feuilles vert foncé. Fleurs bleu vif, en mars-avril.
– 'Alba', à fleurs blanches.
– 'Spring Beauty', à grandes fleurs bleu de Prusse.

Culture

Plantez les bulbes en automne (en prenant des précautions car ils sont toxiques) à une profondeur de 8 à 15 cm, selon leur grosseur, en espaçant de 5 cm pour les espèces les plus petites, et de 30 cm pour *S. peruviana*.
La scille préfère les terrains légers, sablonneux, un peu secs et à tendance acide, et redoute sur-

Plantation en rocaille

En rocaille, utilisez les scilles pour habiller les endroits ombragés par les rochers. Plantez-les en petits groupes à l'aide d'un transplantoir.

Tulipe

Tulipa

Si vous désirez avoir des fleurs depuis le mois de mars jusqu'à la fin mai dans votre jardin, associez des tulipes très hâtives, mi-hâtives et tardives.

- Plantation : automne
- Floraison : mars à mai
- Exposition : soleil
- Sol : bien drainé, assez riche
- Utilisation : massif, bordure, jardinière, bouquet
  Hauteur : 10 à 60 cm
  Bulbeuse

Tulipe naine 'Princesse Charmante': idéale en bordure, en rocaille et en jardinière.

■ Tulipes hybrides

Tulipes simples hâtives
35 à 40 cm. Fleur ovale, en avril, résistant aux intempéries.

Tulipes doubles hâtives
30 cm. Fleurs pleines, en avril.

Tulipes Triomphe
40 à 50 cm. Fleurs ovales en avril-mai.

Feu de la tulipe

Le feu de la tulipe (botrytis) se manifeste par des taches brunes sur les feuilles qui entraînent la pourriture et la mort de la plante. Pour l'éviter, installez les bulbes en sol bien drainé et saupoudrez-les de fongicide avant la plantation.

Tulipes simples tardives
50 à 60 cm. Fleurs ovales. Plantes robustes et résistantes, en avril-mai (on y intègre les tulipes Darwin).

Tulipes Darwin hybrides
50 à 60 cm. Très grosses fleurs, croisement des tulipes Darwin et Fosteriana, en avril-mai.

Tulipes à fleur de lis
45 à 55 cm. Grandes fleurs à pétales effilés, en avril-mai.

Tulipes frangées
45 à 55 cm. Pétales bordés d'une frange cristalline, en avril-mai.

Tulipes viridiflora
50 à 60 cm. Pétales marqués de vert, en mai.

Tulipes Rembrandt
40 à 50 cm. Fleurs panachées, zébrées ou flammées, en mai.

Tulipes perroquet
50 à 55 cm. Pétales frangés et très dentelés, en mai.

Tulipes doubles tardives
50 cm. Fleurs doubles, en mai.

▶ *Le conseil du jardinier*

Lors de la plantation, posez un grillage en plastique sur les bulbes car, l'hiver, les tulipes sont parfois attaquées par les rongeurs (mulots). Cette protection ne gêne pas car les tiges passent à travers les mailles.

■ Tulipes botaniques

Tulipa 'Acuminata'
40 cm. Fleur jaune striée de rouge, à pétales étroits et effilés, en mai.

Tulipa biflora
15 cm. 2 ou 3 petites fleurs blanches à cœur jaune en mars.

Tulipa clusiana
25 cm. Fleur allongée et pointue, blanche à extérieur rougeâtre, en avril.

Tulipa fosteriana hybrides
25 à 50 cm. Fleurs énormes aux coloris très vifs, en mars-avril.

Tulipa greigii hybrides
25 à 30 cm. Feuillage marbré de brun. Port étalé. Fleurs aux coloris chauds, en avril-mai.

Tulipa kaufmanniana hybrides
10 à 25 cm. Grandes fleurs très étalées, à coloris brillant, en mars.

Tulipe à fleurs de lis.

Tulipa linifolia
10 cm. Feuillage ondulé et marginé de rouge. Fleur rouge écarlate, en avril.

Tulipa pulchella humilis
15 cm. 2 fleurs rose violacé à cœur jaune, en mars.

Tulipa tarda
15 cm. De 3 à 6 fleurs en étoile, blanches à cœur jaune, en mai.

Tulipe double 'Angélique'.

Culture

Plantez les bulbes de septembre à octobre ; en décembre, la floraison est plus tardive et la plante plus sensible aux maladies. Enterrez les bulbes à 10 cm de profondeur pour la majorité des variétés, un peu plus en terre très légère, et moins pour les petites espèces botaniques. Espacez de 10 à 30 cm, selon le développement de la plante.

La tulipe aime les terres légères et meubles, assez profondes, bien équilibrées, riches en humus. Évitez les sols humides et malsains, ou secs et très calcaires. En terre un peu lourde et compacte, incorporez un mélange de terreau et de sable. Évitez l'ombre et l'exposition aux vents (pour les variétés hautes). Apportez aussi un engrais complet de fond lors de la plantation, ou un engrais pour plantes bulbeuses (type NPK 5.15.10).

Dès que les pétales tombent, coupez les hampes à la base pour permettre aux bulbes de renouveler leurs réserves. Ne laissez pas le sol se dessécher après la floraison, et attendez que les feuilles jaunissent pour déterrer les bulbes. Laissez-les ressuyer sous abri, puis enlevez la terre avant de les placer jusqu'à l'automne dans un local obscur et frais.

Si les bulbes restent en place, à l'automne, fertilisez en étalant du compost de jardin sur les souches. Multipliez par séparation des caïeux (petits bulbes) à la plantation.

Utilisation

La tulipe est la principale bulbeuse à massif de printemps où elle crée de superbes taches de couleur. On la marie traditionnellement à d'autres bulbeuses (jacinthes, narcisses) et à des bisannuelles (myosotis, pensées). Vous pourrez aussi former de grandes colonies dans les prairies naturelles (qu'il ne faut pas faucher avant juin).

Groupées dans les rocailles, les jardinières et les potées, les variétés basses et les tulipes botaniques réalisent de charmants ensembles.

▶ *Le conseil du jardinier*

Pour conserver les bulbes arrachés, il est préférable de les enfouir dans la tourbe sèche ou dans le sable d'une petite caissette, en les ayant auparavant secoués dans un sac en papier avec un peu de fongicide en poudre. Rentrez la caissette dans un lieu obscur et assez frais. Vérifiez de temps en temps les bulbes et jetez ceux qui sont touchés par la moisissure bleue ou par la pourriture.

Forcez vos bulbes

Les jardineries vendent des bulbes de tulipe à forcer qu'il suffit de planter en pot (à l'intérieur) et d'arroser. Mais vous pouvez préparer vous-même les bulbes : plantez en potée en septembre-octobre, dans un mélange de terre, de terreau et de sable (à parts égales). Enterrez les pots dans un coin frais du jardin. Rentrez-les à partir de décembre : ils fleurissent 15 à 25 jours après.

Agératum

Ageratum houstonianum

Avec ses pompons pelucheux, l'agératum est l'une des plus belles fleurs bleues pour les massifs d'été, les bordures comme pour les bouquets.

- Semis : mars
- Floraison : mai à octobre
- Exposition : soleil
- Sol : léger, plutôt sec
- Utilisation : massif, bordure, jardinière, bouquet
  Hauteur : 10 à 60 cm
  Annuelle

Compact, robuste et florifère, l'agératum ne manque pas d'atouts.

Culture

Sa croissance n'étant pas très rapide, il est préférable de faire démarrer la plante sous serre chauffée. Semez en caissette, en mars, à une température de 20 °C. Utilisez du terreau à semis ou un terreau léger et désinfecté. La levée demande environ une semaine. Après l'apparition de quelques feuilles, repiquez les plantes en godets individuels. Endurcissez-les en les aérant et en les sortant. Mettez-les en place en mai, quand le sol est réchauffé, en espaçant de 15 cm pour les variétés les plus compactes, et de 40 cm pour les plus grandes. Ces plantes préfèrent les sols légers et bien drainés, plutôt calcaires. Par la suite, arrosez modérément (un excès d'eau développe le feuillage au détriment des fleurs).

Ageratum houstonianum
50 cm. Originaire du Mexique. Tiges velues. Feuilles ovales, en forme de cœur à la base, vert intense ; très petites fleurs bleues, roses ou blanches, formant des pompons pelucheux, de mai à octobre.
– 'Blue Ball', 20 cm, fleurs bleu foncé profond.
– 'Bouquet Bleu', 60 cm, grandes tiges et grosses fleurs bleu vif (surtout cultivé pour les bouquets).
– 'Pacific', 15 cm, violet foncé.
– 'Pinkie Improved', 20 cm, fleurs rose vif soutenu.
– 'Rêve Bleu', 20 cm, port compact et fleurs bleu intense.
– 'Roi des Bleus', 30 cm, feuillage dense et fleurs bleu violacé.
– 'White Hawaii', 20 cm, fleurs blanches.

Tétranyques

Les tétranyques touchent les plantes lorsqu'elles sont sous serre ou en période de sécheresse. Le feuillage devient terne – c'est ce qu'on appelle la « grise » de l'agératum. En prévention, effectuez des bassinages fréquents du feuillage. En cas d'attaque, pulvérisez un produit spécifique (insecticide-acaricide).

Utilisation

Cultivez l'agératum en larges groupes, dans les massifs et les bordures.

Mise en place

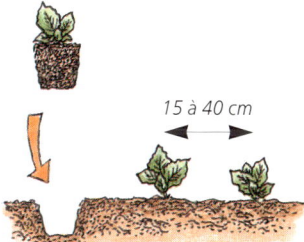

15 à 40 cm

Repiquez l'agératum en espaçant les pieds de 15 à 40 cm (selon la variété).

Amarante

Amaranthus

Les longs épis de l'amarante queue-de-renard sont aussi beaux dans les massifs que dans les bouquets, et font en outre de belles fleurs séchées pour l'hiver.

- Semis : mars à mai
- Floraison : juillet à septembre
- Exposition : soleil
- Sol : léger, plutôt sec
- Utilisation : massif, bordure, jardinière, bouquet
  Hauteur : 0,40 à 1 m
  Annuelle

Les formes spectaculaires de Amaranthus *'Oeschberg', à port dressé.*

Culture

Semez en mars sous serre chauffée ou sous véranda. Après la levée, repiquez en godets. Endurcissez les plantes et mettez-les en place fin avril-début mai en espaçant de 30 à 40 cm, selon les variétés.

Vous pouvez aussi semer en avril-mai, directement en place, et éclaircir quand les plantes ont quelques feuilles. La floraison est alors plus tardive.

Utilisation

La queue-de-renard est spectaculaire par ses longues inflorescences, et mérite d'être cultivée en large groupe dans les massifs. L'amarante tricolore présente des coloris superbes durant de longs mois, jusqu'à la fin de la saison. Toutes les espèces sont précieuses pour les bouquets. Même séchée, la queue-de-renard conserve de belles couleurs.

Amarante queue-de-renard
Amaranthus caudatus
0,60 à 1 m. Tiges dressées. Larges feuilles vert clair. Inflorescences pendantes, rouge pourpré, en panache, de juillet à septembre.
– 'Viridis', à inflorescences vert clair lumineux.

Amarante tricolore
Amaranthus tricolor
1 m. Appelée aussi « manteau-de-Joseph ». Tiges dressées à feuilles allongées, panachées de rouge, de jaune et de vert. Pincez les petites fleurs à leur apparition.

Amarante à feuilles de saule
Amaranthus salicifolius
60 cm. Feuilles fines et étroites, rouges ou orangées.

Amaranthus paniculatus
– 'Pigmy Torch', 40 cm. Feuillage vert intense. Inflorescences en panicule droite, rouge foncé.
– 'Green Thumb', 40 cm. Identique à la précédente, mais à floraison verte.

Le saviez-vous ?

Certaines amarantes sont cultivées en plantes potagères et leurs feuilles sont consommées comme les épinards. C'est le cas de *A. blitum* et de *A. hypochondriacus*. Quant aux inflorescences de l'amarante queue-de-renard, elles sont appréciées des oiseaux à la fin de la saison.

Bégonia

Begonia

Le bégonia annuel est surtout une plante de mi-ombre. Toutefois, certaines variétés acceptent le plein soleil si le sol est suffisamment frais.

■ Semis : janvier-février
■ Floraison : mai à octobre
■ Exposition : soleil ou mi-ombre
■ Sol : riche et frais
■ Utilisation : massif, bordure, jardinière
  Hauteur : 15 à 25 cm
  Annuelle

Le Bégonia, B. semperflorens *'Opera' fleurit sans interruption jusqu'aux premières gelées.*

Begonia semperflorens
15 à 25 cm. Feuilles arrondies, vernissées, vertes ou couleur bronze. Tiges charnues. Petites fleurs rouges, roses ou blanches, à centre jaune. Les nombreuses variétés se distinguent par leur port plus ou moins compact, par leurs fleurs (simples ou doubles) et par les coloris (des feuilles et des fleurs).

Begonia gracilis
15 à 25 cm. Feuilles plus petites et rameaux plus grêles. Fleurs nombreuses, bien dégagées du feuillage. Nombreuses variétés.

Culture

La multiplication est assez délicate. Semez en janvier-février, sous serre et en caissette, à une température de 20 °C environ. Mélangez les graines très fines à du sable pour ne pas semer trop dru. Plombez (tassez), mais ne recouvrez pas les graines. Placez une plaque de verre sur la caissette et retournez-la tous les jours.

La levée demande une semaine. Quinze jours plus tard, repiquez les jeunes plantes avec précaution, en godets individuels. Endurcissez-les en les aérant et en les sortant, dès que le temps le permet. Mettez-les en place, en mai, en les espaçant de 15 cm.

Utilisation

Le bégonia annuel est précieux car il accepte la mi-ombre. C'est l'une des annuelles les plus utilisées pour les massifs, les bordures et les jardinières.

Fonte des semis

Immédiatement après la levée, les jeunes plantes sont parfois touchées par la fonte des semis, maladie qui entraîne l'affaissement rapide et la mort des plantes. Pour l'éviter, utilisez des caissettes désinfectées et un terreau à semis (stérile). Aérez dès que les plantes commencent à apparaître.

◆ Le conseil du jardinier

Utilisez le bégonia de manière inhabituelle : piquez, par exemple, quelques spécimens au pied du tronc des arbres et des arbustes, dans les sous-bois clairs ; associez-les à des petites fougères, dont le feuillage contraste joliment avec leurs feuilles brillantes.

Capucine

Tropaeolum

Les feuilles de la capucine ont un goût épicé et sont parfois utilisées pour agrémenter les salades – que l'on peut décorer avec les fleurs, également comestibles.

- ■ Semis : mars à mai
- ■ Floraison : juin à octobre
- ■ Exposition : soleil
- ■ Sol : riche et frais
- ■ Utilisation : treillage, massif, bordure, jardinière
  Hauteur : 20 cm à 3 m
  Annuelle

La capucine naine 'Tom Pouce' forme de jolis tapis en plein soleil.

Culture

Pour obtenir une floraison précoce, semez sous abri, en godets, en mars-avril. Placez 2 ou 3 graines par godet. Endurcissez les jeunes plantes après la levée et mettez-les en place en mai, avec la motte. Vous pouvez aussi semer en pleine terre, fin avril-début mai : la floraison intervient dès juillet.

Utilisation

La capucine grimpante est précieuse pour couvrir les treillages de son ample feuillage et de ses fleurs lumineuses ; vous pouvez aussi l'employer en couvre-sol (son feuillage élimine impitoyablement les mauvaises herbes). Les variétés naines sont idéales en massif, en bordure et en potée.

Capucine grimpante
Tropaeolum majus
3 m. Tiges un peu charnues. Feuilles arrondies, à long pétiole, vert clair. Fleurs solitaires, de juin à octobre.
– Hybride de Lobb, race très vigoureuse à grandes fleurs jaunes, rouges, orangées ou presque brunes. La variété 'Spitfire', très cultivée, donne des fleurs orange.

Capucine des Canaries
Tropaeolum peregrinum
3 m. Tiges fines. Feuilles lobées vert clair. Petites fleurs légères jaune canari.

Capucine naine *Tropaeolum minus*
20 à 30 cm. Feuilles arrondies. Fleurs solitaires, plus ou moins dégagées du feuillage.
– 'Alaska', 25 cm, à feuillage marbré et fleurs de coloris variés.

– 'Impératrice des Indes', 25 cm, à feuillage vert foncé et fleurs rouge-écarlate.
– 'Primrose Jewel', 25 cm, à fleurs doubles jaune primevère.
– 'Tip-Top', 20 cm. Nombreuses fleurs simples roses, rouges, acajou ou jaunes.
– 'Tom Pouce', 20 cm. Plante compacte à coloris éclatant.
– 'Whirlybird', 30 cm. Plante compacte à port dressé, à fleurs doubles. Coloris divers, du rose carmin au jaune d'or.

Pucerons
Les pucerons attaquent et envahissent les tiges et le dessous des feuilles. Traitez à l'insecticide de contact jusqu'à élimination. Vous pouvez aussi utiliser un insecticide systémique, intéressant pour sa longue durée d'action.

Ramassage des chenilles

Le feuillage est parfois dévoré par la piéride du chou ; dès que vous repérez le parasite, effectuez un ramassage systématique, en vérifiant le revers des feuilles et les tiges.

Chou d'ornement *Brassica*

Avec ses couleurs et ses formes étonnantes, le chou d'ornement est l'une des plantes les plus colorées pour les massifs d'hiver, et il est aussi très apprécié pour les bouquets.

- ■ Semis : mai-juin
- ■ Exposition : soleil ou mi-ombre
- ■ Sol : riche et frais
- ■ Utilisation : massif, bordure, jardinière, bouquet
  Hauteur : 15 à 25 cm
  Annuelle

Le chou d'ornement décore le jardin durant les mois d'hiver.

Les choux d'ornement regroupent des variétés non pommées et très étalées, à feuillage frisé, brillamment coloré. Ils sont décoratifs de septembre à avril.
– 'Pink Beauty', à gros cœur rose entouré de vert franc.
– 'Red Chidori', très frisé, à gros cœur rouge entouré de vert bronze.
– 'Red Pigeon', à gros cœur rouge entouré de gris ardoise.

– 'White Chidori', à gros cœur blanc entouré de vert vif.
– 'White Pigeon', à gros cœur blanc entouré de vert vif.

VARIÉTÉS À TIGE
80 cm. Choux formant une pomme compacte, de 15 cm de diamètre, brillamment colorée, portée par une longue tige.
– 'Red Feather', pomme rouge vif à extérieur vert.

– 'Sunrise', pomme panachée de rose et de vert.
– 'Sunset', pomme panachée de rouge et de vert.

Culture

Semez le chou d'ornement en pépinière, en mai-juin. Mettez-le en place en août en espaçant de 50 cm environ.

Utilisation

Le chou d'ornement est l'une des plus belles plantes des massifs d'hiver, et il prend des couleurs encore plus soutenues après les premières gelées. Utilisez-le aussi dans les bouquets d'hiver en le mariant notamment à des feuillages persistants. Pour cela, les variétés à tige sont particulièrement intéressantes.

Piéride du chou

Le chou d'ornement est sensible aux mêmes maladies et parasites que le chou pommé du potager. Méfiez-vous en particulier de la piéride, susceptible de causer de gros dommages en dévorant le feuillage. Effectuez un ramassage systématique pour traiter à l'aide du Bt *(Bacillus thuringiensis)*, produit non polluant et non toxique mais très efficace, recommandé pour le jardinage biologique.

Cléome

Cleome

L'aspect original de cette plante d'origine mexicaine, avec ses grandes inflorescences dressées, hérissées de filaments, lui vaut d'être appelée également «fleur araignée».

■ Semis : mars-avril
■ Floraison : juin à octobre
■ Exposition : soleil
■ Sol : riche et bien drainé
■ Utilisation : massif, isolé
Hauteur : 1 m
Annuelle

Le cléome 'Campbell' est une superbe plante à isoler.

Cleome spinosa
0,90 à 1,40 m. Forte tige dressée, velue. Feuilles divisées en folioles allongées, de couleur vert soutenu. Fleurs regroupées en grosses grappes terminales, hérissées d'étamines fines et allongées.
– 'Helen Campbell', blanc pur.
– 'Reine des Cerises', rose carmin.
– 'Reine des Roses', rose clair.
– 'Reine des Violets', violet pourpré.

Culture

Semez en mars-avril en caissette ou en godet, sous abri chauffé (20 °C environ). La levée est souvent capricieuse et irrégulière. Endurcissez les plantes en les aérant et en les sortant chaque fois que le temps le permet. Mettez-les en place début mai, avec la motte, dans une terre enrichie en terreau et bien drainée, en les espaçant de 40 à 50 cm. Arrosez régulièrement jusqu'à la reprise. Par la suite, arrosez modérément.

Vous pouvez aussi semer directement en place dans les régions chaudes, pour obtenir une floraison tardive (août).

Utilisation

Le cléome est une plante spectaculaire, superbe en large groupe dans les massifs. Associez-le notamment au phlox, au cosmos, à l'euphorbe, à la célosie et aux graminées d'ornement. Utilisez-le aussi dans les massifs d'arbustes et constituez des groupes isolés sur les pelouses.

Aération

Sortez les godets, lorsque le temps le permet, pour endurcir les plantes.

Cosmos

Cosmos

Le cosmos est apprécié pour ses coloris tendres et frais, mais il faut découvrir aussi les variétés à fleurs orangées, très lumineuses dans les massifs d'été.

■ Semis : mars à mai
■ Floraison : juillet à octobre
■ Exposition : soleil ou ombre légère
■ Sol : ordinaire, plutôt sec
■ Utilisation : massif, bordure, jardinière, bouquet
Hauteur : 0,40 à 1,2 m
Annuelle

Le cosmos (Cosmos bipinnatus) *forme des groupes pleins de fraîcheur dans les massifs.*

Cosmos du Klondyke
Cosmos sulphureus
1,20 m. Feuillage très léger. Fleurs jaune orangé ou rouge orangé.
– 'Sunset', 60 cm, à fleurs semi-doubles orange vif.

Culture

Semez en pleine terre, directement en place fin avril, sous un climat comme celui de la région parisienne. La levée demande une quinzaine de jours. Lorsque les plantes ont quelques centimètres, éclaircissez à 25-30 cm pour les variétés les plus basses, et à 40-50 cm pour les grandes.
Pour obtenir une floraison précoce, semez sous abri chauffé en mars, ou sous châssis en mars-avril. Endurcissez les plantes en les sortant et repiquez-les fin avril.
Évitez les expositions ventées pour les variétés hautes.

Utilisation

Les grands cosmos sont de remarquables plantes de massif, à installer en arrière-plan ou en large groupe, en les associant à d'autres annuelles d'été, en particulier aux roses d'Inde, aux rudbéckias, aux gaillardes. Les petites variétés sont charmantes en bordure et en jardinière.
Tous les cosmos sont décoratifs dans les bouquets et tiennent longtemps en vase.

Cosmos bipinnatus
1 m. Tiges dressées, grêles et ramifiées. Feuillage très découpé et léger. Fleurs roses, rouges ou blanches, à centre jaune, groupées par 3 ou 4.
– 'Candystripe', 1,20 m, à fleurs simples de coloris variés, à pétales bordés de carmin.

– 'Day Dream', 90 cm, à grandes fleurs blanc rosé à centre rose.
– 'Purity', 1 m, à fleurs simples blanc pur.
– 'Sensation', 1 m, à fleurs simples de coloris variés.
– 'Sea Shells', 1 m, à fleurs originales de coloris variés, à pétales en cornet.

Gazania

Gazania

Facile à réussir en situation chaude et en plein soleil, le gazania fleurit longtemps, et devient même vivace dans le sud de la France ou en situation bien abritée.

- Semis : mars
- Floraison : juin à octobre
- Exposition : soleil
- Sol : ordinaire, bien drainé
- Utilisation : bordure, rocaille, jardinière
- Hauteur : 20 à 40 cm
- Annuelle ou vivace

Les fleurs du gazania sont souvent bicolores.

Gazania rigens

20 à 40 cm. Plante étalée à feuilles lancéolées, vertes et vernissées, à revers argenté. Fleurs (capitules) à pétales pointus, de 5 à 9 cm de diamètre, jaune orangé marquées de brun-noir au centre.
– 'Day Break Bronze', 20 cm, à port compact et étalé. Fleurs orangé soutenu à centre foncé.
– 'Fantasia', 20 cm, compact, à fleurs nombreuses, dans des tons vifs (jaune, orange, rouge, carmin, blanc).
– 'Ministar', 20 cm, à feuillage vert franc, grandes fleurs de coloris variés.
– 'Talent', 20 cm, à feuillage argenté et fleurs variées.

Culture

Semez en mars, en caissette et sous abri chauffé à 20 °C. Repiquez en godets individuels quand les plantes ont quelques centimètres. Endurcissez les gazanias en les sortant et mettez-les en place en mai. Arrosez modérément.

Dans le Midi, le gazania peut être cultivé en vivace : semez-le en été, en pépinière abritée, et repiquez-le en place au printemps.

Utilisation

Le gazania apprécie le soleil et les expositions chaudes, et supporte bien la sécheresse. Installez-le en petits groupes dans les rocailles ou en bordure. Mariez-le à d'autres petites plantes présentant les mêmes exigences, notamment le pourpier, le dimorphotheca, la ficoïde, les immortelles, ainsi qu'aux vivaces de rocaille. En pot et en jardinière, il orne les terrasses.

Dans le Midi, le gazania est précieux pour la décoration des pentes et des talus ensoleillés.

Pour avoir des plantes résistantes

Par beau temps, endurcissez les gazanias en les sortant.

Le conseil du jardinier

Si vous disposez d'une serre (non chauffée), placez les gazanias en pots, dans un mélange de terreau (1/2), de bonne terre de jardin (1/4) et de sable. Rentrez-les en octobre, et arrosez-les avec parcimonie. Sortez-les en avril, et apportez-leur de l'engrais pour plantes à fleurs.

Giroflée

Cheiranthus, Matthiola

Populaires pour leur parfum puissant et leurs belles couleurs, les giroflées sont précieuses pour les endroits secs, pierreux et ensoleillés du jardin.

- ■ Semis : février à mai ou mai à juillet
- ■ Floraison : mai-juin ou juin à septembre
- ■ Exposition : soleil
- ■ Sol : ordinaire, bien drainé
- ■ Utilisation : massif, rocaille, muret, jardinière
  Hauteur : 20 à 60 cm
  Annuelle ou bisannuelle

La giroflée ravenelle se pare de teintes somptueuses.

■ Giroflées annuelles

Giroflée quarantaine
Matthiola annua
30 à 50 cm. Tige dressée à feuilles lancéolées. Fleurs en gros épis terminaux, très parfumées.
– 'À Grandes Fleurs', 35 cm, à grandes fleurs en épis denses, très parfumées, de coloris variés, de juin à septembre.
– 'De Dresde', 60 cm, à grandes fleurs doubles, à floraison continue. Coloris variés (rose, rouge, violet, bleu, jaune, blanc), de juin à septembre.

– 'Naine d'Erfurt', 35 cm, à grandes fleurs de coloris variés, de juin à septembre.

Matthiola longipetala bicornis
50 cm. Petites fleurs simples, rose lilacé, sur de fines tiges, en juin-juillet, à l'arôme puissant le soir (à semer en place en mai).

Culture

Semez en février-mars sous abri, en caissette. Repiquez en godets et endurcissez les plantes en les

sortant. Mettez-les en place début mai, sans endommager la motte, en les espaçant de 30 à 40 cm. Vous pouvez aussi semer en place en avril-mai, avant d'éclaircir, la floraison est un peu plus tardive.

■ Giroflées bisannuelles

Giroflée ravenelle
Cheiranthus cheiri
60 cm. Tige ramifiée à base ligneuse. Feuilles semi-persistantes ovales et allongées. Fleurs en grappes terminales, en avril-juin.

Culture

Semez de mai à juillet en pépinière, et repiquez les jeunes plantes en place quand elles n'ont encore que quelques feuilles, ou semez-les directement en place.

Utilisation

Les giroflées annuelles sont de très belles plantes pour massifs et potées, à accompagner d'autres annuelles estivales. Quant à la giroflée ravenelle, très populaire, elle est superbe dans les rocailles et sur les murets fleuris, et peut être associée aux bulbeuses de printemps. Cultivez ces plantes près des allées et des terrasses pour profiter de leur parfum.

Godétia

Godetia

Délicieusement romantique avec ses fleurs aux couleurs tendres, le godétia se couvre d'une belle abondance de fleurs estivales qui dissimulent pratiquement le feuillage.

Le godétia est toujours gracieux et lumineux dans un massif.

Culture

Semez en avril-mai, directement en place, en maintenant le sol humide. Quand les plantes portent quelques feuilles, éclaircissez à 20-25 cm. Vous pouvez aussi semer en pépinière bien exposée ou sous châssis, en avril, avant de mettre en place en mai. Au cours de la croissance, arrosez régulièrement et apportez un peu d'engrais pour plantes à fleurs.

Utilisation

Godétias et clarkias sont charmants dans les massifs et les bordures où ils forment de larges taches colorées. Associez-les à des plantes différentes par leur aspect et leur forme, par exemple au muflier, au dahlia nain, au pavot, à la centaurée et à l'agératum. Utilisez-les aussi pour réussir de belles potées et pour les bouquets.

Godétia *Clarkia amoena*
20 à 40 cm. Tiges dressées et ramifiées. Feuilles lancéolées et allongées. Fleurs à quatre pétales, nombreuses, en forme de coupe, satinées, dans tous les tons de rose, de rouge et de blanc.

À FLEURS SIMPLES
– 'Duchesse d'Albanie', rouge.
– 'Duchesse d'York', blanc pur.
– 'Gloire de Kelvedon', orange saumoné.
– 'Rembrandt', rose carmin bordé de blanc.

À FLEURS DOUBLES
– 'À Fleur d'Azalée', à fleurs variées, souvent panachées.

ESPÈCE VOISINE
Clarkia *Clarkia unguiculata*
50 cm. Plante dressée à feuilles lancéolées. Les tiges portent sur toute leur longueur des fleurs blanches, roses, violettes, mauves ou saumon. On cultive surtout des variétés à fleurs doubles.
– 'Albatros', blanc pur.
– 'Apple Blossom', rose clair.

Arrosage de la jardinière

Arrosez régulièrement en apportant une fois par semaine de l'engrais liquide pour plantes à fleurs.

Immortelles

Helichrysum, Xeranthemum

Surtout cultivées pour les bouquets perpétuels, les immortelles se distinguent par la texture sèche de leurs fleurs qui leur assure une longue durée au jardin comme en bouquet.

- Semis : mars à mai
- Floraison : juillet à octobre
- Exposition : soleil
- Sol : léger, plutôt sec
- Utilisation : massif, bordure, bouquets frais et secs
  Hauteur : 30 à 90 cm
  Annuelles

Les immortelles aiment les situations chaudes et très ensoleillées.

■ Immortelles à bractées

Helichrysum bracteatum
30 à 80 cm. Longues feuilles lancéolées, vert franc. Fleurs solitaires dotées d'une large collerette de bractées, à partir de la mi-juillet. Nombreuses variétés à fleurs doubles.

Variétés hautes (80 cm)
– 'Drakkar', coloris pastel (rose pâle, jaune clair, saumon, abricot).
– 'Flaming Ball', rouge-brun.
– 'Frosted Sulphur', jaune soufre marqué de blanc.
– 'Frosted Sulphur', jaune soufre marqué de blanc.
– 'New Rose', rose clair.

– 'Rose d'Argent', rose argenté.
– 'Rouge Feu', rouge écarlate.

Variétés basses (30 cm)
– 'Bright Bikini', à port compact et fleurs très régulières de coloris vifs et variés.
– 'Hot Bikini', rouge intense.

■ Immortelle annuelle

Xeranthemum annuum
50 à 70 cm. Tige ramifiée dès la base, cotonneuse. Feuilles lancéolées, blanchâtres. Petites fleurs doubles à cœur serré.
– 'Lumina', à fleurs bien pleines, de coloris variés (rose, violet, carmin, lavande et blanc).
– 'Blanc d'Argent', blanc argenté.

Culture

Pour obtenir des fleurs en août, semez les immortelles annuelles directement en place, en avril-mai, sur un sol léger et bien émietté. Éclaircissez à 20-25 cm. Arrosez modérément.

Pour avoir une floraison dès juillet, semez en caissette et sous abri chauffé, en mars. Après la levée, repiquez les jeunes plants en godets individuels et sortez-les pour les endurcir chaque fois que le temps le permet. Repiquez-les en place, en mai, en les espaçant de 20-25 cm.

Utilisation

Si les immortelles durent longtemps dans les compositions de fleurs séchées, elles décorent aussi les massifs sur une longue période.

Bouquets secs

Pour vos bouquets secs, cueillez les immortelles le matin, dès que la rosée s'est évaporée, juste avant leur épanouissement. Groupez-les en petits bouquets que vous suspendrez la tête en bas, dans un local obscur et bien aéré.

Impatiens

Impatiens

Quelques pieds d'impatiens disséminés dans un sous-bois parmi les fougères et les plantes à feuillage donnent de la couleur tout l'été jusqu'aux gelées.

- ■ Semis : mars
- ■ Floraison : juin à octobre
- ■ Exposition : mi-ombre
- ■ Sol : fertile, frais, plutôt acide
- ■ Utilisation : massif, bordure, jardinière

  Hauteur : 15 à 30 cm

  Annuelle

L'impatiens est l'une des rares annuelles acceptant l'ombre.

Culture

La multiplication est délicate. Semez en mars, sous abri chauffé (environ 20 °C). Mélangez les graines très fines à du sable pour semer clair et de manière homogène. Semez sur un terreau à semis humidifié et plombez (tassez), sans recouvrir les graines. Placez une plaque de verre sur la caissette et retournez-la tous les jours. Après la levée, repiquez en godets individuels et endurcissez. Mettez en place en mai, dans un sol frais, en espaçant de 20-30 cm. Puis arrosez régulièrement.

Utilisation

L'impatiens est l'une des rares plantes annuelles fleuries acceptant la mi-ombre, et même une ombre assez dense.
Elle est précieuse pour les jardinières exposées au nord, pour les bordures de massifs d'arbustes, pour les rocailles fraîches et les sous-bois.

Impatiens walleriana
15 à 30 cm. Tiges charnues et ramifiées. Feuilles ovales et allongées, crénelées et pointues. Fleurs abondantes, roses ou rouges. Les très nombreuses races et variétés se distinguent par la forme et le coloris des fleurs (rose, rouge, saumon, orange, blanc) ; certaines sont bicolores ou à fleurs doubles.

Impatiens de Nouvelle-Guinée
Impatiens novae-guinea
20 à 30 cm. Tiges ramifiées, feuilles ovales elliptiques, vert foncé et vernissées, souvent panachées de jaune ou de brun. Grandes fleurs roses, rouges, violettes ou blanches.

Pourriture

Si l'impatiens aime les terrains frais, l'humidité stagnante entraîne la pourriture des tiges qui provoque le noircissement et la mort de la plante. Au premier symptôme, transplantez dans un sol mieux drainé, supprimez les parties touchées et traitez à l'aide d'un fongicide.

◆ Le conseil du jardinier

Les impatiens sont abondamment diffusées, en godets ou en caissette, par les jardineries, ou même sur les marchés. Achetez-les en avril-mai, dès qu'elles apparaissent, pour en profiter longtemps. Vérifiez soigneusement leur état ; contrôlez notamment qu'elles ne sont pas touchées par la pourriture.

Ipomée

Ipomoea

Les grandes fleurs de l'ipomée volubilis, en entonnoir et très lumineuses, s'ouvrent le matin pour se faner le soir, mais elles se succèdent sur la plante pendant de longues semaines.

- Semis : avril-mai
- Floraison : juillet à octobre
- Exposition : soleil
- Sol : léger, fertile
- Utilisation : treillage, tonnelle
  Hauteur : 1,50 à 4 m
  Grimpante annuelle

Les grands entonnoirs de l'ipomée sont souvent visités par les abeilles.

Volubilis *Ipomoea purpurea*
3 m. Tiges fines, volubiles. Feuilles en forme de cœur et pointues, vert clair satiné. Grandes fleurs bleues, en forme d'entonnoir.
– 'Bleu Azur', à très grandes fleurs bleu ciel.
– 'Flying Saucers', à très grandes fleurs bleu ciel panaché de blanc.
– 'Scarlet O'Hara', à fleurs rouge foncé.

Fleur de lune *Ipomoea alba*
3 à 4 m. Grandes feuilles en forme de cœur, vert satiné. Très grandes fleurs blanches parfumées, s'ouvrant le soir et se fermant à midi. Vivace dans le sud de la France.

À noter
Les graines de l'ipomée sont toxiques. Conservez les sachets hors de portée des enfants.

Jasmin rouge de l'Inde Ipomée 'Quamoclit Cardinalis'
1,50 m. Beau feuillage vert franc. Nombreuses fleurs à long tube et corolle étoilée, rouge écarlate.

Culture

Semez l'ipomée volubilis directement en place, en mai-juin, en enterrant les graines de 1 cm environ et en les espaçant de 15 à 20 cm. Pour obtenir une floraison plus précoce (dès juin), semez en godet, sous abri chauffé, en mars. Endurcissez les plantes en les sortant et mettez-les en place en mai. Cette dernière méthode s'applique aussi à la fleur de lune et au jasmin rouge de l'Inde.

Utilisation

Les ipomées sont de superbes grimpantes à développement rapide, très décoratives sur tous les supports. Le volubilis mérite d'être largement cultivé sur les grillages et sur les treillages. La fleur de lune et le jasmin rouge de l'Inde sont de somptueuses plantes à mettre en évidence contre un mur bien exposé.

▶ Le conseil du jardinier
Utilisez le volubilis pour décorer des arbustes à floraison printanière – qui vont connaître une nouvelle floraison, bleue cette fois. Effectuez des semis tardifs, en juin, pour obtenir des fleurs en septembre-octobre.

Lavatère à grandes fleurs   *Lavatera trimestris*

Plante traditionnelle des jardins d'autrefois, la lavatère à grandes fleurs, solide, peu exigeante et facile à cultiver, offre une superbe gamme de roses et de rouges.

- Semis : avril-mai
- Floraison : juillet à septembre
- Exposition : soleil
- Sol : ordinaire
- Utilisation : massif, bouquet
  Hauteur : 0,50 à 1,20 m
  Annuelle

La lavatère 'Ruby Regis' se montre très généreuse tout l'été.

Lavatera trimestris
1 m. Tiges érigées et ramifiées. Feuilles triangulaires et palmées, vert foncé. Fleurs solitaires, en entonnoir, assez grandes (jusqu'à 10 cm de diamètre), roses, blanches ou rouges, délicatement veinées.

– 'Mont Blanc', 1 m, blanc pur.
– 'Mont Rose', 1 m, rose clair veiné de rose foncé.
– 'Pink Queen', 70 cm, blanc rosé veiné de rose.

Rouille

Cousine de la rose trémière, la lavatère à grandes fleurs est peu touchée par la rouille des Malvacées, qui concerne de nombreuses espèces de la famille. En cas d'attaque (petites taches orangées sur les feuilles), supprimez les parties touchées et traitez avec un fongicide spécifique. Attendez 3 ans pour ressemer la plante au même endroit.

– 'Ruby Regis', 60 cm, pourpre.
– 'Silver Cup', 60 cm, rose clair à cœur foncé.

Culture

La lavatère annuelle pousse vite à peu près partout, et ne connaît guère de difficultés. Semez directement en place, sur un sol bien émietté et ratissé. Après la levée, éclaircissez à 30-40 cm.
Si vous manquez de place, vous pouvez aussi semer en pépinière, mais il faut repiquer quand les plantes sont encore jeunes car, une fois installées, elles n'aiment pas être dérangées. Arrosez régulièrement en été. Évitez les situations ventées.

Utilisation

Cette annuelle généreuse est avant tout une plante à massif où elle forme de beaux ensembles colorés. Semez-la aussi dans les jardins sauvages, en mélangeant les graines à celles du coréopsis, de la centaurée, du cosmos, de la monarde annuelle, du pavot d'Orient, pour créer une charmante scène estivale.

❚ Le conseil du jardinier
Effectuez un semis en juin pour obtenir une floraison en septembre-octobre.

Lobélia

Lobelia

Reine des suspensions avec ses tiges grêles très retombantes, la lobélia est également une plante intéressante pour les bordures et les petits massifs.

- ■ Semis : février-mars
- ■ Floraison : juin à octobre
- ■ Exposition : soleil ou ombre légère
- ■ Sol : fertile, drainé et plutôt acide
- ■ Utilisation : bordure, jardinière, suspension
  Hauteur : 10 à 50 cm
  Annuelle

Malgré son apparence grêle et fragile, la lobélia est une plante solide.

Recouvrez-les très légèrement et placez sur la caissette une plaque de verre, que vous retournerez tous les jours.

Après la levée, ôtez la vitre et aérez. Quand les jeunes pousses sont assez développées pour être manipulées, repiquez-les à 3 ou 4 par godet. Endurcissez-les avant de les mettre en place, en mai.

Utilisation

Les variétés basses et compactes sont remarquables en bordure pour leur floraison de longue durée et leurs coloris, en particulier leurs bleus lumineux. On associe de coutume la lobélia à la cinéraire, mais elle se marie avec de nombreuses plantes basses (le némésia, le tabac nain ou la verveine). Utilisez-la aussi au pied des annuelles et des vivaces plus hautes. Pour les potées et les suspensions, préférez les variétés, de la race Pendula.

Lobelia erinus

15 cm. Tiges grêles, ramifiées. Petites feuilles ovales lancéolées, dentées, vert assez clair, formant une touffe dense. Petites fleurs (de 1 à 2 cm de diamètre) bleues à gorge blanche.

– 'Crystal Palace', 15 cm, bleu violacé (feuillage foncé).

– 'Empereur Guillaume', 10 cm, bleu soutenu.

– 'Rosamund', 10 cm, rose foncé à œil blanc.

– 'Snowball', 10 cm, blanc pur.

Race Pendula, 50 cm

– 'White Cascade', blanc pur.

– 'Ruby Cascade', rouge à œil blanc.

– 'Saphir', bleu vif.

Culture

Le semis est délicat. Utilisez une caissette désinfectée et du terreau à semis préalablement humidifié. Mélangez les graines très fines à du sable pour semer clair.

Pourriture grise

En serre, avant le repiquage, la lobélia atteinte par la pourriture grise – qui se traduit d'abord par l'apparition d'un duvet sur les tiges et les feuilles – s'affaisse rapidement. Pour l'éviter, aérez largement dès que le temps le permet, et ne serrez pas trop les plantes.

Repiquage en godet

crayon

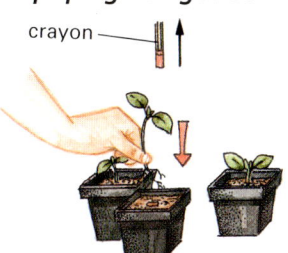

Repiquez en godet individuel en vous servant d'un crayon comme plantoir.

Malope

Malope trifida

Avec ses grandes fleurs en entonnoir, la malope ressemble à la lavatère. Elle est facile à réussir et donne tout l'été une belle profusion de charmantes fleurs aux coloris tendres.

■ Semis : avril-mai
■ Floraison : juillet à septembre
■ Exposition : soleil
■ Sol : ordinaire
■ Utilisation : massif, bouquet
Hauteur : 0,70 à 1 m
Annuelle

Les fleurs de la malope sont délicatement veinées d'une couleur plus foncée.

Malope trifida

0,70 à 1 m. Tiges dressées et ramifiées. Feuilles un peu vernissées, arrondies et trilobées. Fleurs en entonnoir, de 5 à 7 cm de diamètre, rose clair veiné de rose foncé, à centre également foncé. Cette espèce est souvent vendue en mélange d'hybrides à grandes fleurs, mais on trouve aussi des variétés isolées.

– 'Pink Queen', 80 cm, à fleurs rose nacré veiné de rose foncé.

– 'Vulcan', 80 m, variété tétraploïde à grandes fleurs, d'un pourpre foncé presque métallique, veiné de grenat, à œil vert foncé.

– 'White Queen', 80 cm, à fleurs blanc argenté, à cœur vert.

Culture

Semez la malope directement en place, en avril-mai, en sol ordi-naire bien émietté (évitez les terres humides et malsaines). Après la levée, éclaircissez à 25-30 cm. Arrosez régulièrement tout l'été, et éliminez les fleurs séchées.

Rouille

La rouille des Malvacées produit de petites taches jaunâtres ou orangées sur les feuilles et des pustules à leur face inférieure. Supprimez les feuilles touchées et appliquez un fongicide spécifique (mancozèbe). Par précaution, respectez une rotation de 3 ans (pour toutes les plantes de la famille). Si vos malopes de l'année précédente ont été touchées, traitez préventivement.

Utilisation

Semez la malope dans les massifs, pour constituer de grandes taches colorées. Cette plante est précieuse pour combler les trous dans les massifs de vivaces et d'arbustes. Associez-la aux campanules, aux coréopsis et aux gaillardes.

Suppression des fleurs fanées

Supprimez les fleurs fanées de la malope pendant tout l'été.

▶ **Le conseil du jardinier**

Effectuez un semis tardif, fin mai ou début juin, pour avoir des malopes en fleur tardivement, en août-septembre. N'oubliez pas d'arroser durant les périodes de canicule.

Muflier

Antirrhinum majus

Le muflier se ressème abondamment si vous le laissez aller à graine. Toutefois, les plantes obtenues n'ont pas toujours le même aspect ni la même couleur que la plante mère.

- Semis : mars-avril et septembre
- Floraison : juillet à octobre
- Exposition : soleil
- Sol : ordinaire, bien drainé
- Utilisation : massif, bordure, rocaille, jardinière, bouquet
  Hauteur : 0,10 à 1,20 m
  Annuelle

L'aspect des fleurs du muflier lui a valu le nom de gueule-de-loup.

Antirrhinum majus
1 m. Tige dressée, à base presque ligneuse. Feuilles lancéolées, parfois teintées de rouge. Fleurs en grappes dressées.
– 'Goupil', 50 cm, demi-naine, compacte, à coloris variés.
– 'Grand Loup', 1 m, vigoureuse à tiges rigides, coloris variés.
– 'Lipstick Silver', 45 cm, demi-naine, à fleurs blanches à lèvres écarlates.
– 'Lipstick Gold', 45 cm, demi-naine, jaune vif à lèvres pourpres.
– 'Madame Butterfly', 80 cm, à grandes fleurs doubles variées.
– 'Précurseur Blanc', 80 cm, à très grandes fleurs blanc pur.
– 'Précurseur Rose', 80 cm, à très grandes fleurs rose clair.
– 'Sonnet', 60 cm, à grandes fleurs variées.

– 'Tom Pouce', 25 cm, naine et compacte, à coloris vifs et variés.

Culture

Semez le muflier en mars-avril sous châssis ou en pépinière bien abritée, en avril. Mettez en place, en mai, en espaçant de 20 cm les variétés naines, de 30 cm les demi-naines et de 40 cm les

Rouille

Le muflier est sujet à la rouille qui forme des taches brunes sur les feuilles. Otez toutes les plantes atteintes. Par précaution, choisissez des variétés résistantes et traitez à la bouillie bordelaise dès le début de la croissance.

grandes. Arrosez régulièrement pour assurer une bonne reprise. Faites quelques apports d'engrais liquide pour plantes à fleurs.
Vous pouvez aussi cultiver le muflier en bisannuel, afin d'obtenir une floraison précoce en juin : semez-le début septembre en pépinière et repiquez-le sous châssis ou en godets placés sous serre (non chauffée). Mettez en place en avril.

Utilisation

Si les variétés hautes sont idéales pour les bouquets, les demi-naines et les naines comptent parmi les meilleures annuelles pour les massifs, les bordures et les jardinières.

Tuteurage

En situation ventée, tuteurez dès que les plantes prennent de la hauteur.

▶ **Le conseil du jardinier**
Pour prolonger la floraison, tuteurez les variétés hautes et supprimez les grappes de fleurs fanées.

Myosotis

Myosotis alpestris

Fleur du souvenir, le myosotis (ou « ne-m'oubliez-pas ») est délicieusement romantique. On l'associe traditionnellement aux tulipes et aux jacinthes.

■ Semis : juin à août
■ Floraison : avril à juin
■ Exposition : soleil ou mi-ombre
■ Sol : fertile, assez frais
■ Utilisation : massif, bordure, jardinière, bouquet
Hauteur : 20 à 40 cm
Bisannuelle

Facile à réussir, le myosotis réalise de beaux tapis bleus, au printemps.

repiquez de nouveau en pépinière. Arrosez régulièrement pour maintenir le sol frais. Mettez en place à l'automne en espaçant de 15 à 25 cm (selon les variétés).

Utilisation

Le myosotis est traditionnellement utilisé en tapis pour mettre en valeur les bulbeuses de printemps. Plantez-le aussi en large groupe dans les massifs et en bordure, et également en jardinière. Les variétés les plus hautes sont très décoratives dans les bouquets pour mettre en valeur de grosses fleurs (notamment les roses).

Oïdium

Un feutrage blanc sur les feuilles est une caractéristique de l'oïdium (blanc). En prévention, évitez la sécheresse et aérez le sol par des binages. En cas d'attaque, intervenez rapidement avec un fongicide à base de soufre.

▶ Le conseil du jardinier

Le myosotis se ressème abondamment de lui-même. Au début du printemps, récupérez les pieds qui sont apparus spontanément dans le jardin pour les regrouper. Transplantez-les avec la motte. Notez que les variétés blanches ou roses donnent souvent des plantes à fleurs bleues.

Myosotis alpestris
10 à 20 cm. Tige velue, ramifiée dans sa partie supérieure. Feuilles basales formant une touffe. Feuilles de la tige plus petites. Fleurs en bouquets terminaux denses, bleues à cœur jaune, odorantes.
– 'Bobo Rose', 15 cm, rose soutenu.
– 'Compindi' 15 cm, à port compact et régulier, bleu foncé.
– 'Indigo', 35 cm, bleu indigo (excellent en fleurs coupées).
– 'Pompadour', 15 cm, carmin.
– 'Victoria Alba' 15 cm, compact, blanc.

Culture

Semez de juin à août en pépinière, au soleil dans les zones tempérées et à mi-ombre dans les régions chaudes. Éclaircissez ou

Némésia

Nemesia

La floraison du némésia est courte mais particulièrement généreuse et vive. L'effet s'avère très spectaculaire en grande jardinière de terrasse.

- Semis : mars-avril ou septembre
- Floraison : mai-juin ou août-septembre
- Exposition : soleil
- Sol : fertile, léger, pas trop sec
- Utilisation : bordure, rocaille, jardinière
- Hauteur : 20 à 40 cm
- Annuelle ou bisannuelle

Les némésias hybrides sont remarquables par leur vaste gamme de coloris.

Les némésias hybrides sont des plantes à tiges grêles et ramifiées, portant de petites feuilles allongées qui forment une touffe compacte. Les fleurs, réunies en grappes lâches de coloris variés (orange, jaune, rouge, rose, blanc) et souvent bicolores ont une corolle constituée de 2 lèvres, dont la partie supérieure est divisée en quatre lobes.

VARIÉTÉS

- 'Carnaval', 30 cm, forme un large coussin ; à coloris variés.
- 'Drapeau Danois', 25 cm, à fleurs rouge et blanc, spectaculaire.
- 'Funfair', 30 cm, à coloris très vifs.
- 'KLM', 20 cm, à fleurs bleu et blanc.
- 'Mello White', 5 cm, à fleurs blanches.
- 'Snow Princess', 20 cm, à fleurs blanches.
- 'Tapestry', 25 cm, à coloris variés.

Culture

La croissance du némésia n'est pas très rapide. Semez-le en mars-avril sous abri et en caissette, pour avoir une floraison précoce (en juillet). Semez en pépinière ou sous châssis, en avril-mai, il fleurira en août ou en septembre.

Vous pouvez également le cultiver en bisannuel : semez-le en septembre, en pépinière, et repiquez-le en godets qu'il faudra abriter sous châssis ou sous serre non chauffée durant l'hiver. Mettez alors en place, fin avril, pour une floraison en mai-juin.

Utilisation

Au jardin, le némésia forme des bordures denses et un tapis au pied des plantes plus grandes. Toutefois, comme sa floraison est relativement brève, il vaut mieux l'installer dans les rocailles, en petites touffes, en compagnie d'autres fleurs.

Avec ses couleurs vives, utilisez-le pour égayer les terrasses et les balcons : il supporte aisément la culture en pot ou en jardinière.

Pincement des tiges

▶ **Le conseil du jardinier**

Pincez les tiges des jeunes némésias afin d'encourager la ramification : la floraison sera ainsi plus compacte et plus abondante.

Némophile

Nemophila

Ces jolies petites plantes à croissance rapide n'ont guère d'ennemis; seuls les chats, attirés par leur parfum, les écrasent parfois en se roulant dessus.

■ Semis : avril-mai ou septembre

■ Floraison : juin à octobre

■ Exposition : soleil ou mi-ombre

■ Sol : léger, frais, plutôt acide

■ Utilisation : bordure, rocaille fraîche, jardinière

Hauteur : 15 à 20 cm

Annuelle ou bisannuelle

Le némophile pousse vite et fleurit vite.

Culture

Semez directement en place, en avril-mai, en enterrant peu les graines. Après la levée, éclaircissez et éliminez les mauvaises herbes. Maintenez le sol frais en arrosant régulièrement.

Vous pouvez aussi semer les némophiles en septembre, en pépinière bien exposée et abritée. Le némophile accepte l'ombre. En cas de froid vif, protégez-les avec des branches de conifère. Mettez en place au printemps.

Utilisation

Les némophiles sont des plantes tapissantes acceptant la mi-ombre, ce qui n'est pas courant chez les annuelles. Elles sont charmantes avec leurs petites fleurs joliment colorées qui ne tiennent cependant pas très longtemps. Utilisez-les en bordure, ou en tapis sous les arbustes, en sol suffisamment frais.

C'est cependant en jardinière et en bac que vous pourrez admirer de près la délicatesse de leurs fleurs.

◆ Le conseil du jardinier

Effectuez plusieurs semis successifs, jusqu'à la fin du mois de juin, pour avoir des némophiles en fleur jusqu'à l'automne.

Nemophila maculata
15 cm. Petites feuilles lobées formant une touffe très étalée. Fleurs blanches lavées de violet, avec une tache violet intense sur chacun des pétales.

Nemophila menziesii
(syn. *N. insignis*)
15 cm. Feuilles divisées, vert clair, en tapis. Nombreuses petites fleurs bleues.
– 'Baby Blue Eyes', à fleurs bleu clair.
– 'Penny Black', à fleurs noir brillant délicatement bordées de blanc. Somptueux et original.
– 'Sylvia', à fleurs bleu clair à cœur blanc.
– var. *atomaria* 'Snowstorm', à fleurs blanc pur délicatement ponctuées d'étamines noires.

Nigelle

Nigella

Plante méditerranéenne, la nigelle résiste néanmoins très bien au froid et se ressème abondamment dans les jardins pour épanouir ses jolies fleurs bleues au soleil du plein été.

- Semis : avril-mai ou septembre
- Floraison : juillet-août
- Exposition : soleil
- Sol : ordinaire, bien drainé
- Utilisation : massif, bouquet
  Hauteur : 15 à 60 cm
  Annuelle

Les fleurs de la nigelle de Damas sont entourées d'un fin réseau de filaments.

Utilisation

Avec ses fleurs originales aux belles couleurs et son feuillage fin, la nigelle est très décorative dans les massifs, en larges groupes. Plantez-la par exemple au pied des rosiers et choisissez les variétés basses pour constituer des bordures. C'est aussi une bonne plante pour les jardins sauvages. Associez-la en particulier aux coquelicots et aux pavots.

On la cultive beaucoup pour les bouquets de fleurs de saison, et on utilise ses fruits pittoresques – et aussi ses fleurs – dans les compositions de fleurs séchées.

Cueillette des fruits

Les curieux fruits de la nigelle sont très décoratifs dans les bouquets perpétuels.

Nigelle de Damas
Nigella damascena
50 cm. Tiges dressées et ramifiées. Feuillage très fin et découpé. Fleurs bleues ou blanches entourées d'une collerette de bractées en fin réseau de filaments. Fruits ronds, secs, entourés de filaments.
– 'Miss Jekyll', à fleurs bleu foncé.
– 'Pierres Persanes', à fleurs variées (roses, bleues et blanches).
– 'Mulberry Rose', à fleurs blanches, puis rose carmin.
– 'Shorty', 15 cm, naine à fleurs violettes.

Nigelle d'Espagne *Nigella hispanica* 60 cm. Tige dressée. Feuillage fin et découpé. Fleur violet pourpré, sans collerette de bractées qui, en se fanant, prend l'aspect d'une étoile (intéressante en fleur séchée).

Culture

Semez directement en place, sur un sol bien émietté. Après la levée, éclaircissez à 15-20 cm.
Vous pouvez aussi semer en septembre, là encore directement en place. La floraison est ainsi plus précoce.

▶ Le conseil du jardinier
La nigelle se ressème à son gré et s'installe durablement. Si vous souhaitez regrouper les plantes, faites-le quand elles sont encore très jeunes, car elles n'apprécient guère le repiquage.

Œillet d'Inde

Tagetes patula

Originaire du Mexique, l'œillet d'Inde aime la chaleur et le soleil, supporte un peu de sécheresse, mais redoute en revanche les étés frais et humides.

■ Semis : mars à mai
■ Floraison : juin à octobre
■ Exposition : soleil
■ Sol : ordinaire, bien drainé
■ Utilisation : massif, bordure, jardinière
Hauteur : 15 à 30 cm
Annuelle

L'œillet d'Inde offre des teintes chaudes et soutenues.

Œillet d'Inde *Tagetes patula*
15 à 30 cm. Tige dressée et ramifiée. Feuillage assez finement découpé, aromatique et denté. Fleurs (capitules) jaunes ou brun-rouge en été.

À FLEURS SIMPLES
– 'Disco Orange', 25 cm, à grandes fleurs orange vif.
– 'Disco Jaune', 25 cm, à grandes fleurs jaune d'or.
– 'Disco Flame', 25 cm, à grandes fleurs rouge acajou bordé de jaune.
– 'Granada', 25 cm, à fleurs jaune d'or taché de brun au centre.
– 'Red Marietta', 25 cm, à fleurs rouge acajou bordé de jaune.
– 'Susie Wong', 30 cm, à grandes fleurs jaune citron.
– 'Teeny Weeny', 15 cm, naine et étalée, à fleurs rouge acajou et jaune d'or.

À FLEURS DOUBLES
– 'Aurora Yellow Fire', 20 cm, à fleur jaune vif à cœur acajou, à pétales aplatis.
– 'Boléro', 30 cm, à grosses fleurs brun et jaune vif, de longue durée.
– 'Bonanza', 20 cm, race compacte à grandes fleurs doubles, précoces, en coloris variés.
– 'Carmen', 25 cm, à très grosses fleurs brun bordé d'or.
– 'Globe Citron', 25 cm, à fleurs de scabieuse, jaune citron.
– 'Hero Red', 20 cm, à très grosses fleurs rouge acajou.
– 'Honeycomb', 25 cm, à fleurs de scabieuse, brun et orangé.
– 'Safari Tangerine', 25 cm, à grosses fleurs à pétales aplatis, orange vif, précoces.

Pourriture

L'œillet d'Inde est une plante assez robuste. Toutefois, il est sensible à la pourriture en sol humide ; la maladie prend l'aspect d'un feutrage grisâtre, touchant les tiges et les feuilles, ou envahit le feuillage de taches brunes. En cas d'attaque, ôtez les plantes touchées et traitez les autres au fongicide. En prévention, amendez les sols lourds avec un mélange de terreau et de sable.

Culture

Semez en caissette et sous abri chauffé (20 °C environ), en mars-avril, sur du terreau à semis. Après la levée, repiquez en godets. Endurcissez les jeunes plantes en les aérant et en les sortant ou repiquez-les sous châssis

Œillet d'Inde, en couleurs variées.

ou en pépinière bien exposée. Mettez en place en mai, avec la motte, en espaçant de 20 à 30 cm, en fonction des variétés.

Vous pouvez aussi semer sous châssis ou en pépinière bien exposée en avril, avant d'éclaircir et de mettre en place en juin. La floraison sera alors tardive.

Utilisation

L'œillet d'Inde est l'une des meilleures annuelles de massif – par sa très longue floraison et ses belles couleurs chaudes. Les variétés les plus hautes servent à faire des taches de couleur vive, et les plus basses conviennent aux bordures, aux jardinières et aux potées. L'œillet d'Inde est large-

Le tagète vrai donne une multitude de petites fleurs simples.

ment diffusé sous forme de plant par les jardineries, en mai. Associez les œillets d'Inde aux annuelles de plein soleil, en particulier à l'agératum, aux sauges *splendens* et *farinacea*. Utilisez-les aussi pour combler les trous dans les massifs de plantes vivaces.

■ Tagète

Le tagète est une charmante petite plante très joliment colorée et de culture facile, formant des coussins étalés dans les massifs et les rocailles.

Tagète vrai *Tagetes tenuifolia*
30 cm. Tige grêle et ramifiée. Feuilles très découpées et aromatiques. Petites fleurs simples jaune orangé, de juin aux gelées. Il accepte la mi-ombre.
– 'Gnom', 15 cm, à fleurs jaune d'or.
– 'Ornament', 25 cm, rouge-brun à cœur jaune.
– 'Paprika', 15 cm, rouge piment bordé de jaune d'or.
– 'Tangerine Gem', orange vif.

Mise en place

20 à 30 cm

Repiquez en place avec la motte.

▶ Le conseil du jardinier

Par son feuillage aromatique, l'œillet d'Inde éloigne certains insectes parasites. Mais c'est surtout dans la lutte contre les nématodes, petits parasites du sol qui envahissent parfois les potagers, que les espèces du genre Tagetes sont utiles. En effet, des substances sécrétées par leurs racines déclenchent l'éclosion des larves, qui ne peuvent se nourrir sur ces plantes et meurent rapidement. Le sol est donc nettoyé. Cultivez en particulier *Tagetes patula* 'Nemagon'.
Vous préparez ainsi le sol pour les cultures sensibles : carotte, persil, haricot, oignon, fraisier, plantes bulbeuses.

Pâquerette

Bellis perennis

La pâquerette est une plante vivace, mais on la traite habituellement en bisannuelle, car elle devient nettement moins florifère lorsqu'elle reste en place.

- Semis : juin à août
- Floraison : avril à juin
- Exposition : soleil ou ombre légère
- Sol : léger, plutôt acide
- Utilisation : massif, bordure, rocaille, jardinière, bouquet
  Hauteur : 10 à 20 cm
  Bisannuelle ou vivace

La pâquerette 'Pomponnette' fleurit durant deux bons mois, au printemps.

Pâquerette 'Pomponnette'
15 cm. Feuilles vert foncé, disposées en rosette. Nombreuses fleurs doubles, en pompons très réguliers, blanches, rouges ou roses.

Pâquerette 'Habanera'
20 cm. Plante compacte et érigée, à grosses fleurs doubles à pétales effilés, de longue durée, rouges, roses, blanches ou blanches à pointes rouges.

Pâquerette 'Robelia'
15 cm. Fleur bien ronde, de 5 cm de diamètre, rose clair, de longue durée.

Culture

Semez la pâquerette en été, de juin à août, en pépinière et en sol fertile et assez frais. Après la levée, éclaircissez ou repiquez une première fois en pépinière ; mettez les plantes en place de préférence à l'automne – à la rigueur au début du printemps – en les espaçant de 15 à 20 cm.

Utilisation

Les petites pâquerettes doubles sont de charmantes plantes de bordures, très colorées. Utilisez-les aussi dans les massifs et les jardinières, pour mettre en valeur les bulbeuses de printemps, notamment les tulipes, les jacinthes et les narcisses. Vous pouvez aussi cueillir les variétés les plus hautes pour réaliser des petits bouquets de printemps.

■ Pâquerette des prés

Quelques graineters proposent des graines de la petite pâquerette des prés – qui s'installe d'ailleurs souvent spontanément dans les jardins. C'est une plante attrayante, à floraison de très longue durée, pour les prairies naturelles et les pelouses fleuries. Pour qu'elle survive sur la pelouse, tondez suffisamment haut (10 cm), et n'utilisez pas de désherbant.

Attention aux pâquerettes

Pour ne pas détruire les pâquerettes, réglez la tondeuse en position haute.

Pensée

Viola wittrockiana

La plus cultivée des bisannuelles offre de nombreuses variétés classées selon la date de leur floraison et, également, selon la grandeur de leurs fleurs.

- ■ Semis : juin à août
- ■ Floraison : de l'été à l'automne
- ■ Exposition : soleil ou mi-ombre
- ■ Sol : ordinaire, consistant
- ■ Utilisation : massif, bordure, jardinière
  Hauteur : 15 à 20 cm
  Bisannuelle

La pensée porte souvent une macule noire, en forme de masque.

Pensée *Viola wittrockiana*
Feuilles ovales ou elliptiques, souvent crénelées. Fleurs arrondies, de 5 à 8 cm de diamètre, à 4 pétales ; elles sont unicolores, bicolores ou tricolores, souvent tachées d'une macule foncée.

À FLORAISON HÂTIVE
Floraison dès l'automne, et aussi au printemps.

À FLORAISON PRINTANIÈRE
Floraison à partir de mars, et surtout d'avril à juin.

Culture

Semez de juin à août, en pépinière, en terre légère. Repiquez en pépinière (ou sous châssis), ou éclaircissez. Mettez en place en août-septembre, pour une floraison hivernale et printanière, et en octobre pour une floraison printanière. Espacez les plantations de 20 cm. Évitez les terres trop riches en humus ou franchement calcaires. La pensée apprécie les sols assez consistants et même un peu lourds.

Utilisation

Très colorée, la pensée est précieuse pour la décoration printanière des massifs, des bordures, des jardinières et des potées, mais c'est aussi l'une des seules fleurs de fin d'automne et d'hiver.

■ Pensée d'été

On peut semer diverses variétés de pensée en hiver et en serre, pour les mettre en place en mai ; elles fleurissent alors de juin à septembre. Ce type de culture (annuelle) est pratiqué par les professionnels, et les plantes sont vendues en jardineries en godets.

Pourriture

Robuste, la pensée est cependant parfois touchée par la pourriture – du collet ou des racines – qui entraîne une dégénérescence rapide de la plante. Pour l'éviter, semez sur un terreau désinfecté et cultivez en sol suffisamment drainé. En cas d'atteinte, détruisez les plantes touchées et traitez les autres avec un fongicide.

Repiquage en pépinière

Quand les plantes ont quelques feuilles, repiquez-les une première fois en pépinière abritée.

Pétunia

Petunia

D'origine brésilienne, cette plante compte parmi les annuelles à très longue période de floraison. Elle offre des coloris somptueux, vifs, mais aussi de délicates nuances pastel.

- ■ Semis : février à avril
- ■ Floraison : mai à octobre
- ■ Exposition : soleil ou ombre légère
- ■ Sol : léger, plutôt acide
- ■ Utilisation : massif, bordure, jardinière, potée

Hauteur : 20 à 25 cm

Annuelle

Le pétunia aime les situations abritées et légèrement ombragées.

car le pétunia apprécie les sols frais. Apportez de l'engrais, surtout pour les plantes en pots.

Utilisation

Les pétunias à fleurs petites ou moyennes, résistant aux intempéries, conviennent bien pour les massifs et les bordures, en association avec d'autres plantes de plein été. Ceux à grandes fleurs en revanche, de même que les variétés doubles, sont recommandés pour les potées et les jardinières. La race 'Cascade', à port gracieusement retombant, est idéale en suspension.

Petunia x *hybrida*
Plante dressée à tiges ramifiées. Feuilles ovales ou elliptiques. Fleurs solitaires, en entonnoir. Nombreux coloris, à l'exception du bleu, et fleurs souvent bicolores – simples ou doubles.

Il existe de très nombreuses variétés, à fleurs petites et moyennes, à grandes fleurs, à fleurs doubles, à port retombant.

Culture

Semez sous abri (serre ou véranda) et en caissette, à une température de 20 °C environ, de préférence avec chaleur de fond (couche électrique). Utilisez du terreau à semis (stérile). Ne recouvrez les graines (très fines) que d'un tout petit peu de sable. Plombez légèrement à l'aide d'une planchette. Repiquez en godets individuels, également sous abri, dès que les jeunes plantes peuvent être manipulées. Endurcissez-les en les aérant et en les sortant. Mettez-les en place en mai en les espaçant de 35 à 40 cm.
Posez de petits tuteurs discrets pour les variétés doubles cultivées en pots. Arrosez régulièrement

Semis sous abri

Semez sous terre ou sous véranda, de préférence avec chaleur de fond (couche électrique).

◆ *Le conseil du jardinier*
Pour les obliger à ramifier, pincez les variétés à fleurs simples au moment du repiquage, elles se montreront alors plus florifères.

Pois de senteur

Lathyrus odoratus

Très résistant au froid, le pois de senteur peut aussi être cultivé en bisannuel : semez-le en septembre, en situation bien abritée ou sous châssis, pour obtenir une floraison précoce, dès la fin mai.

- Semis : septembre et mars-avril
- Floraison : juin à septembre
- Exposition : soleil ou ombre légère
- Sol : fertile et bien drainé
- Utilisation : treillage, massif, bordure, jardinière, potée
  Hauteur : 0,25 à 1,80 m
  Annuelle

Ne laissez pas les fleurs du pois de senteur former des pousses.

Lathyrus odoratus
Tiges anguleuses. Feuilles divisées en 2 folioles, munies de vrilles. Grandes fleurs odorantes, regroupées en petits bouquets (jusqu'à 4), de coloris très variés. Nombreuses variétés grimpantes et naines.

Culture

Semez le pois de senteur en avril au nord de la Loire (ou un peu plus tôt, sous châssis). Semez directement en place, en poquets de 5 ou 6 graines pour les variétés grimpantes, ou en lignes espacées de 40 cm. Vous pouvez aussi semer en godets, et repiquez avec la motte. Quand elles atteignent 20 cm, buttez les variétés grimpantes pour les rendre plus robustes. Enlevez régulièrement les fleurs fanées.

Utilisation

Réputé pour son parfum, le pois de senteur peut parfois décevoir : certaines variétés étant presque dépourvues d'arôme. Utilisez cette charmante grimpante pour garnir de petits treillages ou un grillage de clôture. Les variétés naines sont excellentes en bordure, mais plus belles encore en potées. Cultivez les variétés à longues tiges pour les bouquets.

Buttage

Buttez les variétés grimpantes pour les fortifier.

▶ Le conseil du jardinier

Préférez la mi-ombre pour les coloris tendres et pastel, qui supportent mal le soleil.

Reine-marguerite

Callistephus chinensis

Proche de la marguerite des champs, la reine-marguerite à fleurs simples est une plante charmante, celle à fleurs doubles, spectaculaire, surprend par ses formes.

- Semis : mars à mai
- Floraison : juillet à octobre
- Exposition : soleil ou ombre légère
- Sol : fertile et bien drainé
- Utilisation : massif, bordure, potée, bouquet

Hauteur : 20 à 80 cm

Annuelle

En fleurs dès juillet, la reine-marguerite l'est encore aux premiers froids.

Culture

Semez en godets et sous abri, en mars-avril, à une température de 15 °C environ. Ne conservez que le sujet le plus vigoureux de chaque godet. Endurcissez les plantes en les sortant et mettez-les en place en mai-juin, en les espaçant de 20 à 40 cm. La floraison intervient dès juillet.

Vous pouvez aussi semer en avril-mai, directement en place, la plante fleurit alors à partir de septembre.

Utilisation

La reine-marguerite est précieuse pour apporter de la couleur en fin de saison, lorsque les fleurs de l'été commencent à décliner. Utilisez-les dans les massifs, en bordure et en potée (pour les variétés naines). La reine-marguerite à grande tige est surtout cultivée comme fleur à couper.

Callistephus chinensis

Plante dressée à tiges ramifiées. Feuilles triangulaires, dentées, vert vif. Fleurs en capitule solitaires. Nombreuses variétés à fleurs simples, semi-doubles ou doubles, grandes, semi-naines ou naines. Coloris : rose, rouge, pourpre, bleu, jaune, blanc.

Parmi les variétés doubles, on trouve des formes très diverses : fleurs rayonnantes, à pétales fins et effilés, d'aspect échevelé ; petites fleurs rondes, en pompons ; très grandes fleurs très doubles.

Fusariose

La reine-marguerite est touchée par la fusariose, provoquant le noircissement de la tige à partir du collet. Évitez de transplanter les sujets à racines nues et attendez au moins 2 ans pour la cultiver au même endroit.

Repiquage en godet

Ne conservez qu'un seul plant par godet.

Ricin

Ricinus

Originaire d'Asie tropicale, le ricin est une plante spectaculaire, arbustive, atteignant jusqu'à 10 m de haut ; cultivé en annuel, il ne dépasse pas 2 m, mais se montre malgré tout très vigoureux.

- ■ Semis : mars à mai
- ■ Floraison : juillet à octobre
- ■ Exposition : soleil
- ■ Sol : fertile, assez frais
- ■ Utilisation : massif, groupe isolé, haie
  Hauteur : 1,50 à 4 m
  Annuelle

Le ricin est une plante spectaculaire, pour fond de massif.

Culture

Semez le ricin en mars, en godets et sous abri, à une température de 20 °C environ. Ne conservez qu'une seule plante par godet. Endurcissez les ricins en les aérant et en les sortant. Mettez-les en place en mai-juin, exposés au soleil et abrités des vents, en les espaçant de 1 m. Arrosez régulièrement pour maintenir un sol frais et paillez en juillet.

Utilisation

Les grands ricins sont spectaculaires en groupe isolé sur une pelouse ou au milieu d'une plate-bande − à condition qu'ils ne soient pas trop exposés au vent. Cultivez-les aussi en fond de massifs, ou encore en alignement, pour masquer une vue déplaisante ou un mur inesthétique, ou bien pour créer une séparation temporaire.

▶ Le conseil du jardinier

Le ricin vient très bien en pot, dans un mélange de terreau et de terre, sur une terrasse (choisissez la variété 'Carmencita'). À l'automne, avant les froids, rentrez le pot et placez-le derrière une fenêtre ensoleillée : la plante demeure décorative longtemps si l'atmosphère est suffisamment humide. Vous pouvez même la conserver jusqu'au printemps suivant.

Ricinus communis
Tige dressée et charnue. Grandes feuilles amples, à long pétiole (inséré au milieu du limbe), découpées en lobes pointus. Inflorescences vertes en été. Fruits hérissés d'épines souples, en grappes.

− 'Carmencita', 1,50 m, à feuillage bronze et inflorescences rouge vif.
− 'Sanguin', 2 m, à grandes feuilles découpées rougeâtres, à pétioles et veines rouge vif. Fruits pourpre clair, en grappes.
− 'Zanzibar', 3,50 m et plus, à très grandes feuilles découpées vertes ou rougeâtres.

Rose d'Inde

Tagetes erecta

Si la rose d'Inde orangée ou jaune est bien connue, il faut découvrir des variétés nouvelles de coloris différents, comme 'Scheewalzer', dans les tons crème et blancs.

■ Semis : mars à avril
■ Floraison : juin à octobre
■ Exposition : soleil
■ Sol : ordinaire, bien drainé
■ Utilisation : massif, bordure, jardinière, bouquet
Hauteur : 20 à 80 cm
Annuelle

Les fleurs des grandes roses d'Inde sont si lourdes qu'il faut parfois les tuteurer.

exposée en avril, avant d'éclaircir et de mettre en place en juin. La floraison est alors tardive.

Utilisation

Par ses couleurs éclatantes et sa floraison de longue durée, la rose d'Inde, très robuste, est une excellente plante à massif et à bordure. Les variétés naines, trapues et florifères, sont idéales en massif, en bordure et en pots. Associez la rose d'Inde à l'héliotrope du Pérou (massif jaune et bleu), au cosmos, à la sauge et au muflier.

Semis en caissette

Semez sous abri, sur du terreau désinfecté, en recouvrant peu les graines.

◆ Le conseil du jardinier

Dès la levée, aérez bien les caissettes, afin d'éviter la fonte des semis. De même, au repiquage, respectez l'espacement conseillé entre les plantes pour prévenir une attaque de pourriture grise (botrytis).

Tagetes erecta

Plante buissonnante à forte tige dressée. Feuilles divisées à folioles lancéolées, vert foncé. Fleurs (capitules) solitaires, le plus souvent doubles et volumineuses, jaunes ou orangées.

VARIÉTÉS HAUTES
– 'Double Eaggle', 80 cm, orange vif intense.
– 'Doublon', 80 cm, jaune crème.
– 'Golden Jubilee', 50 cm, jaune vif très lumineux.

VARIÉTÉS NAINES
– 'Antigua Jaune', 20 cm.
– 'Cupidon', 20 cm, jaune vif.

– 'Inca Orange', 30 cm, orange vif, à fleur de chrysanthème.

Culture

Semez en caissette et sous abri chauffé (20 °C environ), en mars-avril, sur du terreau à semis. Après la levée, repiquez en godets. Endurcissez les jeunes plantes en les aérant et en les sortant, ou repiquez-les sous châssis ou en pépinière bien exposée. Mettez en place en mai, avec la motte, en espaçant de 20-30 cm en fonction des variétés.
Vous pouvez aussi semer sous châssis ou en pépinière bien

Souci

Calendula officinalis

Cette plante indigène, vaillante et de floraison prolongée, se ressème abondamment et vous pouvez, au printemps, regrouper les plantes disséminées dans le jardin.

■ Semis : avril-mai et septembre
■ Floraison : juin à octobre
■ Exposition : soleil
■ Sol : ordinaire, bien drainé
■ Utilisation : massif, bordure, jardinière, bouquet
Hauteur : 30 à 60 cm
Annuelle

Facile à vivre, le souci est idéal pour les massifs très ensoleillés.

situation abritée : vous obtiendrez ainsi une floraison plus précoce.

Utilisation

Très facile à cultiver et robuste, le souci égaie, par ses belles couleurs vives, les massifs et les bordures. Il vient aussi très bien en pot et en jardinière. Planté au potager pour la fleur coupée, il éloigne les insectes parasites. Jolie plante de jardin sauvage, le souci se ressème abondamment et attire la faune. Associez-le à la sauge, au statice, à la verveine et à la scabieuse.

Souci à fleur double.

Calendula officinalis
Tige dressée, anguleuse et ramifiée. Feuilles alternes, en spatule, très odorantes. Fleurs solitaires (capitules).
– 'D'Ollioule', 50 cm, à fleurs orange à cœur vert.
– 'Fiesta Gitana', 30 cm, à fleurs doubles en mélange.
– 'Pacific Cream Beauty', 50 cm, à fleurs crème.
– 'Princesse Jaune à cœur noir', 50 cm, à grande fleur jaune.
– 'Mère de Famille', 60 cm, à grandes fleurs orange entourées de fleurs plus petites, en couronne.

Culture

Semez en avril-mai, directement en place, et éclaircissez à 20 cm. On peut également semer en pépinière et repiquer, mais les plantes sont alors moins vigoureuses. Dans les régions à hiver doux, semez en septembre, en

Oïdium

L'oïdium (ou blanc) du souci se déclare assez souvent en période de sécheresse : son feuillage se couvre alors d'un feutrage blanc. Pour l'éviter, maintenez le sol frais par des arrosages réguliers. En cas de contamination, utilisez un fongicide spécifique.

Le saviez-vous ?

Les pétales du souci ont été autrefois utilisés comme colorant alimentaire, notamment pour le beurre, les sirops ou le riz. Les fleurs, très sensibles à l'hygrométrie, s'ouvrent par temps sec et se ferment quand il va pleuvoir.

Tabac d'ornement *Nicotiana*

Le parfum suave et enchanteur du tabac s'exhale surtout le soir ; méfiez-vous, toutes les variétés ne sont pas également odorantes.

- Semis : février à avril
- Floraison : juillet à octobre
- Exposition : soleil
- Sol : fertile et frais
- Utilisation : massif, bordure, jardinière
- Hauteur : 0,20 à 1,20 m
- Annuelle

Le tabac d'ornement 'Nicky Karminrosa' se distingue par sa luminosité.

sur terreau à semis, à une température de 20 °C environ. Lorsque les jeunes plantes peuvent être manipulées, repiquez-les en godets individuels. Endurcissez-les en les aérant et en les sortant. Mettez-les en place en mai en les espaçant de 20 cm pour les variétés naines, et de 80 cm pour les plus grandes.

Utilisation

Les trompettes allongées du tabac d'ornement sont très élégantes dans les massifs. Mariez-les au cléome, au rudbéckia annuel et au cosmos. Les variétés naines, de plus en plus cultivées, sont de jolies fleurs de bordure et de jardinière.

Nicotiana alata
Tiges ramifiées, dressées, et feuilles ovales. Fleurs étroitement tubulaires, à corolle en étoile, très parfumées.
– 'Blanc Odorant', 80 cm, à fleurs blanches très parfumées.
– 'Lime Green', 80 cm, à fleurs vert-jaune clair, très parfumées.

Nicotiana langdorfii
1,20 m. Tiges ramifiées. Feuilles ovales et ondulées. Fleurs tubulaires, allongées, jaune verdâtre, regroupées en grosses grappes retombantes. La variété 'Lemon Tree' est très florifère.

HYBRIDES NAINS
– 'Domino Rose Saumon', 30 cm, à grandes fleurs d'un rose doux.
– 'Havana Apple Blossom', 40 cm, à fleurs blanches à revers rose.
– 'Starship Rose Pink', 30 cm, hâtif, à fleurs rose carmin.
– 'VIP', 25 cm, à port compact et fleurs variées.

Mildiou

Le tabac est parfois envahi par le mildiou, qui se manifeste par des taches brun clair sur le feuillage entraînant le dépérissement rapide de la plante. Par précaution, cultivez en sol bien drainé. Aux premiers symptômes, pulvérisez de la bouillie bordelaise.

Culture

Semez en février-mars sous abri (serre ou véranda), en caissette et

Pincement des jeunes tiges

▶ Le conseil du jardinier

Pincez les jeunes plants de tabac d'ornement : coupez l'extrémité des tiges avec une paire de ciseaux ou à la main. Vous les obligez ainsi à ramifier, et vous obtenez des plantes plus trapues et plus florifères.

Verveine

Verbena

La verveine fait de belles potées. Avant les premiers froids, rentrez les pots derrière une fenêtre, nettoyez et arrosez modérément les plantes : elles fleuriront encore plusieurs semaines.

- Semis : mars-avril
- Floraison : juin à octobre
- Exposition : soleil
- Sol : fertile et frais
- Utilisation : massif, bordure, jardinière
  Hauteur : 20 à 50 cm
  Annuelle

La verveine 'La France' reste en fleurs jusqu'aux premières gelées.

blancs. Plante très résistante à la sécheresse.

Culture

Semez en mars-avril, sous abri (serre ou véranda), à une température de 20 °C, en recouvrant peu les graines. Dès que les plantes peuvent être manipulées, repiquez-les en godets individuels et endurcissez-les en les sortant la journée, chaque fois que le temps le permet. Repiquez en place en mai en espaçant de 25 cm. Arrosez régulièrement et apportez de l'engrais liquide spécial pour plantes à fleurs.

Utilisation

Plantez la verveine en larges groupes, dans les massifs, pour former des tapis colorés de longue durée ; associez-la à la sauge, à l'héliotrope du Pérou, à la cinéraire et à l'agératum. Plantez-la aussi largement en pot et en jardinière.

Verbena x hybrida
20 à 30 cm. Port très étalé. Petites feuilles lancéolées et dentées. Inflorescences aplaties (ombelles). Nombreux coloris dans tous les tons de rose, de rouge et de blanc ; jolies nuances pastel.
– 'Amour', 25 cm, rose clair pastel très lumineux.
– 'Cascade Imagination', 50 cm, bleu violacé, à port retombant (pour suspension).
– 'Novalis', 30 cm, à fleurs variées, à œil blanc.
– 'Peaches and Cream', 30 cm, abricot, orangé et crème.
– 'Sandy', 30 cm, coloris éclatants.

Verbena rigida
30 cm. Port touffu. Feuilles allongées, dentées et rugueuses. Inflorescences en larges épis roses, violacés, bleu clair ou

Tétranyque

L'été, en période de sécheresse, le feuillage attaqué par le tétranyque (petite araignée suceuse de sève logée sous les feuilles) prend une teinte grisâtre. En prévention, arrosez et bassinez le feuillage quand il ne pleut pas. En cas d'attaque, pulvérisez un insecticide spécifique (acaricide).

Zinnia

Zinnia

Les zinnias à grandes fleurs doubles sont superbes dans les massifs, mais découvrez aussi le zinnia mexicain, à fleurs simples blanches ou jaunes, somptueux en bordure et en jardinière.

- ■ Semis : mars à mai
- ■ Floraison : juin à octobre
- ■ Exposition : soleil
- ■ Sol : fertile et frais
- ■ Utilisation : massif, bordure, jardinière, bouquet
  Hauteur : 15 à 80 cm
  Annuelle

Semez les zinnias en mars pour profiter de leurs fleurs dès juin.

VARIÉTÉS

Zinnia elegans

Feuilles opposées, ovales, vert franc. Fleurs solitaires (capitules). Coloris très divers : rose, rouge, violet, jaune, blanc.

■ Grands zinnias

– 'À Fleur de Dahlia', 70 cm, à grandes fleurs à pétales arrondis, coloris variés.
– 'Burpees Spielarten', 70 cm, à très grandes fleurs vivement colorées, présentant des pétales enroulés en pointe.
– 'Envy', 70 cm, à fleur de dahlia vert chartreuse.
– 'Géant de Californie', 70 cm, à très grandes fleurs variées.
– 'Peppermint', 70 cm, à fleurs striées et panachées, de couleurs variées.
– 'Purity', 70 cm, à fleurs blanc pur.
– 'Whirligig', 50 cm, à très grandes fleurs doubles, bicolores.

■ Petits zinnias

– 'Lilliput', 40 cm, race à fleurs doubles, rondes, aux coloris vifs, très compacte.
– 'Old Mexico', 35 cm, à petites fleurs simples et semi-doubles, brun acajou et jaunes.
– 'Boulette à Vent', 30 cm, à fleurs rose foncé à cœur jaune.
– 'Peter Pan', 30 cm, à grandes fleurs de couleurs variées.
– 'Thumbelina', 15 cm, à fleurs de couleurs variées.

Les zinnias nains sont trapus, florifères et solides.

Zinnia mexicana
35 cm. Feuillage vert intense et nombreuses fleurs simples à cœur jaune. Demande beaucoup de chaleur.
– 'Clasic', jaune orangé.
– 'Star White', blanc.

Culture

Pour obtenir une floraison précoce, dès juin, semez en mars sous abri et en caissette, recouvrez bien les graines. Quand les plantes sont assez grandes, repiquez-les en godets individuels et sortez-les régulièrement pour les endurcir. Mettez-les en place en mai en les espaçant de 20 à 40 cm, selon les variétés.

Un semis en avril-mai, en pépinière bien exposée, donne une floraison à partir de juillet. Repiquez en place en juin.

Arrosez régulièrement les zinnias et apportez-leur un peu d'engrais durant leur croissance. Supprimez régulièrement les fleurs fanées.

Zinnia à fleurs de dahlia.

Alternariose

Le zinnia est parfois touché par une maladie grave, l'alternariose, qui produit des taches brun rougeâtre à centre gris sur les feuilles, entraînant la pourriture. Elle survient en général en sol lourd et malsain, trop humide. Supprimez les plantes touchées. En prévention, amendez les terres lourdes par du terreau sablonneux.

Utilisation

Les zinnias offrent des couleurs superbes, vives ou tendres, dans toutes les parties ensoleillées du jardin. Les variétés basses sont idéales pour les bordures et les potées. Plantez quelques variétés vigoureuses au potager pour vos bouquets de saison.

Suppression des fleurs fanées

Supprimez les fleurs fanées pour favoriser la repousse.

Arrosage

Arrosez les zinnias au pied, régulièrement à partir de juin.

▶ Le conseil du jardinier

Utilisez les variétés de *Zinnia mexicana*, toutes à fleurs simples, pour constituer des bordures et des taches dans les massifs. Très généreuses par leur floraison, ces plantes pleines de charme sont capables de supporter de fortes insolations et ne demandent guère de soins, sauf des arrosages. Dans les régions chaudes, vous pouvez même les semer en place en avril.

Bignone

Campsis

Très solide, la bignone supporte le proche voisinage de la mer et les vents salins aussi bien que la pollution atmosphérique des grandes villes. Mais, elle est sensible aux grands froids.

- ■ Plantation : printemps ou automne
- ■ Floraison : été
- ■ Exposition : soleil
- ■ Sol : ordinaire, même calcaire
- ■ Utilisation : mur, pergola, tonnelle, treillage, clôture

Hauteur : 5 à 10 m

Arbuste grimpant

Les fleurs de la bignone de Virginie se détachent bien du feuillage.

Bignone de Chine
Campsis grandiflora
5 à 6 m. Grandes fleurs rouge orangé vif, en trompette, de 8 à 10 cm de diamètre, de juillet à septembre. Feuillage composé, léger et vert clair. Les tiges doivent être palissées.

Bignone de Virginie
Campsis radicans
10 m. Fleurs écarlate orangé, en trompette, de 5 cm de diamètre, de juillet à septembre ; feuillage composé, vert clair. Les tiges s'attachent d'elles-mêmes au support par des crampons.
– 'Flava', à nombreuses fleurs jaune vif.

Campsis x *tagliabuana* 'Madame Galen'
6 m. Grandes fleurs rouge saumoné. Feuillage léger et tiges assez fortes, qui doivent être palissées. Cette bignone peut être conduite en petit arbre, à l'aide d'un tuteur.

Culture

La bignone passe pour être sensible au froid, mais elle résiste en général bien à l'hiver sous un climat comme celui de la région parisienne. Le cultivar 'Madame Galen' est sans doute le plus résistant. Installez cette plante en sol ordinaire, en évitant seulement les terres humides et malsaines. Placez-la en situation bien ensoleillée. Au début, paillez le pied pour protéger la souche durant l'hiver.
Multipliez par bouture de tête et à l'étouffée en été. Conservez les jeunes boutures sous serre l'hiver. L'enracinement est délicat.

Utilisation

La bignone est avec le rosier la grimpante d'été la plus florifère. Décorez en les murs, les treillages et les clôtures. Associez-la à un rosier grimpant jaune ou blanc et à des grimpantes à feuillage décoratif (houblon, lierre etc...).

Bouturage

Prélevez des boutures en été.

Plantez-les dans un mélange de tourbe et de sable.

◆ **Le conseil du jardinier**
Les premières années, procédez à une taille de forme pour lui donner une charpente solide. Par la suite, effectuez une taille annuelle assez sévère en début de printemps, après les fortes gelées.

Bougainvillée

Bougainvillea

Avec sa superbe floraison brillamment colorée et de très longue durée, la bougainvillée a toutes les qualités, mais le gros défaut de ne pas supporter le froid.

- Plantation : printemps
- Floraison : été, parfois toute l'année
- Exposition : soleil
- Sol : assez fertile, bien drainé
- Utilisation : mur, pergola, tonnelle, treillage
  Hauteur : 3 à 8 m
  Arbuste grimpant

La bougainvillée est imbattable pour la durée de sa floraison.

Bougainvillea glabra
3 à 5 m. Petites fleurs insignifiantes, en petits bouquets, entourées de trois bractées roses, un peu gaufrées. Feuilles ovales, de 12 cm de long, sur des tiges parfois épineuses.
– 'Cypheri', à grandes bractées rose foncé.
– 'Sanderiana', à floraison très abondante, rose violacé.

Bougainvillea spectabilis
5 à 8 m. Fleurs à bractées roses ou rouge brique. Feuilles ovales, vernissées, sur de vigoureuses tiges épineuses.

– 'Lateritia', à bractées rouge orangé.

Il existe également des hybrides à floraison jaune, orangée, rouge franc et blanche.

Culture

La bougainvillée réussit bien en sol léger et siliceux, mais toutefois assez fertile. Elle demande le plein soleil. Afin d'encourager son développement, arrosez-la les premières années, sachant que, pour la suite, elle supporte assez bien la sécheresse qui, d'ailleurs, favorise la floraison. Effectuez éventuellement une taille, en février, pour nettoyer et aérer.
La multiplication est assez délicate. Prélevez des boutures de tête, semi-ligneuses, en été, et plantez-les dans un mélange de sable et de tourbe, en utilisant des hormones de bouturage. Conservez les pots au chaud.

Utilisation

La reine des grimpantes méditerranéennes est somptueuse sur les façades et les murs. Prévoyez du fil de fer tendu ou un feuillage pour la palisser, car ses rameaux n'ont pas de crampons.

Bouturage

Bouturez en été dans un mélange de tourbe et de sable.

◆ Le conseil du jardinier
Vous pouvez cultiver la bougainvillée sous le climat de l'oranger, c'est-à-dire dans les zones où l'oranger survit à l'hiver, sans pour autant donner des fruits.

Chèvrefeuille

Lonicera

Le chèvrefeuille des jardins est charmant, avec ses fleurs jaunes odorantes et ses baies noires, mais on cultive surtout des espèces originaires de Chine et du Japon, plus florifères et plus colorées.

- Plantation : printemps ou automne
- Floraison : printemps, été
- Exposition : soleil ou mi-ombre
- Sol : ordinaire
- Utilisation : mur, pergola, tonnelle, treillage
  Hauteur : 2 à 6 m
  Arbuste grimpant

Culture

Très résistants, les chèvrefeuilles se contentent d'un sol ordinaire, assez profond ; évitez les terres calcaires et sèches. Toutes les espèces acceptent la mi-ombre. Cultivez les chèvrefeuilles sur un treillage autour duquel les tiges s'enrouleront. Il peut être nécessaire de palisser si la touffe tend à tomber. La taille se limitera à un nettoyage du vieux bois et à l'élimination des tiges mal placées.
Multipliez en prélevant les tiges enracinées, au pied de la plante. Vous pouvez aussi prélever des boutures de tête, en juin-juillet, et les piquer en pépinière.

La floraison colorée du chèvrefeuille est aussi très parfumée.

Bouturage

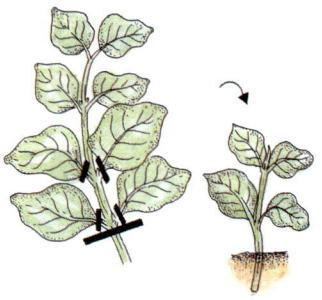

Plantez les boutures en pleine terre.

▶ Le conseil du jardinier

Cultivez les chèvrefeuilles si vous avez des abeilles car les fleurs sont riches en nectar. Utilisez-les aussi pour préparer des infusions, très parfumées et calmantes.

Lonicera × *heckrottii*
2 à 3 m. Fleurs parfumées, rouge vif à l'extérieur et jaune d'or à l'intérieur, de juin à août. Feuillage semi-persistant, vert bleuté.

Lonicera henryi
3 à 5 m. Fleurs rouge pourpré, en jolis bouquets, en juin-juillet. Feuillage presque persistant, vert foncé.

Lonicera japonica
3 à 6 m. Fleurs parfumées, crème et jaune, de juin à septembre.
Feuillage semi-persistant, vert teinté de rouge.
– 'Aureoreticulata', à feuillage panaché de jaune.
– 'Halliana', à feuillage vert clair, persistant, et fleurs crème et jaune très parfumées.

Lonicera tatarica 'Hack's Red'
2 à 3 m. Feuillage caduc, vert foncé à revers bleuté, formant une touffe dense. Fleurs rose pourpré en avril-mai.

Clématite

Clematis

Si les clématites à grandes fleurs sont somptueuses et même spectaculaires, les espèces à petites fleurs séduisent également par leur fraîcheur, leur vigueur et souvent leur parfum.

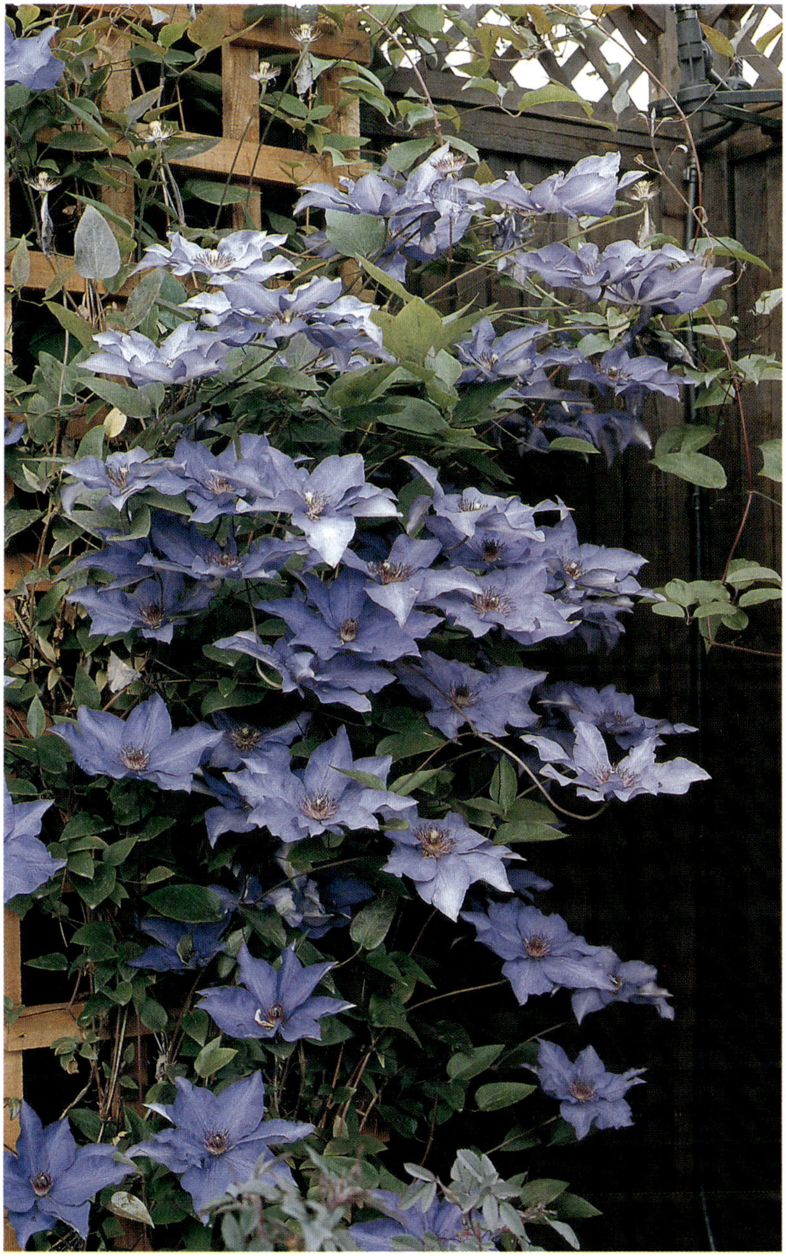

■ Clématites à grandes fleurs

Ce sont toutes des hybrides de vigueur modérée (2 à 3 m). Les fleurs dépassent 25 cm de diamètre chez certaines variétés.

Clematis x *jackmanii*
Violet intense à étamines vert jaunâtre. Floraison de juin à septembre. La plus cultivée.
– 'Madame Le Coultre', la plus belle des clématites blanches. Grandes fleurs à étamines jaune clair. Floraison de juin à octobre.
– 'Nelly Moser', mauve clair à rayures rose carmin. Floraison en mai-juin et en septembre.

Protection

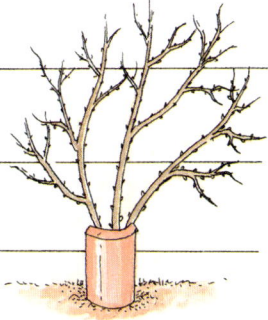

Placez une tuile pour ombrer le pied.

▶ Le conseil du jardinier

Les clématites apprécient le soleil, mais elles aiment avoir le pied à l'ombre. Dressez une tuile ou installez une plante en touffe à sa base.

Clématite à grandes fleurs 'The President'.

– 'The President', bleu foncé à étamines rougeâtres. Floraison de mai à octobre.

– 'Ville de Lyon', rouge carmin velouté à étamines jaunes. Floraison abondante de juin à octobre.

■ Clématites à petites fleurs

Clématite des Alpes
Clematis alpina
3 m. Vigueur moyenne, à fleurs bleues en clochettes pendantes, à étamines blanches.

Clematis armandii
Plus de 4 m. Assez vigoureuse, à fleurs blanches odorantes, en mars-avril, et beau feuillage persistant, vernissé. À protéger en région fraîche.

Clematis flammula
4 à 5 m. Vigoureuse, à nombreuses fleurs blanches odorantes, d'août à octobre. Intéressante par sa floraison tardive.

Clématite de montagne
Clematis montana
12 m. Très vigoureuse, à fleurs blanc rosé, à odeur de vanille, en petits bouquets, en mai-juin. Facile à cultiver et très florifère.

Telle 'Dr Ruppel', de nombreuses clématites sont bicolores.

Clématite 'Nelly Moser'.

Culture

Installez les clématites dans un sol riche en humus et frais, et aussi bien drainé. Apportez du terreau et enterrez la base de la tige. Si nécessaire, allégez le sol par un mélange de terreau et de gravier fin. Arrosez régulièrement, surtout la première année. Taillez sévèrement, en hiver, les clématites à floraison estivale (type *C.* x *jackmanii*). En revanche, contentez-vous de nettoyer, après la floraison, celles qui fleurissent au printemps.
Multipliez en prélevant des boutures de tige munie d'une seule feuille. Trempez la base des hormones d'enracinement et plantez en godet, dans un mélange de tourbe et de sable. Conservez à la chaleur.

Utilisation

Les clématites à grandes fleurs sont superbes sur un treillage ou sur un grillage. Les plus vigoureuses, particulièrement la clématite de montagne, sont idéales pour garnir pergolas et tonnelles.

Flétrissement

Il arrive que la clématite se dessèche brusquement, sans cause apparente. Rabattez-la, mais ne l'arrachez pas: il n'est pas impossible qu'elle reparte du pied l'année suivante.

Glycine

Wistaria

Si elle est surtout utilisée en plante grimpante, la glycine peut aussi être conduite en arbre, sur une ou plusieurs tiges, avec un solide tuteur, elle prend alors un port étalé, très décoratif, avec ses belles grappes pendantes.

- Plantation : printemps ou automne
- Floraison : printemps
- Exposition : soleil
- Sol : fertile, non calcaire
- Utilisation : façade, pergola, tonnelle, clôture
  Hauteur : 8 à 15 m
  Arbuste grimpant

La glycine de Chine ('Prolific') fleurit la première.

Glycine de Chine *Wistaria sinensis* 10 à 15 m. Grosses fleurs serrées, bleu-violet soutenu, très parfumées, en grappes compactes de 20 à 30 cm de long, dès le début mai. Feuillage léger, jeunes pousses teintées de bronze. La plus cultivée des espèces.

– 'Black Dragon', à fleurs doubles, pourpre foncé.
– 'Jacko', très florifère et parfumée, à fleurs blanches.
– 'Prolific', à fleurs d'un bleu intense.

Glycine du Japon
Wistaria floribunda
8 m. Fleurs mauve clair, parfumées, en grappes effilées de 20 à 50 cm de long, dans la seconde quinzaine de mai (en même temps que le feuillage). Feuilles composées, légères, vert foncé et vernissées.
– 'Alba', à très longues fleurs blanches.
– 'Peaches and Cream', à fleurs rose pâle.
– 'Rosea', à fleurs rose clair marquées de rose foncé.
– 'Violaceo-plena', à fleurs doubles, violet foncé.

Culture

La glycine n'est pas très exigeante, mais elle redoute les terres franchement calcaires. À la plantation, mêlez un peu de terreau à la terre de culture, et arrosez régulièrement la première année. La taille n'est pas indispensable et vous pouvez vous contenter d'un simple nettoyage. Si nécessaire, taillez la glycine de Chine, après la floraison de printemps, au-dessus des pousses de l'année, et la glycine du Japon, à la fin de l'hiver, au-dessus de la couronne, sur les gros bourgeons à fleur arrondis qui se trouvent à la base des pousses de l'année. Cette plante est parfois longue à s'installer, il arrive qu'elle ne fleurisse pas avant 4 ou 5 ans. Apportez-lui alors un engrais « tomate ».

La multiplication est délicate. Procédez par marcottage, en couchant une branche basse sur le sol et en l'enterrant en partie.

Glycine en arbre

Soutenue par un tuteur, la glycine prend la forme d'un petit arbre.

▶ **Le conseil du jardinier**
La glycine est lourde et vigoureuse : donnez-lui un support solide. Pour soutenir les branches, vous pouvez placer des étais.

Jasmin

Jasminum

Pour profiter pleinement du suave parfum du jasmin blanc, cultivez-le sur un treillage fixé sur le porche de la maison ou sur la façade, près d'une porte ou d'une fenêtre.

Le jasmin blanc fleurit tout l'été.

Jasmin blanc *Jasminum officinale*
5 à 7 m. Petites fleurs blanches très odorantes, en petits bouquets, à partir du début juin jusqu'en août. Feuilles divisées en 5 ou 7 folioles elliptiques, sur des rameaux verts et anguleux, assez grêles. Sensible au froid.

Jasmin d'hiver
Jasminum nudiflorum
2 à 3 m. Nombreuses petites fleurs jaunes, dépourvues de parfum, le plus souvent de décembre à mars (parfois dès l'automne). Petites feuilles caduques, divisées en 3 folioles, sur des rameaux vert vif, très décoratifs en hiver. Résiste au froid.

Jasminum x *stephanense*
2 à 3 m. Fleurs rose clair, très odorantes, en juin-juillet. Feuillage d'abord vert-jaune, puis vert foncé. Sensible au froid.

Culture

Le jasmin apprécie les bonnes terres. Il aime le plein soleil, même si le jasmin d'hiver accepte un peu d'ombre. Bien abrités, le jasmin blanc et *Jasminum* x *stephanense* supportent l'hiver de la région parisienne. Protégez le pied durant l'hiver. Si la charpente est détruite, la plante repart du pied.
La multiplication est facile par marcottage ou par bouturage de tête, effectué en juin-juillet. Repiquez les boutures en pot et conservez-les sous abri le premier hiver.

Utilisation

Cultivez le jasmin blanc et *Jasminum* x *stephanense* sur les façades de la maison pour profiter de leur belle floraison et de leur parfum. Comme son nom l'indique, le jasmin d'hiver est précieux par sa floraison hivernale. Il grimpe très bien le long des murs et sur les treillages.

Bouturage

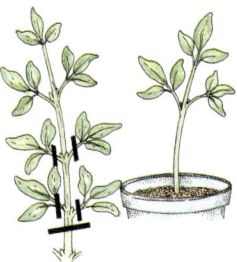

Prélevez des boutures de tête en juin-juillet.

◆ Le conseil du jardinier
Les jasmins ne s'accrochent pas d'eux-mêmes : palissez-les sur le support en étalant la charpente. Nettoyez le jasmin d'hiver après la floraison. Ne taillez pas les autres espèces pour ne pas réduire la floraison. Si nécessaire, élaguez tous les 4 ou 5 ans.

Lierre

Hedera helix

S'il meurt ou il s'attache, le lierre peut vivre très longtemps sans demander d'entretien. En outre il supporte bien la tonte à la cisaille quand il est utilisé pour habiller un mur.

- ■ Plantation : printemps ou automne
- ■ Floraison : printemps
- ■ Exposition : soleil
- ■ Sol : ordinaire
- ■ Utilisation : façade, mur, couvre-sol
  Hauteur : 15 à 30 m
  Arbuste grimpant

Le lierre du Caucase 'Sulfur Heart' est très coloré.

Lierre commun *Hedera helix*
15 à 30 m. Tiges vertes, puis brun clair, s'attachant à n'importe quel support par des racines aériennes. Feuilles vert foncé et vernissées, à 3 ou 5 lobes, de 4 à 10 cm de long. Les tiges portent des fleurs en forme de losange. Les inflorescences apparaissent en automne et sont suivies de fruits noirs (toxiques).

Il existe de très nombreuses variétés qui se distinguent par leur vigueur ainsi que par la forme et la couleur des feuilles :
– 'Buttercup', à feuilles à 5 lobes tachées de jaune beurre.
– 'Erecta', à port érigé (culture possible en arbuste). Feuilles épaisses et vert très foncé.
– 'Glacier', à feuilles à 3 lobes panachées de vert-gris et bordées de blanc.
– 'Goldheart', à feuilles vert foncé et tachées de jaune au centre.
– 'Ivalace', à feuilles à 5 lobes, ondulées.
– 'Parsley Crested', à grandes feuilles arrondies vert clair.

Lierre des Canaries
Hedera canariensis
Port plus érigé que celui du lierre commun. Grandes feuilles à 3 ou 5 lobes. Jeunes pousses et pétioles rouge vineux. Sensible au froid.
– 'Gloire de Marengo', panaché de blanc.

Lierre du Caucase *Hedera colchica*
Rameaux raides et écailleux ; grandes feuilles.

Culture

Le lierre s'accommode de presque tous les types de sol (sauf sec et brûlant ou très humide) et accepte aussi bien l'ombre que le soleil.
La multiplication est facile puisque les tiges s'enracinent d'elles-mêmes ; vous pouvez aussi procéder par bouturage de tête.

Utilisation

Le lierre a deux gros avantages : il accepte l'ombre, même dense, et son feuillage est persistant. Il recouvre parfaitement les murs, les façades et les vieilles souches. Contrairement à ce que l'on dit parfois, il n'endommage pas les murs et n'entretient pas l'humidité. En revanche, ne le laissez pas grimper sur les arbres, car il peut les étouffer. Le lierre est aussi un remarquable couvre-sol pour les lieux ombragés et les sols ingrats.

Différentes feuilles de lierre

'Gloire de Marengo'

Lierre du Caucase

'Aurea Striata'

'Digitata'

'Dentata variegata'

Lierre d'Irlande

Vigne vierge

Parthenocissus

La vigne vierge commence à prendre une superbe teinte rouge pourpré en septembre; elle conserve sa somptueuse robe d'automne plusieurs semaines, jusqu'à fin novembre, avant de se dégarnir pour l'hiver.

- ■ Plantation : printemps ou automne
- ■ Floraison : été
- ■ Exposition : mi-ombre ou soleil
- ■ Sol : ordinaire
- ■ Utilisation : massif, jardin sauvage
- Hauteur : 5 à 15 m
- Arbuste grimpant

La vigne vierge est plus colorée en plein soleil.

Lierre japonais
Parthenocissus tricuspidata
10 à 15 m. Tiges très ramifiées, à vrilles adhésives. Les feuilles, de couleur vert moyen, peuvent être entières et en forme de cœur, ou parfois divisées en 3 folioles. Coloration rouge en automne.

Fruits bleus et pruineux en automne.
– 'Purpurea', à feuillage ample, prenant des teintes bronze en été, puis rouge clair en automne.
– 'Veitchii', à feuilles assez petites. Les ramules très fines forment des guirlandes retom-

bantes fort gracieuses. Belle coloration rouge vif à l'automne. Peut-être la plus belle des vignes vierges.

Vigne vierge panachée
Parthenocissus henryana
6 à 10 m. Feuilles digitées, à 5 folioles, plus ou moins ovales et grossièrement dentées de couleur vert foncé, avec revers pourpré et nervures roses. Rameaux rouge clair. Évitez le plein soleil pour mettre en valeur les couleurs.

Différentes feuilles de vigne vierge

Vigne vierge panachée

Vigne vierge vraie

Lierre japonais

Vigne vierge vraie
Parthenocissus quinquefolia
10 à 15 m. Tiges vigoureuses, munies de vrilles dont l'extrémité se fixe au support. Feuilles digitées, à 5 folioles, ovales et pointues, grossièrement dentées, de couleur vert foncé virant au rouge pourpré en automne.
– 'Engelmannii', à feuillage plus fin et d'un rouge plus vif à l'automne.

Culture

Robuste et résistante, la vigne vierge se plaît dans pratiquement tous les sols de jardin. Elle préfère le soleil mais se développe volontiers à mi-ombre sur les murs. Arrosez régulièrement la première année. Par la suite, la plante résiste assez bien à la chaleur. Si nécessaire, effectuez une taille après l'hiver pour contenir la plante.
Multipliez par marcottage, en couchant les tiges sur le sol et en les enterrant en partie. Il arrive souvent que les tiges courantes s'enracinent d'elles-mêmes, il suffit alors de les prélever.

Vigne vierge
Parthenocissus quinquefolia.

Vigne vierge de Chine Parthenocissus henryana.

Utilisation

La vigne vierge est avec le lierre la grimpante à feuillage décoratif la plus vigoureuse pour garnir les murs et les tonnelles.
Elle se distingue par ses superbes teintes automnales et son feuillage caduc. Sur les façades, rabattez-la pour qu'elle n'atteigne pas les gouttières qu'elle risquerait de boucher.

Abeilles
Les fleurs estivales de la vigne vierge sont totalement insignifiantes, mais pas pour les abeilles qui en raffolent.

Bien choisir les fleurs

Plantes	Caractéristiques	Couleurs	Hauteur	Époque de floraison	Exposition	Remarque
Acanthe	Vivace	Rose	80 cm-1,5 m	Été	Soleil / mi-ombre	Sensible au froid
Achillée	Vivace	Jaune	40 cm-1 m	Été	Soleil	Sol bien drainé
Agératum	Annuelle	Bleu	10-60 cm	Printemps-automne	Soleil	Belle fleur coupée
Alysse	Vivace Annuelle	Jaune, blanc	10-20 cm	Été	Soleil	Sol bien drainé
Amarante	Annuelle	Rouge	30 cm-1 m	Été	Soleil	Bonne fleur séchée
Amaranthe	Annuelle	Rouge	40 cm-1 m	Été	Soleil	Belle fleur coupée
Ancolie	Vivace	Violet	40 cm-1 m	Printemps	Soleil / mi-ombre	Indigène
Anémone du Japon	Vivace	Blanc	60 cm-1,2 m	Automne	Soleil / mi-ombre	Sol fertile et drainé
Anémone tubéreuse	Bulbeuse	Bleu, blanc, rose	15-35 cm	Printemps	Soleil	À planter en automne
Arabis	Vivace	Blanc	10-20 cm	Printemps	Soleil	Sol bien drainé
Arum d'Ethiopie	Vivace	Blanc	60 cm-1 m	Été	Soleil / mi-ombre	Sol humide
Aster	Vivace	Rose	30 cm-1,5 m	Été-Automne	Soleil	Parfois envahissant
Astilbe	Vivace	Rose, blanc	30 cm-1,4 m	Été	Mi-ombre / ombre	Sol frais
Aubriète	Vivace	Bleu, rose	10-20 cm	Printemps	Soleil	Sol bien drainé
Bégonia annuel	Annuelle	Rose, rouge, blanc	15-25 cm	Printemps-automne	Soleil / mi-ombre	À semer dès janvier
Bégonia tubéreux	Bulbeuse	Rose, rouge, jaune	20 cm-1 m	Été-automne	Mi-ombre	Fleurs simples ou doubles
Bergénia	Vivace	Rose	30-40 cm	Hiver-printemps	Soleil / mi-ombre	Feuillage persistant
Boule azurée	Vivace	Bleu	80 cm-1,2 m	Été	Soleil	Sol bien drainé
Bruyère	Vivace	Rose	15-50 cm	Toute l'année	Soleil / mi-ombre	Sol acide
Campanule	Vivace Annuelle	Bleu	10 cm-1,5 m	Printemps-été	Soleil / mi-ombre	Quelques espèces bisannuelles
Capucine	Annuelle	Rouge, jaune	20 cm-3 m	Printemps-automne	Soleil	Feuilles comestibles
Centaurée	Vivace	Bleu	30 cm-1,2 m	Printemps-été	Soleil	Sol bien drainé
Chou d'ornement	Annuelle		15 à 25 cm		Soleil / mi-ombre	Pour les massifs d'hiver
Chrysanthème	Vivace Annuelle	Blanc, jaune, rose	30 cm-1,2 m	Printemps-automne	Soleil	Sol bien drainé
Cléome	Annuelle	Rose, blanc	1 m	Été-automne	Soleil	Sol bien drainé
Coréopsis	Vivace Annuelle	Jaune	30 cm-2 m	Printemps-automne	Soleil	Supprimer les fleurs
Cosmos	Annuelle	Rose, rouge, blanc	40 cm-1,2 m	Été-automne	Soleil	À semer en place
Crocosmia	Bulbeuse	Rouge, orange	60 cm-1,2 m	Été-automne	Soleil	À protéger du froid

Plantes	Caractéristiques	Couleurs	Hauteur	Époque de floraison	Exposition	Remarque
Crocus	Bulbeuse	varié	5-15 cm	Hiver-printemps	Soleil	Pour rocaille et bordure
Dahlia	Bulbeuse	varié	15 cm-2 m	Été-automne	Soleil	Sol fertile et frais
Digitale	Vivace Bulbeuse	Rose	40 cm-1,8 m	Été	Soleil/mi-ombre	Sol sans excès de calcaire
Érigéron	Vivace	Rose	20-80 cm	Printemps-automne	Soleil	Peu exigeant
Euphorbe	Vivace	Jaune	5 cm-1,2 m	Printemps	Soleil	Sève toxique
Fougères	Vivace		20 cm-2 m		Ombre	Sols frais et acides
Fritillaire	Bulbeuse	varié	5 cm-1 m	Printemps	Soleil/mi-ombre	Sol bien drainé
Gaillarde	Vivace Annuelle	Rouge	20-70 cm	Printemps-été	Soleil	Sol bien drainé
Gazania	Annuelle	Rose, rouge	20-40 cm	Été-automne	Soleil	À semer sous abri
Gentiane	Vivace	Bleu	10 cm-1,5 m	Printemps-automne	Soleil/mi-ombre	Culture parfois délicate
Géranium (Pelargonium)	Vivace	Rouge, blanc	15-80 cm	Printemps-automne	Soleil	Sensible au froid
Géranium vivace	Vivace	Rose, violet	20-70 cm	Printemps-automne	Soleil/mi-ombre	Bon couvre-sol
Giroflée	Annuelle Bulbeuse	Jaune, rouge	20-60 cm	Printemps-été	Soleil	Souvent parfumée
Glaïeul	Bulbeuse	varié	50 cm-1,2 m	Été-automne	Soleil	Belle fleur coupée
Godétia	Annuelle	Rose	20-50 cm	Été	Soleil	Pour jardinière
Graminées	Vivace Annuelle	Jaune	10 cm-2,5 m	Été	Soleil	Pour bouquets secs
Gypsophyle	Vivace Annuelle	Blanc	10 cm-1 m	Printemps-été	Soleil	Bonne fleur coupée
Hélianthème	Vivace	Rose, rouge, jaune	10-20 cm	Printemps-été	Soleil	Pour les rocailles
Hellébore	Vivace	Rose, blanc	30-60 cm	Hiver-printemps	Mi-ombre/ombre	Belles fleurs hivernales
Hémérocalle	Bulbeuse	Rouge, orange, rose	50 cm-1,2 m	Été	Soleil	Sol bien drainé
Heuchera	Vivace	Rose	50-70 cm	Été	Soleil	Feuillage persistant
Hosta	Vivace	Rose, violet	30-90 cm	Été	Mi-ombre	Feuillage décoratif
Immortelle	Annuelle	Jaune, rose, rouge	30-90 cm	Été-automne	Soleil	Pour bouquets secs
Impatiens	Annuelle	Rose	15-30 cm	Printemps-automne	Mi-ombre	Sol frais
Ipomée	Annuelle	Bleu	1,5-4 m	Été	Soleil	Grimpante vigoureuse
Iris	Bulbeuse	varié	5 cm-1,2 m	Printemps-été	Soleil	Planter en été
Jacinthe	Bulbeuse	varié	15-25 cm	Printemps	Soleil	Souvent parfumée
Joubarbe	Vivace	Rose	10-20 cm	Été	Soleil	Feuillage persistant, en rosette
Kniphofia	Vivace	Rouge, jaune	50 cm-1,2 m	Été	Soleil	Sensible au froid
Lavande	Vivace	Bleu	30 cm-1 m	Été	Soleil	Feuillage persistant
Lavatère	Annuelle	Rose	50 cm-1,2 m	Été	Soleil	À semer en place
Ligulaire	Vivace	Jaune	1 m-1,8 m	Été	Mi-ombre	Sol frais ou bord de l'eau

Plantes	Caractéristiques	Couleurs	Hauteur	Époque de floraison	Exposition	Remarque
Lin	Vivace Annuelle	Blanc, rouge, jaune	30-50 cm	Été	Soleil	Sol sec
Lis	Bulbeuse	varié	30 cm-2,5 m	Printemps-été	Soleil	Sol bien drainé
Lobélia	Annuelle	Bleu	10-50 cm	Été	Soleil / mi-ombre	Pour jardinière
Lupin	Vivace Annuelle	varié	50 cm-1m	Printemps-été	Soleil / mi-ombre	Belle fleur coupée
Lychnis	Vivace	Rouge, rose	40 cm-1,2 m	Printemps-été	Soleil	Sol sec et pauvre
Malope	Annuelle	Rose	70 cm-1 m	Été	Soleil	À semer en place
Marguerite d'automne	Vivace	varié	30-40 cm	Été-automne	Soleil	Belle fleur coupée
Marguerite	Vivace	Blanc	40 cm-1 m	Été	Soleil	Rabattre après la floraison
Monarde	Vivace	Rouge, rose	70 cm-1 m	Été	Soleil / mi-ombre	Feuillage aromatique
Muflier	Annuelle	varié	10 cm-1,2 m	Été-automne	Soleil	Pour massif et bordure
Muguet	Bulbeuse	Blanc	20-25 cm	Printemps	Mi-ombre	Bon couvre-sol
Muscari	Bulbeuse	Bleu	15-40 cm	Printemps	Soleil	Pour rocaille et bordure
Myosotis	Bulbeuse	Bleu	20-40 cm	Printemps	Soleil / mi-ombre	Se ressème spontanément
Narcisse	Bulbeuse	Jaune	10-50 cm	Printemps	Soleil / mi-ombre	Souvent parfumé
Némésia	Annuelle Bulbeuse	varié	20-40 cm	Printemps-automne	Soleil	À semer sous abri
Némophile	Annuelle Bulbeuse	Bleu	15-20 cm	Été-automne	Soleil / mi-ombre	Pour bordure et rocaille
Népéta	Vivace	Bleu	25-90 cm	Été	Soleil	Sol bien drainé
Nigelle de Damas	Annuelle	Bleu	15-60 cm	Été	Soleil	Se ressème spontanément
Œillet d'Inde	Annuelle	Jaune, rouge	15-30 cm	Été	Soleil	À semer sous abri
Œillet	Vivace Bulbeuse Annuelle	Rose, rouge, blanc	10-50 cm	Printemps-été	Soleil	Belle fleur coupée
Panicaut	Vivace	Bleu	40 cm-1,8 m	Été-automne	Soleil	Sol bien drainé, même pauvre
Pâquerette	Bulbeuse	Rose, blanc	10-20 cm	Printemps	Soleil / mi-ombre	Pour bordure
Pavot	Vivace Annuelle	varié	10 cm-1,2 m	Printemps-été	Soleil / mi-ombre	Fruits décoratifs
Pensée	Bulbeuse	varié	15-20 cm	Automne-été	Soleil / mi-ombre	À semer en été
Penstemon	Vivace Annuelle	Rouge, rose, bleu	20 cm-1 m	Printemps-été	Soleil	Sensible au froid
Perce-neige	Bulbeuse	Blanc	10-30 cm	Hiver-printemps	Soleil / mi-ombre	Peut être forcé
Pervenche	Vivace	Bleu	10-50 cm	Printemps	Mi-ombre / ombre	Feuillage persistant
Pétunia	Annuelle	varié	20-25 cm	Printemps-automne	Soleil / mi-ombre	À semer sous abri

Plantes	Caractéristiques	Couleurs	Hauteur	Époque de floraison	Exposition	Remarque
Phlox	Vivace Annuelle	varié	10-50 cm	Printemps-été	Soleil / mi-ombre	*Sensible à l'oïdium*
Pied-d'alouette	Vivace Annuelle	varié	40 cm-2 m	Été	Soleil	*Plante toxique*
Pigamon	Vivace	Bleu, rouge	60 cm-1,8 m	Été	Soleil / mi-ombre	*Feuillage léger, bleuté*
Pivoine	Vivace	Rose, rouge	50 cm-1,5 m	Printemps	Soleil	*À ne pas déranger*
Pois de senteur	Annuelle	varié	25 cm-1,8 m	Été	Soleil / mi-ombre	*À semer précocement*
Polygonum	Vivace	Rose	10 cm-1,2 m	Printemps-automne	Soleil / mi-ombre	*Parfois envahissant*
Primevère	Vivace	varié	10-60 cm	Printemps-été	Mi-ombre	*Excellente en potée*
Reine-marguerite	Annuelle	varié	20-80 cm	Été	Soleil	*Fleurs simples ou doubles*
Renoncule	Bulbeuse	varié	30-50 cm	Printemps-été	Soleil	*À planter en mars*
Ricin	Annuelle	Rouge	1,5-4 m	Été-automne	Soleil	*Pour fond de massif*
Rose d'Inde	Annuelle	Jaune, orange	20-80 cm	Été-automne	Soleil	*À semer sous abri*
Rose trémière	Vivace Bulbeuse	Rose, jaune, blanc	60 cm-3 m	Été	Soleil	*Pour fond de massif*
Rudbeckia	Vivace Annuelle	Jaune	25 cm-1,7 m	Été	Soleil	*Belle fleur coupée*
Santoline	Vivace	Jaune	40-50 cm	Été	Soleil	*Feuillage persistant*
Sauge	Vivace Bulbeuse Annuelle	varié	20 cm-1,2 m	Printemps-été	Soleil	*Sol bien drainé*
Saxifrage	Vivace	Blanc, rose	10-40 cm	Printemps	Soleil / mi-ombre	*Bon couvre-sol*
Scabieuse	Vivace	Bleu	30-80 cm	Été-automne	Soleil	*Belle fleur coupée*
Scille	Bulbeuse	Bleu	10-30 cm	Printemps	Soleil / mi-ombre	*Pour sous-bois clair*
Sédum	Vivace	Jaune	5-50 cm	Été-automne	Soleil	*Pour rocaille*
Soleil	Vivace Annuelle	Jaune	40 cm-3,5 m	Été-automne	Soleil	*Belle fleur coupée*
Solidago	Vivace	Jaune	40 cm-1,3 m	Été	Soleil	*Parfois envahissant*
Souci	Annuelle	Jaune, orange	30-60 cm	Été-automne	Soleil	*À semer en place*
Tabac d'ornement	Annuelle	Rose, rouge, blanc	20 cm-1,2 m	Été-automne	Soleil	*Souvent parfumé*
Thlaspi	Vivace Annuelle	Blanc	10-30 cm	Printemps-été	Soleil	*Feuillage persistant*
Tulipe	Bulbeuse	varié	10-60 cm	Printemps	Soleil	*Sol bien drainé*
Verbascum	Vivace	Jaune, blanc	70 cm-1,8 m	Printemps-été	Soleil	*À tuteurer*
Véronique	Vivace	Bleu	10 cm-1 m	Printemps-été	Soleil	*Sol bien drainé*
Verveine	Annuelle	varié	20-50 cm	Été-automne	Soleil	*Pour jardinière*
Violette	Vivace/Bul.	Bleu, violet, blanc	10-20 cm	Printemps-été	Soleil / mi-ombre	*Souvent parfumée*
Zinnia	Annuelle	Jaune, orange, blanc	15-80 cm	Été-automne	Soleil	*Fleurs simples ou doubles*

Choisir, planter, tailler

les Arbustes

Choisir, planter, tailler les arbustes

Les arbustes constituent un des éléments végétaux essentiels de votre jardin. Plantez-les en premier lieu dans un nouvel espace afin de structurer immédiatement votre terrain et ainsi lui conférer du volume et une certaine ossature.

Dans un petit jardin, limitez l'emplacement des arbustes aux haies que vous concevez ainsi " libres " avec un mélange d'arbustes à fleurs et d'arbustes persistants, et isolez seulement vos préférés afin de les mettre parfaitement en valeur dans des situations clés: de part et d'autre d'un portail ou d'une allée, auprès d'un bassin ou d'une statue, ou encore contre la façade de la maison.

Dans un grand jardin, en revanche, vous pouvez tout vous permettre en consacrant ainsi aux arbustes tout un massif longtemps fleuri avec peu d'entretien.

Les arbustes à fleurs

À tout seigneur, tout honneur, commençons par le véritable roi de ces arbustes à fleurs, le rosier, tellement apprécié pour sa floraison prolongée, raffinée et souvent si merveilleusement parfumée; nous le décrivons sous ses trois formes les plus répandues, le rosier grimpant, arbuste et buisson.

Rosier 'Ingrid Bergman'.

Parmi les arbustes à fleurs caduques, certains se parent de très belles teintes en automne, ce qui double leur attrait : c'est le cas de certaines azalées caduques, de quelques viornes, et des cerisiers à fleurs et pommiers à fleurs qui sont de vrais arbres sur tronc. Regroupez-les pour composer de véritables féeries automnales.

D'autres arbustes à fleurs arborent leur feuillage tout au long de l'année, mais se trouvent ici et non sous la classification des arbustes persistants, car c'est ainsi qu'ils sont répertoriés dans les pépinières et les jardineries. Il s'agit du rhododendron, de l'azalée japonaise, de l'andromède, du camélia, du ciste, de l'hebe, de l'oranger du Mexique, du mimosa et du mahonia.

Rhododendron 'Tornado'.

Les arbustes persistants

Avec leur feuillage persistant, ces arbustes sont précieux pour créer des haies ou des écrans permanents, mais également des topiaires aux silhouettes étonnantes (boule, pyramide, formes diverses). En outre, à part le buis, les huit arbustes persistants que nous décrivons offrent également l'attrait d'une belle floraison ou fructification.

Fusain Euonymus fortunei *'Gracilis'.*

Quand les planter

De novembre à février pour les arbustes caducs (rosiers et arbustes à fleurs) vendus à racines nues.

Toute l'année pour tous les arbustes en conteneur, rosiers, persistants ou arbustes à fleurs, en évitant toutefois les périodes de gel et de forte chaleur : pour les persistants, le moment le plus favorable à une bonne reprise se situe en avril-mai et en septembre-octobre.

Forsythia.

Quand les tailler

Juste après la floraison pour la plupart des arbustes à fleurs qui pourront ainsi développer de nouvelles tiges sur lesquelles naîtront les fleurs de l'année suivante.

Fin février-début mars pour les rosiers buissons.

À plusieurs reprises, c'est-à-dire 2 ou 3 fois par an selon leur rapidité de croissance, pour les arbustes persistants : qu'ils soient plantés en topiaire ou en haie.

Althéa

Hibiscus syriacus

Venu de Chine, ce grand arbuste facile à vivre et très rustique égaye l'été par sa floraison, souvent mauve ou violacée, qui dure plusieurs semaines, entre juillet et septembre, selon les régions et les variétés.

- ■ Plantation : toute l'année, mais de préférence en hiver
- ■ Floraison : entre juillet et septembre
- ■ Exposition : soleil ou ombre légère
- ■ Sol : riche et frais
- ■ Utilisation : isolé, massif, haie fleurie, pot
  Hauteur : 2 à 3 m

En climat frais et humide l'été, préférez un althéa à fleurs simples, comme 'Woodbridge'.

ESPÈCES ET VARIÉTÉS
À fleurs simples, 2 à 3 m
– 'Hamabo', à grandes fleurs, très belles et légères, blanc rosé, veinées de rouge foncé.
– 'Oiseau Bleu', d'un bleu intense, à cœur rouge grenat.
– 'Woodbridge', rouge clair, à cœur grenat.

À fleurs doubles, 2 à 3 m
– 'Duc de Brabant', rouge foncé.
– 'Jeanne d'Arc', blanc pur.

Culture

Dans les régions à été frais et humide, vous préférerez les althéas à fleurs simples, car les variétés à fleurs doubles s'y épanouissent mal.
Choisissez un emplacement ensoleillé ou à mi-ombre où le sol reste frais tout au long de l'année. Avant de planter l'althéa, améliorez la terre si besoin est par un copieux apport de fumier ou de compost bien décomposé. Arrosez tous les 15 jours les 2 premières années en été.
Il est inutile de tailler cet arbuste chaque année mais, si vous souhaitez lui conserver une belle forme, rabattez-le juste après sa floraison : une telle taille suffit tous les 5-6 ans.

Pour multiplier facilement votre althéa, bouturez-le en novembre en prélevant des pousses d'extrémité.

Utilisation

En isolé, sur une pelouse ou de chaque côté d'un portail, notamment les sujets dotés d'une forme peu banale.
En compagnie d'autres arbustes à fleurs, au fond d'un massif ou dans une haie fleurie. Pour obtenir un bel effet, plantez un althéa dans un pot volumineux rempli d'un substrat riche.

Hibiscus syriacus 'Hamabo'.

◆ Le conseil du jardinier

En climat frais, favorisez la floraison de l'althéa en le plantant à un emplacement chaud, contre un mur plein sud par exemple.

Andromède

Pieris

Décoratifs toute l'année avec leur feuillage persistant, ces arbustes sont réellement magiques au printemps, alors que de nombreuses clochettes blanches ou roses se mêlent aux teintes somptueuses, souvent cuivrées, des jeunes feuilles.

- Plantation : septembre-octobre ou mars-avril
- Floraison : mars-avril
- Exposition : mi-ombre
- Sol : acide, riche, frais mais bien drainé
- Utilisation : massif de terre de bruyère
- Hauteur : 0,80 à 3 m

Magie printanière sur le feuillage de Pieris japonica.

Ne laissez pas la plante sans l'arroser 1 fois par semaine durant l'été, surtout les 2 premières années.
La taille est inutile : si vous souhaitez supprimer certaines branches gênantes, procédez après la floraison.

Utilisation

Regroupez plusieurs andromèdes spectaculaires par leur floraison et leur feuillage en lisière de sous-bois ou en bordure d'un massif de plantes de terre de bruyère.

Paillis d'été

Avant l'été, épandez 5 cm d'écorce broyée ou autre paillis au pied de l'andromède pour maintenir une bonne fraîcheur.

▶ **Le conseil du jardinier**
Ne plantez pas l'andromède dans des régions plus froides que l'Île-de-France : en climat « limite », placez-la contre un mur à l'ouest et paillez-la sans faute l'hiver.

ESPÈCES ET VARIÉTÉS
Andromède du Japon
Pieris japonica
3 m. Au printemps, jeunes feuilles cuivrées (qui verdissent ensuite) et fleurs blanches en petites grappes.
– 'Débutante', 80 cm, à grappes dressées de fleurs blanches.
– 'Valley Rose', 1 m, à fleurs rose foncé et jeune feuillage rose.

Pieris **'Forest Flame'**
2 m. Arbuste à fleurs blanches en mars-avril, étonnant par les changements de couleur de ses feuilles qui naissent rouge vif, deviennent roses, puis crème avant de verdir.

Culture

Après avoir trouvé l'emplacement idéal, si votre sol est acide, plantez directement en pleine terre. En terrain calcaire, créez une large fosse de terre de bruyère de 50 cm de profondeur et installez un film plastique double tout autour pour éviter toute infiltration ultérieure de calcaire.

Azalée et rhododendron

Rhododendron

L'azalée est un rhododendron miniature, qui fleurit aussi au printemps. Seule petite différence : tous les rhododendrons sont persistants, mais certaines azalées sont caduques.

- Plantation : septembre-octobre ou avril-mai
- Floraison : entre avril et juin, parfois dès février
- Exposition : soleil ou mi-ombre
- Sol : riche, acide et assez frais
- Utilisation : massif, lisière de sous-bois, pot pour les petits sujets
  Hauteur : 0,50 à 2,50 m pour l'azalée ; 0,40 à 3 m pour le rhododendron

Le feuillage persistant de l'azalée japonaise disparaît complètement sous les fleurs.

ESPÈCES ET VARIÉTÉS

■ Azalées caduques

2 à 2,50 m. Elles s'étalent plus qu'elles ne poussent en hauteur (1 à 2,50 m). Leur feuillage flamboie en automne.

Azalées mollis

1,50 m. Assez trapues, à très grandes fleurs parfumées, début mai.
– 'Hugo Koster', rouge intense.

Azalées Knap Hill

2 à 2,50 m. Grandes, fleuries à la mi-mai, magnifiques par leurs teintes d'automne.
– 'Persil', très précoce, blanche.
– 'Buttercup', jaune soufre.

Voisines des Knap Hill, les azalées de Gand (1,50 à 3 m), en fleur à la fin mai ('Narcissiflora', petites fleurs jaune pâle), et les azalées

Exbury, sans coloration automnale ('Fireball', rouge vermillon vif, jeune feuillage rouge foncé cuivré, 'Klondyke', orangée et agréablement parfumée).

■ Azalées persistantes (ou japonaises)

0,50 à 1,50 m. Petites, lentes à pousser et moins rustiques que les azalées caduques, fleuries entre la fin avril et le début juin.
– 'Kirin', 50 cm, tapissante, assez précoce, rose.
– 'Orange Beauty', 1,50 m, assez précoce, orange.
– 'Palestrina', 1,50 m, blanche.
– 'Tamabini', 1,50 m, tardive, rouge brique.
– 'Vuyk's Scarlet', 1 m, très étalée, assez tardive, rouge vif.

Azalée en sous-bois.

- *R. augustinii*, d'un bleu remarquable, en mai.
- *R. ponticum*, mauve foncé, en mai-juin.

Culture

Culture

L'azalée et le rhododendron ne supportent pas la moindre trace de calcaire et ne se plaisent qu'en sol vraiment acide, assez riche et assez frais, mais toujours bien drainé. Ils viennent à mi-ombre comme en plein soleil, à condition, toutefois, que l'emplacement ne soit pas brûlant, mais ils fleurissent bien plus longtemps à mi-ombre qu'au soleil.

Prenez donc du temps pour trouver l'emplacement idéal pour planter des rhododendrons et des azalées.

R. yakushimanum *'Percy Wiseman'*.

À la plantation, espacez d'au moins 4 m les rhododendrons aussi imposants que celui-ci.

■ Rhododendrons nains

40-60 cm. Encore plus petits que les azalées tapissantes !
- 'Carmen', écarlate, en avril.
- 'Chikor', jaune, en mai.
- *R. impeditum*, bleu pourpré, en avril-mai.

■ Rhododendrons moyens

1,50-2 m. Ni trop petits ni trop grands, ils s'imposent dans les massifs mais aussi en pot.
'Praecox', mauve, dès février-mars, assez gélif.

R. yakushimanum, espèce très rustique, à feuillage argenté,
superbe, et floraison spectaculaire en mai.

Hybrides
- 'Bambi', rose pâle et jaune, boutons rouges.
- 'Doc', rose, fanant blanc crème.

■ Grands Rhododendrons

Plus de 3 m. Des géants pour le fond des massifs, fleuris entre avril et juin.
- 'Gomer Waterer', blanc teinté de mauve pâle, tardif.
- 'Pink Pearl', rose lilas, fanant blanc, assez précoce.
- 'Unique', jaune teinté d'orange, dès avril.

Astuce

En sol calcaire, créez une poche de terre acide pour cultiver rhododendrons et azalées : une fosse peu profonde (50-60 cm), mais suffisamment large pour accueillir toutes les plantes à espacer de 1,50 à 2 m. Tapissez le tour du trou d'une double épaisseur d'un film plastique, déposez des cailloux au fond sur 10-15 cm et recouvrez d'un mélange de deux tiers de terre de bruyère et d'un tiers de tourbe brune (ou de terreau de feuilles très bien décomposé).

Rhododendron 'Moon Work'.

concomitante, en compagnie de camélias ou d'andromèdes.

En lisière de sous-bois, rhododendrons et azalées règnent en maîtres, dans le terreau de feuilles acide qu'ils affectionnent.

Un pot judicieusement placé à proximité de la maison met en valeur les petits sujets.

Rhododendron 'Tornado'.

Suppression des fleurs fanées

Nettoyez les petits sujets en pinçant une à une les fleurs fanées.

Si votre sol est calcaire, créez une fosse de terre acide, comme indiqué page précédente. Espacez les rhododendrons de 1 à 4 m et les

azalées de 0,80 à 2 m, selon leur taille adulte.

Cultivez les petits sujets en pots dans un conteneur suffisamment large, rempli d'un mélange de terre de bruyère. Laissez un rebord de 3 cm au sommet du pot pour l'arrosage.

Des espèces adaptées

En sol acide, naturalisez un rhododendron qui se ressème spontanément : *R. ponticum.*
En sol légèrement calcaire, adoptez *R. impeditum,* qui supporte de telles conditions.

Utilisation

Dans les massifs de terre de bruyère, regroupez plusieurs rhododendrons ou azalées à floraison

◆ Le conseil du jardinier

Arrosez avec soin vos rhododendrons et azalées dès que la terre est sèche été comme hiver, notamment durant leur période de floraison et de croissance. Paillez les jeunes sujets en été. Arrosez aussi en hiver en cas de longue période sèche, surtout les plantes en pot. La période d'arrosage vraiment capitale est l'été quand les fleurs de l'année suivante se forment (boutons). Un arrosage abondant est indispensable une fois par semaine à cette période.

Buddléia

Buddleja

En été, les nombreuses grappes parfumées du buddléia attirent les papillons, à tel point qu'on le surnomme « arbre aux papillons ». Un gros arbuste tout terrain qui se ressème même dans les sols les plus ingrats.

- Plantation : toute l'année, de préférence entre novembre et mars
- Floraison : entre juillet et octobre, selon les variétés
- Exposition : soleil
- Sol : tout sol, même pauvre ou calcaire
- Utilisation : massif, isolé, haie fleurie

Hauteur : 4 à 6 m

En bord de mer, Buddleja davidii *(ici un cultivar à fleurs pourpre violacé) réussit bien.*

ESPÈCES ET VARIÉTÉS
Buddleja alternifolia
4-5 m. Grand arbuste à port superbe avec des rameaux souples et des épis lilas pourpré en début d'été.

Arbre aux papillons
Buddleja davidii
Meilleures variétés
– 'Black Knight', violet très foncé.
– 'Empire Blue', bleu intense.
– 'Nanho Blue', 1 à 1,50 m, trapu et étalé, bleu foncé.
– 'Nanho Purple', mêmes caractéristiques, mais violet pourpré.

Culture

Le buddléia prospère dans tous types de sol, même pauvres et calcaires. Contentez-vous de le mettre directement en place sans le moindre apport d'engrais, dans un lieu bien ensoleillé. Espacez suffisamment les buddléias : au moins 3 m en tout sens.

Astuce

Le bouturage est un jeu d'enfant chez le buddléia : multipliez-le ainsi en fin d'été.

Le premier été, arrosez-le 1 fois tous les 15 jours et paillez-le si besoin. Les années suivantes, tout apport d'eau est superflu même par grande sécheresse. Inutile également de le nourrir.

Utilisation

En massif ou en haie fleurie, groupez plusieurs espèces. Isolez *B. alternifolia* pour mettre en valeur son port splendide.

Taille de nettoyage

Après la floraison, « nettoyez » l'arbuste en supprimant les fleurs fanées.

▶ Le conseil du jardinier

Favorisez une floraison opulente par un rabattage sévère. Mais ne le taillez jamais avant mars, car il conserve longtemps son beau feuillage, au moins jusqu'à Noël.

Camélia

Camellia

Avec son feuillage vernissé et sa floraison opulente, le plus souvent printanière mais parfois automnale, cet arbuste persistant est idéal en climat doux jusqu'en région parisienne.

- Plantation : septembre-octobre ou avril-mai
- Floraison : entre octobre et avril
- Exposition : mi-ombre ou soleil non brûlant
- Sol : acide, riche et frais
- Utilisation : isolé, massif de terre de bruyère, pot
  Hauteur : 2 à 3 m
  (plus de 8 m en climat doux)

Le secret d'une floraison prolifique ? Un sol acide, riche et frais, et une exposition non brûlante.

ESPÈCES ET VARIÉTÉS

■ Camélias d'hiver

2 à 4 m. Ce sont des cultivars de *Camellia japonica*, *C. x williamsii* ou d'hybrides. Hâtifs (H), en fleur de novembre à mars, mi-saison (M) de février à avril et tardifs (T) de mars à mai.
– 'Nobilissima' (H), blanc.
– 'Adolphe Audusson' (M), rouge foncé.
– 'Spring Festival' (T), petites fleurs rose tendre, très rustique.

Camellia japonica 'Paolina'.

■ Camélias d'automne

Camellia sasanqua
2 à 4 m. Arbustes à petites feuilles et fleurs, à leur apogée entre octobre et décembre.
– 'Crimson King', rouge vif.
– 'Rainbow', fleurs blanches marginées de rose.

Culture

Plantez dans une terre acide, riche et assez fraîche en faisant affleurer le haut de la motte à la surface du sol. Espacez les camélias de 1,2 à 2 m selon leur vigueur. Épandez une poignée d'engrais pour plantes de terre de bruyère au pied d'un camélia qui vient de fleurir pour lui assurer une belle floraison l'année suivante. La taille est inutile : contentez-vous de supprimer les fleurs fanées au fur et à mesure afin que la plante conserve un bel aspect.

Utilisation

Plantez *Euphorbia characias* et des hellébores au pied des camélias d'hiver, et des schizostylis au pied des *C. sasanqua*.

◗ Le conseil du jardinier

Surveillez l'arrosage de vos camélias, même en hiver par sécheresse, surtout pour les plantes en pot.

Céanothe

Ceanothus

Lilas de Californie, les céanothes persistants doivent cette appellation au parfum exquis de leurs grappes printanières d'un bleu intense. Quant aux céanothes caducs, ils fleurissent avec brio tout l'été.

En climat plus froid que l'Île-de-France, protégez bien durant l'hiver 'Gloire de Versailles', un céanothe caduc.

ESPÈCES ET VARIÉTÉS

■ Céanothes persistants

Arbustes californiens peu rustiques, pour climat doux, en fleur en avril-mai.

Ceanothus impressus
4 à 5 m. Bleu foncé intense, se palisse bien.
– *C.* 'Concha', 2 à 3 m, bleu foncé vif, gros arbuste arrondi.
– *C. thyrsiflorus* 'Repens'
1,20 à 1,50 m. Bleu pâle, le plus rustique, très tapissant.

■ Céanothes caducs

1,5 à 2 m. Petits arbustes rustiques.
– 'Gloire de Versailles', bleu clair.
– 'Marie Simon', rose pâle.

Ceanothus impressus 'Puget Blue'.

- Plantation : septembre-octobre ou avril-mai (persistants), hiver (caducs)
- Floraison : printemps (persistants), été (caducs)
- Exposition : soleil
- Sol : assez riche, léger et bien drainé
- Utilisation : isolé, palissé, massif d'arbustes, couvre-sol
  Hauteur : 1,20 à 5 m

Culture

Tous les céanothes se plaisent dans un sol bien drainé, suffisamment riche, et ne fleurissent bien qu'en plein soleil. Plantez-les dans les endroits les plus arides et les plus chauds du jardin.
Arrosage et taille inutiles pour les persistants. Une taille légère juste après la première floraison fait refleurir les caducs jusqu'aux gelées.

Utilisation

Isolez les plus beaux céanothes, palissez les frileux contre un mur chaud, mariez-les à des rosiers dans un massif, ou tapissez un talus sec avec *C. thyrsiflorus*.

Paillis d'hiver

Paillez en hiver les céanothes persistants avec 5 cm de fougères.

◆ Le conseil du jardinier

Achetez les céanothes persistants au moment de leur floraison, période idéale pour les planter, surtout en climat « limite ».

Cerisier à fleurs

Prunus

Qu'il s'agisse de petits ou de grands arbres, les cerisiers à fleurs sont spectaculaires au printemps avec leur superbe floraison, si généreuse, et offrent souvent un regain d'intérêt en automne avec un feuillage flamboyant.

Prunus *'Accolade', version automnale, avec des couleurs somptueuses.*

ESPÈCES ET VARIÉTÉS

Prunus 'Accolade'
8 à 10 m. Grand et bel arbre aux branches souples et arquées ; fleurs rose carné en mars-avril, feuillage rouge orangé en automne.

Merisier à grappes *Prunus padus*
10 à 15 m. Au soleil comme à l'ombre et en tout sol, ce grand arbre produit de belles grappes pendantes, blanches, parfumées, en mai; feuillage jaune et rouge en automne.

Prunus sargentii
8 à 12 m. Grand arbre à fleurs simples, roses, en mars-avril; le feuillage vert brillant devient orange cuivré en automne.

Cerisier du Japon
Prunus serrulata
Parmi les meilleures variétés
– 'Amanogawa', 6 m, au port fastigié et fleurs semi-doubles, rose clair, en avril-mai.
– 'Fugenzo', 3-4 m, au port étalé et fleurs doubles, roses.
– 'Kiku-shidare-zakura', 4-5 m, pleureur, à fleurs doubles, rose vif, en avril.

Prunus 'Kanzan', syn. 'New Red'
5 à 6 m. Un des cerisiers à fleurs les plus répandus : grand arbre à port évasé, jeunes feuilles cuivrées et gros bouquets de fleurs doubles, roses, en avril-mai.

Prunus x *subhirtella*
– 'Autumnalis'. 8 à 10 m. Un gros arbre dont les fleurs blanches

À savoir

La floraison et les couleurs d'automne ne sont pas les seuls atouts des cerisiers à fleurs. Beaucoup offrent aussi une écorce fort décorative et un port attrayant (pleureur, étalé ou fastigié). Tenez-en compte pour bien les choisir.

Prunus 'Accolade', version printanière, avec une floraison éblouissante.

fleurie, en compagnie de cytises, lilas, rosiers arbustes et genêts.

Dans un grand jardin, isolez les cerisiers à fleurs les plus spectaculaires ou créez des rideaux fleuris en alignant plusieurs grands arbres.

Tuteurage

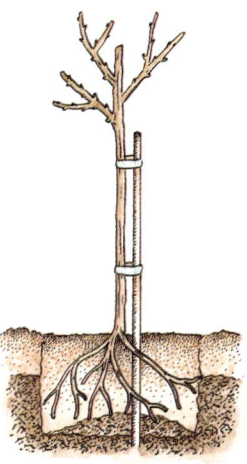

Avant de planter un cerisier à fleurs sur tige, prévoyez un tuteur suffisamment haut.

Taille après la floraison

Si, vous désirez rajeunir un vieil arbre, rabattez-le sévèrement juste après la floraison. Les jeunes pousses qui se développeront alors, fleuriront dès l'année suivante.

s'ouvrent parcimonieusement dès l'automne, puis à nouveau abondamment en mars.
– 'Pendula', 3 à 4 m, pleureur, à fleurs blanc rosé en avril.

Culture

Choisissez un emplacement ensoleillé, sans toutefois être brûlant, et abrité du vent, où le sol est riche, profond, et bien drainé ; sinon, améliorez la nature de la terre par de copieux apports de fumier ou compost bien mûr et, éventuellement de tourbe.

Lors de la plantation, installez un tuteur pour les arbres formés avec un tronc : enlevez-le au bout de 3-4 ans. Arrosez copieusement les premiers étés : 10 litres tous les 10 jours par temps sec et paillez pour maintenir la fraîcheur.

Ne traitez que si nécessaire : en cas de maladies répétées chaque année, traitez préventivement (voir conseil). Contre les pucerons, pulvérisez un aphicide au revers des feuilles dès les premiers signes et répétez le traitement 10 jours après.

Utilisation

Dans un petit jardin, regroupez plusieurs cerisiers à fleurs pas trop imposants au sein d'une haie

Astuce

Renforcez l'effet de la floraison en plantant au pied de vos cerisiers à fleurs des tapis de bulbes épanouis en même temps (jacinthes, narcisses, muscaris).

▶ Le conseil du jardinier

Effectuez un traitement préventif contre les maladies (produit total) juste à l'éclosion des fleurs.

Ciste

Cistus

Le feuillage persistant sent bon la Provence, les grandes fleurs simples, blanches, roses ou pourpres évoquent le naturel d'une églantine. Seul défaut de cet arbuste : une rusticité limitée au climat doux.

- Plantation : septembre-octobre ou avril-mai
- Floraison : avril à juillet
- Exposition : soleil
- Sol : sec, léger, bien drainé
- Utilisation : massif, bordure, couvre-sol
  Hauteur : 1 à 2 m

Non seulement Cistus salvifolius *fleurit sans arrêt, mais en outre il se bouture très facilement.*

ESPÈCES ET VARIÉTÉS

Cistus x *hybridus*, syn.
C. x *corbariensis*
1 m. Petit arbuste globuleux, très florifère, à feuillage gaufré, vert pur, et fleurs blanches à cœur jaune en mai-juin.

Cistus populifolius
2 m. Arbuste à feuilles collantes et grandes fleurs blanches dès avril-mai.

Cistus x *pulverulentus* 'Sunset'
1 m. Petit arbuste à port étalé, feuillage duveteux, argenté, et fleurs d'un rose soutenu.

Cistus salvifolius
1,50 à 2 m. Dans le Nord-Ouest, des fleurs blanches éclosent sans arrêt d'avril aux gelées.

Culture

Voilà un arbuste vraiment facile à vivre ! La plantation ne requiert pas d'apport d'engrais, de compost ou autre fumier : l'arbuste ne demande que le plein soleil et prospère en tout sol parfaitement drainé, qu'il soit riche ou pauvre, calcaire ou caillouteux. En outre, la taille comme les apports d'eau et d'engrais sont inutiles. La première année, contentez-vous de l'arroser juste après la plantation et laissez-le avoir soif durant l'été en veillant toutefois à ce qu'il ne grille pas !
Si vous regroupez plusieurs cistes, espacez-les suffisamment − 1 à 1,50 m en tout sens − car ils s'étalent beaucoup.

Utilisation

En climat « limite », plantez les cistes au pied d'un mur chaud. En climat doux, ils ont leur place dans tout le jardin, surtout au bord des massifs ou comme couvre-sol.

◆ *Le conseil du jardinier*

En climat « limite », bouturez sans faute les cistes en été afin d'hiverner facilement de jeunes plants à l'abri.

Cognassier du Japon

Chaenomeles

Dès la fin de l'hiver, les fleurs simples ou doubles, le plus souvent rouges ou roses, mais parfois blanches, s'ouvrent à même le bois nu et persistent jusqu'à l'apparition du feuillage.

Facile à vivre, le cognassier du Japon réussit bien en sol calcaire.

ESPÈCES ET VARIÉTÉS

■ Cognassier du Japon cognassier à fleurs

Chaenomeles speciosa
Arbuste à port érigé.
– 'Falconnet Charlet', 2 m, rose saumon.
– 'Nivalis', 1 à 1,50 m, blanc.

Chaenomeles x superba
Arbuste étalé, moins grand que l'espèce précédente.
– 'Crimson and Gold', 1 m, grandes fleurs rouges à étamines dorées.
– 'Nicoline', 1 à 1,50 m, très grandes fleurs écarlates.

Culture

Plantez le cognassier à fleurs au soleil. Inutile de fertiliser le sol : cet arbuste se contente en effet d'une terre ordinaire et pousse même en sol calcaire. Si vous constituez une haie fleurie ou si

vous installez plusieurs arbustes côte à côte, espacez chaque plant de 1 à 1,50 m, voire plus sachant qu'ils vont vite drageonner.
Arrosez tous les 15 jours un jeune cognassier à fleurs au cours du premier été. Apport d'engrais inutile. Taillez-le au printemps juste après sa floraison pour nettoyer l'arbuste et éliminer les branches mortes ou chétives.

Utilisation

Mariez le cognassier à fleurs à un lauriertin et un camélia à floraison simultanée au sein d'un massif ou d'une haie fleurie. Vous pouvez également l'isoler ou le palisser contre un mur chaud.

Taille

Taillez le cognassier du Japon au printemps, juste après la floraison et éliminez les branches mortes ou chétives.

▶ Le conseil du jardinier

Espacez suffisamment le cognassier à fleurs des plantes voisines, car il drageonne abondamment.

Fruits
Les petits fruits parfumés qui mûrissent en octobre sont décoratifs mais nullement comestibles, bien que leur forme rappelle celle du coing.

Cornouiller

Cornus

Ce vaste genre regroupe des arbustes comme des petits arbres, dotés d'un port élégant, d'une floraison magnifique et, souvent, de teintes automnales extraordinaires.

- ■ Plantation : hiver de préférence
- ■ Floraison : de février à juillet selon les types
- ■ Exposition : soleil non brûlant ou mi-ombre
- ■ Sol : riche et acide pour certaines espèces, pauvre et calcaire pour d'autres
- ■ Utilisation : isolé, haie
  Hauteur : 2 à 8 m

Après sa floraison si élégante, Cornus kousa, *jusqu'a 6 m de haut donne des fruits rose rougeâtre, évoquant la fraise.*

ESPÈCES ET VARIÉTÉS

Cornouiller blanc *Cornus alba*
2 à 3 m. Petit arbuste à port érigé et superbe bois rouge.
– 'Elegantissima', 2,50 m, à feuillage panaché de blanc.
– 'Westonbirt', 2 m, à fruits bleu clair.

Cornus florida
6 à 8 m. Petit arbre à fleurs blanches, en coupe, en mai, et feuillage d'automne flamboyant.

Cornus kousa
6 m. Très belle floraison blanc crème, nuancée de rose, en juin-juillet, et feuillage d'automne orangé chez ce gros arbuste.

Cornouiller mâle *Cornus mas*
5-6 m. Gros arbuste à petites fleurs jaunes, dès février, et fruits rouges, comestibles, en août. Idéal en sol pauvre, calcaire et à mi-ombre.

Culture

Pour tous les cornouillers, choisissez une exposition ensoleillée mais non brûlante ou bien à mi-ombre. En ce qui concerne le sol, faites bien attention aux exigences différentes des espèces, certaines préférant une terre riche et acide, d'autres se montrant moins délicates puisqu'elles acceptent un terrain pauvre ou calcaire.

Arrosez tous les 10 jours et paillez les jeunes plants les 2 premiers étés après la plantation. Tuteurez les espèces dotées d'un tronc.

Utilisation

Isolez les espèces majestueuses comme *Cornus florida* ou *kousa*. Avec un groupe de *Cornus alba*, créez un fond rouge idéal l'hiver pour mettre en valeur des roses de Noël, des primevères ou des narcisses.

Paillis d'été

Avant l'été, épandez 5 cm d'écorce broyée ou déchets de tonte au pied du cornouiller pour maintenir une bonne fraîcheur.

▶ Le conseil du jardinier
Avant tout, choisissez un cornouiller adapté au sol de votre jardin : *C. florida* et *kousa*, en sol riche et acide, *C. mas* et *C. alba* en tout sol, même sec, pauvre et calcaire.

Cytise

Laburnum

Avec ses nombreuses grappes dorées au printemps, ce grand arbuste rustique devient alors un véritable petit arbre pleureur. Effet surprenant garanti !

- Plantation : hiver de préférence
- Floraison : avril-mai
- Exposition : soleil
- Sol : riche ou pauvre, même calcaire
- Utilisation : isolé, massif, haie fleurie, rideau fleuri
  Hauteur : 5 à 7 m

Admirez seulement avec les yeux la floraison du cytise, car toutes les parties de cette plante sont toxiques, notamment les graines.

ESPÈCES ET VARIÉTÉS

Laburnum anagyroides
5 à 7 m. Grand arbuste ou petit arbre, à grappes jaunes, pendantes, inodores, assez courtes (10 à 20 cm).

Laburnum x watereri 'Vossii'
5 m. Hybride à port érigé avec des grappes parfumées, plus longues (50 cm) et plus nombreuses.

Culture

Inutile d'améliorer le sol pour le cytise que vous plantez directement en toute terre de jardin, riche ou pauvre. Cet arbuste vient également bien en sol calcaire. Offrez-lui simplement un emplacement ensoleillé, c'est tout ce qu'il réclame.

Vous pouvez former un cytise en arbuste ramifié dès la base, ou en arbre avec un seul tronc si vous tuteurez les jeunes pieds, dès le stade de la plantation.

Arrosez toutes les 2-3 semaines le premier été et oubliez tout apport d'eau par la suite.

Utilisation

Pour un effet vraiment étonnant, plantez 4-5 sujets, espacés de 3 m, de part et d'autre d'une allée : vous circulerez ainsi rapidement sous une voûte de grappes dorées au printemps. Dans un jardin plus petit, isolez simplement un cytise en un lieu de choix, ou plantez-en au fond d'un massif ou au sein d'une haie fleurie, en compagnie de lilas bleutés, de pommiers à fleurs et de céanothes persistants, par exemple.

Un cytise isolé en pleine fleur.

▶ Le conseil du jardinier

Plantez sans crainte en climat froid cet arbuste montagnard, très rustique, et prolongez son intérêt durant l'été en plantant à son pied *Clematis tangutica*.

Forsythia

Forsythia

Fidèles au rendez-vous chaque année, les nuées de fleurs du forsythia annoncent le printemps en fanfare et réveillent les jardins de leur jaune plus ou moins vif.

- ■ Plantation : toute l'année, mais de préférence en hiver
- ■ Floraison : mars-avril
- ■ Exposition : soleil ou ombre légère
- ■ Sol : assez riche et assez frais
- ■ Utilisation : isolé, haie fleurie, pot
  Hauteur : 1 à 4 m

Splendide en isolé, comme ici, le forsythia fait également merveille au sein d'une haie fleurie.

ESPÈCES ET VARIÉTÉS

Forsythia x intermedia

Ces arbustes affichent un port assez raide les premières années, puis s'étalent.
Meilleurs cultivars
– 'Beatrix Farrand', 2 à 3 m, à port érigé et grandes fleurs jaunes.
– 'Lynwood Gold', 2 à 2,50 m, jaune d'or.
– 'Spring Glory', 2 m, à floraison précoce, jaune clair.

Forsythia hybrides

Hybrides récents, parfaits en pot
– 'Boucle d'Or', 1 m, compact et très tardif (fin avril).
– 'Marée d'Or', 1,50 m, à port évasé, presque tapissant, et fleurs jaune soufre.
– 'Mêlée d'Or', 1,20 m, compact, à fleurs jaune clair.

Culture

Évitez un emplacement trop ombragé où le forsythia ne fleurira pas aussi bien qu'au soleil. Veillez à ce que le sol soit suffisamment riche et reste assez frais toute l'année, notamment pendant la belle saison. Pour des plantations en ligne, espacez chaque arbuste de 1 à 1,50 m. Arrosez toutes les 2-3 semaines et paillez les jeunes forsythias les 2 premiers étés. Taillez le forsythia juste après sa floraison. Rabattez-le sévèrement – au ras du sol – tous les 8 ans pour le rajeunir.

Utilisation

Isolez les forsythias à grand développement ou plantez-les dans une haie fleurie, cultivez en pot les petits forsythias.

Taille

Taillez le forsythia toujours juste après la floraison pour ne pas compromettre la suivante.

◗ Le conseil du jardinier

Plantez des bulbes printaniers à fleurs bleues (jacinthes, muscaris) au pied du forsythia et prolongez son attrait durant la belle saison en y faisant grimper une clématite à floraison estivale.

Fuchsia

Fuchsia

Une floraison prodigieuse à souhait : c'est le principal atout du fuchsia qui, à l'ombre, déploie sans cesse des clochettes pendant tout l'été jusqu'aux gelées, et même toute l'année dans une véranda hors du gel.

■ Plantation : hiver, printemps, voire toute l'année
■ Floraison : de juin aux gelées
■ Exposition : ombre ou mi-ombre
■ Sol : assez riche et frais
■ Utilisation : massif, pot, bordure, haie fleurie
  Hauteur : 0,50 à 4 m

Pour des potées somptueuses, offrez-vous un fuchsia aussi florifère que 'Billy Green'.

ESPÈCES ET VARIÉTÉS

Fuchsia magellanica 'Riccartonii'
Le plus répandu dans les haies et les jardins de l'Ouest où il dépasse parfois 4 m de haut. Fleurs rouges et violet pourpré, mais blanc rosé chez la variété *Fuchsia magellanica molinae* 'Alba'.

Parmi les innombrables variétés de fuchsias
– 'Corallina', 2 à 6 m, se palisse, à fleurs écarlates et violettes.
– 'Genii', 0,50 à 1,50 m, à feuillage jaune.
– 'Madame Cornelissen', 1,50 à 3 m, grandes fleurs à pétales blancs et calice rouge vif.
– 'Blue Gown', 1,50 à 3 m, fleurs doubles, à tube et sépales rouge cerise et corolle bleu-violet.
– 'El Camino', 1,50 à 3 m, fleurs doubles, à sépales et tube vermeils et corolle blanche, abondamment veinée de rose.

Culture

Le fuchsia préfère les situations ombragées, car il « grille » dans un emplacement trop chaud et ensoleillé. Planté en pot ou en pleine terre, c'est au pied d'un mur au nord qu'il se plaît le mieux et se montre le plus florifère. Veillez à ce que le sol soit assez riche et frais.
Arrosez tous les jours les fuchsias cultivés en pots, et, pour soutenir une floraison opulente, diluez de l'engrais pour plantes à fleurs tous les 10 jours dans l'eau d'arrosage.

Utilisation

Plantez au fond des massifs ombragés ou au sein d'une haie fleurie les grands fuchsias. Réservez les petits aux pots et aux bordures.

Fuchsia 'El Camino'.

Suppression des fleurs fanées

Chez vos fuchsias cultivés en pot, supprimez les fleurs fanées au fur et à mesure.

▶ Le conseil du jardinier

Dans les régions à été frais, plantez les fuchsias en plein soleil, à une exposition pas trop brûlante et dans un sol pas trop léger.

Genêt

Cytisus

Le genêt offre plus de rondeur que le forsythia et une florai-son un peu plus tardive, souvent parfumée, et tout aussi écla-tante, dans une palette plus étendue avec du jaune, mais aussi du blanc, du rose, du pourpre et des tons bicolores.

Cytisus scoparius *'Sulphureus', une véritable pluie d'or.*

Culture

Peu exigeant, ce genêt pousse en tout sol non calcaire, même pauvre, à partir du moment où il est bien drainé et où l'emplace-ment bénéficie de beaucoup de soleil. Espacez-le de 1,20 à 1,50 m des autres arbustes au sein d'un massif ou d'une haie fleurie.
Paillez le genêt et arrosez tous les 15 jours les 2 premiers étés, oubliez-le ensuite.

Utilisation

Plantez les genêts dans un massif ou une haie fleurie en compagnie d'arbustes à floraison simultanée (céanothe persistant, oranger du Mexique), ou isolez-les en des points clés du jardin.

Taille

Après la floraison, taillez unique-ment les rameaux gênants ou morts.

ESPÈCES ET VARIÉTÉS
Cytisus x *praecox*
Des fleurs parfumées dès avril.
– 'Albus', 1,50 m, blanc.
– 'Allgold', 1,50 m, jaune.
– 'Zeelandia', 2 m, crème et lilas.

Genêt à balai *Cytisus scoparius*
Sa floraison succède à celle du premier puisqu'elle survient en mai-juin.
– 'Andreanus', 2 m, jaune et pourpre.

– 'Lena', 1,50 m, rouge orangé.
– 'Windlesham Ruby', 2 m, rouge grenat.
– 'Prostratus', 0,60 m, à fleurs dorées et port étalé.

À savoir
Le genêt d'Espagne *(Spartium junceum)*, à la floraison estivale dorée si parfumée, fait partie d'un genre très voisin de Cytisus.

◆ **Le conseil du jardinier**
Pour être certain d'obtenir votre coloris préféré, achetez des genêts en pleine fleur.

Groseillier à fleurs

Ribes sanguineum

Avant l'apparition des feuilles, des myriades de grappes pendantes, roses ou rouges, éclosent à même le bois. Autre atout, son feuillage d'un vert frais sent bon le cassis.

- ■ Plantation : toute l'année, en hiver de préférence
- ■ Floraison : mars-avril
- ■ Exposition : soleil ou ombre légère
- ■ Sol : tout sol bien drainé
- ■ Utilisation : massif, haie fleurie
- Hauteur : 2 à 3 m

Très facile à vivre, le groseillier à fleurs (ici l'espèce) est toujours fidèle au rendez-vous du printemps.

ESPÈCES ET VARIÉTÉS

L'espèce (3 m) épanouit des fleurs roses.
– 'Atrorubens', 2 m, à fleurs rouges en grappes plus petites.
– 'King Edward VII', 2 m, à grandes fleurs rouge vif en longues grappes.
– 'Pulborough Scarlet', 3 m, à port érigé et longues grappes de fleurs rouge foncé à centre blanc.

Culture

Le groseillier à fleurs préfère un emplacement ensoleillé, voire légèrement ombragé, et vient en tout sol bien drainé. Si la terre est vraiment très pauvre, n'hésitez pas à incorporer une bonne dose de fumier ou compost bien décomposé. Prévoyez beaucoup de place – au moins 2 m en tout sens – pour que cet arbuste puisse s'étaler librement.

Arrosez-le tous les 15 jours uniquement la première année. La taille est superflue, mais si ce groseillier prend trop d'ampleur, vous pouvez le rabattre tous les 8-10 ans, juste après la floraison.

Utilisation

Arbuste idéal dans les scènes printanières, en massif ou haie fleurie, en compagnie d'autres arbustes à fleurs ou de bulbes (narcisses, tulipes hâtives).

Taille

Tous les 8-10 ans, vous pouvez rabattre ainsi un groseillier à fleurs devenu trop imposant ; procédez toujours après la floraison.

◗ Le conseil du jardinier

Inutile d'acheter plusieurs pieds si vous souhaitez créer une haie fleurie. Achetez un seul plant sur lequel vous prélevez en novembre plusieurs boutures qui s'enracinent et se développent très vite.

Hydrangéa

Hydrangea

Le plus connu des hydrangéas a pour nom hortensia. Il affiche en été ses grosses têtes roses, blanches ou bleues. Dans cette famille il existe ausi des arbustes aux inflorescences plates ou pyramidales très originales.

Les inflorescences de 'Ayesha' évoquent un peu les grappes du lilas, mais c'est bien un hydrangéa !

ESPÈCES ET VARIÉTÉS
Hortensia *Hydrangea macrophylla*
Le plus connu des hydrangéas : arbuste de 1,50 à 3 m.

Gros pompons :
– 'Générale Vicomtesse de Vibraye', bleu.
– 'Hörnlii', nain, 50 cm, rose foncé.
– 'Mme Émile Mouillère', blanc à œil bleu ou rose, très florifère.

Hydrangea macrophylla *à fleurs blanches.*

Têtes plates :
– 'Blue Wave', syn. 'Mariesii Perfecta', bleu.

Fleurs de lilas :
– 'Ayesha', grappes rose foncé.

Hydrangea paniculata
2 à 3 m. Ce gros arbuste aime le plein soleil et un sol frais où il produit en été de larges panicules blanches, pyramidales.
– 'Kyushu', 'Tardiva', 'Unique'.

Hydrangéa grimpant
Hydrangea petiolaris
6 à 8 m. Il grimpe tout seul avec des crampons contre un mur au nord, mais il faut l'aider les premières années. Ses têtes plates et blanches apparaissent en juin.

Hydrangéa à feuilles de chêne
Hydrangea quercifolia
2 m. Un feuillage superbe, très découpé, cuivré en automne, chez ce bel arbuste, et des panicules blanches tout l'été.

Astuce

Dans un sol pas assez acide, les hydrangéas bleus prendront un ton rosé peu séduisant : pour les faire bleuir, appliquez au printemps du sulfate d'aluminium ou bien un bleuissant spécifique.

Hydrangea macrophylla *à fleurs bleues*.

Les premiers étés, arrosez tous les 3-4 jours par forte chaleur et paillez vos hydrangéas, surtout si vous les plantez tardivement (après mars).

Utilisation

Composez de superbes massifs ou des potées opulentes, colorés tout l'été, contre un mur plein nord ou à l'ombre (pas trop sèche) d'un grand arbre. Sur les côtes ouest, plantez les hydrangéas en haie.

Culture

De tous les hydrangéas, seul *Hydrangea paniculata* se distingue par son besoin de soleil et de sol frais. Les autres réclament tous également un sol frais, riche et non calcaire, mais préfèrent l'ombre ou la mi-ombre, surtout dans le Midi.

Au nord de la Loire, vous pouvez les planter à la limite en plein soleil, uniquement si l'emplacement n'est pas brûlant et si le sol reste frais tout l'été. Évitez une telle situation dans un jardin de bord de mer au sol sablonneux. En sol très calcaire, plantez les hydrangéas dans une fosse de terre acide.

Bouquet sec

Ne taillez pas trop tôt les inflorescences fanées de vos hydrangéas ! Elles prennent souvent des teintes superbes en automne au cœur d'un feuillage flamboyant. Pour les garder dans un bouquet sec, prélevez-les en fin d'été quand elles changent de couleur et suspendez-les quelques jours la tête en bas dans une pièce pour les faire sécher.

Bouturage

Prélevez des pousses d'extrémité, non fleuries, enlevez les feuilles de la base et coupez de moitié les autres. Badigeonnez la base de la bouture

d'une poudre d'hormone d'enracinement et installez chaque bouture dans un godet rempli d'un mélange léger.

Taille

Supprimez seulement les inflorescences fanées. Tous les 5-7 ans, toutefois, vous pouvez rabattre assez sévèrement les hydrangéas arbustes

en leur redonnant une belle forme et en supprimant les tiges mortes, enchevêtrées ou chétives

Le conseil du jardinier

Si les feuilles de vos hydrangéas persistent à garder une teinte jaune chlorotique, cela prouve la présence de calcaire. Changez-les de place ou bien déplantez-les et améliorez le sol par un copieux apport de terre de bruyère, de terreau de feuilles et de tourbe brune.

Lavatère arbustive *Lavatera*

De nos jours, les massifs ne sauraient se passer de cet arbuste, qui était encore une rareté au début des années 1980, apprécié pour sa floraison incessante de l'été aux gelées.

- ■ Plantation : toute l'année
- ■ Floraison : de juin aux gelées
- ■ Exposition : soleil
- ■ Sol : tout sol bien drainé
- ■ Utilisation : massif, haie fleurie
  Hauteur : 1,20 à 2,50 m

Cet arbuste si florifère (ici Lavatera olbia *'Rosea') est très facile à cultiver.*

ESPÈCES ET VARIÉTÉS

Lavatère d'Hyères
Lavatera olbia 'Rosea' ▲
1,50 à 2 m. Arbuste touffu aux fleurs rose vif de juin à octobre.

Autres lavatères en arbre
– 'Barnsley', 2 à 2,50 m, blanc rosé, à cœur rose plus foncé.
– 'Burgundy Wine', 1,20 m, fleurs rose carmin de juin à août.
– 'Candy Floss', 1,50 m, fleurs rose pâle.

– 'Kew Rose', 1,50 à 2 m, grande profusion de fleurs d'un rose lumineux tout le long des rameaux.

Culture

La lavatère arbustive vient en tout sol bien drainé à partir du moment où elle se trouve en plein soleil. Contentez-vous d'apporter un peu de compost ou de fumier bien décomposé (ou un équivalent sous forme déshydratée) lors de la plantation. Si vous la mettez en place en hiver, arrosez-la copieusement une seule fois, mais si vous procédez au printemps ou en été arrosez-la tous les 15 jours. Si vous en plantez plusieurs pieds côte à côte dans un massif, espacez-les suffisamment – au moins 1,20 m en tout sens – car la lavatère arbustive s'étale tout autant qu'elle pousse en hauteur.

Utilisation

Plantez-la au fond de vos massifs d'annuelles et de vivaces, ou dans une haie fleurie, en compagnie de genêt d'Espagne et d'althéa.

Taille

N'hésitez pas à rabattre complètement votre lavatère, surtout dans un jardin exposé au vent. Dès l'été, elle aura retrouvé sa hauteur.

◆ Le conseil du jardinier

En climat froid, paillez le pied mère en hiver et rentrez sous abri des boutures effectuées en fin d'été que vous planterez seulement à la mi-mai.

Lilas

Syringa

Quel jardin n'embaume pas la senteur forte et captivante du lilas au printemps ? Ce grand arbuste caduc est très apprécié pour sa floraison prolifique et sa tolérance au calcaire.

- ■ Plantation : toute l'année
- ■ Floraison : avril-mai
- ■ Exposition : soleil ou mi-ombre
- ■ Sol : riche, neutre, calcaire ou pas trop acide
- ■ Utilisation : isolé, haie fleurie
  Hauteur : 2 à 6 m

Plantez le lilas près de la maison pour profiter de son parfum, mais pas trop près car il est envahissant.

ESPÈCES ET VARIÉTÉS
Lilas commun *Syringa vulgaris*
5 à 6 m. Le lilas le plus répandu.

Fleurs simples
– 'Charles X', rouge lilacé.
– 'Maréchal Foch', rose carminé puis mauve.

Fleurs doubles
– 'Charles Joly', d'un rouge lie-de-vin.
– 'Katherine Havemeyer', d'un très beau mauve bleuté.

– 'Madame Lemoine', blanc crème.

Syringa microphylla
2 m. Idéal dans un jardin exigu, ce petit lilas fleurit à 2 reprises : au printemps et en fin d'été. 'Superba', à fleurs rose pâle.

Culture

Pour qu'il fleurisse à foison, placez le lilas au soleil, ou à mi-ombre, dans un sol plutôt riche, neutre ou calcaire, mais surtout pas trop acide. Paillez l'arbuste dès la plantation et arrosez-le tous les 15 jours les 2 premières années. Espacez suffisamment (2-3 m au moins) le lilas des plantes voisines, car il drageonne beaucoup. Au bout de 6-8 ans, vous pourrez d'ailleurs prélever ces rejets pour les replanter.

Utilisation

Isolez le lilas ou plantez-le dans une haie fleurie avec aubépine et cytise, dans un lieu où vous pouvez profiter de son parfum.

Suppression des fleurs fanées

Chez un petit sujet, supprimez les grappes fanées juste après la floraison, opération qui s'avérera plus difficile et facultative chez un lilas imposant.

▶ **Le conseil du jardinier**
Si, afin de mieux choisir votre lilas, vous le plantez en pleine fleur au printemps, n'hésitez pas à sacrifier la première floraison (la prochaine n'en sera que plus opulente).

Lilas des Indes

Lagerstroemia indica

Outre sa spendide floraison estivale, ce « lilas » exhibe un feuillage vert brillant et une très belle écorce s'exfoliant. Réservez-le au Sud, car il a besoin de beaucoup de chaleur et se révèle peu rustique.

- ■ Plantation : mars-avril
- ■ Floraison : été
- ■ Exposition : soleil
- ■ Sol : assez riche, pas trop sec et pas trop calcaire
- ■ Utilisation : isolé, massif, alignement, pot
  Hauteur : 1 à 8 m

En climat froid, cultivez le lilas des Indes en pot que vous hivernerez à l'abri.

s'enraciner avant les prochaines gelées. Surveillez les attaques d'oïdium à partir d'août. Si vous cultivez ce « lilas » en pot, veillez à l'arroser toutes les 3 semaines.

Utilisation

Isolez votre lilas des Indes pour le mettre parfaitement en valeur, ou bien plantez-le au fond d'un massif d'arbustes. Alignez plusieurs sujets de part et d'autre d'une allée. Offrez-vous une potée originale sur un balcon chaud ou une terrasse bien ensoleillée avec une variété naine.

Plantation en pot

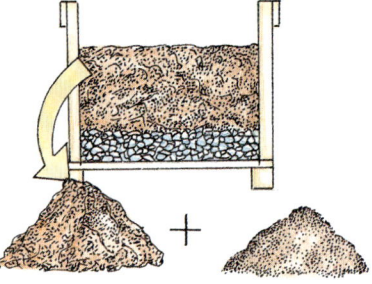

Pour le réussir en pot, constituez un substrat riche et léger à base de terre de jardin (2/3) et de fumier ou compost bien décomposé (1/3).

▶ Le conseil du jardinier
En dehors du Midi, plantez le lilas des Indes dans l'endroit le plus chaud et abrité du jardin, protégez-le chaque hiver en le paillant et rabattez-le sévèrement au printemps.

ESPÈCES ET VARIÉTÉS
6 à 8 m. Après une somptueuse floraison tout l'été, leur feuillage flamboie en automne.
- 'Lie de Vin', rouge grenat.
- 'Nivea', blanc.
- 'Soir d'Été', rose dragée.

Certains sont nains :
1 à 1,50 m
- 'Berlingot Menthe', à fleurs roses, marginées de blanc.
- 'Petite Orchid', violet foncé.

Culture

Une exposition chaude et ensoleillée ne suffit pas à faire fleurir richement le lilas des Indes. Il faut aussi qu'il trouve assez d'éléments nutritifs et de fraîcheur dans le sol, et que le terrain ne soit pas trop calcaire.
Ne lésinez pas sur les apports de fumier ou de compost bien décomposé à la plantation.
Plantez-le juste après l'hiver afin que le jeune plant puisse bien

Magnolia

Magnolia

Certains magnolias affichent une croissance lente et forment de gros arbustes à l'âge adulte, d'autres, au contraire, deviennent de grands arbres. Mais tous présentent une floraison somptueuse, véritable pluie de tulipes ou d'étoiles.

Trapu, Magnolia stellata *se plaît en pot comme en pleine terre.*

ESPÈCES ET VARIÉTÉS

Magnolia grandiflora

Jusqu'à 30 m dans le Midi. Ce géant est un des persistants les plus rustiques, mais n'embaume qu'en climat doux avec ses belles fleurs blanches l'été. Il pousse aussi bien au soleil qu'à mi-ombre.

Magnolia x *loebneri*

Grand hybride à floraison opulente et parfumée en avril, à même le bois. Pour le plein soleil. Les fleurs résistent bien aux gelées.
– 'Léonard Messel', 5 m, rose tendre.
– 'Merril', 8 m, blanc.

Astuce

Si vous avez planté un magnolia de petit développement et qu'il rechigne à fleurir, n'hésitez pas à rabattre de 15-20 cm avant la floraison tous les rameaux trop vigoureux qui fleurissent peu.

Magnolia x *soulangeana*

Un des plus répandus, dont les fleurs en tulipe s'ouvrent en avril avant le développement des feuilles. Pour le plein soleil.
– 'Lennei', 10 à 12 m, très grandes fleurs roses.
– 'Speciosa', 5 à 7 m, d'un rose très pâle, en mai seulement.

Magnolia stellata

3 m. Un des plus petits magnolias de croissance lente, inondé de fleurs blanches, étoilées, parfumées, en mars-avril avant la formation des feuilles.

Taille sévère

Exemple de rabattage sévère d'un magnolia âgé. Procédez en avril-mai.

Le conseil du jardinier

La première année, surtout au printemps, faites la lutte contre les limaces et les escargots qui raffolent des jeunes plants.

Magnolia x loebneri.

Plantation

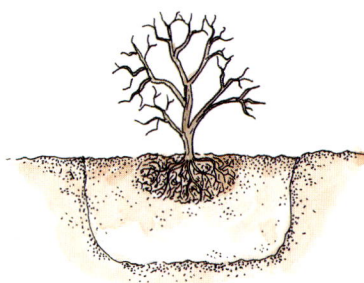

Faites un trou suffisamment volumineux pour les petits magnolias, au moins 1 m de diamètre sur 50 cm de profondeur, mais 1,50 m sur 80 cm pour les grands sujets. Veillez à ce que le dessus de la motte se trouve au niveau du sol et évitez de briser les racines charnues.

Paillis d'été

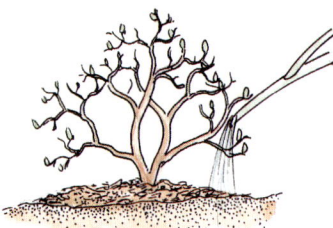

Paillez les jeunes magnolias avant l'été afin de maintenir une bonne humidité au niveau des racines. Mouillez bien le sol avant d'épandre le paillis que vous arrosez ensuite.

Culture

Installez le magnolia dans un emplacement ensoleillé ou à mi-ombre et abrité des vents dominants, avec un sol riche et frais.

En climat froid, plantez de préférence les magnolias en mars, voire en avril. Mais, dans le Midi et les régions sujettes aux sécheresses, procédez dès octobre.

Pour les magnolias qui viennent aussi bien en sol peu calcaire qu'en sol peu acide, mélangez à la terre beaucoup de tourbe blonde et de fumier. Mais plantez les magnolias de terre acide dans un mélange de terre de bruyère (2/3) et tourbe brune (1/3) ou terreau de feuilles.

Magnolia x *loebneri* et *M. stellata* viennent dans un sol peu acide ou peu calcaire (pH entre 6 et 8) pourvu qu'il soit riche et frais. *M.* x *soulangeana* exige en revanche un sol légèrement acide (pH de 6 à 7) et *M. grandiflora* un sol nettement acide (pH inférieur à 5,5).

Magnolia x soulangeana.

Raffinement extrême des fleurs et boutons d'un magnolia.

Si vous plantez plusieurs grands magnolias au fond de votre jardin, espacez-les d'au moins 5-6 m en tout sens.

Pour tous les magnolias, la taille est inutile. Arrosez-les tous les 10 jours par temps sec, les 2 premières années.

Utilisation

Isolez les magnolias les plus somptueux dans un emplacement de choix, au milieu d'une pelouse, par exemple.

En climat froid, palissez *Magnolia grandiflora* contre un mur plein sud.

À savoir

Ne vous inquiétez pas si vos jeunes magnolias semblent lents à s'établir : il leur faut souvent 4 à 5 ans avant de commencer à croître rapidement.

Mahonia

Mahonia

Cet arbuste persistant a deux atouts majeurs : un feuillage somptueux, découpé de façon architecturale, et une floraison dorée, souvent parfumée, qui égaye la mauvaise saison.

- Plantation : septembre-octobre ou mars-avril
- Floraison : entre octobre et avril selon les espèces
- Exposition : soleil ou mi-ombre
- Sol : bien drainé, même calcaire
- Utilisation : isolé, massif, haie fleurie

  Hauteur : 1 à 3 m

Les grappes jaunes de Mahonia aquifolium *contrastent sur le feuillage pourpre.*

ESPÈCES ET VARIÉTÉS

Mahonia aquifolium
1 à 1,50 m. Petit arbuste rustique, à floraison jaune, parfumée, en fin d'hiver, et fruits violacés en automne. Son feuillage (« de houx ») vert lustré, devient pourpre en automne.

Mahonia japonica 'Beali'
2 à 2,50 m. Arbuste assez grand à fleurs jaune citron, parfumées, en mars-avril. Peu rustique, pour climat doux, en sol frais, pas trop calcaire.

Mahonia x *media*
2 à 3 m. Arbuste vigoureux, drageonnant, assez rustique, fleurissant de janvier à mars ou en octobre selon les régions.

– 'Charity', à long feuillage vert foncé et grappes allongées (20 cm) de fleurs légèrement parfumées.
– 'Winter Sun', à grappes érigées de fleurs parfumées.

Culture

Le mahonia ne se montre pas difficile quant à la nature du terrain, puisqu'il prospère en tout sol, même calcaire, à condition qu'il soit bien drainé. Il est également très souple concernant l'exposition : évitez toutefois une ombre trop dense. Arrosez-le tous les 15 jours les 2 premières années. Paillez les jeunes plants en été, mais aussi en hiver, pour les protéger du froid.

Utilisation

Plantez des asters bleus au pied des mahonias à floraison automnale et des jacinthes bleues au pied des plus tardifs.

◆ Le conseil du jardinier

Réservez un emplacement de choix, non loin de la maison, à ces arbustes qui sont beaux toute l'année grâce à leur feuillage architectural, et qui redoublent d'intérêt à la mauvaise saison avec leurs grappes dorées.

Mimosa

Acacia

En climat doux, offrez-vous au moins deux mimosas pour jouir de pompons dorés, si parfumés, presque toute l'année : un mimosa d'hiver et un mimosa des quatre saisons !

Acacia dealbata fleurit dès décembre-janvier sur la Côte d'Azur, mais pas avant février-mars dans l'Ouest.

ESPÈCES ET VARIÉTÉS

Mimosa d'hiver *Acacia dealbata*
3 à 6 m. Très beau feuillage persistant, bleuté, nombreux pompons jaunes, parfumés, entre décembre et mars.

Mimosa des quatre saisons
Acacia retinodes
3 à 6 m. Également persistant, à feuillage fin et fleurs jaunes, légèrement parfumées, de juillet à Noël.

Culture

Choisissez un emplacement ensoleillé et chaud, bien abrité des vents froids, où le sol soit sec et bien drainé. En terrain calcaire, prenez les précautions qui s'imposent (voir encadré).
Prévoyez suffisamment de place en raison de leur croissance très rapide. Inutile d'arroser les jeunes plants de mimosa après leur mise en place, sauf si vous les cultivez en pot.

Utilisation

En climat doux, installez un mimosa sur un talus sec et chaud. Si vous le plantez devant la maison en plein sud, il risque d'ombrager rapidement les fenêtres.

◆ *Le conseil du jardinier*

Si vous souhaitez essayer un mimosa en climat « limite », plantez-le à la fin de l'hiver afin qu'il ait le temps de s'établir avant les prochains froids, paillez-le dès novembre et, en cas de froid vif, entourez-le d'un voile de protection. S'il est planté en pot, faites-le hiverner sous abri dans un local frais, mais hors gel.

Sol calcaire

Le mimosa d'hiver ne se plaît pas en sol calcaire : son feuillage prend un aspect jaunâtre et chlorotique. Dans ce type de terrain, plantez le mimosa des quatre saisons ou bien le mimosa d'hiver greffé sur *Acacia retinodes*.

Oranger du Mexique

Choisya ternata

Les fleurs blanches de cet arbuste mexicain embaument telle-ment qu'on l'a dénommé « oranger du Mexique ». Elles s'épa-nouissent au printemps et réapparaissent souvent en fin d'été.

- ■ Plantation : septembre-octobre ou mars-avril
- ■ Floraison : avril-mai et septembre
- ■ Exposition : soleil ou ombre
- ■ Sol : tout sol bien drainé
- ■ Utilisation : isolé, massif, haie fleurie
- Hauteur : 1 à 3 m

L'oranger du Mexique fleurit aussi bien à l'ombre qu'au soleil, pourvu qu'il soit à l'abri des vents froids.

ESPÈCES ET VARIÉTÉS

Tous les orangers du Mexique présentent un feuillage aroma-tique.

L'espèce type (2 à 3 m) est bien plus vigoureuse que ses variétés de croissance lente.

– 'Sundance', 1 m, à feuilles dorées.

– 'Aztec Pearl', 1 m, à feuillage très fin et découpé.

Culture

Évitez ce persistant assez gélif en climat plus froid que la région parisienne. Dans ce climat « limite », plantez-le à l'abri d'un mur chaud. En climat doux, ins-tallez-le en pleine terre, sans le moindre abri, et à toute exposi-tion, au soleil comme à l'ombre : l'oranger du Mexique réussit, par exemple, étonnamment bien au pied d'un mur au nord. Cet arbuste se contente d'un sol bien drainé, que vous enrichissez juste

Les fleurs simples, si parfumées, remon-tent souvent en fin d'été.

d'un apport de fumier ou de com-post à la plantation.

Arrosez tous les 15 jours et paillez les jeunes plants les 2 premiers étés. Si la taille s'impose pour limiter son développement, pro-cédez juste après la floraison avant l'été, afin de ne pas com-promettre la suivante.

Utilisation

Encadrez un portail ou un élé-ment décoratif de 2 orangers du Mexique taillés en boule. Vous pouvez aussi en planter dans un massif ou dans une haie fleurie, avec une clématite printanière bleue comme 'Francis Rivis'.

Suppression des fleurs fanées

Après la floraison, nettoyez les fleurs fanées chez les petits sujets, notamment ceux cultivés en pot.

◆ Le conseil du jardinier

En cas de fortes chutes de neige, secouez bien toutes les branches de vos orangers du Mexique, car elles sont assez fragiles et risquent de casser sous le poids de la neige.

Pommier à fleurs

Malus

Après une floraison exquise en mai, le pommier à fleurs reste attrayant avec ses nombreux petits fruits qui persistent jusqu'en hiver, puis avec ses couleurs d'automne vraiment splendides.

- Plantation : en hiver pour les racines nues, toute l'année pour les conteneurs
- Floraison : avril-mai
- Exposition : soleil non brûlant, à l'abri du vent
- Sol : assez riche et frais
- Utilisation : isolé, haie fleurie, verger

Hauteur : 3 à 8 m

'Evereste' est non seulement splendide par ses fleurs et fruits, mais également utile pour polliniser les pommiers à fruits.

ESPÈCES ET VARIÉTÉS

Malus 'Aldenhamensis'
3 à 4 m. Petit arbre semi-pleureur. Les feuilles naissent pourpres et deviennent bronze. Fleurs rouge pourpré, fanant rose clair, petits fruits rouge brun.

Malus 'Evereste'
4 à 6 m. Un véritable enchante-ment en mai avec ses nuées de boutons roses et fleurs blanches. Les petits fruits orangés persistent jusqu'en décembre et le feuillage se colore superbement en automne.

Malus 'Golden Hornet'
3 à 5 m. Arbre à fleurs simples, blanches, et petits fruits dorés, très longtemps décoratifs.

Malus floribunda
5 à plus de 7 m. Grand arbre à fleurs rose pâle, presque blan-ches, début mai, et fruits rouge et jaune.

Malus 'John Downie'
4 à 6 m. Un des plus beaux pom-miers à fleurs rose vif, puis blanc rosé, et fruits orangés, assez grands.

Culture

Pour bien réussir vos pommiers à fleurs, choisissez un emplace-ment abrité des vents, avec un sol neutre (ni trop acide ni trop cal-caire), assez riche et restant frais tout l'été, ainsi qu'une exposition ensoleillée sans être brûlante, voire à mi-ombre dans le Midi. Au fond du trou de plantation, déposez une dose copieuse de fumier ou de compost bien décomposé, rebouchez avec la terre enlevée et aménagez en sur-face une cuvette destinée à recueillir les eaux de pluie et d'ar-

Astuce

Vos pommiers à fruits produisent peu dans votre jardin ? Améliorez donc leur pollinisation en plan-tant auprès d'eux au moins un pommier à fleurs, excellent polli-nisateur comme 'Evereste'.

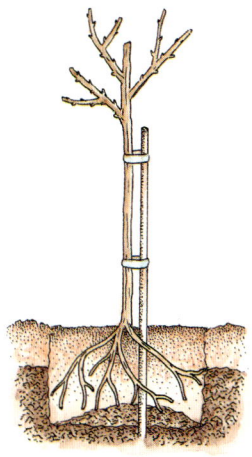

Tuteurage

Pour réussir le pommier à fleurs, plantez-le dans un sol assez riche et frais.

Dès le stade de la plantation, prévoyez un tuteur afin de ne pas détériorer par la suite les racines. Placez-le du côté des vents dominants et enfoncez-le avec une masse au fond du trou afin qu'il tienne fermement. Attachez le tronc au tuteur à l'aide de 2 ou 3 liens souples : vérifiez régulièrement qu'ils n'abîment pas l'écorce de l'arbre. Au bout de 3-4 ans, dès que le pommier sera solidement ancré, vous pourrez enlever le tuteur.

rosage. Arrosez l'arbre tous les 10 jours les 2 premières années et paillez-le afin de maintenir une fraîcheur favorable. En climat chaud, plantez-le de préférence en automne afin qu'il bénéficie de toutes les pluies de la mauvaise saison avant d'affronter les sécheresses estivales.

À savoir

Les petits fruits si décoratifs et comestibles restent longtemps sur l'arbre, parfois jusqu'en mars si les oiseaux ne les dévorent pas ! Sachez toutefois que ces derniers préfèrent s'attaquer aux petites pommes rouge et orange et délaissent généralement les fruits jaunes comme ceux de 'Golden Hornet'.

Utilisation

Isolez les plus belles variétés sur une pelouse ou installez-les au fond d'un massif ou dans le verger qu'elles égaieront de leurs fleurs au printemps, puis de leurs fruits et de leur feuillage coloré en automne.

Pour un bel effet champêtre, mariez les pommiers à fleurs à des lilas, des seringats et des aubépines au sein d'une haie fleurie.

Taille d'hiver

▶ *Le conseil du jardinier*

Si des branches gênaient, taillez-les en hiver et mastiquez les plaies de coupe au baume cicatrisant ou au goudron de Norvège.

Potentille

Potentilla fruticosa

Ce buisson dense et trapu a tout d'un rosier miniature à fleurs simples : son naturel, sa grâce et son extraordinaire floribondité. Irremplaçable pour des bordures ou des mini-haies colorées tout l'été.

- Plantation : possible toute l'année
- Floraison : mai-juin aux gelées
- Exposition : soleil ou ombre légère
- Sol : tout sol bien drainé, même pauvre ou calcaire
- Utilisation : bordure, massif, mini-haie fleurie
  Hauteur : 0,40 à 1,50 m

'Jackman', une potentille vigoureuse qui atteint 1,50 m de haut.

vient en toute terre bien drainée, même pauvre ou calcaire.

Arrosez les jeunes plants toutes les 3 semaines uniquement le premier été : oubliez tout apport d'eau par la suite.

Taillez légèrement les potentilles après la floraison en leur redonnant une belle forme arrondie.

Utilisation

Jouez les contrastes en mariant les potentilles à des rosiers ou à des géraniums vivaces.

Taille de formation

Après la floraison, redonnez une belle forme arrondie à vos potentilles par une taille légère.

◆ Le conseil du jardinier

Si vous plantez des potentilles en plein soleil, vous remarquerez que leurs fleurs se décolorent très vite, mettez-les donc en un lieu où elles restent à l'ombre durant les heures les plus chaudes. Cela concerne surtout les variétés à fleurs rouges, roses et orange.

ESPÈCES ET VARIÉTÉS

– 'Abbotswood', 60 cm, blanc pur.
– 'Goldfinger', 1 m, érigé, jaune d'or.
– 'Jackman', 1,50 m, jaune vif, très érigé.
– 'Klondike', 50 cm, jaune foncé.
– 'Pretty Polly', 50 cm, saumon.
– 'Princess', syn. 'Blink', 60 cm, rose pastel, blanchit par forte chaleur, arrondi.
– 'Royal Flush', 40 cm, rose foncé.

– 'Tangerine', 80 cm, jaune orangé, tapissante.
– 'Tilford Cream', 40 cm, blanc crème, étalé.

Culture

Avide de soleil, la potentille supporte toutefois une ombre légère, indispensable même pour certaines variétés (voir ci-dessus). Elle n'est vraiment pas difficile en ce qui concerne le sol puisqu'elle

Rosiers arbustes

Rosa

Dans vos massifs, mais aussi dans vos haies fleuries, plantez ces rosiers plantureux qui demandent peu ou pas de taille, réclament peu d'entretien et qui, au fil des années, constituent d'imposants arbustes fleuris tout l'été.

'Centenaire de Lourdes', ici rose tendre, se montre tout aussi florifère en version rouge.

ESPÈCES ET VARIÉTÉS

■ Blanc

– 'Kathleen', 1,50 m, R, crème et rose pâle, parfumé.
– 'Libre Ingénue', 1 à 1,50 m, R, églantines blanches à cœur doré.
– 'Nevada', 2,50 à 3 m, R, grandes églantines blanches.

■ Rose

– 'Centenaire de Lourdes', 1,50 m, R, rose tendre.
– 'Fantin Latour', 1,50 à 2 m, NR, rose tendre, très parfumé.
– 'Thérèse Bugnet', 1,50 m, R, rose fuchsia.

■ Rouge

– 'Heidelberg', 1,50 à 2 m, R, rouge écarlate.

– 'La Sevillana', 1,50 à 1,70 m, R, vermillon vif, fleurit continuellement.
– *R. moyesii* 'Geranium', 2 à 3 m, NR, églantines rouge clair, fruits rouge foncé.

■ Jaune

– 'Ghislaine de Féligonde', 2 m, R, jaune chamois clair.

Remontant ou non

Les rosiers dits remontants (R) fleurissent en plusieurs vagues, continues ou non, plus ou moins importantes, de mai aux gelées, tandis que les rosiers non remontants (NR) n'offrent qu'une floraison unique, mais d'une opulence exemplaire.

– 'Golden Wing', 1,50 à 2 m, R, grandes églantines.
– 'Westerland', 1,50 à 2 m, R, grandes fleurs abricot teinté d'or.

Plantation d'un rosier à racines nues

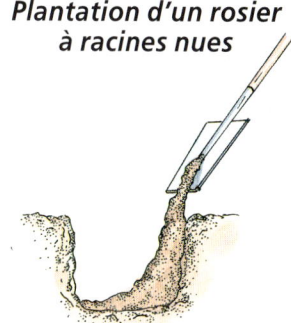

Pour tous les rosiers à racines nues, grimpants, buissons ou arbustes : au fond d'un gros trou (cube de 40 cm de côté), déposez du fumier bien décomposé.

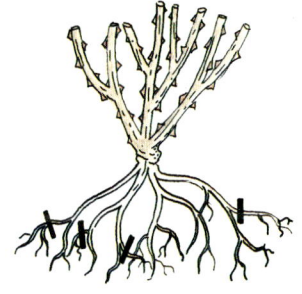

Avant le pralinage (voir page suivante), coupez les parties des racines et des tiges éventuellement abîmées lors du transport.

Culture

Plantez les rosiers arbustes à racines nues de novembre à février, ceux en conteneur tout au long de l'année. Espacez-les suffisamment (2 m en tout sens) pour qu'ils puissent s'étaler librement. Juste après la plantation, arrosez copieusement les jeunes rosiers puis tous les 10 jours les 2 premiers étés. Effectuez un premier

Protection hivernale

En climat froid seulement, protégez vos rosiers arbustes et buissons : buttez-les pour recouvrir le point de greffe et entourez-les de feuilles mortes, fougères desséchées ou tourbe, retenues par un grillage.

Taille de fin d'hiver

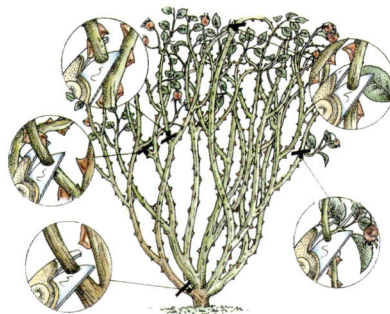

Fin février-début mars, donnez une belle forme à vos rosiers arbustes par une taille légère. Supprimez simplement les rameaux chétifs, enchevêtrés, malades ou morts.

'Nevada' s'épanouit très tôt, avec exubérance dès mai, et remonte assez légèrement durant l'été.

apport d'engrais pour rosiers au moment de la taille de fin d'hiver, un second apport en début d'été pour les rosiers remontants. Coupez les fleurs fanées au fur et à mesure.

Pralinage

Pour éviter le dessèchement des racines et favoriser une bonne reprise, trempez-les dans un mélange de terre (voire de bouse de vache) et d'eau ou dans un pralin du commerce.
Installez ensuite le rosier en enterrant légèrement le point de greffe. Aménagez une cuvette pour retenir l'eau du ciel ou des arrosages.

Utilisation

Au fond des massifs, alternez vos rosiers arbustes parmi des arbustes tout aussi imposants et florifères comme le buddléia, le weigélia ou l'althéa.
Au cœur d'une haie fleurie, mariez des rosiers arbustes à des cytises, des aubépines, des seringats et des spirées.

Astuce

En sol lourd et humide, retardez la mise en place de vos rosiers à la fin de l'hiver et plantez-les sur butte, en ayant pris soin de déposer une couche de 5 cm de cailloux à la base du trou.

Rosiers buissons, miniatures et couvre-sols

Rosa

Les rosiers buissons, miniatures et couvre-sols sont presque continuellement fleuris de mai-juin aux gelées !

- Plantation : novembre à février pour les rosiers à racines nues, toute l'année pour les rosiers en conteneur
- Floraison : mai-juin à octobre
- Exposition : soleil ou mi-ombre
- Sol : bonne terre de jardin
- Utilisation : massifs, bordure, potée
- Hauteur : 0,50 à 1,50 m (30 à 50 cm pour les miniatures)

'Super Star' (1,50 m) existe aussi en grimpant, beaucoup moins florifère que le buisson.

Plantation d'un rosier en motte avec filet

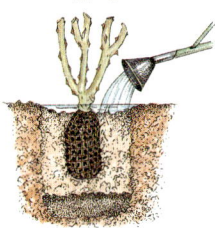

Si vous commandez des rosiers en motte avec filet, trempez la motte quelques minutes dans l'eau avant la plantation, surtout s'ils ont mis longtemps à vous parvenir. Plantez ensuite et arrosez.

Buttage

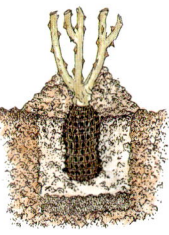

Après la plantation, buttez vos jeunes rosiers pour les protéger du froid, simplement en ramenant de la terre à leur pied.

ESPÈCES ET VARIÉTÉS

■ Rosiers buissons

– 'Amber Queen', 50 à 70 cm, R, jaune chamois, très parfumé.
– 'Bonica 82', 1 m, R, rose, très florifère, s'étale beaucoup.
– 'Dame de l'Étoile', 50 à 70 cm, R, fleur blanche, à cœur jaune citron, en forme de rose ancienne.
– 'Fée des Neiges', syn. 'Iceberg', 1,20 à 1,50 m, R, blanc pur.
– 'Rabelais', 1 m, R, fleur rouge, parfumée en forme de rose ancienne.

■ Rosiers couvre-sols

– 'Ferdy', 1,50 m, R, rose.
– 'Opalia', 30 cm, R, blanc.
– 'Perle Meillandécor', 60 cm, R, rose nacré très pâle.

– 'Swany', 50 cm, R, blanc, fleurit aussi bien au soleil qu'à mi-ombre.

■ Rosiers miniatures

30 à 50 cm
– 'Ange Divin', R, rose saumon.
– 'Douce Symphonie', R, rose tendre ourlé de rouge.

Culture

Plantez ces rosiers en hiver de préférence et arrosez-les copieusement juste après la plantation puis tous les 10 jours. Espacez de 50 à 70 cm les rosiers buissons, de 1,50 à 2 m les rosiers couvre-sols. Taillez sévèrement les rosiers buissons et miniatures début mars (pas les couvre-sols).

Principe de taille

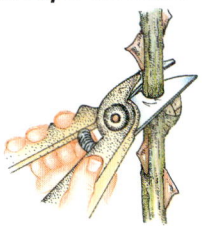

Taillez toujours avec une telle incli-naison afin que l'eau ne ruisselle pas sur le bourgeon situé juste en dessous et le fasse ainsi pourrir.

Suppression des fleurs fanées

Taillez au fur et à mesure les fleurs fanées. Veillez à bien couper au-dessus du premier gros bourgeon sur la tige pour favoriser l'émission d'une nouvelle pousse vigoureuse.

Suppression d'un gourmand

Un gourmand est un rejet issu du porte-greffe. Supprimez-le en le coupant directement à son point de naissance sur le porte-greffe.

◢ Le conseil du jardinier

Nourrissez tous les rosiers remon-tants juste à la fin de leur première floraison avec une poignée d'en-grais pour rosiers par plante pour les faire refleurir.

'Ingrid Bergman' (80 cm) ne cesse pour ainsi dire de fleurir durant tout l'été.

Ne traitez que si nécessaire : un insecticide contre les pucerons, un fongicide contre l'oïdium ou la maladie des taches noires.

À savoir

Si vous recevez des rosiers à racines nues pendant une période de froid intense, conser-vez-les 10 jours dans leur embal-lage dans une pièce non chauf-fée, mais hors gel. Puis déballez-les et mettez-les en jauge dans une tranchée en protégeant les racines avec de la tourbe.

Dans les régions à été très chaud, plantez des rosiers spé-cialement conçus pour fleurir continuellement même sous les canicules les plus fortes : 'Charles Aznavour', 'Douce Symphonie', 'Frédéric Mistral', 'Swany'.

Pulvérisez à nouveau 10 jours après si les symptômes persistent.

Utilisation

Dans les massifs, disposez les rosiers buissons au pied des rosiers arbustes et grimpants.
Tapissez les talus difficiles avec des rosiers couvre-sols.
Pour avoir des potées fleuries avec opulence tout l'été, plantez des rosiers buissons, mais surtout des rosiers miniatures dans un conte-neur assez volumineux (45 à 50 cm de diamètre pour un rosier).

Astuce

Rabattez fortement (à 2 bour-geons) les rosiers buissons qui manquent de vigueur, mais taillez long (à 5 bourgeons) les variétés trop vigoureuses.

Rosiers grimpants et rosiers lianes

Rosa

Choisissez un rosier bien adapté : un rosier grimpant pour un mur, une façade ou une arche, mais un rosier liane pour une tonnelle ou une pergola.

![Rosiers grimpants en fleurs jaunes et orangées](joseph_coat.jpg)

'Joseph's Coat' est en fait un gros arbuste qui, palissé, peut grimper légèrement.

- Plantation : novembre à février pour les rosiers à racines nues, toute l'année pour les rosiers en conteneur
- Floraison : mai-juin à octobre (fin juin-début juillet pour les non-remontants)
- Exposition : soleil ou mi-ombre
- Sol : bonne terre de jardin
- Utilisation : pour couvrir un mur, une façade, un pilier, une arche, une tonnelle, une pergola, ou grimper dans un arbre

Hauteur : 2 à 5 m pour les grimpants, 6 à plus de 10 m pour les lianes

ESPÈCES ET VARIÉTÉS

■ Les grimpants de petite taille

2 à 3 m.
– 'Arielle Dombasle', R, très précoce, vermillon.

– 'Cocktail', R, fleurs simples parfumées, rose rougeâtre à cœur jaune, supporte très bien la chaleur, mais ne tolère pas les insecticides. Ne résiste pas au froid.
– 'Gîtes de France', R, rose vif.
– 'Guirlande d'Amour', R, blanc.
– 'Joseph's Coat', R, jaune orangé à l'éclosion, puis de plus en plus rouge avant de faner d'un vieux rose. Attention aux pucerons.
– 'Parure d'Or', R, jaune orangé.
– 'Pierre de Ronsard', R, rose tendre.
– 'Polka', R, rose orangé pâle.

■ Les grimpants de grande taille

3-5 m.
– 'Aimée Vibert', R, pompons blancs.
– 'Ena Harkness', R, rouge vif.
– 'Golden Showers', R, jaune vif.

– 'Maréchal Niel', R, jaune tendre, parfumé.
– 'Mme Alfred Carrière', R, blanc, parfumé.

■ Les lianes géantes

6 à plus de 10 m.
– 'Albéric Barbier', NR, crème.

Plantation contre un mur

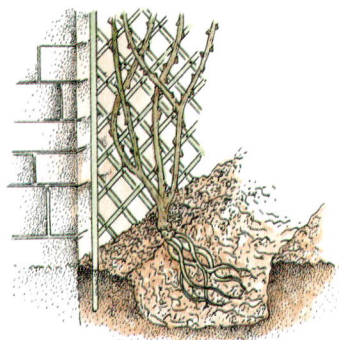

Creusez le trou à 30 cm du mur et orientez bien les racines à l'opposé du mur.

◆ Le conseil du jardinier

Ne palissez pas trop près d'un mur ou d'une façade : laissez toujours un espace suffisant entre le support et la surface verticale qui permette une bonne circulation de l'air et évite les maladies (oïdium surtout).

'American Pillar' ne fleurit qu'une seule fois, mais à profusion.

– 'American Pillar', NR, rose vif.
– 'Évangeline', NR, bouquets de petites églantines rose pâle, parfumées.
– 'Gloire de Dijon', R, jaune, parfumé.
– 'Wedding Day', NR, bouquets de petites églantines blanches.

Astuce

Si certains grimpants palissés fleurissent mal, étendez leurs tiges à l'horizontale (principe de l'arcure) le long du support, ce qui induit une floraison opulente.

'Gîtes de France', un grimpant récent à floraison opulente.

Culture

Plantez les rosiers grimpants à racines nues de novembre à février, ceux en conteneur toute l'année, de préférence en dehors de l'été. Palissez les jeunes rosiers grimpants ou lianes au fur et à mesure de leur développement, en attachant les tiges à leur support – treillage ou fils de fer. Juste après la plantation, arrosez-les copieusement puis tous les 10 jours par la suite.

Taillez les rosiers grimpants et lianes non remontants en fin d'été, après leur floraison. Mais, pour les remontants, procédez seulement fin février-début mars, en même temps que la taille des rosiers buissons.

Commencez toujours par supprimer les rameaux chétifs ou gênants ainsi que tout le bois mort, avant de vous attaquer aux tiges vigoureuses.

Floraison

Ne vous étonnez pas si votre rosier non remontant ne fleurit pas la première année après la plantation. Il lui faut 2 années pour commencer à épanouir de belles roses sur les tiges formées l'année précédente.

Évitez à tout prix une exposition brûlante, plein sud, sauf pour certaines variétés comme 'Gloire de Dijon'. Au nord fleurissent bien les rosiers 'Golden Showers', 'Wedding Day' ou 'Albéric Barbier'.

Utilisation

Pour tapisser un mur, une façade ou une arche, choisissez les rosiers grimpants et évitez les rosiers lianes beaucoup trop exubérants pour cet usage.

Pour recouvrir une tonnelle, une pergola ou pour monter à l'assaut d'un grand arbre, les rosiers lianes sont les plus indiqués.

Protection hivernale

En climat froid uniquement, détachez les rameaux, reliez-les à un tuteur et couvrez-les d'un voile de protection.

Seringat

Philadelphus

Un parfum de rêve, encore plus prononcé le soir après une journée chaude de mai-juin. Avec ses fleurs blanches, c'est le principal attrait du seringat, un grand arbuste caduc d'une vitalité débordante.

- ■ Plantation : hiver
- ■ Floraison : entre mai et juillet
- ■ Exposition : soleil
- ■ Sol : vient en tout sol, mais prospère davantage en sol riche
- ■ Utilisation : isolé, haie fleurie, pot (variétés compactes)
  Hauteur : 1-3 m

Philadelphus *'Enchantment', un très beau seringat à fleurs doubles, parfumées.*

– 'Minnesota Snowflake', 3 m, à fleurs très doubles, tardives (juin-juillet).

Culture

Le seringat se montre peu difficile sur la nature du sol, mais pousse et fleurit davantage dans une terre riche. En revanche, il se montre exigeant en soleil. Espacez-le d'au moins 2 à 2,50 m des plantes voisines – arbustes ou vivaces.

Paillez-le et arrosez-le tous les 15 jours les 2 premiers étés. Après la floraison d'un seringat âgé, rabattez les longues tiges défleuries et fatiguées et conservez uniquement les jeunes pousses vertes, pleines de vigueur.

Utilisation

Plantez le seringat à proximité de la maison ou de la terrasse pour profiter au maximum de son parfum, isolé ou en compagnie d'autres arbustes à floraison simultanée (pour un effet éclatant), comme les rosiers et les weigélias, ou différée (pour un effet prolongé), comme le buddléia.

ESPÈCES ET VARIÉTÉS

Seringat des jardins
Philadelphus coronarius
2 à 3 m. Espèce la plus courante.
– 'Aureus', 2 m, se singularise par un feuillage jaune clair mêlé à des feuilles vertes.

AUTRES VARIÉTÉS

Tous ont des fleurs blanches, parfumées.
– 'Belle Étoile', 1,50 m, à fleurs simples, à cœur rouge.
– 'Manteau d'Hermine', moins de 1 m, à fleurs doubles.

◆ Le conseil du jardinier

Redonnez de l'intérêt à cet arbuste, bien ordinaire après sa floraison, en y faisant grimper une variété de clématite tardive.

Spirée

Spiraea

Voilà un genre très diversifié : certaines spirées fleurissent dès mars, d'autres tout l'été, certaines sont naines, d'autres grandes, et la plupart ont leurs fleurs en ombelles bien typiques, d'autres en épis !

Pour une floraison aussi prodigieuse, plantez vos spirées dans un sol assez riche et pas trop sec.

ESPÈCES ET VARIÉTÉS

Spiraea x *arguta*
1,50 à 2 m. Petit arbuste à fleurs blanches dès mars-avril, port souple et feuillage fin, doré en automne.

Spiraea x *billiardii*
2 m. Arbuste érigé à épis roses tout l'été.

Spiraea japonica
Arbuste nain, fleurissant l'été, idéal en bordure ou comme mini-haie.
– 'Gold Mound', 50 cm, à fleurs rose clair, feuillage jaune clair, devenant cuivré en automne.
– 'Gold Flame', 60 cm, à fleurs rose carmin, feuillage vert bronze puis doré.

– 'Little Princess', 80 cm, à ombelles d'abord rose vif, puis rose clair.

Spiraea prunifolia
Plus de 2 m. Grand arbuste à port arqué, très léger, fleurs blanches, très doubles, en avril-mai, et feuillage orangé en automne.

- **Plantation :** possible toute l'année, mais de préférence en hiver
- **Floraison :** entre mars et septembre, selon les espèces
- **Exposition :** soleil ou mi-ombre
- **Sol :** assez riche, pas trop sec
- **Utilisation :** isolé, haie fleurie, bordure, mini-haie
  Hauteur : 0,50 à 2,50 m

Culture

Choisissez un emplacement au soleil de préférence, voire à mi-ombre, pour les spirées à feuillage doré. Veillez à ce que la terre soit assez riche et pas trop sèche : si ce n'est pas le cas, améliorez-la par de copieux apports de fumier, compost et tourbe. Arrosez-les tous les 15 jours les 2 premières années.
Paillez-les impérativement les jeunes plants.

Utilisation

Cultivez les spirées naines en pots ou en bordures, les grandes spirées isolées ou au fond d'un massif d'arbustes.

Suppression des fleurs fanées

▶ **Le conseil du jardinier**
Ne placez pas en plein soleil les spirées à feuillage doré dont l'or prend une intensité bien supérieure à une exposition à mi-ombre.

Véronique arbustive *Hebe*

De son origine néo-zélandaise, cette véronique conserve une aversion pour le froid, la chaleur et la sécheresse et se plaît en bord de mer – au Nord-Ouest notamment – où elle produit tout l'été des épis bleus, blancs ou roses.

■ Plantation : avril-mai
■ Floraison : mai à octobre
■ Exposition : soleil non brûlant ou mi-ombre
■ Sol : assez riche et frais
■ Utilisation : isolé, massif, haie fleurie, bordure, pot
Hauteur : 0,30 à 3 m

Hebe *'Fairfieldii', cultivar très rare, rustique, produisant de longues grappes dès mai-juin.*

ESPÈCES ET VARIÉTÉS

Hebe armstrongii
30 à 40 cm. Espèce naine, à feuillage cuivré et fleurs blanches en été.

Hebe buxifolia
30 à 40 cm. Espèce naine à petites feuilles de buis, vert luisant, et fleurs blanches en été.

MEILLEURES VARIÉTÉS

– 'Midsummer Beauty', 2 à 3 m, aux épis bleutés en été.
– 'Autumn Glory', 60 cm, à fleurs bleu pourpré en fin d'été.
– 'Blue Gem', 2 m, à floraison bleue, tardive.

– 'Great Orme', 1,20 m, peu rustique, aux rameaux violets, feuilles vertes et épis rose foncé en été.

Culture

Sur toutes les côtes du Nord-Ouest, vous pouvez planter sans crainte toutes les véroniques, même les plus gélives. Installez-les au soleil ou à mi-ombre, dans un sol assez riche et frais. Sur les côtes plus chaudes (Sud-Ouest, Côte d'Azur), plantez-les à l'ombre ou à mi-ombre, et arrosez-les souvent. Dans le cas d'un sol pauvre, apportez une bonne dose de fumier ou compost bien mûr à la plantation.

Arrosez-les tous les 15 jours les 2 premières années, plus un gros arrosage de temps en temps par forte chaleur.

En toute région, protégez-les en hiver sous un paillis épais. Au printemps, taillez les rameaux détériorés par le froid.

Utilisation

Isolez les grands sujets ou plantez-les au fond d'un massif avec des rosiers blancs ou jaunes. Plantez en pot, en bordures ou en rocailles les espèces minuscules, avec des conifères nains.

Bouturage : en fin d'été

Prélevez des extrémités de tige non fleuries, éliminez toutes les feuilles sauf les deux dernières au sommet. Coupez ces feuilles à moitié, et faites-les enraciner à l'ombre.

◆ Le conseil du jardinier

Avant les gelées, hivernez sous abri quelques boutures bien enracinées prélevées en fin d'été.

Viorne

Viburnum

Le principal atout de ces grands arbustes est une floraison admirable, souvent blanche, en plein hiver ou au printemps. La plupart des viornes sont caduques, avec des couleurs d'automne souvent superbes, mais certaines sont persistantes.

Comme tous les Viburnum plicatum, *'Lanarth' est admirable par ses inflorescences plates.*

ESPÈCES ET VARIÉTÉS

Viburnum x *bodnantense*
3 m. Assez gélive, cette belle viorne caduque embaume divinement entre novembre et mars.
– 'Charles Lamont', boutons rouges ouvrant des fleurs rose foncé.

– 'Dawn', fleurs rose pur très parfumées.

Viburnum x *burkwoodii*
2 à 3 m. Une viorne pas très grande au feuillage persistant, vert foncé brillant, et aux fleurs blanches, groupées, très parfumées, roses en bouton, en avril-mai.

Viburnum x *carlcephalum*
1,50 à 2 m. Viorne caduque assez trapue produisant en avril d'assez grandes boules de fleurs blanches, très parfumées. Le feuillage est magnifique en automne.

Viorne boule-de-neige
Viburnum opulus 'Roseum'
3 à 4 m. Aux grosses boules de fleurs blanches, en mai-juin, succèdent des fruits rouge vif en août-septembre. Plantureuse, cette viorne caduque a un feuillage rouge en automne.

Paillis d'été

Arrosez régulièrement les jeunes viornes et paillez-les dès mai-juin.

▶ Le conseil du jardinier

Pour une floraison opulente, épandez du sang séché (une poignée au pied de chaque arbuste) chaque année avant l'été.
Achetez les viornes en conteneur, en pleine fleur afin de bien choisir la variété et les couleurs.

Viburnum plicatum
2 à 3 m. Cette viorne caduque séduit avant tout par son port étalé, mais aussi par sa floraison immaculée en mai-juin et ses couleurs d'automne.
– 'Lanarth', 3 m, port plus érigé.
– 'Mariesii', 2 à 3 m, un des plus beaux cultivars.
– 'Nanum Semperflorens' syn. 'Watanabe', 1 à 1,50 m, très florifère.

Laurier tin *Viburnum tinus* (voir p. 216)

Culture

Évitez toute situation brûlante ou desséchante : les viornes aiment le soleil mais réclament un sol riche qui reste frais en permanence. Elles se plaisent également à mi-ombre. Arrosez-les tous les 15 jours en été et paillez-les surtout les premières années.

Viburnum x bodnantense.

La plupart des viornes supportent un terrain légèrement calcaire, sauf *Viburnum plicatum* qui ne réussit qu'en sol franchement acide.
Les viornes n'exigent aucune sorte de taille. Cependant, si vous souhaitez maîtriser l'ampleur d'un arbuste, procédez juste après sa floraison en rabattant quelques-unes de ses grosses branches.

Viburnum plicatum *'Mariesii' est très intéressant par son port étalé, avec des branches pratiquement horizontales.*

Utilisation

Isolez les viornes à floraison majestueuse, comme la viorne boule-de-neige (*Viburnum opulus* 'Roseum') ou *Viburnum plicatum*.
Pour créer de superbes scènes d'automne, plantez les viornes, dont le feuillage se colore sublimement avant de tomber, à proximité d'autres arbustes (hamamélis) ou arbres (liquidambars, érables) tout aussi rutilants en cette saison.

À savoir

En climat froid, évitez ces 2 viornes peu rustiques : *Viburnum* x *bodnantense* et le laurier tin (*Viburnum tinus*), mais plantez sans problème toutes les autres viornes. Les premiers hivers, prenez seulement la précaution de bien les pailler pour les protéger du froid.

Taille à la plantation

Afin de favoriser la reprise, rafraîchissez ainsi les racines et les rameaux avant de planter une viorne.

Taille d'entretien

1 *Chez une viorne à tronc unique*
2 *Chez une viorne en cépée*

Weigélia

Weigela

Élégant et gracieux, cet arbuste caduc l'est à plus d'un titre : par son port souvent léger et arqué, sa floraison opulente en mai-juin, et ses couleurs d'automne splendides.

- ■ Plantation : possible toute l'année
- ■ Floraison : mai-juin
- ■ Exposition : soleil ou ombre légère
- ■ Sol : assez riche et frais
- ■ Utilisation : isolé, massif, haie fleurie, pot
- Hauteur : 0,80 à 3 m

'Abel Carrière', un weigélia vigoureux et imposant, à port évasé.

ESPÈCES ET VARIÉTÉS

■ Weigélia à petite végétation
Weigela florida

1 à 1,50 m. Arbuste aux cultivars souvent petits.
– 'Purpurea', 1,50 m, à fleurs rose pourpré.
– 'Samba', 1 m, à fleurs roses, tous deux à feuillage pourpre foncé.

– 'Féline', 1 à 1,50 m, à branches arquées et fleurs saumon et blanc.
– 'Red Prince', 1,50 à 2 m, d'un rouge très lumineux, avec un feuillage vert.

■ Weigélia à grande végétation
– 'Variegata', 2 m, à fleurs roses et à feuillage panaché de vert et de blanc.

– 'Abel Carrière', 2 à 3 m, à port évasé et grandes fleurs rose vif.
– 'Bristol Ruby', 2 à 3 m, arbuste rouge vif.
– 'Conquête', 2 à 3 m, rose clair.
– 'Marjorie', 3 m, à port souple et fleurs crème, roses et rouges.

Culture

Choisissez un emplacement ensoleillé ou légèrement ombragé, où le sol soit assez riche et frais : si nécessaire, améliorez la terre par un apport de tourbe ou de fumier ou compost bien décomposé, ou équivalent sous forme déshydratée. Laissez suffisamment de place au weigélia pour s'étaler – au moins 2 m en tout sens.
Taillez le weigélia juste après sa floraison et bouturez les pousses vertes. Arrosez-le tous les 15 jours et paillez-le uniquement les premiers étés après la plantation.

Utilisation

C'est un compagnon de choix pour le seringat qui fleurit en même temps que lui, mais aussi pour le deutzia, le genêt et les rosiers précoces.

▸ Le conseil du jardinier
Évitez les variétés à feuillage doré et floraison rose, difficiles à intégrer dans les massifs et préférez les variétés récentes, très vigoureuses avec des fleurs bi- ou tricolores.

Arbousier

Arbutus

L'arbousier est un petit arbre ou un gros arbuste admirable par son écorce craquelée, mais aussi par son feuillage persistant, sa floraison et sa fructification qui se produisent toutes deux au cœur de l'hiver.

- Plantation : septembre octobre ou mars-avril
- Floraison : hiver
- Exposition : soleil
- Sol : léger et bien drainé, acide ou peu calcaire
- Utilisation : isolé, haie fleurie, brise-vent
  Hauteur : 2 à 8 m

Arbutus unedo *doit son nom d'arbre aux fraises à ses petits fruits en forme de fraise, qui rougissent à maturité.*

ESPÈCES ET VARIÉTÉS

Arbutus x *andrachnoides*
6 à 8 m. Petit arbre dont l'écorce s'exfolie élégamment. Floraison en avril-mai.

Arbre aux fraises *Arbutus unedo*
8 m. Petit arbre. De nombreux petits fruits comestibles, en forme de fraise, mûrissent en hiver, alors que s'ouvrent des fleurs blanches en grappes. Tolère mieux les sols calcaires.

– 'Rubra', 2 m, a des fleurs roses.
– 'Compacta' est encore plus trapu.

Culture

Choisissez un emplacement ensoleillé et, si possible, bien abrité des vents froids (nord, nord-est et est) : tout sol convient à partir du moment où il est léger, bien drainé et pas trop calcaire. Dans un sol très calcaire, prévoyez une fosse remplie de terre de bruyère. Pour constituer un rideau bien fourni, espacez chaque plant de 1,20 à 1,50 m.

En bord de mer, donnez du corps à un sol trop léger et sablonneux par un apport copieux de fumier ou compost bien décomposé et de tourbe. Arrosez les jeunes plantations toutes les 3 semaines la première année seulement : c'est inutile ensuite, ainsi que les apports d'engrais et la taille.

Utilisation

Isolez l'arbousier pour bien le mettre en valeur ou mariez-le à des camélias à floraison concomitante. En bord de mer, créez des rideaux brise-vent efficaces.

*Fruits d'*Arbutus unedo *à maturité.*

▸ Le conseil du jardinier

L'arbousier est un frileux, non rustique en dessous de -15 °C, mais très résistant aux embruns salés en bord de mer. Réservez-le donc au climat doux, Midi et côte ouest, par exemple.

Buis

Buxus

En raison de sa croissance lente, le buis est vraiment le roi des arbustes persistants pour former des topiaires ou des haies plus ou moins compactes, d'entretien facile, car ne réclamant que deux tailles assez légères par an.

■ Plantation : septembre-octobre ou avril-mai
■ Floraison : sans intérêt
■ Exposition : toutes expositions
■ Sol : tout sol bien drainé, même calcaire
■ Utilisation : isolé, bordure, haie, pot, topiaire
Hauteur : 1 à 6 m

Choisissez une espèce adaptée au volume de haie que vous voulez créer.

ESPÈCES ET VARIÉTÉS
Buxus microphylla
1 m. Un buis nain très rustique et attrayant par ses feuilles et rameaux très fins.

Buis commun *Buxus sempervirens*
6 m. Le buis le plus répandu, dont il existe de nombreux spécimens centenaires. Floraison discrète, jaune pâle, parfumée, en avril.
– 'Elegantissima', 1 à 2 m, à feuillage panaché de blanc, forme naturellement une boule.
– 'Pyramidalis', 3 à 4 m, à feuillage très fin, facile à former en topiaire.
– 'Rotundifolia', 5 à 6 m, pour une grande haie.

– 'Suffruticosa', boule naine, pour une bordure.

Culture

Drainez bien le sol : dans un terrain très lourd et argileux, déposez des cailloux sur 5 cm à la base du trou et mélangez de la tourbe à la terre avant de planter des buis. Espacez les buis nains de 15-20 cm pour une mini-bordure, les grands de 80 cm à 1 m pour une haie. Pas d'arrosage sauf en cas de sécheresse exceptionnelle. Dès la première année après la plantation, taillez le buis selon l'usage que vous en faites, au moins 2 fois par an : en juillet et en octobre.

Utilisation

Isolez des topiaires remarquables en boule, cône, pyramide ou autres. Créez des mini-bordures (30-50 cm de haut) ou de grandes haies (5-6 m). Le buis constitue également des potées de choix.

Taille à la plantation

Avant de planter le buis, rafraîchissez légèrement les racines et les rameaux.

Taille

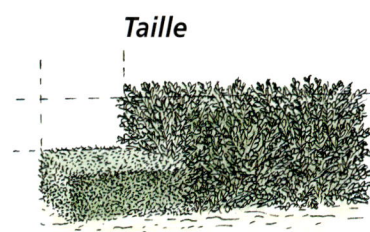

Le buis supporte parfaitement la taille, et peut même être rabattu sévèrement.

◆ **Le conseil du jardinier**
Choisissez une variété adaptée à vos besoins, selon que vous recherchez un buis pour une bordure, une topiaire particulière ou une haie.

Éléagnus

Elaeagnus

Avec sa croissance très rapide, sa culture facile, son feuillage superbe et son excellente résistance au vent, l'éléagnus s'est imposé en haie, au point de détrôner le troène.

- ■ Plantation : possible toute l'année, mais de préférence de mars à mai ou de septembre à novembre
- ■ Floraison : octobre-novembre
- ■ Exposition : soleil
- ■ Sol : assez riche et bien drainé
- ■ Utilisation : haie, brise-vent, topiaire
   Hauteur : 1,50 à 3 m

Séduisant par son feuillage argenté persistant Eleagnus x ebbingei *offre aussi l'attrait d'une floraison discrète, mais très parfumée, en automne.*

ESPÈCES ET VARIÉTÉS

Elaeagnus x *ebbingei*
3 m. Hybride le plus planté en haie, feuillage argenté et floraison discrète très parfumée.

Elaeagnus pungens
1,50 m. Espèce plus rare, disponible sous sa variété 'Maculata',

compact, à feuillage jaune, maculé de vert.

Culture

Plantez les éléagnus au soleil. En bord de mer, si le sol est trop sablonneux et léger, donnez-lui du « corps » par des apports de bonne terre, de tourbe et de fumier ou compost bien décomposé. Si vous créez une haie, espacez chaque plant de 80 cm. Taillez régulièrement les haies dès le plus jeune âge en les coupant davantage en épaisseur au sommet qu'à la base, afin d'éviter qu'elles ne se dégarnissent au pied. Taillez les haies adultes 2 ou 3 fois par an. Arrosez tous les 15 jours les 2 premières années.

Utilisation

En bord de mer, plantez en toute première ligne *Elaeagnus* x *ebbingei*, très résistant aux embruns salés et aux vents violents. Ailleurs, utilisez-le aussi en haie.
Plantez en pot *Elaeagnus pungens*, plus compact, ou bien formez une haie basse ou menez-le en topiaire.

▶ *Le conseil du jardinier*

Si les racines forment un chignon à la base de la motte, démêlez-le ou sectionnez-le au sécateur avant la plantation.

À savoir

Il existe également des éléagnus caducs, comme l'olivier de Bohême *(Elaeagnus angustifolia)*, superbe petit arbre (6 m) argenté, idéal en sol sec et en bord de mer.

Fusain

Euonymus

En climat doux, plantez le fusain du Japon en grandes haies. En climat froid, préférez *Euonymus fortunei*, au beau feuillage panaché, ou bien les fusains caducs, plus rustiques.

- ■ Plantation : septembre-octobre ou mars-avril
- ■ Floraison : très discrète
- ■ Exposition : soleil ou mi-ombre
- ■ Sol : assez riche, neutre ou calcaire
- ■ Utilisation : haie, isolé, topiaire, pot, couvre-sol
  Hauteur : 0,40 à 4 m

S'il pousse lentement, le fusain du Japon atteint toutefois une hauteur impressionnante (3-4 m) au bout de nombreuses années.

Culture

Installez les fusains au soleil comme à mi-ombre, dans un sol assez riche, neutre ou calcaire : améliorez un terrain pauvre par un apport de fumier ou de compost bien décomposé. Pour la plantation d'une haie bien touffue, espacez les jeunes pieds de 80 cm sur le rang. Les premières années, arrosez-les tous les 15 jours et paillez-les en été pour maintenir une bonne fraîcheur ainsi qu'en hiver car ils craignent le froid vif et la neige.

Utilisation

Plantez le fusain d'Europe en haie, isolez les variétés panachées. Plantez en pot, en bordure ou comme couvre-sol, ou palissez contre un mur *Euonymus fortunei*.

Taille

Redonnez une belle forme à un fusain âgé en le taillant légèrement et en aérant le centre de l'arbuste. Procédez en avril-mai de préférence.

ESPÈCES ET VARIÉTÉS
Euonymus fortunei
0,40 à 1,50 m. Fusain rustique, compact, à port étalé et feuillage panaché.
– 'Dart's Blanket', 50 cm, rouge l'hiver, rouge et vert au printemps.
– 'Silver Gem', marginé de crème.

Fusain du Japon
Euonymus japonicus
3 à 4 m. Fusain rustique en climat doux, très résistant au vent et aux embruns. L'espèce au feuillage vert lustré est très plantée en haie.

Variétés panachées (1,50 à 2 m)
– 'Bravo', blanc crème.
– 'Duc d'Anjou', vert jaunâtre.

Houx

Ilex

À part certains conifères, le houx est un des persistants les plus résistants au froid qui soit rustique. Adoptez-le donc en climat froid pour créer d'imposantes haies toujours vertes.

Feuillage bleuté
– 'Blue Angel', 1,20 m.
– 'Blue Prince', mâle et 'Blue Princess', 3,50 m, femelle.

Feuillage vert vif
– 'Chinese Boy', mâle, et 'Chinese Girl', 2-3 m, femelle.

Ilex aquifolium *'Argentea marginata', un superbe houx femelle dont les jeunes pousses naissent roses et qui fructifie abondamment.*

ESPÈCES ET VARIÉTÉS
Houx commun *Ilex aquifolium*
6 à 8 m. Les fruits persistent durant tout l'hiver chez ce grand houx.

Variétés plus petites que l'espèce
– 'Alaska', 2 à 3 m, compact, très fructifère, boules rouges de septembre à mars.
– 'Ferox Argentea', 2 à 4 m,
« houx hérisson », à feuilles gaufrées, marginées de crème.
– 'J.C. Van Tol', 3 à 4 m, un des rares houx autofertiles : très fructifère, feuillage vert, peu épineux.

Ilex x meserveae
Hybride récent, sélectionné aux États-Unis pour sa rusticité et son abondante fructification.

Culture

Si le houx se montre peu difficile sur l'exposition et prospère autant au soleil qu'à l'ombre, il réclame en revanche un sol riche et frais : ne le plantez donc pas dans un terrain pauvre et caillouteux, qui se dessèche chaque été, et améliorez le sol lors de la mise en place.
Au cours des 2 premiers étés, arrosez tous les 10 jours et paillez les jeunes houx. Taillez-les juste après la fructification pour supprimer les vieilles branches tous les 3-4ans.

Utilisation

Dans un grand jardin, isolez les houx les plus somptueux en lisière d'un sous-bois. Dans un petit jardin, plantez-les en haie.

❧ Le conseil du jardinier

Pour obtenir de beaux fruits décoratifs en hiver, plantez des pieds femelles et, non loin d'eux, un pied mâle. Dans un petit jardin, préférez un houx autofertile comme 'J.C. Van Tol'.

Laurier-cerise, laurier-palme

Prunus laurocerasus

D'une vigueur insensée, ce persistant risque cependant de geler en hiver et de repartir ensuite.

- Plantation : septembre-octobre ou mars-avril
- Floraison : avril-mai
- Exposition : soleil ou mi-ombre
- Sol : pas trop calcaire, pas trop léger
- Utilisation : rideau, brise-vent, haie, topiaire
  Hauteur : 1,20 à 4 m

Pour obtenir une telle floraison sur vos lauriers-cerises, ne les taillez pas trop tard dans l'été, mais procédez dès que les fleurs sont fanées.

ESPÈCES ET VARIÉTÉS
- 'Caucasica', 3 à 4 m, feuilles lancéolées.
- 'Herbergii', 2 m, et 'Otto Luyken', 1,20 m, feuilles étroites.
- 'Mischeana', 2 m, très évasé.
- 'Rotundifolia', 3 à 4 m, grandes feuilles arrondies.
- 'Zabeliana', 1,50 à 2 m, très étalé.

Culture

Le laurier-cerise se plaît aussi bien au soleil qu'à mi-ombre dans un sol assez consistant et pas trop calcaire : si vous souhaitez créer une haie de lauriers-cerises dans un terrain sablonneux, prévoyez un apport de bonne terre et de fumier ou compost bien mûr. En sol très calcaire, remplacez le laurier-cerise par le laurier tin.

Pour une haie bien touffue, espacez les plants de 1 à 1,20 m et taillez-les régulièrement dès la première année. Arrosez tous les 15 jours les 2 premières années seulement.

Utilisation

Constituez des haies efficaces plus ou moins hautes selon la variété. Créez des topiaires avec les variétés les plus trapues.

Taille

Taillez le laurier-cerise au sécateur afin de ne pas abîmer ses grandes feuilles.

▶ Le conseil du jardinier

En climat plus froid que la région parisienne, choisissez les variétés les plus rustiques : 'Herbergii', 'Mischeana' ou 'Zabeliana'.

Laurier tin

Viburnum tinus

Voilà un persistant admirable, plein de fougue, qui a l'avantage de fleurir blanc, tout au long de l'hiver. Seul reproche : il n'est pas très rustique.

- ■ Plantation : septembre-octobre ou mars-avril
- ■ Floraison : octobre-mars
- ■ Exposition : soleil
- ■ Sol : tout sol, même calcaire
- ■ Utilisation : haie, isolé, pot
  Hauteur : 0,40 à 3 m

Auprès du laurier tin, regroupez des plantes s'épanouissant simultanément durant l'hiver, comme le camélia, le mahonia ou les bruyères.

ESPÈCES ET VARIÉTÉS

L'espèce (2-3 m) a un feuillage vert et des fleurs et boutons blancs.
– 'Bewley's Variegated', 1 m, feuillage marginé de crème, fleurs roses en boutons, puis blanches.
– 'Eve Price', 1,20 m, même floraison avec un feuillage vert.
– 'Lucidum', 2 à 3 m, grandes feuilles et fleurs.
– 'Nanum', 40 à 50 cm, rougit en automne, ne fleurit pas.
– 'Variegatum', 2 m, panaché de jaune crème.

Culture

Le laurier tin se montre exigeant sur un seul point, le soleil qu'il affectionne particulièrement. Sinon, il accepte tout sol, même cal-caire : inutile donc de prévoir des apports massifs de fumier, compost ou autres. Arrosez tous les 15 jours après la plantation.
Espacez chaque plant de 1 à 1,20 m pour une haie. Paillez les jeunes plants les premiers hivers afin de les protéger du froid.

À savoir

Contrairement au laurier-cerise et au laurier-sauce, le laurier tin n'a rien à voir avec les Prunus, de la famille des Rosacées, puisqu'il s'agit d'une viorne, de la famille des Caprifoliacées.

Utilisation

Créez de puissants écrans avec les variétés vigoureuses. Plantez les variétés naines en pot ou en bordure. En climat doux, associez le laurier tin avec un camélia à fleurs roses ou rouges.

Taille

Taillez-le juste après la floraison, plus ou moins sévèrement si besoin.

◆ Le conseil du jardinier

Taillez les haies juste après leur floraison hivernale afin de ne pas compromettre la prochaine floraison, mais, si possible, laissez quelques fleurs fanées pour bénéficier des beaux fruits bleu-noir.

Pittosporum

Pittosporum

Vous connaissez certainement *Pittosporum tobira*, dont les fleurs blanches ont un parfum d'oranger et qui est très planté en haie dans le Midi, mais en climat doux, laissez-vous également séduire par d'autres pittosporums panachés.

■ Plantation : septembre-octobre ou mars-avril
■ Floraison : avril-mai
■ Exposition : soleil ou mi-ombre
■ Sol : bien drainé
■ Utilisation : isolé, haie, pot, topiaire
Hauteur : 0,80 à 6 m

Dans le Midi, Pittosporum tobira *donne ces jolis fruits après sa floraison blanche.*

ESPÈCES ET VARIÉTÉS

Pittosporum 'Garnettii'
4 à 6 m. Très planté en Bretagne pour son beau feuillage panaché de crème.

Pittosporum tobira
3 à 6 m. Grand arbuste, très résistant à la sécheresse et aux embruns salés.
– 'Nanum' forme une boule de 80 cm à 1 m.
– 'Variegatum', 3 à 4 m, offre les atouts de l'espèce avec un joli feuillage panaché, vert et blanc.

Pittosporum tenuifolium
4 à 5 m. Grand arbuste ou petit arbre à feuillage ondulé, vert clair brillant, et floraison pourpre, discrète au printemps, à odeur de miel. Nombreuses variétés panachées.
– 'Abbotsbury Gold', 3 à 4 m, très lumineux par son feuillage panaché d'or et de vert.
– 'Irene Paterson', 2 m, une des plus rustiques, au feuillage vert avec le centre crème.
– 'Purpureum', 2 à 3 m, étonnant par son feuillage presque noir, contraste superbement avec un pittosporum argenté ou doré.
– 'Variegatum', 2 à 3 m, au feuillage marbré de crème.

Culture

Dans un climat favorable, le pittosporum se plaît au soleil, comme à mi-ombre, dans tout sol bien drainé, sec ou frais selon les espèces (voir ci-dessus). Si vous le plantez en haie, espacez les jeunes pieds de 80 cm à 1 m. Paillez cet arbuste lors d'un hiver froid, surtout en climat « limite ». Arrosez-le tous les 15 jours.

Utilisation

Dans le Midi, plantez *Pittosporum tobira* en haie, avec du laurier-rose et du grenadier. En climat doux, créez de séduisants jeux de feuillages en groupant les pittosporums panachés avec d'autres persistants panachés ou pourpres. Formez en topiaire ou plantez en pots les variétés assez compactes.

▶ Le conseil du jardinier

Retenez ces beaux arbustes néo-zélandais peu rustiques uniquement en climat doux – Midi, Sud-Ouest et côtes ouest jusque dans le Cotentin – *P. tobira* en sol sec, *P. tenuifolium* en sol assez frais.

Bien choisir les arbustes

Plantes	Hauteur	Floraison	Feuillage	Exposition	Sol	Utilisation	Plantation
Althéa *Hibiscus*	2-3 m	juillet/septembre	caduc	soleil ou ombre légère	riche et frais	isolé, massif, haie fleurie, pot	toute l'année (surtout octobre/avril)
Andromède *Pieris*	0,80-3 m	mars/avril	persistant	mi-ombre	acide, riche, frais, mais bien drainé	massif de terre de bruyère	septembre/octobre ou mars/avril
Arbousier *Arbutus*	2-8 m	octobre/janvier	persistant	soleil	léger, bien drainé, acide ou peu calcaire	isolé, haie fleurie, brise-vent	septembre/octobre ou mars/avril
Azalée *Rhododendron*	0,50-2,5 m	avril/juin	caduc ou persistant	soleil ou mi-ombre	riche, acide et assez frais	massif, lisière de sous-bois, pot pour les petits sujets	septembre/octobre ou avril/mai
Buddléia *Buddleja*	4-6 m	juillet/octobre parfumée	caduc	soleil	tout sol, même pauvre ou calcaire	massif, isolé, haie fleurie	toute l'année (surtout novembre/mars)
Buis *Buxus*	1-6 m	avril/mai, sans intérêt	persistant	soleil ou ombre	tout sol bien drainé, même calcaire	isolé, bordure, haie, pot, topiaire	septembre/octobre ou avril/mai
Camélia *Camellia*	2-3 m	octobre/avril	persistant	mi-ombre ou soleil non brûlant	acide, riche et frais	isolé, massif, pot	septembre/octobre ou avril/mai
Céanothe *Ceanothus*	1,20-5 m	avril/juin (persistants) juillet/septembre (caducs)		soleil	assez riche, léger et bien drainé	isolé, palissé, massif, couvre-sol	septembre/octobre ou avril/mai (persistants), novembre/mars (caducs)
Cerisier à fleurs *Prunus*	3-15 m	mars/mai	caduc	soleil pas trop brûlant, à l'abri du vent	riche, profond, bien drainé	isolé, rideau, haie fleurie	novembre/février
Ciste *Cistus*	1-2 m	avril/juillet	persistant	soleil	sec, léger, bien drainé	massif, bordure, couvre-sol	septembre/octobre ou avril/mai
Cognassier du Japon *Chaenomeles*	1-2 m	février/avril	caduc	soleil	ordinaire, même calcaire	haie fleurie, massif, palissé, isolé	novembre/mars
Cornouiller *Cornus*	2-8 m	février/juillet selon les variétés	caduc	soleil non brûlant ou mi-ombre	riche et acide pour certains, pauvre et calcaire pour d'autres	isolé, haie	novembre/mars
Cytise *Laburnum*	5-7 m	avril/mai	caduc	soleil	riche ou pauvre, même calcaire	isolé, massif, haie fleurie, rideau fleuri	novembre/mars
Éléagnus *Elaeagnus*	1,50-3 m	novembre/décembre discrète mais parfumée	persistant	soleil	assez riche et bien drainé	haie, brise-vent, topiaire	toute l'année (surtout mars/mai et septembre/novembre)
Forsythia *Forsythia*	1-4 m	mars/avril	caduc	soleil ou ombre légère	assez riche et assez frais	isolé, haie fleurie, pot	toute l'année (surtout novembre/mars)
Fuchsia *Fuchsia*	0,50-4 m	juin/gelées	caduc	ombre ou mi-ombre	assez riche et frais	massif, pot, bordure, haie fleurie	toute l'année
Fusain *Euonymus*	0,40-4 m	juin très discrète	persistant	soleil ou mi-ombre	assez riche, neutre ou calcaire	haie, isolé, topiaire, pot, couvre-sol	septembre/octobre ou mars/avril
Genêt *Cytisus*	0,60-2 m	avril/juin parfumée	caduc	soleil	tout sol bien drainé, non calcaire, même pauvre	massif, haie fleurie, isolé	toute l'année
Groseillier à fleurs *Ribes*	2-3 m	mars/avril	caduc	soleil ou ombre légère	tout sol bien drainé	massif, haie fleurie	toute l'année (surtout novembre/mars)
Houx *Ilex*	1,20-8 m	mai/juin sans intérêt	persistant	soleil ou ombre	riche et frais	haie, isolé	septembre/octobre ou mars/avril

Plantes	Hauteur	Floraison	Feuillage	Exposition	Sol	Utilisation	Plantation
Hydrangéa *Hydrangea*	0,50-3 m	juin/septembre	caduc	ombre, mi-ombre ou soleil non brûlant	riche, frais et non calcaire	massif, haie fleurie, pot	toute l'année (surtout novembre/mars)
Laurier-cerise *Prunus*	1,20-4 m	avril/mai parfumée	persistant	soleil ou mi-ombre	pas trop calcaire, pas trop léger	rideau, brise-vent, haie, topiaire	septembre/octobre ou mars/avril
Laurier tin *Viburnum*	0,40-3 m	octobre/mars	persistant	soleil	tout sol, même calcaire	haie, isolé, pot	septembre/octobre ou mars/avril
Lavatère arbustive	1,20-2,5 m	juin/gelées	caduc	soleil	tout sol bien drainé	massif, haie fleurie	toute l'année
Lilas *Syringa*	2-6 m	avril/mai parfumée	caduc	soleil ou mi-ombre	riche, neutre, calcaire ou pas trop acide	isolé, haie fleurie	toute l'année
Lilas des Indes *Lagerstroemia*	1-8 m	juin/septembre	caduc	soleil	assez riche, pas trop sec et pas trop calcaire	isolé, massif, alignement, pot	mars/avril
Magnolia *Magnolia*	3-30 m	mars/juin (caducs) juillet/août (persistants)		soleil ou mi-ombre,	riche et frais à l'abri du vent	isolé, palissé, haie fleurie	mars/avril ou octobre
Mahonia *Mahonia*	1-3 m	octobre/avril selon les espèces, parfumée	persistant	soleil ou mi-ombre	bien drainé, même calcaire	isolé, massif, haie fleurie	septembre/octobre ou mars/avril
Mimosa *Acacia*	4-8 m	novembre/mars ou juin/décembre parfumée	persistant	soleil, à l'abri des vents froids	sec, bien drainé, même calcaire	isolé, pied d'une façade, pot	septembre/octobre ou mars/avril
Oranger du Mexique *Choisya*	1-3 m	avril/mai et septembre, parfumée	persistant	soleil ou ombre	tout sol bien drainé	isolé, massif, haie fleurie	septembre/octobre ou mars/avril
Pittosporum *Pittosporum*	0,80-6 m	avril/mai, souvent parfumée	persistant	soleil ou mi-ombre	bien drainé	isolé, haie, pot, topiaire	septembre/octobre ou mars/avril
Pommier à fleurs *Malus*	3-8 m	avril/mai	caduc	soleil non brûlant, à l'abri du vent	assez riche et frais	isolé, haie fleurie, verger	novembre/mars (racines nues), toute l'année (conteneur)
Potentille *Potentilla*	0,40-1,5 m	mai/gelées	caduc	soleil ou ombre légère	tout sol bien drainé	bordure, massif, mini-haie fleurie	toute l'année
Rhododendron *Rhododendron*	0,40-3 m	avril/juin parfois dès février	persistant	soleil ou mi-ombre	riche, acide et assez frais	massif, lisière de sous-bois, pot pour les petits sujets	septembre/octobre ou avril/mai
Rosier *Rosa*	0,30-10 m	mai/gelées souvent parfumée	caduc	soleil ou mi-ombre	bonne terre de jardin haie fleurie	fond de massif,	novembre/février (racines nues), toute l'année (conteneur)
Seringat *Philadelphus*	1-3 m	mai/juillet parfumée	caduc	soleil	tout sol, de préférence riche	isolé, haie fleurie, pot	novembre/mars
Spirée *Spiraea*	0,50-2,5 m	mars/septembre	caduc	soleil ou mi-ombre	assez riche, pas trop sec	isolé, haie fleurie, bordure, mini-haie	toute l'année (surtout novembre/mars)
Véronique arbustive *Hebe*	0,30-3 m	mai/octobre	persistant	soleil non brûlant ou mi-ombre	assez riche et frais	isolé, massif, haie fleurie, bordure, pot	avril/mai
Viorne *Viburnum*	1,50-4 m	novembre/mars ou avril/juin selon les espèces	caduc ou persistant	soleil ou mi-ombre	riche et plutôt frais	massif, isolé	novembre/février (caducs), mars/avril (persistants)
Weigélia *Weigela*	0,80-3 m	mai/juin	caduc	soleil ou ombre légère	assez riche et frais	isolé, massif, haie fleurie, pot	toute l'année

Votre
Pelouse
réussie

Votre pelouse réussie

Où et comment?

Mettez votre pelouse en valeur en lui laissant occuper la partie centrale du jardin. Ne l'encombrez pas de massifs ni d'arbustes, surtout si elle est petite, et laissez sa surface bien dégagée, notamment au centre, ainsi elle paraîtra plus grande.

Qu'elle soit ou non régulière (le style du jardin en décide), évitez de la morceler. L'esthétique et la facilité d'entretien le demandent.

Donnez-lui une forme simple qui facilitera les tontes. Vous pouvez engazonner tout le jardin, même les emplacements avec peu de terre. Les fortes pentes et les emplacements sous les grands arbres, qui donnent une ombre épaisse, sont des endroits défavorables au gazon. Pensez toujours à l'entretien avant de songer à la création.

Le choix des graines

De nombreuses graminées entrent dans la composition des gazons. Elles se développent différemment selon les espèces. En ne choisissant qu'une seule espèce de gazon pour essayer d'avoir une pelouse régulière, vous obtiendrez un résultat décevant. Si vous utilisez les graminées en mélange, vous profiterez de leurs différentes qualités tout en

atténuant certains de leurs inconvénients. Le mélange de semences se choisit toujours, en effet, en fonction de la destination de la pelouse. Achetez-les, prêts à l'emploi, chez les marchands spécialisés, qui proposent une gamme importante de compositions répondant à tous les désirs.

Ne maltraitcz pas votre pelouse

Bien soignée, et à condition d'avoir bien choisi les graminées qui la composent, une pelouse supporte d'être piétinée, vous pouvez y poser des meubles de jardin et y laisser jouer les enfants. Ne marchez pas sur la pelouse en période de gel, ne piétinez pas exagérément certaines zones (table de jardin), ne laissez pas votre chien y marquer son territoire, ne laissez pas tomber d'essence ou d'huile (en faisant le plein ou la vidange de la tondeuse).

Surtout n'utilisez que très occasionnellement la pelouse en guise de parking, ou bien posez des dalles alvéolées en béton supportant la circulation des véhicules. Les trous sont remplis aux 2/3 de terre végétale, et ensemencés.

Calendrier d'entretien

Travaux mois par mois	janvier	février	mars	avril	mai	juin	juillet	août	septembre	octobre	novembre	décembre
Aérez			🟥				🟥					🟥
Arrosez						🟦	🟦	🟦	🟦			
Balayez	🟥	🟥	🟥	🟥	🟥	🟥	🟥	🟥	🟥	🟦	🟦	🟥
Désherbez				🟥	🟥	🟥						
Fertilisez				🟦	🟥	🟥	🟥	🟥	🟦			
Luttez contre les taupes				🟥	🟥	🟥						
Luttez contre les mousses		🟥	🟥									
Luttez contre les insectes			🟥	🟥								
Luttez contre les champignons				🟥						🟥		
Ratissez	🟥	🟥	🟦	🟥	🟥	🟥	🟥	🟥	🟥	🟥	🟥	🟥
Roulez		🟦		🟥	🟥	🟥	🟥	🟥	🟥	🟥		
Réparez / ressemez				🟥	🟥	🟥	🟥	🟥	🟥			
Scarifiez				🟦								
Terreautez					🟦					🟦		
Tondez			🟦	🟦	🟦	🟦	🟦	🟦	🟦	🟦	🟦	

🟥 indispensable
🟦 facultatif

Préparez le terrain

Le secret d'un beau gazon réside dans une préparation soignée du sol avant le semis. Chaque heure consacrée à toutes ces opérations est un gage supplémentaire de réussite.

Le vert éclatant de cette pelouse tient à son bon établissement, à un bon équilibre chimique et à un entretien méticuleux.

Désherbez

Détruisez au préalable les mauvaises herbes pour avoir un terrain bien propre. Évitez un travail manuel long, fastidieux et souvent imparfait. Traitez chimiquement. N'employez que des produits qui ne laissent aucun résidu herbicide persistant.

Utilisez, si possible en été, un herbicide systémique qui permet de détruire la plupart des plantes annuelles et vivaces s'il est employé dans de bonnes conditions (absence de vent et de pluies, température clémente). Les principaux herbicides utilisables, à employer 6 mois avant le semis, sont l'aminotriazole et le glyphosate. Après 4 à 5 semaines, labourez le terrain.

Amendez

Une fois le terrain nettoyé, épandez des matières organiques (600 kg de fumier à l'are). Enfouissez-les, en automne, au moment du labour. Cette amélioration de la qualité physique du sol permet à la pelouse de mieux résister à la sécheresse.

En terrain acide, amendez avec de la chaux ou du calcaire broyé, à raison de 1,5 à 2 kg par m². Sur les autres types de terre, épandez une couche de 10 à 15 cm de

Ne laissez pas les mauvaises herbes envahir votre pelouse, intervenez immédiatement, d'abord à la main, avant d'employer les grands moyens.

tourbe. Dans les sols sableux, mélangez de la tourbe avec du fumier de ferme bien décomposé pour faciliter la rétention d'eau. Améliorez un sol calcaire avec de

Pour les mauvaises herbes à racines profondes (genre liseron), utilisez avec précaution une houlette pour supprimer le maximum de racines.

la tourbe blonde compostée avec du fumier.

Labourez

Labourez plusieurs semaines avant le semis. Le sol a ainsi le temps de se tasser. Labourez à 20-30 cm de profondeur. Enfouissez le fumier et la matière organique. Enlevez les pierres et les racines des mauvaises herbes.

L'enracinement du gazon est très superficiel. Une couche de 10 cm de bonne terre est suffisante pour semer, ce qui permet d'engazonner des endroits peu aptes à la culture.

Tassez le sol

Travaillez par temps sec avec un rouleau d'environ 100 kg. Effacez toutes les imperfections. Le terrain est prêt pour le semis lorsque les traces (piétinements, engins comme les brouettes) ont disparu. C'est une opération indispensable.

Pour obtenir un terrain plat, la pose de piquets de niveau est indispensable. Effectuez des profils au râteau, puis joignez-les entre eux. Délimitez, par un piquetage, des carrés plus ou

moins grands, selon la taille de la pelouse à dresser. Ratissez chaque carré, l'un après l'autre, pour obtenir une surface la plus plane possible. Réunissez chaque carré profilé en un ensemble cohérent. Le meilleur tassement est encore celui effectué par le pied. Piétinez, directement après le griffage, en faisant peser tout le poids du corps alternativement de gauche à droite. Ratissez ensuite légèrement avant de semer.

Semez

Le gazon peut être semé à peu près en toute saison, sauf en hiver, à condition de pouvoir l'arroser. La meilleure époque (qui varie selon la région) se situe du mois de mai à la fin du mois d'août. Pour les très grandes surfaces, louez un semoir mécanique, mais le plus simple est d'épandre les graines à la volée en un geste large, précis et régulier.

Dosez juste. La plupart des mélanges de gazon peuvent se semer à une dose allant de 2 à 3 kg à l'are, c'est-à-dire 20 à 30 g par m². Si le semis est trop dru, les plantes peuvent se gêner. Mais si le semis est clairsemé, la place sera prise par les mauvaises herbes.

Après le semis, passez un très léger coup de râteau pour recouvrir les graines de terre (entre 5 et 10 mm). En cas de sécheresse dans les jours qui suivent le semis, arrosez en pluie très douce. Attention ! le ruissellement regroupe les graines en tas.

Semis par carré

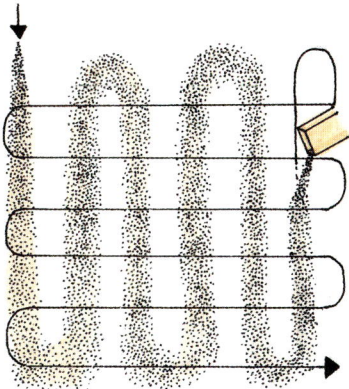

Faites un essai préalable de semis sur 1 m² avec la quantité de graines voulue. Faites deux passages croisés. Une bonne précaution consiste à semer la moitié de la dose dans le sens de la longueur du terrain, puis de repasser dans le sens de la largeur en semant l'autre moitié. Ne semez pas par grand vent, pour éviter un dispersement irrégulier des graines.

▶ Les conseils du jardinier

Pour désherber, traitez de préférence à une température inférieure à 20 °C, mais jamais au-dessus de 25 °C et en l'absence de vent. Réduisez le plus possible la pression de votre pulvérisateur, afin de ne pas produire d'embruns. Maintenez les buses à la plus faible hauteur.

Si besoin, améliorez le sol du point de vue nutritif (une analyse indiquera les carences). Incorporez un engrais longue durée à 15-20 cm de profondeur, à raison de 1 ou 2 poignées par m².

Profitez du labour pour modifier le relief du terrain. Intégrez le système d'arrosage, les alimentations électriques. Repérez les tranchées sur un plan précis. Égalisez la surface en brisant les mottes à l'aide d'une griffe.

Entretenez votre gazon

Gardez à la pelouse que vous avez semée sa couleur profonde et homogène, sa constitution drue, sa belle apparence et sa résistance au piétinement. C'est la répétition des diverses opérations d'entretien qui crée et fait durer un gazon.

Les résultats d'un entretien régulier.

Aérez

Les tontes et les arrosages finissent par compacter le sol. L'air et l'eau pénètrent mal jusqu'aux racines. La vigueur du gazon s'en ressent. Perforez le sol tous les 15 cm environ avec une fourche-bêche ou, mieux encore, un aérateur à dents creuses.

Arrosez

Un gazon bien établi, c'est-à-dire réalisé avec des graines adaptées

Pour aérer le gazon, perforez le sol tous les 15 cm avec une fourche-bêche.

au sol et au climat, résiste très bien à la sécheresse. Pour rester bien vert, il doit être arrosé (tous les 15 jours de juin à septembre). Utilisez plusieurs arroseurs, afin de répartir l'eau en pluie sur toute la surface avec régularité.

Arrosez tous les 15 jours de juin à septembre.

Sous le soleil, le gazon jaunit, mais, dès qu'il se remet à pleuvoir, il reverdit et retrouve ses qualités. Par temps chaud et sec, arrosez 2 ou 3 fois par semaine, suffisamment chaque fois pour bien mouiller le sol sur toute son épaisseur.

Fertilisez

De mars à septembre, en 2 à 4 fois, apportez un engrais complet spécialement adapté au gazon. Épandez régulièrement l'engrais pour éviter des taches d'un vert plus intense. Par temps

Épandez régulièrement de l'engrais.

sec, arrosez après avoir appliqué l'engrais.

Une pelouse mal nourrie s'éclaircit, jaunit, craint le piétinement, et dégénère rapidement. Les engrais sont mal retenus par le sol, apportez régulièrement une dose d'engrais et, en tout cas, dès que le gazon prend une teinte anormalement claire.

Ratissez

Maintenez toujours propre la surface de votre gazon. Brossez-le régulièrement pour ramasser les feuilles, les débris divers, le gazon coupé, et pour faire pénétrer le terreau.

Roulez une fois par mois après la tonte.

Roulez

Roulez à la fin de l'hiver pour raffermir la surface et plaquer au sol les plantes plus ou moins soulevées par le gel. Ensuite, opérez d'avril à octobre, une fois par mois, toujours après la tonte.
N'utilisez pas un rouleau trop lourd. Changez le sens des roulages comme celui des tontes. Ces roulages contribuent, comme les tontes, à forcer le gazon à croître en épaisseur et maintiennent le nivellement du sol.

Scarifiez

Incisez le sol pour empêcher le feutrage (accumulation des débris de tonte) d'étouffer le gazon. Au mois de mars, passez un scarificateur mécanique (de location), ou manuel, pour couper et dégager cette couche fibreuse.

Passez le scarificateur au mois de mars.

Dès la 3e ou la 4e année après le semis, roulez. Cette opération favorise l'enracinement et facilite la pénétration de l'eau et des éléments fertilisants.

Terreautez

Ratissez tout d'abord la pelouse pour enlever tous les détritus qui s'y accumulent. Puis terreautez, c'est-à-dire épandez sur toute la surface une mince couche de terreau ou d'amendement humique en poudre.

> ### Astuce
> N'attendez pas que l'herbe soit trop haute, sinon elle jaunit à la base, se couche, et la tondeuse n'est plus efficace : après chaque coupe, la pelouse est alors jaune et peu décorative. En été, sous grand soleil, relevez la coupe de 1 à 2 cm.

Tondez

Obtenez un beau gazon en tondant régulièrement. Ne coupez pas trop court. En début de saison, à la fin du mois de mars, commencez par une hauteur de 4 à 5 cm puis, progressivement, diminuez jusqu'à 2 cm vers mai-juin. N'enlevez (en principe) à chaque coupe qu'un tiers de la hauteur de l'herbe.

▶ Les conseils du jardinier

Aérer est un travail pénible, mais n'hésitez pas à le faire 2 ou 3 fois par an. Favorisez aussi le développement des vers de terre par des terreautages abondants. Les lombrics, en creusant leurs galeries, assurent l'aération du sol.

Arrosez à fond mais n'arrosez pas trop. Un excès d'arrosage asphyxie les racines du gazon et entraîne en profondeur les éléments fertilisants. N'employez jamais un râteau ordinaire de jardin, dont les dents arracheraient le gazon. Utilisez un râteau prévu pour gazons, à dents souples, rondes ou plates.

Favorisez la naissance de nouvelles radicelles, qui maintiennent la richesse du sol en humus et apportent des éléments fertilisants et rehaussez la base du gazon avec un terreautage léger. Épandez soit de la tourbe, soit, mieux encore, du terreau bien sec.

La première tonte après le semis se fait lorsque le gazon atteint 5 cm. Opérez à l'aide d'une tondeuse dont la lame sera parfaitement affûtée, pour éviter d'arracher les jeunes herbes. Roulez ensuite, si possible.

Ramassez l'herbe coupée ou tondez plus fréquemment (tous les 3 à 4 jours). L'herbe souffre moins, car elle ne perd chaque fois qu'une faible proportion de son feuillage. Les tontes répétées empêchent les mauvaises herbes de pousser.

Choisissez votre pelouse

Le gazon se choisit en fonction du sol, du climat et, surtout, de l'usage que l'on compte en faire. Choisir un gazon est une décision sérieuse et faire le mauvais choix entraîne souvent d'importantes réfections.

Une belle tonte, un entretien constant et beaucoup d'amour sont le secret d'un beau gazon.

Choisissez les graines en fonction de l'utilisation souhaitée. Quatre espèces principales sont à la base des mélanges tout prêts proposés dans les jardineries : agrostides, fétuques, pâturins et ray-grass.

Les agrostides, *Agrostis stoloni-fera* et *A. tenuis,* s'accommodent de tous les types de sols et supportent des tontes courtes et répétées. Elles sont sensibles au piétine-ment. Elles exigent des arrosages suivis et réguliers.

Les fétuques, *Festuca duriuscula, F. ovina,* espèces de croissance très lente au feuillage très fin, bleuté ou très bronzé. Rustiques, elles se contentent de sols pauvres et secs. Les fétuques rouges, *F. rubra com-mutata, F. r. littoralis,* d'installation un peu moins lente, donnent des gazons fins, fournis et d'un beau vert. Elles s'adaptent à tous les sols et demandent un entretien limité.

Les pâturins, *Poa pratensis,* donnent un gazon vert foncé, dense, à repousse assez faible. Il s'installe lentement et préfère les sols sains et bien drainés. Bien arrosé, le pâturin est d'un beau vert. Recommandé pour les pelouses servant de séjour et de terrains de jeux.

Le ray-grass, *Lolium perenne,* est le principal composant de nombreux mélanges. Sa rapidité de croissance exige des passages fréquents de la tondeuse (2 fois par semaine du mois d'avril au mois d'août). Sa durée de vie est très variable.

Les gazons d'ornement

Ils doivent avant tout être décoratifs, c'est-à-dire fins, denses, pouvant supporter des tontes rases et fréquentes. Utilisez un mélange d'agrostides et de fétuques rouges.

Évitez de trop marcher sur ce genre de gazon si vous voulez lui conserver son effet décoratif. Entretenez-le avec soin (fertilisations, arrosages, tontes fréquentes et désherbages).

Les gazons rustiques

Si vous préférez un gazon exigeant peu d'entretien et sur lequel vous pouvez marcher fréquemment, choisissez une formule avec des ray-grass (30-35 %), des fétuques demi-traçantes, du pâturin des prés et de la fétuque ovine. Pour les grandes surfaces à voir de loin, adoptez les pelouses type prairies admettant des tontes espacées, mais ne donnant pas un gazon ras et uniforme. Associez (en semant très clair) aux graines des gazons d'autres plantes, comme le trèfle blanc *(Trifolium repens),* le lotier *(Lotus corniculatus)* ou l'achillée millefeuille *(Achillea millefolium).*

Parmi les graminées qui tolèrent le mieux le manque de lumière, optez pour les différents types de fétuque rouge et de pâturin des bois.

Il est difficile d'établir un gazon à l'ombre. Celle-ci nuit à la pelouse en réduisant la photosynthèse, en diminuant la croissance racinaire et en formant un microclimat propice aux maladies.

Les gazons de grand soleil

Pour les expositions très ensoleillées (jardins méridionaux), semez des mélanges adaptés composés de ray-grass anglais résistant à la sécheresse *(Lolium perenne* 'Pennfine') ou de fétuque durette *(Festuca duriuscula* 'Scaldis').

D'autres graminées sont particulièrement résistantes aux conditions d'ensoleillement et de sols arides grâce à leurs stolons, comme le chiendent pied-de-poule ou herbe des Bermudes *(Cynodon dactylon),* le kikuyu *(Pennisetum clandestinum),* la trainasse *(Stenotaphrum americanum)* et le gazon de Manille *(Zoysia matrella).*

Les gazons fleuris

Il existe aujourd'hui des mélanges de semences florales prêts à l'emploi, permettant de créer un décor coloré du printemps jusqu'aux premiers froids.

Effectuez le semis soit en semant les semences de fleurs seules, pour réaliser des taches, soit en associant ces semences à celles du gazon pour rappeler les prairies naturelles.

Les mélanges prêts à l'emploi

Il existe dans le commerce de nombreux mélanges prêts à l'emploi pour les « greens », les fairways et les départs de golf, la fixation des talus, les pistes de ski, la végétalisation de carrières ; pour les sols secs et peu fertiles, calcaires, acides, salés, humides, inondables, les gazons « anti-tontes » (pousse très lente) et pour regarnissage ; le choix est infini.

▶ **Les conseils du jardinier**

Utilisez des variétés de ray-grass anglais spécialement sélectionnées pour le gazon, qui sont plus esthétiques et qui repoussent lentement.

Dans certaines situations où l'ensoleillement fait défaut en permanence, installez des plantes vivaces « couvre-sol », comme le lierre *(Hedera),* les pervenches *(Vinca)* et le pachysandra *(P. terminalis).*

Ne tondez les gazons fleuris qu'en fin de floraison pour conserver un maximum de fleurs et de boutons.

Type de gazon	*Sol*	Agrostides	Fétuques	Pâturins	Ray-grass
Ornemental	bon terrain	●	●	●	●
	tout terrain	●	●	●	●
Pour jeux d'enfants	bon terrain		●	●	●
	sec		●	●	●
Circulation	humide			●	●
Spéciaux	au soleil		●	●	●
	à l'ombre		●		●

Soignez votre herbe

Malgré toutes les précautions préalables, les dégâts dûs aux parasites animaux ou végétaux sont inévitables, mais les soins sont faciles à dispenser.

Luttez contre :
- taupes : avril à juin
- mousses : février-mars
- insectes : mars-avril
- mauvaises herbes : avril à octobre
- champignons : avril à octobre

Réparez : d'avril à septembre

La découpe du gazon permet d'obtenir une finition soignée des bordures.

Supprimez la mousse

Ratissez le gazon pour arracher la mousse en mars-avril. Pour être encore plus efficace, épandez 2 à 3 kg pour 100 m² de sulfate de fer. La mousse noircit en quelques jours et s'enlève ensuite facilement au râteau. Sa présence est un signe que le sol est en mauvais état.

Luttez contre les taupes

Les moyens de lutte sont variés, les idées ne manquent pas : utilisez des pièges ou certaines spécialités asphyxiantes, voire des appâts empoisonnés ou des cartouches à ultra-sons…

La taupe est l'ennemi le plus redoutable dans la mesure où elle transforme le plus beau des

Les taupes font des dégâts en sectionnant les racines, et les monticules de terre qu'elles forment gênent le passage de la tondeuse.

gazons en champ de bataille. Que faire d'efficace ? Le jardinier se pose cette question depuis longtemps sans avoir trouvé de réponse vraiment satisfaisante.

Éliminez les insectes du sol

Combattez tous les 2 ou 3 ans les insectes à l'état larvaire, les tipules «jaquette de cuir», les hannetons «vers blancs», les taupins, les courtilières qui rongent les racines. Arrosez la terre avec des produits à base de cabaryl (insecticide du sol).

Détruisez les mauvaises herbes

Peu à peu, la pelouse peut être envahie de mauvaises herbes. Arrachez-les à la main ou utilisez des désherbants sélectifs à base de phytohormones de synthèse.
Appliquez les traitements chimiques du mois d'avril au mois de juin. Respectez scrupuleusement

les doses et le mode d'emploi figurant sur l'emballage.

Enlevez les champignons

Certaines maladies s'attaquent aux gazons comme le fil rouge, l'anthracnose, la fusariose, l'oïdium et la rouille. Les symptômes se caractérisent par des taches jaunes, noires ou brunes. Traitez la surface entière de la pelouse et non pas seulement les plus grosses plaques de champignons. Renouvelez au moins une fois le traitement, à 15 jours d'intervalle. Attention ! les premières attaques apparaissent dès les premiers beaux jours. Traitez avec un fongicide à base de benomyl, de manèbe ou de mancozèbe.

Comblez les trous

Une fois les ravageurs éliminés, griffez la terre aux endroits dénudés, ensemencez, terreautez et arrosez. Évitez de piétiner ces endroits jusqu'à ce que l'herbe ait bien poussé.

▶ Le placage de gazon

Cette technique permet d'obtenir immédiatement une pelouse aux endroits où le semis est pratiquement impossible, comme sur les talus très pentus. Mais aussi de remplacer des parties de gazon endommagées. La solution du placage ne doit cependant pas vous faire oublier que le temps gagné se paye assez cher (environ 20 francs le m² sans la pose, sans la préparation du terrain).

Préparez le terrain d'une façon classique. Le sol doit être sablonneux, car, une fois plaqué, le gazon en rouleaux doit développer un système radiculaire très ramifié, nécessaire à la bonne tenue des plaques et à une reprise rapide.

Évitez les cuvettes qui provoqueraient des flaques d'eau stagnantes sous le placage. Si le ratissage est effectué correctement, la surface du sol sera finement émiettée sur 1 cm et la terre restera ferme.

Chaque rouleau mesure 2,50 m de long sur 0,40 m de large, soit une surface de 1 m², et pèse 20 kg en moyenne. Déroulez avec précaution en posant bord à bord.

Immédiatement après le placage, prévoir un roulage dont la pression sera proportionnelle au tassement à envisager après la pose. On pratique aussi le roulage pour absorber les irrégularités du sol. Le poids moyen du rouleau est de 1 kg par cm².

Choisir, planter, tailler

les *Haies*

Choisir, planter, tailler les haies

Pour planter une «bonne haie», repérez la végétation spontanée avoisinante et observez le ciel pour connaître le climat prédominant. Ces conseils représentent le fondement de votre travail qui sera bientôt récompensé par un succès enviable.

Quand planter ?

Dès réception des catalogues de vente des pépiniéristes, passez vos commandes d'arbustes. Si vous tardez, vous risquez de ne plus avoir le choix de vos plantes, par épuisement des stocks, ou de recevoir les arbustes les moins beaux et en mauvais état.

Les plantes sont commercialisées sous différentes formes.

À racines nues

Ce sont des arbustes de reprise facile, à prix intéressant.

En mottes

Plus délicats et à prix plus élevé, ces arbustes sont plus vigoureux à la reprise, grâce à leurs racines plus ramifiées.

En conteneurs

Ces plantes supportent la transplantation, ce qui permet des plantations aux moments les moins propices, au début du printemps, par exemple, quand la végétation s'est déjà manifestée.

La meilleure époque pour planter peut commencer dès réception des arbustes, à l'automne (en novembre), et se prolonger en hiver, lorsque le temps le permet (exclure les périodes de gelées).

Le nombre de plantes

La distance de plantation varie d'une espèce à l'autre et selon la forme de votre haie.

Les conifères

En règle générale, plantez les conifères espacés de 0,80 m, cette distance sera réduite à 0,70 m pour *Thuya orientalis*, surtout pour une

La haie taillée

C'est un mur végétal qui peut être banal et triste ou, au contraire, coloré et vivant. Évitez comme c'est le cas dans les jardins modernes les espèces d'une utilisation excessive qui ont donné naissance au « béton végétal ». Introduisez des caducs : plus leur nombre sera important, plus vous augmenterez le caractère saisonnier de la haie, en raison des changements de teinte du feuillage.

Une haie composée d'une seule espèce est plus sensible aux attaques parasitaires. Associez au moins trois espèces.

La haie libre

Une succession saisonnière de fleurs et de fruits, qui offrent abri et nourriture aux insectes et aux oiseaux. Une conduite souple qui permet de longues périodes sans tailles, suivies d'une reprise en main énergique, sans risque pour les végétaux. Le but est de laisser chaque arbuste développer sa forme naturelle, sa floraison et ses fructifications.

haie taillée, donc dense. Pour une haie plus libre, laissez un intervalle d'au moins 1 m entre chaque sujet.

Les feuillus

La distance de plantation varie de 0,50 m, pour les espèces les plus petites, à 1 m, pour les plus volumineuses.

Lorsque vous plantez en quinconce, l'espacement doit être le même que celui des plantes.

Comment choisir ?

La grande difficulté, quand on veut établir une haie, c'est de se décider. Après avoir résolu le problème du terrain et du climat, viennent les inévitables questions : quel dessin choisir, quelle hauteur, quels végétaux, quelle couleur, unicolore ou associée à d'autres ? Voilà le genre de décision qu'il ne faut pas prendre trop vite.

La plantation

Plus l'arbuste est grand, plus il est coûteux et moins ses chances de reprise sont grandes. Plantez toujours sur une ligne brisée, donc sur 2 lignes décalées. Ce principe conseillé pour les haies taillées est impératif pour les haies libres. Sur chaque ligne, espacez les pieds de 1,50 à 2 m pour les haies libres et de 0,50 à 1 m pour les haies taillées.

Les haies utilitaires

Presque exclusivement défensives, les haies, de nos jours, tiennent un rôle de plus en plus pratique. Camouflez ou éloignez les diverses nuisances qui vous entourent avec une haie adaptée à l'agression.

Strictement taillée, la haie protège le jardin des regards indiscrets et crée un espace de tranquillité et d'intimité.

La haie brise-vent

Constituez-la d'arbres et d'arbustes à feuillage persistant. Ne cherchez pas à arrêter le vent, mais filtrez sa vigueur et calmez son ardeur. Le brise-vent idéal est une petite bande boisée comme un taillis dans laquelle le vent va s'engouffrer, puis s'échapper progressivement par le haut. La masse d'air ainsi déviée permet de constituer une zone calme de 20 à 30 fois la hauteur du brise-vent.

Le mur n'est pas un bon brise-vent. En effet, le vent qui le heurte, obligé de le surmonter, redescend derrière lui en tourbillonnant et en créant une zone de turbulence. La zone protégée ne dépasse guère 2 fois la hauteur du mur.

De nombreuses espèces forment des haies brise-vent, on peut noter : le faux cyprès *(Chamaecyparis lawsoniana)*, le cyprès de Lambert *(Cupressus macrocarpa)*, le peuplier *(Populus alba* et *Populus nigra* 'Italica') et le thuya du Canada *(Thuya occidentalis, Thuya plicata, Thuya gigantae).*

La haie filtre

Filtrez l'air de votre jardin. Essayez d'assainir l'atmosphère, car la pollution entraîne une diminution de la longévité et une floraison réduite. Utilisez des végétaux ligneux et touffus. Ils purifient l'air en libérant des bactéries mais, surtout, ils fixent les poussières lourdes sur le feuillage. L'air ne sera peut-être pas complètement pur mais, ainsi protégé, vous réduirez de 25 à 45 % les bruits extérieurs.

En zone urbaine, préférez les espèces caduques. La poussière accumulée sur le feuillage des persistants finit par les faire dépérir.

Les haies de bord de mer

Au bord de la mer il peut y avoir du vent, des tempêtes, des embruns salés et faire froid. Les plantes doivent donc lutter pour survivre. Tout près du bord de mer, à cause du vent, seuls des végétaux de petite taille peuvent s'établir. Plantez toujours serré

Les rosiers échappent aux contraintes d'une taille rigoureuse et au cordeau. Ils débordent de fleurs qui retombent en cascade colorée et parfumée, tout en dissuadant les intrusions.

au cordeau. Laissez-le déborder et éclabousser de fleurs colorées et parfumées votre jardin.

Taillez au mois de mars pour former la haie. Supprimez la moitié du bois et répétez l'opération pendant 2 ans. Ensuite, éliminez les tiges mortes ou abîmées. Le choix est grand pour obtenir des haies de 0,50 à 2,50 m de hauteur offrant un superbe décor 6 mois par an.

La haie réserve naturelle

Favorisez l'installation des oiseaux dans votre jardin. Plantez une haie constituée d'espèces portant des fruits en hiver pour assurer leur nourriture. Constituez des abris contre les prédateurs en plantant des épineux ou des conifères.

Pour le gibier, les insectes et les mammifères, conservez au pied de la haie, sur 1 m de large, une épaisseur d'herbes hautes. Ne fauchez pas et ne traitez pas chimiquement ce couvert.

pour que les plantes se tiennent entre elles, aussi bien au niveau des parties aériennes qu'au niveau des parties racinaires. N'installez jamais une seule ligne, une plantation en quinconce est toujours préférable. Parmi de nombreuses espèces, on peut citer les atriplex, les buddléias, x *cupressocyparis leylandii*, les élaéagnus, *Genista*, les hydrangéas, *Juniperus*, *Pinus laricio*, *Salix*, les tamarix…

La haie défensive ou dissuasive

Obtenez-la en plantant des arbustes épineux se ramifiant très facilement dès la base pour constituer un volume suffisamment épais et haut.

Utilisez des arbustes épineux se prêtant à une taille sévère, comme le poirier sauvage *(Pyrus communis)*, l'épine-vinette *(Berberis)*, le houx *(Ilex aquifolium)*, le citronnier sauvage *(Citrus aurantium)*, l'argousier *(Hippophae rhamnoides)*, l'olivier de Bohême *(Elaeagnus angustifolia)*, l'ajonc d'Europe *(Ulex europaeus)* et le prunellier *(Prunus spinosa)*.

La haie odorante

Plusieurs arbustes peuvent constituer une haie de ce type, mais le plus simple est encore la haie de roses. Plantez sur 2 rangs distants de 60 cm et espacez les pieds d'environ 80 cm pour constituer une clôture infranchissable par les rôdeurs et les odeurs. Le rosier échappe à la contrainte de la taille rigoureuse des haies taillées

► *Les conseils du jardinier*

Le meilleur fixateur est *Viburnum rhytidophyllum*. Employez aussi : *Prunus* 'Pissardii', l'amélanchier, les thuyas (grâce à leur feuillage touffu); *Rhododendron ponticum* (avec ses grandes feuilles duveteuses, épaisses et peu mobiles).

Pour une haie impénétrable, employez 2 ou 3 espèces différentes plantées en quinconce et espacées de 40 à 60 cm.

Choisissez des rosiers modernes plus vigoureux et beaucoup plus fleuris qu'autrefois. Supprimez les fleurs fanées au fur et à mesure pour prolonger la floraison de la haie.

Les haies colorées

Conifères et arbustes offrent une grande variété de feuillages colorés. On peut soit composer des haies monochromes, soit regrouper plusieurs espèces d'arbustes, mais ces mélanges ne doivent pas être faits au hasard.

Les rhododendrons peuvent former une haie d'un bel effet pendant quelques jours.

La haie bleu-glauque

Elle est faite, le plus souvent, avec des conifères comme le cyprès bleu d'Ellwood (*Chamaecyparis lawsoniana* 'Ellwoodii') et le cyprès de l'Arizona bleu (*Cupressus conica* 'Glauca'). Prenez également des feuillus comme l'olivier de Bohême (*Elaeagnus angustifolia*), le peuplier blanc (*Populus alba nivea*) ou encore le sorbier (*Sorbus nepalensis*). Les coloris bleutés se situent entre le gris et le bleu et sont caractéristiques des espèces de bord de mer.

La haie pourpre

Les arbustes pour composer une haie pourpre sont très nombreux. La grande majorité sont à feuilles caduques et à grand développement (de 2 à 3 m). Le noisetier pourpre (*Corylus maxima* 'Purpurea') est le plus rustique avec le prunier de Pissard (*Prunus cerasifera* 'Atropurpurea'). Pour les haies basses, les berberis (*Berberis thunbergii* ou *Berberis ottaviensis* 'Auricona') font parfaitement l'affaire. Utilisez un beau conifère qui s'empourpre en vieillissant et surtout à l'approche de l'automne : *Cryptomeria japonica* 'Elegans'.

La haie blanche et panachée

Nombreux sont les arbustes panachés ou marginés de blanc ou de jaune pour haie libre comme *Aucuba japonica* 'Crotonaefolia', le buis panaché (*Buxus sempervirens* 'Variegata', *Elaeagnus pungens* 'Fredericii'), le fusain du Japon (*Euonymus japonica* 'Albomarginata'), le houx (*Ilex aquifolium* 'Albopicta') et, le plus connu, le troène (*Ligustrum ovalifolium* 'Elegantissimum argenteum').

La haie argentée

Songez tout simplement aux plantes aromatiques et aux arbustes du littoral. Pour des haies de moins de 1 m, plantez du séneçon en arbre (*Baccharis halimifolia*), ou du romarin (*Rosmarinus officinalis*). Utilisez pour les haies plus basses, de 20 à 40 cm, la santoline (*Santolina chamaecyparissus*). Pour des hauteurs de 1 à 2 m, au bord de la mer, employez le robuste pourpier de mer (*Atriplex halimus*) pour vous protéger des embruns salés et des poussières.

La haie dorée

La couleur jaune doré provient d'espèces peu vigoureuses et donc

Associez arbustes, plantes annuelles et vivaces pour faire revivre la campagne autour de la maison. Les fleurs se succéderont au long de l'année.

plus fragiles. Plantez à la pleine lumière mais pas au soleil direct qui brûle les feuilles. Utilisez *Thuya orientalis* 'Elegantissima', le genévrier doré (*Juniperus chinensis* 'Aurea'), le cyprès de Lawson doré (*Chamaecyparis lawsoniana* 'Stewartii') et, parmi les plus résistants, le fusain doré (*Euonymus japonica* 'Aureao-maculata') et le troène doré (*Ligustrum ovalifolium* 'Elegantissimum aureum').

La haie à fruits décoratifs

Retenez uniquement, parmi les nombreuses espèces, les arbustes offrant une fructification abondante comme les cotonéasters et les pyracanthas. La coloration des fruits est à dominante rouge, mais on peut en trouver des blancs, des bleus, des jaunes, des orange, des violets et des noirs.
De nombreux pyracanthas et cotonéasters sont interdits de multiplication pour cause de sensibilité trop importante au feu bactérien. Cette maladie attaque toutes les Rosacées.

▶ *Le conseil du jardinier*

Employez le hêtre pourpre *(Fagus sylvatica* 'Atropucinea') qui possède toutes les qualités de la célèbre charmille et qui s'utilise dans les mêmes conditions.

Les haies productives

La haie offre un éventail important de possibilités, tant esthétiques qu'utilitaires. Profitez-en pour qu'elle produise, elle y gagnera en attrait. Ce choix dépend du temps dont on dispose pour son entretien.

Une palmette de poirier peut constituer une haie.

La haie fruitière

Plantez des pommiers *(Malus pumilla)* ou des poiriers *(Pyrus communis)* en lignes à intervalles réguliers. Arquez ou inclinez les branches pour faciliter la fructification (voir le chapitre fruit). La formation est rapide ainsi que la mise à fruit. Ces formes sont simples et faciles à entretenir. Cette haie permet une récolte abondante sur une petite surface de terrain.
Plantez des arbres de 1 an (scion). Ces jeunes pousses sont très bon marché par rapport aux arbres déjà formés. N'hésitez pas à mélanger les variétés et les espèces.

La haie légumière

Elle ne dure qu'une saison, mais est parfois utile pour donner un peu d'ombre et protéger du vent à d'autres cultures potagères. Outre sa fonction utilitaire, elle peut constituer un élément important de l'architecture du potager en lui servant de cadre.
Utilisez de préférence le topinambour *(Helianthus tuberosus)*, qui se prête bien à cet usage. Il est grand (2 à 3 m) et s'épanouit en capitules de fleurs jaunes en forme de marguerite en octobre.

▶ Le conseil du jardinier

Utilisez aussi des espèces fruitières plus sauvages pour des haies plus volumineuses mais sans taille stricte, comme l'arbousier *(Arbutus unedo)*, le néflier *(Mespilus germanica)*, le noisetier *(Corylus avellana)*. N'oubliez pas le maïs *(Zea mays)* pop-corn ou décoratif ainsi que l'artichaut *(Cynara cardunculus)*.

Les haies décoratives

La partie ornementale d'un jardin fait très souvent appel aux masses de verdure vivante de toutes dimensions et de toutes natures. Les haies trouvent là leur expression hautement décorative.

En partant d'une broderie, on peut facilement passer au labyrinthe ou aux couloirs multidirectionnels.

La mini-haie

Employez-la pour mettre en valeur les fleurs ou les arbustes. Taillez toujours ces haies pour délimiter les formes que vous voulez donner aux massifs.
La haie doit toujours être plus basse d'environ 1/3 de la hauteur des plantes des premiers plans à souligner. Choisissez des plantes à petit développement, comme le fusain du Japon à petites feuilles (*Euonymus japonicus* 'Microphylla'), la santoline (*Santolina chamaecyparissus* 'Nana'), mais le plus employé et qui fait d'excellentes bordures est le buis (*Buxus sempervirens* 'Suffruticosa').

La haie labyrinthe

Parcours multidirectionnel dont l'issue est difficile à trouver. Pour obtenir cette haie, laissez-la s'épaissir et taillez-la à 2 m de hauteur pour empêcher la tricherie.

▶ Le conseil du jardinier

Semez tôt (en mars pour la plupart), à l'abri et à chaud (15 ou 18 °C). Repiquez au mois d'avril et mettez en place au mois de mai, quand les gelées ne sont plus à craindre, à 30 cm d'écart en quinconce pour les plus basses, et à 1 m pour les plus volumineuses. Conjuguez les espèces pour obtenir un effet de volume quasi immédiat.

La haie annuelle

Délimitez vos plates-bandes, protégez-vous l'été du regard des voisins en plantant des plantes annuelles appropriées. Leur pousse est rapide, et leur fraîcheur d'aspect permet un bel effet en peu de mois.
Utilisez des plantes majestueuses pour des haies hautes de 1,50 à 3 m comme les kochias (*Kochia scoparia*), les ricins (*Ricinus communis*), les tithonias (*Tithonia tagetiflora*), les roses trémières (*Alcea rosea*), les soleils (*Helianthus annuus*).
Pour des hauteurs de 0,50 à 1 m, utilisez les impatiens (*I. balfourii* et *I. roylei*), les lavatères (*Lavatera trimestris*) et le tabac (*Nicotiana sylvestris*).

Employez des arbustes à grand développement comme les cyprès *(Cupressus macrocarpa)*, ou encore le laurier-cerise *(Prunus laurocerasus)* le laurier noble *(Laurus nobilis)*, ou simplement la célèbre charmille *(Carpinus betulus)*.

Pour bien planter une haie labyrinthe, il est prudent de dessiner d'abord sur un plan quadrillé le motif puis le reporter toujours avec un quadrillage à l'échelle sur un terrain parfaitement dressé. Le report doit être minutieux et précis pour obtenir un bel effet par la suite. Pensez au volume des plantes adultes pour calculer la largeur des cheminements.

La haie sculptée

Alternez les hauteurs afin de créer un rythme dans le volume

Les différents volumes de haies expriment le caractère du jardin.

◆ Les conseils du jardinier

La plantation des mini-haies est particulière. Tracez un sillon, profond de 20 cm, de façon que la paroi verticale soit du côté du massif. Plaquez des buis côte à côte le long de cette paroi. Rebouchez au fur et à mesure, et arrosez. Ils seront ainsi bien alignés.

Creusez des « fenêtres », plus ou moins larges, dans ces murs verts que sont les haies pour découvrir des surprises (massifs de fleurs, bancs). Percez des hublots ouverts sur le ciel, sur l'horizon.

La taille ne suffit pas pour les formes compliquées. Utilisez des carcasses en fil de fer et palissez les rameaux. Après 2 ou 3 ans, égalisez pour obtenir l'aspect désiré. Évitez les excroissances en forme de coq, d'instruments de musique ou de champignons, préférez plutôt des figures géométriques comme les cubes, les boules, les cônes ou les pyramides.

et d'éviter la banalité et la platitude de la haie simple. Intégrez des sculptures végétales.

Les deux arbustes se prêtant le mieux à ces sculptures sont le buis commun *(Buxus sempervirens)* et l'if commun *(Taxus baccata)* qui permettent des tailles minutieuses. Taillez 2 fois par an : au printemps, à la formation des nouvelles pousses, et en août, pour que ces pousses ne prennent pas trop d'ampleur.

La haie cloisonnée

Cassez les perspectives où l'œil se perd. La haie de séparation est une astuce très courante pour délimiter des petits coins aux caractères très différents. Utilisez de préférence des haies taillées et plutôt basses.

Coupez les espaces trop importants des terrasses dallées trop longues. Plantez une haie de petits arbustes dans une tranchée découpée dans le ciment. Si cette

tranchée n'a pas été prévue, employez des bacs comme sur les terrasses des cafés.

La haie contrefort

Cachez un mur quelque peu délabré ou inesthétique en simulant un contrefort. Plantez des arbustes sur 2 ou 3 rangs en quinconce pour obtenir une épaisseur proportionnelle au mur à éclipser.

Les fenêtres sculptées dégagent des points de vue ou une partie agréable du jardin.

Haies : quand et comment les tailler ?

Taillez de préférence au printemps. Les végétaux présenteront d'abord un aspect désolant, puis ils repartiront pour une seconde jeunesse. La technique de taille, quelle que soit la forme que vous désirez obtenir, nécessite des précautions d'emploi et un certain coup de main.

Pour tailler une haie de façon régulière, les interventions doivent être régulières, au moins tous les 2 mois. Utilisez alors une cisaille et surtout un cordeau bien tendu, pour guide.

Le travail à l'œil étant trop imprécis, le cordeau ou, pour plus de sécurité, le fil de fer délimitera la hauteur et l'épaisseur de la haie avec précision. La fixation du fil de fer se fait au moyen de piquets fichés en terre. La ligne formée doit être parfaitement droite. Aussi pouvez-vous, après avoir tendu le fil de fer, vérifier l'horizontalité avec un niveau ou un mètre. Il suffit, ensuite, de glisser l'outil le long du fil, sans appuyer, pour couper droit.

Maintenez les haies taillées chaque année ; elles ne doivent pousser que de 10 cm par an. Pour les haies libres, évitez simplement de faire des « trous ». Évaluez bien l'importance de la branche que vous supprimez.

À petite haie, cisaille à main. À longue haie, modèles à moteur. Pour une coupe de précision, la cisaille à main prévaut, voire parfois le sécateur.

La taille des haies libres

L'opération s'effectue au sécateur et consiste à alléger l'ensemble de l'arbuste en supprimant le bois mort et les branches, qui se développent vers l'intérieur. Il est possible de compléter la taille en limitant la hauteur.

La taille des haies plus régulières

Les interventions sont fréquentes, au moins tous les 2 mois, voire plus.

La taille des conifères

Conservez les jeunes pousses de printemps avant de tailler. Profitez de leur nuance fraîche pour éclairer vos conifères. Taillez à la mi-juillet, avant la pousse du mois d'août.

Pratiquez sur les haies taillées 2 ou 3 tailles en vert. La première fin avril, la deuxième en juin et la troisième fin août. Le nombre de tailles peut être ramené à 2 (mai et septembre), ou même à une seule (fin mai).

Gardez vos distances

Selon l'article 671 du Code civil, vous pouvez avoir une haie près de la limite de la propriété voisine, à condition de respecter les règlements existants et les usages. À défaut, respectez la distance de 2 m (par rapport à la limite entre les propriétés) pour les essences de plus de 2 m de haut et 0,50 m pour les autres.

La coupe à la cisaille demande un bon coup de main. Elle présente des avantages : l'absence de bruit et de fumée, et un élagage branche par branche, évitant ainsi les trous.

Pour une haie de plus de 2,50 m de hauteur, l'utilisation d'un taille-haie à moteur et d'un échafaudage s'impose, pour éviter les accidents.

Aussi large que haute : la lumière ne filtre pas jusqu'en bas.

Déséquilibre : trop large en haut.

Déséquilibre : trop large en bas.

Solution harmonieuse : à peine plus large en bas qu'en haut.

Haut arrondi : grâce et souplesse.

Dôme : forme idéale pour les jardins naturels.

Demi-sphère : pour suggérer des petites zones dans le jardin.

Des idées
d'*Associations*
Fleuries

Des idées d'associations fleuries

Pour avoir un beau jardin, il n'est pas nécessaire de cultiver des plantes rares et aristocratiques. Des marguerites toutes simples, des bleuets, des coquelicots, des campanules et des primevères sont parfaitement à même de constituer de très beaux ensembles fleuris, à condition que le jardinier sache les mettre en scène, les présenter, les associer comme il convient.

Depuis le jardin " à la française ", savamment ordonné et organisé, jusqu'au jardin " jungle ", où une végétation luxuriante se développe presque librement, il existe des styles très divers et le choix est évidemment une affaire de goût.

Les bases de la réussite

Toutefois, pour réussir, il faut prendre comme point de départ ce qui existe dans votre jardin, afin d'en tirer le meilleur parti, en mettant en valeur les éléments intéressants. C'est ainsi qu'un terrain en pente, difficile à cultiver et soumis à l'érosion, prend un tout autre caractère quand il est aménagé en rocaille, avec de nombreuses petites plantes croissant entre les blocs rocheux. De même, un lieu humide, où les plantes à massif ne donnent rien, est susceptible d'être facilement transformé en jardin de maré-

cage, avec des plantes généreuses par leur feuillage et leur floraison, et agrémenté d'un joli bassin.

De la patience pour un beau jardin

Dites-vous aussi qu'un jardin ne se fait pas en un jour. S'il est important d'effectuer un effort de conception, en repensant complètement l'organisation d'un terrain, il n'en est pas moins vrai que les plus belles réussite se forgent sur un certain laps de temps. Il faut faire des essais de plantes, des essais d'association, remodeler, corriger et transplanter sans cesse, année après année, fort de l'expérience acquise. Dans cet effort, vous disposez d'un précieux allié, en la personne... du hasard. En effet, il est fréquent que les plus belles scènes soient fortuites : des marguerites ou des cosmos s'installent d'eux-mêmes au pied d'un rosier et leurs fleurs se mêlent avec beaucoup d'à-propos aux roses, devant un rideau de lierre tapissant un vieux mur. Les années suivantes, il faut alors essayer de reproduire cette association.

Le bon choix

Car il est une règle essentielle, pour tous les types de jardin : n'essayez pas de cultiver ou d'utiliser une plante à contre-emploi. C'est ainsi qu'une ligulaire, qui aime les terrains frais et fertiles, ne donnera jamais rien de bon en sol calcaire et sec, même si vous lui apportez du terreau et si vous l'arrosez souvent.

Attention au climat

La règle doit d'ailleurs être étendue au climat : vous pouvez fort bien tenter la culture de plantes sensibles au froid dans un jardin septentrional, en les soignant bien et en les protégeant l'hiver, mais il faut vous limiter à quelques individus, en privilégiant par ailleurs les espèces solides et rustiques. Pour être certain de ne pas vous tromper, observez les jardins des alentours et demandez conseil aux pépiniéristes locaux, afin de choisir les plantes les mieux adaptées au climat de votre région. En même temps, cherchez à rassembler une assez grande diversité de végétaux, présentant des périodes de floraison variées, afin que votre jardin soit beau et coloré toute l'année, et pas seulement de mai à juillet.

Allées, escaliers, murets, pergolas, tonnelles...

Enfin, n'oubliez pas qu'un jardin n'est pas fait que de plantes. Il doit aussi son visage aux allées, aux murets, aux escaliers, à des bâtiments tels l'abri de jardin ou la serre, aux terrasses, aux bassins, aux surfaces en gravillons, et aussi à des éléments destinés à mettre en valeur les plantes grimpantes : pergolas, tonnelles, gloriettes. Cependant, dans ce domaine, il faut faire preuve de prudence en évitant tout déséquilibre. Essayez de doser au mieux les parties construites et les parties cultivées, de manière à obtenir une belle unité d'ensemble.

Allée fleurie

Les allées dessinent la structure, la forme d'un jardin, mais elles doivent aussi être parfaitement bien intégrées au décor végétal quel que soit le revêtement choisi.

Les bordures fleuries, avec des plantes étalées, qui débordent plus ou moins largement, évitent les lignes droites qui donnent trop de raideur au jardin. Quel que soit le revêtement choisi, pavé comme ici, dalles de pierre, gazon, gravillon ou écorce, variez les plantes de bordure en tenant compte de leur période de floraison pour profiter des couleurs une grande partie de l'année. Le rappel des mêmes espèces, tout au long de l'allée, donne du rythme et un aspect homogène à la scène.

Les bordures larges, elles-mêmes fondues au massif, sont plus douces et apportent plus d'unité au jardin que les bordures étroites, formant une ligne de part et d'autre de l'allée. N'oubliez pas que la perspective ouverte par une allée rectiligne doit mener l'œil à un élément intéressant, comme ici, par exemple, la boule régulière d'un chêne persistant à petites feuilles.

1. Penstémon *(Penstemon)*
Exceptionnel par son impressionnante gamme de couleurs, le penstémon est l'une des vivaces les plus florifères. Ses fleurs, en clochettes allongées, sont regroupées en épis denses et s'épanouissent durant tout l'été. Pour les bordures, retenez les variétés basses:
– *Penstemon* 'Evelyn', 30 cm, rose clair.
– *Penstemon barbatus* 'Cambridge', 40 cm.
– *Penstemon* 'Souvenir d'André Régnier', 50 cm, rose tendre à gorge blanche.

Les penstémons, qui aiment les sols bien drainés, sont sensibles aux grands froids : protégez la souche par une litière de feuilles.

2. Géranium vivace
De nombreuses variétés forment des touffes très étalées et sont idéales en bordure. Elles se couvrent d'une multitude de fleurs à la fin du printemps et en été, et refleurissent souvent en automne, si l'on prend soin de les rabattre et de les arroser. Robuste et rustique, le géranium vivace prospère en sol ordinaire et supporte même une ombre légère.

3. Osteospermum
Vivace sous climat doux, l'osteospermum est cultivé ailleurs en annuelle, et il faut alors le semer, dès mars, sous abri. Dans un feuillage léger, il offre, de juin à septembre, d'abondantes fleurs du type marguerite, roses, blanches ou jaunes.

4. Agapanthe *(Agapanthus)*
Originaire d'Afrique australe, l'agapanthe résiste mal au froid. C'est dommage, car cette plante présente une floraison d'un bleu très intense, notamment chez la variété cultivée ici, 'Bressingham Blue'. Elle est très belle en touffe dense de quelques sujets. Dans les régions fraîches, cultivez-la en pots qu'il faut enterrer dans les massifs au printemps, et rentrer à l'abri du gel en automne.

5. Sédum *(Sedum)*
Les variétés hautes de sédum, en particulier *Sedum spectabile*, forment de jolies touffes de feuillage charnu, vert clair ou bleuté, tout l'été. En fin de saison, elles s'ornent de belles inflorescences rose foncé ou pourpres, de longue durée, qui restent décoratives jusqu'aux premières gelées. Le sédum est précieux pour colorer une bordure quand les floraisons estivales sont terminées.

6. Coréopsis *(Coreopsis)*
Peu exigeants, robustes et fleurissant tout l'été, les petits coréopsis (20 à 40 cm de hauteur) forment des touffes étalées, et leurs nombreuses fleurs jaunes donnent de l'éclat aux bordures.

7. Chêne persistant *(Quercus)*
Solides, susceptibles de s'adapter en tout type de sol, les petits chênes persistants sont de beaux ornements de jardin . Sélectionnez en particulier *Quercus myrsinifolia*, à feuilles vert foncé, le chêne kermès *(Quercus coccifera)*, à feuillage plus clair, très répandu dans les régions méridionales, ou même le chêne vert *(Quercus ilex)*. Tous peuvent être maintenus par la taille sous l'aspect d'arbustes de forme régulière. Ici, ce spécimen est utilisé pour limiter la perspective de l'allée.

"Mixed-border"

La "mixed-border" anglaise est conçue pour rester décorative une grande partie de l'année. C'est une composition dominée par les plantes vivaces, où les floraisons se succèdent du printemps à l'automne.

Pour la réussir, il faut jouer sur les accords de couleurs (en tenant compte des dates de floraison), sur les formes et les hauteurs (les sujets les plus grands formant l'arrière-plan). Les plantes sont en général disposées en groupes, pour créer des ensembles colorés. Cette mixed-border a été photographiée début juillet. Elle est alors très colorée: certaines fleurs se fanent alors que d'autres éclosent. Adossée à une haie, elle est très ensoleillée. Les plantations ont été faites en automne et au début du printemps.

1. Potentille (Potentilla)
Vivace ou ligneuse, la potentille offre une longue floraison, du printemps à la fin de l'été, et même à l'automne. Ce sont des plantes basses qui conviennent à merveille aux bordures, d'autant que leur feuillage est décoratif.

2. Sauge Nemorosa (Salvia nemorosa)
Les épis dressés, fins et élégants de cette sauge vivace lui confèrent une allure légère. Ici, le groupe, de forme allongée, qui s'étend parallèlement au bord du massif, produit un effet de masse colorée et fait le lien avec les autres plantes.

3. Coquelourde (Lychnis coronaria)
Le feuillage argenté de cette espèce introduit de la diversité dans un massif. De mai à juillet, les fleurs très lumineuses (rouge carminé ou blanches) attirent l'œil. La coquelourde atteint 0,80 à 1 m de hauteur, et peut donc être placée au deuxième ou au troisième rang. Il faut l'installer en groupe compact et dense.

4. Hémérocalle (Hemerocallis)
Facile à cultiver, robuste et florifère, l'hémérocalle est idéale pour constituer des groupes denses, avec des fleurs aux couleurs vives qui s'épanouissent en juin-juillet. Son feuillage forme une touffe dense et met bien en valeur les fleurs voisines.

5. Pivoine (Paeonia)
Les fleurs somptueuses et décoratives de la pivoine à la fin du printemps, qui durent souvent jusqu'en juillet, sont pratiquement indispensables dans les mixed-borders.

6. Pied-d'alouette (Delphinium)
Ses gros épis cylindriques et spectaculaires tiennent de juin à septembre, et introduisent des verticales fortes dans la composition. Ils sont ici disposés en groupe dense et compact, ce qui renforce leur impact. Les variétés hautes, et tout particulièrement les hybrides 'Pacific Giant' (1,80 m), sont utilisées en fond de massif.

7. Croix de Jérusalem (Lychnis chalcedonica)
Avec ses inflorescences aplaties, vermillon, portées sur des tiges raides, cette vivace est très frappante, surtout lorsqu'elle est cultivée en groupe dense. Elle atteint plus de 1 m de hauteur et peut donc être installée au pied des plantes les plus élevées qui occupent l'arrière-plan. Espacez-les de 40 à 50 cm.

8. Boule-azurée (Echinops)
Cette jolie vivace de plein soleil forme de grosses touffes arrondies dépassant souvent 1 m de hauteur. Elle trouve donc sa place en fond de massif, ou devant un rideau d'arbustes. Groupez 3 ou 4 pieds pour couvrir au moins 1 m^2.

9. Kniphofia (Kniphofia)
Souvent cultivée en isolée sur les pelouses, cette plante étonnante par ses épis jaillissants, cylindriques, aux teintes éclatantes et souvent bicolores est également très précieuse en massif. Son feuillage fin reste encore décoratif après la floraison estivale.

10. Buglosse (Anchusa azurea)
La grande buglosse confère au massif une note bleu gentiane particulièrement intense, à la fin du printemps et en début d'été. Ses tiges très ramifiées atteignent de 0,80 à 1 m de hauteur, et trouvent donc leur place au troisième ou au quatrième rang du massif. La buglosse, facile à cultiver, apprécie un sol plutôt calcaire, bien drainé et profond.

Façade fleurie

Comment faire pour que la maison, le garage ou un autre bâtiment s'intègrent dans le décor végétal ? La meilleure solution est sans doute de laisser la verdure monter à l'assaut, surtout pour les petits jardins.

Une façade en verdure et en fleur est toujours romantique et pleine de charme. Lors du choix des grimpantes, tenez compte de l'exposition.

Pour cette maison de campagne, ouvrant sur une pelouse, côté ouest, le jardinier a choisi des plantes traditionnelles, simples et solides, qui donnent à la scène beaucoup de fraîcheur et la quiétude des jardins d'antan. Nous sommes ici au mois de juin.

1. Jasmin d'hiver
(Jasminum nudiflorum)
Cette grimpante, qui peut atteindre 4 ou 5 m, est précieuse parce que c'est en hiver qu'elle donne ses jolies petites fleurs jaunes, qui étoilent ses longs rameaux fins. Elle a besoin d'un support et demande une situation bien ensoleillée. Effectuez simplement une taille de nettoyage après la floraison.

2. Clématite de montagne
(Clematis montana)
La plus vigoureuse des clématites atteint 10 m de hauteur et pousse très rapidement sur un treillage ou sur du fil de fer tendu. Avec un joli feuillage vert foncé, elle donne en mai-juin une généreuse floraison blanche, rose ou carmin. Elle aime le soleil, supporte un peu d'ombre et ne demande pratiquement pas d'entretien. À la plantation, protégez le pied avec une tuile et enfouissez un peu de terreau ; arrosez régulièrement durant la première année de culture.

3. Vigne vierge
(Parthenocissus)
Généreuse et vigoureuse, la vigne vierge n'a besoin d'aucun support. Contrairement au lierre, elle porte un feuillage caduc et découvre la façade en hiver, après avoir offert un somptueux spectacle automnal avec ses feuilles aux superbes teintes rouges. Vous avez le choix entre plusieurs espèces, notamment la vigne vierge vraie *(Parthenocissus quinquefolia)* et le lierre japonais *(Parthenocissus tricuspidata)*. Le seul entretien consiste à limiter le développement de cette grimpante pour l'empêcher d'étouffer ses voisines et d'atteindre la gouttière.

4. Chèvrefeuille *(Lonicera)*
La tribu des chèvrefeuilles compte des grimpantes vigoureuses, tels le chèvrefeuille du Japon *(Lonicera japonica)* ou le charmant chèvrefeuille des jardins *(Lonicera caprifolium)*, et des espèces qui restent plus basses, le chèvrefeuille de Tartarie *(Lonicera tartarica)*, par exemple. Donnez-leur un support – treillage ou fil de fer tendu. Palissez-les s'ils ont tendance à retomber, et effectuez un léger nettoyage en hiver.

5. Iris des jardins *(Iris)*
Sa floraison n'est malheureusement pas très longue, mais elle est somptueuse. L'iris demeure ensuite décoratif par les grosses touffes de son feuillage dressé. Divisez-le de temps en temps pour qu'il demeure florifère.

6. Digitale *(Digitalis)*
Commune au bord des chemins, la digitale est aussi une grande classique des jardins d'autrefois. Ses longues hampes florales créent un lien entre les grimpantes et les plantes basses. Bisannuelle ou vivace, elle accepte une ombre légère.

7. Géranium vivace
(Geranium)
C'est l'une des plantes vivaces les plus robustes et les plus fidèles. Il forme de jolies touffes arrondies, au feuillage décoratif, et donne une abondante floraison à partir de mai ou de juin, pour 1 ou 2 mois. Il refleurit en fin de saison, si vous prenez la peine de le rabattre après la floraison. Il supporte un peu d'ombre.

8. Pivoine *(Paeonia)*
Elle fleurit en même temps que l'iris et l'association des deux plantes est toujours une réussite. Liez la touffe de son feuillage à des tuteurs pour éviter qu'elle ne se couche. Le choix de la variété est judicieux, car ses fleurs blanches éclairent joliment toute la scène. Rabattez près du sol en automne. Nettoyez la touffe au début du printemps, au démarrage de la végétation. Apportez un peu d'engrais complet aux jeunes pivoines pour favoriser leur installation.

Lieux ombragés

Comment décorer et égayer les endroits situés sous les arbres ou à l'ombre d'un mur ou d'un bâtiment? N'essayez pas d'acclimater les plantes annuelles très florifères aimant le plein soleil, car le résultat serait décevant.

Un massif ombragé ne peut avoir le caractère d'un site ensoleillé. Tout son intérêt décoratif tient, au contraire, à la luxuriance des feuillages, qu'il faut éclairer par quelques fleurs bien placées. Heureusement, les espèces aimant l'ombre sont nombreuses et variées. Choisissez-les judicieusement pour créer des contrastes de formes et de couleurs de feuillage. Sélectionnez, en outre, des plantes aux périodes de floraison décalées, pour profiter de leur éclat une grande partie de l'année.

1. Cyprès chauve
(*Taxodium distichum*)
Ce bel arbre est l'un des rares conifères à feuillage caduc. C'est un sujet à port conique puis étalé, et à croissance rapide, qui prend de grandes dimensions. Son feuillage vert clair est élégant et léger. Il convient bien dans un jardin: il ne fait pas d'ombre en hiver, et il assèche le sol car il est très exigeant en eau.

2. Sureau doré
(*Sambuscus racemosa* 'Plumosa Aurea')
Ce petit arbuste très gracieux, aux rameaux fins et souples et au port très étalé, un peu retombant, se distingue par son feuillage fin et très découpé, d'un beau jaune doré toute la saison. Cette espèce appréciant le sol frais et la mi-ombre présente, au printemps, des inflorescences jaune verdâtre, en larges panicules.

3. Kirengeshoma
(*Kirengeshoma palmata*)
Originaire du Japon, cette remarquable plante vivace, qui prospère en sol frais et riche en humus, fleurit tardivement. C'est un atout, car les lieux ombragés sont souvent peu colorés en fin de saison. Au printemps et en été, ses belles feuilles palmées, formant une grosse touffe, sont décoratives. En août-septembre s'épanouissent ses fleurs jaune clair, en clochettes et pendantes, d'aspect cireux. Elle résiste bien au froid et ne demande presque aucun entretien.

4. Digitale blanche
(*Digitalis purpurea* 'Alba')
Cette forme blanc pur de la digitale pourpre est recommandée sous les arbres, car elle éclaircit les scènes ombragées. Avec un ample feuillage en rosette dense, elle atteint souvent plus de l,20 m.

5. Osmonde royale
(*Osmunda regalis*)
Les grandes touffes de frondes vert clair, caractéristiques de cette superbe fougère, ne sont vraiment vigoureuses qu'en terrain bien frais ou franchement humide, à tendance acide. Les sporanges (organes de reproduction), sur les pinnules supérieures, ont l'aspect d'une panicule brune, au centre de la touffe.

6. Primevère (*Primula*)
De nombreuses espèces de primevère apprécient la mi-ombre et les terrains frais. C'est le cas, précisément, des primevères candélabres (*Primula* X *bullesiana*, *Primula denticulata*, *Primula beesiana*), dont les fleurs sont portées par des hampes de 30 à 50 cm de hauteur. Ces plantes, qui fleurissent au printemps et en été, se distinguent aussi par leurs feuilles ovales et allongées, disposées en rosette.

7. Mimulus (*Mimulus*)
Capable de s'adapter aussi bien à l'ombre qu'au soleil, le mimulus fait souvent un joli tapis en sol frais et riche en humus. Cette vivace, très facile à cultiver, dresse, durant l'été, sa jolie floraison jaune, très lumineuse sous les arbres.

8. Lysichiton
(*Lysichiton americanum*)
Ses très grandes feuilles ovales et dressées, vert foncé, atteignant parfois 1 m de long, forment une touffe volumineuse. Appelée aussi «faux arum», cette superbe plante est originaire du nord des États-Unis. Au printemps, portées par des hampes de 50 cm de haut, s'épanouissent de belles fleurs jaune d'or, semblables aux arums. Malgré son aspect tropical, le lysichiton résiste parfaitement au froid. C'est une rhizomateuse qui apprécie les terrains frais et les berges.

Jardin de graminées

Ces plantes aux longs épis et au feuillage fin, formant souvent des touffes denses, confèrent au jardin l'élégance de leur forme jaillissante et les couleurs douces de leurs épis blonds, bruns ou jaunes.

Les graminées introduisent, en outre, le mouvement, parce qu'elles ondulent et bruissent au moindre souffle. Il suffit de s'arrêter au bord d'un chemin de campagne pour apprécier la beauté et la grâce de ces herbes folles que sont les graminées indigènes ou échappées des cultures : l'avoine, l'orge, le blé se mêlent au pâturin, à l'agrostis, à la flouve odorante et au vulpin.

Pour réussir un jardin ou un massif de graminées, il faut varier les formes et les couleurs. Selon les cas, cultivez les plantes en large groupe, comme en arrière-plan de ce massif, photographié en été, ou en petites touffes séparées, comme au premier plan. L'entretien est minimal : il consiste surtout à désherber, à éviter que les espèces envahissantes n'étouffent leurs voisines, et à rabattre les touffes à la fin de l'hiver pour laisser la place au nouveau feuillage.

1. Herbe de la pampa
(Cortaderia selloana)
Avec ses grands plumets d'un blanc argenté et lumineux, cette espèce originaire d'Argentine est la plus populaire des grandes graminées. Ses hampes atteignent jusqu'à 3 m de hauteur. Elle forme une belle touffe d'un feuillage fin, vert argenté, gracieusement retombant. On la cultive beaucoup en isolée sur les pelouses, mais elle est encore plus belle en arrière-plan d'une plantation de diverses graminées plus basses. Elle se montre très tolérante sur le type de sol, et supporte le voisinage immédiat de la mer.

2. Pennisetum
Bien que de nombreuses espèces de pennisetum viennent d'Afrique australe et tropicale, certaines résistent au froid. Leur feuillage fin et, surtout, leurs épis gracieux, roses chez *Pennisetum ruppelii*, *Pennisetum villosum* et *Pennisetum orientale*, ou bruns à pointe blanche chez *Pennisetum alopecuroides*, leur assurent un charme irrésistible. De nombreux pennisetums sont des annuels ou peuvent être cultivés en annuels. De taille moyenne, ces graminées conviennent au deuxième ou au troisième rang des massifs. Ils préfèrent les sols plutôt secs et le plein soleil.

3. Imperata 'Red Baron'
Cette plante étonnante compte parmi les graminées les plus ornementales. En effet, ses feuilles vertes, en grosse touffe de 50 cm de hauteur, se teintent d'un beau rouge vif, très lumineux au plein soleil. Cette espèce, originaire de régions chaudes, résiste assez bien au froid. Protégez-la cependant, en hiver, en étalant de la paille sur sa souche.

4. Lierre terrestre
(Glechoma hederacea)
Un couvre-sol très tapissant est précieux pour lier entre elles les touffes de graminée et pour éviter le développement des mauvaises herbes. Le lierre terrestre panaché remplit parfaitement cette fonction. Vous pourrez aussi opter pour d'autres couvre-sol vigoureux : le lamium et le lierre.

La grâce des fétuques
Ces charmantes graminées forment en général de petites touffes qui réalisent de superbes compositions sur des surfaces limitées. Si la fétuque bleue (*Festuca glauca*) est largement cultivée, beaucoup d'autres méritent d'être découvertes. Il s'agit, par exemple, de *Festuca filiformis* (touffes de 15 cm et épis de 25 cm), au feuillage très fin et vert clair, ou de *Festuca amethystina* (20 cm), à feuillage bleuté et épis bruns, teintés de violet. Les plus petites conviennent pour les rocailles, tel *Festuca punctoria* (10 cm) qui pousse en petites touffes denses et compactes, vert argenté.

En sol humide
Les graminées préfèrent en général les sols secs et cailouteux. Si votre terrain est humide, vous pouvez cultiver les laîches (*Carex*), très proches des graminées, qui forment des touffes de feuillage fin, surmonté d'épis gracieux. Certaines espè-ces atteignent 1 m (*Carex acutiformis*, vert intense), alors que d'autres ne dépassent guère 10 cm (*Carex hachijoensis* 'Evergold', à feuillage panaché de vert et de jaune crème). Au bord de l'eau, associez le carex à la massette (*Typha*).

Prairie naturelle

Faut-il faire foin de la pelouse anglaise, du parfait tapis vert, pour laisser la place à la prairie naturelle, au pré fleuri de nos campagnes, où s'ébattent joyeusement bleuets, marguerites et boutons d'or avant le passage du faucheur ?

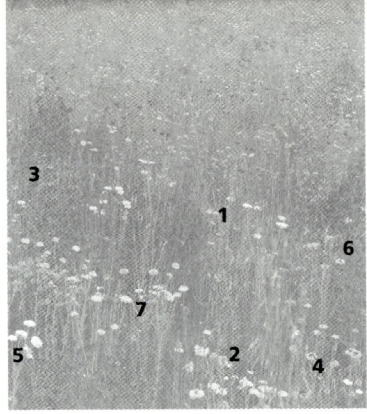

Son premier avantage est de délivrer le jardinier des corvées de tonte. Elle est en outre très décorative et colorée, et donne au jardin un air champêtre et même bucolique. Elle ne gêne pas la circulation, car vous pouvez y ouvrir des allées à la tondeuse.

Si vous avez un grand jardin, mariez pelouse et prairie naturelle. La première concerne les abords de la maison et les aires de jeux, et la seconde habille le reste du terrain. De nombreux grainetiers proposent des mélanges de graines pour prairie naturelle qu'il suffit de semer au printemps, à la volée, sur une terre labourée et émiettée. Vous pouvez aussi utiliser ces semences pour couvrir un talus, une pente ou une autre partie difficile à tondre.

Fauchez la prairie en été, quand les fleurs ont libéré leurs graines, pour assurer l'année suivante. Faites sécher le foin avant de l'utiliser sur le tas de compost, avec d'autres matériaux.

Il n'est pas nécessaire de ressemer chaque année. Toutefois, laissée à elle-même, la prairie évolue et les espèces les plus fortes ou les mieux adaptées aux conditions de culture prennent le pas sur les autres. Pour qu'elle reste très fleurie, semez par endroit des graines d'un mélange sélectionné en effectuant un terreautage.

Vous obtiendrez aussi de très belles scènes d'été en ne semant qu'une seule espèce d'annuelle à fleurs, par exemple le coquelicot ou le chrysanthème des moissons.

1. Coréopsis (*Coréopsis*)

De venue facile et rapide, le coréopsis annuel donne une profusion de fleurs simples du type marguerite, jaune d'or ou jaune clair.

2. Nielle des blés
(Agrostemma githago)

Avec ses tiges raides et ses petites feuilles, la nielle donne une profusion de fleurs rose-mauve à cœur clair, de 3 ou 4 cm de diamètre. Elles sont suivies de capsules, qui sont très décoratives en bouquets secs.

3. Vipérine
(Echium vulgare)

Très velue et même piquante, cette annuelle indigène, dressée, se distingue par ses longs épis feuillés de fleurs d'un beau bleu profond et violacé qui succèdent à des boutons pourprés.

4. Bleuet
(Centaurea cyanus)

Avec ses fleurs bleues qui s'épanouissent dès le mois de juin, le bleuet, ou barbeau, est indispensable dans une prairie fleurie. Il se ressème généreusement.

5. Immortelle annuelle
(Xeranthemum annuum)

Décorative très longtemps, cette plante, recouverte d'un feuillage duveteux et grisâtre, offre une belle profusion de fleurs de texture sèche, aux coloris vifs et vibrants. Elles réalisent de superbes bouquets perpétuels.

6. Malope
(Malope trifida)

Les fleurs en entonnoir de la malope s'épanouissent en plein été, avec de très jolis tons roses et pourprés. La malope se présente en belle touffe dense, à feuilles arrondies, et supporte assez bien la sécheresse. Elle aime le soleil et la chaleur et s'adapte à tous les types de sol, même peu fertiles. Pour un semis en prairie, préférez des coloris variés.

7. Chrysanthème des moissons
(Chrysanthemum segetum)

Les fleurs jaunes à cœur jaune de cette charmante annuelle, très répandue dans les champs de céréales quand elle échappe aux herbicides, éclosent en plein été, dans un feuillage vert grisâtre, un peu argenté. Le chrysanthème n'apprécie pas les sols secs et sableux.

Quelques grainetiers proposent une gamme intéressante de cocktails de graines de plantes annuelles et vivaces, à semer en prairie naturelle. Vous trouverez notamment des mélanges pour lieux humides (berges des bassins et des ruisseaux), pour parties ombragées et, également, des mélanges de fleurs attirant la faune, selon le cas, les oiseaux, les papillons ou les abeilles.

Jardin de bord de mer

Pour le jardinier, le gros avantage que représente la proximité du bord de mer est le climat, plus doux qu'à l'intérieur des terres, qui offre la possibilité de cultiver de nombreuses espèces sensibles au froid.

Par beau temps, le rivage marin semble propice à toutes les cultures. Mais par gros temps, quand le vent d'ouest déchaîné projette ses embruns , on peut se demander comment une plante peut supporter ces rudes conditions.

Dans les zones très exposées, il faut prévoir un brise-vent. Comme sur la photo (prise en Bretagne, début mai) qui montre un massif d'arbuste bien structuré tournant le dos à la mer, protégé du vent par l'arbre (chêne), qui fait écran.

1. Olearia (Olearia)

Originaires d'Australie et de Nouvelle-Zélande, de nombreuses espèces d'olearias résistent aux vents violents et aux embruns. Ce sont de beaux arbustes à feuillage persistant, faciles à cultiver en sol bien drainé, qu'il faut arroser de temps en temps en été. *Olearia* x *scillonensis* (jusqu'à 2 m) présente un port très étalé, avec un feuillage vert foncé à revers argenté. Il se distingue par son abondante floraison blanche, en mai-juin.

2. Ajonc (Ulex europaeus)

Avec ses rameaux épineux, formant une touffe impénétrable, et son feuillage vert foncé, hérissé de pointes, l'ajonc paraît armé pour supporter toutes les agressions, et il tolère en effet les vents forts et les embruns. En avril-mai, il se couvre d'une profusion de petites fleurs jaunes d'or, puissamment parfumées, qui couvrent les rameaux sur toute leur longueur. Il aime le plein soleil, les sols légers et bien drainés, plutôt acides, et ne demande pratiquement aucun entretien.

3. Céanothe (Ceanothus)

La façade atlantique est une zone privilégiée pour la culture des céanothes persistants, arbustes d'origine américaine qui se caractérisent par une superbe floraison bleu intense, au printemps et en début d'été. Sensibles au froid, ils demandent un sol bien drainé, sans excès de calcaire. Contrairement aux céanothes d'été (semi-persistants), ils doivent être taillés après la floraison.

4. Senecio (Senecio compactus)

Cette belle espèce arbustive se montre assez peu résistante au froid, mais bien adaptée en situation ventée. Il supporte les embruns. Avec un port très étalé et un beau feuillage argenté, il offre une abondante floraison jaune, en été.

5. Cotonéaster

Sensibles au feu bactérien, de nombreuses espèces de cotonéaster sont interdites de commercialisation en France. Il en reste cependant beaucoup, et d'excellentes, le plus souvent à feuillage persistant. Leur floraison blanche et, surtout, leurs baies rouges ou orangées rendent ces plantes très ornementales. Ces arbustes sont peu exigeants et prospèrent même quand la terre est très peu profonde. Ils sont donc précieux pour les rochers du bord de mer.

6. Genêt (Cytisus)

Aimant les sols drainés et sablonneux, neutres ou à tendance acide, les genêts résistent bien en bord de mer, même en situation très ventée. Les hybrides de *Cytisus* x *praecox* et de *Cytisus scoparius* présentent des formes et des coloris très variés, du blanc au jaune clair jusqu'au au rouge sang. Notez que les espèces couvre-sol (*Cytisus decumbens, Cytisus kewensis*) sont des sujets pour les pentes et les terrains difficiles.

7. Euphorbe (Euphorbia)

Toutes les espèces d'euphorbes se plaisent au grand soleil du bord de mer. *Euphorbia characias* est l'une des plus spectaculaires, avec de vigoureux rameaux dressés, atteignant 1,20 m de haut. Cette plante à feuilles persistantes, allongées et bleutées, présente de grosses inflorescences terminales, jaune verdâtre à marques brunes, très pittoresques.

8. Dimorphoteca

Les annuelles s'imposent en bordure des massifs d'arbustes et pour combler les vides. Le dimorphoteca supporte la sécheresse, la chaleur et les fortes insolations du bord de mer. Avec un feuillage léger, il donne tout l'été de très belles fleurs pareilles à des marguerites, de coloris variés.

Jardin champêtre

Aux antipodes du jardin très ordonné aux massifs alignés et rectilignes et aux allées parfaitement nettoyées, ou du jardin « moderne » – à thème ou d'inspiration orientale –, le jardin « champêtre » peut prendre mille formes différentes.

On n'y trouve pas de plantes rares, exotiques, fragiles et exigeantes, mais des espèces solides aux couleurs éclatantes, qui décoraient déjà les jardins de nos arrière-grands-parents. Elles sont installées avec une grande liberté, sans ordre particulier ni souci d'harmonie.

Ici, sur ce terrain légèrement pentu, ouvert sur un vert bocage, de part et d'autre d'une allée étroite, des plantes de tous coloris forment une colonie un peu anarchique et très sympathique, au pied d'un beau cerisier. Cette scène a été photographiée fin juin, mais, grâce aux sujets cultivés qui fleurissent longtemps, le jardin reste attrayant tout l'été.

1. Crocosmia *(Croscomia)*

Avec son feuillage dressé et un peu raide, le crocosmia attire l'œil avant d'avoir fleuri. Puis, il forme de fortes touffes denses et porte, du début de l'été à octobre, de jolies inflorescences retombantes dans des tons rouges ou orangés très intenses.

2. Coquelourde
(Lychnis coronaria)

La floraison spectaculaire de la coquelourde mise en valeur par l'intensité de son rouge carminé tranche sur son feuillage argenté, porté sur des tiges ramifiées de 0,80 à 1 m de hauteur.

3. Coréopsis *(Coreopsis)*

Solide, résistant au froid et peu exigeant sur la nature du sol, le coréopsis convient aux jardins champêtres grâce à sa longue floraison ensoleillée qui tient du mois de mai aux premiers froids. Il forme de belles touffes denses, de hauteur variable selon les espèces, et fournit de jolies fleurs coupées. Pour qu'il prospère, rabattez-le sévèrement en septembre et divisez les touffes tous les 3 ou 4 ans.

4. Népéta *(Nepeta)*

On l'appelle aussi « menthe-des-chats », parce que l'odeur mentholée de son feuillage attire les petits félins. Elle présente une superbe touffe de feuillage argenté, couronné, tout l'été, d'une très légère floraison d'un bleu lavande lumineux.

5. Grande marguerite
(Leucanthemum maximum)

Il est difficile d'être plus champêtre que la marguerite, cultivée depuis toujours et toujours aussi belle, avec ses grandes fleurs à cœur jaune, idéales pour les bouquets d'été. Il existe aujourd'hui de nombreux hybrides, souvent à fleurs doubles ou semi-doubles.

6. Géranium vivace

Encore appelée « bec-de-grue », cette plante vigoureuse présente une floraison bien colorée et de longue durée. Le géranium vivace se ressème un peu partout dans le jardin. Il pousse en touffes denses et étalées (plus ou moins hautes selon les espèces) et fleurit de la fin du printemps jusqu'en été.

7. Épiaire laineux
(Stachys byzantina)

L'épiaire est très pittoresque avec son feuillage gris argenté, laineux et duveteux, que l'on a envie de caresser. Cette espèce persistante présente des touffes étalées et basses, et donne, au printemps, des petites fleurs roses sur des hampes dressées, argentées et recouvertes aussi de duvet, qui attirent les abeilles et les papillons. Il se plaît en sol ordinaire et résiste très bien à la sécheresse.

8. Renouée *(Polygonum)*

Très accommodante, la renouée s'adapte à tous les types de sol, au soleil comme à la mi-ombre. Elle offre un beau feuillage persistant, prenant des teintes bronze en hiver. En été, elle donne de beaux épis rose clair, très lumineux, sur des tiges dressées. Rabattez-la à la cisaille après la floraison, et surveillez-la car elle se montre souvent envahissante.

9. Cornouiller *(Cornus)*

Très robuste et facile à vivre, le cornouiller est cultivé pour les belles teintes de son feuillage d'automne, et aussi pour l'écorce colorée de ses rameaux, en hiver. Les cornouillers panachés sont également intéressants au printemps et en été, car ils créent des contrastes dans les feuillages.

Jardin de ville

Surface restreinte et ombre, telles sont les contraintes imposées au jardinier dans un jardin citadin, souvent entouré de hautes façades. Ce petit refuge de verdure prend l'aspect d'un îlot végétal dans un océan minéral.

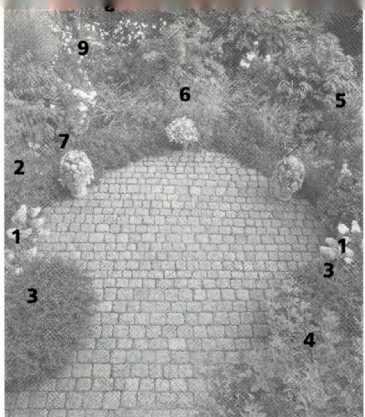

Dégagez une surface suffisante, de préférence au centre, pour placer des meubles de jardin; une aire pavée, comme ici, ou gravillonnée convient parfaitement. Dans les massifs, sur les quatre côtés, associez des plantes vivaces, des bulbeuses et des arbustes (notamment des persistants). Créez d'abord une composition de feuillages variés, et plantez des fleurs pour introduire de la couleur. Il est en général préférable de définir une dominante colorée, et de s'y tenir. N'oubliez surtout pas les grimpantes qui prolongent le jardin sur les murs.

1. Hydrangéa
(Hydrangea paniculata)
Les hydrangeas apprécient la fraîcheur et la mi-ombre, et déploient une belle floraison lumineuse. *Hydrangea paniculata* atteint 2 ou 3 m de hauteur et d'envergure. Ses belles inflorescences blanches, en été, deviennent peu à peu roses en se fanant, et restent longtemps décoratives.

2. Abélie (Abelia)
Comme l'hydrangéa, l'abélie fleurit en été – et il est important, dans un petit jardin de ville, d'accorder la préférence aux arbustes d'été plutôt qu'à ceux de printemps, puisque c'est surtout en été que l'on profite du lieu. Petit arbuste de forme arrondie, l'abélie est semi-persistante ; son feuillage vert foncé met bien en valeur sa floraison rose clair panachée de rose carmin.

3. Céanothe (Ceanothus)
Un jardin de ville bénéficie d'un climat très abrité et d'une température clémente. C'est ainsi que, dans une ville comme Paris, de nombreuses plantes méditerranéennes passent aisément l'hiver à l'extérieur. Les céanothes persistants, réputés sensibles au froid, y prospèrent et donnent leur belle floraison bleue au début de l'été.

4. Cytise (Cytisus battandieri)
Ce grand arbuste est idéal pour constituer un arrière-plan et à cultiver contre un mur, car ses rameaux sont longs et souples. Il est ornemental par son beau feuillage soyeux et argenté. En mai-juin apparaît une abondante floraison parfumée et jaune d'or, en petites grappes dressées.

5. Fuchsia 'Versicolor'
Les fuchsias rustiques trouvent dans les jardins citadins la situation abritée et l'ombre légère qu'ils affectionnent. 'Versicolor', avec son port souple et gracieux, se distingue par son feuillage panaché de rose et de blanc, et sa floraison estivale rouge et violette. Prenez la précaution d'en protéger la souche, en hiver, par une litière de paille.

6. Graminées
Faciles à cultiver, les graminées d'ornement sont extraordinairement gracieuses, et servent de lien entre les autres plantes. Sensibles au moindre souffle, elles produisent un mouvement d'onde dans la plantation. Elles conviennent bien dans ce type de petit jardin sur lequel ouvrent les fenêtres de l'appartement car, même fanées, les graminées demeurent décoratives en hiver.

7. Cosmos (Cosmos)
Quelques annuelles sont nécessaires pour combler les vides et pour apporter de la couleur pendant l'été. Les cosmos, dans les tons roses et rouges qui dominent dans ce jardin, fleurissent longtemps et facilement, et donnent de belles fleurs à couper. Semez-les tôt, dès le début avril, en place.

8. Lierre
Le grand avantage du lierre sur les autres grimpantes, c'est son caractère persistant. Il permet donc de masquer les façades inesthétiques et fournit, en outre, un fond de verdure permanent.

9. Anémone du Japon
(Anemone hupehensis)
Bien mises en valeur sur un fond de lierre, les anémones du Japon, blanc-rose, illuminent ce petit jardin du mois d'août jusqu'à la fin octobre. Très élégante, dans son feuillage ample, cette vivace robuste aime le soleil, mais supporte un peu d'ombre. Elle a besoin d'un sol assez frais.

Lieux humides

Un sol humide, situé au bord de l'eau et souvent inondé, ou au bas d'une pente, est loin d'être défavorable à toute plantation. Au contraire, il offre la possibilité de cultiver de nombreuses plantes, vivaces et arbustes.

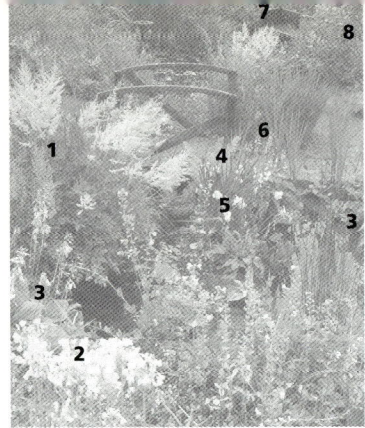

La réussite de cette scène, autour d'un bassin, que l'on voit ici, au printemps, tient à la diversité des feuillages et des floraisons. Les plantes sont disposées en grosses touffes, avec des rappels, pour assurer un ton naturel. L'entretien consiste surtout dans le désherbage et la suppression régulière des fleurs fanées.

1. Astilbe *(Astilbe)*
En pleine floraison, l'astilbe dépasse souvent 1 m de hauteur. Elle forme une très belle touffe d'un petit feuillage denté, surmontée par une exceptionnelle floraison, légère et vaporeuse, souvent dans des tons doux – tel ce très beau rose saumoné de 'Bressingham Beauty'. Cette plante aime la mi-ombre et accepte le plein soleil en sol très humide. Supprimez les inflorescences fanées.

2. Mimulus *(Mimulus)*
Petite vivace très facile à cultiver, constituant souvent de vastes tapis au bord des ruisseaux et des étangs, le mimulus est une plante solide, qui résiste bien au froid. *Mimulus luteus*, avec son feuillage vert clair et ses nombreuses fleurs jaune vif, est le plus courant. Il s'épanouit tout l'été et se plaît aussi bien à l'ombre qu'au soleil.

3. Hosta *(Hosta)*
Les hostas sont très divers par leurs dimensions. Certains poussent en touffes spectaculaires, alors que d'autres ne dépassent guère une vingtaine de centimètres d'étalement. Il faut profiter de cette diversité et jouer sur les couleurs des feuillages – et aussi des floraisons. Un hosta n'est jamais aussi beau que lorsqu'il peut s'étaler librement, au bord de l'eau. La culture est très facile, mais le feuillage est souvent attaqué par les limaces et les escargots. Pour protéger la plante, disposez à son pied une couche de cendre ou de gravier. Nettoyez régulièrement sous le feuillage pour éliminer les déchets végétaux.

4. Osmonde royale *(Osmunda regalis)*
La plus grande des fougères indigènes se présente en touffe dense de plus de 1 m de hauteur, mais seulement au bout de plusieurs années car sa croissance est assez lente. Elle se distingue par ses superbes frondes triangulaires, vert clair, dressées et denses. L'osmonde royale est également spectaculaire par ses couleurs d'automne.

5. Narcisse *(Narcissus)*
Au bord des bassins, cultivez des bulbeuses au printemps, pour profiter de leurs belles couleurs vives. Les narcisses constituent un excellent choix: faciles à cultiver et peu exigeants, ils fleurissent plus longtemps que la majorité des autres bulbeuses. Placez les bulbes dans les endroits pas trop humides car ils peuvent être touchés par la pourriture.

6. Iris des marais *(Iris pseudacorus)*
Cette espèce indigène et vigoureuse dépasse 1 m de hauteur. Il donne ses fleurs, d'un beau jaune lumineux, en mai-juin, mais reste décoratif longtemps par son feuillage jaillissant, presque persistant sous climat doux. Cet iris préfère le soleil et tolère un peu d'ombre, et pousse en terrain humide ou même le pied dans l'eau (de quelques centimètres de profondeur). Il est parfois envahissant.

7. Véronique en arbre *(Hebe)*
Si elles sont réputées peu rustiques, les véroniques en arbre se montrent tout à fait capables de supporter l'hiver de la région parisienne, en situation bien abritée. Elles sont toujours superbes au moment de leur floraison, et les variétés à fleurs blanches sont en général persistantes. Ici, elles forment une belle masse claire, en arrière-plan.

8. Magnolia *(Magniolia)*
Presque toutes les espèces de magnolia aiment les terrains frais et même assez humides. En fonction de l'espace dont vous disposez, retenez les espèces arbustives, à feuillage caduc, ou encore les grands magnolias persistants, à la silhouette majestueuse.

Bassins fleuris

La présence de l'eau, sous forme d'un grand étang ou d'un petit bassin, apporte une autre dimension au jardin. Le plan d'eau devient souvent le centre d'intérêt et les plantes les plus belles poussent sur les bords ou à la surface.

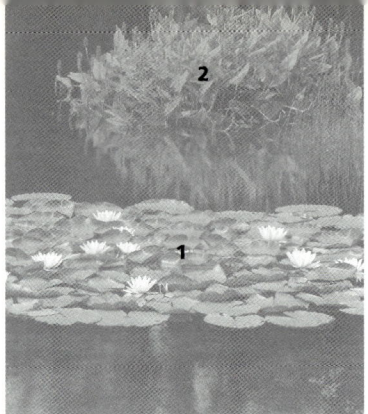

La reine des plantes aquatiques est incontestablement le nénuphar, avec ses belles feuilles flottantes et ses grandes fleurs. Heureusement, il est assez facile à cultiver. Cependant, pour introduire de la diversité, il est judicieux de lui donner pour compagnes des plantes dont les fleurs et les feuilles sortent de l'eau en touffe plus ou moins élevée.

Il est souvent préférable que la végétation ne couvre qu'une partie du bassin − l'eau doit rester visible, ne serait-ce que pour les jeux de reflets. Comme presque toutes les plantes aquatiques sont envahissantes, posez-les dans des paniers au fond du bassin. Cela permet de disposer côte à côte plusieurs espèces ou variétés de nénuphars, et aussi des plantes très envahissantes comme le pontederia.

1. Nénuphar *(Nymphaea)*

Tous les jardiniers rêvent de voir des nénuphars fleurir dans leur jardin. C'est possible, même si vous ne possédez pas une grande pièce d'eau, puisque les variétés les moins vigoureuses prospèrent dans un petit bassin de 1 ou 2 m^2 sur 20 ou 30 cm de profondeur. Toutefois, il ne faut pas que le gel atteigne le rhizome de la plante. Si nécessaire, rentrez le panier de culture sous abri non gélif, en l'immergeant dans un récipient d'eau.

La culture est facile. Placez les rhizomes dans des paniers spéciaux pour plantes aquatiques ou même dans des pots de terre cuite, dans une terre fertile et assez lourde. Lestez les paniers d'une pierre.

Pour chaque espèce ou variété, respectez la profondeur : elle est de 20 à 40 cm pour les sujets les moins vigoureux, et de 50 à 80 cm pour la majorité des variétés hybrides. Certains nénuphars *(Nymphaea candida, Nymphaea* 'Gladstoneana') acceptent une profondeur de 2 m.

L'entretien se résume à supprimer les feuilles endommagées ou trop vieilles pour laisser la place aux nouvelles. Les fleurs se succèdent en général de mai à septembre. Tous les nénuphars demandent le plein soleil.

2. Pontederia

(Pontederia cordata)

Cette belle plante américaine pousse dans 5 à 30 cm d'eau. Elle est spectaculaire par ses grandes feuilles immergées et pointues, en forme de cœur, d'un beau vert assez clair, qui poussent en grosse touffe.

De juin à août, le feuillage est surmonté de nombreuses fleurs bleu vif, formant des épis dressés portés par des hampes. Le pontederia peut se cultiver en panier ou bien directement dans la vase, au fond d'un bassin, mais il se montre alors très envahissant. Comme le nénuphar, il supporte le froid à condition que le rhizome ne soit pas pris dans la glace. Il aime le soleil, mais accepte également la mi-ombre.

Cultivez les plantes aquatiques dans des paniers, posés plus ou moins profondément, selon les exigences de chaque plante. De gauche à droite : nénuphar jaune *(Nymphaea lutea)*, nénuphar *(Nymphaea odorata)*, élodée (plante oxygénante immergée), *Iris laevigata*.

Réalisation d'un bassin

Pour la réalisation, vous avez le choix entre plusieurs techniques. Un bassin maçonné est solide et durable, mais il demande évidemment l'intervention d'un professionnel. Il offre toutes les possibilités de formes et peut recevoir un revêtement décoratif, par exemple en mosaïque.

Un bassin préformé rigide coûte beaucoup moins cher. Il s'agit d'une coque en polyéthylène haute densité, que l'on enterre en plaçant au dessous une couche de sable. Un tel bassin a des dimensions assez limitées, mais il est très facile à mettre en place. C'est sans doute l'idéal pour un petit jardin.

La troisième solution est la bâche de bassin, en caoutchouc synthétique ou en PVC que l'on étale, après avoir creusé un trou, sur un lit de sable ou sur une couche de feutre géotextile pour la protéger des irrégularités du sol. On la trouve généralement dans le commerce en largeur de 4 m et de 6 m. La longueur est illimitée.

Fontaines et vasques

Dans un jardin, une fontaine crée un coin de fraîcheur, bruissant du murmure de l'eau. Pour faire naître l'envie de s'y réfugier au cours des grosses chaleurs d'été, il faut qu'elle présente l'apparence d'une source rafraîchissante.

Choisissez des plantes aimant l'humidité et acceptant l'ombre si la fontaine – comme dans la majo-rité des cas – est adossée à un mur ou protégée par des frondaisons. Elle doit être d'accès facile. Si la fontaine est actionnée par une pompe (circuit fermé), les plantes cultivées ne bénéficieront évidemment pas d'un sol naturellement très humide, et il faudra donc arroser régulièrement.

1. Lentille d'eau *(Lemna)*
Cette plante aquatique flottante, bien connue, recouvre les eaux stagnantes d'un tapis vert (on peut d'ailleurs en prélever sur un étang pour l'introduire dans une fontaine). La lentille d'eau est constituée de petites frondes de 2mm de long, et s'étend rapidement. Notez que cette plante est déconseillée dans les bassins d'ornement où l'on élève des plantes immergées et des poissons, car elle empêche l'oxygène et la lumière de passer. Elle accepte bien la mi-ombre.

2. Bambou
Les grands chaumes des bambous, cultivés ici au-dessus de la fontaine, dans un massif soutenu par des rochers qui l'entourent, forment un bel arrière-plan et ombragent cet endroit frais. Les bambous, décoratifs par leur feuillage fin, d'un vert vibrant, et par leurs chaumes, souvent brillants, demandent tous un sol frais ou humide. Ils sont en général envahissants.

3. Astilbe *(Astilbe)*
C'est l'une des meilleures plantes vivaces d'ombre, grâce à sa floraison légère et élégante, en juin-juillet, et elle se plaît fort bien, comme ici, en rocaille fraîche. Pour cet emploi, préférez les espèces et les variétés à faible développement (de 35 à 60 cm), et constituez une petite touffe. Rabattez la floraison quand elle est fanée.

4. Ligulaire
(Ligularia dentata)
Portées par un long pétiole, les grandes feuilles arrondies, vert foncé, de cette ligulaire asiatique dépassent souvent 30 cm de diamètre. Ses grandes fleurs jaune orangé, portées par des tiges de 1 à 1,20 m de hauteur, sont décoratives et s'épanouissent en été. C'est une plante de mi-ombre, aimant la fraîcheur et les sols profonds.

5. Scolopendre
(Phyllitis scolopendrium)
Appelée aussi langue-de-cerf, cette belle fougère indigène forme une rosette de 30 à 40 cm de diamètre.
Elle se distingue par ses frondes lisses et entières, inhabituelles chez les fougères.

6. Athyrium
(Athyrium niponicum 'Metallicum')
Cette fougère caduque est l'une des plus colorées. Ses frondes, très fines et largement étalées, sont vert foncé et largement panachées de bleu et de gris métallique. La touffe mesure 40 cm de hauteur et d'envergure.

7. Hosta *(Hosta)*
Avec ses grandes feuilles faisant de belles touffes, cette plante d'ombre est indispensable dans tous les lieux humides. Les hostas sont très divers par leurs dimentions. De nombreuses espèces à petit développement conviennent parfaitement en rocaille fraîche.

8. Laîche *(Carex)*
Proches des graminées, les laîches s'en distinguent notamment parce qu'elles affectionnent les sols frais ou humides. Ces plantes se développent en touffes de feuilles fines, très gracieuses, souvent retombantes, et portent des épis floraux en été.

9. Iris *(Iris)*
L'iris des marais *(Iris pseudacorus)* à fleurs jaunes, ainsi que de nombreuses autres espèces, se cultive en milieu humide. Il fleurit à la fin du printemps.
Il peut pousser les pieds dans l'eau (jusqu'à une profondeur d'une quinzaine de centimètres) et dans la vase, ou dans un sol très frais. Malheureusement sa floraison n'est pas très longue, cependant son feuillage vert intense et vigoureux reste ornemental pendant toute la saison.

Muret fleuri

À la campagne, les vieux murets de pierre sèche qui clôturent les jardins et les prés sont presque toujours rehaussés et festonnés de verdure et de fleurs, ainsi que d'une mosaïque de charmantes petites plantes.

Entraînées par le vent ou déposées par les insectes et les oiseaux, les graines ont trouvé, dans les interstices, un peu de terre, elle aussi apportée par le vent sous forme de poussière. Elles se développeront dans un terreau favorable formé par la décomposition des feuilles.

Si vous avez un muret de pierre sèche dans votre jardin, vous le fleurirez facilement avec les nombreuses plantes à fleurs qui poussent et prospèrent entre les blocs de pierre, et qui supportent la sécheresse. Notre photographie, prise au mois de mai, montre l'ampleur que prennent les deux espèces les plus utilisées sur les murets fleuris. Elles se développent sans autre soin qu'un simple rabattage après la floraison.

1. Corbeille-d'or
(Alyssum saxatile)

Cultivée en bordure, la corbeille-d'or forme une touffe très étalée, qui retombe en une longue masse jaune d'or quand elle s'accroche au muret. C'est en avril-mai que s'épanouissent ses nombreuses petites fleurs, regroupées en bouquets, et noyées dans un feuillage nettement grisâtre. Rabattez-la assez sévèrement après la floraison, pour en obtenir une autre, plus discrète, en septembre, et pour qu'elle se régénère. Une espèce voisine, *Alyssum argenteum*, recouverte d'un feuillage argenté et fleurissant plus tardivement, s'adapte également à la culture sur muret.

2. Aubriète *(Aubrieta)*

L'aubriète est totalement recouverte, en avril-mai, par ses très nombreuses fleurs, qui forment une cascade spectaculaire et colorée, dans les tons de rose, de pourpre, de violet et de rouge. Son joli petit feuillage vert grisâtre est persistant, et l'aubriète décore toute l'année le muret de verdure. Retenez les nombreuses variétés hybrides à fleurs simples, en particulier 'Jeanne Cayeux', à fleurs violettes, plus claires au centre, 'Dr Mules', à fleurs violet pourpré ou 'Ville d'Orléans, à fleurs rouge magenta. Il faut l'installer dans une poche remplie d'un mélange de terreau et de terre.

Une sélection d'autres plantes pour murets fleuris :
– Sabline de montagne *(Arenaria montana)* 10 cm. Grandes fleurs blanches, nombreuses, de mai à juillet. Feuillage en coussin vert foncé.
– Armoise *(Artemisia glacialis)* 5 cm. Très jolie par son petit feuillage tapissant, argenté et délicat. La floraison est insignifiante.
– Céraiste des champs *(Cerastium arvense)* 'Compactum' 10 cm. Floraison blanche, lumineuse et très abondante en mai-juin. Feuillage vert mat en coussin épais.
– Vélar des Alpes *(Erysimum alpinum)* 'Moonlight' 20 cm. En mai-juin, cette cousine des giroflées est appréciée pour ses superbes fleurs, d'un jaune éclatant, mêlées à un épais coussin de feuillage.

– Haplopappus *(Haplopappus coronopifolius)* 70 cm. De juin à octobre, une très brillante floraison de marguerites jaune d'or, en grosse touffe, se présente dans un feuillage fin.
– Lewisia *(Lewisia 'Sunset Train')* 10 cm. Les jolies fleurs blanc crème, un peu rosées, s'épanouissent en mai-juin au-dessus d'une rosette de feuilles charnues.
– Paronychia *(Paronychia kapela* ssp. *serpyllifolia)* 3 cm. Cette naine tapissante est connue sous le nom de «rue-des-murailles», et s'installe facilement sur les murets, avec ses petites inflorescences argentées en été, et surtout ses feuilles rondes, vert foncé, virant au pourpre en automne.
– Potentille *(Potentilla tonguei)* 10 cm. Une des plus gracieuses potentilles, blottie dans un feuillage vert très tapissant, qui donne des fleurs abricot à œil rouge, en plein été.
– Ptilotrichum *(Ptilotrichum spinosum)* 20 cm. Plante originale, d'aspect épineux, à feuillage argenté, formant une touffe dense. Abondante floraison rose en mai-juin.
– Raoulia *(Raoulia australis)* 3 cm. Très belle petite tapissante à fleurs blanches, en été. Petites feuilles rondes, argentées et très décoratives. La culture sur muret lui convient parfaitement.

Rocaille

Une belle rocaille séduit toujours. À petite échelle, elle évoque la nature sauvage, les pentes rocailleuses et les pierriers en montagne, tapissés d'une flore très diversifiée qui se pare de brillantes couleurs après la fonte des neiges.

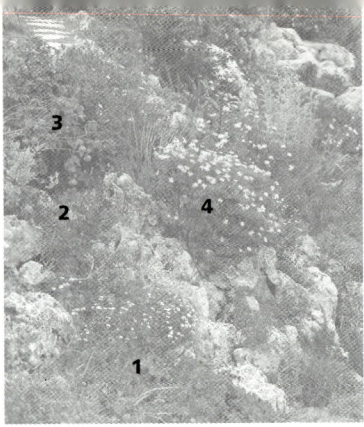

C'est la solution idéale pour traiter les pentes raides, ravinées par l'érosion et difficiles à garnir.

Un décor de rocaille est composé de rochers de tailles diverses, dont quelques-uns assez gros, et de même origine minérale. Différents styles ornementaux peuvent être adoptés avec des roches plates affleurantes, ou des pierres groupées imitant un éboulis. Si les blocs sont assez gros, adoptez un plan en escalier irrégulier, qui mettra en valeur les végétaux.

Une rocaille héberge les alpines, c'est-à-dire les plantes de montagne, à port prostré, à floraison brillante et à cycle végétatif court, ainsi que toutes les espèces qui acceptent un sol peu profond et bien drainé. Notre exemple, photographié en plein été, montre une rocaille sur pente vive, créée dans le sud de la France. Si l'on retrouve les mêmes plantes disposées en plusieurs endroits, c'est pour donner une impression d'unité.

1. Pourpier vivace
(Lampranthus)
Originaire d'Afrique du Sud, cette plante demande un climat chaud, mais supporte toutefois de légers gels. Le pourpier vivace est superbe par ses fleurs nombreuses, aux couleurs vives ou pastel (roses, rouges, jaunes), mises en valeur par un feuillage vert vif et charnu, qui s'étale en coussin ou en tapis. Il fleurit au printemps et en été.

2. Pélargonium
Le géranium zonale et le géranium lierre ont sans doute une durée et une abondance de floraison inégalées. Leurs couleurs vives, des rouges et des roses vibrants, sont irremplaçables. Toutefois, en région chaude, peuvent être cultivés dans une rocaille divers pélargoniums à feuillage odorant, remarquables par leurs belles feuilles aux parfums très variés et souvent surpre

3. Abutilon
Cultivé en annuel ou rentré en serre, l'hiver, sur la majeure partie de la France, l'abutilon peut rester en pleine terre dans le Sud. L'abutilon est plus ou moins ligneux, avec de longues tiges dressées portant des feuilles ovales. Ils donne, tout l'été jusqu'en automne, des fleurs en forme de grosses clochettes pendantes rouges, jaunes, orangés ou roses.

4. Anthémis
(Chrysanthemum frutescens)
Couramment cultivée en pot sur les terrasses, l'anthémis est aussi une très belle plante de jardin dans les régions à hiver clément. Une grande profusion de marguerites blanches à cœur jaune s'épanouissent depuis mai-juin jusqu'aux premiers froids. L'anthémis forme une belle touffe ramifiée, très étalée, recouverte d'un feuillage découpé. Elle est très décorative.

nants, ainsi que par leur superbe floraison estivale. Beaucoup d'entre eux peuvent passer l'hiver en pleine terre sur la Côte d'Azur.

Réalisation d'une rocaille
Lors de la réalisation, enterrez suffisamment les blocs rocheux, sur environ un tiers de leur hauteur, afin qu'ils ne risquent pas de rouler au bas de la pente. Il peut même être nécessaire d'en caler certains avec du béton grossier qu'il faut dissimuler ensuite avec de la terre. Mettez d'abord en place les blocs les plus gros, puis disposez ensuite les autres en essayant de trouver une disposition naturelle. Si la terre est lourde et argileuse, allégez-la en apportant du gravier fin et du terreau. Choisissez des roches qui ne paraissent pas déplacées dans l'environnement, mais qui sont au contraire typiques de votre région, en les achetant à proximité de votre domicile. Toutes les pierres de la rocaille doivent être de même nature géologique. Ensuite, installez les plantes en petits groupes d'une même espèce (par 3 ou par 5), ou même en isolé pour les plus grandes. Placez les sujets les plus fragiles à l'abri des grosses roches, côté sud si elles veulent beaucoup de lumière, et côté nord si elles préfèrent un peu d'ombre.

Balcons Terrasses

votre jardin en pots

$\mathcal{B}$alcons, terrasses : votre jardin en pots

Pourquoi ne pas transformer votre balcon ou votre terrasse en jardin ? Ne vous souciez pas du manque de place, mais aménagez l'espace comme il vous convient. Bien avant de songer aux plantes, choisissez d'abord le style des pots, puis la façon dont vous allez les agencer. Posez des treillages sur lesquels s'agripperont des plantes grimpantes. C'est seulement lorsque le décor sera posé que vous pourrez vous intéresser aux végétaux. Là encore, pas de précipitation. Votre choix sera guidé par l'exposition de votre terrasse ou balcon et par le temps que vous aurez à consacrer à votre mini-jardin. Dans tous les cas, laissez-vous tenter par cette expérience. La réalisation de compositions esthétiques vous permettra de laisser libre cours à votre esprit créatif, tout en satisfaisant votre curiosité pour les plantes.

Tout au long des saisons, vous suivrez le développement de certains végétaux du semis à la floraison, jusqu'à leur fructification. Bien évidemment, l'aménagement de potées ou de jardinières requiert un réel savoir-faire de jardinier et une bonne connaissance des végétaux que vous allez acquérir.

Jardinières en bonne place

Évitez d'installer vos jardinières à l'extérieur de la rambarde du balcon, cela peut être dangereux (risque de chute) et vous privera du plaisir de vos plantations. Pour obtenir un bel effet sur rue, dirigez quelques rameaux vers l'extérieur. Prenez garde, toutefois, de ne pas faire d'ombre sur le balcon ou la terrasse de votre voisin.

Pensez au poids

Plus les constructions sont récentes, plus elles tolèrent les charges importantes. Les immeubles de type haussmannien en pierre de taille soutiennent des balcons qui ne supportent pas plus de 100 kg/m². Les constructions de l'après-guerre peuvent recevoir jusqu'à 180 kg/m² et les bâtiments en béton des années 70 (balcon-loggia) 250 kg/m². Les terrasses supportent en général 200 kg/m². Certains bâtiments modernes supportent 500 kg/m² et plus. Dans tous les cas, renseignez-vous auprès de votre syndic.

Jardinières : le bon choix

Les jardinières existent en toute taille, tout volume, toute matière, choisissez-les en fonction des possibilités de votre balcon ou terrasse.

Tenez compte du poids du contenant à vide, mais pensez à inclure celui de la terre qui varie avec le taux d'humidité (comptez plus ou moins 20 % du poids initial) et celui des plantes. La terre végétale pèse de 1 650 à 1 800 kg/m³ mais, en général, les substrats varient de 1 200 à 1 400 kg/m².

Il est possible de les alléger par des matériaux qui occupent du volume sans alourdir les pots comme des billes de polystyrène, de l'argile expansée, des écorces de pin, etc.

Mise en pot d'un arbuste

Assurez un bon drainage en disposant une couche de tessons au fond du pot. Commencez à remplir de terreau puis positionnez l'arbuste bien au milieu du pot.

Finissez de remplir le pot de terreau sans recouvrir le collet de la plante. Le niveau de la terre doit s'arrêter à environ 1,5 cm du haut du pot. Tassez et arrosez copieusement.

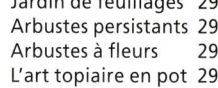

Ambiance printanière

Pour ne pas manquer les premières floraisons qui annoncent le retour du printemps, l'idéal sera de préparer jardinières et potées dès l'automne.

1 Tulipes
2 Myosotis
3 Pâquerettes
4 Cognassier du Japon
5 Azalée

Une composition en rose et bleu de bulbes et de bisannuelles renforcée par la floraison très précoce du cognassier du Japon qui intervient avant l'apparition des premières feuilles.

Dès l'automne, plantez les bulbes à floraison printanière en compagnie de bisannuelles.

Comment préparer le printemps

Dès octobre-novembre, plantez quelques bisannuelles en mélange : des pâquerettes (à fleurs simples ou pompon), des myosotis (bleus ou roses) et des pensées (à fleurs grandes ou géantes). Plantez-les serrées, à environ 15 cm de distance, de façon à obtenir un effet immédiat. Préparez aussi quelques potées de primevères. Elles demandent un peu plus de place. Installez-les à environ 20 cm les unes des autres. Leurs fleurs qui existent dans de nombreux coloris dégagent une odeur suave.

Comment planter les bulbes

Entre les bisannuelles, placez des bulbes de tulipe ou de jacinthe. Plantez-les à une profondeur égale au double de leur taille. Si vous n'avez pas préparé votre balcon en automne, il est encore

temps d'installer les bisannuelles en février-mars et de compléter vos plantations avec des bulbes déjà démarrés.

Une jardinière en coupe

Le fond de la jardinière doit être percé en plusieurs points pour permettre l'évacuation de l'eau et recouvert d'une couche de drainage sur plusieurs centimètres (gravillons, bris de terre cuite, argile expansée, polystyrène). Disposez éventuellement sur cette couche un feutre de jardin ou un textile non tissé, qui empêchera la terre de migrer vers le fond du pot. Enfin, remplissez la jardinière d'une couche de terre (mélange tout prêt ou fait avec 1/3 de terreau, 1/3 de terre de bruyère, 1/3 de sable).

Choisir les bulbes

Choisissez des bulbes d'un bon calibre : 9-10 cm de circonférence pour les crocus ; 12-14 cm de circonférence pour les tulipes ; 17-18 cm de circonférence pour les jacinthes.

▶ Le conseil du jardinier

Les primevères ne supportent pas la sécheresse. Si vous voulez les conserver d'une année à l'autre, faites-leur passer l'été à l'ombre en les arrosant régulièrement.

Plaisirs d'été

L'été est l'époque des plantes annuelles aux opulentes floraisons. Achetez-les en godets ou en pots et plantez-les fin avril dans les régions à climat doux et pas avant le 15 mai, ailleurs.

1 Anthémis
2 Sauge
3 Géranium lierre
4 Lobélia
5 Impaciens
6 Agératum
7 Alysse

Faites des compositions exubérantes : mélangez des variétés dont les floraisons, les couleurs mais aussi les ports sont très différents. Le résultat sera une composition très gaie tout en volume.

Affichez les couleurs avec les plantes annuelles à floraison estivale.

Comment planter les géraniums

Les classiques géraniums, qu'ils soient lierres ou zonales, n'ont plus besoin de faire leurs preuves. Ils sont de culture facile et très florifères. À condition d'être installés en plein soleil, ils se couvrent tout l'été de fleurs rouges, roses, mauves ou blanches.

Comment varier les fleurs

Accueillez également les pétunias dont la gamme de coloris est plus étendue et qui sont tout aussi florifères. Les œillets d'Inde à fleurs simples conviennent parfaitement pour les rebords de fenêtre.

Prenez garde, toutefois : certaines personnes sont incommodées par l'odeur qu'ils dégagent. Dans des potées, plantez quelques pieds de tabac d'ornement qui peuvent mesurer de 30 à 60 cm de haut. Certains ont des fleurs presque vertes. Associez-les avec des sauges farineuses aux jolies fleurs bleues ou blanches en épi.

Plantez des joubarbes

La joubarbe des toits, la joubarbe araignée sont peu exigeantes sur la qualité de la terre, mais n'aiment pas l'humidité stagnante qui a tendance à les faire pourrir. Installez-les, par variété, dans un mélange de terreau et de sable,

dans des pots ronds et bas, ou placez-les dans une jardinière, côte à côte, séparées par des tiges de bambou posées sur la terre. Vous pourrez rapidement constituer une petite collection.

Comment réaliser un mini-jardin sur une tuile ou une ardoise

Choisissez une tuile ronde, une ardoise ou une jolie pierre plate. Étalez au centre un mélange de terre et de sable et installez quelques joubarbes et sédums. Tapissez la terre de petits graviers de couleur si vous voulez donner à votre composition un air japonais.

Couleurs d'automne

Avant que l'hiver s'installe, mettez de la couleur à vos balcons. Ces ultimes décorations, souvent ponctuelles, vous feront chaud au cœur.

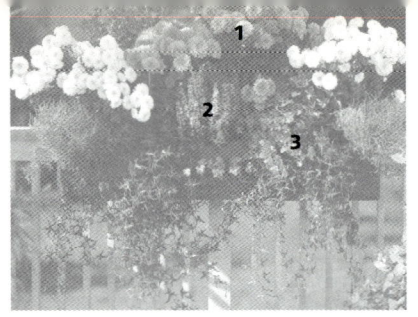

Profitez des dernières floraisons avant l'hiver.

Comment planter des chrysanthèmes

Créez un décor temporaire dans vos jardinières : installez quel-ques chrysanthèmes de petite taille vendus en fleurs dans une jardinerie ou chez le fleuriste. Ils dureront tant que les gelées ne seront pas trop fortes. Choisissez des variétés aux tons chauds : jaune, or, orange, mordoré. Plantez-les serrés. Associez-les à la

1 Chrysanthèmes
2 Bruyères
3 Lierre

Une scène automnale très réussie : les feuillages verts et gris mettent en valeur les couleurs éclatantes des fleurs de saison.

cinéraire au feuillage gris velouté. Elle non plus ne résistera pas aux premiers grands froids.

Comment cultiver un caryoptéris

Dans des potées plus importantes, cultivez cet arbuste vivace qui apprécie le plein soleil et se couvre en arrière-saison – d'août jusqu'au début octobre – de fleurs bleues en épi. Ses feuilles dégagent une odeur balsamique lorsqu'on les froisse.

Plantez des asters

Plantez aussi quelques pieds d'asters. Ces petites « marguerites » à floraison automnale atteignent une taille de 0,30 à 1,20 m, selon les variétés. Réservez les plus petits aux larges coupes et les plus hauts aux grandes potées.

Rentrez les géraniums

Rentrez vos géraniums-lierres et zonales. Ils ne supportent pas les rigueurs de l'hiver. Taillez-les s'ils sont trop encombrants et installez-les dans un endroit frais et éclairé (véranda, cellier).
Arrosez-les environ une fois par mois : afin que la motte ne se dessèche pas.
Ne leur donnez pas trop d'eau pour qu'ils ne continuent pas à pousser.

Plantez des vivaces

L'automne est la période idéale pour planter des vivaces en pot. Choisissez des plantes peu fragiles demandant un minimum d'entretien.

Les plantes vivaces à floraison printanière, comme l'aubriète (rose, mauve ou blanche) et la corbeille-d'or (jaune), égaieront les premiers jours du printemps. L'aubriète a un port compact tapissant et forme rapidement de jolis petits coussins. La corbeille-d'or supporte le manque d'eau et de terre. Son port retombant oblige à la planter en bordure. Pour les coins ombragés, choisissez la petite pervenche, qui apprécie les substrats frais et légers.
Pour une floraison plus tardive, pensez à l'oreille-d'ours *(Stachys lanata)* qui résiste très bien à la sécheresse. Son feuillage décoratif, recouvert d'un duvet blanchâtre, exhale un parfum aromatique, et ses fleurs roses en épis attirent les abeilles. Pensez également au géranium vivace et aux marguerites qui forment rapidement de jolies touffes. Dans les endroits ombragés, installez *Fuchsia* 'Riccartonii' qui supporte les hivers peu rigoureux.

Comment bien les soigner

Désherbez régulièrement vos jardinières et vos potées de vivaces. Ne négligez pas les arrosages, notamment au printemps au départ de la végétation.
En été, si vous devez vous absenter, recouvrez la terre de votre jardinière d'une couche d'écorce de pin afin de protéger la motte des ardeurs du soleil.
Avant d'effectuer cette opération binez la terre à l'aide d'un petit croc ou d'une simple fourchette. Faites des apports d'engrais (type pour plantes fleuries) tous les 15 jours.
Enlevez les fleurs fanées. À l'automne, coupez les touffes au ras du sol. N'hésitez pas à renouveler vos plantations tous les 4 ou 5 ans afin de toujours avoir des plantes impeccables.

Taille du caryoptéris

Taillez court le caryoptéris en fin d'automne ou pendant l'hiver, un jour où il ne gèle pas.

Tuteurage de l'aster

N'attendez pas le dernier moment pour tuteurer les asters. Dès qu'ils atteignent environ 30 cm de haut, plantez un tuteur au centre du bouquet. Attachez les tiges avec une fibre de raphia.

Aération d'une potée de vivaces

Pour aérer la terre et les racines et faciliter la pénétration de l'eau, binez régulièrement vos jardinières à l'aide d'une fourchette.

Juste sous le soleil

La plupart des plantes à floraison estivale apprécient le grand soleil. Une terrasse ou un balcon exposés au sud peuvent devenir un véritable paradis de fleurs à condition de ne pas négliger les arrosages.

1 Passiflore
2 Mandarinier
3 Séneçon

Arrosez les plantes exposées en plein soleil le matin ou le soir, jamais en plein midi.

Quand arroser ?

Ne négligez pas l'arrosage de toutes ces plantes. Par forte canicule, arrosez 1 fois, voire 2 fois par jour. Sinon 1 arrosage tous les 2 ou 3 jours est suffisant. Surveillez de près les plantes cultivées en suspension, car elles se dessèchent plus vite.

Les passiflores et les agrumes donnent au balcon une allure méditerranéenne. Au nord de la Loire, les agrumes doivent être abrités en hiver et les passiflores ressemées tous les ans.

Comment faire le bon choix

Installez des plantes dites « de soleil » (cela est généralement indiqué sur l'étiquette ou le catalogue par un soleil plein). Choisissez des géraniums zonales. La bordure marron-rouge qui orne leurs feuilles sera avivée par le soleil. Les fleurs de gazanias ou des pavots de Californie ne s'ouvrent qu'au soleil et se referment à la tombée de la nuit. Ces jolies plantes se déclinent dans des coloris orange ou jaunes. Les parfums sont plus intenses au soleil :

les œillets perpétuels *(Dianthus caryophyllus)* embaumeront toute la journée jusqu'à la tombée de la nuit ainsi que le chèvrefeuille, une plante grimpante à tuteurer ou à palisser obligatoirement. Les verveines hybrides ou rugueuses *(Verbena rugosa)* se couvrent de fleurs tout l'été si elles sont bien exposées. Pour le printemps, installez quelques pieds de giroflées qui embaumeront le balcon. Associez-les à des cinéraires au feuillage duveteux gris argenté, qui mettra leurs couleurs vives en valeur.

Protection des plantes en pot

Protégez le gazania avec une couche d'écorces de pin pour qu'il garde les pieds au frais malgré la canicule.

► Le conseil du jardinier

Afin de limiter l'évaporation et donc les arrosages, épandez dans vos pots et jardinières une couche d'écorce de pin, de paillettes de lin ou de chanvre. La terre se desséchera moins vite et les racines superficielles seront protégées des « coups de chaud ».

Pour les coins à l'ombre

Peu propices à la culture des végétaux, les endroits ombragés méritent pourtant que l'on s'y intéresse. Installez-y les plantes susceptibles de s'y adapter et ils seront transformés et perdront leur caractère austère et triste.

1 Fuchsias
2 Aralia
3 Lierre
4 Vigne décorative

Placés à mi-ombre et correctement arrosés, les fuchsias sont des plantes très florifères qui se couvrent de fleurs.

Les plantes à floraison de couleurs vives égaient les balcons où l'ombre domine.

Choisir les bonnes plantes

Dans une cour entourée de murs, sur un balcon exposé au nord, essayez le bergenia dont les grosses feuilles coriaces sont persistantes en hiver; le lierre dont vous choisirez une variété à feuilles vertes (les lierres à feuillage panaché ont besoin d'un peu de lumière); la pervenche forme un excellent couvre-sol et se pare de fleurs bleues au début du printemps; le buis, un arbuste qui croît lentement, n'exige pas beaucoup de lumière. Enfin, vous trouverez facilement des fougères : la scolopendre et les grandes fougères mâles. Dans les lieux où la luminosité est un peu plus importante, installez quelques plantes florifères dont les tons vifs égaieront ces endroits toujours un peu ingrats. Les impatiens offrent des fleurs blanches, roses, rouges, pourpres, violettes. Même palette de tons pour les fuchsias qui sont souvent bicolores, voire tricolores. Quant aux bégonias tubéreux, il en existe aussi des jaunes.

Comment cultiver le bégonia tubéreux

Préparez vos potées de bégonias tubéreux à l'intérieur dès le mois de mars. Dans un pot de 30 cm de diamètre environ, installez 1 tubercule (ou dans un pot plus grand, 3 bulbes en triangle). Recouvrez-le de 2 cm de terre, pas plus car, trop enterré, le bégonia ne fleurit pas. Placez-le dans un endroit tempéré, à la lumière, derrière une vitre. Votre bégonia tubéreux va commencer à émettre quelques petites pousses. Dès que les risques de gelée ne seront plus à craindre, au début du mois de mai, installez-le sur le balcon.

Plantation des bégonias tubéreux

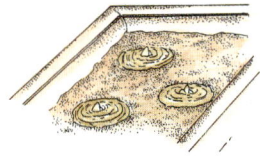

Placez les tubercules de bégonias tubéreux le « creux » en l'air et recouvrez-les d'environ 2 cm de terre.

Placés à bonne température (environ 18° C), ils commencent à pousser une dizaine de jours plus tard.

Plantes à parfum

Au printemps, les parfums des premières floraisons emplissent l'atmosphère. Mais c'est en été, quand il fait chaud et que le soir tombe, que les plantes embaument le plus. Avec les végétaux odorants, respirez les saisons à pleins poumons!

1 Assortiment de géraniums à feuillage odorant.

Le feuillage des géraniums odorants est également très décoratif.

C'est lorsqu'elles sont froissées que les feuilles des végétaux odorants exhalent leur parfum.

Au printemps

Mis en place en septembre en jardinière ou en pot, les jacinthes et les narcisses fleurissent en mars. Les jacinthes dégagent un parfum capiteux et les narcisses exhalent des senteurs de miel. Cultivez-les en compagnie des primevères des jardins, au délicat parfum sucré, et des giroflées ravenelles dont l'odeur à note épicée rappelle le clou de girofle. Dans un grand bac, installez un lilas. Ses fleurs, simples ou doubles, s'épanouissent de la mi-avril au mois de mai.

En été

Semez des pois de senteur, en jardinière ou en pot, dès mars-avril. Installez-leur un support (un grillage ou des rames de noisetier). Leur arôme exhale une note fleurie proche du muguet. Les belles-de-nuit se sèment en place en avril. Elles épanouissent leurs fleurs blanches teintées de jaune et de rouge à la tombée du jour et dégagent un parfum ambré.

Plantez quelques touffes d'œillets à l'odeur fleurie. Au soleil, ils fleurissent sans discontinuer tout l'été. Enfin, cultivez, dans un grand pot, un chèvrefeuille des jardins dont les fleurs blanc crème émettent une fragrance à note fleurie. Palissez-le sur un arceau ou sur la rambarde du balcon.

Étonnants géraniums odorants

Leur floraison est discrète, mais quel parfum! Les feuilles veloutées de *Pelargonium tomentosum* sentent la menthe fraîche, et l'odeur de citronnelle de *Pelargonium crispum* éloigne les moustiques. *Pelargonium abrotanifolium* dégage une senteur de pin… Mais, attention, comme leurs frères cultivés pour leurs fleurs, les géraniums odorants craignent le gel et doivent être abrités l'hiver.

VARIÉTÉS
Pour le printemps
– Jacinthes 'Gypsy Princess' (jaune clair), 'Gypsy Queen' (orange saumoné), 'Anne-Marie' (rose clair), 'Delft Blue' (bleu intense).
– Narcisses 'Mount Hood' (blanc), 'Ice Follies' (blanc à cœur jaune), 'Golden Harvest' (jaune).
– Primevère des jardins.
– Giroflée ravenelle.
– Lilas.

Pour l'été
– Pois de senteur 'Antique Fantasy' (1,50 m), 'Samuel Ziemann' (0,80 m) ou 'Royale' (1,50 m).
– Belle-de-nuit *(Mirabilis jalapa)*.
– Œillet des fleuristes *(Dianthus caryophyllus)*.
– Chèvrefeuille des jardins *(Lonicera caprifolium)*.

Potées réussies

Bien choisies, les potées dépassant 45 cm de hauteur et de largeur peuvent réaliser à elles seules un décor. Prenez-les simples ou joliment décorées et garnissez-les en fonction de leur taille et de leur forme.

1 Géranium lierre
2 Héliotrope
3 Anthémis

Les grands pots en terre régulent la chaleur et retiennent l'eau.

Dans les grandes potées, les plantes peuvent atteindre leur plein développement.

Choisir le bon pot pour la bonne plante

De petites fleurs plantées dans un grand pot offrent un spectacle désolant. Cultivez-y plutôt de belles et grandes plantes au feuillage large et aux fleurs superbes.

Le datura (ou brugmansia dans certains catalogues) dépasse rapidement 1,50 m de hauteur et se couvre de fleurs blanches ou jaunes en forme de trompette.

Si vous avez la place de les abriter en hiver, adoptez un citronnier ou un oranger. Suivez le rythme des saisons en plantant autour de ces beaux sujets des plantes printanières, puis estivales. Pour avoir un décor toute l'année, installez quelques pieds de lierre.

Pour des pots un peu moins grands, choisissez les dahlias nains, qui ne dépassent pas 50 cm de haut.

Cultivez les lis *(Lilium candidum)* au parfum puissant ou encore les impatiens de Nouvelle-Guinée. Selon leurs variétés, ces plantes atteignent entre 0,40 et 1 m de haut. Elles adorent le soleil et s'épanouissent généreusement si vous les arrosez abondamment et régulièrement.

Pour la mi-ombre, réalisez de jolies potées de bégonias tubéreux. Si vous préférez les compositions moins strictes, plus mélangées, installez des anthémis en compagnie de bidens et de pétunias.

Comment monter une anthémis sur tige

Soutenez la tige principale avec un tuteur, et coupez toutes les pousses latérales après la première paire de feuilles, jusqu'à 1 m environ. Taillez la pointe de la tige pour favoriser le développement des bourgeons secondaires. Lorsque 2 ou 3 paires de feuilles se sont formées au-dessus de la hauteur désirée, pincez les pousses et laissez la plante se développer naturellement. Vous obtiendrez ainsi un buisson de fleurs perchées sur une tige élancée.

> **Attention**
> Les graines du datura sont très toxiques. Pour éviter les accidents, coupez les fleurs fanées.

Potées suspendues

Réellement spectaculaires, les paniers suspendus permettent de transformer le moindre balcon en jardin luxuriant. La seule contrainte sera l'arrosage.

Comment les fixer ?

Les potées suspendues s'attachent à une poutre ou se fixent sur un mur à l'aide d'une potence plus ou moins longue en fonction de la largeur du pot. Certaines potences sont équipées de crémaillères ou de poulies qui permettent de descendre la potée pour l'arroser. Ne hissez pas votre suspension tout de suite après la plantation.

Choisissez vos plantes

Sans renier les géraniums-lierres qui furent les précurseurs en ce domaine, il faut noter que la gamme de plantes susceptibles d'être cultivées en suspension

1 Tabac d'ornement
2 Verveines hybrides
3 Lobelia

Des fleurs à profusion durant tout l'été sur le balcon : les tabacs d'ornement créent le volume tandis que les belles de jour et les verveines au port retombant cachent le pot.

s'est considérablement étoffée. N'hésitez pas à faire des mélanges. Les suspensions ne durent qu'une saison. Faites-les luxuriantes. Plantez serré afin d'avoir un effet immédiat, et ne négligez pas les apports d'engrais toutes les semaines. Pour être sûr du succès, rassemblez, dans une potée suspendue, des plantes ayant les mêmes exigences. Pincez réguliè-rement les extrémités des plantes, elles s'étofferont et augmenteront de volume.

Faites des mélanges

Pour l'été, exposés en plein soleil, mariez le surfinia, ce pétunia au port retombant très florifère avec le bidens au feuillage découpé et aux petites fleurs jaunes en forme de marguerite. Ou encore, installez dans le même pot la verveine hybride, intéressante pour ses camaïeux de mauve et de violet et le liseron de Mauritanie aux fleurs bleu soutenu. Enfin, réservez un peu de place pour semer des graines de petite capucine aux feuilles rondes et aux fleurs rouges, jaunes ou orange à mi-ombre. Cultivez des bégonias tubéreux à port retombant, à fleurs simples ou doubles, que vous pourrez accompagner de quelques bacopas, qui se couvrent de petites fleurs blanches. Toutes ces compositions gagneront à être agrémentées de chlorophytum, *Helichrysum petiolarum*, plectranthus et lierre qui sont des plantes intéressantes pour leur feuillage.

Un panier suspendu

Pour travailler correctement, installez votre panier sur un seau. Tapissez le fond du panier avec de la sphaigne ou un tapis de feutre. Recouvrez d'un film de plastique noir que vous percerez de petits trous. Remplissez le panier avec du terreau et disposez les premières plantes latéralement en les glissant entre les mailles du panier. Ajoutez du terreau et plantez les dernières plantes. La partie centrale doit former un léger dôme.

Ne négligez pas les arrosages

Très exposés, les paniers suspendus ont tendance à se dessécher rapidement. Avant la plantation, installez des rétenteurs d'eau dans le mélange terreux. Ce qui ne vous dispensera pas d'irriguer régulièrement avec des lances spéciales qui facilitent l'arrosage en hauteur. Elles s'adaptent sur un tuyau ou un pulvérisateur. Il existe des pots à suspension à réserve d'eau qui vous permettront de vous absenter.

Démarrez bien votre suspension

Afin d'assurer un bon démarrage à votre suspension, ne la hissez pas tout de suite après la plantation. Posez-la sur un seau pendant 15 jours. Vous pourrez ainsi vous en occuper correctement.

Les surfinias sont des pétunias au port retombant tout aussi florifères que les pétunias classiques au port plus compact.

Les plantes grimpantes

Les plantes grimpantes n'ont besoin que de peu de terre pour pousser et créer de véritables jardins verticaux. Utilisez-les pour décorer rapidement le balcon, habiller les murs ou masquer un vis-à-vis gênant.

Les plantes grimpantes volubiles recouvrent rapidement les balustrades des balcons.

Les annuelles grimpantes

Quelques graines suffisent pour obtenir de vigoureuses plantes qui fleurissent tout l'été mais qui craignent le gel. Semez-les sous abri en mars et installez-les en mai, ou semez-les en place en mai. La grande capucine fleurit jaune, rouge ou orange, de juin jusqu'aux gelées. Choisissez les hybrides de Lobb qui atteignent 3 m de hauteur et palissez-les sur un treillage ou une rambarde.

La petite capucine, qui n'atteint que 1,20 m de hauteur, peut être utilisée en potées tuteurées.

L'ipomée ou volubilis grimpe rapidement aux treillages et se couvre de fleurs bleues, violettes, blanches ou roses de juillet à septembre. Ne négligez pas les arrosages en été.

Le pois de senteur se hisse sur les treilles ou les grillages et atteint 1,50 m de hauteur. Il peut être semé en place dès mars-avril et fleurit dès le mois de mai.

1 Chèvrefeuille
2 Myosotis
3 Coronille
4 Romarin
5 Lavande

Le chèvrefeuille est particulièrement odorant et il enbaume les soirs d'été. Lorsque l'arrière-saison est douce, le chèvrefeuille refleurit en automne.

Les grimpantes vivaces

Plantez les vivaces grimpantes dans des bacs profonds d'au moins 40 cm et remplis d'une terre fertile. Tous les 2 ans, renouvelez la terre en surface sur 10 cm.

Le chèvrefeuille est palissé sur un treillage ou sur la rambarde du balcon. Ses fleurs blanches, jaunes ou rouges, apparaissent entre juin et septembre et dégagent un parfum délicat. Il supporte des tailles sévères.

Clématite 'Ville de Lyon'. Installez votre clématite dans un pot de 50 cm de diamètre et d'une profondeur d'au moins 40 cm. Installez un treillage le long du mur afin qu'elle puisse s'y accrocher. La clématite se plaît la tête au soleil et les pieds à l'ombre. Installez-la dans un endroit ensoleillé et plantez quelques vivaces (campanules, aubriètes) à sa base.

L'hortensia grimpant épanouit de grandes fleurs en corymbe blanc crème en juin. Ses racines aériennes s'accrochent aux murs. Taillez-le uniquement pour limiter son développement.

La clématite s'agrippe aux treillages grâce aux vrilles qui terminent ses feuilles. Ses fleurs en étoile sont blanches, roses, violettes, rouges, bleues. Protégez le pied de la plante à l'aide d'une tuile ou d'un pied de lavande et palissez les tiges en plein soleil.

Le feuillage persistant du lierre met en valeur les autres végétaux et reste décoratif en hiver. Faites-le grimper le long d'un mur ou laissez-le retomber le long des jardinières ou du balcon.

Installation d'un treillage sur un mur

Si nécessaire, peignez le treillage avant de le poser.

Pour marquer les points de fixation (tous les 0,80 à 1 m), plaquez le treillage contre le mur.

Scellez, à chacun de ces points, des chevilles de bois en les laissant dépasser de 3 à 5 cm. Afin de faciliter la croissance des plantes grimpantes, le treillage ne doit pas être plaqué contre le mur.

Fixez-le sur les chevilles avec des vis.

Une potée tuteurée de petites capucines

(Voir dessin ci-contre)

Fichez 3 cannes de bambou de 1,20 m de hauteur sur le pourtour d'un pot de 40 à 50 cm de diamètre.

Formez une pyramide avec ces 3 cannes en les faisant se rejoindre et en attachant leurs extrémités avec une ficelle.

À la base de chaque canne, semez quelques graines de petite capucine. Palissez les capucines le long des cannes au fur et à mesure de leur développement.

VARIÉTÉS

Annuelles
Grande et petite capucine
Ipomée ou volubilis
Pois de senteur
Suzanne aux yeux noirs
Houblon
Haricot d'Espagne

Vivaces
Chèvrefeuille
Clématite
Hortensia grimpant
Lierre
Vigne vierge
Jasmin d'hiver

Potée tuteurée de capucines

▶ **Les conseils du jardinier**

L'ipomée ou volubilis se ressème facilement. Si vous ne voulez pas être « envahi », ne laissez pas les fleurs faire leurs graines.

Choisissez des pois de senteur parmi les variétés de la race Spencer. Elles sont très parfumées. Pincez les jeunes tiges lorsqu'elles atteignent 10 cm de hauteur pour favoriser leur ramification.

Palissez l'hortensia grimpant pendant ses 2 premières années. Ensuite, il devient capable de se fixer tout seul sur un mur.

Jardin de feuillages

Panachées ou unies, larges ou finement découpées, rouges ou vertes, les feuilles créent à elles seules des ambiances bien différentes. Jouez de leurs formes et de leurs couleurs pour mettre la floraison en valeur.

1 Houblon
2 Graminée

Le houblon a un joli feuillage dont la simplicité évoque la campagne.

Les plantes à feuillage décoratif et généreux permettent d'oublier la ville.

Choisir les bons feuillages

Dans un coin à l'ombre, cultivez des fougères. Choisissez-les parmi le genre Dryopteris. Elles sont, pour la plupart, parfaitement rustiques et s'accommodent d'une terre non acide. Mettez-les en place en mars et coupez les tiges à l'automne. Dans un coin frais, adoptez l'arum d'Éthiopie aux jolies feuilles vert clair. Il aime l'eau et doit être protégé en hiver. Au soleil, installez l'absinthe *(Artemisia absinthium)* aux feuilles argentées et finement découpées. Elle supporte très bien la taille et plusieurs pieds formeront une petite haie. Parmi les grim-pantes, les lierres proposent toutes sortes de formes et de couleurs de feuillage. Retenez *Hedera helix* 'Conglomerata' aux petites feuil-les épaisses ondulées ou *Hedera helix* 'Goldheart' au feuillage vert foncé et au centre jaune d'or. Pour leurs couleurs d'automne à dominante rouge, cultivez une vigne ou un érable du Japon.

Comment apporter touche méditerranéenne

Au centre d'un pot, plantez une anthémis, en bordure, un bidens et complétez avec quelques pieds d'helichrysum. Vous créerez ainsi une scène ensoleillée composée de feuillages variés aux feuilles gris argenté et feutrées.

Planter des hostas

Une large touffe d'hosta dans un pot rond suffit à créer une ambiance exotique. Choisissez *Hosta fortunei* pour son feuillage gris-vert, *Hosta sieboldiana* 'Ele-gans' aux feuilles bleutées, *Hosta lancifolia* au feuillage vert moyen brillant et *Hosta crispula* pour ses feuilles vert foncé bordées de blanc. Les hostas apprécient la mi-ombre et sont parfaitement rustiques.

▶ Le conseil du jardinier

Feuillage panaché : coupez les pousses de teinte unie.
Choisissez une variété de lierre à petites feuilles panachées pour décorer le bord de vos jardinières.
Fougères : vous trouverez dans les bois *Dryopteris filix-mas*, la fougère mâle dont les frondes vert foncé peuvent atteindre 1,2 m de hauteur.

Les arbustes persistants

En haies homogènes ou mélangées, les arbustes persistants forment d'excellents écrans sur une terrasse ou un balcon, partagent l'espace ou servent de coupe-vent. Choisissez-les aussi pour la beauté de leur feuillage.

1 Lonicera nitida
2 Laurier-cerise
3 Aster

Les haies d'arbustes persistants se taillent 1 à 2 fois par an (au printemps ou bien à l'automne).

Les arbustes à feuillage persistant permettent d'isoler la terrasse des regards indiscrets.

Installez les 3 plants de laurier-cerise en les espaçant de 50 cm. Finissez de remplir le bac avec la terre en vous arrêtant à 2,5 cm du bord supérieur.
Tassez bien avec les mains autour des mottes.
Arrosez abondamment.
À l'aide d'un sécateur, coupez les pousses principales au-dessus d'un bourgeon extérieur, ce qui stimulera la croissance des rameaux latéraux et permettra aux plantes de s'étoffer.

Comment planter les persistants

Cultivez les arbustes à feuillage persistant dans des contenants d'au moins 40 cm de profondeur et dans un mélange constitué de 1/3 de terre de jardin ou terreau, 1/3 de tourbe préalablement humidifiée et 1/3 de sable, perlite, billes d'argile expansée ou vermiculite. Plantez-les en isolé, dans des pots, ou en haie, dans de longs bacs. Dans tous les cas, attention au poids de vos installations. En bac, les réserves en éléments fertilisants de la terre s'épuisant vite, ne négligez pas les arrosages ni les apports d'engrais réguliers. Le buis pousse lentement et constitue une barrière dense. Utilisez-le pour diviser l'espace d'une large terrasse ou installez-le au pied de la balustrade du balcon, sous les jardinières. Si votre terrasse est très exposée, protégez-la par de hautes haies coupe-vent. Utilisez le thuya, le troène de Californie, l'if, le laurier du Portugal, le laurier-cerise et le chalef.

Comment réaliser une haie de laurier-cerise

Le laurier-cerise est un arbuste à feuillage parsistant vert foncé non comestible qui se plante à l'automne ou au début du printemps. Pour 3 pieds, déposez dans le fond d'un bac en bois, long de 1,50 m, large de 50 cm et profond d'au moins 40 cm, une couche drainante de gravillons.
Commencez à remplir le bac d'un mélange de terreau, de tourbe et de sable.

▶ Les conseils du jardinier

Mêlez aux arbustes à feuillage vert quelques plants de variétés à feuillage coloré. Le buis *Buxus sempervirens* 'Aureovariegata', le fusain *Euonymus japonica* 'Président Gauthier' et le chalef *Elaeagnus pungens* 'Maculata' ont un feuillage panaché.

Pour alléger vos pots et bacs, augmentez le pourcentage de vermiculite, de perlite ou de billes d'argile expansée dans le mélange terreux.

Pour obtenir une haie fournie, espacez les arbustes de 50 cm.

En attendant que vos plantations se réalisent en haie coupe-vent, installez des cannisses en roseau ou en plastique.

Les arbustes à fleurs

Sur un grand balcon ou une grande terrasse, l'association d'arbustes caducs à fleurs et d'arbustes à feuillage persistant avec des conifères nains notamment sera du plus bel effet.

1 Corête du Japon
2 Chèvrefeuille

Échelonnez les floraisons en choisissant des arbustes différents.

Au printemps, la corête du Japon reste couverte de fleurs pendant environ 1 mois.

Pour une floraison estivale

L'arbre aux papillons *(Buddleia davidii)* est peu exigeant et pousse partout. Sa floraison en longs épis bleus, mauves ou violets intervient en juillet-août. Coupez-le court en mars. Plus délicats, les hortensias apprécient les terres fraîches et la mi-ombre. Leurs fleurs apparaissent de juin à septembre.

Taille du forsythia sur tige

Dès que sa floraison s'achève, taillez votre forsythia sur tige N'hésitez pas à couper court : les rameaux taillés ne doivent guère mesurer plus de 20 cm de long. Supprimez également les rameaux qui voudraient se développer sur le tronc ou à la base de la plante.

Pour une floraison printanière

Les forsythias à planter dans un mélange de 2/3 de terre de jardin et 1/3 de sable sont parmi les premiers à fleurir. Leurs fleurs jaunes, qui apparaissent avant les feuilles, en mars-avril, égaient les balcons et annoncent le printemps. Prenez une variété aux rameaux à port souple plus élégant *(Forsythia suspensa)*.

Plantez des azalées ou un seringat

Les azalées aiment le soleil ou la mi-ombre, et se plantent dans de la terre de bruyère. Elles demandent un arrosage régulier, car elles se dessèchent rapidement sans espoir de reprise. Choisissez des azalées à feuillage persistant, cela est moins triste en hiver. En avril-mai, elles se couvrent de fleurs rouges, roses, blanches, mauves, violettes. Adoptez le seringat *(Philadelphus coronarius)* sur les grands balcons et dans de très gros pots, car l'arbuste dépasse rapidement 2 m de hauteur. En mai-juin, sa floraison est très parfumée et ses fleurs sont blanches, simples ou doubles selon les variétés.

Comment planter un arbuste

Utilisez un pot d'au moins 45 cm de diamètre et 40 cm de haut, en sachant que le diamètre du pot doit être supérieur de 5 cm à celui de la motte de l'arbuste.

Après avoir couvert le fond du pot d'une couche de tessons, remplissez de terreau.

Centrez la plante et complétez de terreau. Tassez et arrosez.

Comment planter des arbustes à feuillage caduc

Installez les arbustes caducs à fleurs dans des bacs d'au moins 40 cm de profondeur, dans un mélange composé de 2/3 de terre de jardin et de 1/3 de sable ou allégeant.

Si le balcon ou la terrasse sont particulièrement ventés, plantez des arbustes de taille réduite. Ils offriront peu de prise au vent et ne courront pas le risque d'être desséchés ou renversés.

Pour avoir un balcon fleuri au printemps, choisissez le cognassier du Japon, dont la floraison est particulièrement précoce puisque les fleurs apparaissent avant les feuilles ou le groseillier à fleurs qui se couvre d'abondantes grappes de fleurs roses. Associez ces arbustes à des vivaces de végétation basse ou retombante (l'aubriète, l'arabette, l'alysse) et à des bulbes à floraison printanière (le narcisse, la tulipe, le muscari). Ne les taillez pas au début du printemps, mais juste après floraison.Pour un épanouissement estival, choisissez les deutzias qui éclosent dès le début de l'été. *Deutzia gracilis*, aux rameaux fins, fleurit blanc. Deutzia 'Mont Rose', aux rameaux arqués, fleurit rose. À la même époque, ne vous privez pas du plaisir des fleurs délicieusement odorantes du seringat. Portez votre choix sur des espèces à petit développement : *Philadelphus coronarius* 'Aureus' ou 'Manteau d'hermine'. Le caryopteris, au feuillage odorant, fleurit bleu en août-septembre.

Associez ces arbustes à des lavandes, des cinéraires maritimes, des fleurs annuelles, des géraniums, des fuchsias. Taillez-les court en fin d'hiver.

Comment les choisir

Choisissez des arbustes nains parfaitement adaptés à la culture sur terrasse : forsythia compact 'Boucle d'Or', lilas nain *Syringa meyeri* 'Palibin', berbéris nain 'Nana', arbre nain aux papillons *Buddleia davidii* 'Noanho Blue', bleu pâle ou 'Noanho Purple', pourpre foncé. Ne choisissez pas forcément de gros sujets, la reprise se fait toujours plus facilement avec un jeune plant.

Les arbustes en conteneurs peuvent être plantés toute l'année à condition d'être abondamment arrosés. Évitez toutefois les périodes de canicule.

Pensez aux arbustes sur tiges, ils prennent peu de place : le forsythia, la corête du Japon, le lilas, le weigelia.

À l'ombre, installez l'hortensia, la viorne *Viburnum* x *burckwoodii*, la symphorine.

VARIÉTÉS

Quelques arbustes caducs à floraison printanière
Azalée
Cognassier du Japon
Deutzia
Forsythia
Genista
Seringat
Groseillier à fleurs

Quelques arbustes caducs à floraison estivale
Buddléia (arbre aux papillons)
Hibiscus
Hortensia
Potentille
Yucca

Quelques plantes ou arbustes à conduite sur tige
Corête du Japon
Fuchsia
Anthémis
Forsythia
Lilas
Weigélia

Taille d'un arbuste à la plantation

Taillez les racines à la plantation : démêlez les racines sur le pourtour de la motte et coupez-les à ras.

▶ Le conseil du jardinier

Taillez les arbustes à floraison printanière juste après leur floraison et les arbustes à floraison estivale en hiver (hors des périodes de gel).

Pour conserver ou rendre vos hortensias bleus, arrosez-les avec une solution de sulfate d'alumine ou d'alun d'ammoniac.

À savoir

Les arbustes à feuillage caduc ont leur feuillage qui tombe en hiver.

L'art topiaire en pot

L'art topiaire gagne les balcons ! Cônes, carrés, boules de verdure ponctuent l'espace. En sujet isolé, un arbuste taillé peut devenir le centre de votre décoration. À cette fin, pensez à des formes moins « conventionnelles » (lapin, tortue).

Les topiaires, avec leur allure stricte, apportent une touche de raffinement sur le balcon. Les formes boules ou coniques sont des tailles classiques de ce véritable art.

1 Buis
2 Picea conica
3 Érable du Japon
4 Chèvrefeuille

À mi-ombre ou au soleil mais à condition d'être régulièrement arrosé, le lierre pousse très vite.

L'art de la topiaire consiste, à force de tailles sévères et répétées, à donner aux arbres et aux arbustes des formes variées (géométriques ou réalistes). La topiaire connut son âge d'or au début du XVIIIème siècle, dans notamment les parterres géométriques des «jardins à la française».

Le bon choix d'arbustes

Ce sont les arbustes à petites feuilles persistantes et à croissance lente qui se prêtent le mieux à l'art topiaire. En ce domaine, le buis et l'if sont les mieux adaptés et permettent de belles formes géométriques. Le troène, le laurier-sauce et le houx sont également utilisables. Le buis et l'if poussant très lentement, c'est le troène qui permet d'obtenir des résultats rapidement. De toute façon, la création de sculptures végétales est lente et demande un minimum de 2 à 3 ans. Achetez, pour les mettre en forme, des plantes en pots déjà bien étoffées.

Les figures géométriques simples seront travaillées à main levée, les plus élaborées seront taillées selon un gabarit ou une armature en fil de fer. Si tout cela vous paraît trop compliqué, réalisez vos sculptures végétales avec des plantes grimpantes, telles que le lierre ou du ficus rampant (à mettre obligatoirement à l'abri du gel en hiver).

Il existe, dans le commerce, des armatures toutes prêtes représen-

tant des écureuils, des canards, etc., et déjà plantées de lierre. Ces structures reposent directement sur le sol et peuvent être déplacées.

Comment réaliser une boule

C'est le tracé géométrique le plus facile à réaliser. Procurez-vous un buis d'au moins 30 cm de hauteur, dont la base sera plus large que le sommet. Élaguez, à la cisaille, le haut de la plante pour obtenir une surface plane (enlevez environ un tiers de la hauteur totale). Continuez la taille en descendant légèrement sur les côtés et en amorçant une courbe. Taillez toujours de haut en bas. Pour finir, taillez en pointant la cisaille vers le pied. Entretenez votre boule de buis 1 ou 2 fois par an (au début du printemps, puis à la fin de l'été).

Comment réaliser un cylindre de lierre

(Voir dessin ci-contre)
Pour un cylindre de 20 cm de diamètre sur 60 cm de hauteur, découpez 2 carrés de grillage à poulailler d'environ 70 cm de côté. Coincez une bande de mousse d'à peu près 1,5 cm d'épaisseur entre les 2 couches de grillage. Roulez le tout et fermez le cylindre ainsi constitué. Disposez une couche de tessons ou de gravier au fond d'un pot de 30 cm de diamètre. Commencez à le remplir avec du terreau et arrêtez-vous à une douzaine de cm du bord supérieur. Installez le cylindre en grillage au centre du pot et finissez de remplir le pot avec le terreau. Plantez 3 pieds de lierre sur la périphérie du cylindre. En quelques mois, le lierre aura complètement colonisé l'armature et ses racines aériennes se fixeront dans la mousse servant de réserve d'eau.

VARIÉTÉS
Buis
If
Troène
Laurier-sauce
Houx
Lavande
Santoline
Lierre
Figuier grimpant *(Ficus pumila)*

Réalisation d'un cylindre de lierre

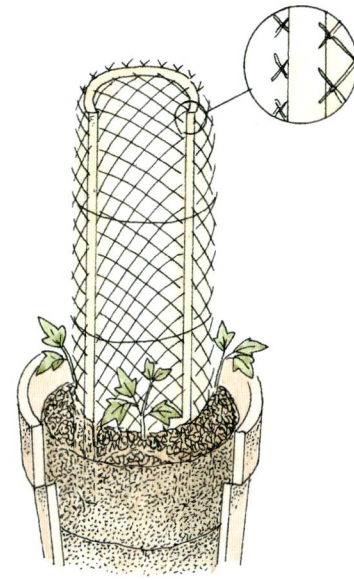

▶ Les conseils du jardinier

Installez à mi-ombre, mi-soleil votre sculpture végétale recouverte de lierre. Vous pouvez aussi la mettre à l'intérieur.

Utilisez la santoline ou la lavande pour faire des boules parfumées.

Prenez une cisaille pour donner la forme générale et un sécateur pour couper les branches un peu épaisses. Tenez votre cisaille à l'envers, cela vous évitera de faire des gestes trop brusques.

Un jardin de roses

À condition de leur prodiguer les soins appropriés et de les installer au soleil, tous les rosiers, qu'ils soient buissons ou grimpants, peuvent être cultivés en bacs ou en jardinières. Pour les tout petits balcons, préférez les rosiers miniatures.

1 Rosier sur tige 'Nuage parfumé'
2 Zinnia
3 Cosmos
4 Lobélia
5 Lychnis

Toujours très appréciées, les roses, à condition d'être bien soignées, peuvent être installées au balcon.

Les rosiers miniatures sont des plantes basses et compactes qui mesurent de 30 à 50 cm de haut. Leurs coloris sont variés et lumineux et leur floraison remarquable : ils restent couverts de fleurs de mai jusqu'aux gelées. Leur faible développement permet de les cultiver dans des jardinières ou dans des petits pots peu profonds. Dans les régions où les hivers sont rigoureux, ces petits rosiers, quoique rustiques, peuvent souffrir du gel. Mettez-les à l'abri aux périodes les plus froides. Vous pourrez ainsi les conserver plusieurs années. Il existe également des rosiers miniatures grimpants qui montent à environ 1,50 m et des rosiers tiges miniatures d'une quarantaine de cm de hauteur. Dans des pots ou des bacs plus profonds (plus de 30 cm), cultivez des rosiers plus classiques. Adoptez des rosiers buissons à grandes fleurs, des rosiers buissons à fleurs en bouquets (Floribunda et Polyantha). Ces rosiers doivent être impérativement taillés dans le courant du mois de mars : les rameaux sont coupés à 3 ou 4 yeux. Installez un rosier grimpant dans un bac dont la hauteur, la largeur et la profondeur seront supérieures à 40 cm. Palissez-le sur un treillage. En

▶ Le conseil du jardinier

Votre rosier grimpant fleurira abondamment si vous palissez ses rameaux en les rapprochant le plus possible de l'horizontale. Installez-le sur un arceau, faites-le courir au-dessus d'une fenêtre ou le long du balcon.

Ne négligez pas de couper régulièrement les roses fanées. En laissant les fruits se former, vous empêcheriez la formation de nouvelles fleurs.

mars, procédez à la taille : raccourcissez les branches principales d'un quart de leur longueur ; coupez les rameaux secondaires à 2 yeux. Enfin, les rosiers tiges hauts d'environ 1 m peuvent régulièrement ponctuer un alignement de jardinière. Les rosiers apprécient une terre à la fois riche et un peu argileuse. Vous pourrez leur confectionner un mélange de terreau et de terre de jardin. Sinon, il existe dans le commerce des mélanges tout prêts dits « terre pour rosiers ».

La taille d'un rosier miniature

Une simple taille de propreté peut suffire. À l'automne, coupez soigneusement toutes les fleurs fanées et les rameaux desséchés. Afin de lui conserver sa forme harmonieuse, au mois de mars, placez votre main tendue à la base de votre rosier miniature et coupez tout ce qui dépasse. Sectionnez les tiges juste au-dessus d'un œil bien formé et si possible orienté vers l'extérieur de la plante. Procédez de même avec les rosiers tiges miniatures.

Ne les laissez pas sans eau

Les rosiers cultivés en pots ont besoin d'être arrosés très régulièrement. Si vous devez vous absenter, remplissez d'eau une bouteille (de préférence en verre), retournez-la et fichez-la au pied

---

Rosiers : le meilleur choix

Rosiers grimpants
'César', à fleurs crème clair et rose carmin.
'Polka', à fleurs au coloris pastel orange mandarine clair.
'Porthos', à fleurs en bouquets rouge géranium vif très abondantes.
'Ghislaine de Féligonde', variété ancienne à nombreuses fleurs jaune pâle, doubles.
'Zéphirine Drouhin', à fleurs rose foncé en forme de coupe.

Quelques grimpants très parfumés
'Caroline Testout' (rose).
'Souvenir de Claudius Desnoyel' (rouge).

Rosiers miniatures
Série Symphonie (Meilland).
'Orange Symphonie' (orange).
'Gold Symphonie' (jaune).

Série Meillandina
'Cumba Meillandina' (rose).
'Snow Meillandina' (blanc).
'Spot Meillandina' (rouge).

Grimpant miniature
'Grimpant orange Meillandina'.

Rosiers tiges
'Jean Giono' (jaune).
'Marcel Pagnol' (rouge).
'Yves Piaget' (rose).

Rosiers buissons les plus parfumés
Rosiers botaniques et hybrides anciens
À fleurs roses
'Comtesse de Ségur'.
'Rose de Provins'.
'Cuisse de Nymphe'.

À fleurs blanches
'Blanc Double de Coubert'.

À fleurs rouges
'Eugénie Guinoisseau'.

À fleurs jaunes
'Roi des pourpres'.
'Souvenir de Marcel Proust'.

Rosiers modernes
À fleurs roses
'Grand Siècle'.
'Jardins de Villandry'.

À fleurs rouges
'Crêpe de Chine'.
'Papa Meilland'.

À fleurs jaunes
'Sutters Gold'.

---

de votre rosier. L'eau s'écoulera et remontera progressivement par capillarité, au fur et à mesure des besoins de la plante. Faites un essai avant votre départ. La mise en place de plusieurs bouteilles peut être nécessaire. Il existe, dans le commerce, des irrigateurs constitués d'un cône de céramique (à ficher dans la terre) et d'un tuyau plongé dans un réservoir d'eau. Il est évidemment possible de brancher plusieurs cônes dans un même pot.

Araignées rouges
Contre les araignées rouges dont les piqûres donnent une couleur gris plombé aux feuilles et dont la présence est signée par de petites toiles, bassinez régulièrement vos rosiers de façon à entretenir une humidité de l'air. Les araignées rouges détestent ça !

Pucerons
Débarrassez-vous des pucerons. Dès les premières attaques, pulvérisez une solution d'eau savonneuse (savon de Marseille) ou poudrez avec du talc. Si cela ne suffit pas, utilisez un insecticide végétal à base de roténone ou de pyrèthre et effectuez 2 traitements à 48 h d'intervalle.

Les herbes aromatiques

Il est pratique d'avoir sous la main des herbes aromatiques et condimentaires toujours fraîches! Cultivez-les dans de simples jardinières ou dans des potées plus sophistiquées près de la fenêtre de la cuisine.

1 Passiflore
2 Persil plat
3 Persil frisé
4 Romarin
5 Sauge
6 Thym
7 Géranium à feuillage odorant
8 Capucines

Quelques pots suffisent pour toujours avoir de bonnes «herbes» sous la main.

sieurs années. Cultivez le thym commun, le thym citron, ou encore le serpolet. La sauge officinale ne craint pas la sécheresse. Récoltez-la à l'automne en coupant les branches de 10 à 20 cm au-dessus du pot. Les feuilles séchées s'utilisent sur les rôtis et les pizzas. Pour l'hiver, protégez la souche avec un léger matelas de feuilles sèches ou de paille.

Planter du cresson alénois

Pour consommer tout de suite, semez du cresson alénois qui donnera du «piquant» à vos salades. Il germe en 24 ou 48 h.

Comment aménager votre coin d'herbes

Dès le mois d'avril, à mi-ombre, semez dans des jardinières le cerfeuil à feuilles simples et le persil frisé. Maintenez le terreau humide jusqu'à la germination. Aménagez-vous un coin d'herbes. Dans des petits pots séparés, plantez un pied de menthe, une touffe d'oseille, un plant d'estragon. Cultivez la ciboulette pour ses feuilles, mais aussi pour ses fleurs comestibles quand elles sont encore en boutons.

Au soleil, début mai, semez le basilic. Choisissez une variété à port compact ('Balconstar'), qui forme de jolies potées touffues de 25 cm de haut. Plantez un pied de romarin dans un pot moyen et placez-le à l'endroit le plus chaud du balcon. Il supporte très bien la taille et vous le conserverez plu-

Faire germer le persil
La germination du persil est lente et demande environ 4 semaines. Pour gagner quelques jours, faites tremper les graines 48 h dans de l'eau tiède avant le semis.

Récolte de la ciboulette

Récoltez la ciboulette au fur et à mesure des besoins en la coupant avec des ciseaux..

1 Sauge officinale
2 Thym
3 Romarin
4 Rue (attention toxique)
5 Marjolaine

Les plantes condimentaires sont utiles pour certains plats mais elles ont aussi un aspect décoratif non négligeable.

lée verveine citronnelle. Placez le pot en plein soleil et arrosez modérément, 1 ou 2 fois par semaine. En septembre, coupez tous les rameaux à quelques centimètres au-dessus de la souche. Faites-les sécher la tête en bas, si possible à la pénombre. Récoltez les feuilles séchées et mettez-les en bocal. Vous les consommerez en tisane (effet calmant) pendant l'hiver.
La verveine odorante est gélive. Dès le mois d'octobre, rentrez le pied pour l'hiver.

Fleurs et fruits de capucines

Semez, dans un pot rond, quelques graines de capucine naine de différentes couleurs. Elles ne dépasseront pas 20 cm de hauteur et formeront de jolies potées. Utilisez les fleurs pour décorer les salades, et conservez les fruits encore verts, confits au vinaigre, à la façon des câpres.

Une jardinière d'arômes

Dans une longue jardinière, installez un pied de sauge pourpre ou panachée pour donner de la couleur et du volume. Complétez avec des pieds de ciboulette, de menthe verte et de persil.
N'hésitez pas à planter serré (tous les 10-15 cm), afin d'obtenir un effet immédiat.

Comment cultiver un pied de verveine odorante

Dans un pot de 25 à 30 cm de diamètre rempli d'un mélange bien drainant (riche en sable), installez, dès le mois de mai, un pied de verveine odorante encore appe-

▶ Les conseils du jardinier

Les variétés de sauges à feuillage coloré ('Purpurea', pourpre, 'Variegata', feuillage panaché de jaune) sont un peu plus fragiles que l'espèce officinale. En hiver, protégez-les bien ou rentrez-les. Leurs feuilles sont parfaitement consommables.

Ne semez pas l'estragon dit « de Russie », il n'a ni saveur ni odeur.

Un potager et un verger

Pour transformer votre balcon en jardin potager et en verger, choisissez des variétés de légumes et de fruitiers bien adaptées. Ne négligez ni arrosages, ni apports d'engrais. Pour prolonger les récoltes, effectuez des plantations échelonnées.

1 Maïs sucré
2 Bette à cardes rouges
3 Basilic
4 Chou rave

Accueillez la diversité sur votre balcon en cultivant des légumes différents.

Quels légumes planter

À partir de mars et jusqu'en juillet, semez dans une jardinière les radis ronds (à récolter une vingtaine de jours plus tard), les mini-carottes (à récolter 3 mois plus tard). Déposez 5 ou 6 graines de petits pois nains dans un grand pot rempli de terreau. Prévoyez un tuteur. Commencez à récolter de 3 à 4 mois plus tard. À partir du mois de mai, semez les haricots nains. Repiquez quelques pieds de tomates cerises dans une jardinière. Dans un pot de 40 cm de diamètre, plantez un pied de courgette ou de mini-potiron.

Quels fruits planter

Plantez quelques fraisiers « en colonne » dans une potiche munie de petits orifices latéraux, ou dans un bac profond de 40 cm et large d'au moins 30 cm. Dans tous les cas, renouvelez la plantation tous les 3 ans. Dans de grands bacs, des demi-tonneaux cerclés par exemple, cultivez des cassis, des groseilles, des agrumes (citronnier et oranger). Ces derniers seront à mettre à l'abri du gel en hiver. Le long de la balustrade ou sur une petite pergola, palissez une vigne. Dans un grand bac, installez des variétés naines de pommier, de poirier, de cerisier, de pêcher. Ces petits arbres ne dépassent pas 2 m de hauteur. À l'automne et au printemps, faites un apport d'engrais complet riche en phosphore et en potasse et remplacez la terre, sur 10 cm en surface, tous les 2 ans.

Comment empoter un arbre fruitier nain

Déposez, dans le fond d'un bac de 40 cm de profondeur, une fine couche de cailloux ou de tessons de poterie.
Commencez à remplir le bac avec un mélange :
– pour les arbres à fruits à pépins

▸ Les conseils du jardinier

Ne recouvrez pas vos graines de radis ronds après le semis. Contentez-vous de tasser la terre à l'aide d'une planchette.

Ne semez plus les petits pois à partir du mois de mai. Ils détestent la chaleur sèche et végéteraient.

Coupez chaque hiver 1 ou 2 anciennes tiges du groseillier à ras de terre et raccourcissez les autres rameaux de 20 cm environ.

Cultivez la vigne dans un mélange constitué, à parts égales, de sable et de terreau.

1/4 de terreau, 1/2 de terre de jardin un peu argileuse, 1/4 de sable ;
– pour les arbres à fruits à noyaux 1/3 de sable, 1/3 de tourbe, 1/3 de terreau de feuilles ;
– disposez la motte ;
– entourez la motte de terre en vous assurant que l'arbre est bien centré. Enfoncez un tuteur et attachez-y l'arbre, sans serrer ;
– ajoutez de la terre jusqu'à 2,5 cm du bord et tassez bien ;
– arrosez copieusement.

Les fruitiers nains
– Pommiers columnaires 'Élégance', 'Ballerina'.
– Pommiers nains 'Lilliput', 'Spur', 'Garden Sun Red', 'Starkimson', 'Stark Goldenspur'.
– Myrtilles 'Top Hat'.
– Cerisier nain 'Compact Stella'.
– Pêchers nains 'Bonanza', 'Garden Silver', 'Garden Gold'.

– Nectarine 'Nectarella'.
– Abricotier 'Garden Aprigold'.
– Poirier 'Garden Pearl'.
– Vigne 'Chasselas doré', 'Muscat de Hambourg'.

Les petits fruits
– Fraisiers 'Hummi Gento', 'Bordurella', 'Mignonnette', 'Reine des Vallées'.
– Fraisiers retombants 'Roter Regen', à cultiver en colonne dans des potiches prévues à cet effet.

Les haricots à rames
Palissés sur un treillage, les haricots à rames peuvent former un écran de plus de l,50 m de hauteur. Dès que les gelées ne sont plus à craindre (de la mi-avril à la mi-mai selon les régions), semez directement en place, dans un grand bac, 3 ou 4 graines tous les 40 cm. Arrosez régulièrement.

Environ 4 mois plus tard, récoltez les haricots.

Les mini-légumes
– Mini-carottes 'Ondra', 'Marché de Paris'.
– Mini-potirons 'Jack Be Little' ou 'Mini Jack Be'.
– Mini-laitues romaines 'Bubbles'.
– Tomates cerises jaunes 'Gold Nugget'.
– Tomates cerises 'Red Robin'.
– Tomates cerises 'Yellow Canary'.

Les légumes
– Aubergines blanches
– Radis ronds.
– Haricots verts nains.
– Petits pois nains.
– Pommes de terre.

Les légumes grimpants
– Haricots à rames.
– Pois mangetout.

Plantation de mini-tomates

Cultivez des mini-tomates sur le balcon. Ces plantes très décoratives n'ont besoin ni d'être tuteurées, ni taillées. Arrosez-les régulièrement, tous les jours en été et faites quelques apports d'engrais spécial tomates. Une fois bien mûres, elles viendront agrémenter votre assiette.

1ère quinzaine de mars

1- Semez quelques graines de tomates 'Red Robin' dans un mélange de tourbe et de sable. Tassez bien, arrosez et placez votre pot à une température de 16°C à 20°C.

2- Lorsque les plantes atteignent 10 cm de hauteur, repiquez-les individuellement dans des petits godets. Gardez les pots à l'abri du froid.

Mi-mai

3- Placez 3 plants dans une jardinière de 40 cm de longueur. Enterrez bien la base des jeunes tomates afin que se forment de nouvelles racines.

4- Laissez au maximum 3 à 5 bouquets de fleurs par pied pour que les fruits se développent correctement.

5- Enlevez les feuilles qui recouvrent les fruits. Cela leur donnera plus de sève et la lumière pourra colorer les tomates.

Des Fruits
toute l'année

Des fruits toute l'année

Peu de jardiniers amateurs ne peuvent concevoir un jardin sans planter des arbres fruitiers, ne pouvant résister au plaisir de récolter leurs propres fruits, à consommer frais ou transformés en confitures, jus ou pâtisserie, pour le plus grand bonheur des gourmands de la famille.

Dans un jardin de grande superficie il sera possible de créer un verger séparé du jardin d'ornement, avec plantation d'arbres d'espèces fruitières différentes sur tige tels des poiriers, des pommiers, des cerisiers, des pruniers, voire même des pêchers ou des abricotiers au sud de la Loire, avec également plantation de formes palissées en palmettes le

Pomme 'Boskoop'.

Abricot 'Luizet'.

long des murs bien exposés entourant le jardin, ou encore plantation en plates-bandes d'arbustes fruitiers tels cassissiers, groseilliers, framboisiers, mûriers...

Quel plaisir de voir évoluer les jeunes arbres fruitiers, de les former, de récolter les premiers fruits...

Associez potager et verger

Une association au potager est également possible en délimitant les différents carrés de légumes par une plantation de cordons, ou même par des palmettes en contre-espaliers, ou encore par des haies de petits fruits ou des cordons de vigne.

Le bon choix

Au jardin d'agrément certaines espèces fruitières peuvent être associées aux plantes d'ornement, aussi bien pour l'intérêt décoratif de leur floraison que pour celui de leur fructification décorative et en même temps consommables, comme par exemple :
– les arbres : pommier, cerisier, kaki, cognassier, noyer ;
– les plantes grimpantes : actinidia (kiwi), vigne en treille ou en tonnelle ;
– pour plantation en haie gourmande ou en association pour former une haie libre : noisetier, néflier commun, groseillier épineux, figuier ;
– sur terrasse et balcon : arbres fruitiers nains à cultiver en pot tels, poirier 'Garden Pearl', pommier 'Garden Summered', pêcher 'Garden Beauty' et 'Nectarella', cerisier 'Griotella', *actinidia arguta* et même de la vigne.

Framboise 'Zeva'.

Poire 'Doyenne du Comice'.

Réussissez vos arbres fruitiers

Pour cultiver des arbres fruitiers, il suffit d'acquérir de bonne base, et dans cet ouvrage vous découvrirez :
– tous les secrets pour planter les différentes espèces dans le sol qui leur convient le mieux ;
– bien choisir les meilleures variétés, greffées sur le porte- greffe le plus adapté au sol du jardin et à la forme de culture que vous avez choisie ;
– savoir former et effectuer toutes les opérations de tailles ;
– soigner vos arbres pour les conserver le plus longtemps possible et obtenir de beaux fruits.

Glossaire

Arcure

Courbure d'un rameau ou d'une branche dans le but de ralentir la circulation de la sève dans sa partie la plus basse, provoquant ainsi la fructification.

Auvent

Abri constitué de verre, de planchettes ou de paille, installé au sommet des murs et protégeant la floraison des arbres en espalier des gelées printanières.

Basse tige

Arbre formé à partir d'un tronc de 30 à 80 cm de hauteur suivant les espèces, rendant sa ramure plus accessible.

Bouquet de mai

Rameau très court des arbres fruitiers à noyaux portant des boutons à fleur et un œil à bois terminal.

Bourgeon

Jeune pousse herbacée pourvue de feuilles et en pleine croissance.

Bourse

Organe renflé et charnu chez le poirier et le pommier, se formant au point d'insertion du pédoncule des fruits.

Bouton à fleur (ou à fruit)

Bourgeon contenant une ou plusieurs fleurs.

Bouture

Fragment de plante que l'on coupe et qui, une fois planté, s'enracine pour donner un nouvel individu.

Bouturage à chaud

Bouturer dans une serre ou sous verre avec une chaleur de fond.

Branche charpentière

Grosse branche principale d'un arbre.

Branche chiffonne

Rameau de faible vigueur des arbres à noyaux, ne portant que des boutons à fleurs et plus rarement un œil à bois à sa base.

Brindille

Rameau frêle et court de 5 à 15 cm de longueur, portant soit des yeux à bois (brindille ordinaire), soit avec un bouton à fleur en extrémité (brindille couronnée).

Canne

Terme employé pour désigner les rameaux fructifères du framboisier.

Cep

Tronc de la vigne.

Cépée

Touffe formée par des tiges ligneuses se développant à partir de la souche.

Cordon

Forme fruitière obtenue en palissant horizontalement une tige simple (cordon simple) ou double (cordon double).

Coursonne

Rameau taillé court destiné à porter la fructification.

Dard

Rameau court et mince du poirier et du pommier portant un œil à bois pointu et pouvant se transformer en bouton à fleur (voir ce mot) ou produire un rameau à bois suivant la quantité de sève qu'il reçoit.

Demi-tige

Arbre formé sur un tronc de 1 m à 1,50 m de hauteur suivant les espèces.

Ébourgeonnement

Suppression au printemps de jeunes bourgeons inutiles.

Écussonner

Greffer en écusson (voir greffage en écusson).

Flèche

Partie terminale de la tige d'un arbre.

Abricotier de plein vent

1,80-2 m Tige

1,20-1,50 m Demi-tige

Cordon horizontal à 1 bras

Franc

Jeune arbre issu de semis et donnant un sujet vigoureux.

Fuseau

Forme pyramidale à axe central donnée à certaines espèces fruitières et particulièrement au poirier.

Gobelet

Forme à ramure creuse donnée à certaines espèces fruitières.

Gobelet demi-tige : gobelet sur tronc de 1 m à 1,50 m de hauteur.

Gobelet basse tige : gobelet sur tronc de 30 à 80 cm.

Greffage

Procédé de multiplication végétative consistant à prélever une partie d'une plante (greffon) pour l'implanter sur une autre (porte-greffe ou sujet).

Greffage à l'anglaise : mode de greffage employé lorsque le sujet et le greffon sont à peu près de même diamètre. Les deux parties sont, soit accolées (greffe à l'anglaise simple), soit assemblées (greffe à l'anglaise compliquée et à cheval).

Greffage en écusson : mode de greffage employé pour l'obtention des scions en greffant un œil de la variété à multiplier à 10 cm du sol environ sur un porte-greffe. Deux époques possibles pour écussonner, soit à œil dormant de la mi-juillet à la fin août, soit à œil poussant au printemps en mars.

Greffage en couronne : mode de greffage de printemps, utilisé en surgreffage pour changer la variété d'un arbre ou reformer sa ramure. Introduction des rameaux greffons à la périphérie des branches charpentières à greffer, sous l'écorce où la sève circule.

Haute tige

Arbre formé à partir d'un tronc de 1,80 m à 2 m suivant les espèces.

Nouaison

Stade de développement du fruit après la fécondation quand l'ovaire devient globuleux, et moment où se produit la sélection naturelle (chute des jeunes fruits mal formés).

Œil

Bourgeon non ouvert.

Œil à bois : œil porté par un rameau à bois.

Œil de flèche : œil d'extrémité d'une tige, permettant son allongement.

Palissage

Opération consistant à attacher les branches sur un support de manière à les guider ou à leur donner une forme déterminée.

Palmette

Arbre conduit en forme aplatie et palissé sur une armature.

Palmette à la diable : palmette dont les branches sont palissées

Plein vent

Arbre sur tige.

Porte-greffe (ou sujet)

Plante devant recevoir ou ayant reçu une greffe.

Planter en tige

Planter un arbre déjà formé sur tige.

Scion

Jeune arbre greffé en pied depuis un an et ne présentant qu'une seule pousse verticale.

Taille

Sectionnement de fragments d'organes (tiges, rameaux, feuilles), opération destinée à améliorer le port, la croissance ou la floraison d'un végétal. Elle est dite en sec lorsqu'elle est pratiquée en hiver et en vert lorsqu'elle est effectuée en période de végétation .

Tailler sur 2 yeux

Sectionner un rameau au dessus du deuxième œil (voir ce mot) bien formé à partir de sa base.

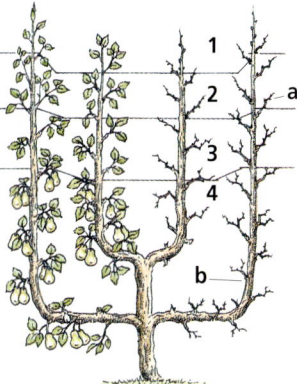

Organisation d'une palmette

1 *Prolongement*
2 *Zone de formation des coursonnes*
3 *Zone de mise à fruit*
4 *Zone de fructification*
a *Coursonne*
b *Branche charpentière*

Taille en vert

Rameau latéral

Août

Juillet

Rameau fructifère

Abricotier

Prunus armeniaca (Rosacées)

Petit arbre de 6 à 8 m de hauteur, introduit en France dans la vallée de la Loire vers le XVᵉ siècle. L'abricot se prête aussi bien à la consommation immédiate qu'à la conserve.

VARIÉTÉS

'Bergeron', recommandé au nord de la Loire, 1ʳᵉ dizaine de juillet.
'Luizet', toutes régions, 2ᵉ quinzaine de juin.
'Pêche de Nancy', recommandé au nord de la Loire, 1ʳᵉ semaine d'août.
'Rouge du Roussillon', surtout adapté au midi de la France, du 10 au 15 juillet.
'Royal', toutes régions, particulièrement en région parisienne, et plus au nord en espalier, du 20 au 25 juillet.

Culture

Puisqu'il résiste à des températures de −20 à −30 °C, vous pouvez installer l'abricotier en toute région. Méfiez-vous, toutefois, des gelées tardives de fin d'hiver, qui risquent de détruire les jeunes bourgeons de la végétation naissante, et des gelées printanières qui endommagent sa floraison précoce, en mars-avril.
Dans les régions septentrionales et à risque, plantez-le en situation

'Bergeron' : très gros fruit pouvant atteindre 65 g, à chair orangée ferme et très parfumée.

Astuce

Pour qu'ils ne se rident pas et que leur chair ne devienne pas cotonneuse, cueillez les abricots 2 ou 3 jours avant leur complète maturité. À environ 3 °C, vous pourrez les conserver de 15 à 20 jours.

'Rouge du Roussillon': fruit assez gros, à chair juteuse, sucrée et parfumée. Très adapté au Midi méditerranéen.

abritée ou en espalier le long d'un mur bien exposé au sud, surmonté d'un auvent (dessin, voir p. 518), et dans n'importe quel sol. Tous les abricotiers sont vendus déjà greffés. Choisissez vos variétés greffées sur le porte-greffe adaptées à votre terrain et à la forme de l'arbre souhaité (voir tableau page suivante).

Principaux ennemis

Maladies	*Traitement fongicide*
Monilia et coryneum .	Cuivre, bénomyl ou thirame
Insectes	*Traitement insecticide*
Mouche des fruits	Diméthoate ou formothion

Multiplication

Le greffage lui-même est délicat. Néanmoins, vous pouvez essayer de greffer en écusson les formes basses (gobelet et palmette), en été (voir page 507).

Formes

Plein vent

En isolé ou en verger, plantez en tige ou demi-tige (tous les 7 m), ou en gobelet basse tige (tous les 5 m) (dessins 1 et 2).

Espalier

En palmette à la diable, le long d'un mur exposé au sud ou au sud-ouest surmonté d'un auvent dans les régions à risque de gel, avec possibilité de protection par

rideau ou paillasson en façade (dessin, voir p. 518).

Taille

Sur les arbres de plein vent, effectuez en hiver la 1re taille à la plantation, puis une taille de formation de la ramure les 2 années suivantes pour obtenir 10 à 12 branches (dessins, voir p. 517).

1- Abricotier de plein vent

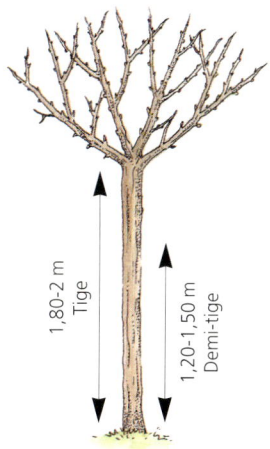

2- Abricotier gobelet basse tige

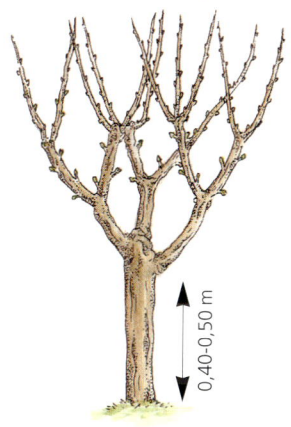

Pour bien choisir un porte-greffe

Porte-greffe	Vigueur	Sol	Forme	Mise à fruit
Franc	Très grande	Sec, moyennement calcaire	Tige, demi-tige	Rapide
Prunier Reine-Claude INRA 1380	Grande	Lourd	Demi-tige, gobelet	Moyenne
Prunier Mariana GF 8/1	Grande	Tous sols	Demi-tige, gobelet	Rapide
Pêcher franc	Grande	Sain, non calcaire	Tige, demi-tige	Rapide
Prunier Myrobolan INRA GF 31	Moyenne	Tous sols	Basse-tige, gobelet palmette	Très rapide

La taille d'entretien consistera en un élagage tous les 3 ou 4 ans pour maintenir une bonne production et un bon équilibre de la forme.

Pour une palmette à la diable, plantez un scion devant le mur et taillez-le à 30 cm du sol sur 2 yeux.

Poursuivez la taille de formation les 2 années suivantes en divisant les branches principales, dites charpentières (dessins, voir p. 517).

3- Taille après cueillette

Rameaux de remplacement

◆ **Le conseil du jardinier**

Après la coupe d'une branche de section importante, ayez soin de bien parer la plaie à la serpette et de la mastiquer avec un baume, afin de permettre une bonne cicatrisation et d'éviter la formation de gomme (sécrétion visqueuse).

'Pêche de Nancy' : fruit de très gros calibre pouvant atteindre 60 à 70 g, à chair jaune pâle, fine et un peu musquée. Variété convenant au plein vent dans le nord de la France.

Les palmettes ont besoin d'être taillées, en 3 étapes, tous les ans. En février, éliminez les branches mal placées.

En juin, coupez l'extrémité des jeunes rameaux pour limiter leur développement. Après la récolte, supprimez la portion des rameaux ayant fructifié pour renforcer le départ de ramifications fortes à la base des branches (dessin 3).

Actinidia

Actinidia chinensis (Actinidiacées)

Plus connu sous le nom de kiwi, arbuste à feuilles caduques, sarmenteux grimpant, dioïque, c'est-à-dire à pied mâle assurant la pollinisation, et à pied femelle portant la fructification.

'Hayward' : gros fruits de 90 à 100 g, pulpe verdâtre tirant sur le jaune paille, moyennement juteuse et parfumée, un peu acide et délicatement sucrée.

VARIÉTÉS

'Hayward', le plus gros fruit, d'excellente qualité gustative.
'Kiwaï' *(Actinidia arguta)*
Fruits à peau lisse, tout petits (7 à 15 g), très sucrés et très parfumés.
'Abbot', 'Bruno', 'Monty' et 'Tomuri' (variété mâle).

Culture

Très rustique (supporte − 15 ° C), l'actinidia peut être planté en toutes régions, mais méfiez-vous, les jeunes bourgeons gèlent à − 4 ° C. Plantez-le de préférence en situation mi-ombragée, dans un sol à la terre meuble, profonde et fraîche, humifère, d'un pH de 6 à 7, en évitant une terre argileuse, compacte et très calcaire qui provoque la chlorose (jaunissement du feuillage).

Multiplication

Il est possible de bouturer des extrémités de tiges jeunes d'actinidia en godets placés à la chaleur, en janvier.

Formes

En espalier ou en contre-espalier, en palmette à la diable ou en palmette horizontale.

Taille

L'actinidia se taille à deux périodes : en hiver et en été.
De décembre à mi-février, coupez les rameaux à 2 yeux au-dessus de l'emplacement du dernier fruit. Comme point de repère, laissez les pédoncules de fruits sur les branches lors de la récolte. Tous les 3 à 4 ans, coupez les plus grosses branches productives à 2 yeux de leur base et les autres à 6 ou 7 yeux.
En juillet, coupez les rameaux portant des fruits au-desus de la 4ᵉ feuille après le dernier groupe de kiwis.
En août, raccourcissez le rameau, qui s'est développé après la coupe du mois dernier, à 2 yeux du départ de la ramification.

Taille de fructification

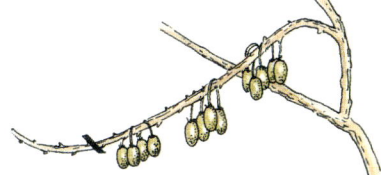

Taille en vert

Rameau latéral
Août
Juillet
Rameau fructifère

▶ Le conseil du jardinier

Ses racines étant traçantes et peu profondes, arrosez souvent en été, pour garder le sol toujours frais.
Au printemps, apportez 100 g/m² d'engrais complet de type 10-20-30, mais par un griffage léger, pour ne pas blesser les racines.

Agrumes

Citrus (Rutacées)

Petits arbres de 4 à 9 m de hauteur. Le genre comprend plusieurs espèces : l'oranger, la lime ou citron vert, le citronnier, le cédratier, le pamplemoussier, le pomelo, le mandarinier, le kumquat, le calamondin.

- ■ Plantation : toute l'année, culture en conteneur
- ■ Floraison : avril à juin, jusqu'en automne pour le citronnier
- ■ Exposition : sud-est en région chaude, sud, sud-ouest ailleurs
- ■ Sol : sableux et perméable
- ■ Formes : demi-tige, basse tige, touffe

Bigaradier 'Bittersweet' : excellent pour la confiture.

Sachez qu'à partir de −6° C les agrumes risquent d'être détruits, et la production des fruits compromise à 1 ou 2° C. Ils demandent un sol léger, sableux, et supportent le calcaire actif jusqu'à 12 %. Dans de bonnes conditions de culture, un citronnier adulte peut produire jusqu'à 200 à 600 fruits par an.

VARIÉTÉS

– Oranger
'Maltaise' demi-sanguine, février-mars.
'Washington' la mieux appréciée, de novembre à février.
'Valancia Late', 'Double Fine' (sanguine).

– Citronnier
Citrus 'Sotchi'
'Eureka', printemps et été.
'Meyer', 'Lisbonne', 'Vernia', 'Feminello'.

– Lime, citron vert
'Mexican', 'Tahiti', 'Rangpur'.

– Pomelo
'Ruby' une des meilleures, épiderme rosé, pulpe rouge sans pépins, dès mars.
'Marsh Seedless', 'Thompson'.

– Mandarinier commun
Mandarines 'De Blida' à partir de mi-septembre.
Mandarines satsumas, maturité précoce, dès la mi-septembre.
Mandarinier 'Thoking'

– Clémentinier
Nombreux clones, normalement sans pépins, fin septembre.

Culture

Vous pouvez planter des agrumes en pleine terre dans le Bassin méditerranéen, mais au sud-est pour éviter les risques de déshydratation dus au soleil très chaud de l'après-midi.
Dans les autres régions, cultivez-les en bac ou en caisse de bois pour pouvoir les rentrer, l'hiver, en orangerie ou en véranda.

Citrus 'Sotchi'.

Astuce

Les pépins des agrumes germent facilement. Placez-les dehors, dans du sable, pendant l'hiver. En avril-mai, semez dans un mélange léger et repiquez l'année suivante. À cultiver en bac par la suite.

Orange 'Washington Navel' : gros fruit globuleux, pulpe croquante, fine, moyennement juteuse, faiblement acide, sans pépins. Très grande productivité.

Multiplication

Les agrumes sont vendus déjà greffés sur du bigaradier, pour la plupart (orange amère). Le greffage, lui-même, est très délicat.

Principaux ennemis	
Maladies	*Traitement fongicide*
Tristez (maladie à virus)	Arrachage
Gommose	Curetage des chancres et baume cicatrisant
Insectes	*Traitement insecticide*
Pucerons	Deltaméthrine ou endosulfan
Cochenilles	Huiles blanches (été et hiver)
Acariens	*Traitement acaricide*
Araignée rouge	Dicofol

Formes

En pleine terre, plantez en demi-tige, en basse-tige (dessin 1), espacée de 7 m, ou en touffe espacée de 6 m.
En caisse de bois ou en bac, vous pouvez choisir l'une des 3 formes, mais la touffe reste la mieux adaptée pour les manipulations ou les opérations de taille et d'entretien (dessin 2).

Bigaradier 'Bizarria'.

Taille

Un citrus a besoin d'une taille légère tous les 2 à 3 ans, sinon il deviendra trop touffu pour produire des fruits. Ses branches se croisent et se gênent. Des rameaux très vigoureux (les gourmands) se développent rapidement au détriment des branches qui produisent des fruits.

1- Basse tige

0,50 - 0,70 m

2- Touffe cultivée en caisse

▶ **Le conseil du jardinier**
Fertilisez vos plantations en pleine terre ou en bac avec un engrais complet titrant 15-10-20, en fractionnant les apports : 1/2 avant la floraison, 1/4 avant la chute naturelle des fruits en juin, pour la limiter, et 1/4 en septembre, pour favoriser le développement des fruits.

3- Préparation d'un bac d'orangerie

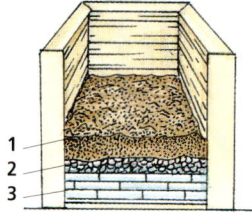

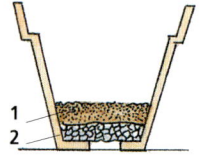

1 Mélange de terre
2 Tessons de pots ou gravier
3 Carreaux de plâtre

Choisissez un bac en terre cuite ou une caisse de bois dont le volume sera légèrement supérieur à celui de la motte. Installez un bon drainage pour éviter l'eau stagnante au niveau des racines. Plantez dans un mélange composé de 1/3 de terre franche, 1/3 de terreau de feuilles et 1/3 de sable de Loire, additionné de fumier de vache déshydraté. Sortez-les de mai à octobre, et abritez-les du gel à la période de froid dans un local clair, en maintenant la température autour de +6 à +8°C maximum. Pendant cet hivernage, arrosez 1 fois tous les 15 jours.
Tous les 4 à 5 ans, rempotez les jeunes sujets, et les plus âgés tous les 10 ans, dans un contenant légèrement plus grand que la motte.

4- Taille d'entretien

Gourmand

Bois mort

Mandarinier 'Thoking'.

Juste après la récolte, et avant de rentrer à l'abri du froid les agrumes cultivés en bac, éliminez les branches mortes, celles qui se croisent ou qui poussent vers le centre de l'arbre, gênant la pénétration de la lumière au cœur de la touffe.
En cours de végétation, éliminez tous les gourmands (dessin 4).
Sur les touffes négligées depuis quelques années, pratiquez une taille sévère. Rabattez les branches à 40 cm du tronc et éliminez toutes celles qui s'entrecroisent. Étalez du mastic cicatrisant sur toutes les plaies de taille. Par la suite, les nouvelles branches seront taillées chaque année à 30 ou 40 cm du départ de la ramification jusqu'à obtenir de nouveau une forme équilibrée.

Amandier

Prunus amygdalus (Rosacées)

Arbre vigoureux de 6 à 8 m de hauteur, à port érigé et à tronc tortueux. Belle floraison précoce et très décorative ; mais sa précocité la rend fragile aux gelées printanières.

■ Plantation : novembre à mars
■ Floraison : fin février-début mars
■ Exposition : plein soleil
■ Sol : sol calcaire, profond
■ Formes : gobelets demi-tige, basse tige, en fleur de liseron, palmette à la diable

VARIÉTÉS

'Ai', récolte du 10 au 20 septembre.
'Ferraduel', récolte du 10 au 15 septembre.
'Lauranne', récolte du 1er au 15 septembre.
'All In One', récolte du 1er au 15 septembre, autofertile.
'Ferragnes', 'Garden Prince', 'Marijo', 'Texas', 'Marcona'.

Culture

Planté en plein soleil dans les régions méridionales, l'amandier n'a pas à craindre les gelées printanières. Au nord de la Loire, il est plus prudent de le planter en espalier adossé à un mur, exposé au sud, sud-ouest, et à l'abri d'un auvent à sa hauteur. À − 3 ° C, les

Astuce

En période de sécheresse, arrosez l'amandier, il aura une production plus régulière chaque année.

Amandier demi-tige en fleurs. Espèce à ne pas oublier d'incorporer dans les haies libres des jardins du Midi ou du Sud-Ouest, pour la beauté de sa floraison.

Pour bien choisir un porte-greffe

Porte-greffe	Vigueur	Sol	Forme	Mise à fruit
Franc	Très grande	Peu fertile	Tige, demi-tige	Assez lente
Prunier Myrobolan	Grande	Tous sols	Demi-tige, basse-tige	Rapide
INRA Myrobolan GF 31	Grande	Sec et caillouteux	Demi-tige, basse-tige	Rapide
Myrobolan GR 31-6	Grande	Sec, supporte le calcaire	Demi-tige, basse-tige	Rapide
Brompton	Grande	Frais et léger	Demi-tige, gobelet	Rapide
Prunier Mariana INRA GF 81	Moyenne	Siliceux et frais	Basse-tige, gobelet	Assez rapide
Amandier x pêcher GF 677	Moyenne	Argilo-calcaire	Basse-tige, gobelet	Assez rapide
Prunier Saint-Julien	Moyenne	Frais, lourd, humide	Basse-tige, gobelet	Assez rapide
Prunier Damas noir	Faible	Frais, argileux	Basse-tige, gobelet	Rapide

fleurs sont endommagées. Pour les protéger, vous pouvez dérouler une toile, le soir, devant les arbres.

Multiplication

Les amandiers sont vendus greffés. Choisissez vos variétés avec un porte-greffe adapté. Le greffage est délicat. Néanmoins, vous pouvez essayer de greffer en écusson en août (voir p. 500).

Formes

Les plus courantes pour le verger de l'amateur : dans le midi de la France, choisissez des formes de plein vent, le gobelet demi-tige (distance de plantation : 7 m) ou le gobelet basse tige (distance de plantation : 3,50 m).
Au nord de la Loire, en espalier, plantez en palmette à la diable (distance de plantation : 4 à 5 m) (voir formation p. 517).

'Garden Prince', variété naine pour balcons et terrasses.

Principaux ennemis

Maladies	Traitement fongicide
Chancre du pêcher	Cuivre et fenfuram et thriabendazole
Moniliose	Cuivre et bénomyl Suppression des fruits momifiés
Coryneum	Cuivre et captane ou thirame
Tavelure	Cuivre et captane ou mancozèbe
Insectes	Traitement insecticide
Puceron vert, noir, farineux, brun, cigarier	Traitement d'hiver et cyperméthrine ou phosphamidon
Acariens	Traitement acaricide
Araignée rouge	Traitement d'hiver et dicofol ou bifenthrine

Taille

Taille de fructification

De novembre à mars, la taille consistera à un nettoyage des branches en surnombre ou mal placées. Éliminez celles qui poussent vers l'intérieur de la ramure. Coupez au-dessus d'un bourgeon regardant vers l'extérieur. Supprimez également toutes les ramifications trop vigoureuses (les gourmands) et le bois mort (dessin 2).
En vieillissant, l'arbre produit moins de pousses chaque année. Vous devrez élaguer légèrement en coupant les branches à 50 cm du tronc.

Le saviez-vous ?

Les amandes douces se consomment fraîches ou sèches ou en confiserie (pâte, dragées, sirop d'orgeat).
Les amandes amères, dangereuses (acide cyanhydrique), sont utilisées dans les industries pharmaceutique et cosmétique.

Taille d'entretien d'un amandier de plein vent

N'omettez pas de protéger les plaies de taille avec un mastic cicatrisant.

◆ Le conseil du jardinier

Plantez des variétés différentes pour obtenir une fécondation croisée et ainsi assurer une bonne fructification.
Pour un meilleur rendement, fertilisez en fin d'hiver avec un engrais complet titrant 50-40-50 à raison de 40 à 100 g au m².

Cassissier

Ribes nigrum (Grossulariacées)

Arbuste vigoureux de 1 à 1,50 m de hauteur, aux feuilles caduques très aromatiques lorsqu'on les froisse. Il pousse à l'état sauvage dans toute l'Europe de l'Est et du Centre. C'est dire qu'il est bien adapté à nos conditions.

'Noir de Bourgogne'. Vigoureux et rustique. L'une des meilleures variétés pour ses qualités de goût et d'arôme.

■ Plantation : de novembre à mars

■ Floraison : avril

■ Exposition : toutes, sauf plein soleil

■ Sol : tout sol, mais préfère une terre souple, aérée, riche en humus

■ Formes : touffe ou palmette

VARIÉTÉS

'Noir de Bourgogne', maturité du 1er au 15 juillet.
'Black Down', maturité du 1er au 15 juillet.
'Géant de Boskoop', maturité du 15 au 31 juillet.
'Burga', 'Tsema', 'Tenah', 'Black Reward', 'Royal de Naples'.

Culture

Évitez de planter le cassissier en situation de chaleur forte et sèche. Il prospère mieux en France septentrionale (Bourgogne, par exemple). Sa floraison est sensible aux gelées et au froid persistant, entre 1 et 5 °C ; une mauvaise fécondation entraîne la chute des fruits.

Multiplication

Vous pouvez le multiplier très facilement par boutures. À l'automne, coupez des rameaux de 1 an de 20 cm de long et enterrez-les aux 4/5, même directement en place dans une terre bien remuée et bien enrichie.

Le saviez-vous ?

Bien que très riche en vitamine C, le cassis se consomme peu en frais. On l'utilise en jus, sirops, liqueur, glaces, sorbets et confitures.

'Géant de Boskoop'. Maturité précoce, apte à la récolte mécanique. Pollinisé par 'Noir de Bourgogne'.

Pour obtenir plus rapidement de belles touffes, plantez 4 ou 5 boutures groupées, espacées de 10 à 20 cm et inclinées à 45° les unes des autres.

Principaux ennemis

Maladies	Traitement fongicide
Anthracnose du groseillier	Cuivre et mancozèbe ou manèbe
Oïdium (blanc)	Soufre et triforine ou flusilazole
Rouille du cassis	Cuivre et mancozèbe
Insectes	*Traitement insecticide*
Puceron jaune ou vert	Phosalone ou cyperméthrine
Acariens	*Traitement acaricide*
Araignée rouge et jaune	Dicofol

Formes

Plantez, de préférence, en touffes de 6 à 8 branches. Espacez-les de 60 à 80 cm sur le rang et de 3 à 3,50 m entre les rangs (dessin 1). Il existe aussi des cassissiers formés en palmette. Laissez 1 à 1,50 m entre chaque arbuste.

Taille

Les branches jeunes, âgées de 2 à 3 ans, produisent le plus de grappes. La taille consistera donc à stimuler la ramification. Dès la 3e année suivant la plantation, durant l'hiver, coupez très court

Astuce
Attendez que tous les fruits d'une grappe soient bien colorés pour récolter.

tous les rameaux de plus de 4 ans, ceux qui se développent horizontalement ou qui s'enchevêtrent au centre. Les autres n'ont, en principe, pas besoin d'être taillés.

Taille d'entretien et de fructification

Avant

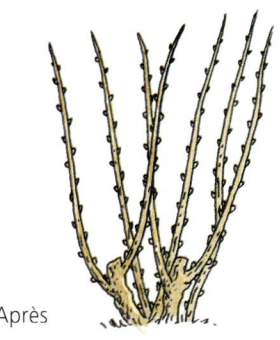

Après

Pour couper les vieilles branches, employez un sécateur de force ou une scie égoïne. Ne taillez pas les rameaux conservés, afin d'obtenir une fructification plus importante et plus belle sur toute la longueur et non pas sur des ramifications peu vigoureuses.

◆ Le conseil du jardinier
L'enracinement du cassissier étant superficiel, évitez de labourer au pied des touffes pour ne pas blesser les racines. Enfouissez au printemps, en griffant un engrais complet titrant 10-15-20. Maintenez le sol propre et préférez un désherbant chimique au binage manuel.

Cerisier

Prunus cerasus (Rosacées)

Les cerisiers de nos jardins sont issus du merisier et du cerisier acide. Les variétés cultivées peuvent être classées en 4 groupes : les bigarreautiers, les guigniers, les cerisiers proprement dits et les griottiers.

- Plantation : de novembre à mars
- Floraison : mars-avril
- Exposition : toutes
- Sol : tous les sols
- Formes : tige, demi-tige, gobelet basse tige, palmette

Bigarreau 'Reverchon' en demi-tige. Arbre de petit développement greffé sur Sainte-Lucie, rendant les opérations culturales et de cueillette faciles.

VARIÉTÉS
– Bigarreau 'Hâtif Burlat', maturité fin mai-début juin.
– Bigarreau 'Marmotte', maturité en juin.
– Bigarreau 'Moreau', maturité fin mai.
– Bigarreau 'Reverchon', maturité mi-juin.
– Bigarreau 'Géant d'Hedelfingen', maturité début juillet.

– Bigarreaux
'Délice de Malicorne', 'Rainier', 'Cœur de Pigeon', 'Esperen', 'Jaboulay', 'Napoléon', 'Stark Hardy Giant', 'Van', 'Starkrimson'.

– Guignes
'Early Rivers', 'Précoce de la Manche'.

– Cerises
'Allegria Delbard', 'Belle Magnifique', 'Anglaise hâtive', 'Royale', 'Montmorency'.

– Griottes
'Griotte du Nord', 'Kelleriis', 'Griotella' (petits jardins, en bacs sur balcons et terrasses).

Culture

Vous pouvez planter le cerisier partout en France jusqu'à 1 000 m d'altitude. Cependant, s'il est exposé au nord, la maturité de ses fruits sera retardée de 15 jours. Il résiste également aux froids hivernaux, mais ses fleurs sont détruites par les gelées printanières à −2 °C. Peu exigeant, il s'accommode de tous les sols, sauf les sols lourds où, après une pluie abondante, les fruits risquent l'éclatement. Il préfère quand même les sols silico-argileux, profonds, frais, perméables et non calcaires.

Tous les cerisiers sont vendus déjà greffés. Choisissez vos variétés greffées sur le porte-greffe adapté à votre terrain et à la forme de l'arbre souhaitée (voir tableau page suivante).

Multiplication

Le greffage est délicat. Néanmoins, vous pouvez essayer de greffer en écusson les formes basses (gobelet et palmette), en été (voir page 500). Pour un arbre

Le saviez-vous ?

Les bigarreaux sont consommés en fruits de table, les guignes et les anglaises (cerises vraies) sont utilisées en distillerie (kirsch), transformées en liqueur (guignolet) ou en confitures, les griottes en confitures ou à l'eau-de-vie.

de plein vent (tige ou demi-tige), greffez en fente en mars ou en septembre (voir page 500).

Formes

Dans un jardin, préférez plutôt la demi-tige (distance de plantation : 7 m) ou le gobelet basse tige (distance de plantation : 5 à 6 m), plus accessible pour cueillir ou traiter (dessin 1).

1- Cerisier plein vent

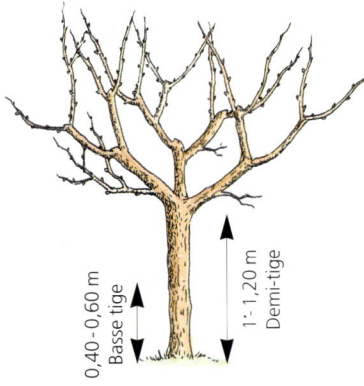

2- Palmette Baldassari

♦ **Le conseil du jardinier**

Les fleurs de la plupart des variétés de cerisier ne peuvent être fécondées par leur propre pollen. Il vous faudra donc planter au voisinage de votre arbre une autre variété dite pollinisatrice (voir tableau ci-contre), sauf si un proche voisin possède un cerisier acide (guigne).

'Allegria Delbard'. Chair pourpre très juteuse. Floraison tardive, avantage contre le gel. Variété autofertile.

Il existe également des formes en palmette Baldassari dont les branches sont palissées à 45°, par étages espacés de 50 à 60 cm.

Leur nombre dépend de la vigueur de l'arbre, la hauteur totale de la palmette pouvant atteindre 5 à 6 m (dessin 2).

Les variétés à croiser

Variétés à polliniser	Variétés pollinisatrices
Bigarreau 'Jaboulay'	Bigarreau 'Moreau'
Bigarreau 'Moreau'	Bigarreau 'Jaboulay'
Bigarreau 'Hâtif Burlat'	Bigarreau 'Napoléon'
	Bigarreau 'Géant de Hedelfingen'
	Guigne 'Early Rivers'
Bigarreau 'Early Rivers'	Bigarreau 'Moreau'
	Bigarreau 'Marmotte'
	Bigarreau 'Hâtif Burlat'
	Bigarreau 'Napoléon'
Bigarreau 'Reverchon'	Bigarreau 'Géant de Hedelfingen'
	Bigarreau 'Hâtif Burlat'
Bigarreau 'Marmotte'	Bigarreau 'Moreau'
	Guigne 'Early Rivers'
Bigarreau 'Napoléon'	Bigarreau 'Hâtif Burlat'
	Bigarreau 'Géant de Hedelfingen'
	Guigne 'Early Rivers'
Bigarreau 'Géant d'Hedelfingen'	Bigarreau 'Hâtif Burlat'
	Bigarreau 'Napoléon'
	Bigarreau 'Reverchon'
Bigarreau 'Délice de Malicorne'	Bigarreau 'Hâtif Burlat'
	Cerise 'Belle Magnifique'

Bigarreau 'Reverchon'. Chair croquante, sucrée, bien parfumée.

Taille

Taille de formation

Formation de la ramure d'un arbre de plein vent (voir p. 513 à 517).

Taille de fructification

Le cerisier supporte assez difficilement la taille qui provoque des sécrétions gluantes (la gomme). Contentez-vous de l'élaguer tous les 4 à 5 ans, début novembre. Coupez les branches les plus hautes juste au-dessus d'un jeune Éliminez les branches mortes ou qui se croisent au centre, au ras du tronc, sans laisser de chicot.

Bigarreau 'Burlat'. Variété fertile, très bonne, chair mi-croquante et sucrée.

N'oubliez pas de retirer, à la serpette, tout le bois haché par la coupe pour obtenir des plaies lisses. Badigeonnez-les avec un produit cicatrisant.

Pour la taille des palmettes Baldassari, beaucoup plus complexe, mieux vaut faire appel à un spécialiste.

Pour bien choisir un porte-greffe

Porte-greffe	Vigueur	Sol	Forme	Mise à fruit
Merisier (F 121)	Très grande	Profond et frais, calcaire	Tige	Assez lente
Franc	Grande	Profond	Tige	Moyenne
Sainte-Lucie, Mahaleb INRA 8/64	Moyenne	Sec et calcaire	Basse tige, gobelet, palmette	Rapide
EM 'Colt'	Moyenne	Profond, peu calcaire	Basse tige, gobelet palmette	Très rapide
MAXMA Delbard	Faible	Profond, peu calcaire	Naine	Rapide

Châtaignier

Castanea sativa (Fagacées)

Arbre à port érigé pouvant atteindre 20 m de hauteur. Il produit soit des marrons, fruits à une seule graine dont l'amande n'est pas cloisonnée, soit des châtaignes, fruits à deux ou plusieurs graines dont l'amande est cloisonnée.

Bogue de châtaigne à l'approche de la maturité.

Châtaignier en fleur en mai-juin.

Culture

Le châtaignier est spontané jusqu'à 800 m d'altitude en France et même jusqu'à 1 200 m sur l'île de Beauté. Vous pouvez donc le planter dans presque toutes les régions, sauf dans le Nord et dans l'Est, exception faite des plaines d'Alsace car, bien que tardive, sa floraison est sensible aux gelées.

Il redoute le calcaire, et réussit bien en sol siliceux, même granitique, bien drainé, avec un pH de 5 à 6.

VARIÉTÉS

Marron 'Bouche Rouge', maturité 10-20 novembre.
Marron 'Marigoule', maturité 25 septembre-15 octobre.
Marron 'Bournette', maturité 30 septembre-20 octobre.
Châtaigne 'Précoce Migoule', maturité 10-20 septembre.
Châtaigne 'De Laguépie', maturité 15-30 octobre.

Marron 'Belle Épine',
Marron 'D'Olargues',
Marron 'Comballe',
Châtaigne 'D'Isola',
Châtaigne 'Pellegrine'.

Pour bien choisir un porte-greffe

Porte-greffe	Vigueur	Sol	Forme	Mise à fruit
Châtaignier franc	Très grande	Siliceux, acide	Tige	Assez rapide
Châtaignier japonais	Grande	Siliceux, acide	Tige	Assez rapide

Récolte des châtaignes après leur chute.

Principaux ennemis

Maladies	Traitement fongicide
Chancre	Curetage et baume cicatrisant ou destruction par le feu
Maladie de l'encre	Emploi de porte-greffe résistant et captane sur le sol
Insectes	*Traitement insecticide*
Carpocapse et balanin des châtaignes	Methomyl ou cyperméthrine (lutte difficile pour l'amateur)

Tous les châtaigniers sont vendus déjà greffés. Choisissez vos variétés avec le porte-greffe adapté, le châtaignier japonais étant plus résistant à la maladie de l'encre (voir tableau ci-contre).

Multiplication

Le greffage, délicat, reste l'affaire du spécialiste.

Le saviez-vous ?

Le châtaignier peut vivre plus de 100 ans en bon sol et dans les régions à climat doux.
La farine de châtaigne est de nouveau produite en Corse et dans les Cévennes.

Formes

La haute tige est surtout employée, à 10-15 m d'écartement. Possible en touffe (cépée).

Taille

Élaguez tous les 5 à 10 ans, selon le développement de l'arbre, pendant le repos de la végétation, de décembre à février.
Éliminez toutes les branches donnant à l'arbre une forme pointue (flèches et gourmands), le bois mort, les chicots et les drageons (dessin). Dégagez le centre pour une meilleure pénétration de la lumière.

Taille d'entretien

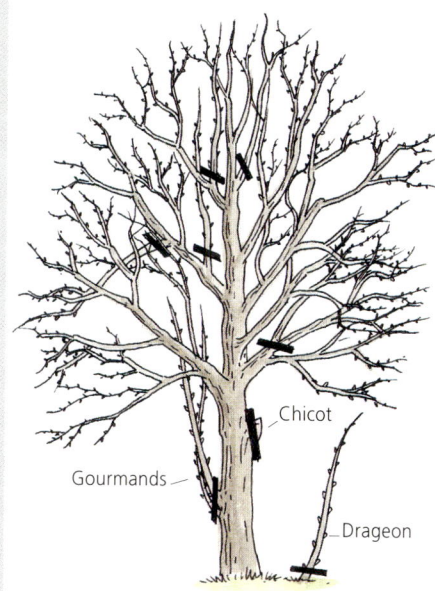

Chicot

Gourmands

Drageon

▶ Le conseil du jardinier

Pour récolter, attendez la chute des bogues et ramassez les châtaignes tombées tous les jours, les mains protégées par des gants épais. Faites-les tremper et éliminez les fruits flottants qui sont véreux.

Cognassier

Cydonia oblonga (Rosacées)

Petit arbre de 4 à 5 m de hauteur qui mérite sa place au jardin d'ornement. Son tronc souvent tortueux, son port, sa floraison et le parfum qu'il exhale au moment de la fructification lui donnent un aspect décoratif.

- ■ Plantation : novembre à mars
- ■ Floraison : mai
- ■ Exposition : ensoleillée
- ■ Sol : non calcaire
- ■ Formes : demi-tige

Cognassier en pleine floraison en mai. Fleurs solitaires, blanc rosé et parfumées.

Formes

La demi-tige est la forme la plus employée. Distance de plantation : 6 à 7 m, en tout sens.

Taille

Contentez-vous d'un élagage léger tous les 4 à 5 ans, dans le but d'éclaircir la ramure très buissonnante et de conserver un maximum de branches ramifiées. Veillez au bon équilibre de la charpente et supprimez le bois mort.

Cognassier plein vent

Demi-tige de 1,20 à 1,50 m de hauteur de tronc.

▶ Le conseil du jardinier

Récoltez les coings le plus tard possible, lorsque les premiers fruits tombent et que leur épiderme est bien coloré. Ils sont alors recouverts d'un duvet qui doit s'en aller quand on les frotte.

VARIÉTÉS

'Champion', maturité fin octobre-début novembre.
'Monstrueux de Vranja', maturité mi-octobre.
'Du Portugal', maturité septembre-octobre.
'De Bereczki', maturité octobre.

Culture

Le cognassier se cultive dans toutes les régions, mais il a besoin de chaleur en automne pour bien mûrir ses fruits, et sa floraison est sensible aux gelées printanières. Plantez-le dans un sol consistant, frais et non calcaire.

Multiplication

Multipliez-le par semis ou par bouturage. Le greffage en écusson, fin juillet, sur un cognassier issu de semis, est possible, mais plus difficile (voir p. 500).

Principaux ennemis

Maladies	Traitement fongicide
Monilia	Cuivre et bénomyl
Tavelure, entmosporiose	Cuivre et captane ou mancozèbe
Septoriose, oïdium	Soufre et flusilazole
Insectes	Traitement insecticide
Puceron	Traitement d'hiver et cyperméthrine

Figuier

Ficus carica (Moracées)

Originaire des pays au climat chaud, le figuier ne fructifie convenablement et abondamment que dans les régions méridionales et, dans le Sud-Ouest. On le rencontre encore dans des zones bénéficiant d'un microclimat favorable.

- Plantation : novembre à mars
- Exposition : ensoleillée et abritée
- Sol : tout sol
- Formes : tige, cépée, palmette

Figuier en touffe : la taille et la récolte sont plus facile.

Variétés unifères

Elles ne donnent que des figues d'automne, maturité d'août à octobre.

VARIÉTÉS

'Parisienne', maturité août-septembre.
'Marseillaise', maturité septembre-octobre.
'Dauphine violette', maturité (1) août, (2) septembre-octobre.
'Blanche de Versailles' ou 'Blanche d'Argenteuil', maturité (1) début juillet, (2) septembre.
'Bellone', maturité juillet-mi-août.
'Noir de Caromb', maturité mi-juillet-début août.
'Col de Dame', septembre, 'Blanquette', septembre-octobre, 'Bourjassotte', septembre-octobre, 'Buissonne' (1) début juillet, (2) octobre, 'Barbillonne', (1) juillet, (2) septembre-octobre, 'Grosse rouge de Bordeaux', (1) août, (2) octobre.

Types de figuiers les plus cultivés

Choisissez des figuiers parthénocarpiques, c'est-à-dire capables de porter à maturité leurs fruits sans fécondation.
Les variétés les plus courantes sont bifères ou unifères selon le climat.

Variétés bifères

Elles produisent 2 récoltes par an: les figues-fleurs, maturité de juin à août, et les figues d'automne, maturité d'août à octobre.

À savoir

Dans le Midi, un bel arbre pourra produire jusqu'à 60 kg de fruits. Dans le Nord, la culture est plus délicate et la récolte moins abondante, il faudra vous contenter de 3 à 4 kg par sujet.
Sachez qu'à partir de −10 °C le bois de l'année risque de geler et qu'au-dessous de −10 °C c'est l'ensemble de la partie aérienne qui peut être détruit, mais l'arbre repart de souche.

Histoire

Rappelons qu'en 1890, à Argenteuil, quelque 70 ha de figuiers fournissaient la région parisienne en fruits frais. Vers le 15 novembre, les touffes étaient fagotées et enterrées dans des tranchées garnies de paille et recouvertes d'une butte de terre. On dégageait la terre début mars et les figues-fleurs restaient protégées du froid, ainsi la récolte de juin était assurée.

Formation d'une cépée

1e année : taillez le jeune plant à 3 yeux.

2e année : taillez les 3 rameaux obtenus à nouveau sur 3 yeux.

3e année : Taillez de nouveau sur 3 yeux les rameaux obtenus.

Sélectionnez les drageons les plus vigoureux et les mieux placés pour agrandir la touffe et supprimez ceux trop faibles. Il vous faut obtenir une quinzaine de branches.

▶ Le conseil du jardinier

Les jeunes figues-fleurs sont sensibles au froid. Dans le nord, plantez dans l'angle d'un mur bien exposé en espalier ou en touffe. Dans ce dernier cas, maintenez la production de fruits assez près du sol en taillant régulièrement. Ainsi vous pourrez les protéger de décembre à mars avec des paillassons, ou en entourant l'ensemble des branches de paille ou de feuilles mortes, entourées de film plastique.

La figue est un beau fruit. Les fleurs à l'intérieur deviennent comestible après la fécondation.

Culture

C'est surtout dans le Midi que le figuier se cultive, mais on peut aussi obtenir une fructification régulière dans la zone maritime de la Manche ouest et en Île-de-France, à condition de le planter en situation abritée des vents froids.

Plantez-le dans n'importe quel sol, même calcaire, mais surtout pas acide.

Multiplication

Au printemps, prélevez autour de la touffe des rejets (drageons) et plantez-les immédiatement. Il est aussi possible de marcotter des rameaux de 2 à 3 ans (voir page 498).

Formes

Dans les régions méridionales, cultivez le figuier en tiges espacées de 10 m, et partout en cépée tous les 5 à 6 m, ou en isolé.

Taille

Taille de formation d'une cépée
Voir dessin ci-contre.

Taille d'entretien
Pour maintenir une production moyenne, il suffira de pratiquer, tous les 2 à 3 ans, un bon nettoyage. En novembre, supprimez les plus vieilles branches, dégarnies, en les coupant au ras du sol. Coupez légèrement les rameaux vigoureux partant de la base de la touffe. N'oubliez pas de protéger les plaies de taille avec du produit cicatrisant.

Principaux ennemis

Maladies	Traitement fongicide
Mouche de la figue	Diazinon ou diméthoate
Cochenille	Huile blanche

Framboisier

Rubus idaeus (Rosacées)

On distingue deux types : le non remontant, qui fructifie sur les pousses de l'année précédente, et le remontant, qui produit une fois sur la pousse de l'année en septembre, et une seconde fois sur la même canne l'année suivante en juin-juillet.

■ Plantation : de novembre à mars

■ Floraison : mai à octobre

■ Exposition : ombragée

■ Sol : léger, acide, riche en humus

■ Formes : touffes palissées ou non

VARIÉTÉS

Variétés remontantes

'Zéva', maturité mi-juin / mi-juillet et mi-août / fin septembre.

'Héritage', maturité mi-juin / mi-juillet et mi-août / mi-septembre.

'Belle de Malicorne', maturité mi-juin / fin juillet et mi-septembre / mi-novembre.

'September', maturité mi-juin / mi-juillet et mi-septembre / mi-octobre.

'Lloyd George', 'Bois Blanc'.

Variétés non remontantes

'Magnific Delbard', maturité mi-juillet / mi-août.

'Malling Promise', maturité mi-juin / mi-juillet.

'Malling Exploit', maturité fin juin / fin juillet.

'Malling Admiral', 'Glen Clova', 'Meeker', 'Amber'.

Culture

Le framboisier peut être planté partout dans nos régions. Choisissez un coin ombragé, sachant qu'il craint plus la chaleur que le froid. Il peut être cultivé jusqu'à 1 600 m d'altitude, il faut alors compter un retard de floraison de 10 jours par 300 m. De juin à septembre, surveillez bien l'arrosage, vérifiez que la terre reste fraîche.

Plantez-le dans une terre légère, plutôt acide (pH 6,5) et surtout riche en humus. Évitez les sols lourds, calcaires ou séchants, ses racines étant superficielles.

'Magnific Delbard'. Variété non remontante à très gros fruits, excellente et parfumée.

'Zéva'. Variété remontante de gros calibre, ferme et très parfumée.

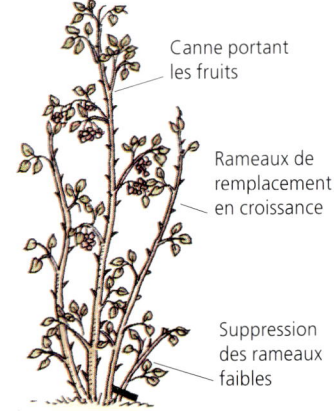

Canne portant les fruits

Rameaux de remplacement en croissance

Suppression des rameaux faibles

Juin-juillet

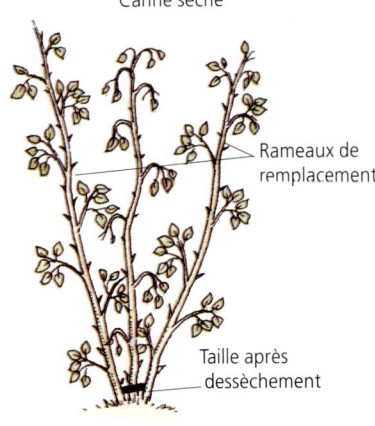

Canne sèche

Rameaux de remplacement

Taille après dessèchement

Septembre

Multiplication

Le moyen le plus simple est de diviser les touffes de décembre à février pour prélever les rejets les plus vigoureux autour des pieds. En novembre, vous pouvez également bouturer des racines vigoureuses en godet sous abri.

Formes

Le framboisier se plante en haie libre ou mieux palissé en éventail sur des fils de fer tendus sur deux niveaux à 40 cm du sol et à 1 m.

Taille

Taille de plantation
En novembre, plantez 1 ou 2 jeunes plants côte à côte et taillez-les à 30 cm du sol au-dessus d'un œil. Les 2 années suivantes, sélectionnez les plus beaux rejets pour obtenir une touffe vigoureuse. La 3ᵉ année, la fructification est abondante.

Taille de fructification
Taille du framboisier non remontant (dessins 1)
En septembre, les cannes sèches qui ont produit en juin-juillet ont bruni et séché. Éliminez-les en les coupant à la base. Palissez et épointez les rameaux, encore verts, qui n'ont pas fructifié cette année. Ils produiront la prochaine récolte estivale.

Le saviez-vous ?
Les framboises se consomment bien évidemment fraîches, mais on peut en faire de la confiture, de la gelée, du coulis, du sorbet, du sirop, de l'alcool, de la liqueur et même du vinaigre.

◆ Le conseil du jardinier
Apportez une bonne fumure d'entretien à vos framboisiers, sous la forme d'un engrais complet faible en azote, titrant 5-15-20, enfoui par un léger béquillage avant le démarrage de la végétation.
Lors de la plantation, veillez à faire des trous assez grands pour bien répartir les racines, et à enterrer les 3 yeux situés au-dessus du collet du jeune plant.

'Héritage'. Variété remontante très productive, ferme au goût excellent.

En juin-juillet, les cannes, qui ont fructifié à l'automne, portent de nouveau des fruits.

Après la récolte du début de l'été, éliminez les cannes qui ont produit des framboises en les coupant au ras du sol. Enlevez également tous les rameaux de l'année peu vigoureux ou qui s'éloignent trop du rang.

Taille du framboisier remontant (dessins 2)

En septembre, après la récolte, coupez les extrémités des cannes qui ont porté des fruits, car elles se dessèchent.

Principaux ennemis

Maladies	Traitement fongicide
Dessèchement des tiges	Cuivre et captane ou thirame
Anthracnose et septoriose	Cuivre et manèbe ou mancozèbe
Blanc	Soufre et flusilazole ou triforine
Pourriture grise sur fruit	Captane, manèbe ou bénomyl
Insectes	Traitement insecticide
Cécidomyie des tiges	Brûler les tiges atteintes
Pucerons	Cyperméthrine, endofulsan ou diazinon
Anthonome du framboisier	Phosalone ou endosulfan
Ver des framboises	Phosalone ou roténone
Acariens	Traitement acaricide
Araignée jaune	Dicofol ou bifenthrine

2- Taille du framboisier remontant

Taille des cannes sèches

Septembre

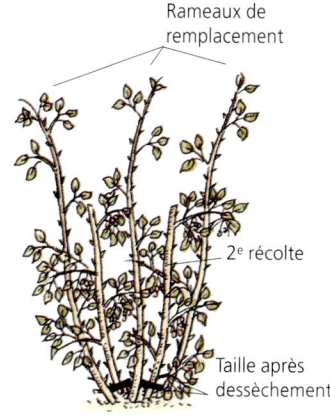

Rameaux de remplacement

2e récolte

Taille après dessèchement

Juin-juillet

Groseillier à grappes

Ribes nigrum (Grossulariacées)

Petit arbuste très rustique, drageonnant, touffu et buisson-nant, de 1 à 1,50 m de hauteur, le groseillier à grappes est apprécié pour ses fruits rouges, rosés, blanc jaunâtre ou noirs.

- ■ Plantation : de novembre à mars et toute l'année en conteneur
- ■ Floraison : mars-avril
- ■ Exposition : soleil dans le nord, mi-ombragée au sud
- ■ Sol : silico-argileux
- ■ Formes : touffe, palmette ou sur tige

VARIÉTÉS

'Gloire des Sablons', maturité vers le 20 juillet.
'Red Lake', maturité entre le 5 et le 15 juillet.
'Jonkheer Van Tets', maturité vers le 20 juin.
'Versaillaise Blanche', maturité vers le 15 juillet.
'Stanza', 'Rondom', 'Junifer', 'Rose de Champagne', 'Géant noir', 'Cocagne'.

Culture

Le groseillier s'adapte à n'im-porte quel terrain, mais préfère un sol silico-argileux, souple, frais, fertile et pauvre en calcaire (pH 6,5). Il redoute la chaleur et la sécheresse, mais aussi l'humi-dité stagnante.

Multiplication

Très facile par boutures. Coupez des rameaux d'un an de 20 cm de long pendant l'hiver et enterrez-les aux 4/5 dans un mélange léger. Pour obtenir plus rapidement de belles touffes, plantez 3 boutures groupées, espacées de 10 à 20 cm.

Astuce

Protégez vos grappes de la gour-mandise des étourneaux, des bouvreuils et des merles en recouvrant vos arbres de filets, juste avant le rougissement des baies.

'Jonkheer Van Tets'. Variété très productive convenant à tous les climats.

'Versaillaise Blanche'. Variété de mi-saison aux belles grappes blanches à baies acidulées.

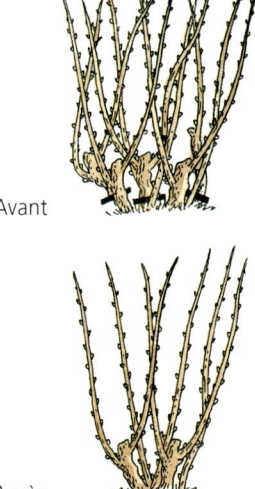

Avant

Après

Vous pouvez marcotter : couchage des rameaux en mars et sevrage de la marcotte en novembre.

Si vous voulez former une tige, greffez en tête en écusson en juillet sur *Ribes aureum* (voir page 500).

Formes

Plantez en touffes buissonnantes de 10 à 20 branches, espacées de 1 à 1,50 m sur le rang et de 2,50 à 3 m entre les rangs.

Vous pouvez également l'exploiter en palmettes, palissées en éven-tail de 4 à 5 branches et espacées de 1 à 1,20 m sur le rang ou sur tige.

Taille

Les branches jeunes, âgées de 2 à 5 ans, produisent le plus de grappes.

La taille consistera donc à stimuler la ramification. Durant l'hiver, coupez au ras du sol tous les rameaux de plus de 5 ans, ceux qui se développent horizontalement ou qui s'enchevêtrent au centre. Conservez au moins 15 à 20 branches jeunes et productives.

Touffe en éventail

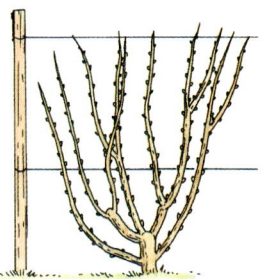

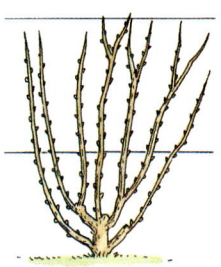

Principaux ennemis	
Maladies	*Traitement fongicide*
Oïdium (blanc)	Soufre et triforine ou flusilazole
Rouille du groseillier	Cuivre et mancozèbe
Insectes	*Traitement insecticide*
Puceron jaune ou vert	Phosalone ou cyperméthrine
Tenthrède et phalène	Phosalone ou roténone
Acariens	*Traitement acaricide*
Araignée rouge et jaune	Dicofol

▸ **Le conseil du jardinier**
À l'automne, enfouissez par un labour léger un engrais complet titrant 10-10-20. En saison, maintenez le sol propre au pied des touffes.

Groseillier à maquereau

Ribes grossularia (Grossulariacées)

Arbuste buissonnant très touffu, ne dépassant pas 1,50 m de hauteur, aux rameaux très épineux, flexibles et souvent couchés sur le sol.

'Resistenta'. Variété aux fruits blancs dorés, chair sucrée et parfumée, très productive et de bonne résistance aux maladies, notamment à l'oïdium.

VARIÉTÉS

'Resistenta', maturité fin juillet à mi-août, résiste à l'oïdium.
'May Duke', maturité juillet-août.
'Freedonia', maturité fin juillet.
'Captivator', 'Careless', 'Dane's Mistake', 'Leveller', 'Poorman', 'Winham's Industry', 'Brinio' (Caseille' ; cassis x G. à maquereau).

Culture

Alors qu'il s'adapte au plein soleil du nord de la France, plantez le groseillier à maquereau à l'ombre dans le Midi. Il s'accommode de tous les terrains frais, mais installez-le plutôt en sol silico-argileux.

Multiplication

Pour obtenir de nouveaux plants, il est possible de marcotter. En mars, maintenez des rameaux en contact avec la terre. À l'automne suivant, ces rameaux, enracinés, peuvent être séparés de la plante-mère et plantés ailleurs. Vous pouvez aussi bouturer au printemps (voir page 496).

Formes

Plantez en touffes formées d'une douzaine de branches, espacées de 2 m en tout sens.

Principaux ennemis

Maladies	Traitement fongicide
Oïdium (blanc)	Soufre et triforine ou flusilazole
Rouille du groseillier	Cuivre et mancozèbe
Insectes	*Traitement insecticide*
Puceron jaune ou vert	Phosalone ou cyperméthrine
Acariens	*Traitement acaricide*
Araignée rouge et jaune	Dicofol

Taille

Rajeunissez les touffes avant le début de la végétation, en supprimant les branches de 5 ou 6 ans. Conservez toujours une dizaine de branches productives. Taillez-les pour qu'elles se ramifient.

Taille de fructification

Avant

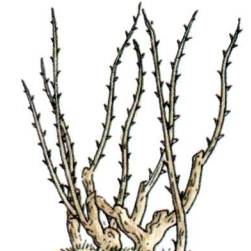

Après

◆ Le conseil du jardinier

Lors de la taille, supprimez les branches traînant au sol et qui ne porteraient que des fruits souillés. Maintenez le sol propre au pied des touffes, et appliquez la même fertilisation que pour le groseillier à grappes.

Kaki

Plaqueminier *Diospyros kaki* (Ébénacées)

Arbre à port arrondi ou pyramidal, atteignant 15 m de hauteur. Les variétés récentes produisent des fruits parthénocarpiques et n'ont pas besoin de pollinisation.

- Plantation : de novembre à mars
- Floraison : mai-juin
- Exposition : ensoleillée
- Sol : non calcaire
- Formes : haute-tige, demi-tige, palmette

Fructification d'une grande valeur décorative en hiver lorsque les fruits sont colorés et restent accrochés sur l'arbre après la chute des feuilles.

VARIÉTÉS

'Fuyu', maturité fin novembre. 'Hachiya', maturité fin novembre. 'Jiro', 'Izu', 'Nishimura Wase', 'Costata', 'Muscat'.

Culture

Résistant à des froids de −15° à −20° C, le plaqueminier est très rustique, vous pouvez donc le planter partout, même au nord de la France. Pour mûrir, ses fruits ont cependant besoin de chaleur. Installez-le au soleil, dans un sol profond, bien drainé et non calcaire, d'un pH de 6 à 6,5 (au-delà risque de chlorose). Tous les kakis sont vendus déjà greffés sur *D. virginiana* ou *D. lotus*.

Multiplication

Le greffage est assez délicat. Vous pouvez essayer, en avril, de greffer en fente double à la base de la tige (collet) (voir p. 500).

Formes

Chez l'amateur, le plaqueminier est surtout planté en isolé, en tige ou demi-tige. Vous pouvez obtenir de beaux fruits dans le nord de la France, en le cultivant en palmette à la diable, palissée devant un mur exposé au Sud-Sud-Ouest.

Principaux ennemis

Maladies	Traitement fongicide
Maladie du collet (rare mais dangereuse)	Cuivre et arrachage

Insectes	Traitement insecticide
Cochenille farineuse	Huiles blanches
Mouche des fruits (en région de culture)	Malathion

Taille

Les formes de plein vent ont besoin d'être élaguées tous les 3 ou 4 ans. Éliminez les branches mortes, celles qui se croisent ou qui poussent vers le cœur de l'arbre. Le kaki supporte les tailles sévères car il peut produire de nouvelles pousses, même sur des branches de fort diamètre.

Les palmettes se taillent en novembre, tous les ans. Les premières années, contentez-vous de raccourcir légèrement les branches et de les guider afin de bien les répartir sur la surface de palissage. Par la suite, taillez les rameaux à 4 ou 5 yeux.

Taille de fructification d'une palmette

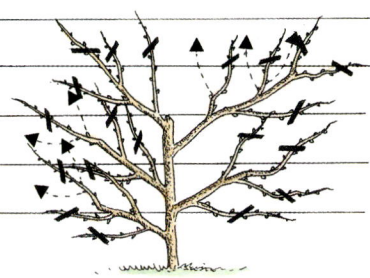

▶ Le conseil du jardinier

Dégustez les kakis blets, lorsque la pulpe est ramollie et sucrée, sinon la chair est astringente et âpre. Les variétés actuelles comme 'Fuyu', 'Hachiya' ne présentent plus ce désagrément.

Noisetier

Coryllus avellana (Bétulacées)

Arbrisseau buissonnant et touffu, atteignant 4 à 5 m de hauteur, pouvant vivre de 60 à 80 ans. C'est une plante monoïque qui porte des fleurs mâles (chatons) ou des fleurs femelles (glomérules rougeâtres) sur le même pied.

- ■ Plantation : novembre à mars
- ■ Floraison : fleurs mâles à partir de fin janvier et fleurs femelles début février à fin mars
- ■ Exposition : ensoleillée
- ■ Sol : tous les sols
- ■ Formes : touffes

VARIÉTÉS

'Fertile de Coutard', maturité mi-septembre.
'Segorbe', maturité début septembre.
'Merveille de Bollwiller', maturité fin octobre.
'Bergeri', 'Cosford', 'Aveline de Piémont', 'Impérial de Trébizonde', 'Longue d'Espagne', 'Butler', 'Ennis' et noisetier pourpre.

Culture

Vous pouvez planter le noisetier dans toutes les régions de France, jusqu'à 1 500 m d'altitude. Il résiste à des froids de − 20 ° C, mais les chatons sont détruits à − 8 ° C, et les fleurs femelles à − 15 ° C. Choisissez-lui un emplacement aéré et si possible ensoleillé. Peu exigeant, il apprécie les sols acides et frais, et accepte un terrain calcaire contenant 10 % de calcaire actif.

Principaux ennemis

Maladies	Traitement fongicide
Anthracnose	Cuivre et manèbe
Oïdium du noisetier	Soufre et flusilazole
Insectes	**Traitement insecticide**
Puceron vert	Cyperméthrine ou roténone
Balanin des noisettes	Phosalone ou endosulfan
Acariens	**Traitement acaricide**
Phytopte du noisetier	Dicofol

Noisetier pourpre. Variété intéressante par la couleur du feuillage, à inclure au jardin d'ornement, mais production de fruits plus limitée.

*'Fertile de Coutard'. Variété vigoureuse de floraison précoce, aux fruits assez gros :
3 à 4 g, parfumés.*

*'Merveille de Bollwiller'. Variété très rustique, de mise à fruit rapide, excellente polli-
nisatrice, donnant un fruit très gros, rond, sucré et parfumé.*

Les variétés à croiser

Variétés à polliniser	Variétés pollinisatrices
Aveline de Piémont	Fertile de Coutard Impérial de Trébizonde Segorbe
Bergeri	Longue d'Espagne Merveille de Bollwiller
Butler	Ennis Merveille de Bollwiller
Cosford	Merveille de Bollwiller
Ennis	Butler Cosford Merveille de Bollwiller
Fertile de Coutard	Aveline de Piémont Bergeri Longue d'Espagne Segorbe
Impérial de Trébizonde	Aveline de Piémont Cosford Merveille de Bollwiller
Longue d'Espagne	Cosford Merveille de Bollwiller
Merveille de Bollwiller	Cosford Longue d'Espagne
Segorbe	Fertile de Coutard Longue d'Espagne Merveille de Bollwiller

Taille du noisetier

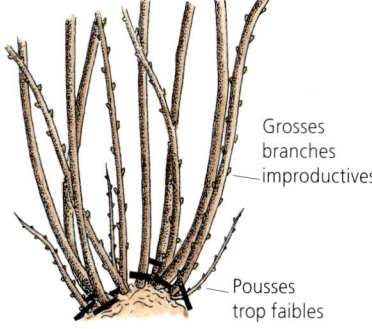

Grosses branches improductives

Pousses trop faibles

▶ Le conseil du jardinier

Pour obtenir une fructification abondante, plantez plusieurs variétés de noisetier car leurs floraisons sont décalées (voir tableau ci-dessus).

Les noisettes fraîches se cueillent avant maturité. Pour la consommation du fruit sec, la récolte se fait lorsque la noisette se détache facilement de la cupule.

Multiplication

Le moyen le plus facile de produire de nouveaux noisetiers est la division de touffe. En mars-avril, récupérez à la bêche les jeunes pousses qui se sont marcottées naturellement au pied de la touffe. Habillez les racines, c'est-à-dire coupez-les sur un tiers de leur longueur, et rabattez assez sévèrement les jeunes tiges avant de planter.

Formes

Le noisetier se cultive en touffes de 6 ou 7 branches. Plantez-les en les espaçant de 5 m, ou tous les 3 m pour former des haies.

Taille

Tous les 5 ans, à l'automne, supprimez les grosses branches improductives, sans oublier d'appliquer du mastic cicatrisant sur les coupes. Ne conservez jamais plus de 10 branches principales (charpentières) en production. Éliminez les gourmands développés en surnombre au centre de la touffe, les branches enchevêtrées et les pousses trop faibles de la base, afin de garantir air et lumière indispensables pour une bonne floraison.

Noyer

Juglans regia (Juglandacées)

Arbre de 20 à 30 m de hauteur. Espèce monoïque dont les fleurs mâles réunies en chatons poussent sur les rameaux de l'année précédente, alors que les fleurs femelles naissent par groupes de 2 ou 4 à l'extrémité des bourgeons de l'année.

Culture

Le noyer se plante dans presque toutes les régions, mais n'aime pas l'altitude au-delà de 750 m ni les endroits trop chauds comme le Midi.

Il résiste aux grands froids hivernaux jusqu'à −20° C, mais ses jeunes rameaux verts craignent

Noix dans leur brou.

les gelées printanières au-dessous de 0° C. Peu exigeant, vous pouvez même l'installer dans un sol calcaire, mais il préfère un sol riche, perméable, silico-argileux, sans eaux stagnantes.

Juglans regia au port majestueux ; un arbre pour les grands jardins.

VARIÉTÉS

'Franquette', maturité fin octobre, pollinisateur 'Parisienne', 'Mayette'.

'Parisienne', maturité mi-octobre, pollinisateur 'Franquette', 'Mayette'.

'Marbot', maturité début octobre, pollinisateur 'Franquette', 'Grandjean'.

'Bijou', 'Corne', 'Grandjean', 'Mayette', 'Pieral-Lara'.

Le saviez-vous ?

'Franquette' et 'Mayette' sont des variétés très résistantes aux maladies.

En plus de ses qualités d'arbre fruitier, le noyer blanc est producteur d'un bois d'œuvre de tout premier ordre. Celui du noyer noir n'est malheureusement pas de la même qualité.

Multiplication

Les noyers sont vendus greffés sur noyer blanc *(Juglans regia)*, de grande vigueur, ou sur un noyer noir *(Juglans nigra)* produisant plus rapidement et plus résistant à la maladie de l'encre. Le greffage est tès délicat.

Formes

Haute tige ou demi-tige
– sur noyer blanc : distance de plantation de 12 à 20 m en tout sens ;
– sur noyer noir : de 7 à 9 m en tout sens.

Taille

Après la taille de formation de la tige (voir dessin ci-contre), le noyer ne nécessite pas de taille, sauf, éventuellement, un élagage en octobre-novembre pour retirer les gourmands et le bois mort à l'intérieur de la ramure. Protégez les plaies avec un mastic cicatrisant.

Astuce

Dès que les noix commencent à tomber, hâtez la récolte en secouant les branches avec de grandes gaules de châtaignier. Attendez que le brou éclate pour ramasser les noix et éviter ainsi de se tacher les doigts. Conservez-les plusieurs mois sur des claies, dans un local sec et à une température de 5°C environ.

'Franquette'. Variété de mise à fruit rapide, très productive.

Taille de formation d'une tige

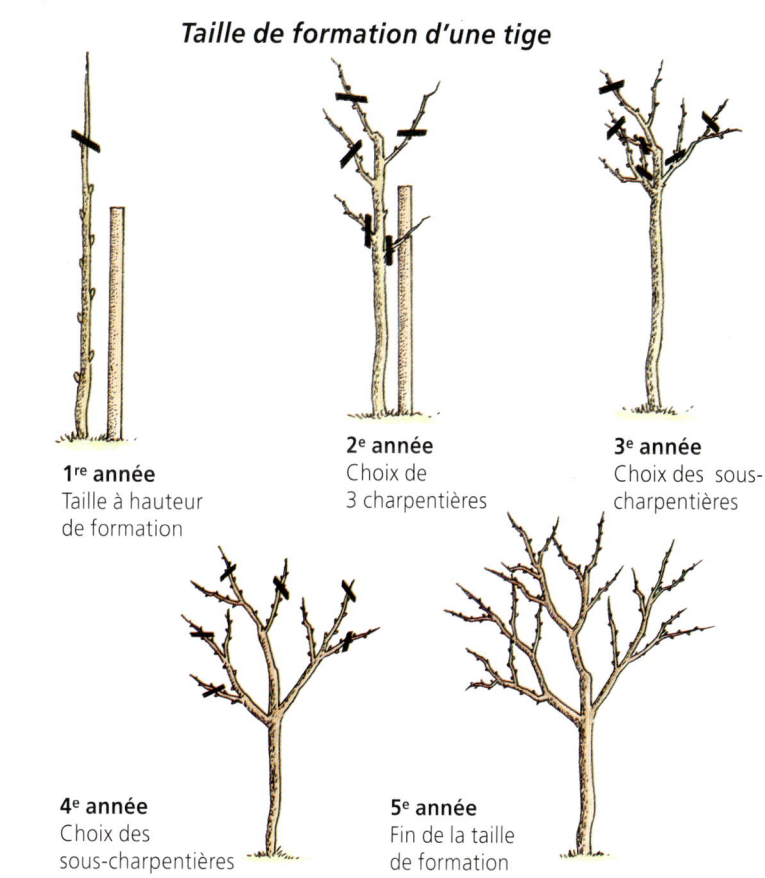

1re année
Taille à hauteur de formation

2e année
Choix de 3 charpentières

3e année
Choix des sous-charpentières

4e année
Choix des sous-charpentières

5e année
Fin de la taille de formation

▶ Le conseil du jardinier

Bien que le noyer commun soit autofertile, chez la plupart des variétés les fleurs mâles et femelles ne fleurissent pas en même temps : c'est le phénomène de dichogamie, entraînant un risque de faible fécondation.

Pour assurer une bonne récolte, vous devez donc planter plusieurs variétés.

Olivier

Olea europea (Oléacées)

Arbre de dimension moyenne, au tronc un peu tordu. Son bois est extrêmement dur, et sa croissance très lente lui permet d'atteindre un âge vénérable.

Culture d'oliviers en haute tige.

VARIÉTÉS

'Tanche', maturité décembre-janvier (noire).
'Cailletier', maturité février-mars (noire).
'Picholine', maturité octobre en vert, janvier-février à maturité complète.
'Aglandau', 'Moncita', 'Bouteillan'.

Culture

Il ne vous sera possible de cultiver l'olivier que dans le Sud-Est et dans les situations abritées de la

Principaux ennemis

Insectes	Traitement insecticide
Teigne	Diméthoate
Mouche de l'olive	Diméthoate ou diazinon
Cochenille noire	Huile blanche

Les oliviers plantés en bonnes conditions donnent une fructification généreuse.

davantage sur les branches hautes pour refouler la sève vers les parties basses, plus faibles. Coupez quelques vieilles branches productrices juste au-dessus des pousses vigoureuses nées à leur base (dessin 2). Elles prendront le relais de celles supprimées.

Côte d'Azur ou de la Corse, mais surtout pas en bord de mer où la récolte serait réduite. Il est endommagé par le gel à partir de −8 °C. Vous pouvez le planter dans tous les sols, même les plus pauvres, à condition qu'il reçoive une quantité d'eau suffisante.

Multiplication

Pour reproduire fidèlement une variété, bouturez des rameaux rigides (lignifiés), en février-mars, ou arrachez, avec leurs racines,

---

Le saviez-vous ?

Les olives sont consommées directement ou transformées en huile. Les olives vertes, issues de certaines variétés, sont cueillies en octobre-novembre avant leur maturité. Les olives noires sont récoltées à développement complet.

---

les rejets au pied de l'arbre pour les planter ailleurs.
Plus complexe, le greffage, en fente (mars), en couronne (avril) ou en écusson (mai), est possible sur des oliviers issus du semis d'un noyau (voir p. 500).

Formes

La haute-tige est la plus utilisée soit en isolé, soit en plantation espacée de 10 à 20 m. Durée de production : 50 à 100 ans, et souvent plus.
L'olivier se cultive également comme plante d'orangerie, en touffe, en bac ou en caisse, mais la fructification est alors nulle.

Taille

Tous les 5 ans pour dégager la ramure, éliminez des rameaux fructifères : conservez-en un tous les 15 cm environ sur la branche principale (dessin 1). Espacez-les

1- Taille d'éclaircissage

Espacez les rameaux fructifères de 15 cm environ et en disposition alternée sur le rameau principal.

2- Taille de remplacement

Suppression d'un ancien rameau fructifère.

◆ **Le conseil du jardinier**
Ne laissez pas l'olivier manquer d'eau. Irriguez : il prospérera plus rapidement, et vous obtiendrez une meilleure récolte.

Pêcher

Prunus persica (Rosacées)

Arbre de 3 à 6 m de hauteur, à port érigé dans sa jeunesse, et plutôt étalé adulte. Sa mise à fruit est rapide, mais sa longévité dépasse rarement 20 ans.

- ■ Plantation : novembre à mars
- ■ Floraison : fin février à mars-avril
- ■ Exposition : sud-est ou sud-ouest
- ■ Sol : meuble, profond et frais
- ■ Formes : demi-tige, gobelet basse tige, palmettes

Pêcher en demi-tige.

Culture

En France, vous pouvez planter le pêcher dans toutes les régions. Il supporte des froids hivernaux jusqu'à $-20\,°C$, mais sa floraison hâtive est souvent détruite par les gelées printanières tardives, surtout au nord de la Loire, où il doit être cultivé en espalier, exposé sud-est ou sud-ouest, à l'abri d'un mur surmonté d'un auvent. Au moment de la floraison, déroulez une toile devant les arbres pour les protéger du gel (voir p. 518).

Au débourrement, les bourgeons du pêcher sont abîmés à $-4\,°C$, les fleurs à $-3\,°C$ et les jeunes fruits à $-1\,°C$.

Plantez de préférence en sol meuble, profond et frais, mais, suivant les régions, la gamme importante de porte-greffes vous

À savoir

Les quatre fruits du pêcher :
- Les pêches vraies, chair blanche, jaune ou rouge, peau duveteuse au noyau libre que l'on peut facilement séparer en plusieurs quartiers.
- Les pavies, chair blanche ou jaune, peau duveteuse au noyau adhérent et chair ferme pour cuisson ou conserves au sirop.
- Les nectarines, chair blanche ou jaune, peau lisse au noyau libre, chair parfumée et sucrée.
- Les brugnons, chair blanche ou jaune, peau lisse au noyau adhérent et chair ferme.

VARIÉTÉS

– Pêches
'Redhaven', du 15 au 30 juillet, à chair jaune.
'Grosse Mignonne hâtive', du 1er au 15 août, à chair blanche.
'Andromède', du 15 au 31 août, à chair blanche.
'Reine des Vergers' du 1er au 15 septembre, à chair blanche.
– Nectarines
'Snowqueen', du 1er au 15 juillet.
'Galopin', du 15 au 30 septembre.

Quelques autres bonnes variétés
– Anciennes
'Alexis Lepère', 'Charles Ingouf', 'Madame Girerd', 'J. H. Hale', 'Téton de Vénus', 'Belle Impériale', 'Roussanne de Rodez'.

– Récentes
Pêches : 'Redwing', 'Sirius', 'Earliglo', 'Sanguine de Savoie', 'Saturne' (pêche plate).
Nectarines : 'Fuzalode', 'Flavortop', 'Nectarella' (arbre nain).

Bien choisir un porte-greffe

Porte-greffe	Vigueur	Sol	Forme	Mise à fruit
Amandier	Très grande	Sain, calcaire	Tige, demi-tige	Rapide
Franc	Grande	Sain, profond, non calcaire	Tige, demi-tige	Rapide
Franc de Missour	Grande	Sain 8 à 9 % de calcaire	Tige, demi-tige	Rapide
Prunier INRA Brompton	Grande	Lourd, même un peu calcaire	Demi-tige, gobelet	Rapide
Prunier Saint-Julien et GF665 2	Moyenne	Lourd, peu calcaire	Gobelet, palmette	Très rapide
Prunier Damas INRA 1869	Très moyenne	Lourd et chlorosant	Gobelet, palmette	Très rapide

'Reine des Vergers'. Grande variété classique très rustique, produisant des fruits assez gros, à chair fine, juteuse et sucrée.

permettra de cultiver le pêcher dans des sols caillouteux et même calcaires. Pour cette raison, lorsque vous achetez un pêcher, déjà greffé, choisissez vos variétés sur le porte-greffe le mieux adapté à votre sol et à la forme de l'arbre souhaitée (voir tableau ci-dessus).

Multiplication

Greffer vous-même un pêcher est une opération délicate. Néanmoins, pour reproduire une variété ancienne, difficile à se procurer ou dont vous ne savez pas le nom, vous pouvez tenter une greffe en écusson, en mars dans le Midi, ou en fin d'été dans toute autre région (voir p. 500).

Formes
Plein vent
En isolé ou en verger, plantez en demi-tige ou en gobelet basse tige : 3 m sur la ligne, et 3,50 m entre les rangs (dessin 1).

Espalier
Possibilité de formation en U simple ou en U double ou palmette à la diable (dessin p. 514 à 517).

Taille
Taille de formation
Plein vent et palmette à la diable (voir dessins p. 517).

Taille de fructification
Sur les formes de plein vent (tige, demi-tige et basse tige), tous les 3 ans, éliminez les rameaux non productifs (à bois) excédentaires. Si vous constatez une baisse de production, taillez-en quelques uns à deux yeux de leur base pour les encourager à produire des fruits (voir dessin 2). Cela permet de rapprocher les zones de production du cœur de l'arbre.
La taille des formes palissées assure la production de fruits le plus près possible des branches principales (charpentières).
– En février-mars, lorsque les bourgeons se gonflent, taillez chacun des rameaux (voir dessin 3).

– Tout l'été, pincez les rameaux non productifs, très vigoureux et éliminez les débuts de ramification (ébourgeonnage). Palissez les jeunes branches (voir dessin 4 page suivante).
Après la récolte, supprimez les portions de rameaux ayant porté des fruits. Un nettoyage bénéfique aussi pour les basses tiges.

1- Demi-tige plein vent

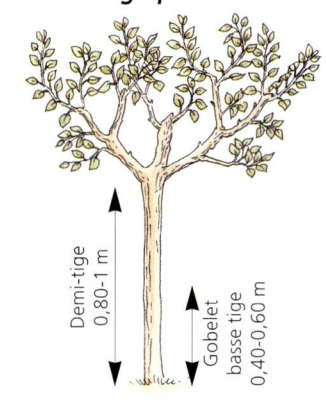

Demi-tige 0,80-1 m

Gobelet basse tige 0,40-0,60 m

2- Rajeunissement d'une branche fructifère

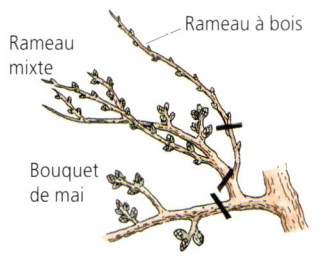

Rameau à bois
Rameau mixte
Bouquet de mai

Principaux ennemis

Maladies	Traitement fongicide
Moniliose	Cuivre et bénomyl
Oïdium	Soufre et triforine ou flusilazole
Coryneum	Cuivre et thirame ou zirame
Cloque	Cuivre et thirame

Insectes	Traitement insecticide
Puceron vert, farineux, noir, cigarier	Cyperméthrine, phosphamidon
Tordeuse orientale	Methomyl ou cyperméthrine
Mouche méditerranéenne	Cyperméthrine, roténone ou piège à phéromone

Acariens	Traitement acaricide
Araignée rouge	Traitement d'hiver et dicofol

'Grosse Mignonne hâtive'. Variété rustique des plus recommandables, produisant de gros fruits à chair blanche, juteuse, fondante, sucrée et parfumée. Bonne résistance aux maladies et aux insectes.

Astuce

Certaines variétés se colorant difficilement, enlevez au sécateur quelques feuilles devant les fruits, 2 à 3 semaines avant la récolte.

3-Formes palissées : cas de taille (février-mars)

1 rameau à bois : taillez au dessus des 2 yeux de la base, pour obtenir 2 rameaux de remplacement moins vigoureux et fructifères.

2 rameaux mixtes : supprimez le rameau mixte supérieur et taillez le rameau inférieur en le limitant à 4 ou 5 groupes de fleurs et en laissant un œil à bois tire-sève en extrémité. Les 2 yeux à bois de la base assureront le remplacement l'année suivante.

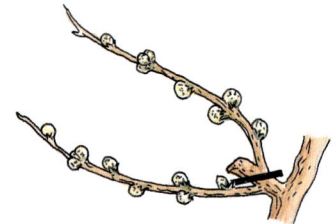

1 branche chiffonne et un rameau mixte : si la chiffonne, cas très rare, présente un œil à bois à sa base, supprimez le rameau mixte, sinon, taillez-le à 2 yeux pour assurer le remplacement de l'année suivante.

2 branches chiffonnes : taillez au dessus de la première chiffonne.

4-Opérations d'été

5-Taille de récolte

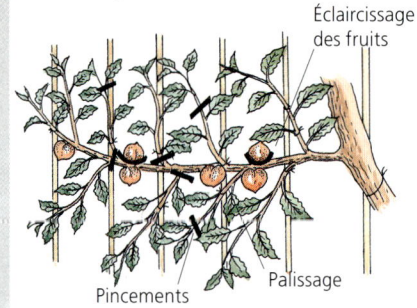

Éclaircissage des fruits

Pincements Ébourgeonnements

Palissage

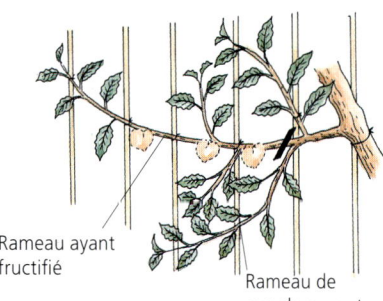

Rameau ayant fructifié

Rameau de remplacement

▶ Le conseil du jardinier

Ne laissez pas vos pêchers manquer d'eau, l'arrosage est primordial, surtout en régions sèches et en terrain léger.

Certains professionnels préconisent jusqu'à 700 mm d'eau dans la saison.

Poirier

Pyrus communis (Rosacées)

Arbre de 12 à 15 m de hauteur, d'aspect pyramidal, qui peut vivre centenaire s'il est planté en bonne situation et greffé sur franc (jeune arbre issu de semis).

- ■ Plantation : novembre à mars
- ■ Floraison : fin mars à début avril
- ■ Exposition : sud-est ou sud-ouest
- ■ Sol : consistant et argileux, riche, frais
- ■ Formes : tige, demi-tige, fuseau, palmettes

'Duchesse d'Angoulême', 'Doyenné d'hiver', 'Grand Champion', 'Joséphine de Malines', 'Soldat Laboureur', 'Sucrée de Montluçon', 'Triomphe de Vienne'.

– Récentes
'Delbardélice', 'Delbargourmande', 'Fertilia Delbard', 'Peradel'.

Palmette oblique à treize branches.

VARIÉTÉS
'Beurré précoce Morettini', maturité en août-septembre.
'Bon Chrétien William's', maturité en août-septembre.
'Beurré Hardy', maturité en septembre-octobre.
'Louise Bonne d'Avranches', maturité en septembre-octobre.
'Conférence', maturité en octobre.

'Doyenné du Comice', maturité en octobre-novembre.
'Delbarexquise d'Hiver', maturité de décembre à mars.

QUELQUES AUTRES TRÈS BONNES VARIÉTÉS
– Anciennes
'Bergamotte Espéren', 'Beurré Baltet Père', 'Beurré Lebrun', 'Beurré Superfin', 'Curé',

Ne pas confondre :
Maturité de cueillette et maturité gustative pour les pommes et les poires

La récolte s'effectue de juillet à la deuxième quinzaine d'octobre, et même jusqu'à la mi-décembre dans les régions où il ne gèle pas. Les indices de maturité de cueillette sont la chute naturelle des premiers fruits, la coloration de l'épiderme, la présence à l'intérieur du fruit de pépins noirs ou marron foncé et lorsque en effectuant un mouvement de bascule, l'index posé sur le pédoncule de la poire, elle se détache toute seule.

La maturité gustative s'échelonne de juillet à mars-avril suivant les variétés et les conditions dans lesquelles les fruits sont conservés, l'idéal étant un local sombre, avec une température de 2° à 7° C, une hygrométrie de 85 % et la possibilité d'aérer.

'Louise Bonne d'Avranche'. Fruit moyen, à chair blanchâtre, fine, fondante, sucrée et juteuse.

Multiplication

Le seul moyen de reproduire une variété de poirier est le greffage, délicat pour l'amateur. Néanmoins, vous pouvez tenter une greffe en écusson, en juillet-août pour les formes basses (palmette ou fuseau), ou en fente, en haut de la tige (en tête), en mars-avril, pour les formes de plein-vent (voir p.500).

Formes

Les formes les plus courantes pour le verger de l'amateur :

Plein vent

En isolé ou en verger, plantez en tige ou demi-tige (tous les 8 m) (dessin 1).

Fuseau

Forme particulière au poirier, plantez tous les 3 m (dessin 1).

Espalier et contre-espalier

U simple, U double, palmette Verrier, palmette oblique à 1 ou 2 étages (dessins, voir p. 513 à 517).

Taille

Taille de formation

Formation de la ramure d'un arbre de plein vent (dessins, voir p. 514).

Taille de formation d'un fuseau

– 1ʳᵉ année : coupez la tige principale à 70 cm du sol. Éliminez tous les départs de ramification dans les 30 cm de la base et les 10 cm du sommet (dessin 2). Par la suite, attachez le jeune rameau de l'extrémité à la portion de tige située au-dessus (onglet).
– 2ᵉ année : coupez la portion de tige au-dessus de la flèche (la branche verticale la plus haute).

Culture

Vous pouvez planter le poirier en toute région, mais pas au-delà de 1 000 m d'altitude. Sa ramure résiste au froid hivernal jusqu'à −20 °C, et ses fleurs, plus précoces que celles du pommier, sont détruites entre 2° et 3 °C. Donnez-lui une exposition sud-est ou sud-ouest, surtout pour une plantation en espalier. Il s'accommodera d'un sol consistant et argileux, riche, frais mais perméable et surtout pas calcaire. Au-dessus de 8 % de calcaire actif, les feuilles jaunissent (chlorose). Le poirier demande environ 850 mm de précipitations annuelles.

Tous les poiriers sont vendus greffés. Choisissez vos variétés de poires sur le porte-greffe le mieux adapté au sol de votre jardin et à la forme de l'arbre souhaitée (voir tableau page 349).

Du porte-greffe dépendent aussi la rapidité de la production et la vigueur de l'arbre.

Astuce

Protégez vos fruits des insectes, des maladies et des intempéries en les ensachant. Opérez juste après l'éclaircissage lorsque le jeune fruit a la taille d'une noix.

'Doyenné du Comice'. Probablement l'une des meilleures poires. Gros fruit aplati, à chair blanche, fine sucrée, relevée, très fondante et très juteuse.

1- Formes particulières au poirier

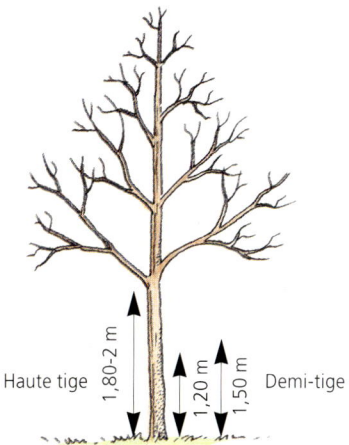

Plein vent
Forme naturellement pyramidale du poirier.

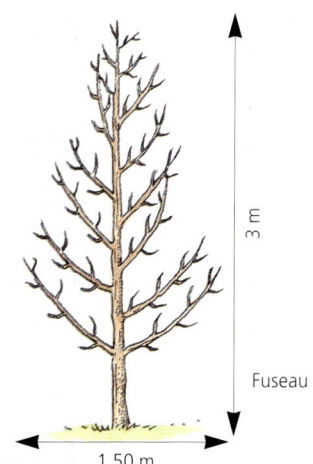

Fuseau
Autour du tronc central, branches charpentières disposées en 8 spirales et inclinées à 45°, de plus en plus courtes vers le sommet.

Taillez cette dernière à 30 cm du sommet en coupant au-dessus d'un bouton situé du côté opposé à la première taille, pour maintenir un axe bien vertical. Taillez les ramifications latérales (apparues l'été dernier) au-dessus d'un bouton regardant vers l'extérieur. Coupez plus court en haut pour former une silhouette conique.
− Les années suivantes, continuez la taille des branches latérales selon ce même principe .

Taille de formation des formes plates
(voir p. 513).

Taille de fructification
− Arbres de plein vent : les années suivant la taille de formation, n'intervenez plus pour permettre la mise à fruit naturelle de votre jeune poirier.
Il suffira d'élaguer tous les 3, 4 ou 5 ans, en novembre, pour maintenir un bon équilibre de la forme et rapprocher la fructification du centre de l'arbre.
Éliminez les branches fourchues, trop rapprochées, ou trop vigoureuses poussant verticalement (gourmands).
Raccourcissez les branches productrices d'un tiers de leur longueur environ.

▶ Le conseil du jardinier
Plantez des variétés complémentaires bonnes pollinisatrices pour obtenir une récolte plus abondante. Lors de la taille d'hiver, veillez à ne choisir sur les rameaux à bois que des yeux bien formés, les yeux de la base de certaines variétés n'étant souvent que des cicatrices d'attaches d'anciennes feuilles.

'Beurré Hardy'. Fruit assez gros, à chair blanche, sucrée, fondante et parfumée.

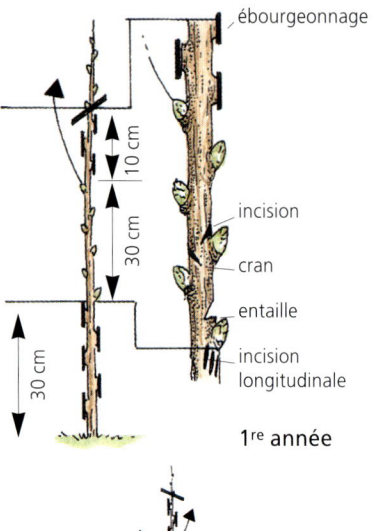

ébourgeonnage

10 cm

30 cm

incision

cran

entaille

30 cm

incision longitudinale

1re année

2e année

3- Organisation d'une palmette

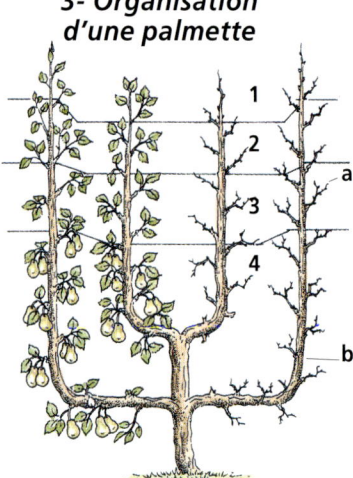

1 Prolongement
2 Zone de formation des coursonnes
3 Zone de mise à fruit
4 Zone de fructification
a Coursonne
b Branche charpentière

– Formes dirigées et palissées : la croissance harmonieuse d'une palmette nécessite une taille annuelle (dessin 3). De décembre à mars, raccourcissez les branches principales (charpentières) d'environ la moitié suivant la vigueur de la pousse de l'année (bois plus clair) en coupant au-dessus d'un œil de face ou situé latéralement. Sur le reste de l'arbre, taillez pour favoriser la production de fruit sur les ramifications latérales (les coursonnes).

– Principe de mise à fruit d'une coursonne (dessin 4) :
● *1re année* : taillez les rameaux non productifs (à bois) à 3 yeux de la base.
● *2e année* : sur le même rameau, s'est formé un dard (rameau très court et de fort diamètre). Coupez le plus près possible de ce dard sur un œil bien formé. Le rameau issu de ce dernier, vigoureux, va « pomper » un maximum de sève. Il induira ainsi la production de fruit sur le dard et l'évolu-

Principaux ennemis	
Maladies	*Traitement fongicide*
Tavelure	Cuivre et captane ou mancozèbe
Moniliose	Cuivre et bénomyl
Rouille grillagée	Manèbe ou mancozèbe
Insectes	*Traitement insecticide*
Psylle	Cyperméthrine ou deltaméthrine
Puceron vert, mauve, brun	Cyperméthrine, deltaméthrine ou roténone
Carpocapse	Methomyl ou phosphamidon, piégeage sexuel, ensachage des fruits
Acariens	*Traitement acaricide*
Araignée rouge	Traitement d'hiver et dicofol

tion en rameau productif de l'œil de la base.

● *3ᵉ année :* le rameau produit des fruits. Taillez juste au-dessus du bouton à fleur, plus globuleux.

– Cas de taille : après cette première production de fruits, de nombreux cas de taille peuvent se présenter. Pour les débutants, mieux vaut opérer en mars, car il est plus facile de repérer les boutons à fleur lorsqu'ils sont prêts à éclore. Quand la coursonne présente un bouton à fleur, taillez au-dessus. Au-dessus d'un dard, taillez au-dessus d'un œil, de 2 yeux ou de 3 yeux selon qu'il y a un rameau, 2 rameaux ou 3 rameaux (dessin 5).
Taillez long les arbres vigoureux et court les arbres de faible vigueur.

– Opérations d'été :
● *Pincements :* coupez à 5 feuilles les rameaux immédiatement sous la pousse terminale des branches principales s'ils sont très vigoureux.
● *Éclaircissage :* après la chute naturelle des jeunes fruits, éliminez encore quelques fruits pour n'en conserver qu'un à deux par bouquet et une quinzaine par mètre linéaire de branches principales (dessin 6).
● *Taille en vert :* sur un arbre très vigoureux, taillez les rameaux d'extrémité des branches principales (charpentières) à 5 ou 6 feuilles.

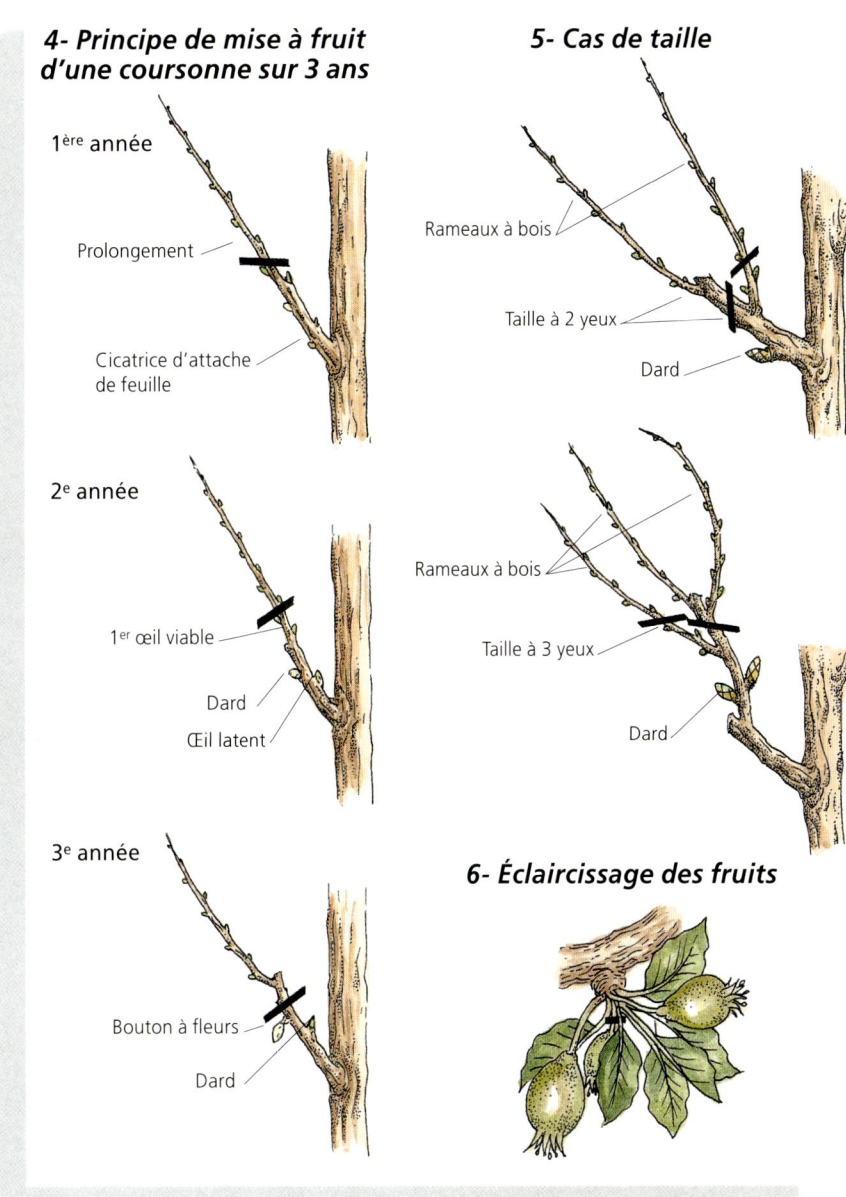

4- Principe de mise à fruit d'une coursonne sur 3 ans

1ère année
Prolongement
Cicatrice d'attache de feuille

2e année
1er œil viable
Dard
Œil latent

3e année
Bouton à fleurs
Dard

5- Cas de taille

Rameaux à bois
Taille à 2 yeux
Dard

Rameaux à bois
Taille à 3 yeux
Dard

6- Éclaircissage des fruits

Pommier

Malus pumila (Rosacées)

Arbre de 10 à 15 m de hauteur, d'aspect sphérique plus ou moins aplati, aux branches souples et arquées. Floraison d'un grand intérêt décoratif au jardin.

- Plantation : novembre à mars
- Floraison : début avril à fin mai
- Exposition : sud-est
- Sol : profond et sain, argilo-siliceux ou argileux
- Formes : tige, demi-tige, gobelet basse tige, palmettes, cordons

Pomme 'Delbard Jubilé' au fruit moyen, rouge et or ; chair fondante, au goût de noisette, miel et banane.

VARIÉTÉS

'Transparente de Croncels', 1re bonne pomme, maturité en août-septembre.
'Reine des Reinettes', variété symbole, maturité d'octobre à décembre.
'Delbard Jubilé', maturité d'octobre à mars.
'Reinette orange de Cox', maturité de novembre à janvier.
'Belle de Boskoop', maturité de décembre à février.
'Calville blanc', sans doute la meilleure des pommes, maturité de décembre à février.
'Reinette blanche du Canada', maturité de décembre à février.
'Reinette grise du Canada', maturité de décembre à février.
'De l'Estre', maturité de janvier à avril.
'Reinette du Mans', maturité de février à mai.

QUELQUES AUTRES TRÈS BONNES VARIÉTÉS
– Anciennes
'Api Étoilée', 'Belle Fille', 'Belle Fleur jaune', 'Bénédictin', 'Chailleux', 'Peasgood non Such', 'Reinette Ananas', 'Reinette Clochard', 'Reinette de Caux', 'Reinette Musquée', 'Reinette d'Orléans', 'Reinette de Parmentier', 'Winter Banana'.
– Récentes
'Braeburn', 'Chanteclerc', 'Cybèle', 'Elstar', 'Golchard', 'Harmonie', 'Jonagold', 'Régali'.

'Reine des Reinettes', la grande classique de l'automne, croquante, sucrée et acidulée.

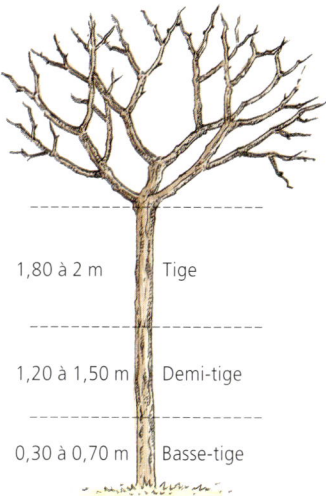

1- Forme plein vent

1,80 à 2 m	Tige
1,20 à 1,50 m	Demi-tige
0,30 à 0,70 m	Basse-tige

2- Forme en gobelet

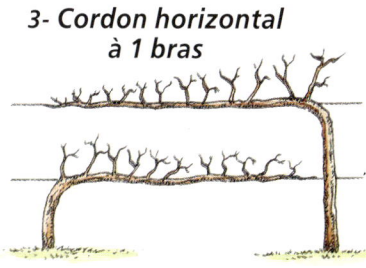

3- Cordon horizontal à 1 bras

Culture

Toutes les régions conviennent à la plantation du pommier, bien qu'il affectionne les climats doux et brumeux (Normandie). Il peut vivre jusqu'à 1 000 m d'altitude et résiste bien aux grands froids de −20 ° à −30 ° C, mais ses fleurs sont détruites entre −2,5 ° et −3 ° C.

De nombreuses variétés acceptent une exposition nord, mais la majorité préfère une exposition sud-est, surtout les arbres en espalier.

Plantez en terres profondes, riches et fraîches, sans humidité excessive. Il supporte assez bien les sols alcalins titrant jusqu'à 15 % de calcaire actif. Il a besoin de 600 mm d'eau par an.

Tous les pommiers sont vendus greffés. Choisissez vos variétés de pommes sur le porte-greffe le mieux adapté à votre sol et à la forme de l'arbre souhaitée (voir tableau p. 354).

Du porte-greffe dépendent aussi la rapidité de la production et la vigueur de l'arbre.

Multiplication

Le seul moyen de reproduire une variété de pommier est le greffage, délicat pour l'amateur. Néanmoins, vous pouvez tenter une greffe en fente, en haut de la tige (en tête), en mars-avril, pour les formes de plein vent (voir p. 500).

Formes

Plein vent

En isolé ou en verger, plantez en tige ou demi-tige (tous les 8 à 10 m), en basse tige (tous les 6 à 8 m), en gobelet greffé sur M106 ou M111 tous les 3 m (dessins 1 et 2).

Espalier et contre-espalier

U simple, U double, palmette Verrier, palmette oblique à 1 ou 2 étages (dessins, voir p. 513 à 517).

Forme particulière au pommier

Cordons horizontaux à 1 ou 2 bras, à 40 ou 80 cm de hauteur (dessin 3).

◆ **Le conseil du jardinier**
Plantez des variétés complémentaires bonnes pollinisatrices, afin d'obtenir une récolte plus abondante.

4-Formation d'un cordon horizontal à un bras

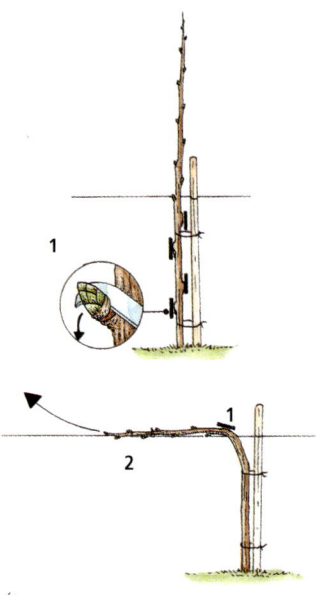

1 Éborgnage
2 Œil au-dessous

5-Organisation d'une palmette soumise à une taille régulière

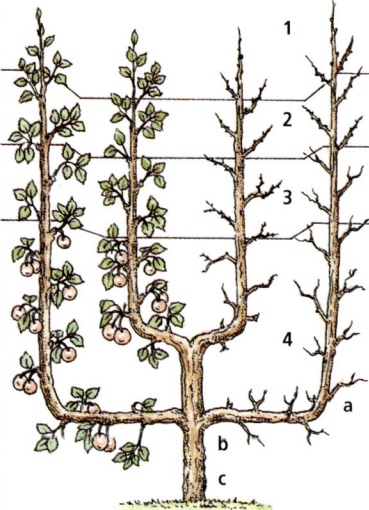

1 Prolongement
2 Zone de formation de coursonnes
3 Zone de mise à fruit
4 Zone de fructification
a Branche charpentière
b Tronc
c Bourrelet de greffe

La 'Calville blanc' est considérée comme la reine des pommes.

Taille

Taille de formation

– Formation de la ramure d'un arbre de plein vent (voir p. 516).
– Taille de formation des formes plates (voir p. 513).
– Formation d'un cordon horizontal à un bras : attachez la base d'un scion à un tuteur, courbez-le à angle droit et palissez-le sur le fil de fer horizontal. Taillez l'extrémité à 30 cm de longueur environ sur un œil regardant vers le sol (dessin 4).

Taille de fructification

– Arbres de plein vent : les années suivant la taille de votre jeune pommier, n'intervenez plus pour lui permettre une mise à fruit naturelle. Élaguez alors tous les 3, 4 ou 5 ans, en novembre, pour maintenir un bon équilibre de la forme et rapprocher la fructification du centre de l'arbre lorsqu'elle s'en éloigne trop.

Réduisez la couronne, éclaircissez la ramure en éliminant les branches fourchues enchevêtrées et les gourmands.

Palmette U double 'Delbard Jubilé'. Bon équilibre de la végétation sur cette forme. Variété d'une grande fertilité, fruit assez gros à chair très fine, croquante, juteuse et acidulée.

Astuce

Protégez vos fruits des insectes, des maladies et des intempéries en les ensachant. Opérez juste après l'éclaircissage, lorsque le jeune fruit a la taille d'une noix.

– Formes dirigées et palissées : la croissance harmonieuse d'une palmette nécessite une taille annuelle. De décembre à mars, raccourcissez les branches principales (charpentières) d'environ la moitié de la pousse de l'année (bois plus clair) en coupant au-dessus d'un œil de face ou situé latéralement. Sur le reste de l'arbre, taillez pour favoriser la production de fruit sur les ramifications latérales, ou coursonnes (dessin 5).

– Principe de mise à fruit d'une coursonne :
● *1ʳᵉ année* : taillez les rameaux non productifs (à bois) à 3 yeux de la base (dessin 6).
● *2ᵉ année* : sur le même rameau, s'est formé un dard (rameau très court et de fort diamètre). Coupez le plus près possible de ce dard sur un œil bien formé. Le rameau issu de ce dernier, vigoureux, va « pomper » un maximum de sève. Il induira ainsi la production de fruit sur le dard et l'évolution en rameau productif de l'œil de la base.
● *3ᵉ année* : le rameau produit des fruits. Taillez juste au-dessus du bouton à fleur, plus globuleux.
Après cette première production de fruits, de nombreux cas de taille peuvent se présenter. Pour les débutants, mieux vaut opérer en mars, car il est plus facile de repérer les boutons à fleur lorsqu'ils sont prêts à éclore. Quand la coursonne présente un bouton à fleur, taillez au-dessus. Au-dessus d'un dard, taillez au-dessus d'un œil, de 2 yeux ou de 3 yeux selon qu'il y ait un rameau, 2 rameaux ou 3 rameaux (dessin 7). Taillez long les arbres vigoureux et court les arbres de faible vigueur.

– Taille des cordons : l'entretien d'un cordon est plus simple. En mars, arquez les rameaux de

Principe de mise à fruit d'une coursonne

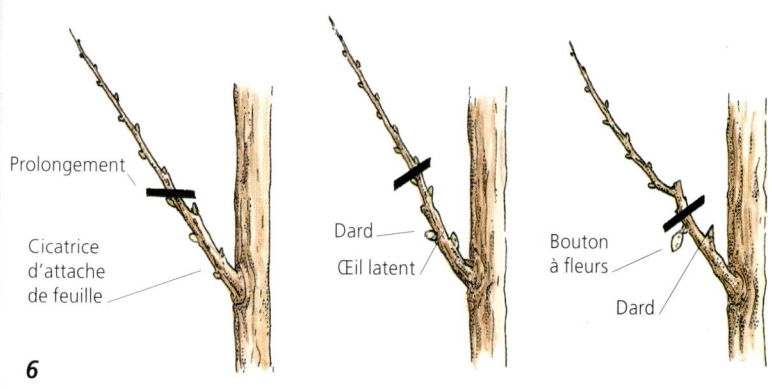

Prolongement

Cicatrice
d'attache
de feuille

Dard
Œil latent

Bouton
à fleurs

Dard

6

Cas de taille

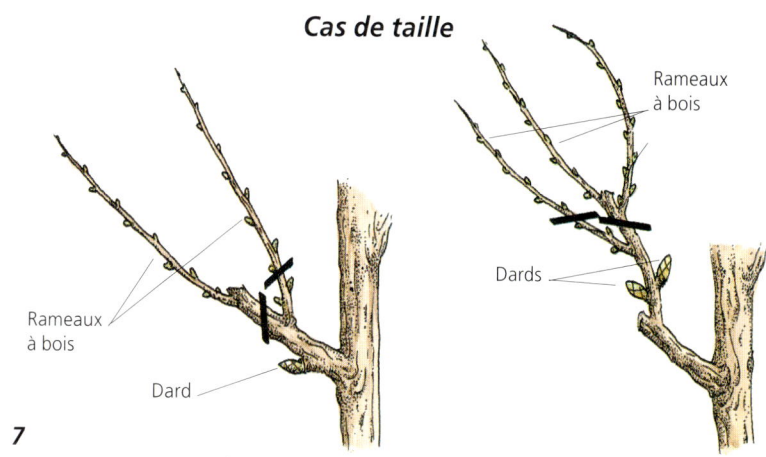

Rameaux
à bois

Rameaux
à bois

Dards

Dard

7

Taille à long bois ou arcure

8

▶ **Le conseil du jardinier**
Lors de la taille d'hiver, veillez à ne choisir sur les rameaux à bois que des yeux bien formés, les yeux de la base de certaines variétés souvent mal constitués n'étant que des cicatrices d'attaches des anciennes feuilles.

'Reinette grise du Canada'.

Pour bien choisir un porte-greffe

Porte-greffe	Vigueur	Sol	Forme	Mise à fruit
Franc	Très grande	Médiocre	Tige, demi-tige	Lente
M25	Très grande	Frais, limoneux	Tige, demi-tige	Lente
M13	Grande	Sableux	Demi-tige, basse tige	Assez rapide
M1	Grande	Très sableux	Gobelet, basse tige	Assez rapide
M111	Grande	Profond, pas lourd	Gobelet	Rapide
M106	Moyenne	Profond, limoneux	Gobelet, grandes palmettes	Rapide
M7	Moyenne	Profond	Petits gobelets	Rapide
M26	Très moyenne	Terre franche, limoneuse	Palmettes, cordons	Très rapide
M9 (Paradis jaune de Metz)	Faible	Terre franche, frais	Petites formes	Très rapide cordons
Pajam 1 et Pajam 2	Faible	Terre franche, frais	Petites formes, cordons	Très rapide
M27	Nanisant	Riche et sain	Petites colonnes, bacs	Très rapide

moyenne vigueur en attachant leur extrémité au fil de fer horizontal qui soutient les bras du cordon. Les yeux dirigés vers le bas, moins bien alimentés en sève, vont former des boutons à fleurs ou des dards (dessin 8), qui produiront des fruits l'année suivante. Après une année de production, coupez classiquement à 3 yeux ce rameau dont la vigueur a été réduite par l'arcure.

9- Éclaircissage des fruits

Éliminez quelques fruits pour n'en conserver qu'un à deux par bouquet.

– Opérations d'été : complétez cette taille d'hiver par des interventions en été.

● *Pincement* : coupez à 5 feuilles les rameaux immédiatement sous la pousse terminale des branches principales, s'ils sont très vigoureux.

● *Éclaircissage* : après la chute naturelle des jeunes fruits, éliminez-en encore quelques uns pour n'en conserver qu'un à deux par bouquet et une quinzaine par mètre linéaire de branches principales (dessin 9).

● *Taille en vert :* sur un arbre très vigoureux, taillez les rameaux d'extrémité des branches principales à 5 ou 6 feuilles.

Pour mémoire

Différents organes du pommier.
Éléments stériles : gourmand, rameau à bois, brindille.

Éléments fertiles : brindille couronnée, dard, bouton à fleur, bourse.

Principaux ennemis

Maladies	Traitement fongicide
Tavelure	Cuivre et captane ou mancozèbe
Moniliose	Cuivre et bénomyl
Oïdium	Soufre et triforine ou flusilazole
Insectes	Traitement insecticide
Puceron lanigère	Pyrimicarbe
Puceron vert et cendré	Cyperméthrine, deltaméthrine ou roténone
Carpocapse	Methomyl ou phosphamidon, piégeage sexuel, ensachage des fruits
Acariens	Traitement acaricide
Araignée rouge et jaune	Traitement d'hiver et dicofol

Prunier

Prunus domestica (Rosacées)

Les différents pruniers de nos jardins sont : les pruniers européens 'Reine-Claude', 'Quetsche', 'Mirabelle', prunes de séchage ou pruneaux, les autres prunes de table ou prunes ordinaires. Les pruniers japonais : prunes de table.

Prunier basse tige en fleurs.

résiste au froid de l'hiver, mais sa floraison est sensible aux gelées printanières.

Implantez de préférence les mirabelles et les quetsches dans le nord-est de la France, les prunes proprement dites et les reines-claudes indifféremment, bien qu'elles apprécient les expositions protégées, les situations à flanc de coteau ou les larges vallées, et les pruniers japonais là où le risque de gel est moindre. L'enracinement traçant du prunier lui permet de croître dans des terres peu profondes et de qualité médiocre, bien qu'il préfère les sols profonds et bien drainés.

Ses exigences varient selon les espèces.

Les mirabelles s'accommodent de terres calcaires, les reines-claudes aiment les terres silico-argileuses, les quetsches acceptent des terres argileuses et les pruniers d'Ente

VARIÉTÉS

'Reine-Claude Dorée', maturité en août.

'Reine-Claude d'Oullins', maturité fin juillet-début août, bonne pollinisatrice.

'Mirabelle de Nancy', maturité début août.

'Quetsche d'Alsace', maturité fin août-début septembre.

AUTRES VARIÉTÉS

– Reine-Claude : 'de Bavoy', 'd'Althan', 'tardive de Chambourcy', 'de Moissac', 'Violette'.

– Mirabelle : 'Mirabelle de Metz'.

– Quetsche : 'Quetsche d'Italie', 'Précoce d'Esslingen'.

– Prune : 'Thame Cross', 'Valor', 'Anna Spath', 'Bonne de Bry', 'Monsieur hâtif', 'Monsieur Jaune', 'd'Agen' ou 'Prune d'Ente' (pruneau d'Agen).

– Japonaise :'Burbank', 'Golden Japan', 'Beauty', 'Santa Rosa'.

Culture

Le prunier étant d'une rusticité parfaite, vous pouvez le planter dans toute la France, en tout lieu jusqu'à une altitude de 1 000 m. Il

Pour mémoire

La reine-claude est un fruit de table par excellence, les prunes ordinaires et japonaises également, les mirabelles servent essentiellement à la pâtisserie, en conserve, en confitures et en eau-de-vie. Les quetsches se consomment fraîches, en pâtisserie, en confiture ou en eau-de-vie, et la prune d'Agen se déguste sèche (pruneau).

'Mirabelle de Nancy'. Variété de table et de pâtisserie, fruit assez gros, jaune ponctué de rose, à chair jaune clair, transparente, sucrée et bien parfumée.

'Quetsche d'Alsace'. Très répandue dans l'est de la France ; fruit allongé, à chair jaune verdâtre, ferme, peu juteuse, sucrée et acidulée. À consommer frais, en confitures, en tarte ou en eau-de-vie.

Forme de plein vent

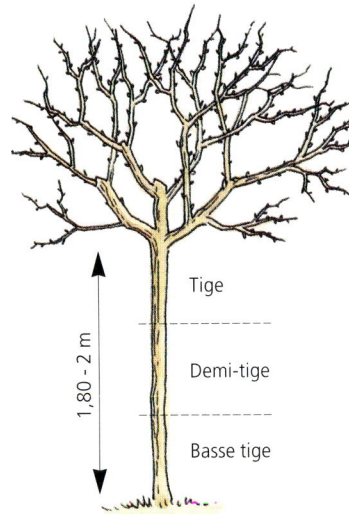

Tige

1,80 - 2 m

Demi-tige

Basse tige

◗ Le conseil du jardinier

La majorité des variétés de prunes étant autostériles, sauf la mirabelle et la quetsche, plantez plusieurs variétés fleurissant en même temps, si vous n'en repérez pas dans votre voisinage (voir tableau ci-contre).

affectionnent les terres fortes argilo-calcaires.

Tous les pruniers sont vendus greffés. Choisissez vos variétés de prunes sur le porte-greffe le mieux adapté à votre sol et à la forme de l'arbre souhaitée (voir tableau ci-dessous).

Multiplication

Le meilleur moyen de reproduire une variété de prunier est le greffage, délicat pour l'amateur. Néanmoins, vous pouvez tenter une greffe en demi-fente, en haut de la tige (en tête), en mars ou en septembre (voir p. 500).

Les variétés à croiser

Variétés à polliniser	Variétés pollinisatrices
Early Laxton	Reine-Claude d'Oullins
Reine-Claude d'Oullins	Reine-Claude d'Althan
Reine-Claude d'Althan	Reine-Claude d'Oullins
	Reine-Claude Dorée
	Reine-Claude Violette
Reine-Claude Dorée	Prune d'Ente
	Reine-Claude d'Oullins
	Anna Spath
	Reine-Claude de Bavay
Anna Spath	Reine-Claude d'Althan
Coe's Golden Drop	Reine-Claude de Bavay
Mirabelle de Nancy	Mirabelle de Metz
	Reine-Claude d'Althan
	Reine-Claude d'Oullins
	Reine-Claude Dorée
	Quetsche d'Alsace

'Mirabelle de Metz'. Chair assez ferme, sucrée, légèrement acidulée et très parfumée. Fruit de table et d'excellente qualité pour la transformation (confiture et alcool).

'Prune d'Agen' ou 'Prune d'Ente'. Variété dont les fruits séchés fournissent les fameux pruneaux d'Agen. Chair fine, tendre, juteuse et sucrée.

Formes

Plantez en formes de plein vent (dessin ci-contre) : haute-tige, demi-tige (distance de plantation de 8 à 10 m) ou en gobelet basse tige (distance de plantation 6 m).

Taille

Taille de formation

Formation de la ramure d'un arbre de plein-vent (voir p. 516).

Taille de fructification

Tous les 4 ou 5 ans, élaguez au moment de la chute des feuilles pour que les plaies de taille cicatrisent mieux.
Supprimez les gourmands (rameaux verticaux de forte vigueur), les branches mortes et les chicots, aérez le centre de la forme en équilibrant le nombre de bourgeons floraux et celui des rameaux non productifs (à bois).

Éliminez les rejets naissant à la base de l'arbre. Veillez à panser les plaies de taille avec un mastic cicatrisant.

> **Astuce**
> Pour récolter les prunes par secouage ou par gaulage, disposez auparavant des bâches sous les arbres pour éviter que les fruits ne s'abîment en tombant.

Pour bien choisir un porte-greffe

Porte-greffe	Vigueur	Sol	Forme	Mise à fruit
Franc	Très grande	Peu fertile	Tige, demi-tige	Assez lente
Prunier Myrobolan	Grande	Tous sols	Demi-tige, basse tige	Rapide
INRA Myrobolan GF 31	Grande	Sec et caillouteux	Demi-tige, basse tige	Rapide
Myrobolan GR 31-6	Grande	Sec, supporte le calcaire	Demi-tige, basse tige	Rapide
Brompton	Grande	Frais et léger	Demi-tige, gobelet	Rapide
Prunier Mariana INRA GF 81	Moyenne	Siliceux et frais	Basse tige, gobelet	Assez rapide
Amandier x pêcher GF 677	Moyenne	Argilo-calcaire	Basse tige, gobelet	Assez rapide
Prunier Saint-Julien	Moyenne	Frais, lourd, humide	Basse tige, gobelet	Assez rapide
Prunier Damas noir	Faible	Frais, argileux	Basse tige, gobelet	Rapide

Vigne

Vitis vinifera (Vitacées)

Liane formée d'un cep se ramifiant en plusieurs sarments. En partant de la base, ils portent 3 ou 4 feuilles isolées, puis 1 ou 2 feuilles opposées à une grappe, et enfin des feuilles opposées à une vrille.

Treille en façade de maison bien exposée.

VARIÉTÉS
'Chasselas doré de Fontaine-bleau', maturité mi-septembre.
'Muscat de Hambourg', maturité début octobre.
'Perlette', maturité août-septembre.
'Perdin', maturité début septembre.
'Danlas', maturité août-septembre, blanc doré.
'Aladin', maturité fin septembre, noir.

'Lival', maturité en août, noir.
'Perlette', maturité août-septembre, blanc.
'Chasselas rose royal', maturité fin septembre, rose clair.

AUTRES BONNES VARIÉTÉS
Noir : 'Alphonse Lavallée', 'Cardinal', 'Œillade noire', 'Frankenthal'.
Blanc : 'Chasselas Napoléon', 'Caners', 'Dattier de Saint-Vallier', 'Italia', 'Muscat d'Alexandrie', 'Muscat Reine des Vignes', 'Muscat de Saint-Vallier', 'Servant', 'Thompson', 'Seedless', 'Perle de Csaba'.
Rose : 'Grosse Framboise', 'Rose de Saint-Vallier'.

Culture

Vous n'aurez aucun problème à planter une vigne de table si vous habitez une région dont le climat lui offre une longue période de végétation, suivie d'un automne chaud, pour permettre un bon mûrissement de ses grappes.

Si la vigne supporte des températures allant jusqu'à − 20 °C, les jeunes bourgeons sont cependant détruits par les gelées blanches de −2° à −3 °C, lorsque la végétation a repris. Dans les régions du nord de la Loire, installez-la à l'abri d'un mur au sud ou au sud-ouest, surmonté d'un auvent pour la protéger des gelées de printemps et assurer la maturation des grappes.

Dans le nord de la France, vous ne pourrez obtenir de belles récoltes que si vous la plantez en serre.

Bien qu'elle soit peu exigeante sur la nature du sol, grâce à ses racines très nombreuses et profondes, essayez de la planter en sol léger, siliceux, voire calcaire et caillouteux.

En terre argileuse et imperméable, le durcissement du bois est imparfait et les fruits mûrissent mal, sauf si le plant est greffé sur le porte-greffe américain adapté au terrain.

'Cardinal', raisin noir aux belles grappes musquées.

Multiplication

Depuis l'invasion du phylloxera, redoutable puceron attaquant les racines des vignes européennes, le greffage sur porte-greffe américain résistant est obligatoire dans les régions viticoles. Pour l'établissement d'une treille ou d'une plantation en cordon, l'emploi de plants greffés n'est nécessaire qu'en sol très lourd.

Pour reproduire une variété, le plus simple est de la bouturer. Prélevez, dès la fin novembre, des sarments longs et enterrez-les, au deux tiers, au pied d'un mur exposé au nord, liés en botte.

Fin avril-début mai, coupez dessus des portions de tiges de 20 à 25 cm de long, portant 3 à 4 yeux et plantez-les en pépinière dans un mélange léger en enterrant les deux tiers de leur hauteur.

Il est également possible de marcotter au printemps. Pour cela, couchez sur le sol un long sarment et couvrez-le avec de la terre. À l'automne, la tige recouverte a produit des racines ; vous pouvez la séparer du pied-mère et transplanter le jeune plant obtenu

durant l'hiver. Plantez-le dans un trou de 30 x 30 x 40 cm, en incorporant 30 g d'engrais complet (3-6-9) et arrosez. Buttez le jeune plant jusqu'au printemps pour protéger sa base (collet) du gel.

Formes

Avec des cordons horizontaux simples ou à bras opposés, habillez la façade de votre maison, autour des portes et des fenêtres, formez une tonnelle ou une pergola.

Devant un mur, créez une treille à la Thomery, en allongeant le ou les bras des cordons jusqu'à toucher ceux des voisins sur le même plan, ou encore formez des cordons verticaux simples ou alternés.

Vous pouvez également conduire la vigne en cordon Guyot simple ou double en bordure d'une allée. Cette forme vous permet d'obtenir une récolte satisfaisante dans un faible espace (voir dessins p. 519).

Taille

Taille de formation

Pendant les 4 premières années de formation, vous devez obtenir un cep fort et vigoureux. Après la plantation, taillez à 1 œil, et allongez de 2 ou 3 yeux tous les ans, en effectuant pendant les périodes de végétation un ébourgeonnement, un pincement et des palis-

---

Astuce

Taillez la vigne quand elle pleure, et au nord de la Loire attendez que les pousses atteignent 2 à 3 cm à l'extrémité des rameaux, pour préserver les yeux de la base d'une gelée tardive.
En région parisienne, taillez vers le 15-20 mars.

---

sages. Après la formation du cep, vous pourrez commencer à conduire votre vigne selon le mode choisi.

Taille de formation du cordon Guyot

● *1ʳᵉ année* : l'hiver suivant la plantation, taillez le jeune plant à 2 yeux pour un cordon simple et à 3 yeux pour un cordon double. L'été suivant, palissez verticalement les sarments obtenus.

● *2ᵉ année* : en fin d'hiver, le sarment le plus près du sol à 2 yeux pour un cordon simple, à 3 yeux pour un double. Guidez horizontalement le ou les sarment(s) supérieur(s) et coupez-les à 80 cm. Laissez se développer les sarments verticaux sur chaque bras, espacés. Palissez verticalement les 2 ou 3 sarments issus de la

1- Taille du cordon Guyot

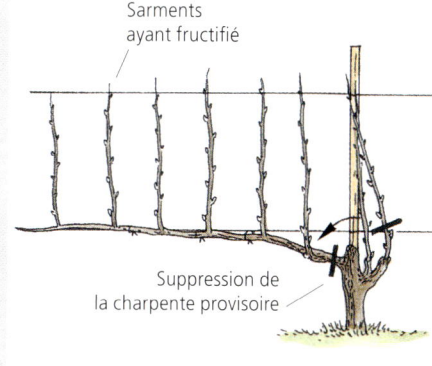

Sarments ayant fructifié

Suppression de la charpente provisoire

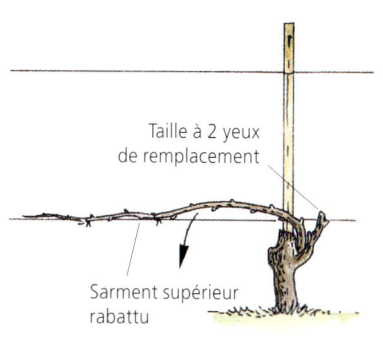

Taille à 2 yeux de remplacement

Sarment supérieur rabattu

2- Taille des coursonnes

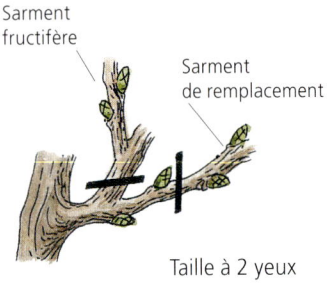

Sarment fructifère

Sarment de remplacement

Taille à 2 yeux

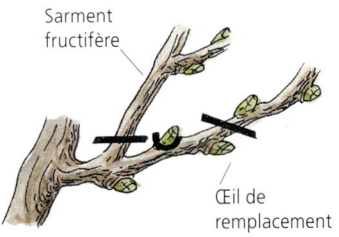

Sarment fructifère

Œil de remplacement

Taille à 3 yeux

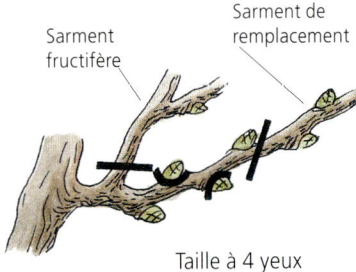

Sarment fructifère

Sarment de remplacement

Taille à 4 yeux

▶ Le conseil du jardinier

Pratiques employées pour obtenir de belles grappes

L'incision annulaire, lorsque le bois commence à se lignifier, en retirant au greffoir un anneau d'écorce de 5 mm de largeur, au-dessous de la première grappe.

Le ciselage de la grappe avec une paire de ciseaux à pointes fines pour la modeler et l'aérer.

L'ensachage des grappes pour les protéger des insectes piqueurs et des guêpes, complété par la pose de filets contre les oiseaux.

'Muscat de Hambourg', l'une des meilleures variétés, noire, chair ferme, juteuse et sucrée.

base : ils serviront de remplacement l'année suivante.

● *3ᵉ année* : en fin d'hiver, supprimez la charpente ayant porté les fruits juste au-dessus des sarments de remplacement. Appliquez la même taille que l'année précédente sur les rameaux de remplacement.

Opérez de la même façon l'année suivante.

Taille des coursonnes sur treille ou cordons

– À 2 yeux : 'Chasselas' et variétés à bois moyen.
– À 3 yeux : 'Muscat' et 'Perle de Csaba'.
– À 4 yeux : 'Frankenthal' et variétés à gros bois.

Dans ces deux derniers cas, ôtez à la main les yeux inutiles, placés entre l'œil de remplacement et l'œil fructifère (dessin 2).

Principaux ennemis	
Maladies	*Traitement fongicide*
Mildiou	Cuivre et captane ou mancozèbe
Oïdium	Soufre et flusilazole
Anthracnose maculée	Cuivre et manèbe ou mancozèbe
Pourriture grise	Bénomyl ou botrysan
Insectes	*Traitement insecticide*
Pyrale	Methomyl
Ver de la grappe	Methylparathion et tetradifon
Acariens	*Traitement acaricide*
Érinose	Traitement d'hiver et soufre ou dicofol

'Chasselas doré de Fontainebleau', meilleure variété pour l'espalier en région parisienne, doré, chair très fine fondante et sucrée.

Taille de restauration

Il est possible de rajeunir une vieille vigne en la rabattant sévèrement, en fin février-début mars. Elle est capable de refaire des pousses sur du vieux bois.

Opérations estivales

Plusieurs cas de pincement
− Le rameau de remplacement est

stérile et le fructifère porte 1 ou 2 grappes. Pincez le rameau fertile à 2 feuilles au-dessus de la dernière grappe et le remplacement à 50-60 cm de longueur (voir 1er cas).
− Les 2 rameaux portent des grappes. Pincez-les tous les deux à 2 feuilles au-dessus de la dernière grappe (voir 2e cas).
− Les 2 rameaux sont stériles. Supprimez le rameau supérieur qui est devenu inutile, et pincez l'autre à 50-60 cm de longueur (voir 3e cas).
− Le rameau de remplacement est fertile et le fructifère stérile. Supprimez le fructifère et pincez le remplacement portant les grappes à 2 feuilles au-dessus de la dernière grappe (voir 4e cas).
Ébourgeonnez toutes les pousses secondaires issues de la base des coursonnes, et pendant toute la saison les faux bourgeons se développant à l'aisselle des feuilles. Supprimez les vrilles et palissez les sarments.

1er cas de pincement

2e cas de pincement

3e cas de pincement

4e cas de pincement

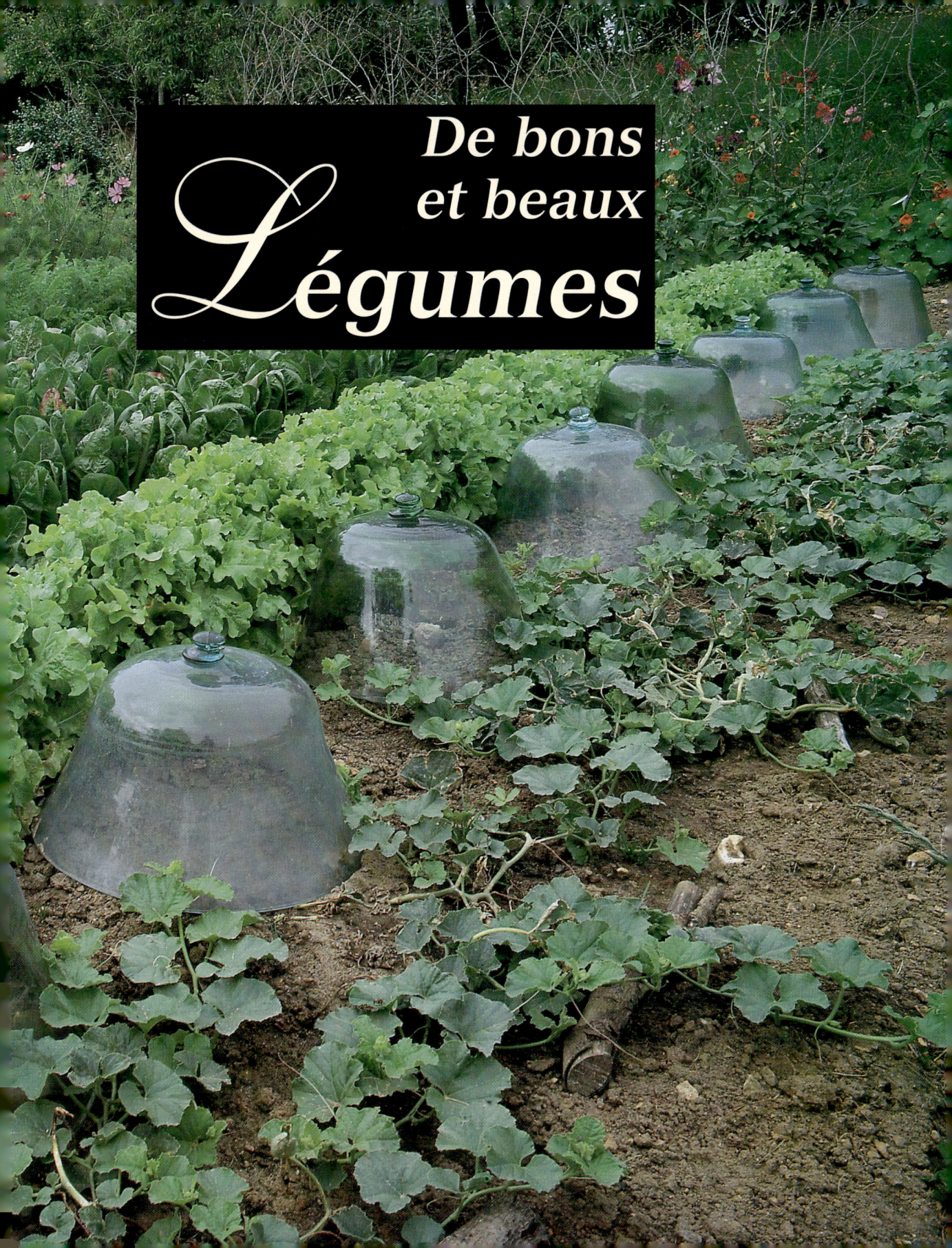

De bons et beaux Légumes

De bons et beaux légumes

Le potager idéal doit être ensoleillé et, si possible, protégé par des murs orientés à l'ouest et au nord. Des châssis seront disposés contre le mur nord pour la production du plant, et les plates-bandes inclinées vers le soleil seront aménagées contre le mur ouest pour les cultures hâtées ou pour servir de côtières.

Une allée centrale divisera le terrain en deux parties et, de part et d'autre, des planches de 1,30 m séparées par des passe-pieds de 30 cm permettront la production de légumes savoureux.

Comment et quand labourer

Si vous arrivez dans un terrain laissé à l'abandon ou en friches, procédez à l'élimination des mauvaises herbes en employant un désherbant complet à base de glyphosate (Roundup), puis labourez un mois plus tard: c'est le seul moyen de se débarrasser des chiendents, des liserons et autres adventices vivaces de façon radicale. C'est à l'automne que le labour est le plus bénéfique: enterrez en même temps les fumiers frais ou déshydratés et les amendements, comme la tourbe qui allège les sols lourds, améliore leur structure ou acidifie les sols calcaires.

Choisir le bon engrais

Les plantes potagères ont besoin d'engrais: plutôt que d'utiliser des engrais simples, choisissez les fertilisants du commerce adaptés à chaque culture, engrais universel, engrais légumes-fruits, engrais pour tomates, fraisiers.

Pour activer la végétation, employez en surfaçage l'ammonitrate ou le sulfate d'ammoniaque.

La rotation des cultures

Respectez la rotation des cultures pour lutter contre la fatigue du sol. Faites succéder une plante nettoyante, comme la pomme de terre ou la betterave, à des plantes difficiles à désherber, comme la laitue ou le radis. Après les carottes ou la scorsonère (racine pivotante), semez la mâche ou l'épinard (racine traçante). Semez des plantes améliorantes, comme les légumineuses (pois, haricot), à la suite de plantes épuisantes, comme l'endive, et des plantes réclamant de l'azote, comme la poirée ou la laitue, à des plantes nécessitant davantage de potasse et de chaux. Respectez la durée des assolements pour éviter insectes et maladies communs à une même famille: 2 ans pour la laitue, 3-4 ans pour l'ail, 5-6 ans pour les pois, 6 à 10 ans pour l'artichaut ou l'aubergine.

Les divers modes de production des légumes

Certaines plantes comme l'artichaut, le fraisier et quelques plantes condimentaires se multiplient par division. D'autres bulbes se transplantent pour en former de nouveaux (ail, oignon, échalote), mais la plupart des légumes se multiplient par semis en place ou en pépinière.

Les différents semis

– Semis en place: il est utilisé pour des plantes qui accomplissent tout leur cycle végétatif au même emplacement.
– À la volée: répartissez l'ensemble des graines le plus régulièrement sur la surface de sol préparée. Semez clair pour éviter un éclaircissage.
– En ligne: déposez les graines dans des sillons plus ou moins profonds. L'entretien est plus aisé que dans le cas précédent.
– En poquets: répartissez à intervalles satisfaisants de 3 à 6 graines dans le même trou.
L'éclaircissage est dans tous les cas pratiquement nécessaire afin que chaque plante puisse se développer normalement sans être gênée par trop de promiscuité.
– Semis en pépinière: semez en terrine, en caissette, en pot, de préférence sous abri mais encore en plein carré en pleine terre pour obtenir du plant destiné au repiquage (laitue, poireau, chou, tomate). Certains légumes nécessitent un deuxième repiquage avant plantation (céleri-rave ou à côtes). Après la mise en terre définitive, arrosez les plantes au goulot.

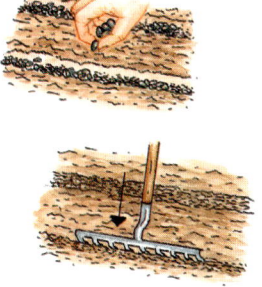

Graines : le bon choix

Quand vous commandez des graines, pensez aux graines en ruban qui sont prédistancées et évitent un éclaircissage fastidieux. Les graines enrobées par des matières minérales inertes et enrichies par des stimulants de croissance germent très facilement et vigoureusement. Enfin, les hybrides F1 (hybrides de 1re génération) sont sélectionnés pour leur précocité et résistance aux différents champignons et virus.

Protégez vos cultures

Une plante trouvant de bonnes conditions de développement, nourriture suffisante, non-concurrence des mauvaises herbes, est moins sensible aux ravageurs. Cependant, surveillez l'état sanitaire et traitez de préférence préventivement. Pensez aux insectes du sol au moment du semis en incorporant un produit à base de carbofuran, ou aux maladies diverses en employant du sulfate double d'oxyquinoléine et de potassium. Par la suite, choisissez des produits spécifiques, mais sachez que dans un jardin d'amateur les produits mixtes et polyvalents sont d'une très bonne efficacité: produits pour mildiou, anthracnose, rouille, produits pour ver du poireau, doryphore, etc. Enfin, la roténone est l'insecticide idéal car il est naturel: il agit par contact et s'utilise jusqu'à la récolte.

Billon

Bande de terre aménagée en butte arrondie.

Blanchiment ou étiolement

Action consistant à priver les plantes de lumière pour les faire blanchir et les rendre ainsi plus tendres (pissenlit, endive, cardon, céleri à côtes).

Butter

Ramener de la terre en butte à la base des tiges des plantes.

Débutter

Enlever la terre amoncelée à la base des plantes de façon que le collet se trouve à fleur de sol.

Écimer

Couper l'extrémité d'une tige.

Émietter le sol

Réduire la terre en miettes en cassant les grosses mottes avec une griffe ou un râteau.

Enjauger

Mettre une plante en jauge, c'est-à-dire dans une tranchée pour la conserver avant consommation.

Épandre

Déposer uniformément une matière sur le sol (fumier ou engrais par exemple).

Étêter

Couper la tête, le bourgeon terminal ou l'axe d'une tige.

Planche

Plate-bande destinée à recevoir une culture. Au potager les planches ont généralement une largeur de 1,30 m et sont séparées par des passe-pieds ou sentiers de 30 cm.

Plomber

Tasser la terre avec une batte en bois ou un rouleau.

Ressuyer

Permettre l'évaporation d'un excès d'eau par séchage sur le sol.

Semer clair

Répandre les graines en les espaçant suffisamment de façon à ce que les plantules ne se gênent pas lors de la germination. C'est le contraire d'un semis dense.

Semer en bordure

Semer en ligne, sur un rang, le long d'une allée ou d'une plate-bande.

Semis à la volée

Les graines sont répandues à la main uniformément sur toute la surface à ensemencer.

Semis en cuvette

Semis dans une petite cuvette creusée dans le sol.

Semis en poquet

Déposer de 3 à 5 graines dans de petits trous individuels creusés dans le sol.

Semis sur côtière

La côtière est une plate-bande légèrement inclinée vers le soleil et adossée contre un mur ou une clôture au Nord.

Semis sur couche

Une couche est un amas de fumier et de feuilles recouvert de terreau. Fumier et feuilles en fermetant dégagent de la chaleur. La chaleur peut également être apportée par des résistances électriques.

Ail

Allium sativum (Liliacées)

L'ail est originaire d'Asie centrale ou méridionale. C'est une plante condimentaire, médicinale et herbacée haute de 40 à 60 cm. Son bulbe est composé de nombreuses gousses ou caïeux.

■ Plantation : octobre-novembre dans les sols sains.
Fin février dans les terres trop lourdes ou humides

■ Exposition : préfère les climats doux

■ Sol : évitez les fumures organiques récentes

Les têtes d'ail se conservent en bottes ou en tresses.

fonds de 5 cm. Disposez les petits caïeux tous les 15 cm, la pointe en haut, puis recouvrez-les ensuite. Dans la terre très meuble, enfoncez les caïeux directement avec les doigts. Effectuez deux binages au minimum à partir de la plantation. Les arrosages ne sont généralement pas nécessaires.

Contre la rouille, traitez préventivement avec un produit à base de manèbe ou de propinèbe une fois à la mi-avril et une fois à la mi-mai.

Arrachez les plants en juin-juillet, lorsque le tiers supérieur des feuilles est jaune. Laissez sécher quelques jours puis confectionnez des bottes ou des tresses pour les suspendre au grenier : elles résistent au froid jusqu'à − 10 °C et se conservent jusqu'en avril.

Prélèvement des caïeux

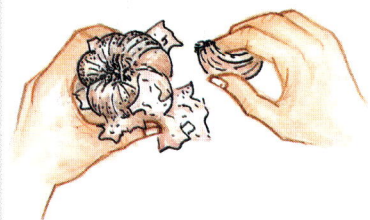

Utilisez les gousses d'ail ou caïeux pour la plantation.

♦ Le conseil du jardinier

Pour la multiplication, utilisez les caïeux les plus ronds à la périphérie de la tête, ceux du centre ne donnant que des plants informes.

VARIÉTÉS

– Ail blanc

Le plus résistant à l'hiver, il doit être planté à l'automne.
'Blanc de Lomagne', 'Rougeâtre de Vendée', 'Thermidrome', 'Violet de Cadours'.

– Ail rose

D'un développement plus rapide, il doit être mis en place à la fin du mois de février.

'Printanor', 'Rose de Lautrec', 'Rose d'Italie du Nord'.

Culture

Les têtes d'ail sont constituées de caïeux (gousses) utilisés pour la plantation : 600 g sont nécessaires pour 10 m². Au labour, incorporez un engrais complet. Ameublissez le sol et tracez des sillons distants de 25 cm et pro-

Artichaut

Cynara scolymus (Composées)

L'artichaut est une plante vivace, cousine du cardon, dont seules les têtes, parties de l'inflorescence, sont consommables. Plus que le froid, l'artichaut redoute les terres humides où l'eau parvient à stagner.

- Multiplication : œilletonnage et plus rarement semis. Plantation en avril
- Sol : argilo-siliceux, frais, riche en matières organiques et profond
- Durée de la levée : sous châssis, 10 jours en pleine terre, 20 jours

L'artichaut 'Blanc Hyérois' se cultive dans les régions méditerranéennes.

Multiplication

Prélèvement d'un œilleton.

Habillage de l'œilleton avant plantation

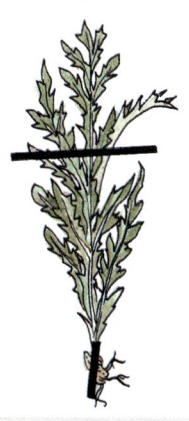

VARIÉTÉS

Elles sont inféodées en général à une région déterminée.
'Camus de Bretagne', gros capitule sphérique, variété tardive pour l'Ouest.
'Gros vert de Laon', grosse pomme à réceptacle charnu pour la région parisienne, le plus résistant au froid.
'Vert de Provence', 'Blanc de Perpignan', 'Romagna violet' et 'Romanesco' sont des variétés pour la culture dans le Midi.

Culture

Préparation du sol

Défoncez le sol à l'automne, et incorporez pour 10 m² 50 kg de fumier et un engrais de fond riche en potasse et en acide phosphorique ; cette opération est indispensable, car la plante est très gourmande et peut rester de 4 à 10 ans à la même place.

Multiplication

Les semis donnant souvent des plantes épineuses ou dégénérées,

Si l'artichaut n'a pas été récolté il se met à fleurir.

la multiplication s'opère en séparant de la plante mère les rejets avec quelques racines appelées « œilletons ». Pratiquez pendant la seconde quinzaine du mois d'avril en choisissant des rejets avec des feuilles entières, ceux-ci produisant plus et plus précocement que les rejets avec des feuilles découpées. Rejetez également les gros œilletons à feuilles étalées qui ne produisent qu'un artichaut borgne demeurant au

Une cheville en bois dans la tige permet un grossissement plus rapide de la tête.

cœur de la plante. Évincez aussi les pieds mères donnant des capitules pointus et piquants ou des feuilles montrant des panachures. On peut également acheter les œilletons.

Plantation

Avant de planter, émiettez puis tassez le sol au rouleau. Tracez des lignes espacées de 1 m et, tous les 80 cm, plantez deux œilletons dans une cuvette de 30 cm de diamètre pour obtenir une touffe. Enterrez à 3 cm en dessous du collet et supprimez le tiers supérieur des feuilles, puis arrosez copieusement au goulot.
Ces nouveaux plants pourront donner une petite récolte à l'automne suivant : 4 ou 5 têtes.

Entretien de la plantation

Sarclez et binez pour maintenir la culture propre, et arrosez surtout lors de la formation des capitules en apportant de l'ammonitrate. Un premier apport est également conseillé au démarrage de la végétation. Récoltez les têtes de la fin du mois de mai au mois de

juillet lorsque les écailles commencent à s'écarter et à prendre une teinte violacée ; conservez 15 cm de tige. Vers le mois de novembre, coupez les tiges productrices, à quelques centimètres sous terre, et brûlez-les ainsi que les feuilles jaunies et celles du pourtour de la souche. Rassemblez les autres feuilles de la touffe pour les lier, puis buttez avec de la terre sur 20-25 cm de hauteur, en prenant garde de ne pas en mettre à l'intérieur. Essentiellement dans les régions septentrionales, par grands froids, étendez une litière de paille ou de feuilles sèches. Dès février-mars, débuttez progressivement puis éclaircissez les nombreux rejets émis par la plante en ne conservant que 2 repousses par touffe. Retournez superficiellement la terre avec une fourche-bêche en incorporant une fumure minérale complète d'entretien (NPK) pour maintenir le rendement : une dizaine de capitules par touffe.

Variété 'Solanclair'.

▶ *Le conseil du jardinier*

Luttez avec du benlate contre l'oïdium qui recouvre les feuilles d'une « poussière » blanchâtre, surtout en période humide. Contre les pucerons qui attaquent les tiges ou les racines, pulvérisez de la roténone ou de la deltaméthrine qui permettront également de vous débarrasser des cassides, insectes plats et ovales rappelant la punaise, qui rongent les feuilles.

Asperge

Asparagus officinalis (Liliacées)

L'asperge est une plante vivace : de ses racines appelées « griffes » émergent des bourgeons ou turions que l'on consomme avant qu'ils ne se transforment en tiges.

Après 3 semaines de récolte, laissez les asperges se développer pour former des tiges.

Culture

Installation de la culture

Choisissez des sols alcalins qui produisent des turions blanc rosé très appréciés. Les sols argileux donnent aux turions un goût amer. Évitez de planter l'asperge après une culture de luzerne, de pomme de terre, de betterave ou de carotte pour éviter la contamination du rhizoctone violet, maladie qui provoque le dépérissement des souches.

À l'automne, défoncez profondément le sol sur 50 cm, au maximum, et incorporez pour 10 m² 50 kg de fumier bien décomposé avec un engrais complet.

Au mois de mars, divisez le terrain en bandes parallèles de 40 et 60 cm de large. Creusez les bandes de 40 cm de large sur 20 cm de profondeur et rejetez la terre sur les bandes de 60 cm pour former un billon.

Astuce

Pour hâter la production, recouvrez, dès le mois de février, quelques griffes avec des tunnels de verre ou de plastique.

À savoir

Les pieds mâles donnent des turions plus petits, mais plus nombreux, avec un rendement supérieur de 30 %.

VARIÉTÉS

'Larac hybride' (obtention INRA), précoce et très productive en sol léger.
'D'Argenteuil hâtive', variété traditionnelle de bonne qualité gustative.

'Asperge verte Mary Washington' ne nécessite pas de buttage, ou très peu.

Aspergeraie : laissez les tiges se développer après une récolte, et coupez-les avant l'hiver.

Plantation

Sur les bandes de 40 cm de largeur et de 20 cm de profondeur, placez un petit tuteur tous les mètres et plantez les griffes en étalant correctement les racines au pied de ces tuteurs. Recouvrez de 10 cm de terre au maximum.

Entretien de la culture

Au mois de novembre de cette première année, écimez les tiges s'étant développées à 15 cm du sol pour ensuite les brûler. Procédez de même la deuxième année tout en maintenant la propreté de la culture. En mars de la troisième année, supprimez les chicots de tiges au ras du sol et recouvrez les plants en les buttant avec 25 cm de terre prélevée sur les bandes de 60 cm. Effectuez cette opération en 2 fois en incorporant un engrais complet.

Récolte

Dès la troisième année, récoltez à partir du 15 avril, ou dès le début du mois de mars dans le Midi. Passez chaque jour dans la culture et prélevez 2 ou 3 turions, ou pointes, avec une gouge sur chaque griffe, de façon à ne pas trop épuiser les plantes. La récolte se fait pendant 3 semaines environ. Ensuite, laissez les tiges se développer et coupez-les à la fin du mois d'octobre. Débuttez alors et rejetez la terre sur les bandes de 60 cm.

L'année suivante, réitérez les mêmes opérations et récoltez jusque dans les premiers jours du mois de juin. Les rendements de l'aspergeraie sont optimaux entre la sixième et la douzième année. Après 15 ans, il convient de renouveler les plantations.

Insectes

Des insectes attaquent les turions en cours de développement : contre la mouche de l'asperge traitez avec de la bifenthrine et contre le criocère avec de la cyfluthrine ou de la deltaméthrine.

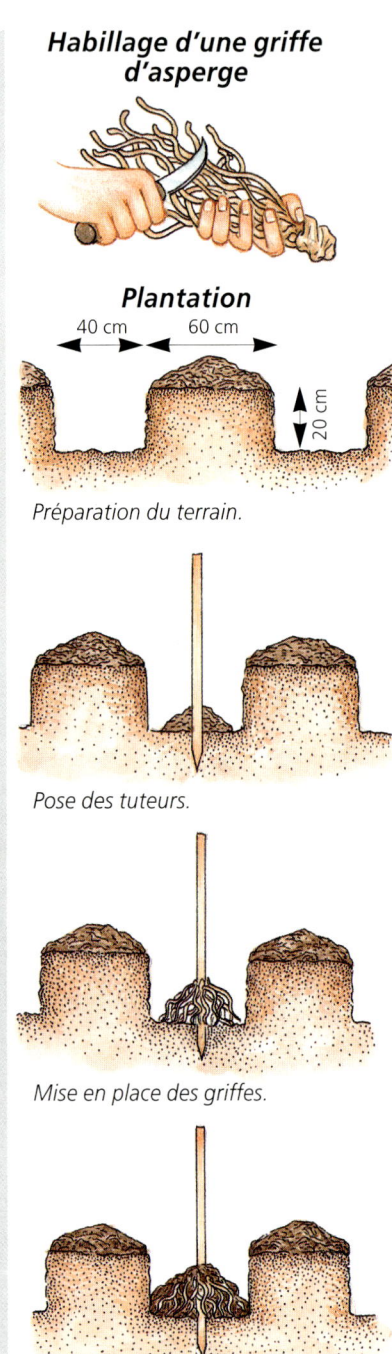

Habillage d'une griffe d'asperge

Plantation

40 cm   60 cm

20 cm

Préparation du terrain.

Pose des tuteurs.

Mise en place des griffes.

1re année de plantation.

▶ Le conseil du jardinier

Pour récolter des asperges vertes, plantez en terrain plat à 30 cm de distance sur la ligne en ne recouvrant que de 10 cm de terre.

Aubergine

Solanum melongena (Solanacées)

L'aubergine est une plante vivace cultivée comme annuelle qui donne des fruits ronds, ovales ou longs et de diverses couleurs : noir, violacé et même blanc.

- Multiplication : semis de février à début avril avec beaucoup de chaleur
- Sol : riche en matières organiques, se réchauffant vite au soleil
- Durée de la levée : en pleine terre, 6 jours

Récoltez l'aubergine lorsque la peau est bien colorée et brillante.

à 60 cm sur des rangs espacés de 1 m. Buttez les pieds pour favoriser leur croissance.

Pour avoir des fruits parvenant à maturité, ne conservez que 4 ou 5 branches par pied, limitez la tige principale et les branches secondaires en les pinçant à une feuille au-dessus de chaque deuxième fleur.

Luttez préventivement contre le mildiou avec du cuivre ou du manèbe et contre les doryphores avec de la roténone, de la cyperméthrine ou de la deltaméthrine.

Taille

Limitez la tige principale et taillez chaque rameau au-dessus de la 2e fleur.

Les conseils du jardinier

Pour obtenir des aubergines sans salissures de terre, plantez-les sur un film en plastique noir.

Cueillez les fruits tous les 2 jours avec un sécateur en leur conservant 2 cm de pédoncule. Récoltés une semaine trop tard, les fruits deviennent ternes, ramollis et amers.

VARIÉTÉS

'Baluroi', plante vigoureuse donnant des fruits de plus de 20 cm, violet-noir brillant, peu sensible à l'oïdium et à la verticilliose.

'Bonica', fruit ovoïde, pourpre-noir, de 15 cm, à chair dense. Précoce et de bon rendement.

'Ronde de Valence', plante très vigoureuse à fruits sphériques, violet foncé.

'Dourga', fruit de 15 cm, blanc ivoire, à chair douce.

Culture

Semez les aubergines en terrine dans un mélange poreux à une température de 25° C au minimum. La levée, souvent capricieuse, s'effectue entre 3 et 10 jours. Repiquez-les en serre ou sous châssis dans des godets de 8 cm lorsqu'elles ont 5 à 6 feuilles, et maintenez une température supérieure à 20° C. Plantez 2 mois après le semis, lorsque les gelées ne sont plus à craindre,

Betterave potagère

Beta vulgaris var. *Rapacea* (Chénopodiacées)

La bette maritime, plante spontanée, a subi des transformations qui ont donné, avec l'accroissement de ses feuilles, la poirée et, par le développement de sa racine, la betterave.

- ■ Multiplication : semis en place du 1er avril au 15 juin
- ■ Sol : terre riche, argilo-sablonneuse, peu calcaire. Évitez les sols caillouteux.
- □ Durée de la levée : sous châssis, 4-5 jours en pleine terre, 6-10 jours

Betterave 'Rouge-Noire plate d'Égypte'.

posé ainsi que 100 g par m² d'un engrais composé riche en phosphore et en potasse.

Préparez finement le sol et choisissez les variétés rondes pour les premiers semis.

Ouvrez de petits sillons espacés de 30 cm, tassez le fond avec le dos du râteau, semez et recouvrez de 2 cm de terre fine.

Quand les plantes ont 2 ou 3 feuilles, éclaircissez-les à 20 cm avec la binette, puis conservez le plus beau plant sur chaque touffette (démariage) en enlevant les autres à la main.

Récoltez du mois de juillet au mois de novembre et, pour l'hiver, rentrez les racines après avoir coupé les feuilles au niveau du collet en cave, au cellier ou en silo.

À partir du mois de mai, traitez avec de la deltaméthrine contre les insectes du feuillage (casside, silphe, teigne, atomaire, puceron). La carence en bore provoque la maladie du cœur : traitez préventivement en pulvérisant sur les jeunes plants 20 g d'acide borique pour 10 m².

VARIÉTÉS

– Forme plate
'Rouge-Noire plate d'Égypte', très hâtive.

– Forme longue
'Crapaudine', 'Cylindra race Arizona'.

– Forme ronde
'De Détroit améliorée', 'Retina', 'Pronto', 'Rouge globe'.

Culture

À l'automne précédant le semis, enfouissez du fumier très décom-

◆ Le conseil du jardinier

Pour éviter le fastidieux démariage (voir ci-dessus), choisissez une variété monogerme génétique (une graine = une seule plante) comme 'Monogram' de croissance rapide et de bonne conservation.

Cardon

Cynara cardunculus (Composées)

Plante vivace, le cardon présente de grandes feuilles allongées, retombantes et profondément découpées, dont on consomme les pétioles et le cœur une fois blanchis. Leur saveur délicate rappelle celle de son cousin l'artichaut.

- Multiplication : semis sous châssis en avril, ou directement en place en mai
- Sol : plante épuisante et gourmande exigeant une copieuse fumure
- Durée de la levée : sous châssis, 3-4 jours en pleine terre, 5-8 jours

Cardons prêts à être blanchis sur place.

Blanchiment

Liez les feuilles.

Entourez de paille.

Buttez la base du pied.

VARIÉTÉS

'Plein blanc inerme' race Blanco, totalement sans épines avec des cardes larges et épaisses blanchissant seules.

'Vert de Vaulx-en-Velin', côtes vert franc et fines. Résiste au froid et utilisable de novembre à mars.

Culture

Dès avril, préparez des godets, placez-y 2 ou 3 graines, et mettez-les sous châssis. Conservez une seule belle plante par godet, puis mettez en place à la mi-mai, à 1 m de distance en tout sens.

En mai, semez directement en place, en poquets de 2 ou 3 graines pour ensuite ne conserver que le plus beau plant.

Protégez les graines contre les oiseaux qui en sont très friands.

En cours de culture, effectuez des binages et arrosez chaque pied.

À partir de la fin septembre, enlevez les feuilles de la base et relevez les autres en les liant par 2 ou 3 attaches. Entourez ensuite chaque plante d'un paillasson ou d'un plastique noir pour les blanchir. Buttez le pied et placez un pot sur le faîte de la plante. Récoltez 20 jours plus tard. Certaines variétés blanchissent naturellement.

À partir du mois d'octobre, il est possible d'arracher les cardons en motte pour les blanchir en cave jusqu'au mois de mars.

Les parasites sont les mêmes que ceux de l'artichaut (voir p. 370).

◗ Le conseil du jardinier

Les cardons ayant une croissance lente et étant cultivés à de grands espacements, pratiquez des cultures intercalaires de radis, d'épinards et de salades.

Carotte

Daucus carota (Ombellifères)

Plante spontanée, la carotte sauvage à racine blanchâtre a subi de nombreuses améliorations qui ont porté sur la couleur, la saveur et la taille.

Récoltez les carottes au fur et à mesure des besoins jusqu'en octobre.

VARIÉTÉS

– Pour les premiers semis
'Tim Tom', 'Nanco', 'Presto', 'Touchon'.

– Pour les semis de 2ᵉ saison
'Nantaise améliorée', 'Ascania', 'Arthuro'.

– Pour les semis de 3ᵉ saison
'De Colmar à cœur rouge', 'De Chantenay', 'Kabro', 'Bolero'.

– Pour les derniers semis
'Nanco', 'Mokum', 'De Carentan'.

– Pour le forçage
'Primo Fl', 'Nantucket Fl', 'Karnavit', 'D'Amsterdam', 'Courte améliorée à forcer'.

Culture

Au moment du labour, à l'automne précédant les semis, enfouissez, pour 10 m², 25 kg de fumier très décomposé ou de terreau, ainsi qu'un engrais à prédominance phospho-potassique. Au moment du semis, griffez le sol pour l'émietter finement, passez le râteau pour dresser convenablement la planche, puis tracez des sillons distants de 25 à 30 cm et profonds de 2-3 cm. Tassez le fond du sillon avec le dos du râteau, disposez régulièrement les graines puis recouvrez d'une fine couche de terre ou de terreau et damez. Certaines variétés de carottes sont disponibles en

◗ Le conseil du jardinier

En novembre, arrachez les carottes destinées à la conservation et coupez les feuilles au ras du collet. Laissez les racines se ressuyer 2 jours sur le sol, puis rentrez-les en cave en les disposant par couches alternées avec du sable pour éviter qu'elles se dessèchent, ou en silo. La conservation peut encore s'effectuer sur place : coupez les fanes et couvrez la planche avec 10 à 15 cm de feuilles sèches, mais méfiez-vous des rongeurs qui pourraient y trouver refuge et nourriture.

Les carottes peuvent se conserver 3 semaines, au-delà rentrez-les en cave ou en silo.

Pour récolter des carottes fraîches en hiver, semez des variétés courtes du 1er juillet au 15 août. Prévoyez de pouvoir recouvrir cette culture avec des coffres et des châssis dès les premiers froids. Dans l'Ouest, semez du 15 octobre au 15 novembre sous un tunnel ou une chenille en plastique.

Récoltez les carottes précoces 100 jours après le semis, les variétés de saison de 120 à 140 jours après et les variétés destinées à la conservation au bout de 180 jours.

Éclaircissage d'un semis de carottes

Éclaircissez les plants de 5 à 10 cm selon leur grosseur.

Arrosage

Après l'éclaircissage, arrosez puis binez entre les rangs.

rubans de graines que l'on déroule au fond du sillon et que l'on recouvre comme précédemment : l'éclaircissage est par la suite ainsi évité. Pour assurer une bonne levée qui s'effectue au bout de 10 à 14 jours, bassinez régulièrement, ce qui permet également d'éloigner les altises qui raffolent de cette plante. Éclaircissez dès que vous pouvez saisir les plantes avec les doigts en espaçant de 5 cm pour les variétés précoces et de 10 cm pour les variétés de conservation. Arrosez après cette opération et épandez 5 mm de terreau, ce qui évitera par la suite le verdissement des collets.

Mouche de la carotte

Pour lutter efficacement contre la mouche de la carotte dont la larve ronge les racines, traitez avec du diazinon ou du chlorfenvinphos en pulvérisation sur le feuillage ou avant semis en poudrage dans le rayon.

Époques de semis

Si vous disposez de coffres et de châssis ou d'une serre ou d'un tunnel en plastique, dans lesquels la température peut être maintenue à 18 °C, semez à la volée du mois de janvier au mois de mars des carottes à forcer développant peu de feuillage, et éclaircissez à 5-6 cm. Vous pourrez mélanger à ce semis des radis, par exemple, qui seront récoltés avant l'éclaircissage des carottes.

Dans le Midi, semez du 15 janvier au 15 mars, en pleine terre.

Dans les régions septentrionales, semez dès le début du mois de mars sur des plates-bandes très bien exposées en pratiquant des cultures intercalaires comme la laitue de printemps, les radis et les choux-fleurs.

Semez à la mi-avril les variétés demi-longues pour les consommer à la fin de l'été.

Pour la production automnale et la conservation hivernale, semez à la fin mai et en juin les variétés demi-longues et longues.

Céleri à côtes

(Ombellifères)

Apium graveolens var. *dulce*

Plante spontanée dans le midi de la France, le céleris à côtes ou céleri-branche produit du feuillage, mais seuls les cœurs et les côtes sont comestibles.

- Multiplication : semis de mi-mars à fin mai
- Sol : riche en matières organiques, retenant bien l'humidité
- Durée de la levée : sous châssis, 8-10 jours en pleine terre, 10-25 jours

Céleris à côtes avant étiolement.

VARIÉTÉS

'Spartacus', 'Vert d'Elne', 'Plein blanc doré Barbier', 'Golden Spartan', 'Tall Utah', 'Géant doré amélioré'.

Culture

Au bêchage, enfouissez 50 kg de fumier bien décomposé ou de terreau pour 10 m², et un engrais complet.

Vers le 15 mars, pratiquez un premier semis en pépinière, sur couche ou en serre, à une température de 18° C au minimum. Il faut une vingtaine de jours pour la germination. Lorsque les plants sont encore petits, repiquez-les en pépinière à 8-10 cm d'écartement, toujours sous châssis, et maintenez une température de 15° C au minimum. Mettez en place en pleine terre après le 15 mai à 30-40 cm en tout sens, pour récolter en septembre.

Pour récolter au mois d'octobre, semez fin avril-mai sur une côtière bien exposée ou sous châssis froid, repiquez en pépinière et plantez dans la seconde quinzaine du mois de juin.

Les variétés dorées plantées à 30 cm en tout sens blanchissent naturellement.

Plusieurs méthodes peuvent contribuer au blanchiment des côtes : entourez les pieds de matière plastique noire, de papier Kraft ou encore de paille, et buttez la base du pied. Les céleris à côtes ne supportant pas les gelées, arrachez les derniers plants à la fin du mois d'octobre avec leur motte et enjaugez-les dans une tranchée profonde de 50 cm recouverte d'un châssis, ou rentrez-les en cave.

Blanchiment

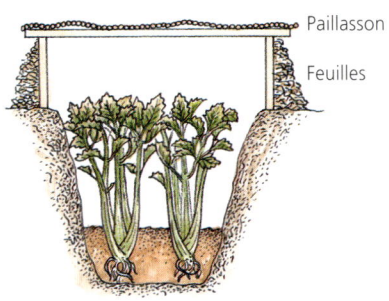

Paillasson

Feuilles

Mettez les céleris à la fin du mois d'octobre avec leur motte dans une tranchée recouverte d'un châssis pour obtenir le blanchiment des côtes.

Céleri-rave

(Ombellifères)

Apium graveolens var. *rapacea*

Contrairement au céleri à côtes, c'est la base de la tige et le collet de la plante qui prennent du volume et que l'on consomme crus ou cuits.

Céleri-rave prêt à être arraché et consommé.

tout sens, après avoir préparé le terrain avec 50 kg de terreau et un engrais complet sans trop d'azote, pour 10 m².

Effectuez un second semis sur côtière bien exposée ou sous châssis froid entre la fin avril et le 15 mai. Repiquez 2 fois comme dans le cas précédent et mettez en place à la fin juin.

Dans le courant de l'été, ne laissez jamais les plantes avoir soif et pratiquez de nombreux binages. À la fin de l'été, creusez une petite cuvette autour de chaque plant pour arroser au pied et en même temps supprimez les bourgeons adventifs et les feuilles jaunies. Récoltez 5 mois après le semis et, surtout, avant les gelées. Arrachez les plantes avec leur motte, ôtez les feuilles, mais gardez le bourgeon central et placez-les en coffre sous châssis pour les conserver pendant l'hiver.

Problèmes

Les céleris ont des ennemis communs. Les larves de la mouche du céleri rongent les feuilles entre les épidermes : supprimez les feuilles attaquées et traitez avec de la deltaméthrine ou du diméthoate. Rouille, sclérotiniose et septoriose affectant le feuillage seront combattues avec des spécialités à base de manèbe ou de mancozèbe. Le cœur du céleri-rave peut pourrir : apportez préventivement 15 g de Borax pour 10 m².

VARIÉTÉS

'Niva', 'Très gros blanc de Rueil', 'Mentor', 'Président', 'Géant de Prague' et 'Monarch', le plus cultivé et résistant à la septoriose.

Culture

Pour récolter dès le mois d'août, semez en pépinière sur couche ou en serre à une température de 18°C entre le 15 février et le 15 mars. Repiquez le plant en pépinière lorsqu'il a 3-4 feuilles, au début du mois d'avril, et effectuez un deuxième repiquage, après avoir coupé 1/3 des racines, à la fin de ce même mois, pour obtenir des plants trapus pourvus d'un bon chevelu racinaire.

À la fin du mois de mai, mettez en place en pleine terre, à 40 cm en

Cerfeuil tubéreux

(Ombellifères) *Chaerophyllum bulbosum*

Le cerfeuil tubéreux est cultivé pour sa racine renflée et conique. Sa chair blanche, légèrement farineuse et sucrée, a un goût intermédiaire entre la pomme de terre et la châtaigne.

- Multiplication : semis fin septembre avec des graines non stratifiées, ou début mars avec des graines stratifiées.
- Sol : frais et riche en humus, assez perméable
- Durée de la levée : en pleine terre, 1-6 mois

ou mélangez les graines dans du sable (conservez-les dans un endroit frais), à raison de 20 à 30 fois leur volume, pour ne semer qu'au début du mois de mars dans de petits rayons distants de 15 cm, ou encore à la volée. La levée intervient 6 mois après avec les graines non stratifiées, et un mois plus tard avec des graines stratifiées. Les soins culturaux sont identiques à ceux préconisés pour les carottes (éclaircissage, binages, arrosages).

Récoltez dans le courant du mois de juillet lorsque les feuilles jaunissent. Prenez garde aux tiges et aux feuilles, qui sont toxiques.

Placez les tubercules dans du sable en cave, car leur saveur aromatique et délicate se développe après l'arrachage.

Pour consommer, à partir du mois de novembre et jusqu'au printemps suivant, nettoyez les racines et plongez-les 5 minutes dans l'eau bouillante salée, puis assaisonnez. Elles peuvent également s'accommoder en frites, en purée ou en gratin.

Le cerfeuil tubéreux est peu cultivé car les semis sont parfois difficiles.

VARIÉTÉS

Cerfeuil tubéreux race 'Altan', tubercules au goût très fin.

Culture

À la fin du mois de septembre, semez des graines non stratifiées

Le conseil du jardinier

Pour produire vos propres graines, replantez les racines les plus trapues au mois de mars, à 70 cm d'espacement, et récoltez à la fin du mois de juillet.

Chicorée de Bruxelles

Cichorium intybus (Composées)

C'est la chicorée Witloof. Lorsqu'on enterre les racines, il se forme une pomme allongée, blanche, que l'on appelle « endive ».

- Multiplication : semis en mai-juin
- Sol : terre consistante et fertile sans pierres pour la production des racines
- Durée de la levée : en pleine terre, 5 jours

Après suppression des feuilles vertes et mise en forçage, la racine donne une pomme allongée dénommée endive.

VARIÉTÉS

− Pour forçage avec couverture de terre
'Vilmorin 5', 'Turbo Fl', 'Hâtive de Malines'.

− Pour forçage avec ou sans couverture de terre
'Bea Fl', 'Zoom Fl', 'Magnum Fl', 'Videna'.

Culture

Production des racines

Après labour, griffez le sol puis tracez des rayons espacés de 30 cm de la mi-mai à la mi-juin, et semez. La germination s'effectue en 8 jours. Quand les plants ont 2 ou 3 feuilles, éclaircissez-les à 15-20 cm sur le rang tout en éliminant les plants dégénérés présentant des pétioles rouges ou des feuilles très découpées. Apportez 150 g d'ammonitrate pour 10 m² en couverture. Maintenez ensuite la propreté de la culture par des binages, et arrosez si nécessaire.

Préparation pour le forçage

Arrachez les racines du 1er octobre au 15 décembre avec une fourche-bêche sans les meurtrir, au fur et à mesure des besoins, puis laissez-les sécher sur le sol pendant une semaine, même au froid, pour assurer la maturité physiologique du bourgeon. Procédez alors à leur habillage : à l'aide d'une serpette, coupez les racines en biseau à 18-20 cm du collet et les feuilles à 2-3 cm en formant un cône protégeant le bourgeon, qui donnera naissance à la future endive.
Éliminez les racines trop petites, d'un diamètre inférieur à 4 cm, et fourchues.

Forçage en pleine terre

Creusez une tranchée de 50 cm de profondeur sur 1 m de large et 1 m de long, ou plus selon la quantité de racines à forcer. Bêchez légèrement le fond de la tranchée. Mettez les racines les unes contre les autres, rang par rang, en plaçant les collets au même niveau. Recouvrez ensuite de terre très fine ou de terreau sur 20 cm de hauteur. Arrosez pour faire pénétrer la terre entre les racines, à raison de 2 arrosoirs de 10 l par m². Placez enfin, au-dessus, une couverture de paille, de feuilles ou de foin sur une épaisseur de 60 cm. Terminez en recouvrant d'une toiture en tôle ou en planches, voire d'un coffre et d'un châssis. Récoltez les chicons 30 à 40 jours après cet enjaugeage en les cassant au niveau du collet : ils se conservent très bien au réfrigérateur pendant une huitaine de jours.

Forçage en cave

Utilisez des variétés ne nécessitant pas de couverture de terre. Le forçage dans la cave est possible si la température est à 10-12° C. Prenez des caisses de 20 cm de hauteur et placez les racines côte à côte dans de la tourbe, puis arrosez copieusement. Alors que les racines forcées à l'extérieur ne nécessitent aucun arrosage supplémentaire après leur mise au forçage, surveillez les racines en cave et maintenez le mélange bien humide. Récoltez 6 semaines plus tard.

Chicorée sauvage

Cichorium intybus (Composées)

Elle a donné naissance à plusieurs variétés dont les feuilles, souvent colorées, gardent une certaine amertume. La récolte s'effectue avant l'hiver et, à la repousse, au printemps.

- Multiplication : semis de mai à août
- Sol : sans exigence
- Durée de la levée : en pleine terre, 5 jours

Chicorée sauvage 'Rouge de Trévise'.

VARIÉTÉS
'Améliorée blonde',
'Améliorée Pain de Sucre',
'Rouge de Trévise',
'Rouge de Vérone',

'De Lusia',
'Palla Rossa',
'Barbe-de-capucin',
'Clio',
'Orchidea rouge'.

Culture

Semez en place, en rayons espacés de 25 cm, du mois de mai au mois d'août et éclaircissez ensuite, si nécessaire, à 10 cm sur le rang. Récoltez avant l'hiver, dès les mois de septembre-octobre, surtout les variétés à feuilles rouges pour favoriser leur repousse au printemps.

Chicorée sauvage 'Rouge de Vérone'.

Barbe-de-capucin

Pour obtenir de la barbe-de-capucin à partir d'une chicorée, semez au mois de mai puis arrachez en novembre. Choisissez des racines de 1-2 cm de diamètre, supprimez les feuilles à 1 cm du collet et piquez-les dans du sable à la cave. Récoltez les feuilles étiolées un mois plus tard.

Chicorées scarole et frisée

Cichorium endivia var. *crispa et latifolia* (Composées)

Issues de la même plante sauvage, la chicorée frisée a de nombreuses feuilles très découpées tandis que celles de la chicorée scarole sont plus grandes et seulement dentées sur les bords.

- Multiplication : semis de janvier à septembre
- Sol : sans exigence particulière
- Durée de la levée : sous châssis, 48 h en pleine terre, 3-8 jours

Chicorées frisées à gauche et chicorées scaroles à droite.

VARIÉTÉS
– Chicorée scarole pour l'été 'Grosse bouclée', 'Naomi'.

– Chicorée frisée pour l'été 'Grosse pommant seule', 'Traviata', 'Fine de Louviers', 'Excel'.

– Chicorée scarole pour l'automne 'Cornet d'Anjou', 'Cornet de Bordeaux', 'Ronde verte à cœur plein', 'Géante maraîchère'.

– Chicorée frisée pour l'automne 'De Ruffec', 'Wallonne', 'D'hiver de Provence', ' Saragna'.

Les graines des chicorées doivent lever rapidement en 48 h sous châssis ou en 3-8 jours en pleine terre, sinon les plantes montent à graine précocement.

Culture de printemps

Semez du 15 janvier au 15 mars, à une température de 18-20 °C (serre ou châssis chauffés). Repiquez en pépinière 10 jours après la levée, et plantez 3 semaines plus tard, toujours à la même température. Récoltez 8 semaines après le semis. Du mois de mars au 15 mai, semez toujours à chaud en pépinière, et plantez sur côtière bien exposée ou sous châssis. À partir du 15 mai, les chicorées peuvent être plantées en pleine terre à 30 cm sur des rangs espacés de 35 cm. Repiquez «flottant», le collet devant toujours rester hors sol.

Culture d'été

À partir du 1er juin et jusqu'au 1er août, semez en pépinière mais directement en pleine terre, la température du sol étant suffisante pour éviter la montée à graines brutale des chicorées.

Culture d'hiver

Dans les zones méridionales, semez en août-septembre pour récolter de décembre à mars. Dans les zones septentrionales, des semis peuvent être effectués vers la mi-octobre, mais une nouvelle fois avec une chaleur de 18-20° C pour la culture (châssis ou serre).

Astuce

Une dizaine de jours avant la récolte et la consommation, liez les feuilles sèches des chicorées avec du raphia pour les faire blanchir, ou couvrez-les avec un pot renversé. Protégez les dernières récoltes avec des châssis contre les gelées jusqu'en mars. La pose d'un paillasson sur le châssis permettra le blanchiment.

Chou de Bruxelles

Brassica oleracea var. *gemmifera*

Son appellation indique son origine et les Belges le revendiquent comme une marque nationale. Sa tige élevée est garnie de feuilles à l'aisselle desquelles figurent de jeunes bourgeons.

Le chou de Bruxelles peut supporter des hivers très rigoureux.

quage peut s'avérer utile mais il est également possible de mettre directement les plants en place sept à huit semaines après le semis. Plantez de mi-mai à fin juin à 70 cm en tout sens, en enterrant les choux assez profondément. Récoltez les pommes dès qu'elles ont 3 cm de diamètre au fur et à mesure des besoins en commençant par la base de la tige et éliminez en même temps les feuilles jaunies. Le chou de Bruxelles est extrêmement résistant au froid et ne nécessite aucune protection pour l'hiver.

Mouche du chou

La mouche du chou, qui concerne toutes les espèces de choux, provoque le jaunissement des plantes qui finissent par se casser au collet : traitez le sol aux repiquages avec un produit à base de carbofuran. La cécidomyie détruit le bourgeon central et le chou est dit « borgne » : traitez dès la fin du mois de mai avec de la deltaméthrine.

Le conseil du jardinier

Essayez les choux chinois ou 'Petsaï', plus digestes et riches en vitamine A. Semez à la mi-juillet dans les régions septentrionales, à la mi-août dans l'Ouest et au début de septembre dans le Midi, où la récolte peut se prolonger tout l'hiver. Récoltez les choux chinois 2 mois et demi après le semis.

VARIÉTÉS

– Pour l'automne
'Jade Cross Fl', 'Diablo Fl'.
– Pour l'hiver
'Mallard Fl', 'De Rosny', 'Explorer Fl', 'Content'.

Culture

Pour récolter en début d'automne, semez sous châssis froid fin mars et pour récolter des premières gelées jusqu'en mars, semez de fin avril à mai. Un repi-

Chou-fleur et brocoli

Brassica oleracea var. *botrytis*

Les variétés à tête blanche doivent être recouvertes de feuilles fraîches avant leur complet developpement pour les protéger de l'ensoleillement en été et des gelées blanches à l'automne.

- Multiplication : semis
  chou-fleur : mars à juin
  chou brocoli : juillet
- Sol : terre douce, fraîche,
  riche en humus
- Durée de la levée :
  sous châssis, 4-5 jours
  en pleine terre, 5-10 jours

Le chou-fleur doit être consommé le plus rapidement possible après la récolte.

L'année même du semis, le chou-fleur forme sa tête, tandis que le chou brocoli ne la forme que dans l'année suivant le semis.

VARIÉTÉS
−Choux-fleurs à pomme blanche : 'Flora blanca', 'Merveille des quatre saisons', 'Islandia', 'Siria Fl', 'Stella Fl', 'Idol', 'Celesta', 'White Magic Fl'.
Il existe encore des choux-fleurs à pomme verte ou violette.
−Choux brocolis : 'Extra hâtif d'Angers', 'Green Duke Fl', 'Blanc White Star', 'Gallant Fl', 'Violet Purple Cape', 'Minaret'.

Culture

Ces choux préfèrent l'humidité et redoutent les gelées automnales. Avant de planter, incorporez pour 10 m² 50 kg de fumier bien décomposé et un engrais complet. À dater de la plantation, toujours pour 10 m², apportez 80 g d'ammonitrate en 5 fois tous les 15 jours. Arrosez régulièrement de façon que la végétation soit constamment active et régulière. Semez toujours en pépinière, tassez la terre pour que les graines adhèrent bien, et arrosez fréquemment. Au repiquage, éliminez les plants mal formés ou dont le bourgeon terminal aura été détruit. Il est impératif que la végétation ne subisse aucun à-coup au cours de la culture.

Choux-fleurs

Semez vers le 15 mars, sous châssis froid si nécessaire, repiquez en pépinière à 10 cm x 10 cm et plantez à la fin du mois d'avril en espaçant les plants de 60 cm sur des lignes espacées de 70 cm. Vers le 15 avril et jusqu'à la fin du mois de juin, semez toujours en pépinière, repiquez éventuellement et plantez 5 semaines après le semis lorsque les plants présentent 5 feuilles. Quand les cœurs atteignent 8 cm de diamètre, cassez les feuilles du centre pour les recouvrir, afin de les protéger de la lumière et ainsi leur assurer une blancheur parfaite. Récoltez 3 mois après la plantation.

Choux brocolis

Semez en pépinière au cours de la première quinzaine de juin et repiquez 3 semaines après. Plantez 6 semaines plus tard, et espacez les plants à 70 cm en tout sens. Ainsi, les choux atteignent leur complet développement avant l'hiver. Ils ne passent l'hiver dehors que s'il est doux, comme en Bretagne. Récoltez alors de mars à mai. Dans les régions septentrionales, arrachez les plantes en mottes en octobre, et placez-les sous châssis froid recouvert de paillassons, puis replantez-les en pleine terre à la fin février.

Choux pommé

Brassica oleracea

On distingue deux catégories de choux pommés : ceux à feuilles lisses, ou choux cabus, et ceux à feuilles cloquées dits choux de Milan. Il y a aussi des choux frisés non pommés qui se récoltent aux premières gelées.

- Multiplication : semis
- Sol : riche, frais, riche en azote
- Durée de la levée :
  sous châssis, 4-5 jours
  en pleine terre, 5-10 jours

Chou cabus à feuilles lisses.

VARIÉTÉS
– Choux cabus pour récolte au printemps : 'Clause Premier', 'Précoce de Louviers', Cape Horn Fl', 'Pointu de Chateaurenard', 'Golden Acre'.
– Choux cabus pour récolte d'été et d'automne : 'De Brunswick race Atol', 'Sagared', 'Tête de pierre Fl', 'Castello', 'Minicole Fl', .
– Choux cabus pour récolte d'hiver : 'Bartolo', 'Prospera', 'Winterton Fl'.
– Choux de Milan pour récolte d'été et d'automne : 'D'Aubervilliers race Éco', 'Salarité', 'Savoy', 'Gros des Vertus', 'ComparsaFl'.
– Choux de Milan pour récolte d'hiver : 'Concerto', 'De Pontoise

race de Cergy', 'Marabel', 'Wintessa Fl'.
– Choux rouges pour l'été : 'Tête noire', 'Rouge Autoro'.
– Choux rouges pour l'automne et l'hiver : 'Ruby', 'Rookie'.
– Choux frisés non pommés 'Vert nain', 'Moosbor Fl', 'Vert grand du Nord'.

Culture

Choux de printemps
Semez de la fin du mois d'août à la mi-septembre en pépinière, puis repiquez en pleine terre 1 mois plus tard à 10 cm x 10 cm. Mettez en place à la fin du mois d'octobre en espaçant les plantes de 50 cm. Choisissez une côtière bien exposée et plantez dans des rayons creux de 15 cm pour protéger les plantes des vents froids, ou encore abritez avec des châssis. Récoltez de la fin du mois d'avril au mois de juin.

Choux d'été et d'automne
Semez du 15 mars jusqu'au 15 avril, repiquez en pépinière et plantez un mois et demi après le semis en espaçant les plantes de 60 cm. Récoltez du mois de juillet jusqu'au mois d'octobre.

Choux de Milan à feuilles cloquées.

Choux d'hiver
Pour récolter de la fin du mois d'octobre jusqu'à mars, semez de la mi-mai à la mi-juin. Le repiquage peut être facultatif. À la même saison se sèment les choux rouges et les choux à choucroute.

Astuce
Les plantations de choux étant assez espacées, n'hésitez pas à faire des cultures intercalaires de radis, de salades et de carottes.

Concombre, cornichon

Cucumis sativus (Cucurbitacées)

Si on laisse grossir les cornichons, ils deviennent comme des concombres : la saveur n'est toutefois pas la même car ce sont deux plantes différentes.

- Multiplication : semis avril-mai
- Sol : silico-argileux, plutôt acide, riche en matières organiques
- Durée de la levée : sous châssis, 2 jours en pleine terre, 6-7 jours

Les concombres sont consommables à complet développement.

Culture

Dans les régions septentrionales, semez ou mettez les plantes en place après le 15 mai, au mois d'avril dans le Midi. Les graines ne peuvent pas germer en dessous de 16 °C. Avant la plantation, enfouissez pour 10 m² 40 kg de fumier bien décomposé plus un engrais complet. Au cours de la culture, apportez de l'azote sous forme d'ammonitrate à 3 époques différentes : 50 g au moment du semis, 80 g lorsque les plantes ont 7-8 feuilles, et 80 g 3 semaines plus tard.

Paillez le sol pour éviter la salissure des fruits par les projections de terre.

▸ Le conseil du jardinier

Choisissez des variétés résistant au virus de la mosaïque, à la cladosporiose et à l'oïdium. Préférez les variétés gynoïques produisant 90 % de fleurs femelles, et même des variétés parthénocarpiques ne produisant que des fleurs femelles donnant chacune un fruit.

VARIÉTÉS

– Cornichons
'Vert petit de Paris', 'Vert de Massy', 'Parigyno Fl', 'Milglas Fl', 'Amélioré de Bourbonne', 'Fin de Meaux', 'Pepito', 'Moringa Fl', 'Harmonie Fl'.

– Concombres
'Gynial Fl', 'Le Généreux', 'Prestige Fl', 'Rollison's Telegraph', 'Bush champion Fl', 'Jazzer Fl'.

Cornichon 'Vert de Massy'.

Le cornichon n'exige aucune taille. Étêtez la tige principale du concombre au-dessus de la troisième ou de la quatrième feuille. À l'issue de ce pincement apparaissent 3 ou 4 tiges secondaires qui devront être pincées au-dessus de la troisième feuille. Disposez ces tiges en arête de poisson sur le sol, ou palissez-les sur des filets à grosses mailles (10 à 15 cm de large).

Récolte

Récoltez les cornichons lorsqu'ils atteignent la grosseur d'un petit doigt en passant dans la culture tous les 2 jours. Récoltez les concombres lorsque l'extrémité s'arrondit et que la couleur devient plus claire.

Taille du concombre

Coupez la tige principale au-dessus de la 3e feuille.

Trois tiges se développent. Pincez-les au-dessus de la 3e ou 4e feuille.

Comment les semer ?

Ouvrez une tranchée large de 40 cm et profonde de 30 cm. Si vous faites plusieurs lignes, espacez ces tranchées de 1,30 m. Comblez de fumier mi-décomposé et de feuilles, puis recouvrez avec la terre extraite. Semez des poquets de 5-6 graines sur la ligne en les espaçant de 60 cm environ. Si vous possédez peu de place ou si vous ne désirez pas trop produire, effectuez des semis en cuvette. Creusez des trous circulaires de 40 cm de diamètre, profonds de 30 cm et espacés de 60-80 cm. Comblez comme précédemment de fumier et de feuilles, recouvrez de terre et semez de 5 à 6 graines dans chaque trou.

En cours de culture, ne ménagez jamais les arrosages, car corni-chons et surtout concombres renferment jusqu'à 90 % d'eau. Paillez le sol ou plantez sur film de paillage pour maintenir l'humidité.

Courge

Cucurbita pepo (Cucurbitacées)

La courge a donné naissance à des espèces différentes, comme les courgettes, les giraumons, les pâtissons, les potirons et potimarrons, dont les fruits sont consommés cuits ou servent à la décoration.

- Multiplication : semis avril-mai
- Sol : très riche en matières organiques
- Durée de la levée : sous châssis, 2 jours en pleine terre, 9 jours

Les courgettes se récoltent au fur et à mesure de leur développement et des besoins.

VARIÉTÉS

– Courgettes
'Aurore', 'De Nice à fruit rond', 'Précoce maraîchère', 'Splendor'.

– Giraumons
'Bonnet Turc', 'Galeux d'Eysines'.

– Pâtissons
'Blanco', 'Nouvel Hybride blanc', 'Sunburst', 'Peter Pan'.

– Potirons
'Rouge vif d'Étampes', 'Jaune gros de Paris', 'Musqué de Provence'.

– Potimarrons
'Red Kuri', 'Green Delicious'.

Culture

Tous les 1,20 m à 1,50 m pour les courgettes et jusqu'à 3 m en tout sens pour les potirons, creusez un trou de 60 cm de diamètre et remplissez-le de 30 cm de fumier recouvert de 20 cm de terreau. Semez dans chaque trou 5 ou 6 graines et, à la levée, ne conservez que les 2 plus beaux plants. Effectuez ce semis vers le 15 mai, voire au mois d'avril dans le Midi. Pincez d'abord les pousses à 2 feuilles, puis à 5 ou 6 feuilles pour obtenir un grand nombre de fleurs femelles. Lorsque les fruits sont bien développés, pincez les rameaux fructifères au-dessus de la deuxième feuille. Par pied, conservez 1 ou 2 fruits pour les potirons, 3 ou 4 pour les giraumons et pâtissons et une dizaine pour les courgettes. Cueillez les courgettes dès qu'elles atteignent de 15 à 20 cm de longueur : plus tard, leur peau durcit et les graines se développent à l'intérieur du légume.

Transplantation

Transplantez les plants élevés en pot la première quinzaine de mai.

Arrosage

Arrosez régulièrement pour favoriser l'apparion et le développement des fruits.

▶ Le conseil du jardinier

N'arrosez pas trop les potirons en fin de culture, et récoltez-les avant les gelées : vous pourrez les conserver tout l'hiver dans un local où la température avoisine 10° C.

Cresson de fontaine

Nasturtium officinale (Crucifères)

Si l'on dispose d'un ruisseau, on peut aménager les berges pour y faire pousser du cresson de fontaine.

- ■ Multiplication : semis, mais bouturage de tiges plus aisé
- ■ Sol : terre de jardin et terreau mélangés et inondables
- □ Durée de la levée : sous châssis, 2 jours

Le cresson de fontaine doit pousser les pieds dans l'eau de source.

Culture

Aménagez les berges du ruisseau de façon que, dans un premier temps, le sol reste simplement humide et que, plus tard, on puisse faire remonter le niveau de l'eau de 5 à 15 cm. Construisez par exemple un coffre en bois avec des trappes d'entrée et de sortie d'eau. Dans un mélange de terre et de terreau, repiquez au mois d'août des tiges munies de racines tous les 5-10 cm. Après la reprise, inondez le terrain d'une hauteur d'eau de 5 cm que vous élèverez progressivement à 15 cm au fur et à mesure de la croissance. Il faut une eau courante, à peine calcaire, d'une température de 10 °C, avec un débit de 1,5 l/s. Récoltez un mois après la mise en place des boutures, et tassez les tiges sur la terre après chaque coupe, avec une batte, pour éviter leur déracinement.

Cresson alénois

Lepidium sativum (Crucifères)

Si vous ne possédez pas de ruisseau, cultivez le cresson alénois ou cressonnette au goût plus piquant.

VARIÉTÉS

– Cresson alénois 'Commun' et 'Frisé'.

Culture

Semez en sol frais et terreauté en place, à la volée ou en lignes espacées de 20 cm. À une température de 10 °C, la levée s'effectue en moins de 24 h. Récoltez les feuilles de 3 à 4 semaines plus tard.

- ■ Multiplication : semis tous les 15 jours de mars à octobre
- ■ Sol : bonne terre de jardin constamment entretenue humide
- □ Durée de la levée : sous châssis, 2 jours

▶ **Le conseil du jardinier**
En été, choisissez une situation ombragée, et arrosez fréquemment pour limiter la montée à graines et les altises qui criblent les feuilles.

Crosne du Japon

Stachys affinis (Labiacées)

C'est une plante vivace dont les tiges souterraines forment de petits tubercules en chapelet, couleur de jade, qui sont les parties consommables de la plante.

■ Multiplication : plantation de tubercules fin février-début mars
■ Sol : léger, frais, riche, bien ameubli et sans fumure

Les crosnes sont très rustiques et insensibles aux parasites.

VARIÉTÉS

Optez pour les plants régénérés par culture de méristèmes et évitez les souches anciennes virosées ou dégénérées.

Culture

Creusez des poquets profonds de 15-20 cm et espacés de 40 cm en tout sens à la fin du mois de février jusqu'en mars-avril. Disposez 3 tubercules par trou et recouvrez-les de 10 cm de terre fine. Effectuez quelques binages jusqu'à la fin du mois de septembre, époque où se forment réellement les tubercules. Le buttage des pieds, au début du mois de juin, augmente sensiblement le rendement qui ne dépasse toutefois guère 15 kg pour une surface de 10 m². Arrosez les plantes en cas de sécheresse trop intense. Arrachez à partir du début du mois de décembre et tout l'hiver au fur et à mesure des besoins. Les gelées n'endommagent pas les tubercules.

Si vous disposez d'une cave, conservez éventuellement les rhizomes en stratification dans du sable, car ils se flétrissent rapidement au contact de l'air. Très rustique, le crosne n'est pratiquement atteint par aucun parasite.

Tubercules de crosne du Japon, parties consommables de la plante.

▶ Le conseil du jardinier

Pour les consommer, frottez les rhizomes avec une petite brosse, puis cuisez-les dans de l'eau bouillante salée pendant 10 à 15 min. Accommodez avec un jus de viande. Vous pouvez également faire des gratins ou des fritures : leur saveur s'apparente à celle de l'artichaut ou du salsifis.

Échalote

Allium ascalonicum (Liliacées)

Il existe deux types d'échalote : l'échalote grise ou échalote ordinaire, qui donne de petits bulbes très parfumés, et l'échalote de Jersey ou échalote-oignon aux bulbes plus gros, moins aromatiques mais de meilleure conservation.

Confectionnez de petites bottes d'échalotes pour les suspendre au grenier.

avec les doigts à 2-3 cm sous terre en les espaçant de 15 cm. Il faut 600 g de caïeux pour 5 m² environ. Effectuez quelques binages en cours de végétation et dégagez la terre autour des touffes, dès que les bulbes sont formés. Récoltez à la fin du mois de juin, laissez ressuyer quelques jours sur le sol, puis stockez au grenier en couche de faible épaisseur, ou confectionnez des bottes.

Luttez contre la mouche de l'oignon en épandant sur le sol, au moment de la plantation, un insecticide à base de diazinon ou de diéthon. L'échalote grise ne donnant jamais de graines, la multiplication se fait toujours par plantation de bulbes.

Plantation

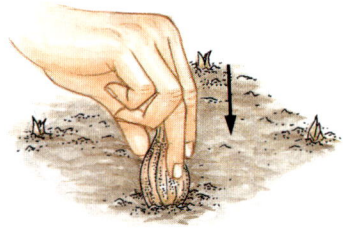

Enfoncez les bulbes dans le sol espacés de 15 cm en laissant le haut visible.

◆ Le conseil du jardinier

L'échalote-oignon peut se semer en février-mars pour être récoltée au mois de septembre. Elle est parfois dénommée « échalion ».

Variétés conseillées : 'Matador', 'Cuisse de poulet', 'ARX84'.

VARIÉTÉS

– Échalote grise
Petits bulbes à chair rosée et à saveur très prononcée.

– Échalote-oignon
'De Jersey' ou 'Griselle' (sélection INRA), bulbes demi-longs de bon rendement.

'De Jersey longue', rendement moins bon, mais de meilleure qualité gustative.

Culture

En février-mars, ouvrez de petits sillons distants de 20 cm à la serfouette et enfoncez les bulbes

Épinard

Spinacia oleracea (Chénopodiacées)

L'épinard ne réussit convenablement que dans le nord de la France, car il redoute la chaleur et la sécheresse. En revanche, il résiste au froid jusqu'à − 5° C.

- Multiplication : semis en mars-avril ou en automne
- Sol : sain, perméable, frais et consistant, redoute les sols acides
- Durée de la levée : sous châssis, 2-3 jours en pleine terre, 5-6 jours

Choisissez des variétés résistantes à la montée à graines pour les semis de printemps.

gez surtout pas les arrosages, la plante montant très facilement à graines lors des fortes chaleurs.

Semez après le 15 août pour récolter au mois d'octobre, dans la première quinzaine de septembre pour cueillir au mois de novembre, et à la mi-octobre pour une récolte en mars-avril en abritant avec des coffres et des châssis lors des froids rigoureux.

Récoltez 6 semaines après le semis, en coupant les pétioles des feuilles. Contre le mildiou, qui provoque des taches à la face supérieure des feuilles et un duvet violacé au revers, traitez à l'apparition des symptômes avec un produit à base de captane, thirame ou zinèbe.

Récolte

Ne récoltez à chaque fois que les feuilles les plus développées pour prolonger la récolte.

VARIÉTÉS
− Pour semis au printemps
'Matador', 'Splendour', 'Alice'.

− Pour semis d'automne
'Géant d'hiver', 'Symphonie', 'Monstrueux de Viroflay', 'Adèle'.

Culture

Choisissez une plate-bande ayant précédemment reçu une bonne fumure organique, et incorporez au labour un engrais complet à prédominance azotée. Roulez plusieurs fois pour raffermir le terrain, l'épinard détestant les terrains « creux ». Semez sur des lignes distantes de 30 cm dans des rayons profonds de 1 cm. Éclaircissez ensuite si besoin en espaçant les plantes de 10 à 15 cm.

Semez en mars-avril pour récolter en mai-juin. Choisissez un endroit à mi-ombre et ne ména-

Fenouil *Foeniculum vulgare* var. *dulce* (Ombellifères)

Plante annuelle de 80 cm de hauteur aux feuilles finement divisées, ayant à leur base de gros pétioles imbriqués formant au collet une pomme serrée de 5 à 10 cm de diamètre. C'est la partie consommable de la plante.

- Multiplication : semis en place du 1er avril au 15 juin
- Sol : terre riche, argilo-sablonneuse, peu calcaire. Évitez les sols cailouteux.
- Durée de la levée : sous châssis, 4-5 jours en pleine terre, 6-10 jours

Par manque d'eau, le fenouil fleurit et monte à graines.

mieux exposé du jardin. Semez d'avril à juin dans des rayons creux distants de 40 cm et, après la levée, éclaircissez en espaçant les plantes de 20-25 cm.

Dans les zones méridionales, semez du 14 juillet à la fin du mois d'août pour récolter du mois de décembre jusqu'au printemps.

En cours de culture, ne ménagez pas les arrosages en période sèche pour éviter la montée à graines. Luttez contre les limaces et les escargots avec un produit à base de métaldéhyde. Buttez en 2 fois la base des plantes, lorsque celle-ci commence à grossir, jusqu'à 15-20 cm de hauteur, 15 jours avant la récolte.

Buttage

Lorsque la base du fenouil commence à grossir, ramenez de la terre autour du pied pour le faire blanchir.

▶ Le conseil du jardinier

Cultivez le fenouil amer ou commun comme plante condimentaire, pour consommer les feuilles fraîches ou séchées, ou les graines aromatiques.

VARIÉTÉS

– Pour les semis précoces de printemps 'Zefa fino'.

– Pour les semis en pleine terre 'Rudy' ou 'Zefa tardo'.

Culture

Semez sur couche et sous châssis, en mars-avril, en pépinière. Repiquez lorsque les plants ont 10 cm de hauteur sur des lignes espacées de 35 cm et à 30 cm. Récoltez 3 mois et demi plus tard. Pour cultiver directement en pleine terre, choisissez l'endroit le

Fève

Vicia faba (Légumineuses)

Plante annuelle herbacée de 50 à 80 cm, elle donne des gousses dont on consomme les graines crues, en hors-d'œuvre, lorsqu'elles sont à la moitié de leur développement, ou cuites, voire sèches en purée et en potage.

■ Multiplication : semis en place en février-mars

■ Sol : frais, substantiel, plutôt lourd. Évitez les engrais azotés

□ Durée de la levée :
sous châssis, 4-5 jours
en pleine terre, 8-12 jours

Gousses de fève bonnes à la consommation.

une à une tous les 10 cm, puis recouvrez. Il est encore possible de semer en poquets de 3 à 4 graines distants de 30 cm en tout sens. Désherbez ensuite la culture et buttez les pieds lorsque les tiges atteignent 30 cm de hauteur.

Dans l'Ouest et le Midi, pratiquez les semis au mois de novembre pour récolter en avril-mai. Dans les autres régions, semez de la mi-juillet à la mi-août pour récolter de la fin septembre à octobre, ou en février-mars pour récolter en avril-mai.

Luttez contre le puceron noir qui envahit les extrémités des tiges et nuit au rendement : pincez les tiges entre la septième et la dixième fleur ou gousse, selon l'avancement de la végétation, et brûlez ces extrémités puis traitez avec de la roténone.

Floraison de la fève.

VARIÉTÉS
– Pour semis d'automne
'D'Aguadulce à très longues gousses'.

– Pour semis de printemps ou en novembre dans le Midi
'Imperial Green Pod'.

– Pour semis dans le Nord de mi-février à mi-mai
'Trois Fois Blanches'.

Culture

Avec la serfouette, ouvrez des sillons distants de 50 cm et profonds de 5 cm, déposez les graines

▶ **Le conseil du jardinier**
Pour limiter l'envahissement par les pucerons, semez quelques graines d'aneth entre les lignes.

Fraisier

Fragaria (Solanacées)

Plante vivace rencontrée à l'état spontané dans nos sous-bois, le fraisier a subi des améliorations qui ont favorisé la grosseur des fruits.

À l'approche de la maturité, pensez à protéger vos fraisiers des limaces et des escargots.

fraisiers remontants dont le gros de la production a lieu en juin-juillet puis, en moindre abondance, de la mi-août au mois d'octobre.

Culture

Fraisier des quatre saisons ou fraisier des bois

Semez à la fin du mois de juillet en terrine ou caissette ou en pleine terre. Émiettez finement le sol avant le semis. Recouvrez les graines d'une fine couche de terreau tamisé et bassinez. La levée s'effectue en 20 jours avec des graines de l'année. Repiquez les plants à 15 cm, en tout sens, lorsqu'ils ont 3-4 feuilles et mettez en place à la fin du mois de septembre ou au printemps suivant lorsque les fraisiers ont 6 feuilles, en les espaçant de 30 cm, pour obtenir les premiers fruits en mai.

▶ Le conseil du jardinier

Pour éviter l'envahissement par les mauvaises herbes, les attaques de pourriture grise et la souillure des fruits par des éclaboussures de terre lors des fortes pluies, disposez de la paille hachée autour des plantes juste après la floraison, ou plantez sur un film de paillage noir. De plus, ce film maintient une bonne humidité et hâte la récolte par un réchauffement plus rapide du sol.

VARIÉTÉS
– Fraisiers des quatre saisons
'Reine des Vallées', 'Mignonnette' et 'Golden Alpine', variété à fruits jaunes.

– Fraisiers à gros fruits non remontants
'Gariguette', 'Fantastica', 'Olympus', 'Delecta'.

– Fraisiers remontants à production échelonnée
'Hummi Gento', 'Marastil', 'Rabunda', 'Selva', 'Appelever', 'Saveur des Bois'.

Il existe des fraisiers à petits fruits qui produisent de juin à septembre, des fraisiers non remontants qui donnent une seule récolte en juin-juillet, et des

Fraisiers à gros fruits

Le fraisier est une plante épuisante qui reste généralement 4 ans en place. Préparez le terrain en apportant pour 10 m² 80 kg de fumier bien décomposé et un engrais complet. La meilleure époque de plantation est le mois de septembre. Plantez avec une houlette en allongeant les racines dans le trou de plantation et en prenant garde que le collet reste bien à fleur de sol, puis arrosez au goulot. Plantez à 35 cm sur des lignes espacées de 45-50 cm.

Il est préférable de se procurer dans le commerce des plants indemnes de maladies à virus. Si vous préférez multiplier vous-même vos fraisiers, choisissez de jeunes pieds mères vigoureux, à port érigé, aux feuilles lisses et planes, ne présentant aucun signe de dégénérescence. Conservez 7 ou 8 filets, ou stolons, autour de chaque plante. Vers le 15 juin, pincez chaque filet entre la deuxième et la troisième rosette de feuilles et maintenez ces parties de stolons, ou coulants, bien appliquées sur le sol par un fil de fer recourbé pour qu'elles marcottent. À la fin du mois de juillet, prélevez les jeunes fraisiers avec leurs racines et repiquez-les en pépinière à 15 cm en tout sens. Ensuite, arrachez ces plantes, avec leur motte de préférence, pour les mettre en place à la fin du mois de septembre. Si vous ne désirez pas procéder à la multiplication, supprimez les coulants dès qu'ils apparaissent.

Maladies

L'**oïdium** recouvre d'un feutrage blanc les feuilles, les pétioles et les fleurs : brûlez les feuilles atteintes et traitez avant la floraison avec du Nimrod.

Des taches brun rougeâtre à centre blanc sont disséminées sur le feuillage et entraînent son dessèchement. Contre cette maladie des **taches pourpres**, traitez au mancozèbe ou au manèbe avant la floraison et après la récolte.

Par temps humide, le **mildiou** attaque les fruits verts, qui brunissent, ou proches de la maturité, qui prennent une teinte rose laiteux et deviennent immangeables : traitez avec de l'Aliette. Par temps très humide, également, les fruits se couvrent d'un feutrage grisâtre : c'est la **pourriture grise** qui se développe surtout si le sol est trop riche en azote ; plantez sur film en plastique et traitez avec du mancozèbe après une forte pluie, à la préfloraison, à la chute des pétales et au tout début de la fructification.

Le **tarsonème**, acarien de couleur orangée, attaque le feuillage et ses dégâts font penser à une maladie dégénérative. Traitez avec du dicofol ou de l'endosulfan.

Anthonome et **rhynchite** sectionnent les pédoncules floraux : traitez à la préfloraison avec de l'endosulfan.

Plantation à la bonne profondeur

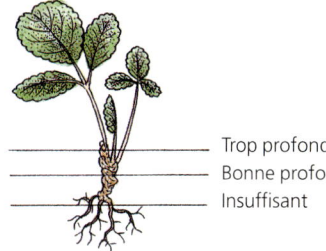

Trop profond
Bonne profondeur
Insuffisant

Suppression des filets

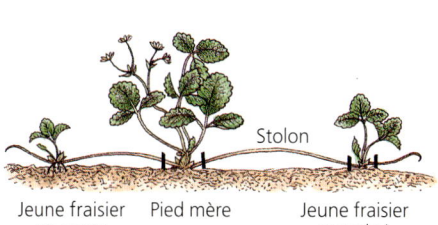

Stolon

Jeune fraisier en cours d'enracinement — Pied mère — Jeune fraisier enraciné

Propagation des fraisiers

1 De juin à août, sélectionnez 4 à 5 stolons de pieds sains.

2 Fixez les stolons dans des pots de 7 cm enfouis au niveau du sol.

3 Au bout de 4 à 6 semaines, les stolons ont pris racine.

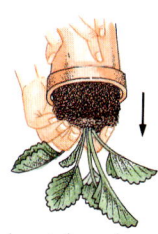

4 Retirez les stolons des pots et transplantez-les en pleine terre.

Haricot

Phaseolus vulgaris (Légumineuses)

Plante annuelle, le haricot est tantôt nain, tantôt volubile et ses tiges, de 2 à 3 m, doivent alors être soutenues par des rames. Il se consomme en filets ou en mangetout, mais encore en grains frais ou secs avec des couleurs très variées.

■ Multiplication : semis d'avril à août

■ Sol : léger, ni trop calcaire, ni trop humide

□ Durée de la levée : sous châssis, 2-3 jours en pleine terre, 5-8 jours

Haricots filets nains : passez dans les rangs tous les 2 jours pour récolter.

VARIÉTÉS

– Haricots filets nains : 'Fin de Bagnols', 'Triomphe de Farcy', 'Royalnel', 'Delinel', 'Oxinel'.
– Haricots mangetout nains : 'Contender', 'De Rocquencourt', 'Rocdor', 'Primel'.
– Haricots mangetout à rames : 'Émérite', 'Phénomène', 'Merveille de Venise'.
– Haricots à écosser nains : 'Coco blanc précoce', 'Flageolet Chevrier', 'Vernel'.
– Haricots à écosser à rames : 'Soissons gros blanc', 'Soissons vert', 'Tarbais géant'.

Culture

Les jeunes pousses du haricot gèlent à 0° C. Attendez que les gelées soient terminées pour semer. Au nord de la Loire, semez du 15 mai au 15 juillet et, dans l'Ouest, dès la fin avril jusqu'à la fin juillet. Dans le Midi, semez du début avril jusqu'à fin août. Incorporez au sol 15 kg de fumier bien décomposé pour 10 m² et un engrais complet. Semez les haricots nains par poquets de 5 ou 6 graines distants de 35 cm en quinconce, ou sur des lignes distantes de 40 à 50 cm en déposant une graine tous les 3-4 cm. Pour les haricots à rames, semez sur des lignes jumelées distantes de 70 cm, en espaçant les graines de 3-4 cm. Enterrez les graines de environ 5 cm. Dès que les pousses atteignent 15 cm, buttez et disposez les rames si nécessaire. Par fortes chaleurs, ne ménagez pas les arrosages, surtout pour éviter aux haricots filets de devenir filandreux.

Plantation de haricots nains et de haricots à rames

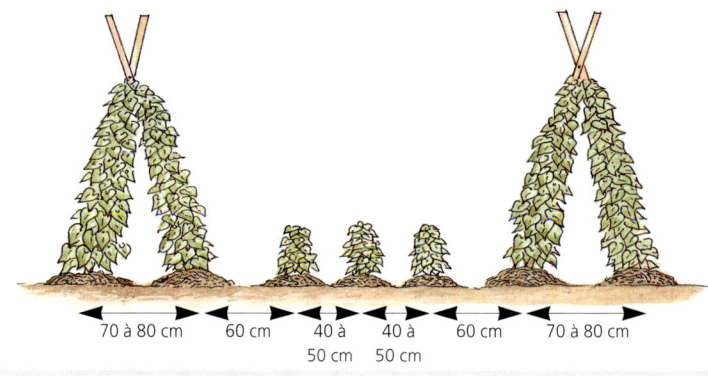

70 à 80 cm   60 cm   40 à 50 cm   40 à 50 cm   60 cm   70 à 80 cm

► **Le conseil du jardinier**
Récoltez les haricots filets 70 jours après le semis, en passant tous les 2-3 jours dans les rangs. Comptez 90 jours pour récolter les grains frais et 120 jours pour les grains secs. Préférez les variétés résistant à l'anthracnose et à la mosaïque.

Laitue

Lactuca sativa (Composées)

Plantes indispensables à nos fins de repas, les laitues doivent se récolter au fur et à mesure des besoins. Il est préférable de les cueillir peu de temps à l'avance, car elles perdent vite une partie de leurs propriétés, surtout leur vitamine C.

■ Plantation : par semis toute l'année en protégeant l'hiver
■ Sol : riche en matières organiques
□ Durée de la levée : sous châssis, 2-5 jours en pleine terre, 5-10 jours

Laitues à couper. Leur feuillage ressemble à une feuille de chêne avec divers coloris.

VARIÉTÉS

– Laitues à couper
'Brunia', 'Feuille de Chêne blonde', 'Red Salad Bowl', 'Green Salad Bowl', 'Malibu', 'Rossa di Trente', 'Valdaï'.

– Laitues batavias à pomme frisée
'Blonde de Paris', 'Laura', 'Reine des Glaces', 'Rouge Grenobloise', 'Carmen', 'Kellys', 'Roxette', 'Camaro'.

– Laitues grasses à pomme lâche et feuilles épaisses
'Craquerelle du Midi', 'Sucrine', 'Sucrine Bella'.

– Laitues pommées à feuilles lisses, dénommées également laitues beurre
'Brune d'Hiver', 'D'Hiver de Verrières', 'Gotte à graine blanche', 'Grosse blonde paresseuse', 'Kraganer Sommer', 'Kinemontepas', 'Merveille des Quatre-Saisons', 'Merveille d'Hiver', 'Reine de Mai de pleine terre', 'Rougette de Montpellier', 'Monet', 'Nadine'.

– Laitues romaines à pomme oblongue
'Blonde maraîchère', 'Verte maraîchère', 'Remus', 'Corsair', 'Fine de Printemps', 'Little Leprechaun'.

Culture

Laitues à couper

Pour récolter feuille à feuille du printemps jusqu'à l'automne, semez d'abord sous châssis dès le mois de février pour une mise en place au mois d'avril et, à partir de cette époque, semez directement en place sur des lignes espacées de 25 cm et en espaçant les plantes à 20 cm sur le rang. Récoltez au couteau jusqu'au mois d'octobre en coupant les feuilles au ras de la tige.

Laitues de printemps

Dès le mois de janvier, semez à une température supérieure à 15 °C sous châssis ou en serre. Repiquez toujours à la même température et mettez en place en pleine terre à 25 cm x 25 cm au mois de mars, pour récolter à partir du mois d'avril jusqu'au 15 mai.

Laitue à couper 'Red Salad Bowl'.

Laitue à couper 'Green Salad Bowl'.

Laitue romaine à pommes oblongues.

Laitues d'été et d'automne

Semez en pépinière dès le mois de mars sous châssis froid et à partir du mois d'avril en pleine terre. Repiquez pour les premiers semis. À partir du mois d'avril, semez directement en place et éclaircissez en espaçant les pieds de 30 cm. Le semis en pépinière est cependant toujours conseillé pour trier les plus beaux plants.

Laitues d'hiver

Choisissez les variétés les plus résistantes à l'hiver. Semez clair en pépinière de la fin du mois d'août jusqu'au 15 septembre. Plantez en pleine terre vers le 20 octobre en espaçant les plantes de 30 cm en tout sens. Pendant les périodes de grands froids, recouvrez la planche de paille, voire d'un châssis. Conservez éventuellement quelques plants à l'abri pour remplacer ceux qui disparaîtraient au cours de l'hiver. Récoltez de la fin du mois d'avril jusqu'au mois de mai. Si vous disposez d'une serre froide, d'un tunnel ou de coffres et châssis, semez en pépinière du 15 septembre au 15 octobre, repiquez 10 jours plus tard puis mettez en place au début du mois de décembre pour récolter à la fin du mois de janvier et au mois de février.

Laitues élevées sous châssis avant plantation.

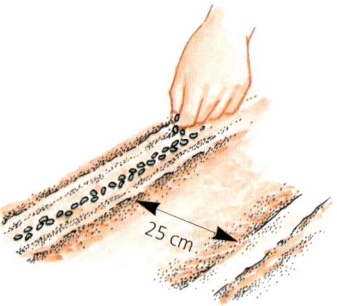

Semez en place sur des lignes espacées de 25 cm.

Éclaircissage

Éclaircissez les plants lorsqu'ils ont 3 cm de haut en les espaçant de 20 cm.

▶ Les conseils du jardinier

Repiquez toujours les laitues « flottant », c'est-à-dire en maintenant toujours le collet de la plante au-dessus du sol.

Les mollusques étant très friands des feuilles de laitue, épandez des granulés à base de métaldéhyde.

Durant l'été, par fortes chaleurs et temps orageux, les laitues ont tendance à monter trop facilement à graines. Après une pluie d'orage, arrosez avec de l'eau très froide pour retarder cette montaison.

Pour favoriser la croissance, après reprise des plantes repiquées, épandez pour 10 m² 100 g d'ammonitrate à enfouir lors du premier sarclage.

Mâche

Valerianella olitoria (Valérianacées)

Cette plante se rencontre à l'état spontané dans les champs après les moissons et supporte l'hiver. On l'appelle aussi « boursette » ou « doucette ».

■ Multiplication : semis de juillet à septembre

■ Sol : sans fumure spéciale, poreux mais ferme

□ Durée de la levée : en pleine terre, 8 jours

Semez la mâche sur un terrain bien ferme.

être très ferme : griffez juste superficiellement et piétinez, condition impérative pour obtenir une bonne germination. Semez alors, enterrez les graines avec la griffe, puis plombez à nouveau et arrosez. Quelquefois, la levée est capricieuse et s'établit entre 7 et 20 jours. Les graines de l'année germent difficilement, préférez les semences vieilles de 2 ans.

Semez en place, à la volée ou en rayons distants de 15 cm. Éclaircissez à 6-8 cm sur le rang quand les plants ont 4 ou 5 feuilles si le semis est trop dense.

– Semez après la mi-juillet pour récolter en septembre-octobre et paillez éventuellement le sol pour maintenir la fraîcheur. Choisissez un lieu mi-ombragé.

– Semez vers la mi-août pour récolter à la fin du mois d'octobre et tout l'hiver.

– Pour récolter en mars, effectuez un dernier semis fin septembre.

La mâche peut servir de culture intercalaire avec les choux de Bruxelles ou les choux-fleurs, par exemple.

La mâche résiste à tous les parasites mais est parfois attaquée par une rouille en hiver dans les sols trop humides avec des semis trop denses : éclaircissez les plants si nécessaire et repiquez-les dans les endroits les plus clairsemés.

▶ Le conseil du jardinier

Pour hâter la récolte de mars, dès le début février recouvrez la planche de coffres et châssis ou d'un tunnel en plastique.

VARIÉTÉS

– Pour semis en juillet
'Valgros', 'À grosse graine', 'D'Italie à feuilles de laitue'.

– Pour semis en août
'Ronde maraîchère', 'Verte de Louviers', 'Verte à cœur Vit'.

– Pour les derniers semis
'Verte d'Étampes', Verte de Cambrai'.

Culture

Il ne faut pas labourer le terrain pour cultiver la mâche. Il doit

Melon

Cucumis melo (Cucurbitacées)

Réservez-lui l'endroit le plus ensoleillé du potager. Même pour germer, il lui faut une température supérieure à 20° C. Il redoute le froid et le nord de la Loire ne lui convient pas toujours.

mètre et semez 3-4 graines dans un mélange moitié terre-moitié terreau et maintenez une température de 18-20 °C (serre, châssis, véranda, bord de fenêtre). Lorsque les plants présentent deux cotylédons bien étalés, éclaircissez en choisissant le plus beau sujet du godet qui sera seul conservé.

Taille

Après la plantation, quand le plant présente 3-4 feuilles, coupez-le au-dessus des 2 premières feuilles et supprimez les cotylédons (dessin 1). Les 2 bourgeons axillaires donnent ainsi 2 tiges ou axes (dessin 2). Taillez tous les rameaux naissant sur ces tiges à 3 ou 4 feuilles (dessin 3). Les fleurs

Melon brodé ou Charentais proche de la maturité.

VARIÉTÉS

'Aliénor F1', 'Savor F1', 'Vedrantais', 'Figaro F1', 'Galoubet F1', 'Cantaloup Charentais', 'Bastion F1', 'Pallium F1', 'Carson F1', 'Orus F1', 'Gold Star F1'.

Culture

Creusez des trous de 50 cm de diamètre, profonds de 40 cm et espacés de 80 cm. Remplissez ces trous de fumier décomposé, de terreau et d'engrais complet. Recouvrez le tout de 15 à 20 cm de bonne terre en formant une cuvette dans laquelle sera planté le pied de melon. Semez en place dès le début du mois d'avril dans le Midi, au début du mois de mai dans le Sud-Ouest et à la mi-mai dans les autres régions. Déposez 5 ou 6 graines dans ces trous. Pour hâter la production, semez de préférence en pépinière. Choisissez des godets de 8 cm de dia-

À savoir

Choisissez les variétés résistant au fusarium et à l'oïdium.

Des variétés à petits fruits ne dépassant pas 10 cm de diamètre, comme 'Ogen' ou 'Ananas d'Amérique', ne nécessitent pas de taille.

Les pastèques ou melons d'eau, tels que 'Yellow Cutie F1' et 'Red Charm F1', viennent convenablement dans les régions septentrionales sans aucune taille.

Les variétés de melon du type cantaloup sont les plus parfumées.

mâles apparaissent, mais il faut attendre les organes de troisième ou quatrième génération de fleurs pour voir apparaître les fleurs femelles. Pincez alors à 2 feuilles au-dessus des fleurs. En tout début de formation, lorsque les fruits atteignent la grosseur d'une noix, éclaircissez-les pour n'en conserver que de 4 à 6 par pied, et pincez les pousses portant les fruits à 1 ou 2 feuilles au-dessus de ceux-ci (dessin 4).

Récoltez environ 4 mois après le semis. À l'approche de la maturité, isolez les fruits du sol par une planchette, une tuile ou un morceau de plastique, afin d'éviter les souillures ou pourritures. Retournez les fruits fréquemment afin que l'ensoleillement profite à toute leur surface. Cueillez lorsque le fruit jaunit, perd sa pilosité et dégage un parfum agréable : à ce moment-là, les feuilles près du pédoncule fléchissent, on peut alors observer la formation d'une crevasse, ou cerne, autour du point d'attache du pédoncule.

Astuces

Si vous disposez de peu de place, conduisez la culture verticalement sur des filets à mailles larges (10 ou 15 cm), la plante émettant des vrilles qui lui permettent de s'accrocher. Soutenez plus particulièrement les fruits au moment de la maturité.

Si vous mettez les plantes en place précocement, n'omettez pas de les protéger par des châssis, des tunnels en plastique, des cloches, surtout pendant la nuit, et enlevez-les seulement dans le courant du mois de juin.

Si votre terrain est très humide, cultivez hors sol sur des cratères de 20 cm de hauteur.

Taille de fructification du melon

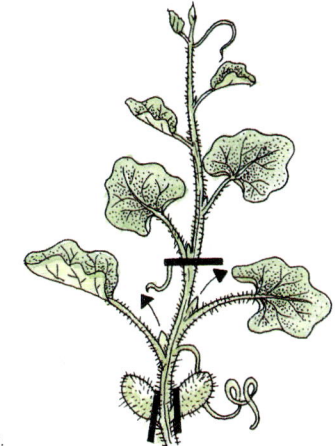

1
Coupez au-dessus des 2 premières feuilles et supprimez les cotylédons. Les 2 bourgeons vont donner les tiges.

2
Pincez au-dessus de la 3e feuille.

3
Taillez tous les rameaux à 3 ou 4 feuilles.

4
Pincez les pousses portant les fruits à 1 ou 2 feuilles au-dessus de ceux-ci.

Navet

Brassica napus (Crucifères)

Peu exigeant et facile à cultiver, le navet présente une racine diversement colorée, pivotante, ronde ou aplatie. Elle constitue la partie consommable de la plante.

Navet 'De Nancy' pour la culture d'automne.

les navets destinés à la conservation hivernale pour les rentrer en cave ou en silo.

Éclaircissage

Éclaircissez dès que les navets ont 2 feuilles en les espaçant de 10 à 20 cm.

Récolte

Arrachez les jeunes navets quand ils ont 5 cm de diamètre.

VARIÉTÉS
– Pour culture de printemps
'De Milan à collet rose', 'De Croissy', 'Tokyo Cross'.

– Pour culture d'automne
'De Nancy race Mira', 'Boule jaune d'Or', 'Blanc dur d'hiver', 'Blanc Globe de Péronne'.

Culture

Printemps

Semez entre le 15 mars et le 1er mai, à la volée, en place, mais de préférence en lignes distantes de 25 cm. Tracez des rayons profonds de 2 à 3 cm, épandez les graines, recouvrez-les de 1 cm de terreau puis plombez avec une batte ou un rouleau. Éclaircissez dès que les plantes présentent 2 feuilles en espaçant de 10 à 20 cm. Arrosez souvent pour entretenir la fraîcheur et éloigner les altises. Récoltez les racines 45 jours après le semis avant qu'elles ne deviennent dures, filandreuses ou véreuses.

Automne

Effectuez un premier semis à la fin du mois de juillet, puis un autre à la fin du mois d'août, ce dernier pour les variétés enterrées résistant bien au froid.
Espacez les plantes à 20-25 cm sur des lignes distantes de 30 cm. Au mois de novembre, 75 à 90 jours après le semis, récoltez

◆ Le conseil du jardinier

Luttez préventivement contre le ver du navet, qui n'est autre que la larve de la mouche du chou, avec un produit à base de deltaméthrine ou de cyperméthrine. Surtout, évitez de semer des navets après des choux ou des radis, eux aussi de la famille des Crucifères, et qui ont par conséquent des ennemis communs.

Oignon

Allium cepa (Liliacées)

L'oignon est une plante bulbeuse, rustique, indispensable pour la cuisine, qui se consomme frais mais peut se conserver tout l'hiver.

Culture

Oignon blanc

Semez de la mi-août à la mi-septembre en pépinière, puis repiquez à la fin du mois d'octobre sur des lignes distantes de 20 cm et à 10 cm sur le rang. Récoltez du mois d'avril au mois de juin. Dans le Midi, semez de février à mars directement en pleine terre, éclaircissez à 10 cm puis récoltez en juillet-août.

Oignons de couleur

Semez de la fin février à avril sur des lignes distantes de 25 cm. Enterrez peu les graines et plombez fortement. Éclaircissez à 10 cm sur la ligne. Récoltez au mois d'août lorsque les feuilles jaunissent, puis conservez-les au grenier jusqu'en mars.

Mouche de l'oignon

Pour l'éviter, incorporez au sol lors des semis ou repiquages un insecticide à base de carbofuran.

▶ *Le conseil du jardinier*

Pour obtenir de très gros oignons de couleur, semez en juin et récoltez en août-septembre les bulbes de 10 mm de diamètre. Conservez-les au grenier et replantez-les début mars à 15 cm sur des lignes distantes de 25 cm. Récoltez en juillet, laissez les bulbes ressuyer de 2 à 3 jours sur le sol, et confectionnez des bottes ou chapelets pour la conservation hivernale.

Bulbes d'oignons de couleur pour la conservation.

VARIÉTÉS

– Oignons blancs
'De Paris', 'De Vaugirard', 'Premier', 'Printanier parisien', 'Hâtif de Barletta', 'Sahara', 'Albion'.

– Oignons de couleur
'Jaune paille des Vertus', 'Astros F1', 'Rouge pâle de Niort', 'Rouge de Brunswick', 'Rouge de Florence race Simiane' 'Balstora', 'Lezignan Isabo'.

Pissenlit

Taraxacum dens-leonis (Composées)

Plante très familière, elle a subi des améliorations destinées à réduire son amertume. Les feuilles se consomment blanchies après étiolement.

Le pissenlit n'est pas toujours désirable quand il se sème spontanément dans les gazons.

plants, après avoir coupé 1/3 des feuilles, sur des lignes distantes de 10 à 25 cm.

Vers le 15 août, coupez les feuilles (qui peuvent nourrir les lapins), binez les interlignes et apportez en 2 fois de l'ammonitrate pour favoriser la repousse des feuilles. À l'approche des gelées, supprimez les feuilles jaunies, détériorées ou trop grandes.

Pour faire blanchir les plantes, buttez-les avec 10 cm de terre à partir du mois de novembre. Récoltez les feuilles blanchies en les coupant au-dessus du collet en février-mars. Le blanchiment peut s'effectuer également sous couverture de paille, de frondes de fougères, de pots renversés ou de planches disposées en toit.

Si vous possédez une cave, arrachez les pissenlits au fur et à mesure des besoins à partir du mois de novembre ; constituez des meules de sable légèrement humide (dans une caisse par exemple) et piquez les racines tous les 5-6 cm. À une température de 10-12° C et dans une ambiance humide, les pissenlits sont consommables un mois plus tard.

► Le conseil du jardinier

En période de sécheresse, le pissenlit peut être atteint par l'oïdium : coupez alors les feuilles pour les détruire, et arrosez copieusement pour favoriser la repousse d'un feuillage nouveau.

VARIÉTÉS

'À Cœur plein amélioré', 'Vert de Montmagny amélioré'.

Culture

D'avril à juin, semez en pépinière, recouvrez de 1 cm de terreau et plombez. 8 à 10 semaines plus tard, repiquez les jeunes

Poireau

Allium porrum (Liliacées)

Plante très rustique, le poireau est cultivé depuis de nombreux siècles et demeure par excellence le légume frais de l'hiver, bien qu'il soit possible d'en assurer la production toute l'année.

- Multiplication : semis de janvier à mai puis en août-septembre. Levée entre 10 et 15 jours selon la température du sol.
- Sol : riche en matières organiques et frais durant les périodes estivales
- Durée de la levée : sous châssis, 10-12 jours en pleine terre, 15-18 jours

Le poireau 'Bleu de Solaise' très résistant au froid est idéal pour une récolte hivernale.

habillez-les (réduisez les racines de moitié, ainsi que le tiers supérieur du feuillage, avec un couteau ou un greffoir).

Plantation

Labourez le terrain et enfouissez pour 10 m² 50 kg de fumier bien décomposé plus un engrais complet. Tracez des rayons espacés de 30 à 40 cm et profonds de 10 cm environ. Effectuez la plantation au plantoir en espaçant les plantes de 15 cm. Enterrez-les jusqu'à la naissance des feuilles et arrosez ensuite au goulot. Apportez de l'ammonitrate au premier sarclage, c'est-à-dire 3 semaines plus tard, à raison de 10 g pour 10 m², et renouvelez l'opération un mois après.

Périodes de semis

– Pour récolter du 15 avril au 15 mai, semez clair directement en place vers le 15 août. On

VARIÉTÉS POUR RÉCOLTE AVANT L'HIVER

'Furor', 'Géant précoce race Major', 'Gros long d'été', 'Tenor', 'Long du Midi', 'Maxim', 'Poribleu', Monstrueux de Carentan', 'Électra', 'Gros jaune du Poitou'.

VARIÉTÉS RÉSISTANTES AU FROID

'D'hiver 2 race Vernor', 'Bleu de Solaise', 'De Saint-Victor', 'Arkansas', 'Winora', 'Corona', 'Malabare', 'Flipper'.

Culture

Production du plant

Sauf exception, le poireau est toujours semé en pépinière puis repiqué lorsqu'il atteint la grosseur d'un crayon. 10 g de graines permettent d'obtenir 600-700 plants. Semez dans un mélange terre-terreau-tourbe en enterrant légèrement la graine au râteau et maintenez humide pour faciliter la levée et l'obtention d'un bon chevelu. Trois mois plus tard, arrachez les jeunes plants et

Ver du poireau

Le ver du poireau est un ennemi redoutable : c'est la chenille de la teigne du poireau qui vit en mineuse dans les feuilles et qui, ensuite, attaque la racine. Employez un produit à base de deltaméthrine ou de cyperméthrine ou encore l'eau de Javel à 20 % lorsque les plants sont bien repris, puis ensuite à 2 % tous les 15 jours.

obtient ainsi de petits poireaux appelés « poireaux baguettes » ou « poireaux crayons ».

– Pour récolter du 15 mai au 1er juin, semez en pépinière sous châssis froid le 15 septembre, et repiquez, au début du mois de mars, à 10 cm en tout sens. Récoltez à la fin du mois de mai ce poireau appelé « demi-baguette ».

– Pour récolter en juin-juillet, semez le 15 janvier à une température minimale de 18 °C, et plantez le 15 avril.

– Pour récolter en août-septembre, semez le 15 février à bonne exposition, plein sud, et repiquez le 1er mai.

– Pour récolter en octobre-novembre, semez en pépinière dans le courant du mois de mars et repiquez au début du mois de juin.

– Pour les récoltes hivernales, semez au début du mois de mai et repiquez à la fin du mois de juillet. Choisissez les variétés les plus résistantes à l'hiver.

Poireau 'Malabare'. Très résistant au froid.

– Pour récolter à la fin du mois de février et au mois de mars, semez à la fin du mois de mai et repiquez au mois d'août, après la récolte des pommes de terre, par exemple, en choisissant toujours des variétés tardives résistant aux froids rigoureux. La récolte s'effectue au fur et à mesure des besoins, à l'aide d'une fourche-bêche. Recouvrez le sol pour l'hiver avec de la paille ou des feuilles pour permettre l'arrachage par temps de gel ou arrachez et congelez la récolte.

Repiquage du poireau

Repiquez les jeunes plants lorsqu'ils ont atteint la grosseur d'un crayon.

▶ Le conseil du jardinier

Ne confondez pas les poireaux avec certains oignons asiatiques qui ne forment pas de bulbes. Ils se récoltent très fins au stade crayon, se consomment crus pour les salades et sont très aromatiques. Ces oignons 'bunching' ne résistent pas à l'hiver et se sèment au printemps et en été.
Variétés : 'Koshigaya', à fût blanc ; 'Rouge Red Beard', à fût légèrement rougeâtre.

Culture du poireau

🟦 = semis 🟥 = plantation 🟩 = récolte

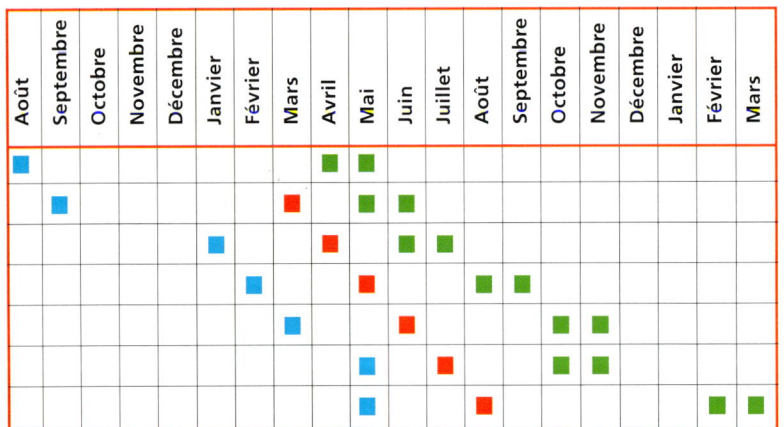

Août	Sept.	Oct.	Nov.	Déc.	Janv.	Févr.	Mars	Avril	Mai	Juin	Juillet	Août	Sept.	Oct.	Nov.	Déc.	Janv.	Févr.	Mars
🟦								🟩	🟩										
	🟦						🟥		🟩	🟩									
					🟦			🟥	🟩	🟩									
						🟦			🟥				🟩	🟩					
							🟦			🟥					🟩	🟩			
									🟦		🟥				🟩	🟩			
									🟦			🟥						🟩	🟩

Poirée
Beta vulgaris var. *Cicla* (Chénopodiacées)

Cousine de la betterave, cette plante a connu des améliorations qui ont porté sur le développement du feuillage et surtout des pétioles ou cardes, d'où également son nom de « bette à cardes ».

- Multiplication : semis d'avril à juin pour récolte de juillet à novembre
- Sol : même sol que pour la betterave avec plus d'humus et d'eau
- Durée de la levée : sous châssis, 5-8 jours en pleine terre, 10-12 jours

La poirée à cardes blanches se récolte jusqu'en novembre.

sujet sur chaque poquet. Après ce démariage, apportez un peu d'ammonitrate en couverture et renouvelez l'opération 5 semaines plus tard en effectuant un binage. Pour hâter la culture, semez au mois de mars en pépinière sous châssis et repiquez les jeunes plants au mois d'avril. Récoltez à partir de 2 mois après le semis. Arrachez la plante entière pour consommer les côtes des bettes à cardes. Récoltez feuille à feuille les poirées à couper ou bettes épinards, qui se consomment de la même façon. Avec du manèbe, luttez surtout contre la cercosporiose, qui se manifeste par l'apparition de taches brunes entraînant le dessèchement du feuillage.

Poirée à cardes rouges, décorative et consommable.

Le conseil du jardinier

Pour apporter de l'originalité à vos plats, cultivez la poirée à cardes rouges 'Charlotte' parfois appelée « poirée-rhubarbe ».

VARIÉTÉS

'Verte à cardes blanches', races de Nice, d'Ampuis, de Paris, de Berac.
'Blonde à cardes blanches', de Lyon ou de Genève.
'Verte à couper' ou bette épinard, 'Blonde à couper'.

Culture

Semez en place, en rayons distants de 40 cm, et disposez des poquets de 2 ou 3 graines tous les 35 cm (30 cm pour les variétés à couper). Lorsque les plants ont 3 ou 4 feuilles, démariez-les afin de ne conserver que le plus beau

Pois

Pisum sativum (Légumineuses)

Plante annuelle à tiges de 80 cm (pois nains) jusqu'à 2 m nécessitant un tuteurage (pois à rames). Les grains se consomment frais (petits pois) ou secs (pois cassés). Les gousses sont parfois consommées entièrement : ce sont les pois mangetout.

Les pois frais se consomment juste après leur récolte.

râteau. Quand les plantes ont 5 feuilles, buttez-les et disposez les rames si nécessaire. Réservez les grains ronds qui supportent le froid et l'humidité pour les premiers semis ou les semis d'automne. Les grains ridés sont plus résistants à la chaleur. Semez dès le mois de février et jusqu'au 15 mai les variétés à grains ronds. Du 15 mai au 15 juillet, employez les variétés à grains ridés. Dans l'Ouest et le Sud-Ouest, semez du mois d'octobre au mois de novembre des variétés précoces à grains ronds. Procédez de même dans les régions méridionales de novembre à janvier.

Protection contre les oiseaux

Posez un grillage à mailles serrées aussitôt après le semis pour empêcher les oiseaux de picorer les jeunes plants.

▶ Le conseil du jardinier

Pincez les tiges des pois nains au-dessus du cinquième ou sixième groupe de fleurs pour hâter la production.

VARIÉTÉS
– Pois à rames à grains ronds 'Caractacus', 'Roi des conserves', 'Serpette Guilloteaux'.

– Pois à rames à grains ridés 'Sénateur', 'Téléphone à rames'.

– Pois nain à grains ronds 'Douce Provence', 'Petit Provençal', 'Précovil', 'Primavil', 'Primdor', 'Serpette nain cent pour un'.

– Pois nain à grains ridés 'Excellence', 'Kelvil', 'Merveille de Kelvedon', 'Surgevil', 'Slim'.

– Pois mangetout ou pois gourmands 'Bamby', 'Carouby de Maussane', 'Normand'.

– Pois croque-tout ou pois croquant 'Delikett'.

Culture

Avec la serfouette, ouvrez des rayons profonds de 5 cm sur des rangs distants de 40 cm. Disposez les grains tous les 5 cm, puis recouvrez-les avec le dos du

Pomme de terre

Solanum tuberosum (Solanacées)

La pomme de terre est une vivace cultivée comme annuelle partout dans nos régions. Elle préfère les climats doux et brumeux. Les jeunes pousses sont sensibles aux gelées printanières.

■ Multiplication : plantation de jeunes tubercules de janvier à avril, le semis est uniquement réservé pour l'obtention de nouvelles variétés.

■ Sol : profondément labouré, léger, siliceux et perméable

Buttez les pommes de terre en 2 fois.

VARIÉTÉS

Elles sont classées en fonction de la durée de culture.

– Variétés précoces
(70 à 80 jours de culture)
'Sirtema', 'Rosabelle', 'Ostara', 'Belle de Fontenay', 'Amandine', 'Manon', 'Mistral', 'Starlette', 'Florette', 'Pomfine'.

– Variétés demi-précoces
(80 à 100 jours de culture)
'Charlotte', 'BF 15', 'Nicola', 'Bintje', 'Blondy', 'Delikatess'.

– Variétés demi-tardives
(100 à 120 jours de culture)
'Urgenta', 'Roseval', 'Ratte', 'Stella'.

Il existe d'autres variétés tardives réclamant de 130 à 150 jours de culture comme 'Rosa' et 'Kerpondy'.

Les variétés présentant les meilleures aptitudes culinaires (bonne tenue à la cuisson, préparation de frites et de purées, pas de noircissement après cuisson) sont les suivantes : 'Starlette', 'Mistral', 'Belle de Fontenay', 'Roseval', 'Florette', 'Pomfine'.

– Une curiosité
'La Violette' est une très vieille variété qui a failli disparaître mais qui a été régénérée : sa peau est noir violacé et sa chair noire. Elle est tardive, mais productive.

Culture

À l'automne, lors du labour, enfouissez pour 10 m² 30 kg de fumier décomposé, 300 g de superphosphate et 300 g de sulfate de potasse.
Pour planter, ouvrez des sillons profonds de 15 cm avec une houe, ou creusez des trous individuels à la bêche ou la fourche-bêche. Déposez les tubercules, germés de préférence, de façon que les germes soient tournés vers le haut, et recouvrez de terre avec le râteau sans tasser. Pour les variétés précoces, disposez les tubercules à 30 cm sur des rangs espacés de 40 cm; écartez plus pour les autres variétés : 45 cm entre les plants sur des lignes espacées de 60 cm.

Choix du plant

La pomme de terre, au fil des ans, peut être victime de viroses ou être atteinte de maladies de dégénérescence, c'est pourquoi il peut être dangereux de prélever des tubercules sur les récoltes précédentes : achetez de préférence vos plants. Les plants non germés peuvent être plantés directement mais, pour hâter la culture de 15 jours environ, disposez les tubercules sur des clayettes à une température inférieure à 10 °C et à la lumière : au bout de 1 mois, des germes courts et trapus apparaîtront. Préférez les plants germés ou à germes dressés vendus en clayettes : ces derniers sont rangés manuellement par le producteur, germes vers le haut.

Variété 'Ratte'.

Variété 'Bintje'.

Variété 'Roseval'.

Époques de plantation

Dans les régions septentrionales, plantez à la mi-avril à la floraison du lilas commun et quand la terre est à une température de 10° C minimum.

Problèmes

Mildiou et doryphore sont les 2 principaux ennemis de la pomme de terre. Le mildiou attaque les feuilles, les tiges et les tubercules, surtout par temps orageux et humide, et généralement au mois de juin. Cette maladie attaque la face inférieure des feuilles qui deviennent duveteuses, grisâtres, présentant ensuite des taches jaunâtres virant au brun, et qui finissent par se dessécher. Traitez préventivement avec une spécialité à base de cuivre, de manèbe et de zinèbe. À la fin de la récolte, brûlez les fanes desséchées.

Les larves du doryphore se développent dans le sol et les adultes apparaissent à la fin du mois d'avril-début du mois de mai, dès la levée des plants : 2 à 3 générations peuvent ainsi se succéder. Traitez avec de l'endosulfan, de l'alphaméthrine et de la deltaméthrine. Pour simplifier les traitements, employez des spécialités commerciales mixtes contre les insectes et les maladies des pommes de terre (carbaryl, manèbe ou cuivre, cyperméthrine, soufre, zinèbe).

Dans le Midi, plantez du mois de janvier au mois de mars et, en Bretagne, du mois de février au mois de mars. En Provence et en Corse, une plantation au mois d'août permet de récolter en hiver. En région parisienne, il est possible de hâter la récolte en plantant en coffre et sous châssis au début du mois de mars : ôtez progressivement les châssis à la fin du mois d'avril et récoltez à la mi-mai. En plantant sur une côtière bien exposée, vers le 20 mars, et en protégeant la nuit avec des paillassons reposant sur des lattes, récoltez à la fin du mois de mai. Dans ces 3 derniers cas, employez les variétés les plus précoces.

Entretien de la culture

Trois semaines après la plantation, effectuez un sarclage et apportez en surfaçage 200 g d'ammonitrate pour 10 m². Encore 3 semaines plus tard, procédez à un binage et à un léger buttage. Buttez définitivement les pieds en ramenant la terre autour de chaque plante sur 20 cm de hauteur lorsque les tiges ont atteint la moitié de leur développement, c'est-à-dire 25 cm de hauteur. Respectez un assolement de 4 ans avant de replanter sur une même parcelle.

Récolte

Dès que les fanes jaunissent, arrachez les tubercules avec une fourche-bêche ou un croc.

Laissez-les sécher sur le sol 24 h, puis rentrez-les à la cave ou dans un local sain, obscur, peu aéré, où la température se maintient entre 4 et 8° C. Isolez la récolte du sol et des murs en établissant un coffrage en planches et entassez sur une hauteur de 80 cm au maximum. Traitez les tubercules destinés à la consommation après le mois de décembre avec un anti-germe.

Le bon tubercule

Bon pour
la plantation.

Buttage des pieds

Ramenez de la terre autour des plants à 2-3 semaines d'intervalle pour atteindre 20 cm de haut.

Pourpier potager

Portulaca oleracea (Portulacées)

Sous-espèce d'une plante spontanée. Ses feuilles à la douce saveur se consomment crues, de préférence en salade.

- Multiplication : semis de mai à août
- Sol : léger, sableux, meuble et humifère
- Durée de la levée : en pleine terre, 5-6 jours

Le pourpier se rencontre à l'état sauvage dans les chemins, sur les murs et dans les jardins.

de 20 cm. Pratiquez par temps calme, car les graines très fines peuvent être facilement disséminées par le vent. Recouvrez les graines sans les enterrer, puis arrosez régulièrement le semis avec la pomme de l'arrosoir pour obtenir une levée rapide. Éclaircissez éventuellement en espaçant les plantes de 15 cm sur le rang. Arrosez copieusement en cours de végétation pour obtenir un feuillage tendre. Pour récolter, 2 mois après le semis, coupez les pousses au couteau ou pincez les tiges avec l'ongle. Arrosez ensuite pour faciliter la repousse et effectuer ainsi de 2 à 3 récoltes jusqu'aux gelées.

Pourpier 'Doré à larges feuilles'.

▶ Le conseil du jardinier

Un autre pourpier est dénommé pourpier d'hiver ou claytone de Cuba *(Montia perfoliata)*. Semé de la fin du mois de mars au mois d'août, il se récolte 3 mois plus tard et permet de 3 à 5 cueillettes, car il est plus résistant au froid. Feuilles et tiges se dégustent en salade, ou cuites à la manière des épinards.

VARIÉTÉ

'Doré à larges feuilles', vert doré à saveur douce et agréable, très rafraîchissant en salade.

Culture

Ameublissez le sol en l'émiettant finement en surface, puis semez à la volée ou sur des rangs distants

Radis

Raphanus sativus (Crucifères)

C'est souvent le premier légume qui initie les enfants à la culture potagère : avec certaines variétés, 18 jours après le semis, on peut éprouver la joie de la récolte.

Radis 'demi-long' écarlate à très petit bout blanc.

VARIÉTÉS

– Pour semis sous châssis 'Serrida', 'Duett', 'Fluo', 'Olivia', 'Clipo', 'Fanal', 'Rond écarlate hâtif'.

– Pour semis en pleine terre 'Gaudry', 'Flamboyant', 'De dix-huit jours', 'Amiral', 'National', 'Cerise', 'Pernot' race Capitole, 'Mirabeau'.

Culture

Semez sous châssis de janvier à mars, du mois de février jusqu'au 15 mars sur côtière bien exposée et ensuite en pleine terre à la volée ou en lignes. Enterrez les graines de 2 à 3 cm avec la grille, recouvrez d'une légère couche de terreau et ne ménagez jamais les arrosages pour éviter les racines ligneuses à saveur piquante ; c'est également un moyen d'éloigner les altises qui criblent les feuilles de petits trous. Évitez la proximité des crucifères sauvages, car la mouche du chou pond ses œufs à partir du mois de mai sur les radis, et les larves creusent des galeries dans les racines et les rendent difformes.

Pour récolter du 15 juillet au 15 septembre, semez 2 mois auparavant les radis d'été et d'automne, ou radis navets, ou encore radis asiatiques ('Summer Cross', 'Spring Cross', 'Omny') dans des rayons espacés de 15 cm. Leur saveur est plus piquante.

Pour récolter à partir du mois de novembre et tout l'hiver, semez du mois de juin au mois d'août les radis d'hiver ('Noir long poids d'horloge', 'Violet de Gournay', 'Rose de Chine', 'Ostergruss') : tracez des rayons distants de 30 cm et semez graine par graine au doigt en les espaçant de 15 cm pour éviter ensuite un éclaircissage fastidieux.

Quand récolter ?

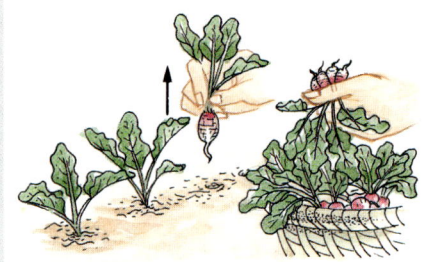

Récoltez les radis lorsqu'ils ont 2 cm de diamètre.

◆ Le conseil du jardinier

Les radis peuvent être cultivés toute l'année ayant un cycle végétatif assez court. Semez-les en association avec des légumes de culture plus longue, comme les carottes, les laitues, les haricots, les melons, les navets, les choux-fleurs et les poireaux.

Raifort

Cochlearia armoracia (Crucifères)

Ses racines de 40 cm de longueur, ont une saveur forte et brûlante et s'utilisent râpées comme condiment pour la préparation des crudités ou des salades. On l'appelle encore « moutarde des Allemands ». Il est très riche en vitamine C.

Plante riche en vitamine C et antiscorbutique.

VARIÉTÉS
'Champêtre' ou 'De l'Ardèche'.

Culture

Bouturez des tronçons de racines d'une longueur de 10 cm dès le début du mois de mars. Tracez avec une serfouette des rangs espacés de 50 cm et plantez les boutures tous les 30 cm en les positionnant verticalement, l'extrémité à fleur de terre. Lors du premier hiver, les racines sont peu développées, et il faut donc patienter encore 1 an afin de pouvoir récolter. Vers le 15 octobre de l'année suivante, commencez l'arrachage au fur et à mesure des besoins. Si vous craignez de ne pouvoir arracher par temps de gel, conservez les racines en cave ou en stratification dans du sable. Le raifort peut rester plusieurs années en place ; les travaux d'entretien consistent en de simples binages pendant la végétation.

Si vous ne disposez pas d'assez de racines pour une plantation immédiate, coupez des fragments de 5 cm de longueur et repiquez-les en pépinière à 15 cm en tout sens ; transplantez-les au printemps de l'année suivante en supprimant les racines secondaires.

Si vous préférez le semis, pratiquez-le en mars-avril sur des lignes espacées de 30 cm. Recouvrez bien les graines et, après la levée, éclaircissez en écartant les plantes de 40 cm.

Bouturage des racines

Coupez en tronçons de 10 cm des racines de la grosseur d'un crayon en décembre.

Plantation des tronçons

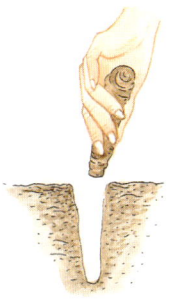

Plantez en mars les tronçons de racines dans des trous creusés au plantoir.

▶ Le conseil du jardinier

Vérifiez bien que les graines que vous achetez sont des graines de raifort : il arrive que, sous ce nom, soient commercialisées des graines de radis d'hiver.

Salsifis et Scorsonère

Tragopogon porrifolius et *Scorzonera hispanica* (Composées)

Le salsifis, plante bisannuelle, a une racine blanc jaunâtre et résiste très bien au froid. La scorsonère, plante vivace, produit des racines noirâtres et préfère les expositions chaudes.

- Multiplication : semis :
  salsifis en avril
  scorsonère en juillet
- Sol : profond, frais, dépourvu de pierres, anciennement fumé
- Durée de la levée :
  sous châssis, 4-5 jours
  en pleine terre, 6-10 jours

Salsifis 'Blanc Mammouth'.

Scorsonère 'Géante Noire de Russie'.

Culture

Tracez de petits sillons profonds de 2 à 3 cm et distants de 25 cm. Déposez les graines et appuyez avec le dos du râteau. Recouvrez de terre fine ou de terreau et plombez.

Dès que vous pouvez saisir les plantules, éclaircissez en les espaçant de 10 cm sur le rang. Arrosez les jeunes plantations pour éviter la rouille blanche.

Semez les salsifis à la fin mars et au mois d'avril pour récolter en automne, et la scorsonère en juillet pour récolter, le deuxième hiver, d'octobre à mars. La levée des graines de scorsonère est très capricieuse.

Les graines de salsifis sont très prisées par les oiseaux ! Protégez la planche de semis avec un filet en plastique. Pour récolter l'hiver durant les gelées, recouvrez la culture d'une litière de paille ou de feuilles, ou conservez les racines en cave en stratification dans du sable.

La scorsonère peut rester en place 2 ans. Les jeunes feuilles de ces plantes peuvent être consommées crues en salade.

◆ Le conseil du jardinier

Pendant les périodes chaudes, luttez contre la rouille blanche avec du zinèbe ou du manèbe, et contre les pucerons qui s'attaquent au collet avec de la roténone.

VARIÉTÉS

− Salsifis
'Blanc Mammouth', 'Blanc amélioré'.

− Scorsonère
'Géante Noire de Russie', 'Lange Jan'.

Tétragone cornue

Tetragonia expansa (Aïzoacées)

La tétragone cornue est une plante annuelle gélive, mais cependant très résistante à la chaleur qui ne monte pas à graines comme les épinards en plein été.

- Multiplication : en avril sous châssis, ou en mai directement en place
- Sol : riche, profond et frais
- Durée de la levée : sous châssis, 10-15 jours en pleine terre, 15-25 jours

La tétragone remplace l'épinard durant l'été.

sous châssis. Au mois de mai, lorsque les gelées ne sont plus à craindre, mettez les plantes en place en les espaçant de 1 m en tout sens.

Au sud de la Loire, semez directement en place au cours du mois de mai, toujours en poquets de 4-5 graines distants de 1 m. Auparavant, faites tremper les graines pendant 24 h pour hâter leur germination.

Ne conservez que les 2 plus beaux pieds sur chaque poquet, et pincez les tiges principales pour assurer une bonne ramification. Supprimez les fleurs dès leur apparition pour ne pas épuiser les plantes. Arrosez copieusement pour assurer une bonne croissance et, au cours de l'été, protégez les plantes avec des ombrières, si le soleil devient vraiment trop ardent.

Consommez les feuilles crues en salade ou cuites et préparées à la manière des épinards : la tétragone s'appelle également « épinard de Nouvelle-Zélande » en raison de ses origines. Congelez les feuilles en cas de récolte abondante.

VARIÉTÉ

Aucune variété spécifique. Sélectionnez les plus beaux plants pour en faire des porte-graines.

Culture

Au mois d'avril, semez 4 ou 5 graines dans des godets de 8 à 9 cm de diamètre et placez-les

◗ Le conseil du jardinier

Peu de parasites, mais luttez préventivement contre les limaces et les escargots, très friands de la plante, en déposant autour des plants un produit à base de métaldéhyde.

Tomate

Solanum lycopersicum (Solanacées)

La tomate introduite au XVIᵉ siècle a d'abord été cultivée comme plante d'ornement puis comme potagère. Elle présente une grande variété de formes et de couleurs et sa grosseur peut varier d'un grain de raisin jusqu'à 1 kilogramme.

- Multiplication : semis
- Sol : substantiel, riche en humus, se réchauffant bien au soleil
- Durée de la levée : sous châssis, 3-4 jours en pleine terre, 5-8 jours

Tomates conduites sur un seul axe.

VARIÉTÉS INDÉTERMINÉES ET VARIÉTÉS DÉTERMINÉES

Les variétés indéterminées à port ou croissance se développent sans arrêt tant que les conditions climatiques sont optimales,

Les variétés déterminées qui arrêtent leur croissance après avoir émis 4 ou 5 bouquets de fleurs : la sève se concentre donc dans les tomates, ce qui explique une meilleure précocité. En général, les variétés ne nécessitant pas de tuteurage appartiennent à cette dernière catégorie.

Culture

Production du plant

Semez en terrine ou en caissette à une température supérieure à 18° C dès le mois de mars dans les régions septentrionales et au mois d'avril sous châssis froid dans les zones méridionales. Repiquez en godets de 8 cm, lorsque les plantules ont au moins 2 feuilles et maintenez-les à l'abri des gelées printanières.

Culture sur film

Un film de paillage évite les mauvaises herbes.

VARIÉTÉS

–Tuteurées
'Boa Fl', 'Dona Fl', 'Marmande', 'Roma', 'Saint Pierre', 'Sanzana Fl', 'Topla Fl', 'Fournaise Fl', 'Fandango Fl', 'Pyros Fl', 'Ferline Fl', 'Montfavet', 'Monte-Carlo Fl'.

–Non tuteurées
'Servane Fl', 'Alexis Fl', 'Sixtina Fl', 'Casa de sol Fl', 'Rio grande'.

Variété 'Fournaise F1'

Variété 'Cœur de velours'

Variété 'Madagascar'

Plantation

Préparez le terrain en incorporant pour 10 m² 30 kg de fumier décomposé et un engrais complet. Mettez en place dès que les gelées ne sont plus à craindre (seconde quinzaine du mois de mai en région parisienne, par exemple) en espaçant les pieds de 50-60 cm sur des lignes distantes de 80 cm à 1 m.

Disposez les tuteurs de 1,50 m de hauteur, si besoin, et enterrez profondément les plants pour faciliter la naissance de racines adventives. Si les plants sont étiolés, allongez-les dans le trou de plantation et relevez l'extrémité en l'attachant sur le tuteur. Après la nouaison des fleurs, apportez 100 g d'ammonitrate en couverture pour 10 m².

Taille

Les variétés déterminées produisent de 4 à 6 bouquets floraux, et leur croissance s'arrête sur le bouquet floral situé en position terminale. Elles ne nécessitent donc pas de taille ni d'ébourgeonnage et la production est très groupée. Cultivez ces variétés sans tuteurage sur film de paillage, de façon à éviter la souillure des fruits.

Culture sur 2 bras (ou axes)

1 Tuteurez le plant.

2 Taillez le plant de 10 à 15 cm du sol pour formation des bras.

3 Taillez chaque bras au-dessus du 2e bouquet et arrêtez les prolongements au-dessus du 4e bouquet.

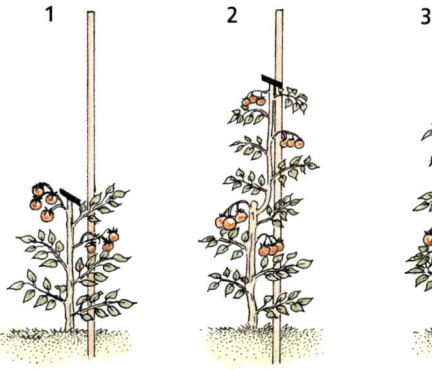

Taille sur un seul axe

1 Taillez au-dessus des 2 premiers bouquets floraux pour constituer le 2e étage.

2 Taillez au-dessus des 4 bouquets floraux pour établir un étage supplémentaire.

3 Limitez la croissance au-dessus du 6e bouquet.

Cultivez les variétés indéterminées sur des tuteurs ou des fils de fer espacés de 30 cm.

Pour les variétés précoces, taillez le bourgeon de prolongement au-dessus du deuxième bouquet : un nouveau bourgeon de prolongement apparaît, qui sera lui-même taillé au-dessus du deuxième bouquet de fleurs. On conserve donc 4 bouquets de fleurs.

Pour les variétés semi-précoces, taillez au-dessus du deuxième bouquet et constituez un deuxième étage avec 4 bouquets de fleurs : le pied sera donc constitué de 6 bouquets. Pour les variétés tardives ou très productives, conduisez la culture sur 2 bras en U. Pincez la pousse centrale à 15 cm du sol sur 2 feuilles. Taillez chaque bras au-dessus du deuxième bouquet, puis arrêtez les prolongements au-dessus du quatrième bouquet : on obtient ainsi 8 bouquets par plante, 4 sur chaque bras, mais ce nombre pourra être diminué si l'arrière-saison est peu clémente.

En surveillant la culture tous les 3-4 jours, n'omettez pas de supprimer tous les faux bourgeons qui naissent à l'aisselle des feuilles et qui se développent au détriment des jeunes fruits.

Variété 'Plate de Hollande'.

Variété 'Délicate'.

Principaux ennemis du potager

Légumes	Symptômes	Prédateurs	Traitement
Ail Échalote Oignon Poireau (*Liliacées*)	Sur feuilles nombreuses pustules brun-rouille	Rouille	Traitez préventivement au printemps avec un fongicide (manèbe, mancozèbe...)
	Sur bulbes, feutrage blanc cotonneux avec petites ponctuations noires	Pourriture blanche	Éliminez les gousses contaminées, enrobez de fongicide avant plantation
	Jaunissement et flétrissement du feuillage, asticots dans les bulbes	Mouche	Intervenez rapidement par pulvérisation d'insecticide (Diéthon)
Artichaut (*Composées*)	Sur capitules, taches irrégulières brun noirâtre au bout des bractées	Ascochytose	Traitez préventivement hors des périodes de récolte avec un fongicide (manèbe, mancozèbe)
	Sur capitules, taches huileuses puis brunes, sur feuilles parfois	Graisse	Pas de lutte chimique : prélevez les œilletons dans des parcelles indemnes, appliquez une fertilisation équilibrée
	Taches brunes sur feuilles et bractées avec feutrage blanc au revers	Mildiou	Traitez préventivement hors des périodes de récolte avec un fongicide (manèbe, mancozèbe...)
	Feuilles jaunes à la suite de galeries creusées dans les pétioles par une larve blanche de 3 mm	Apion (charançon)	Traitez avec un insecticide (méthomyl) avant formation des capitules
Asperge (*Liliacées*)	Rougissement du bas des tiges et jaunissement de la plante	Fusariose	Lutte en culture inexistante : effectuez une bonne conduite culturale (fertilisation équilibrée)
	Feutrage rouge violacé sur griffes et pourriture des racines	Rhizoctone violet	Protégez avant plantation. Traitement inefficace en cours de culture
	Pustules jaunes, rouges puis noires sur les parties aériennes	Rouille	Traitez préventivement avec un fongicide (manèbe, mancozèbe...)
	Jeunes tiges rongées par des larves grises de 7 mm d'aspect gluant	Criocère	Intervenez dès les premières larves avec un insecticide (deltaméthrine)
Aubergine Piment Poivron Tomate (*Solanacées*)	Taches noires bien délimitées sur feuilles, tiges, ainsi que sur fruits	Alternariose	Au printemps, traitez avec un fongicide (difénoconazole)
	Pourriture sèche de la base des fruits avec nécrose et noircissement	Nécrose apicale	En été, traitez avec un fongicide (cuivre, mancozèbe)
	Taches gris-noir sur feuillage qui se dessèche et sur fruits qui pourrissent	Mildiou	En début de végétation, traitez avec un fongicide (mancozèbe, soufre, thirame)
	Chenille de noctuelle rongeant les fruits près du pédoncule	Chenille verte	Intervenez en cas d'attaque importante avec un insecticide (deltaméthrine)

Principaux ennemis du potager

Légumes	Symptômes	Prédateurs	Traitement
Betterave (*Chénopodiacées*)	Taches arrondies bordées de rouge-brun avec feutrage gris cendré sur feuilles	Cercosporiose	En juillet-août, traitez avec un fongicide (hexaconazole)
	Petites pustules brunes sur feuilles, pétioles et tiges	Rouille	Tardivement en culture traitez avec un fongicide (triadiméfon)
	Feuilles minées de petits trous de 1 à 2 mm de diamètre	Altise	Intervenez rapidement avec un insecticide (deltaméthrine, cyperméthrine)
	Larges trous dans feuilles	Noctuelle	Intervenez en cas d'attaque importante avec un insecticide (deltaméthrine)
Carotte (*Ombellifères*)	Feuilles recroquevillées et crispées	Psylle	Traitez avec un insecticide pour puceron (deltaméthrine)
	Taches brunes superficielles sur racines entraînant des pourritures	Maladie de la tache	Traitez si possible avant semis ou en culture avec un fongicide à base de mancozèbe
	Pourriture des racines lors de la conservation	Sclérotiniose	Traitez avant semis par poudrage et hersage avec un fongicide (quintozème)
	Asticots blanc jaunâtre de 5 à 7 mm creusant de nombreuses galeries dans les racines	Mouche	Pulvérisez le collet des plantes avec un insecticide (diéthion)
Céleri rave Céleri à côtes (*Ombellifères*)	Sur feuilles, taches décolorées puis brunes avec points, pomme restant petite	Septoriose	Traitez préventivement dès la levée avec un fongicide (manèbe, mancozèbe)
Chicorée Witloof (*Composées*)	Feutrage blanc sur feuilles âgées	Oïdium	Traitez à l'apparition des symptômes avec des produits à base de soufre
	Lors du forçage, racines pourries à odeur pestilentielle	Pourriture molle	Traitez préventivement avec un fongicide (manèbe, mancozèbe)
Citrouille Concombre Cornichon Courge Courgette Melon Patisson Potiron (*Cucurbitacées*)	Taches brunes creuses avec moisissure verte sur fruits, taches grises sur feuilles	Dépérissement	La lutte donne des résultats aléatoires, assurez une bonne rotation des cultures, traitez avec un fongicide (thiophanate Méthyl au pied des plantes)
	Feutrages blancs, roses, bruns sur les fruits	Pourritures	Limitez l'humidité, traitez préventivement avec un fongicide (thirame)
Choux (*Crucifère*)	Excroissance sur collets et racines, sans galeries à l'intérieur	Hernie	Drainez le sol, faites des amendements calcaires

Principaux ennemis du potager

Légumes	Symptômes	Prédateurs	Traitement
Choux *(Crucifère)*	Chenilles verdâtres avec trois raies jaunes sur le dos recouvertes d'une toison fine	Piéride	Traitez dès les premiers vols avec un insecticide (deltaméthrine)
Épinard *(Chénopodiacées)*	Taches décolorées avec duvet d'abord blanc puis gris et violet	Mildiou	Utilisez des variétés résistantes aux 3 races, respectez les rotations
Haricot *(Légumineuses)*	Taches chancreuses suintant un liquide visqueux sur les gousses	Graisse	Respectez les rotations, utilisez des semences certifiées, pulvérisez des produits à base de cuivre
	Gousses perforées et grains troués par des adultes de 3 à 4 mm	Bruche	Traitez préventivement avec un insecticide lorsque les gousses finissent le grossissement (deltaméthrine, endosulfan)
Laitue *(Composées)*	Sur collet des plantes, feutrage blanc avec points noirs et pourriture	Sclérotiniose	Respectez les rotations, traitez avec un fongicide (manèbe)
	Chenille creusant une galerie dans la partie supérieure des racines	Noctuelle	Traitez lorsque les dégâts sont observés avec un insecticide (deltaméthrine)
Pois *(Légumineuses)*	Sur feuilles et gousses, taches rondes et jaunes entourées d'un bord plus foncé	Anthracnose	Traitez les feuilles avec un fongicide (manco-zèbe, soufre, thirame) dès le stade 2
	Feutrage blanc sur tiges et feuilles, voire sur gousses	Oïdium	Traitez avec un fongicide (manèbe, soufre)
	Découpures en demi-cercle sur bords des feuilles	Sitone	Traitez avec un insecticide (deltaméthrine)
	Avortement des fleurs et gousses arquées de couleur argentée avec taches brunes	Thrips	Traitez avec un insecticide (deltaméthrine) dès la levée
Pomme de terre *(Solanacées)*	Taches brunes en cercles concentriques avec moisissure noire	Alternariose	Traitez avec un fongicide (cuivre, mancozèbe, zinèbe)
	Sur feuilles, taches jaunes se dessé-chant au centre et entourées d'une auréole avec duvet blanc	Mildiou	Traitez préventivement avec un fongicide (cuivre, mancozèbe, zinèbe)
	Œufs orangés à la face inférieure des feuilles puis larves dévorant celles-ci par les bords	Doryphore	Lutte obligatoire en France, au printemps avec un insecticide (endosulfan, cyfluthrine)
Salsifis Scorsonère *(Composées)*	Ponctuations brun-noir sur les deux faces des feuilles	Rouille	Traitez plusieurs fois avec un fongicide (manèbe, mancozèbe, triforine)

Plantes condimentaires

Nom	Caractéristiques	Variétés	Multiplication	Récolte
Basilic *Ocimum basilicum* *(Labiacées)*	Semi-rustique	'Fin vert nain compact', 'À feuille de laitue' 'Genovese' 'À feuillage pourpre Osmin', 'Balconstar'	Semez clair en avril en place ou en pépinière.	Récoltez feuille à feuille de juin à octobre.
Céleri à couper *Apium graveolens* var. *Secalinum* *(Ombellifères)*	Rustique	'Afina', 'Per-cel', 'À couper d'Amsterdam', 'Frisé', 'Wolsche Krul'	Semez en place d'avril à juin.	Récoltez les brins d'août à décembre.
Cerfeuil *Anthriscus cerefolium* *(Ombellifères)*	Annuel	'Simple' ou 'Commun', 'Frisé' ou 'Double', 'D'hiver de Bruxelles'	Semez en place de 15 jours en 15 jours, de mars à septembre.	Récoltez de 7 à 8 semaines après les semis.
Ciboule ou cive *Allium fistulosum* *(Liliacées)*	Vivace cultivée comme annuelle	'Blanche', 'Commune' Ciboule 'Rouge', 'Kaigaro', 'Toga'	Semez en mars ou encore en juillet-août en place, en bordure par exemple.	Récoltez 3 mois après le semis.
Ciboulette *Allium schoenoprasum* *(Liliacées)*	Vivace	'Commune', 'Hylau Cut I', 'Staro'	Semez en mars-avril ou divisez les pieds en mars.	Récoltez jusqu'aux premières gelées.
Coriandre *Coriandrum sativum* *(Ombellifères)*	Annuelle	'Commune', 'Slow Bolt'	Semez en place enavril.	Récoltez les tiges porteuses d'ombelles en août.
Estragon *Artemisia dracunculus* *(Composées)*	Vivace	'De Russie'	Division de souche, tous les 3-4 ans en mars-avril.	Récoltez de mars à octobre.
Marjolaine ou origan *Origanum* *(Labaciées)*	Vivace		Semez en pépinière au mois de mai et en place en juin.	Récoltez en août et en septembre.

Plantes condimentaires

Nom	Caractéristiques	Variétés	Multiplication	Récolte
Menthe *Mentha* *(Labiacées)*	Vivace et rustique	Menthe poivrée Menthe verte	Divisez les souches rampantes au mois de mars ou semez en avril-mai en pépinière.Repiquez en septembre	Récoltez les feuilles au fur et à mesure des besoins.
Oseille *Rumex acetosa* *(Polygonacées)*	Vivace et rustique	'Large de Belleville'	Semez en place de mars à juin.	Récoltez les plus jeunes feuilles, les plus âgées ayant trop d'amertume.
Persil *Petroselinum sativum* *(Ombellifères)*	Bisannuelle	'Géant d'Italie', 'Commun', 'Frisé race Optima', 'Frisé vert foncé race Verbo', 'Rina'	Semez tous les ans dès la fin du mois de février en bordures.	Récoltez d'avril à octobre.
Piment *Capsicum annuum* *(Solanacées)*	Annuel	'De Cayenne', 'African Safi', 'Africain du Burkina', 'Sucette de Provence', 'Gambo Flush', 'Gourmet F1', 'Gypsy F1', 'Lamuyo', 'Osir F1', 'Doux d'Espagne', 'Carré doux d'Amérique'	Semez en pépinière dès le mois de mars. Repiquez 3 semaines plus tard en godets et mettez en place 10 semaines après.	Récoltez de juillet à octobre.
Pimprenelle *Poterium sanguisorba* *(Rosacées)*	Vivace et rustique		Se sème en place de mars à avril et en août-septembre.	Récoltez les feuilles 3 mois après le semis.
Sarriette *Satureia hortensis* *(Labiacées)*	Annuelle ou vivace		Semez en place au début de mai.	Mois de juin jusqu'en octobre.
Thym *Thymus vulgaris* *(Labiacées)*	Vivace	'D'hiver', 'Ordinaire', 'De Provence', 'Serpolet'.	Divisez les souches en avril ou semez fin mars. Repiquez en juillet.	Toute l'année

Mini-légumes

Nom	Caractéristiques	Variétés	Multiplication	Récolte
Aubergine	Cultivée comme annuelle	'Blanche', 'Ova F1', 'Slim Jim'	Semez à une température de 25-30 °. Mettez en place 2 mois après le semis.	Août-septembre.
Carotte	Bisannuelle cultivée comme annuelle.	'Marché de Paris'	Semez à la volée sur côtière bien exposée dès le 1er mars ou du 1er juillet au 15 août.	Récoltez 3 mois après le semis.
Chou cabus	Bisannuel cultivée comme annuel	'Pedrillo F1'	Semez en pépinière vers le 15 mars. Plantez au mois d'avril.	Récoltez courant juin.
Chou-fleur	Annuel	'Candid Charm'	Semez vers le 15 mars sous châssis. Semez très clair vers le 15 avril et plantez 5 semaines plus tard lorsque les plants ont 5 feuilles.	Récoltez trois mois après la plantation.
Concombre	Annuel	'Pepita F1'	Semez vers le 15 mai en caissette. Mettez en place au mois de juin en pleine terre.	Récoltez en août-septembre.
Courge	Annuelle	'Mini Jack be'	Semez en place vers le 15 mai.	Récoltez en septembre-octobre.
Laitue	Annuelle	'Tom Thumb', 'Tom Pouce'	Semez en pépinière en avril puis repiquez en place.	Récoltez en juin.
Maïs	Annuel	'Majeur F1'	Semez en poquets de 3-4 graines du 1er mai au 15 juin.	Récoltez de fin juillet à août.
Melon	Annuel	'Ananas d'Amérique'	Plantez d'avril à mai après semis et repiquage du plant en pépinière sous chassis.	Récoltez en juillet- août.

Mini-légumes

Nom	Caractéristiques	Variétés	Multiplication	Récolte
Navet	Bisannuel cultivé comme annuel	'Market Express F1'	Semez en place du 15 mars au 1er mai.	Récoltez deux mois après le semis.
Tomate	Annuelle	'Red Robin', 'Phyra', 'Gartenperle', 'Tumbler', 'Pepe F1', 'Yellow canary', 'Chelsea mini', 'Yellow debut', 'Pink debut', 'Sweet Million', 'Celsior', 'Ildi', 'Bistro', 'Red currant', 'Yellow currant'	Semez sous châssis en mars ou en avril. Repiquez lorsque les plantules ont au moins 2 feuilles en godets de 8 cm de diamètre. Mettez en place dès que les gelées ne sont plus à craindre.	Récoltez en août-septembre.

Calendrier des semis, plantations et récoltes

S — Semis
P — Plantation
▓ — Récolte

Légumes	janvier	février	mars	avril	mai	juin	juillet	août	septembre	octobre	novembre	décembre
Ail		P				▓	▓			P	P	
Artichaut				P		▓	▓	▓				
Asperge			P	▓	▓							
Aubergine		S	S	S		▓	▓	▓	▓			
Betterave				S	S	▓	▓	▓	▓	▓		
Cardon	▓	▓	▓	S					▓	▓		▓
Céleri à côtes			S	S				▓	▓			
Céleri rave			S	S	S			▓	▓	▓		
Cerfeuil tubéreux			S				▓			S		
Chicorée scarole et frisée	S	S	S	S	S	S	S	S	S	▓	▓	▓
Chicorée sauvage			▓	▓	S	S	S	S			▓	▓
Chicorée Witloof	▓				S	S					▓	
Chou de printemps					▓				S	S		
Chou d'été et d'automne			S	S			▓	▓	▓	▓		
Chou d'hiver	▓	▓			S	S					▓	▓
Chou de Bruxelles				S	S				▓	▓	▓	▓
Chou brocoli			▓	▓		S			▓	▓		
Chou-fleur			S	S	S	S		▓	▓	▓		
Concombre				S	S		▓	▓	▓			
Cornichon				S	S		▓	▓	▓			
Courge				S	S			▓	▓	▓		
Cresson alénois			S	S	S	S	S	S	S	▓		
Cresson de fontaine	▓	▓						P			▓	▓
Crosne	▓	▓	P								▓	▓
Échalote		P	P			▓	▓				P	
Épinard			S	S	▓	▓	▓	S	S	S	▓	
Fenouil							S	S	▓	▓	S	
Fève		S	S	▓	▓							
Fraisier des quatre saisons			P		▓	▓	▓	▓	P			
Fraisier à gros fruits				P	▓	▓				P		
Haricot				S	S	▓	S	S	▓			
Laitue à couper		S	S	S	S	S	S	S	▓			
Laitue de printemps	S	S			▓	▓						
Laitue d'été et d'automne			S	S	S	▓	▓	▓	▓			

Légende : S = lettre en rouge · P = lettre en noir · ▓ = case verte

	janvier	février	mars	avril	mai	juin	juillet	août	septembre	octobre	novembre	décembre
Laitue d'hiver	▓	▓	▓					S	S			
Mâche	▓	▓	▓				S	S	S	▓	▓	▓
Melon				S	S		▓	▓				
Navet			S	S	▓		S	S		▓		
Oignon à consommer frais		S	S	▓	▓		S	S				
Oignon de conservation			S	S				▓				
Oignon de Mulhouse				P	S							
Pissenlit		▓	▓	S	S	S						▓
Poireau	S	S	S	S	S			S	S			
Poirée				S	S	S						
Pois	S	S	S	S	S		S			S	S	S
Pourpier					S	S	S	S	▓			
Radis			S	S	S	S	S	S	S			
Raifort	▓	▓	P							▓	▓	▓
Salsifis	▓	▓		S						▓	▓	▓
Scorsonère	▓	▓	▓	▓	▓		S					
Tétragone cornue				S	▓	▓	▓	▓				
Tomate			S	S	S	▓	▓	▓				

Condimentaires

	janvier	février	mars	avril	mai	juin	juillet	août	septembre	octobre	novembre	décembre
Basilic				S	▓	▓	▓	▓	▓			
Céleri à couper				S	S	S		▓				▓
Cerfeuil			S	S	S	S	S	S	S			
Ciboule			S				S	S				
Ciboulette	▓	▓	S	S								
Coriandre				S								
Estragon			▓	P	P	▓	▓	▓	▓	▓		
Marjolaine					S	▓	▓	▓				
Menthe			P	S	S	▓	▓	▓	▓			
Oseille			S	S	S	S		▓			▓	▓
Persil		S	S	▓								
Piment			S	S			▓					
Pimprenelle			S	S	▓				S	S	▓	
Sarriette						▓	▓					
Thym	▓	▓	S								▓	▓

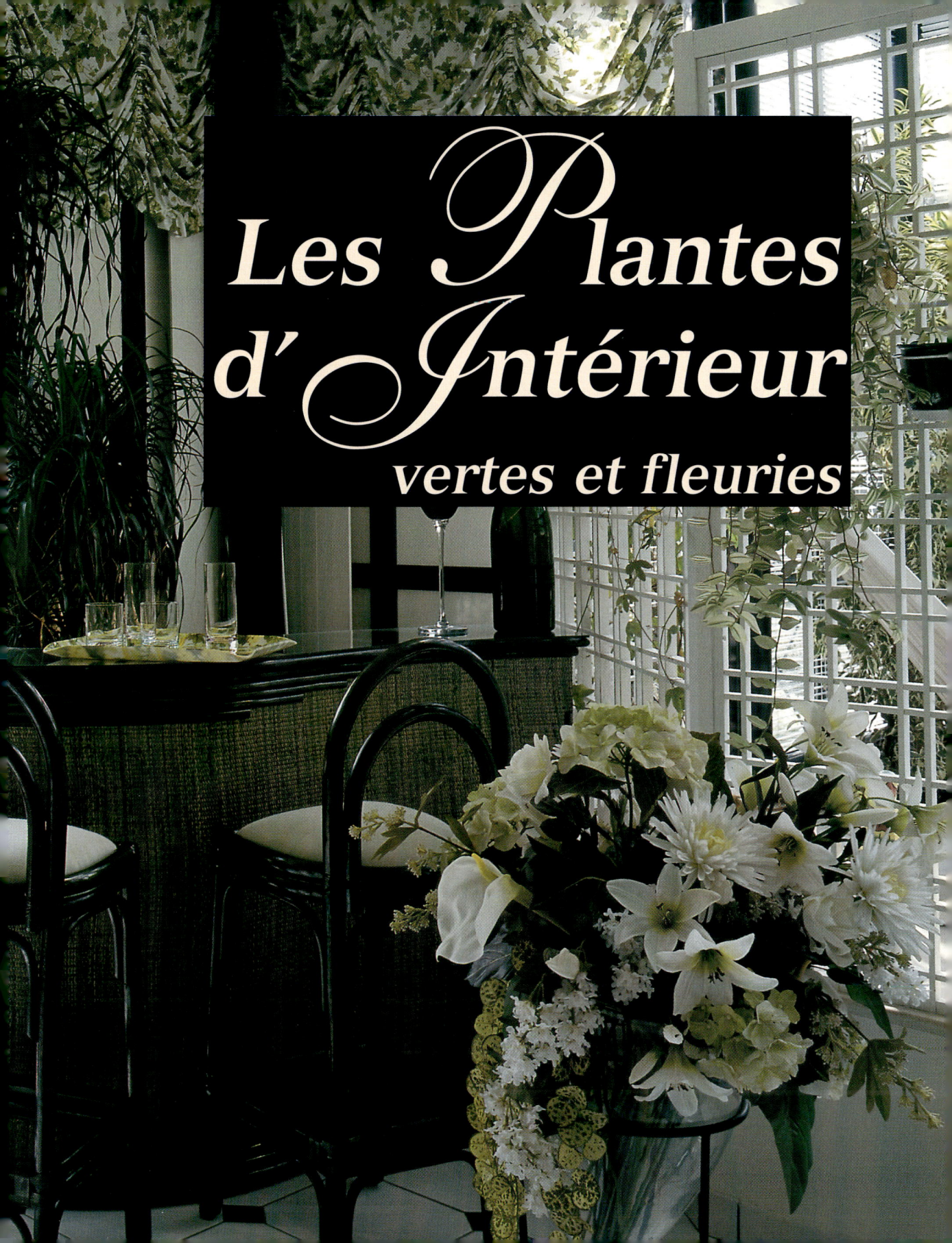

Les Plantes d'Intérieur

vertes et fleuries

Les plantes d'intérieur vertes et fleuries

Savez-vous que nombre de nos plantes dites d'appartement sont dans leur habitat naturel, les régions tropicales et subtropicales du globe, des arbres, arbustes ou plantes grimpantes de plusieurs mètres de hauteur ? C'est le cas de l'hibiscus et du poinsettia qui peuvent former de grandes haies, des ficus dont certains sont des arbres vénérables…

Pour que ces plantes prospèrent chez vous des années durant, essayez de respecter le plus possible leurs exigences naturelles en matière de lumière, température, arrosages et autres soins.

Spathiphyllum.

Poinsettia (Euphorbia pulcherrima).

La lumière, source de vie des plantes

La lumière est, bien sûr, indispensable aux plantes, puisqu'elle permet la photosynthèse.

Une lumière vive, sans soleil direct qui peut brûler les feuilles, convient à la très grande majorité des plantes d'intérieur. Installez-les pour cela près d'une fenêtre bien ensoleillée (orientation sud, est ou ouest) en veillant à tamiser les rayons du soleil de la mi-journée.

Pour celles qui se contentent d'une ombre légère, choisissez la proximité d'un endroit donnant au nord ou une situation plus éloignée d'une fenêtre ensoleillée.

Attention, l'intensité lumineuse décroît très rapidement à l'intérieur de la pièce : ainsi, à 1,50 m d'une fenêtre, l'intensité lumineuse est déjà réduite de moitié par rapport à celle captée au niveau de la fenêtre.

Chaleur et humidité de l'air vont de pair

Les nombreuses espèces originaires des forêts tropicales humides apprécient de retrouver chez vous une ambiance assez humide, et ce d'autant plus que la température est élevée.

Il y a plusieurs façons d'augmenter l'hygrométrie.

– Groupez les plantes : l'eau évaporée par les différents feuillages contribue à une atmosphère humide.

– Posez les pots sur un lit de gravillons ou billes d'argile trempant dans un peu d'eau. Veillez à ce que le niveau de l'eau n'atteigne pas la base du pot.

– Enfoncez le ou les pots dans un bac de tourbe que vous maintiendrez légèrement humide en permanence.

– Faites de fréquentes vaporisations d'eau douce tiédie sur les feuillages.

– Sortez vos plantes les jours de pluie douce et tiède.

Sachez arroser

Trouvez pour chaque plante le bon rythme d'arrosage, selon la saison et les conditions de culture (température, lumière).

– Arrosages parcimonieux : attendez pour arroser que le terreau sèche en profondeur (enfoncez le doigt dans le terreau ou soupesez le pot). Versez une petite quantité d'eau de façon à humidifier légèrement tout le volume du pot.

– Arrosages modérés : attendez pour arroser que le terreau soit sec sur 1-2 cm. Mouillez bien toute la motte, jusqu'à ce que l'excès d'eau s'écoule dans la soucoupe. Videz la soucoupe.

– Arrosages abondants : arrosez de façon que le terreau soit en permanence humide en surface. La soucoupe ne doit cependant pas rester pleine d'eau.

– Arrosez les plantes sensibles à la pourriture du collet, comme le saintpaulia au feuillage duveteux, en versant l'eau dans la soucoupe. Videz la soucoupe 20-30 mn plus tard.

– Arrosez les autres en versant l'eau en surface du terreau.

Bien savoir arroser

Arrosez plus :
– à température chaude ;
– en été, période de croissance ;
– les plantes à l'étroit dans leur pot ;
– les plantes qui perdent beaucoup d'eau par évaporation (grandes feuilles non coriaces, nombreuses petites feuilles).

Arrosez moins :
– à température fraîche ;
– en hiver, période de repos végétatif et de faible luminosité ;
– les plantes à feuillage coriace ou charnu.

Lierre panaché (Hedera helix) *en suspension.*

se déposera, le chlore s'évaporera et l'eau sera à bonne température. Adoucissez l'eau, au moins pour les plantes sensibles comme l'azalée, si l'eau du robinet est calcaire.

Arrosage de vacances

Si vous ne partez pas trop longtemps (deux semaines), groupez les pots sur l'égouttoir de l'évier, couvert d'un feutre absorbant trempant dans l'évier rempli d'eau. Les racines seront alimentées en eau par capillarité. Faites un test pour évaluer la durée de cet arrosage « automatique ». Bien sûr, les plantes doivent aussi recevoir de la lumière en votre absence !

La bonne eau

C'est une eau à température ambiante, la moins calcaire possible. Remplissez l'arrosoir quelques heures avant d'arroser, le calcaire

Le bon engrais

Les éléments nutritifs du terreau sont rapidement utilisés par les racines, aussi les apports d'engrais sont-ils nécessaires à la croissance des plantes en pot.

Ne leur donnez pas d'engrais en hiver (sauf aux plantes fleuries) car la croissance est très ralentie à cette saison de lumière faible et de jours courts.

Du printemps à la fin de l'été, faites des apports d'engrais liquide ordinaire (ou spécifique pour certaines catégories de plantes), tous les 8 à 15 jours, en règle générale. Réduisez-les progressivement en automne. Poursuivez des apports toutes les 3-4 semaines pour celles qui fleurissent en hiver.

Quand faut-il rempoter ?

–Quand les racines ont colonisé tout le volume du pot et dépassent même par les trous de drainage.
–Quand le terreau est blanchâtre en surface, par accumulation de sels minéraux, ou encore couvert de mousse.
–Quand la croissance de la plante compromet sa stabilité dans le pot.

Comment rempoter

Rempotez au printemps, dans du terreau frais, en choisissant un pot un peu plus grand que le précédent.
1. Couvrez de tessons le trou de drainage du nouveau pot et étalez quelques centimètres de matériau drainant au fond (billes d'argile, gravillons lavés). Versez un peu de terreau frais.
2. Dépotez délicatement la plante en tapotant si nécessaire le bord du pot contre une surface dure.

Bégonia 'Eliator'.

Retournez-le pour faire glisser la motte en maintenant les tiges d'une main.
3. Grattez le terreau superficiel et mettez la plante en place dans le nouveau pot, bien centrée. Comblez de terreau sur les bords en tassant du bout des doigts. Ajoutez un peu de terreau frais en surface, en conservant toujours un espace de 2-3 cm sous le rebord du pot pour l'arrosage.
4. Arrosez bien, laissez s'égoutter la motte puis remettez la plante en place.

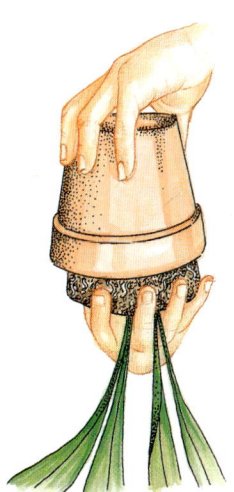

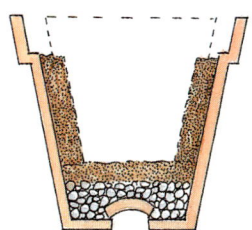

Aeschynanthus

Aeschynanthus

Natives d'Asie tropicale, ces belles exotiques allient des tiges retombantes aux feuilles charnues et une floraison durable en bouquets éclatants de fleurs en tube dans les tons de jaune orangé à rouge sombre.

■ Floraison : été et automne

■ Exposition : lumière vive

■ Température : 15-22 °C

■ Terreau : ordinaire, léger

■ Arrosages : 2 fois par semaine en été, tous les 8-10 jours en hiver

Hauteur : port retombant

*La floraison en grappes orangé et écarlate d'*Aeschynanthus *ne passe pas inaperçue.*

Vous trouverez différents espèces et hybrides d'aeschynanthus, mais tous ont les mêmes exigences de culture. *Aeschynanthus speciosus* a des fleurs orangé écarlate, *A. pulcher* des fleurs jaune et rouge.

Une situation plutôt chaude, très lumineuse, mais en évitant les brûlures du plein soleil der-

rière une vitre, des vaporisations d'eau de temps à autre sur le feuillage, il n'en faut pas plus pour satisfaire l'*Aeschynanthus*.

Pucerons

Les pucerons s'agglutinent parfois à l'extrémité des tiges. Traitez sans attendre et répétez le traitement plusieurs fois à 8 jours d'intervalle.

N'hésitez pas à l'installer dehors en situation abritée et légèrement ombragée, de juin à début septembre. Il ne s'en portera que mieux !

Comment l'arroser ?

Arrosez modérément de mai à octobre, soit environ 2 fois par semaine et faites des apports d'engrais liquide tous les 10 à 15 jours. Le reste de l'année, arrosez avec parcimonie, pas plus d'une fois par semaine. Cette période de repos végétatif presque au sec, avec une bonne luminosité, est le garant d'une nouvelle floraison.

Quand le rempoter ?

Rempotez-le tous les 2 ou 3 ans dans un pot à peine plus grand, dans un terreau léger, au besoin enrichi en sable.

Utilisation

C'est planté en panier suspendu devant une fenêtre bien éclairée (tamisez les ardeurs du soleil estival par des voilages) que votre aeschynanthus fera le plus d'effet.

◆ *Le conseil du jardinier*

En pleine floraison, cette plante est fragile. Évitez alors de la déplacer ou de tourner son pot. Achetez de préférence un sujet en boutons plutôt qu'une plante déjà très fleurie, car ses fleurs risquent de tomber dès votre retour à la maison.

Amaryllis

Hippeastrum hybrides

Facilement identifiables à leur gros bulbe, à leur hampe florale raide couronnée d'énormes fleurs en trompette, les amaryllis fleurissent sans peine au cœur de l'hiver et déconcertent par la rapidité de leur développement.

- ■ Floraison : entre fin d'automne et début de printemps
- ■ Exposition : lumière vive
- ■ Température : 18-22 °C
- ■ Terreau : ordinaire
- ■ Arrosages : 2 fois par semaine en période de croissance
- Hauteur : 40-60 cm

Les hybrides que nous cultivons sont issus de croisements entre espèces originaires d'Amérique du Sud.

arrosages. Il commencera rapidement à croître. Ne désespérez pas si votre amaryllis ne donne que des feuilles, sans fleurs, la deuxième année. Laissez le feuillage se développer pleinement, et il a toutes les chances de bien fleurir l'année suivante.

Utilisation

Posez votre amaryllis sur un appui de fenêtre, en pleine lumière. Vous pourrez ainsi l'admirer de l'intérieur comme de l'extérieur ! Sortez l'amaryllis au feuillage un peu encombrant dans un endroit abrité et ombragé de mai à septembre.

Comment planter le bulbe

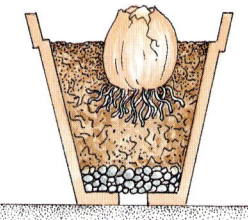

Laissez dépasser le bulbe de presque moitié de sa hauteur hors du terreau. Versez l'eau d'arrosage sur le pourtour du pot pour éviter tout risque de pourriture.

▶ Le conseil du jardinier

Choisissez un pot assez profond et lourd pour assurer la stabilité de cette plante. Lestez au besoin le pot en posant des galets en surface.

Culture

Installez l'amaryllis en situation chaude et très lumineuse. Arrosez peu en début de croissance de la hampe florale, puis copieusement en pleine floraison. Coupez les hampes défleuries, mais poursuivez arrosages modérés et apports d'engrais tous les 15 jours pendant l'été.

Pour la faire refleurir

Cessez progressivement les arrosages en septembre-octobre, puis coupez les feuilles jaunies. Gardez le bulbe au sec, dans son pot, en situation fraîche, par exemple à la cave. En décembre-janvier, rempotez-le dans du terreau frais, ramenez-le au chaud et à la lumière et reprenez les

Anthurium

Anthurium

Ces belles plantes natives d'Amérique centrale, offrent toute l'année en situation chaude leur élégant feuillage vernissé et leur floraison originale très graphique.

Les fleurs vernissées, souvent rouges, mais aussi blanches, roses ou saumon, se succèdent presque toute l'année sur la plante. Chacune vit au moins un mois.

Anthurium andreanum hybrides ▲ Grandes feuilles sagittées vert brillant, spathe large-ovale, gaufrée, entourant le spadice dressé ou recourbé.

Anthurium scherzerianum hybrides ▶ Feuilles plus allongées, pointues, spathe ovale à spadice spiralé.

Culture

Plante idéale pour une serre chaude, l'anthurium demande pour s'épanouir et fleurir toute l'année, une bonne température, une humidité de l'air élevée, une lumière vive sans soleil direct.

Évitez de le mettre contre une fenêtre non voilée. Il redoute les courants d'air froids et les brusques variations de température.

Comment l'arroser ?

Arrosez modérément et sans excès en été, de façon à maintenir le terreau légèrement humide en permanence. Ajoutez tous les 10-15 jours de l'engrais liquide dilué de moitié. Réduisez un peu les arrosages en hiver. Utilisez de préférence une eau douce, ou adoucie, pour l'arrosage.

Quand le rempoter ?

Tous les 2 ou 3 ans, au printemps, si les racines sont à l'étroit dans le pot. Préparez un terreau bien enrichi en tourbe.

Atmosphère

Des feuilles qui racornissent sont le signe d'une atmosphère trop sèche. Faites de fréquentes vaporisations. Si les feuilles jaunissent et s'affaissent, il s'agit plutôt d'une ambiance à la fois trop froide et humide.

◀ Le conseil du jardinier

Entretenez en permanence une humidité de l'air élevée autour de la plante : posez le pot sur un lit de gravillons ou de billes d'argile trempant dans un peu d'eau, effectuez des vaporisations d'eau presque quotidiennes du feuil-lage, sans mouiller les fleurs, qui se tachent facilement, en plaçant un cache devant celles-ci.

Azalée

Rhododendron simsii

Ces azalées qui se couvrent de fleurs dans nos intérieurs sont des hybrides issus d'espèces asiatiques du genre *Rhododendron*. Vous profiterez plus longtemps de la floraison en leur assurant une certaine fraîcheur et une eau d'arrosage non calcaire.

- ■ Floraison : hiver-printemps
- ■ Exposition : lumière vive sans plein soleil
- ■ Température : 12-18 °C
- ■ Terreau : à base de terre de bruyère
- ■ Arrosages : 2-3 fois par semaine pendant la floraison et en été, 1 fois par semaine en automne et en hiver
  Hauteur : 30-60 cm

La traditionnelle azalée des fleuristes (R. simsii) *se caractérise par ses nombreuses petites feuilles sombres et ses grandes fleurs dans les tons de blanc, rose, rouge.*

Quand la rempoter ?

Tous les 2 ou 3 ans après la floraison, dans un pot à peine plus grand, rempli d'un terreau pour plantes de terre de bruyère.

Manque d'eau

Votre azalée a souffert d'un manque d'eau, la motte est desséchée, le feuillage s'affaisse… Immergez entièrement la motte et le pot dans une cuvette d'eau douce et tiède, durant 15 à 20 minutes.

Culture

Offrez à votre azalée achetée en début de floraison une situation lumineuse, mais plutôt fraîche (15 °C est idéal). Si elle est dans une pièce chaude, installez-la pour la nuit dans une pièce fraîche.

Comment l'arroser ?

Arrosez-la souvent, tous les 2 jours environ, à l'eau non calcaire impérativement. Ne laissez pas l'eau stagner dans la soucoupe. Acidifiez l'eau du robinet par un filet de jus de citron ou en laissant tremper un sachet de tourbe acide dans l'arrosoir pendant toute une nuit.

Comment la conserver ?

Réduisez un peu les arrosages après la floraison, faites tous les 15 jours des apports d'engrais pour plantes de terre de bruyère. Placez l'azalée dans un endroit abrité et ombragé du jardin pour l'été. Rentrez-la en automne dans une pièce bien fraîche (5-10 °C) et lumineuse, jusqu'à la floraison.

À savoir

L'azalée apprécie une bonne humidité de l'air. Posez son pot sur un lit de gravillons ou de billes d'argile trempant dans un peu d'eau.

Suppression des fleurs fanées

Supprimez les fleurs fanées pour favoriser l'apparition de nouveaux boutons.

Le conseil du jardinier

Taillez avec un petit sécateur les pousses qui nuisent à la silhouette bien compacte de votre azalée.

Bégonia à fleurs

Begonia x hiemalis

Également connus sous le nom de *Begonia x elatior*, ces bégonias appartiennent à un genre botanique très riche, de plus de 1 000 espèces ! Hybrides très florifères, ils offrent pendant des semaines leurs fleurs dans toute une palette de teintes.

Faites votre choix entre formes buissonnantes ou légèrement retombantes, tons de blanc, rose, rouge, saumon, jaune et orangé.

Culture

Placez ce bégonia en situation assez chaude, lumineuse mais pas en plein soleil. Ne tournez pas le pot, ne le déplacez pas, les fleurs risqueraient de tomber.

Comment l'arroser ?

Arrosez en prenant la précaution de ne pas mouiller le feuillage pour limiter les risques de maladie, modérément, environ 2 fois par semaine. La terre doit être légèrement humide, mais elle ne doit jamais rester mouillée en permanence.

Comment le conserver ?

Il est difficile de le faire refleurir, car il demande un régime très spécial d'éclairement.

Utilisation

Ces bégonias font de beaux sujets fleuris que vous pouvez aussi associer à des plantes vertes dans des compositions temporaires. Enfoncez les pots dans un bac de tourbe humide, vous pourrez facilement remplacer les sujets défleuris en les changeant simplement.

Oïdium

Les bégonias sont sensibles à l'oïdium, qui apparaît sous forme de dépôt poudreux blanc grisâtre sur les feuilles ou même les fleurs. Réduisez légèrement les arrosages, évitez les atmosphères trop humides et traitez avec un fongicide.

◗ Le conseil du jardinier

Un feuillage brusquement affaissé est synonyme de manque d'eau, peut-être aussi d'une chaleur excessive. Faites tremper la motte de racines (mais pas le feuillage) pour la réhydrater entièrement.

Broméliacées

Les broméliacées sont une famille de plantes originaires des forêts humides d'Amérique tropicale, la plupart épiphytes, c'est-à-dire vivant ancrées sur des arbres et non en pleine terre. Elles puisent l'eau dans l'humidité atmosphérique.

Les rosettes, composées de fines feuilles ou de feuilles larges en entonnoir central, sont caractéristiques des broméliacées.

Guzmania hybrides
30 cm de diamètre. Rosette de feuilles linéaires vernissées entourant une inflorescence orangée ou blanche entourée de bractées rouges ou jaune éclatant.

Tillandsia
Différentes espèces de petite taille, en rosette de fines feuilles grises ou gris-vert et inflorescence en épi aplati ou allongé, rose violacé.

Vriesea splendens
50 cm de diamètre. Large rosette de feuilles raides, rayées de brun pourpré. Longue inflorescence dressée, écarlate.

Culture

Choisissez pour les broméliacées une situation chaude, sans risque de courants d'air froids, avec une lumière vive à moyenne.
Assurez une bonne humidité de l'air à ces plantes : vaporisez quotidiennement le feuillage avec une eau douce et tiède, posez le pot sur un lit de gravillons trempant dans un peu d'eau.

Astuce
Si une rosette de feuilles tarde à fleurir, essayez d'accélérer la maturation de la plante en l'enfermant dans un sac en plastique avec 2 ou 3 pommes. L'éthylène dégagé par la pomme stimule la formation des fleurs.

Aechmea fasciata
40-50 cm de diamètre. Forme une large rosette de feuilles coriaces gris-vert rayé d'argenté avec une inflorescence en épi de bractées roses aux minuscules fleurs violettes au centre.

Neoregelia carolinae
40-50 cm de diamètre. Rosette de longues feuilles vernissées, rayées de crème chez certaines variétés. Le cœur de la rosette se colore de rouge autour des fleurs violettes à peine visibles.

Entretenez une ambiance humide autour des broméliacées.

Après la floraison, qui dure souvent plusieurs mois, la rosette de feuilles entourant les fleurs meurt. La plante a généralement formé auparavant des rejets, petites rosettes que vous pouvez cultiver séparément et qui fleuriront dans quelques mois ou quelques années, selon les espèces !

Comment l'arroser ?

Des arrosages modérés, pour maintenir le terreau juste humide, suffisent. Ajoutez toutes les 2 semaines en été un peu d'engrais liquide.

Remplissez d'eau douce le réservoir formé au cœur de la rosette par les feuilles imbriquées des grandes espèces. C'est la meilleure façon d'alimenter la plante en eau. Videz-le en période de floraison ou à température fraîche.

Utilisation

Par leurs exigences en matière d'arrosage et d'humidité de l'air, les broméliacées demandent plutôt à être isolées des autres plantes. Vous pouvez cependant les associer à d'autres épiphytes comme les orchidées tropicales.

Pucerons, cochenilles

Pucerons et cochenilles peuvent parfois s'attaquer aux feuilles. Les premiers forment de petites colonies vertes qui rendent les feuilles poisseuses. Traitez à plusieurs reprises avec un insecticide. Les cochenilles se dissimulent sous leurs petites carapaces brunes, sous les feuilles et excrètent aussi une substance collante. Grattez-les une à une avec un coton imbibé d'alcool à 90°.

Arrosage

Versez l'eau d'arrosage au cœur des rosettes des grandes feuilles.

Vaporisez quotidiennement le feuillage.

Plantation sur une écorce

Fixez les racines enrobées de mousse sur une belle écorce.

▶ Le conseil du jardinier

Fixez plusieurs petites broméliacées sur une branche morte ou un grand morceau d'écorce. Aménagez de petites cavités dans le bois, glissez-y les touffes en couvrant leurs quelques racines de mousse de sphaigne humide. Maintenez-les en place avec un fil métallique fin, dissimulé dans la mousse. Vous nourrirez les broméliacées par des vaporisations d'eau quotidiennes, un bain dans une cuvette de temps à autre pour bien humidifier le support.

Cactus de Noël

Schlumbergera hybrides

Ces hybrides à floraison colorée à l'extrémité de tiges retombantes sont issus de croisements entre des espèces des forêts tropicales humides du Brésil.

- Floraison : entre décembre et mars
- Exposition : ombre légère, lumière moyenne
- Température : 15-20 °C
- Terreau : léger, à base de tourbe et terreau de feuilles
- Arrosages : 2 fois par semaine pendant la floraison, tous les 10 jours en période de repos

Hauteur : port retombant

La palette des teintes brillantes s'étend du blanc au rose, rouge et violet pourpré.

légèrement humide en permanence. Après la floraison, réduisez les arrosages pendant un bon mois puis adoptez un rythme d'arrosages modérés, avec des apports d'engrais toutes les 2 ou 3 semaines.

Ce cactus se plaira dehors, en été, en situation ombragée et bien abritée du vent.

Les cactus de Pâques, espèces et hybrides du genre *Rhipsalidopsis*, sont d'autres cactus épiphytes ayant les mêmes exigences de culture que le cactus de Noël. Ils fleurissent au printemps dans des tons de rose, orangé, violet. Gardez-les au frais (15 °C) en hiver pour stimuler la floraison.

Comment le faire refleurir ?

Réduisez nettement les arrosages à partir de septembre et installez-le si possible dans une pièce fraîche (15-18 °C). Ce régime sec favorise la formation des boutons floraux. Dès que ceux-ci apparaissent, ramenez la plante à température un peu plus chaude et augmentez les apports d'eau.

Culture

À la différence du cactus du désert, celui-ci se contente de la mi-ombre en situation assez chaude, à l'abri des courants d'air. Arrosez-le assez généreusement pendant la floraison, de façon à maintenir le mélange

Problème

Des boutons floraux qui tombent brutalement peuvent être la conséquence d'un déplacement du pot, d'un changement d'exposition pendant la période de floraison.

◆ Le conseil du jardinier

Utilisez une eau douce, ou adoucie, pour arroser ce cactus épiphyte qui craint le calcaire. En période de croissance, faites de fréquentes vaporisations d'eau sur le feuillage.

Calcéolaire

Calceolaria hybrides

Cette petite plante originaire d'Amérique du Sud, à larges feuilles duveteuses, vert clair, doit son nom de « petit soulier » *(calceolus)* à la forme curieuse de ses fleurs, à lèvre inférieure très renflée.

- Floraison : hiver - printemps
- Exposition : lumière vive ou mi-ombre
- Température : 15-18 °C
- Terreau : ordinaire
- Arrosages : 2-3 fois par semaine
- Hauteur : 20-50 cm

Les fleurs des hybrides, souvent ponctuées de rouge sombre ou de brun, offrent des teintes blanche, jaune à rouge et orangé.

Comment l'arroser ?

Arrosez généreusement, jusqu'à 2 ou 3 fois par semaine, de façon que le terreau demeure toujours humide en surface. Ne laissez pas pour autant l'eau stagner dans la soucoupe. Ajoutez une fois par semaine un peu d'engrais liquide pour prolonger la floraison, même si cette plante est annuelle et ne se conserve donc pas après la floraison.

Utilisation

Cette plante fera particulièrement bel effet vue de haut, par exemple placée sur une table basse.

Excès d'humidité

Un excès d'humidité à température fraîche, par exemple si les feuilles sont mouillées lors de l'arrosage, favorise le développement de la pourriture grise, qui apparaît en taches duveteuses grises sur les feuilles et les pousses. Coupez les parties atteintes, réduisez l'humidité et traitez avec un fongicide.

Culture

À l'achat, choisissez une belle plante : feuillage sain, nombreux boutons floraux plutôt que fleurs très épanouies, terreau ni sec ni détrempé. Une lumière vive, une température plutôt fraîche (15-18 °C), des arrosages très réguliers sont nécessaires pour assurer une longue période de floraison. Elle dure jusqu'à 2 ou 3 mois, généralement en hiver ou au printemps.

Le conseil du jardinier

Pour profiter longtemps de sa floraison, placez la calcéolaire sur un appui de fenêtre ne recevant pas le soleil direct, dans une pièce plutôt fraîche (15-16 °C).

Clérodendron

Clerodendrum thomsoniae

Dans son habitat naturel, cette plante atteint plusieurs mètres de hauteur. Cultivée en pot, elle est souvent traitée avec des nanifiants et prend alors un port beaucoup plus compact.

Une floraison étonnante en petites fleurs rouges émergeant d'un calice renflé blanc, le tout sur fond de feuillage vert profond.

nutritifs (dépôts blanchâtres en surface du pot).

Utilisation

Cette plante fait un superbe sujet à palisser sur un arceau ou treillage. Elle se plaît sous serre ou véranda. Entourez-la de feuillages décoratifs aux textures variées pour mieux mettre sa floraison en valeur.

Vaporiser sans mouiller les fleurs

Pour humidifier le feuillage sans mouiller les fleurs, fragiles, placez un petit cache en carton devant celles-ci lorsque vous vaporisez de l'eau douce sur la plante.

Culture

Le clérodendron exige, pour s'épanouir, température douce, lumière vive (sans soleil), mais surtout humidité de l'air élevée.

Comment l'arroser ?

Arrosez modérément, avec une eau douce à température ambiante, de façon à maintenir le terreau légèrement humide en permanence du printemps à l'automne et ajoutez un peu d'engrais liquide tous les 8-10 jours.

Quand le rempoter ?

Rempotez-le en fin d'hiver s'il est à l'étroit dans son pot ou si le terreau est appauvri en éléments

Chute des boutons

Les boutons floraux tombent avant de s'ouvrir si l'air est trop sec. Faites de fréquentes vaporisations d'eau et posez le pot sur un lit de gravillons trempant dans un peu d'eau.

❯ Le conseil du jardinier

En hiver, une période de repos végétatif, dans une pièce fraîche (14-16 °C) mais lumineuse, avec des arrosages réduits fera le plus grand bien à votre clérodendron.

Cyclamen

Cyclamen persicum

Originaire de l'est du bassin méditerranéen, le cyclamen de Perse a donné naissance à d'innombrables hybrides et variétés à floraison élégante et sophistiquée, des variétés miniatures à celles à fleurs frangées.

Feuilles marbrées d'argent, fleurs aux pétales réfléchis dans toute une gamme de teintes, du blanc au pourpre en passant par le rose et le rouge, caractérisent les cyclamens.

Plantation en pot

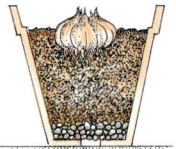

Laissez dépasser le tiers supérieur du tubercule.

Arrosage

Ne versez jamais d'eau sur le tubercule.

Culture

À l'achat, choisissez une plante riche en promesses : feuillage sain et bien réparti, nombreux boutons floraux. Soulevez légèrement le feuillage pour vous assurer que le tubercule ne présente aucun signe de pourriture.

Pour bénéficier d'une longue floraison, assurez à votre cyclamen lumière vive (sans soleil direct, surtout) et température plutôt fraîche (15-17 °C, si possible). Arrosez modérément, en laissant sécher le terreau en surface entre deux arrosages. Faites tous les 15 jours des apports d'engrais liquide faiblement dosés. Si vous ne pouvez conserver votre cyclamen dans une pièce fraîche, offrez-lui pour la nuit la fraîcheur d'un couloir, palier ou véranda peu chauffés ou un appui de fenêtre extérieur, derrière les volets, si le temps est doux.

Excès d'humidité

Diverses pourritures peuvent se déclarer en cas d'excès d'humidité. Agissez à titre préventif : ne mouillez ni les feuilles ni le tubercule, versez l'eau d'arrosage dans la soucoupe ou sur le pourtour du pot.

Le conseil du jardinier

Pour le conserver et le voir refleurir, poursuivez les arrosages après la floraison, mais réduisez-les. Quand le feuillage jaunit, supprimez les feuilles et cessez les arrosages. Gardez le pot en situation ombragée jusqu'à l'automne. Rempotez le tubercule si nécessaire, en le laissant dépasser d'un tiers hors du terreau et reprenez des arrosages parcimonieux pour stimuler la reprise de la croissance. Installez le pot au frais et à la lumière.

Hibiscus

Hibiscus rosa-sinensis

Connu aussi sous le nom de « rose de Chine », qui révèle son origine, ce petit arbuste dépasse rarement 50 cm de hauteur lorsque vous l'achetez, mais il peut, au bout de quelques années, atteindre près de 2 m !

- ■ Floraison : du printemps à l'automne au moins
- ■ Exposition : lumière vive, même soleil en hiver
- ■ Température : 15-22 °C
- ■ Terreau : ordinaire
- ■ Arrosages : 2-3 fois par semaine en été, 1-2 fois par semaine en hiver

  Hauteur : 40 cm à 1,50 m

Les grandes fleurs soyeuses, dans les tons de jaune, rose, orangé et rouge, aussi éclatantes qu'éphémères, se succèdent pendant des mois sur un feuillage vernissé assez sombre.

Utilisation

Bien soigné, votre hibiscus deviendra l'une des stars de votre intérieur. Il apprécie de passer l'été sur une terrasse bien abritée.

Taille de fin d'hiver

Rabattez au printemps les tiges trop longues.

Coupez juste au-dessus d'un bourgeon orienté vers l'extérieur.

Culture

Installez votre hibiscus en situation très lumineuse (seul le plein soleil de midi en été l'indispose !), bien aérée.

Comment l'arroser ?

Arrosez généreusement du printemps à l'automne, dès que le terreau sèche en surface. Faites des apports d'engrais hebdomadaires pour soutenir la floraison. S'il passe l'hiver en situation fraîche, dans la véranda par exemple, réduisez nettement les arrosages. Rempotez-le en fin d'hiver dans un pot assez grand, car sa croissance est vigoureuse.

Pucerons, araignées

Au printemps, il n'est pas rare que les pucerons colonisent l'extrémité des pousses, et même les fleurs. Coupez les pousses les plus atteintes et traitez, à plusieurs reprises, toute la plante avec un insecticide.

Un feuillage terne, de fines toiles d'araignée sous les feuilles : ce sont les symptômes d'une attaque d'araignées rouges. Douchez énergiquement le feuillage dans la baignoire et faites des vaporisations d'eau quotidiennes sur les feuilles (pas sur les fleurs) pour en venir à bout.

▶ Le conseil du jardinier

À la fin de l'hiver, n'hésitez pas à tailler les tiges trop longues pour que l'arbuste soit bien buissonnant. Coupez les tiges en biseau au-dessus d'un bourgeon orienté vers l'extérieur. Profitez-en aussi pour le rempoter dans un terreau ordinaire, enrichi d'un peu de bonne terre de jardin ou compost.

Impatiens

Impatiens walleriana

Ce sont des espèces des régions tropicales d'Afrique et d'Asie qui ont donné naissance aux nombreuses variétés horticoles d'impatiens à tiges charnues et floraison généreuse que nous cultivons en intérieur.

- ■ Floraison : du printemps à l'automne
- ■ Exposition : lumière vive sans soleil brûlant
- ■ Température : 15-22 °C
- ■ Terreau : ordinaire
- ■ Arrosages : 2-3 fois par semaine en été, 1 à 2 fois par semaine en hiver
  Hauteur : 20-50 cm

Les impatiens de Nouvelle-Guinée supportent plus de soleil que les variétés classiques.

Les variétés d'*Impatiens walleriana* à feuilles ovales vert moyen et fleurs dans les tons de blanc, rose, rouge, saumon, parfois bicolores peuvent atteindre de grandes dimensions au fil des ans.

Les hybrides de Nouvelle-Guinée (*I.* x *novae-guinea*) ont des feuilles plus longues, vert foncé souvent teinté de brun ou jaune.

Culture

Adoptez cette plante facile qui fleurit sans faiblir presque toute l'année. Offrez-lui une bonne luminosité (pas de plein soleil desséchant en été), des arrosages très réguliers, dès que le terreau sèche en surface. La température ne lui importe guère, elle peut être fraîche en hiver, vous réduirez alors les arrosages. Donnez-lui une fois par semaine en été de l'engrais liquide.

Comment l'arroser ?

L'impatiens s'affaisse au moindre manque d'eau, mais se remet rapidement après un bon arrosage. Attention, un excès d'eau se traduit aussi par des feuilles qui pendent, mais l'erreur est plus délicate à rectifier !

Mouches, fumagine

De minuscules mouches blanches s'envolent en nuée lorsque vous touchez le feuillage : traitez à plusieurs reprises avec un insecticide pour en venir à bout.

Les feuilles collantes portent des traînées noirâtres : il s'agit de la fumagine : coupez les parties les plus atteintes et traitez avec un insecticide à plusieurs reprises.

Bouturage dans l'eau

Faites raciner les boutures dans l'eau

▶ Le conseil du jardinier

Taillez sans crainte, quelle que soit la saison, les plantes qui prennent trop d'ampleur ou se dégarnissent. Vous pouvez faire raciner quelques pousses dans un verre d'eau. Vous aurez ainsi en quelques semaines de jeunes potées vigoureuses.

Jasmin de Madagascar

Stephanotis floribunda

Cette plante grimpante originaire de Madagascar offre de petites fleurs cireuses en bouquets délicieusement odorants, bien mis en valeur sur un feuillage sombre et coriace.

- ■ Floraison : printemps-été
- ■ Exposition : lumière vive sans soleil direct en été
- ■ Température : 12-15 °C en hiver, 20-22 °C en été
- ■ Terreau : ordinaire
- ■ Arrosages : 3 fois par semaine en été, 1 fois par semaine en automne-hiver
  Hauteur : 15-40 cm

Une plante délicate mais si séduisante, à essayer à tout prix si vous disposez d'une serre ou d'une véranda.

Culture

Situation lumineuse sans soleil direct, chaude en été, fraîche en hiver, arrosages généreux en période de croissance, telles sont les exigences de cette belle plante.

Comment l'arroser ?

Arrosez abondamment jusqu'à la fin de l'été, tous les 2 jours en période très chaude, avec des apports d'engrais liquide tous les 8-10 jours. Utilisez toujours une eau douce, non calcaire, à température ambiante. Réduisez nettement les arrosages en automne. Rempotez-le tous les 2 ou 3 ans au printemps dans un terreau riche, à base de bonne terre de jardin de préférence. Augmentez l'humidité de l'air en situation chaude : bassinez le feuillage sans mouiller les fleurs.

Utilisation

Dans la serre ou véranda, palissez le jasmin de Madagascar contre un mur bien éclairé. Dans la maison, palissez les tiges sur un grand arceau pour mieux répartir la floraison.

Ne tournez pas le pot, ne le déplacez pas brutalement une fois que les boutons floraux sont formés. Ils pourraient tomber.

N'hésitez pas à raccourcir en fin d'hiver les tiges affaiblies ou dégarnies. Recoupez à 10-15 cm de leur point d'attache les pousses latérales pour faciliter le palissage.

Cochenilles

Petites carapaces brunes sous les feuilles et sur les tiges : ce sont des cochenilles qui sucent la sève. Délogez-les une à une avec un coton imbibé d'alcool à 90°.

▶ Le conseil du jardinier

Le jasmin de Madagascar a besoin pour refleurir d'une période de repos végétatif en hiver. Installez-le pour quelques mois en situation très lumineuse et fraîche, pas plus de 15°C.

Kalanchoe

Kalanchoe blossfeldiana

Cette petite plante grasse native de Madagascar, aux grandes feuilles crénelées vert foncé, aux inflorescences denses, a donné de nombreuses variétés de tailles et teintes variées, du blanc au rouge foncé en passant par le jaune, l'orangé et le rose.

- Floraison : hiver-printemps
- Exposition : plein soleil
- Température : 15-22 °C
- Terreau : ordinaire
- Arrosages : tous les 8-10 jours
  Hauteur : 15-40 cm

Ces petites plantes allient la facilité de culture des plantes grasses à une floraison généreuse et durable.

les 15 jours un peu d'engrais liquide pour plantes fleuries. Après la floraison, coupez les tiges défleuries et poursuivez les arrosages. Il lui faut pour refleurir, l'hiver suivant, une période de jours courts (en automne). Dans un appartement éclairé le soir, il ne refleurit que difficilement, mais vous pouvez toujours le considérer comme une plante à feuillage décoratif !

Utilisation

Pour plus d'effet, alignez sur un appui de fenêtre ou sur une petite table bien éclairée une collection de kalanchoes. Une autre solution consiste à associer votre kalanchoe à d'autres petites cactées et plantes grasses.

Cochenilles

Ces petits amas cotonneux sur les feuilles sont des cochenilles farineuses : délogez-les une à une en les grattant avec un coton-tige trempé dans de l'alcool à 90° ou essayez un insecticide anti-cochenilles.

▶ Le conseil du jardinier

En pleine floraison, cette plante est fragile. Évitez alors de la déplacer ou de tourner son pot. Achetez de préférence un sujet en boutons plutôt qu'une plante déjà très fleurie, car ses fleurs risquent de tomber dès votre retour à la maison.

Culture

Température douce sans courants d'air froids, lumière vive, arrosages réduits, il n'en faut pas plus au kalanchoe pour fleurir pendant des semaines. Au printemps et en été, apportez-lui tous

Astuce

Pour savoir quand arroser, tâtez du doigt le terreau en surface : s'il est sec sur 2-3 cm, vous pouvez arroser; s'il n'est sec qu'en surface, attendez 2 ou 3 jours.

Orchidées

Les orchidées vivent dans leur habitat naturel fixées sur des branches d'arbres. Elles puisent eau et éléments nutritifs dans l'eau de pluie, l'humidité atmosphérique et les déchets végétaux décomposés qui s'accumulent sur l'écorce.

- Exposition : lumière vive sans soleil, ombre légère en été
- Température : 20-25°C en été, plus frais en hiver
- Terreau : pour orchidées, léger et poreux
- Arrosages : 2 fois par semaine en été, 1 fois par semaine en hiver

Certaines orchidées (ci-dessus **Paphiopedilum** ou sabot-de-Vénus) se prêtent bien à la culture en appartement.

Cattleya et hybrides comme : **Laeliocattleya**
30-60 cm. Chaque pseudobulbe porte 1 ou 2 feuilles charnues. Grandes fleurs magnifiques, à labelle (pétale inférieur) très décoratif. Tons de blanc, jaune, rose, rouge.

Cymbidium
0,50-1,20 m. Longues feuilles rubanées, vertes, racines charnues. Floraison en hiver ou au printemps sur de longues hampes, dans des tons de blanc, jaune, vert, rose, pourpre et brun.

Miltonia
30-50 cm. Chaque pseudobulbe porte 2 ou 3 longues feuilles étroites, coriaces. Une à plusieurs grandes fleurs par hampe, rappelant les fleurs de pensée, dans des tons veloutés, avec un œil central coloré.

Paphiopedilum Sabot-de-Vénus
20-40 cm. Feuilles linéaires charnues, souvent tachetées de brun. Grande fleur à labelle en « sabot » renflé. Teintes : blanc, jaune, vert, pourpre, avec des rayures et des ponctuations.

Phalaenopsis
30-50 cm. Racines charnues, feuilles ovales, charnues, vernissées. Fleurs évoquant des papillons, sur une hampe fine, dans les tons de blanc, rose, rouge à violet.

Culture

Toutes ces orchidées tropicales ont à peu près les mêmes exigences de culture : installez-les en situation assez lumineuse sans jamais les exposer en plein soleil, entretenez en permanence une bonne humidité de l'air et arrosez modérément en été, peu en hiver. Soutenez les hampes fragiles, comme celles des *Phalaenopsis*,

en piquant un fin tuteur dans le terreau.
La plupart des orchidées ont besoin pour former de nouveaux

boutons floraux d'une température nocturne plus fraîche (de 4 à 5°C) que la température de jour. Veillez à leur assurer cette fraîcheur nocturne (14-18°C) en baissant le chauffage.

Le bon arrosage

Recueillez l'eau de pluie si vous le pouvez pour arroser vos précieuses orchidées, ou du moins arrosez avec une eau douce.

Vaporisation

Vaporisez quotidiennement le feuillage en été.

Arrosage par immersion

Immergez les paniers ajourés pour bien humidifier le mélange.

▶ **Le conseil du jardinier**

Sortez vos orchidées pour l'été et placez leur pot en situation abritée, sous un arbre au feuillage léger. Pensez aux arrosages par temps sec et faites de temps à autre des vaporisations d'eau. Gardez à l'intérieur les plantes prêtes à fleurir, aux tiges fragiles.

Cymbidium, *une orchidée qui apprécie de passer l'été dehors.*

Mouillez bien le mélange en période de croissance, mais laissez sécher sur plusieurs centimètres avant d'arroser à nouveau. Immergez dans une cuvette d'eau les mottes cultivées en panier ajouré. Réduisez les arrosages en hiver : n'arrosez que pour éviter le dessèchement.
Toutes les 3 ou 4 semaines en été, apportez de l'engrais pour orchidées.
Maintenez une humidité de l'air élevée en groupant vos orchidées sur un plateau creux garni de billes d'argile humides. Vaporisez quotidiennement le feuillage (pas les fleurs, qui se tachent facilement) à l'eau douce et tiède.

Quand les rempoter ?

Après la floraison, tous les 2 ou 3 ans si les racines débordent du pot, dans un terreau spécial pour orchidées, à base d'écorce, de mousse et d'argile expansée.

Attention

Miltonia et *Phalaenopsis* n'apprécient guère les vaporisations d'eau. Augmentez indirectement l'humidité de l'air.

Poinsettia

Euphorbia pulcherrima

Cette « étoile de Noël », à floraison éblouissante en fin d'année, n'est autre qu'une euphorbe qui prend dans son habitat d'origine, en Amérique centrale, les dimensions d'un arbuste de plusieurs mètres de hauteur !

- ■ Floraison : hiver
- ■ Exposition : lumière vive sans plein soleil
- ■ Température : 16-22 °C
- ■ Terreau : ordinaire
- ■ Arrosages : 2 à 3 fois par semaine durant la floraison
  Hauteur : 30-70 cm

Traditionnellement rouge éclatant, le poinsettia peut se parer de teintes crème, roses ou saumon.

Culture

Installez le poinsettia en situation bien éclairée, à température douce et à l'abri des courants d'air. Il supporte une ombre légère, mais sa floraison en souffrira un peu.

Si votre poinsettia a des feuilles qui sèchent et qui tombent, c'est que l'atmosphère est trop sèche.

Il faut alors poser le pot sur un lit de gravillons bien humides.

Comment l'arroser ?

Arrosez assez généreusement pendant la floraison, dès que le terreau sèche en surface, mais ne laissez jamais l'eau stagner dans la soucoupe. Réduisez nettement les arrosages après la floraison.

À savoir

Les vraies fleurs de l'étoile de Noël sont à peine visibles au cœur des grandes bractées colorées que l'on prend pour les pétales d'une très grande fleur !

▶ Le conseil du jardinier

Le poinsettia est délicat à faire refleurir, car la formation des boutons floraux ne se fait qu'en période de jours courts, c'est-à-dire lorsque la plante est à l'obscurité plus de 12 h par jour.

Les grands sujets méritent cependant d'être conservés. Au printemps, raccourcissez les tiges et rempotez dans du terreau frais. Augmentez légèrement les arrosages et donnez de l'engrais tous les 8-10 jours. Vous pouvez installer la plante dehors pour l'été, mais rentrez-la en septembre.

En automne, placez le pot dans une pièce où vous n'éclairez pas le soir, ou bien retournez un grand carton sur le pot, par exemple de 17 h à 7 h, pendant 6 semaines au moins. Il devrait fleurir en début d'année !

Pommier d'amour

Solanum pseudocapsicum

Le pommier d'amour ou cerisier d'amour est natif d'Amérique du Sud. Il prend toute sa valeur en automne, lorsqu'il se couvre de petites boules rouge orangé.

- ■ Fruits décoratifs : automne-hiver
- ■ Exposition : lumière vive
- ■ Température : 14-22 °C
- ■ Terreau : ordinaire
- ■ Arrosages : 2-3 fois par semaine au printemps-été, 1-2 fois par semaine ensuite

  Hauteur : 30-40 cm, jusqu'à 1 m et plus

Choisissez un sujet dont les baies commencent juste à se colorer.

Comment le conserver ?

Augmentez les arrosages au printemps et faites des apports d'engrais liquide tous les 15 jours. Rempotez et pratiquez une taille légère si nécessaire. Sortez le pommier d'amour en situation abritée et ensoleillée pour l'été. Le séjour dehors en été favorise la floraison et la fructification du pommier d'amour, qui vous offrira de nouveaux fruits l'automne suivant.

Araignées rouges

Feuilles jaunies et fines toiles d'araignée sous les feuilles : les attaques d'araignées rouges sont fréquentes en atmosphère chaude et sèche. Augmentez l'humidité de l'air et traitez si nécessaire. Les pucerons peuvent envahir l'extrémité des pousses, au printemps. Coupez les pousses les plus abîmées et faites plusieurs traitements insecticides à 8 jours d'intervalle.

Culture

Installez cette plante achetée en fin d'année en situation très lumineuse, fraîche si possible (15-18 °C). C'est dans ces conditions que les baies persistent des mois sur la plante. Si la plante reste dans une pièce plus chaude, augmentez l'humidité de l'air en posant le pot sur un lit de billes d'argile humides.

Comment l'arroser ?

Modérément en hiver, environ 2 fois par semaine, sans laisser l'eau stagner dans la soucoupe.

Toxiques

Les ravissantes boules rouge orangé sont toxiques. Tenez-le hors de portée des enfants.

Le conseil du jardinier

Surveillez attentivement les besoins en eau pendant l'hiver : un manque d'eau se traduit par des feuilles qui pendent, des baies qui tombent. L'humidité stagnante n'est pas moins néfaste, aussi arrosez régulièrement, mais laissez le terreau sécher en surface entre 2 arrosages.

Saintpaulia

Saintpaulia ionantha

Cette petite plante en rosette de feuilles charnues et duveteuses nous vient d'Afrique tropicale. Connue aussi sous le nom de violette africaine, elle fleurit pendant des mois et s'est merveilleusement adaptée à la culture en intérieur.

- ■ Floraison : possible toute l'année
- ■ Exposition : lumière vive à moyenne
- ■ Température : 15-22 °C
- ■ Terreau : ordinaire
- ■ Arrosages : 1 à 2 fois par semaine
  Hauteur : 10 cm

Fleurs simples ou doubles, à bord ondulé, unies ou bordées d'une teinte différente, dans les tons de blanc, rose, pourpre à violet, la floraison du saintpaulia est riche en nuances.

Utilisation

Constituez-vous au fil du temps une collection de ces petites plantes faciles à vivre et si florifères. Alignez-les le long d'un appui de fenêtre ne recevant pas le plein soleil ou disposez-les sur une table basse bien éclairée.

Arrosage

Versez l'eau dans la soucoupe pour éviter de mouiller le feuillage. Videz-la une demi-heure plus tard.

Culture

Installez le saintpaulia à l'abri des courants d'air, en situation assez lumineuse pour garantir une floraison soutenue, mais sans soleil direct. Il apprécie une certaine chaleur (18-20° C) et pas le froid. Arrosez très modérément, une fois par semaine suffit souvent. Veillez à ce que l'eau ne stagne jamais dans la soucoupe ou le cache-pot. Ajoutez un peu d'engrais liquide tous les 15 jours de mars à octobre, une fois par mois en hiver si la plante fleurit encore. Supprimez régulièrement fleurs fanées ou feuilles sèches.

Quand le rempoter ?

Tous les 2 ou 3 ans dans un pot pas trop grand, car il fleurit mieux lorsqu'il est un peu à l'étroit.

Lumière

Des feuilles décolorées sont généralement le signe d'une lumière trop vive. Protégez-le du plein soleil. Base des pétioles et feuilles pourrissent rapidement en cas d'excès d'eau. Videz soucoupe ou cache-pot, laissez sécher la motte avant de reprendre des arrosages réduits.

▶ Le conseil du jardinier

Multipliez vos variétés préférées. Si la rosette principale forme de petites rosettes à sa base, rempotez-les séparément. Sinon, optez pour le bouturage de feuilles au printemps. Coupez à la base quelques jeunes feuilles saines. Plongez la base du pétiole dans un verre d'eau (additionnée d'un petit morceau de charbon de bois pour que l'eau reste claire). La base du pétiole forme des racines et de petites feuilles. Rempotez-les ensuite en godets.

Spathiphyllum *Spathiphyllum wallisii*

Cette plante native d'Amérique tropicale allie la beauté d'un feuillage sombre, vernissé, à la grâce de fleurs blanches très durables et qui se renouvellent en toute saison si la luminosité est suffisante.

- Floraison : toute l'année par intermittence
- Exposition : lumière vive sans soleil ou mi-ombre
- Température : 15-22 °C
- Terreau : ordinaire
- Arrosages : 2-3 fois par semaine en été, 1-2 fois par semaine en hiver

Hauteur : 40-70 cm

Une plante qui évoque luxuriance et exotisme sans pour autant être difficile à apprivoiser.

température fraîche surtout, mais n'attendez pas que le feuillage s'affaisse pour arroser !

Augmentez l'humidité de l'air pour cette plante de serre chaude. Associez vaporisations du feuillage (sans tacher les fleurs) et humidité diffusée par un plateau creux garni de gravillons trempant dans un peu d'eau. Créez un coin de jungle tropicale où vous réunirez le spathiphyllum et des plantes vertes appréciant la chaleur et l'humidité, comme aglaonema, syngonium et des fougères.

Augmenter l'humidité

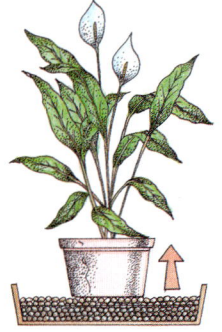

Posez le pot sur un lit de gravillons humides.

◆ Le conseil du jardinier

Cette plante vigoureuse peut former en quelques années une touffe impressionnante. N'hésitez pas lors d'un rempotage printanier à diviser la touffe en plusieurs éclats que vous rempoterez séparément.

Culture

Lumière vive en hiver, mi-ombre en été permettent à cette plante de fleurir presque tout au long de l'année. Si les fleurs sont peu nombreuses, elles ne ternissent qu'au bout de plusieurs semaines. Arrosez généreusement du printemps à l'automne, en ajoutant tous les 10 jours un peu d'engrais liquide. Réduisez légèrement les arrosages en hiver, à

Araignées rouges

Les araignées rouges, qui ternissent le feuillage et se repèrent aux fins filaments sous les feuilles, sont la conséquence d'une atmosphère trop sèche. Augmentez l'humidité de l'air par de fréquentes vaporisations d'eau douce (en protégeant les fleurs).

Asparagus

Asparagus densiflorus

Les asparagus si prisés comme plantes d'intérieur sont originaires d'Afrique, mais appartiennent au même genre botanique que notre asperge comestible. Leur robuste feuillage plumeux résiste à tous les mauvais traitements ou presque !

Rameaux souples et feuillage léger des asparagus se prêtent à toutes sortes d'associations avec des plantes vertes ou fleuries.

Asparagus densiflorus 'Meyeri'
0,50-1 m. Tiges semi-dressées, feuillage vert moyen en longs goupillons fournis.

Asparagus densiflorus 'Sprengeri'
Rameaux retombants, jusqu'à 1 m de long, feuillage plus épineux, vert moyen, moins dense.

Asparagus plumosus
Tiges semi-dressées, jusqu'à 1 m. Feuillage très fin, souvent confondu avec celui des fougères, d'un vert assez sombre. Plus exigeant en humidité.

Culture

S'il préfère une bonne luminosité, l'asparagus se contente d'une lumière assez faible à condition que la température ne soit pas trop élevée (10-15 °C en hiver). Rempotez l'asparagus en fin d'hiver quand ses racines charnues ont envahi tout le pot.

À savoir
Ce que vous prenez pour les fines feuilles ou aiguilles de l'asparagus sont en réalité des pousses modifiées.

Si votre asparagus a souffert de sécheresse ou d'une situation trop sombre, n'hésitez pas à couper toutes les tiges sèches. Arrosez-le bien, puis installez-le à la lumière (pas trop vive), à température douce (15-18 °C). Il émettra de nouvelles pousses. Attention, les baies rouges qui succèdent parfois aux fleurs blanches sont toxiques.

Comment l'arroser ?
Arrosez-le modérément, en attendant que le terreau sèche sur quelques centimètres avant d'arroser à nouveau. Arrosez un peu plus en été, avec des apports d'engrais liquide tous les 10-15 jours. Réduisez nettement les arrosages en situation hivernale fraîche.

Maladies
Le feuillage jaunit, la plante « se déplume » : trop chaud et/ou trop sec. Bassinez le feuillage à température chaude.

Surveillez les attaques d'araignées rouges en atmosphère chaude et sèche.

● *Le conseil du jardinier*
L'asparagus aime passer l'été au jardin. Installez-le à mi-ombre, par exemple dans un coin de la terrasse ou le long d'une allée. Disposez à ses côtés des potées d'impatiens aux teintes douces, des fougères.

Bégonias à feuillage décoratif   *Begonia*

Il s'agit essentiellement de bégonias rhizomateux qui forment des touffes de feuillage dense comme les célèbres bégonias Rex ou croix-de-fer ou à port arbustif élégant, floraison discrète mais décorative également.

- Exposition : lumière vive sans soleil ou ombre légère
- Température : 15-22 °C
- Terreau : ordinaire
- Arrosages : 1 à 2 fois par semaine
- Hauteur : port en touffes basses, tiges retombantes ou encore port arbustif, jusqu'à 1 m

Très variés dans leur aspect, ces superbes bégonias demandent des conditions de culture similaires.

Begonia x rex-cultorum ▲
Nombreuses variétés aux larges feuilles pointues en touffes denses, avec des panachures concentriques dans les tons de vert, brun, crème, rose.

Begonia boweri
Touffe basse de feuillage dense, vert, taché de brun, bordé de cils. Légère floraison rose.

Begonia corallina et ses variétés
Port arbustif, jusqu'à 1 m et plus. Feuilles vert clair brillant tachetées de blanc ou argent. Légère floraison rose ou blanche.

Begonia masoniana
Touffe basse de grandes feuilles cordiformes, gaufrées, vertes à large panachure brune en forme d'étoile ou croix.

Begonia fuchsioides
Port dressé buissonnant jusqu'à 80 cm de hauteur. Petites fleurs écarlates.

Culture

Choisissez bien l'emplacement de ces plantes qui n'aiment guère être bougées (les vieux sujets imposants surtout !) : mi-ombre ou lumière vive (préférable pour une bonne coloration du feuillage), mais jamais de soleil en été !

Comment l'arroser ?

Arrosez modérément. Apportez un peu d'engrais liquide tous les 15 jours en été.
Ne vaporisez jamais le feuillage, augmentez l'humidité en situation chaude en posant le pot sur un lit de gravillons humides. Les bégonias rhizomateux craignent l'humidité au niveau du collet : arrosez-les en versant l'eau dans la soucoupe, sans mouiller feuilles et tiges rampantes. Vous éviterez ainsi les risques de pourriture.

Oïdium

L'oïdium, feutrage blanchâtre ou grisâtre sur les feuilles, est l'ennemi numéro un, surtout chez les formes arbustives. Il apparaît en atmosphère trop humide ou en cas d'arrosages irréguliers. Supprimez les feuilles les plus atteintes, taillez au besoin certaines tiges. Réduisez l'humidité et traitez avec un fongicide.

▶ *Le conseil du jardinier*
Ayez la main légère lorsque vous arrosez les bégonias : ils supportent mieux la sécheresse que l'excès d'eau. Attendez que le terreau soit sec sur quelques centimètres (tâtez du doigt !) avant d'arroser et ne mouillez pas le feuillage, fragile.

Petits cactus et plantes grasses

Ces petites plantes s'adaptent sans problème à la culture en appartement si vous respectez leur régime spartiate !

- Exposition : plein soleil ou lumière vive
- Température : 10-25 °C
- Terreau : léger, enrichi en sable grossier ou terreau pour cactées
- Arrosages : 1 fois par semaine en été, tous les 10-15 jours en hiver

Hauteur : 5-30 cm

Les Haworthia *sont de petites plantes grasses (en rosettes de feuilles) originales par leurs protubérances blanches.*

■ Petites plantes grasses

Ceropegia woodii
Chaîne-des-cœurs. Plante grasse dont les tiges grêles, retombantes, dépassent parfois 1 m de long. Petites feuilles en cœur panachées de vert et d'argent. ▼

Echeveria
5-20 cm de hauteur. Plantes grasses en rosettes de feuilles dans différents tons de vert. Inflorescences jaunes ou rouges.

Haworthia
5-12 cm de hauteur et diamètre. Rosettes denses de feuilles coriaces étroitement imbriquées, marquées de rugosités blanches. Floraison rare.

■ Petits cactus

Cleistocactus strausii
20-30 cm de hauteur, croissance très lente. Cactus en colonne, couvert de fins aiguillons et de poils blanchâtres. Floraison rare.

Gymnocalycium
10-20 cm de diamètre. Genre de cactus globuleux, offrant facilement de grandes fleurs, très lumineuses au printemps.

Mammillaria
5-15 cm. Petits cactus globuleux aux aiguillons groupés sur des tubercules disposés en spirales. Floraison estivale vers le sommet de la plante, dans les tons de blanc, rose, pourpre, jaune.

Rebutia
3-8 cm de diamètre. Petits cactus globuleux formant de nombreux rejets, à aiguillons courts sur de petits tubercules. Floraison colorée au printemps et en automne, pouvant masquer la tige. ▼

Gymnocalycium, *un petit cactus globuleux aux fleurs étonnantes.*

Faut-il les rempoter ?

Ce sont pour la plupart des plantes à croissance lente, peu gourmandes, aussi est-il inutile de les rempoter plus d'une fois tous les 3 ou 4 ans, et dans un pot à peine plus grand.

Utilisation

C'est en groupe ou collection que ces petites merveilles feront le plus d'effet. Disposez-les le long d'un appui de fenêtre en pleine lumière ou constituez un mini-jardin désertique.

Comment tenir un cactus

Pour rempoter vos cactus sans vous piquer, portez des gants de jardinage et saisissez le cactus par un manchon de carton ondulé, mousse ou autre.

Culture

La pleine lumière, même le soleil direct sont nécessaires à ces petites plantes. Côté température et humidité de l'air, elles s'adaptent bien dans nos intérieurs chauffés plutôt secs, mais apprécient la fraîcheur en hiver.

Sécheresse

Plantes grasses comme cactées ont résolu par différents dispositifs le problème de la sécheresse : feuilles charnues servant de réserve d'eau pour les plantes grasses, feuilles transformées en aiguillons pour les cactées, sans parler des épidermes épais ou cireux ou encore couverts de poils.

Comment les arroser ?

Avec parcimonie, en laissant le terreau sableux sécher en profondeur entre 2 arrosages. Ne laissez jamais l'eau stagner dans la soucoupe. Videz-la aussitôt après l'arrosage. Comptez environ un arrosage par semaine en été, en ajoutant un peu d'engrais pour cactées toutes les 3 ou 4 semaines ; tous les 10 à 20 jours en hiver, selon la température ambiante.

Pourriture

Les tiges pourrissent à la base : excès d'humidité. Il est souvent trop tard pour agir. À l'avenir, veillez à des arrosages parcimonieux et à une bonne aération.

▶ Le conseil du jardinier

Si vous le pouvez, offrez à ces petites plantes une période de repos végétatif en hiver en situation très lumineuse et fraîche (10-15°C), avec des arrosages très réduits : une fois toutes les 3 semaines à température basse. Ce repos hivernal est le garant d'une bonne croissance et d'une belle floraison.

Chlorophytum *Chlorophytum comosum*

Cette petite plante aux feuilles linéaires, originaire d'Afrique du Sud, est depuis longtemps une habituée de nos intérieurs. Elle développe de longs stolons crème couronnés de fleurs insignifiantes et de plantules amusantes.

- Exposition : lumière vive à moyenne
- Température : 10-22 °C
- Terreau : ordinaire
- Arrosages : 2 fois par semaine en été, tous les 10 jours en hiver
  Hauteur : 15-35 cm

Les variétés panachées sont plus exigeantes en lumière que l'espèce-type, à feuillage vert uni.

Chlorophytum comosum 'Mediopictum' a des feuilles assez courtes (15-20 cm), à bande centrale jaune-crème.

Chlorophytum comosum 'Variegatum', très courant, est plus développé (30-40 cm) avec des feuilles rayées de blanc.

Culture

Si elle supporte la fraîcheur (avec des arrosages réduits), cette plante se plaît aussi à température plus chaude, avec une lumière vive (mais sans soleil direct) ou même moyenne.

Arrosez sans excès, 2 fois par semaine en été, avec des apports d'engrais liquide tous les 10-15 jours. En hiver, un arrosage tous les 10 jours suffit dans une pièce peu chauffée.

Quand le rempoter ?

Rempotez votre chlorophytum au printemps ou en été, quand ses racines charnues et blanches menacent de fendre le pot ou rendent l'arrosage plus difficile.

Utilisation

Plante idéale pour les situations difficiles (entrée mal éclairée, salle de bains), le chlorophytum gagne à être placé en hauteur ou planté en suspension.

Soins aux feuilles

La pointe des feuilles brunit en situation chaude et sèche. Recoupez cette pointe desséchée en laissant un fin liséré de tissu mort.

Multiplication

Rempotez individuellement les plantules racinées.

► Le conseil du jardinier

Utilisez les plantules pour la multiplication. Si elles portent déjà des racines, détachez les plantules et rempotez-les dans du terreau ordinaire. Si elles sont dépourvues de racines, laissez-les rattachées à leur stolon tout en les « posant » en surface du terreau ou d'un verre d'eau.

Cocotier

Cocos nucifera

Les cocotiers des régions tropicales atteignent une taille de 20 ou 30 m, avec de très grandes feuilles. Ceux que nous cultivons sont de toutes jeunes plantes à feuilles juvéniles entières, encore attachées à la noix de coco qui émerge du pot.

Un aspect très exotique qui s'intègre à merveille dans les intérieurs modernes lumineux.

Ne lui épargnez le plein soleil qu'en été. Il demande par ailleurs une bonne chaleur associée à une humidité de l'air élevée.

Il est tout à fait naturel que les feuilles inférieures sèchent peu à peu, remplacées par de nouvelles feuilles au sommet de la tige. C'est ainsi que se forme le tronc du cocotier.

Comment l'arroser ?

Arrosez modérément en laissant sécher le terreau en surface entre 2 arrosages soit environ 2 fois par semaine en été, 1 à 2 fois en hiver. Faites des apports d'engrais liquide tous les 15 jours en été.

Quand le rempoter ?

Évitez le rempotage, rendu délicat par la présence de la noix. Sachez aussi que la vie de ce jeune palmier dans nos intérieurs est assez brève : dans son habitat naturel, en effet, la noix de coco se décompose progressivement, permettant la formation du tronc. En intérieur, la noix durcit et finit par gêner le développement de la plante.

Culture

Très prisé pour sa silhouette unique, le cocotier n'est pas pour autant une plante passe-partout. C'est un palmier assez exigeant : il lui faut, pour prospérer, une lumière très vive toute l'année.

Problèmes

La pointe des feuilles sèche et brunit : humidité de l'air insuffisante. La noix de coco pourrit : excès d'eau et température bien trop basse.

❭ Le conseil du jardinier

Une hygrométrie élevée est indispensable au cocotier si vous désirez le conserver longtemps. Bassinez quotidiennement le feuillage et posez le pot sur un lit de billes d'argile trempant dans un peu d'eau.

Cordyline

Cordyline

Natives d'Asie tropicale, Nouvelle-Zélande ou Australie, ces belles plantes sont appréciées pour leur feuillage étonnamment coloré, offrant, selon les espèces et les variétés, des tons de vert, rose, rouge, crème.

Associez la cordyline à d'autres feuillages contrastés pour mieux la mettre en valeur.

VARIÉTÉS ▲

Cordyline terminalis. Feuilles larges-oblongues de 30-50 cm de long, vert teinté de rouge. Variétés panachées de rose, rouge, crème, vert clair et foncé.

Cordyline australis. Rustique sous climat doux. Longues feuilles coriaces, rubanées, panachées de jaune ou rouge selon la variété.

Astuce

Rajeunissez une cordyline dégarnie en fin d'hiver : coupez franchement la tige à 10-15 cm de la base, juste au-dessus du point d'attache d'une ancienne feuille. Maintenez des arrosages modérés, de nouvelles pousses apparaîtront sur la tige.

Problèmes

Le bord des feuilles brunit et sèche : l'air est trop sec. Augmentez l'hygrométrie. Carapaces brunes sous les feuilles, qui sécrètent un liquide collant : cochenilles. Grattez-les une à une avec un coton imbibé d'alcool à 90°.

Culture

La cordyline apprécie une situation lumineuse, mais sans soleil, dans une ambiance assez chaude et humide.

Comment l'arroser ?

Arrosez modérément, de façon à maintenir en permanence le terreau légèrement humide, sans excès car la plante est sensible à la pourriture des racines. Au printemps et en été, ajoutez tous les 15 jours un peu d'engrais liquide à l'eau d'arrosage.
Réduisez les arrosages en hiver.

Quand la rempoter ?

Un rempotage tous les 3 ou 4 ans suffit généralement, car sa croissance est assez lente.

▶ *Le conseil du jardinier*

La cordyline demande une humidité de l'air élevée : bassinez quotidiennement son feuillage à l'eau douce et posez son pot sur un lit de gravillons humides.

Croton

Codiaeum variegatum var. *pictum*

Cet arbuste natif de Malaisie et d'Australie est à l'origine de nombreuses variétés différant par la forme des feuilles, selon les cas rubanées, oblongues, entières ou lobées, ainsi que par les panachures dans toute une gamme de teintes.

- Exposition : lumière vive sans soleil ou ombre légère
- Température : 16-22 °C
- Terreau : ordinaire
- Arrosages : 1-2 fois par semaine
  Hauteur : jusqu'à 1-1,20 m

Des feuilles incroyablement colorées, pouvant même présenter des formes différentes sur une même plante.

Culture

Choisissez bien l'emplacement de cette plante exotique un peu délicate : lumière vive tamisée, chaleur douce sans courants d'air, arrosages modérés, réduits en hiver. Maintenez le terreau à peine humide et faites des apports d'engrais liquide tous les 8-10 jours du printemps à la fin de l'été. Rempotez chaque année les jeunes sujets, tous les 2-3 ans les plantes bien développées, dans un terreau à base de terre ou tourbe. Entretenez une hygrométrie élevée autour du pot : vaporisez quotidiennement le feuillage à température chaude et posez le pot sur des billes d'argile trempant dans un peu d'eau.

Courants d'air froids comme baisse brutale de température peuvent être responsables de la chute des feuilles de votre croton. Attention ! la sève du croton est toxique.

Utilisation

Associez le croton à des feuillages unis, des ports contrastés qui ne feront que le mettre en valeur.

Araignées rouges

Feuilles jaunies, ternes, fines toiles d'araignée sous les feuilles : il s'agit d'une attaque d'araignées rouges, fréquentes en atmosphère chaude et sèche. Des vaporisations quotidiennes à l'eau douce devraient en venir à bout. Un feuillage affaissé est généralement signe d'un excès d'arrosage.

▶ Le conseil du jardinier

Si le croton redoute le soleil direct et supporte la mi-ombre, c'est cependant sous une lumière vive que son feuillage sera le plus brillamment coloré. Pensez à le rapprocher d'une fenêtre en hiver.

Dieffenbachia

Dieffenbachia

Ce sont surtout des variétés horticoles de ces vigoureuses plantes brésiliennes qui ornent nos intérieurs. Les grandes feuilles oblongues sur des tiges courtes offrent des panachures variées : larges taches, ponctuations, rayures parallèles.

■ Exposition : lumière vive sans soleil ou lumière moyenne
■ Température : 16-22 °C
■ Terreau : ordinaire
■ Arrosages : 2-3 fois par semaine en été, 1-2 fois par semaine en hiver
Hauteur : 0,40-1,20 m selon variétés

Collectionnez les feuillages panachés lumineux des dieffenbachias, à mettre en valeur dans un intérieur moderne sobre.

Dieffenbachia amonea
'Tropic Snow' Grandes feuilles vert foncé largement panachées de crème.

Dieffenbachia exotica
'Camilla' Feuilles plus petites, blanc crème bordé de vert.

Dieffenbachia maculata
'Pia' Larges feuilles marbrées de blanc lumineux.

Dieffenbachia maculata
'Rudolph Roehrs' Feuilles blanc crème, soulignées de vert sur les bords et le long de la nervure principale. Les sujets adultes peuvent donner des inflorescences verdâtres, spathe et spadice, typiques de la famille des Aracées.

Culture

Évitez le soleil qui dessèche les feuilles du dieffenbachia, mais offrez-lui une bonne luminosité toute l'année, une température douce, à peine plus basse en hiver qu'en été.
Si votre dieffenbachia forme de nouvelles feuilles peu colorées, comme jaunies, peut-être man-que-t-il de lumière. Rapprochez-le d'une fenêtre. Si ce sont les feuilles basales qui jaunissent et s'affaissent, il s'agit sans doute d'un excès d'eau, souvent lié à une température fraîche en hiver. Réduisez les arrosages.

Comment l'arroser ?

Arrosez-le généreusement, 2 à 3 fois par semaine en été, de façon à maintenir le terreau humide (sans humidité stagnante) et faites des apports d'engrais liquide tous les 10 jours. Réduisez les arrosages en hiver.
Entretenez une ambiance humide autour du pot.
Douchez régulièrement le feuillage dans la baignoire (mieux encore sous une pluie tiède en été) pour le nettoyer et le rafraîchir.

À savoir

Les dieffenbachias sont des plantes toxiques dont la sève est particulièrement irritante. Placez-les hors de portée des enfants ! Portez des gants pour les tailler ou les rempoter.

▶ Le conseil du jardinier

Évitez au dieffenbachia comme aux autres espèces d'origine tropicale les brusques variations de conditions de culture : chute de température, courants d'air, arrosages irréguliers ou excés d'eau.

Dracaena, dragonnier

Dracaena

Plusieurs espèces natives d'Afrique tropicale et de Madagascar font de robustes plantes d'intérieur caractérisées par leur tronc et leurs touffes de longues feuilles vertes ou panachées de blanc, crème ou rouge.

- Exposition : lumière vive sans soleil direct en été
- Température : 15-25 °C
- Terreau : ordinaire
- Arrosages : 1 fois par semaine en été, tous les 8-10 jours en hiver
  Hauteur : jusqu'à 1,50 m

l'année une lumière vive, mais sans soleil direct en été.

Si les feuilles de votre dracaena sont abîmées, ou si vous trouvez sa tige trop raide, taillez-le. Coupez la tige au-dessus d'une belle feuille ou même sous les feuilles, et elle se ramifiera.

Comment l'arroser ?

Ayez la main légère quand vous arrosez : n'arrosez que lorsque le terreau est sec sur plusieurs centimètres. Réduisez encore les arrosages en hiver si vous gardez la plante à température fraîche. Faites des apports d'engrais liquide tous les 15 jours en été.

Une belle silhouette de petit arbre qui contraste joliment avec des touffes basses ou des feuillages retombants.

Araignées rouges

Feuilles ternes, jaunies, fins filaments à la face inférieure : ce sont les minuscules araignées rouges qui sucent la sève et pullulent en atmosphère chaude et sèche. Douchez le feuillage, puis traitez avec un acaricide approprié.

Dracaena marginata 'Tricolor'
Fines feuilles arquées, bordées de rose et crème. Le plus facile à cultiver.

Dracaena deremensis 'Warneckii'
Feuilles assez larges, pointues, vert foncé rayé de blanc.

Dracaena fragrans
Longues feuilles larges-oblongues retombantes, vert brillant rayé de blanc, crème ou jaune-vert.

Culture

Les dracaenas, les formes panachées surtout, demandent toute

Le conseil du jardinier

Dracaena marginata est le plus sobre. Il ne demande que des arrosages parcimonieux et se contente sans difficulté d'une atmosphère chaude et sèche. Assurez aux autres une ambiance un peu plus humide en posant leur pot sur un lit de gravillons humides. Faites des vaporisations d'eau tiède.

Ficus

Ficus

Ce genre botanique, présent dans toutes les zones tropicales du globe, offre en intérieur une belle diversité, du port rampant de *Ficus pumila* aux grandes silhouettes dressées de *F. elastica* ou *F. lyrata* en passant par le feuillage élégant de *F. benjamina*.

Cherchez, parmi ces incontournables, les espèces et formes plus rares, à port bien ramifié ou feuillage joliment panaché.

Ficus benjamina Figuier pleureur. Silhouette arbustive bien ramifiée, aux feuilles ovales, pointues, légèrement ondulées, vert clair. Variétés panachées.

Ficus deltoidea
Petites feuilles rondes, vert foncé, baies translucides.

Ficus elastica
Le traditionnel caoutchouc, dont il existe de belles variétés panachées.

Ficus lyrata
Très grandes feuilles vernissées en forme de lyre. Atteint de grandes dimensions.

Ficus pumila
Petite plante à port rampant ou retombant, tiges grêles aux petites feuilles rondes, vert vif (ou panachées de blanc).

Culture

Une lumière vive mais tamisée et la température ambiante conviennent tout à fait aux ficus. Le figuier rampant préfère un peu d'ombre, les formes pana-chées la pleine lumière. Taillez les formes arbustives au printemps pour supprimer les pousses faibles ou dégarnies et leur donner la silhouette de votre choix.

Comment l'arroser ?

Arrosez modérément : attendez que le terreau sèche en surface. Le figuier rampant est un peu plus gourmand, mais redoute, comme les autres, l'humidité stagnante. Faites des apports d'engrais liquide tous les 8-10 jours, du printemps à la fin de l'été. Rempotez les jeunes sujets à l'étroit dans leur pot.

Cochenilles

Insectes écailleux bruns sous les feuilles : ce sont des cochenilles. Inspectez régulièrement le feuillage, délogez-les en les grattant avec l'ongle ou avec un coton imbibé d'alcool à 90°. Si les dégâts sont importants, traitez avec un aérosol approprié.

Feuillage terne, fines toiles sous les feuilles : araignées rouges. Douchez régulièrement le feuillage, traitez si nécessaire, puis faites de fréquentes vaporisations d'eau.

▶ Le conseil du jardinier

Épargnez-vous le rempotage des sujets volumineux : contentez-vous de renouveler au printemps la couche superficielle de terreau.

Fougères

Plantes vertes par excellence puisqu'elles ne forment pas de fleurs, les fougères cultivées en intérieur offrent une riche palette de nuances de vert et de formes de frondes .

Le feuillage luxuriant et retombant de Nephrolepis exaltata *forme une large touffe superbe sur un guéridon ou un piédestal.*

Adiantum raddianum Capillaire
Tiges grêles et fin feuillage très élégant en légères folioles arrondies, vert clair. Il en existe plusieurs variétés à feuillage plus ou moins divisé et découpé.

Asplenium nidus
Fougère nid-d'oiseau.
Souche fibreuse brune d'où émergent les longues feuilles vert clair lustré à nervure centrale sombre, disposées en rosette dense et évasée.

Nephrolepis exaltata
Fougère de Boston.
Fougère robuste et vigoureuse. Touffe dense de longues frondes retombantes très divisées et ondulées. Variétés plus ou moins frangées, plumeuses.

Platycerium bifurcatum
Fougère corne-de-cerf.
Fougère épiphyte constituée de frondes stériles brunes, arrondies et emboîtées et de grandes frondes fertiles vertes en forme de bois de cerf.

Pteris cretica
Petite fougère robuste, à frondes dressées divisées en quelques folioles. Plusieurs variétés panachées de crème ou diversement découpées.

Culture

Jamais de soleil direct qui brûle les feuilles tendres des fougères. Sinon, elles acceptent aussi bien une lumière assez vive que l'ombre. Les formes panachées sont un peu plus exigeantes en lumière.
Une température assez fraîche en hiver (15-18°C) est parfaite pour ces plantes délicates.

Comment les arroser ?

Les fougères demandent des arrosages généreux, de façon que le terreau demeure en permanence légèrement humide. Évitez cependant l'humidité stagnante, génératrice de pourritures. Durant la belle saison, faites tous les 15 jours des apports d'engrais liquide dilué de moitié.

Dépoussiérage
Dépoussiérez régulièrement les grandes feuilles fragiles de la fougère nid-d'oiseau en passant un chiffon humide. Maintenez la fronde par-dessous avec votre autre main.

Pteris cretica, *une petite fougère robuste qui s'accommode d'air assez sec.*

Veillez à entretenir une hygrométrie élevée autour de ces plantes originaires pour la plupart de forêts tropicales humides.

Quand les rempoter ?

Au printemps, lorsque la touffe a colonisé tout le pot, dans un terreau ordinaire enrichi en tourbe.

Asplenium nidus-avis.

Arrosage par immersion

La meilleure formule pour arroser la fougère corne-de-cerf consiste à immerger le pot ou la suspension dans une cuvette d'eau douce et tiède une fois par semaine. Faites aussi de fréquentes vaporisations.

▶ Le conseil du jardinier

Préférez toujours une eau douce à température ambiante pour arroser vos fougères. Les plus délicates, comme le capillaire, supportent mal l'eau calcaire. Pour adoucir l'eau, faites tremper un sachet de tourbe pure une nuit dans l'arrosoir.

Hypoestes

Hypoestes phyllostachya

Cette petite plante buissonnante originaire de Madagascar est facilement reconnaissable à ses feuilles ovales abondamment ponctuées ou panachées de rose, plus ou moins vif selon les variétés.

- Exposition : lumière vive sans soleil direct
- Température : 16-22 °C
- Terreau : ordinaire
- Arrosages : 2-3 fois par semaine en été, 1-2 fois par semaine en hiver
- Hauteur : de 20-40 cm

Un feuillage très coloré à souligner de verts unis, dans des tons et des ports contrastés.

Rempotez l'hypoestes tous les 2 ans environ, au printemps, dans du terreau frais.

Si les feuilles ont tendance à sécher à température chaude, posez le pot sur un lit de gravillons humides. Pincez (coupez entre le pouce et l'index) en fin d'hiver les tiges étiolées et dégarnies. Cette taille incite la plante à se ramifier et les jeunes pousses sont plus colorées.

Taille de l'hypoestes

Raccourcissez les tiges trop longues, dégarnies.

♦ Le conseil du jardinier

Même régulièrement taillé, l'hypoestes devient moins compact, moins fourni au fil des ans. Renouvelez-le régulièrement par bouturage, très facile dans l'eau. Au printemps, coupez de belles pousses terminales que vous ferez « raciner » dans un verre en quelques semaines. Groupez plusieurs boutures par pot pour obtenir rapidement une potée bien dense.

Culture

Installez l'hypoestes en situation lumineuse pour que son feuillage soit bien coloré. À mi-ombre, le rose est moins vif, tandis que le plein soleil « grille » les feuilles fragiles.

Comment l'arroser ?

Arrosez généreusement en été, de façon à maintenir le terreau légèrement humide en permanence (sans excès!), et faites des apports d'engrais liquide tous les 10 jours.

Réduisez légèrement les apports d'eau en hiver, surtout à température plus basse.

Bassinez de temps à autre le feuillage pour le dépoussiérer.

Pucerons verts

Les pucerons verts peuvent attaquer les jeunes pousses tendres. Coupez les extrémités envahies et traitez à plusieurs reprises, à 8-10 jours d'intervalle.

Lierre

Hedera helix

Notre lierre commun, indigène en Europe, a donné de nombreuses variétés à feuillage décoratif. Parmi celles-ci, les formes naines à feuilles joliment panachées, découpées ou ondulées, se prêtent bien à la culture en intérieur.

- ▨ Exposition : lumière vive, mi-ombre ou ombre
- ▨ Température : 8-22 °C
- ▨ Terreau : ordinaire
- ▨ Arrosages : 1-2 fois par semaine
- Hauteur : tiges grimpantes ou retombantes, jusqu'à 50-80 cm

Faites votre choix parmi les nuances de vert et crème, les formes de feuilles mais choisissez toujours un sujet bien fourni et vigoureux. Ci-dessus : Hedera helix *'Gracilis'.*

aussi de toutes les températures, appréciant de passer l'hiver plus au frais.

Comment l'arroser ?

Arrosez modérément, en laissant le terreau sécher en surface entre 2 arrosages. Faites des apports d'engrais liquide tous les 10-15 jours du printemps à la fin de l'été. Réduisez nettement les arrosages en hiver à température basse (10-15 °C).
Vous avez oublié d'arroser votre lierre et la motte est desséchée ? Immergez entièrement la plante dans une cuvette d'eau tiède, puis laissez-la bien s'égoutter avant de la remettre en place.

Quand le rempoter ?

Rempotez votre lierre quand il est à l'étroit dans son pot, tous les 2 ou 3 ans environ.

Utilisation

Facile à vivre, le lierre se prête bien aux associations, temporaires avec de petites plantes fleuries, plus durables avec d'autres plantes vertes.

❙ *Le conseil du jardinier*

Taillez sans hésiter en fin d'hiver les tiges qui se sont étiolées et dégarnies à température chaude et lumière faible. De nouvelles pousses vigoureuses les remplaceront rapidement.

Culture

Toutes les expositions, ou presque, conviennent au lierre mais les variétés panachées demandent tout de même une bonne luminosité. Il s'accommode

Araignées rouges

Elles tissent leurs fils fins sous les feuilles en atmosphère chaude et sèche : bassinez le feuillage, sur et sous les feuilles.

Maranta

Maranta leuconeura

Cette plante en touffes basses originaire des forêts tropicales d'Amérique centrale ou du Sud offre d'élégantes feuilles oblongues, larges, panachées de vert clair et de vert sombre, brun et pourpre selon les variétés.

Les marantas étant des plantes assez délicates, choisissez impérativement un beau sujet à l'achat : feuillage fourni et sain, indemne de taches suspectes, dans un pot bien dimensionné.

Température

Le bord des feuilles noircit : atmosphère trop froide en hiver ; gardez le maranta à température douce. Réduisez les arrosages.

Le maranta est surnommé « plante-qui-prie » par allusion à ses feuilles qui s'enroulent sur elles-mêmes la nuit et se déploient le jour.

Augmenter l'humidité autour du pot

Si les feuilles de votre maranta demeurent enroulées dans la journée, c'est que l'air est trop sec pour cette plante qui réclame une forte hygrométrie. Faites des vaporisations d'eau douce et posez le pot sur des billes d'argile ou une soucoupe retournée trempant dans un peu d'eau.

◆ Le conseil du jardinier

Arrosez et bassinez le feuillage avec une eau non calcaire et tiédie.

Culture

Lumière vive sans soleil ou ombre légère, température douce, constante, sans courants d'air froids, telles sont les exigences du maranta. Arrosez assez généreusement en période de croissance, de façon à maintenir le terreau en permanence légèrement humide. Ajoutez tous les 15 jours un peu d'engrais faiblement dosé. Réduisez les apports en hiver.

Misère, éphémère *Tradescantia*

Ces petites plantes à port rampant ou retombant, originaires d'Argentine ou du Mexique, figurent depuis longtemps parmi les grands classiques des plantes d'intérieur, appréciées pour leur robustesse et leur feuillage coloré.

■ Exposition : lumière vive, mi-ombre ou ombre
■ Température : 10-22 °C
■ Terreau : ordinaire
■ Arrosages : 3 fois par semaine en été, 1-2 fois par semaine en hiver
Hauteur : port retombant, tiges jusqu'à 1 m

Guirlandes légères de petites feuilles ovales-pointues, vert panaché de crème, rose, argenté selon les variétés.

Tradescantia blossfeldiana 'Variegata' Feuilles duveteuses, teintées de pourpre en dessous, vert rayé de crème au-dessus.

Tradescantia fluminensis 'Variegata' Feuilles zébrées de blanc et gris-vert, teintées de rose à la lumière vive.

Zebrina pendula Une autre « misère » à feuilles un peu plus grandes, largement rayées de rose, vert, crème et argent chez la variété 'Quadricolor'.

Culture

Si elles supportent toutes les situations ou presque, les misères n'en préfèrent pas moins une lumière vive sans soleil direct. Les variétés panachées sont moins colorées à mi-ombre.

Modulez les arrosages selon la température : abondants, tous les 2 jours en période estivale chaude, modérés du printemps à l'automne, avec des apports d'engrais liquide tous les 10 jours, parcimonieux en hiver à température basse (10-15 °C).

Rabattez sans crainte, à la fin de l'hiver, les tiges faibles ou celles qui se sont étiolées par manque de lumière. Coupez-les presque à la base au besoin, elles émettront rapidement de nouvelles pousses.

Pucerons

Les pucerons peuvent envahir les pousses, au printemps surtout. Coupez les tiges les plus envahies et faites un traitement insecticide, à répéter 2 ou 3 fois à 8 jours d'intervalle.

Rabattre en fin d'hiver

Raccourcissez régulièrement les tiges trop longues ou dégarnies.

▶ Le conseil du jardinier

Même régulièrement taillées, les tiges des misères finissent, au fil du temps, par se dégarnir à la base. Renouvelez les potées de temps à autre par bouturage. Coupez quelques belles pousses vigoureuses de 12-15 cm, supprimez les feuilles inférieures et faites-les « raciner » dans l'eau.

Monstera

Monstera deliciosa

Le feuillage luxuriant de cette plante évoque tout l'exotisme des forêts d'Amérique tropicale. Les tiges robustes portent des racines aériennes, de grandes feuilles vernissées qui se découpent progressivement.

Nettoyez de temps à autre les feuilles du Monstera deliciosa *afin qu'elles conservent tout leur brillant.*

Les grandes feuilles fragiles du monstera se déchirent facilement : placez cette plante à l'écart de tout passage.

Comment l'arroser ?

Arrosez modérément, en laissant sécher le terreau en surface entre 2 arrosages. Du printemps à la fin de l'été, donnez-lui tous les 15 jours un peu d'engrais liquide.

Quand le rempoter ?

Rempotez chaque année les jeunes sujets, en prenant soin de ne pas abîmer racines charnues ni racines aériennes. Espacez les rempotages pour les grands sujets ou contentez-vous de renouveler le terreau en surface.

Taches jaunes

Des taches jaunes, sèches, sur les feuilles, sont des brûlures dues au soleil. Éloignez le monstera de la fenêtre.
Des taches brunes en hiver sont plutôt le signe d'une température trop froide, liée à une humidité excessive du terreau.

Le conseil du jardinier

Le monstera demande une bonne humidité de l'air en permanence : vaporisez fréquemment le feuillage à l'eau douce, sortez-le en été sous une pluie tiède, posez le pot sur une soucoupe large remplie de gravillons trempant dans un peu d'eau.

Culture

Offrez à cette plante des Tropiques lumière vive sans soleil ou mi-ombre, température douce et constante, sans courants d'air.

Offrez un support solide aux tiges robustes semi-grimpantes du monstera : palissez-le sur une colonne de mousse ou sur un treillage.

Palmiers

De la grande famille des palmiers, seules quelques espèces se prêtent à la culture en intérieur. Ils sont précieux pour leur silhouette caractéristique et leur feuillage léger très élégant. Avec de l'espace, ils s'étofferont au long des années.

Le palmier d'Arec, Chrysalidocarpus lutescens, *se plaît en situation chaude et lumineuse dans la maison.*

Chamaedorea elegans
Palmier nain
Robuste espèce d'Amérique centrale. Plusieurs troncs fins à feuilles pennées (divisées), vert clair. Fleurit assez facilement en inflorescences jaune clair.

- Exposition : lumière vive sans soleil
- Température : 16-22 °C
- Terreau : ordinaire, enrichi en terre et en sable
- Arrosages : 2 fois par semaine en été, 1 fois par semaine en hiver
  Hauteur : port retombant, tiges jusqu'à 2-2,50 m

Chrysalidocarpus lutescens
Palmier d'Arec
Originaire de Madagascar. Grandes frondes finement divisées, vert teinté de jaune. Croissance lente, souvent en touffe.

Howeia forsteriana
Kentia
Palmier robuste et populaire à croissance assez rapide. Grandes frondes pennées vert foncé, arquées.

Phoenix roebelinii
Une espèce proche du palmier dattier, mais qui demeure de petite taille, à feuillage penné, fin et élégant.

Washingtonia robusta
Palmier-éventail
Tronc court marqué, palmes découpées en éventail, à pétiole épineux.

Culture

Les palmiers demandent toute l'année une lumière très vive, sans soleil direct en été, cependant. C'est pourquoi, ils se plaisent tout particulièrement en véranda. Le kentia supporte une ombre légère.
La température d'un intérieur chauffé leur convient en règle générale, mais veillez également à entretenir une bonne humidité de l'air: vaporisez fréquemment

Sabal umbraculifera, *un palmier au feuillage très graphique.*

les frondes finement divisées avec une eau douce, tiédie. Seul le washingtonia demande impérativement en hiver une période de repos à température fraîche. Le feuillage des palmiers est généralement fragile, se déchirant facilement. Évitez de les placer sur un lieu de passage.

Comment les arroser ?

Arrosez modérément, de façon à maintenir en permanence le terreau légèrement humide. Le washingtonia demande des arrosages plus copieux en été. Faites des apports d'engrais liquide tous les 10 jours au printemps et en été.

Quand les rempoter ?

Chaque année au printemps pour les jeunes sujets, dans un mélange enrichi en sable grossier et bonne terre de jardin. Espacez ensuite les rempotages ou contentez-vous de renouveler le terreau de surface. Choisissez pour rempoter votre palmier un pot appelé « pot à palmier », profond et relativement étroit, pour bien s'adapter au système racinaire.

Doucher le palmier

Douchez de temps à autre le feuillage du palmier pour le nettoyer : sortez-le sous une pluie fine si la température le permet; sinon, douchez-le dans la baignoire.

▶ Le conseil du jardinier

Sortez vos palmiers sur la terrasse pour l'été, en leur choisissant un emplacement abrité et légèrement ombragé.

Papyrus

Cyperus

Plantes de marécage des zones tropicales du globe, les papyrus sont de gracieuses plantes à croissance rapide et luxuriante dans la maison. Leurs tiges fines aux feuilles groupées en légères touffes terminales portent de discrètes inflorescences.

Un port léger et gracieux, tout à fait caractéristique.

Cyperus diffusus ▲
Tiges courtes à feuilles plus larges et inflorescences développées.

Cyperus alternifolius
Longues tiges couronnées de fines feuilles vert clair, en réalité les bractées entourant les petites fleurs jaune-beige.

Culture

Le papyrus se plaît à la lumière vive, sans soleil direct en été. Côté température, il est très accommodant. Il suffit de réduire les arrosages si vous le gardez en hiver dans une pièce froide (10-15 °C).

Problèmes

La pointe des feuilles jaunit quand l'air est trop sec : faites des vaporisations d'eau et recoupez les pointes jaunies en laissant un fin liseré de tissu desséché, sans quoi la coupe séchera à son tour.

De minuscules insectes blancs s'envolent lorsque vous touchez le feuillage. Il s'agit de mouches blanches, parasites qui s'agglutinent sous les feuilles. Traitez plusieurs fois à 8 jours d'intervalle avec un insecticide approprié.

Comment l'arroser ?

Arrosez sans crainte, le papyrus apprécie d'avoir en permanence les pieds dans l'eau. En période de croissance, maintenez la soucoupe pleine d'eau et faites tous les 8-10 jours des apports d'engrais liquide.

Quand le rempoter ?

Chaque année au printemps pour les jeunes plantes ; tous les 2 ans ensuite.

Multiplier le papyrus

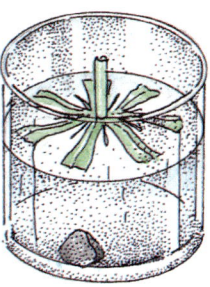

▶ Le conseil du jardinier

Multipliez votre papyrus soit par division de la touffe lors du rempotage, soit par bouturage dans l'eau. Coupez quelques jeunes tiges vigoureuses. Recoupez la tige 5 cm sous les feuilles et raccourcissez les feuilles de moitié. Retournez l'ombelle de feuilles en surface d'un verre d'eau (avec un morceau de charbon de bois pour que l'eau reste claire). Des plantules se développent à l'aisselle des feuilles.

Peperomia

Peperomia

Ces petites plantes originaires pour la plupart d'Amérique tropicale forment en pot de petites touffes de feuillage très décoratif, parfois orné d'inflorescences caractéristiques en épis très fins.

■ Exposition : lumière vive sans soleil
■ Température : 15-22 °C
■ Terreau : ordinaire
■ Arrosages : 1 à 2 fois par semaine
Hauteur : jusqu'à 20-40 cm

Le même genre botanique offre des feuillages variés, mais les plantes ont des exigences similaires.

Culture

Ces petites plantes se plaisent en situation lumineuse dans la maison, éventuellement à mi-ombre (sauf les variétés panachées, plus exigeantes en lumière). Évitez-leur le plein soleil, les courants d'air, les brusques variations de température.

Comment l'arroser ?

Arrosez modérément, en laissant le terreau sécher en surface avant d'arroser à nouveau. Faites des apports d'engrais faiblement dosé tous les 15 jours en période de croissance.
Évitez les arrosages à l'eau froide. Laissez tiédir l'eau dans l'arrosoir au préalable.
Évitez de mouiller le feuillage des formes à feuilles gaufrées ou duveteuses, sensibles à la pourriture. Arrosez de préférence en versant l'eau dans la soucoupe.

Quand le rempoter ?

Rempotez au printemps les sujets à l'étroit dans leur pot dans un terreau ordinaire à base de tourbe.

VARIÉTÉS
Peperomia scandens 'Variegata' ▲
Tiges grimpantes ou retombantes, feuilles lisses, charnues, vert clair marginé de crème.

Peperomia caperata
Espèce courante, appréciée pour ses feuilles ovales vert sombre, très gaufrées. Variétés teintées de pourpre ou brun.

Peperomia argyreia
Feuilles charnues, vert foncé à bandes argentées.

Peperomia obstusifolia
Feuilles charnues, ovales, souvent panachées de vert et jaune ou crème.

Température

Une chute brutale des feuilles peut être due à une température insuffisante en hiver ou à des courants d'air froids. Assurez une température douce en permanence.

◆ *Le conseil du jardinier*

Évitez les vaporisations d'eau sur ces feuillages fragiles (excepté les feuilles lisses). Pour augmenter l'humidité de l'air, posez le pot sur un lit de gravillons humides.

Philodendron

Philodendron

Souvent arbustifs ou grimpants dans leur habitat naturel, les forêts humides de l'Amérique tropicale, les philodendrons forment en intérieur des plantes majestueuses. De culture facile, ils offrent toute une gamme de feuillages vernissés.

- ■ Exposition : lumière vive sans soleil ou mi-ombre
- ■ Température : 15-22 °C
- ■ Terreau : ordinaire
- ■ Arrosages : 2 fois par semaine en été, 1 fois par semaine en hiver

  Hauteur : 1 m et plus

Culture

Assurez si possible des conditions de culture constantes au philodendron : lumière vive sans soleil ou ombre légère, température assez chaude, bonne humidité de l'air (vaporisations d'eau douce). Attention, à température fraîche en hiver (12-16 °C), les philodendrons sont très sensibles à l'humidité stagnante qui peut entraîner la pourriture des racines.

Comment l'arroser ?

Du printemps à l'automne, arrosez pour maintenir le terreau humide, avec des apports d'engrais liquide tous les 15 jours. Réduisez les arrosages en hiver, surtout à température plus basse.

Les philodendrons aiment retrouver dans la maison chaleur douce, bonne hygrométrie et lumière pas trop vive.

À savoir

Ces beautés tropicales n'apprécient pas l'usage des produits lustrants. Nettoyez délicatement leurs grandes feuilles avec un chiffon humide ou sortez-les sous une pluie douce.

▶ Le conseil du jardinier

Le rempotage des grands sujets est une opération délicate. Vous pouvez vous contenter de renouveler chaque année au printemps les 4-5 cm de terreau en surface du pot. Grattez en douceur le vieux terreau, complétez avec du terreau frais, tassez du bout des doigts et arrosez généreusement.

Philodendron erubescens
Port semi-grimpant ; grandes feuilles vert sombre au-dessus, cuivrées en dessous.

Philodendron melanochrysum
Grandes feuilles lancéolées, vert très foncé, lustré à reflets dorés.

Philodendron scandens
Philodendron grimpant
Feuilles vert vif, relativement petites, en cœur, sur des tiges grêles.

Philodendron selloum
Port buissonnant, grandes feuilles vert foncé lustré, ondulées et lobées, très décoratives.

Pothos

Epipremnum aurea (syn. *Scindapsus aureus*)

C'est la forme juvénile d'une robuste plante grimpante native d'Asie du Sud-Est qui orne depuis longtemps déjà nos intérieurs de ses longues tiges grimpantes ou retombantes, à feuilles vernissées ovales en cœur, marbrées de jaune.

Curieusement, la forme adulte de cette plante, rare en culture, a de grandes feuilles découpées.

Comment l'arroser ?

Arrosez modérément, de façon à maintenir en permanence le terreau légèrement humide, sans excès. Au printemps et en été, faites tous les 8-10 jours des apports d'engrais liquide. Réduisez les arrosages en hiver, à température fraîche surtout.

Votre pothos appréciera par temps chaud de fréquentes vaporisations d'eau douce. En hiver, douchez ou nettoyez son feuillage de temps à autre pour l'humidifier.

Attention, la sève du pothos peut provoquer des réactions cutanées.

Quand le rempoter ?

Rempotez chaque printemps les jeunes sujets, à croissance rapide, tous les 2 ou 3 ans seulement les plantes plus âgées.

Taches noires

Taches noires sur les feuilles : situation trop froide et humide. Les feuilles redeviennent entièrement vertes : situation trop sombre.

◆ Le conseil du jardinier

Taillez le pothos au printemps s'il présente des tiges dégarnies ou s'il prend trop d'ampleur. Coupez les tiges juste au-dessus d'une belle feuille. Il est par ailleurs facile à multiplier par bouturage dans l'eau.

Culture

Si le pothos peut se contenter d'une lumière moyenne, son feuillage sera beaucoup plus coloré sous une lumière vive (sans soleil !). La température normale d'un intérieur lui convient toute l'année.

Radermachera

Radermachera sinica (syn. *Stereospermum sinicum*)

Très en vogue dans nos intérieurs, cette plante buissonnante, à feuilles composées de folioles ovales-pointues, vert foncé brillant, n'est autre qu'un petit arbre d'origine asiatique.

Le Radermachera sinica *au feuillage léger, à croissance rapide, se plait en situation lumineuse et aérée.*

Si vous le gardez toute l'année dans une pièce chaude, poscz le pot sur un lit de gravillons trempant dans un peu d'eau.

Comment l'arroser ?

Arrosez modérément du printemps à l'automne : arrosez dès que le terreau sèche en surface, et faites des apports d'engrais liquide tous les 10-15 jours. Réduisez les arrosages en hiver, à température fraîche surtout.

Quand le rempoter ?

Rempotez chaque printemps les jeunes sujets, à croissance rapide. Un rempotage tous les 3 ans suffit aux sujets plus développés.

Araignées rouges

Une attaque d'araignées rouges en atmosphère chaude et sèche se traduit par des ponctuations grisâtres sur les feuilles, la présence de fins filaments sous les feuilles ou à l'aisselle des tiges. Augmentez l'humidité de l'air et traitez si nécessaire.

Culture

Installez cette plante en situation très lumineuse, mais pas en plein soleil. En été, n'hésitez pas à installer le *Radermachera* sur la terrasse en situation abritée. Évitez les courants d'air froids.

À savoir

Ce gracieux arbuste redoute les atmosphères confinées et polluées. Veillez à un bon renouvellement de l'air, tout en lui évitant les courants d'air froids.

▶ Le conseil du jardinier

Offrez si possible à cette plante une période de repos hivernal à température plus fraîche (14-16 °C), avec des arrosages parcimonieux. Elle reprendra sa croissance au printemps avec vigueur.

Schefflera

Schefflera actinophylla

Ce petit arbre originaire d'Australie est très apprécié pour sa silhouette dressée, ses élégantes ombelles de feuilles vert lustré. Certaines variétés à feuillage panaché de crème sont plus exigeantes en chaleur.

- ■ Exposition : lumière vive sans soleil ou mi-ombre
- ■ Température : 12-22 °C
- ■ Terreau : ordinaire, enrichi en terre
- ■ Arrosages : 2 fois par semaine en été, 1 fois par semaine en hiver

  Hauteur : jusqu'à 2 m

Les grandes tiges ont souvent besoin du soutien d'un solide tuteur.

Comment l'arroser ?

Évitez les excès d'eau : du printemps à l'automne, arrosez dès que le terreau sèche en surface et donnez de l'engrais liquide tous les 15 jours. Réduisez les arrosages en hiver, à température basse, surtout. En situation chaude, faites de fréquentes vaporisations d'eau douce sur le feuillage. Il apprécie de passer l'été dehors en situation abritée et légèrement ombragée.

Quand le rempoter ?

Rempotez dans un terreau ordinaire enrichi en terre de bruyère ou terreau de feuilles : chaque année pour les jeunes sujets, tous les 2 ou 3 ans sinon.

Tuteurer le schefflera

Prévoyez un tuteur pour soutenir les tiges du schefflera.

▶ Le conseil du jardinier

Pour que votre schefflera se ramifie plus, taillez ses tiges : coupez au-dessus d'une belle feuille et la plante émettra de nouvelles pousses.

Culture

Les scheffleras non panachés supportent l'ombre et apprécient en hiver une période de repos à température fraîche (12-15 °C) avec des arrosages parcimonieux. Les variétés panachées, plus délicates, ont besoin d'une lumière vive sans soleil et d'une température plus chaude toute l'année.

Cochenilles

Insectes écailleux à petites carapaces brunes que l'on rencontre sous les feuilles ou le long des tiges : il s'agit de cochenilles, fréquentes en ambiance chaude et sèche. Délogez-les en les grattant une à une avec un coton imbibé d'alcool à 90°.

Syngonium

Syngonium podophyllum

Cette belle plante grimpante originaire d'Amérique centrale est décorative par ses feuilles juvéniles en forme de fer de flèche, qui se découpent avec l'âge. Il en existe différentes variétés vert soutenu panaché de blanc, crème ou jaune.

Palissez ou laissez retomber d'une suspension le feuillage panaché du syngonium.

Culture

Le syngonium est une plante facile à vivre, qui préfère une bonne luminosité mais se contente aussi de la mi-ombre, s'adapte à une vaste gamme de températures et s'associe sans problème à d'autres feuillages décoratifs (lierre, schefflera, chlorophytum...).

Comment l'arroser ?

Arrosez modérément, car l'humidité stagnante peut lui être fatale. Attendez pour arroser que le terreau sèche en surface. Posez le pot sur un lit de billes d'argile trempant dans un peu d'eau pour augmenter l'humidité de l'air dans une pièce chaude. Espacez les arrosages à température fraîche en hiver (tous les 8-10 jours), arrosez plus, au contraire, en période estivale chaude, et faites alors des apports d'engrais liquide tous les 10 jours environ.

Quand le rempoter ?

Rempotez chaque année les jeunes sujets. Un rempotage tous les 2 ou 3 ans suffit par la suite.

À savoir

Les variétés fortement panachées de blanc sont plus exigeantes en lumière que celles à feuillage essentiellement vert. Offrez-leur une lumière vive tamisée.

Problème

Feuilles ternes, qui jaunissent, filaments en dessous : il s'agit d'une attaque d'araignées rouges, qui affectionnent les atmosphères chaudes et sèches. Douchez bien le feuillage, dessus et dessous et augmentez l'humidité de l'air.

Nettoyage des feuilles

Passez une éponge humide sur les feuilles pour les dépoussiérer et les humidifier.

▶ Le conseil du jardinier

Taillez en fin d'hiver les tiges trop longues ou dégarnies pour que la plante garde un pot bien touffu.

Vigne d'appartement

Cissus rhombifolia

Ces vigoureuses plantes natives des régions tropicales offrent en intérieur une verdure luxuriante et très adaptable. Palissez les tiges souples sur un treillage ou laissez-les retomber d'une situation en hauteur.

- Exposition : lumière vive ou mi-ombre
- Température : 10-22 °C
- Terreau : ordinaire
- Arrosages : 1 à 2 fois par semaine

Hauteur : port grimpant ou retombant, jusqu'à 1,50 m

Ce feuillage sain, lustré, fait merveille associé à d'autres tons de vert.

boutures sous forme de jeunes pousses vigoureuses que vous ferez raciner dans l'eau ou dans des godets remplis de terreau de semis. Groupez plusieurs boutures racinées dans un grand pot pour constituer rapidement une belle touffe.

Oïdium

Cette plante est assez sensible à l'oïdium, feutrage blanchâtre sur les feuilles, en atmosphère humide et fraîche. Coupez les pousses atteintes, traitez avec un fongicide et veillez à une bonne aération.

Cissus rhombifolia

Tiges fines et coriaces, vigoureuses. Feuilles composées de 3 folioles rhomboïdales, vert foncé lustré. La variété 'Ellen Danica' a des feuilles plus découpées.

Cissu antarctica

Vigne des kangourous, originaire d'Australie, à grandes feuilles simples, ovales, vert moyen. À palisser sur un tuteur.

Culture

Plante facile à recommander aux débutants, le cissus est très adaptable. Il aime la lumière vive sans soleil, mais s'accommode aussi de la mi-ombre, supporte chaleur comme températures basses (mais réduisez les arrosages !) et n'est guère exigeant quant à l'humidité de l'air.

Comment l'arroser ?

Arrosez modérément, en laissant le mélange sécher en surface entre 2 arrosages. Faites des apports d'engrais liquide tous les 10 jours en été.
Rempotez chaque année les jeunes sujets à croissance rapide, puis tous les 3 ans les sujets plus développés.
Douchez le feuillage de temps à autre dans la baignoire si votre cissus passe l'hiver dans une pièce chaude et sèche. Le feuillage en sera nettoyé et rafraîchi.
Rien de plus facile pour rajeunir un vieux sujet que de prélever des

Taille du cissus

▶ *Le conseil du jardinier*

Taillez sans crainte, quelle que soit la saison, les tiges trop longues ou dégarnies de votre cissus. Coupez la tige juste au-dessus d'un beau bourgeon duveteux ou d'une belle feuille. Supprimez franchement les plus vieilles tiges, qui se lignifient.

Yucca

Yucca elephantipes

Devenu un grand classique des intérieurs modernes, le yucca, natif d'Amérique centrale, a une silhouette tout à fait caractéristique avec son ou ses troncs raides couronnés de touffes de feuilles vert moyen, en forme de fer de lance.

- Exposition : lumière vive
- Température : 12-22 °C
- Terreau : ordinaire
- Arrosages : 1 fois par semaine en été, tous les 8-10 jours en hiver
- Hauteur : jusqu'à 1,50 m

À l'achat, choisissez de préférence un sujet avec plusieurs troncs et assurez-vous qu'il est stable et bien enraciné dans son pot.

Culture

Le yucca exige toute l'année une lumière vive et ne craint le soleil derrière la vitre qu'en plein été. Il peut par contre passer l'hiver au frais, avec des arrosages très réduits (tous les 15 jours). Arrosez parcimonieusement en toute saison, en laissant le terreau sécher sur plusieurs centimètres avant d'arroser. Au printemps et en été, donnez-lui tous les 15 jours de l'engrais liquide.

Quand le rempoter ?

Rempotez les sujets à l'étroit dans leur pot dans un grand pot stable, dans un terreau ordinaire enrichi en sable grossier.

Votre yucca peut passer l'été dehors en situation ensoleillée, abritée du vent et de la pluie.

Astuce

Faites régulièrement pivoter le pot du yucca pour éviter que les feuilles ne se développent toujours dans la même direction, celle de la lumière.

Yucca trop grand

▶ *Le conseil du jardinier*

Si votre yucca est devenu trop grand, vous pouvez couper son tronc en fin d'hiver. Il émettra de nouvelles touffes de feuilles à la hauteur à laquelle vous le coupez.

Le guide des Techniques du jardinier

Le sol du jardin

Les jardins cultivés depuis longtemps présentent en général un sol de bonne qualité – qui peut néanmoins être amélioré. Il n'en va pas de même des terrains récupérés sur des friches ou des terres de remblayages, parfois très médiocres.

La sagesse veut que le jardinier adapte ses cultures au sol en le fertilisant plutôt que de s'acharner à y faire pousser des végétaux incompatibles. Ce principe concerne beaucoup plus les jardins d'agrément que les potagers.

C'est ainsi que, dans un sol calcaire, il vaut beaucoup mieux puiser dans la très longue liste des végétaux calcicoles que de tenter d'y faire pousser des rhododendrons. De même, il est possible de créer un très beau jardin en terre humide et tourbeuse, en sélectionnant les végétaux originaires de zones marécageuses et de lieux humides.

En revanche, pour la culture des légumes, il est souvent nécessaire d'amender le sol pour rectifier tant sa structure que sa composition.

■ DIFFÉRENTS TYPES DE SOL

◆ Terre franche

De couleur brun foncé et propice à la culture, la terre franche est bien équilibrée, contenant suffisamment de matières organiques décomposées (humus), et correctement drainée. Il suffit donc de lui apporter des fumures végétales ou animales.

◆ Terre sablonneuse

Grise ou jaunâtre, la terre sablonneuse s'émiette rapidement, sèche vite et se montre peu fertile. Elle est facile à travailler, mais retient peu les engrais (il faut donc fractionner les apports). Elle se prête bien à la culture des

---

LE COMPOST

L'apport de matière organique est nécessaire à la grande majorité des terres de jardin. En se décomposant, ces substances d'origine végétale ou animale donnent l'humus qui aère le sol, retient l'eau, permet la vie microbienne et stocke les éléments nutritifs indispensables aux plantes.

Le compostage naturel est le procédé le plus économique pour disposer d'un volume important de matière organique produite à partir des déchets ménagers et végétaux.

Le compost est donc indispensable dans un jardin. Réservez-lui une partie isolée du jardin où vous rassemblerez en tas des déchets végétaux (feuilles mortes, mauvaises herbes non montées à graines, tiges de fleurs) et des épluchures de légumes.

Creusez sur environ 30 cm et réservez la terre. Disposez quelques fagots de bois dans le fond du trou et montez le tas en alternant une couche de déchets (mélangés) et une couche de terre. Le monticule doit faire de 50 à 80 cm de hauteur. Arrosez au fur et à mesure de son édification et ajoutez un peu d'activateur à compost. Terminez par une couche de terre. La chaleur va monter rapidement dans le tas. Après 1 mois ou 2, retournez le tas en le reconstituant à côté. La décomposition est ainsi très rapide.

Plus simplement, vous pouvez aussi utiliser un bac à compost dans lequel vous placez, en alternance, les déchets végétaux du jardin et les ordures ménagères. La décomposition est alors plus lente. Vous récupérez le compost par le bas du bac.

Un broyeur de jardin permet de disposer rapidement d'une quantité importante de matière végétale, car il réduit en copeaux les petites branches et les rameaux.

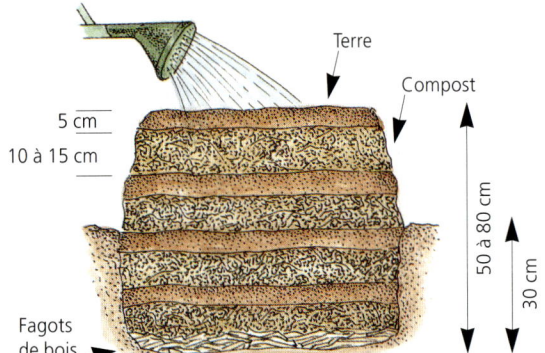

Sur des fagots de bois, alternez les couches de terre et de déchets végétaux. Arrosez le tas quand il est terminé.

Silo à compost en grillage

Entassez les déchets végétaux additionnés de terre.

légumes-racines et des bulbes. Effectuez des apports réguliers de matières organiques (compost de jardin, tourbe, terreau du commerce). Arrosez fréquemment, mais pas trop abondamment. Les terres sablonneuses peuvent être acides ou alcalines.

♦ Terre argileuse

De couleur brun clair ou grisâtre, la terre argileuse devient rapidement collante quand il pleut ; l'eau s'écoule difficilement et les flaques stagnent. Par temps sec, cette terre lourde et compacte se craquelle. Il ne faut pas la travailler quand elle est mouillée, car vous ne feriez que la compacter davantage. Labourez-la en automne, à grosses mottes que le gel se chargera de faire éclater. Incorporez du compost, de la tourbe et des poudres de roches siliceuses. Une terre argileuse peut devenir une très bonne terre de jardin si vous l'amendez chaque année par une quantité suffisante de matières organiques.

♦ Terre calcaire

Blanchâtre, une terre fortement calcaire est le plus souvent assez peu fertile ; de nombreuses plantes y sont touchées par la chlorose. Elle est parfois bien drainée, mais contient fréquemment de l'argile, ce qui la rend collante quand il pleut. Vous pouvez l'améliorer par des apports importants de matières organiques (compost de jardin, tourbe blonde, terre de bruyère).

♦ Terre humifère

Presque noire, cette terre est très riche en matières organiques. Elle se rétracte un peu comme une éponge et retient l'eau, sans pour autant être mal drainée. Elle est assez fertile, mais ne convient pas à un certain nombre de plantes car elle est en même temps acide. Pour l'amender, incorporez des apports calciques et de la poudre de roches.

♦ Terres acide ou alcaline

Le pH d'un sol exprime son degré d'acidité. Indice très important à connaître pour la culture des plantes, car, selon leur habitat d'origine, elles peuvent apprécier un milieu acide – comme de nombreuses bruyères, la prêle, l'hortensia et le rhododendron –, alcalin, ou calcaire – comme la lavande, le buis ou la centaurée. Cependant, la majorité des plantes cultivées, et en particulier les plantes potagères, préfèrent un pH neutre.

LE PH DU SOL

Sol très acide :
pH inférieur à 5
Sol à tendance acide :
pH = 5 à 6,5
Sol neutre :
pH = 6,5 à 7
Sol à tendance alcaline :
pH = 7 à 7,6
Sol très alcalin :
pH = 7,6 à 8,5

Le pH se mesure facilement au moyen de réactifs (vous trouverez des trousses d'analyse dans les jardineries).

♦ Chaulage

Si le sol de votre jardin est acide, apportez-lui un amendement calcique pour y cultiver des plantes potagères. Il peut s'agir de chaux agricole, de chaux magnésienne, de marne ou d'algues calcaires broyées (lithothamne). Dans chaque cas, respectez les doses conseillées: elles doivent être plus importantes en sol lourd qu'en terre sablonneuse. Effectuez le

■ **Vos questions**
● Nos réponses

■ ENGRAIS VERTS

Quels avantages apporte la culture d'engrais verts ? Quelles plantes sont à utiliser? À quel moment les semer ?

● *Les engrais verts, avec la décomposition de leur matière végétale, apportent de l'humus au sol. Certains fixent l'azote et en font bénéficier les plantes cultivées par la suite. C'est le cas des légumineuses comme le trèfle, la vesce, la luzerne… qui ne remplacent pas complètement les engrais mais compensent le fumier, de plus en plus rare de nos jours. Enfouissez-les au début de la floraison. Ne laissez pas les graines se ressemer partout dans le jardin. La moutarde se sème de mars à septembre, on l'enfouit de juin à novembre. Semée à l'automne, elle peut être enfouie au printemps suivant. Facile à cultiver même en sol pauvre, de croissance très rapide, c'est l'engrais vert qui lutte le plus efficacement contre le lessivage des nitrates vers les nappes phréatiques. Une boîte de 1 kg permet d'ensemencer 500 m^2. La phacélie se sème d'avril à août et s'enterre de juin à novembre. De croissance rapide, elle étouffe les herbes indésirables comme le chiendent. Son important système radiculaire ameublit le sol et remonte en surface de nombreux éléments nutritifs qui fertilisent le terrain pour les cultures à venir. Une boîte de 400 g permet d'ensemencer environ 200 m^2. La vesce se sème d'avril à septembre et s'enterre de juin à novembre ou au printemps si* ▶

▶ *elle reste en terre en hiver. Elle aime les sols lourds et calcaires, les rendant plus faciles à travailler. Une boîte de 1 kg ensemence 100 m².*

■ PURIN D'ORTIE

Est-il vrai que le purin d'ortie présente des propriétés fertilisantes et insecticides ? Comment le préparer et l'utiliser ?

● *Faites macérer 1 kg d'orties fraîches dans 9 litres d'eau de pluie. N'utilisez pas celle du robinet car elle contient du chlore qui détruit les effets du purin. Si les orties sont sèches, 200 g de plantes suffisent pour 10 l d'eau. La macération a lieu pendant quatorze jours. Enlevez alors les végétaux décomposés. Pour éviter la forte odeur, vous pouvez incorporer une poignée de poudre de lithothamne, une algue utilisée comme engrais en jardinage biologique. La fermentation varie selon la température, entre cinq et trente jours. Filtrez la solution. Elle s'emploie en arrosage comme engrais, en diluant le purin à 10 % (1 l pour 10 l d'eau), voire à 20 % en fumure de fond. Utilisez-le dans les jours qui suivent la préparation, une fois par semaine, de préférence après une pluie. Le purin renforce la résistance des plantes. Pour éviter l'apparition de certaines maladies cryptogamiques, comme le mildiou, ou lutter contre les pucerons, préparez une pulvérisation (2 l de purin pour 10 l d'eau). Traitez les feuillages atteints. Comme insecticide ou fongicide, le purin peut être utilisé pur après seulement douze heures de macération à 20 °C.*

chaulage en automne, par épandage, avant de labourer (et sans incorporer en même temps de matières organiques).

■ TRAVAIL DU SOL

Les plantes ont besoin d'un sol meuble et riche en éléments nutritifs pour pousser profondément leurs racines et se développer.

♦ Bêchage

C'est la méthode traditionnelle de travail du sol. Elle consiste à le retourner à la bêche ou à la fourche-bêche, sur une profondeur d'environ 25 cm (hauteur d'un fer de bêche). On bêche une fois l'an, à l'automne (ou au printemps dans les terres légères et sablonneuses). Il n'est pas nécessaire de briser les mottes, elles éclateront en hiver sous l'effet du gel. Pour travailler de manière rationnelle, divisez le terrain en bandes d'environ 3 m de large. Épandez du compost (ou du fumier animal bien décomposé) au fond de la tranchée (ou jauge) et aussi sur le flanc des mottes pour fertiliser la terre de façon homogène.

♦ Ameublissement sans retournement

Le jardinage biologique recommande d'ameublir la terre sans la retourner, de manière à ne pas bouleverser la population microbienne et à ne pas ramener en surface de la terre moins fertile. Ce travail s'effectue à la houe, ou à la grelinette ou biofourche (outillage spécifique au jardinage biologique). Le compost est alors épandu en surface, en paillage, et incorporé superficiellement au moment de l'ameublissement.

Plan de labour

Houe

Croc à deux dents

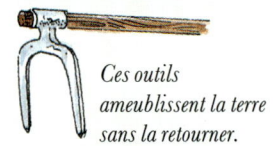

Ces outils ameublissent la terre sans la retourner.

Grelinette

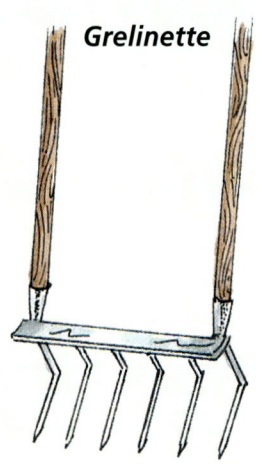

Outil utilisé pour ameublir la terre en jardinage biologique.

La multiplication des plantes

On multiplie les plantes par semis (reproduction sexuée) ou encore par bouturage, par marcottage, par greffage ou par division des touffes (multiplication végétative).

■ SEMIS ET REPIQUAGE

Le semis se pratique pour toutes les annuelles (légumes et fleurs), pour de multiples vivaces et même pour les arbres et les arbustes. En revanche, il ne convient pas à un grand nombre d'hybrides et de variétés horticoles (on dit aussi de cultivars) qui sont stériles, c'est-à-dire qui ne produisent pas de graines, ou dont les graines donnent des sujets différents de la plante qui les a produits (les caractères n'étant pas « fixés »).

◆ Semis en place

Le semis en place concerne toutes les annuelles rustiques, qui supportent bien le froid, comme le souci ou le pois. On l'applique de préférence aux annuelles et aux vivaces qui supportent mal le repiquage, en particulier celles qui présentent une grosse racine en pivot, la gypsophile ou la carotte par exemple.

● Préparation

Ameublissez et nettoyez soigneusement le sol. Éliminez les racines des mauvaises herbes, les pierres et les cailloux.
Émiettez ensuite finement la terre au râteau ou au cultivateur, puis nivelez en ratissant.

Nivelage

Terminez la préparation avant semis en ratissant soigneusement pour niveler.

◆ Semez à la volée ou en lignes

Le semis à la volée s'applique plutôt aux fleurs annuelles, parfois à certaines plantes potagères (persil, cerfeuil), et bien entendu au gazon.
Le semis en lignes, ou rayons, est réservé aux légumes, aux fleurs à couper et aussi, parfois, aux fleurs cultivées en massif. Il facilite le désherbage et le binage ; ouvrez les rayons avec un bâton ou avec la panne pointue de la serfouette. Ne semez pas trop dru : utilisez un semoir, ou simplement une feuille

Semoir

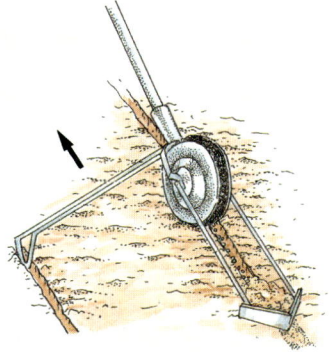

Cet outil sème les graines et rebouche le rayon, tout en ouvrant le rayon voisin.

■ LA SUIE N'EST PAS UN ENGRAIS

Courant juillet, j'ai «fumé" un carré de potager avec la suie de ma cheminée. Ensuite, j'ai semé des épinards, des navets, ils ont germé mais sont morts. Les mauvaises herbes n'ont pas poussé. Puis-je cultiver des légumes au printemps suivant ?

● *La suie ne convient pas comme fumure au jardin. Elle a joué le rôle d'un désherbant. Avant d'effectuer un nouveau semis, nous vous conseillons de pratiquer le test du cresson. Préparez une terrine avec la terre en cause et semez-y quelques graines de cresson. Placez le contenu à la lumière et à la chaleur. Le cresson est une plante qui germe en 48 h. Il est très sensible à l'action des produits toxiques dans le sol. S'il germe, vous pourrez semer vos légumes. Dans le cas contraire, labourez profondément et attendez une saison au moins avant de cultiver à nouveau cette parcelle.*

■ SEMIS DE PRIMEVÈRES

Tous les ans, je sème des primevères des jardins. Mes résultats sont médiocres. Pouvez-vous me donner quelques conseils pour obtenir une bonne germination ?

● *Les primevères des jardins (Primula vulgaris) se sèment de mars à juillet, en terrine.* ▶

de papier pliée en deux, pour bien répartir les graines. Si les graines sont très petites, mélangez-les à du sable fin, et recouvrez-les de quelques millimètres de terre fine (de 2 à 3 cm pour les graines les plus grosses).

En général, un ratissage est suffisant dans le semis à la volée, mais vous pouvez aussi épandre une couche de terreau ou de terre tamisée. Pour le semis en lignes, rabattez la terre à la binette ou au râteau.

Rebouchage

Après le semis, rebouchez le rayon avec la binette (ou le râteau).

Terminez par le plombage : tassez légèrement la terre sur les graines, avec le dos du râteau.

Plombage

Tassez avec le dos du râteau (ou de la binette) pour que la terre adhère aux graines.

Pour une bonne absorption, arrosez en pluie fine. Le ruissellement entraîne le déplacement des graines vers les creux du terrain, ce qui donne une levée irrégulière.

● Éclaircissage

Maintenez le sol légèrement humide par des aspersions. Le temps nécessaire à la levée varie en fonction des espèces : de 3 à 5 jours pour le radis, de 2 à 4 semaines pour le persil.

Arrosez dès que les plantes sont sorties, un coup de sécheresse peut leur être fatal. Lorsqu'elles ont quelques feuilles, pratiquez l'éclaircissage, qui consiste à arracher un certain nombre de plantes pour permettre aux autres de se développer (en tenant compte de l'étalement à l'âge adulte de chaque espèce).

Éclaircissage

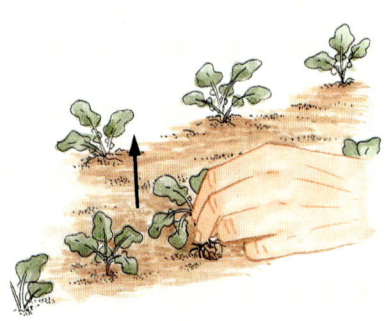

Arrachez les plantules les plus faibles, pour laisser la place aux autres.

Conservez évidemment les plus robustes. Vous pouvez repiquer dans le jardin ou en pépinière celles que vous aurez enlevées, ou les garder en attente pour des remplacements éventuels.

♦ Semis en poquets

Le semis en poquets se pratique pour certaines plantes à grand développement et à graines assez

Semis en poquets

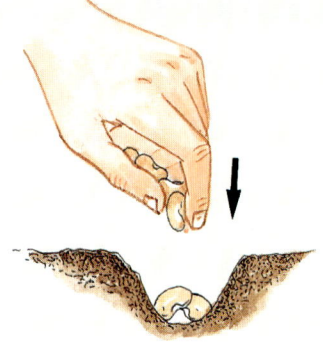

Ouvrez un petit trou pour y déposer de 4 à 6 graines.

grosses: haricot et pois à rames, concombre.

Cette méthode consiste à jeter plusieurs graines (4 à 6 en général) dans le même trou. Espacez les poquets en fonction de l'étalement de chaque espèce. Après la levée, conservez 1, 2 ou 3 plantes -les plus vigoureuses.

♦ Semis en pépinière

Il concerne de nombreuses annuelles et vivaces, et aussi les arbres et les arbustes. Pour réaliser votre jardinière, choisissez dans votre jardin un endroit bien abrité et au sol bien drainé. Chaque année ou même chaque saison, vous pourrez changer son emplacement. Choisissez un lieu bien ensoleillé pour les semis de printemps ou d'automne, alors qu'une ombre légère sera propice aux semis d'été. Le semis en pépinière permet de prendre bien soin des jeunes plantes, ou de les amener à un certain développement en attendant que la place qui leur est réservée soit libre: c'est ainsi qu'au potager vous sèmerez de la chicorée en pépinière, vers la mi-juillet, que vous installerez un peu plus tard sur une planche de culture auparavant consacrée à la production de navets de printemps.

Semis en pépinière

*Créez une pépinière dans un coin abrité
du jardin (par exemple contre un mur).*

Semez en pépinière comme en
pleine terre, mais un peu plus dru
(à la volée ou en lignes, selon les
espèces). Après la levée, éclaircissez pour laisser quelques centimètres entre les plantes. Vous
pouvez aussi arracher toutes les
plantes et les repiquer en pépinière, ce qui donne souvent des
sujets plus forts.

◆ Semis sous abri chauffé

Les plantes concernées sont
essentiellement les annuelles sensibles au froid et à croissance relativement lente, qu'il faut semer
tôt pour obtenir une récolte ou
une floraison en été ou en
automne, et certaines vivaces
cultivées en annuelles. C'est ainsi
qu'il faut semer sous abri le pétunia, le bégonia Sempervirens,
l'aubergine ou le melon.
Une serre chauffée sera la
meilleure protection pour ce type
de plante. À défaut, semez sous
une véranda ou même en appartement, près d'une fenêtre.
Semez en caissette (ou terrine) les
plantes les plus petites, ou en
godets les plus grandes. Observez
des mesures d'hygiène, car les

plantes semées sous abri sont fragiles et sensibles à la pourriture
(la « fonte des semis » est une
maladie fréquente sous serre).
Nettoyez bien les caissettes et les
godets, désinfectez-les avec de
l'eau de Javel en solution, et utilisez du terreau à semis.

ÉPOQUE DES SEMIS ET DES REPIQUAGES

Conformez-vous aux indications
données pour chaque plante ou
aux conseils fournis sur les
sachets de graines.
La date préconisée concerne en
général, un climat moyen (c'est-
à-dire le climat de la région parisienne). Toutefois, si l'on vous
conseille de semer en avril-mai,
comprenez début avril (ou
même fin mars) dans le Midi, fin
avril en région parisienne, début
mai dans l'Est et plutôt fin mai
dans les jardins d'altitude.
Ne vous pressez pas pour
semer. Si le sol est trop froid, la
levée sera irrégulière et les
plantes resteront faibles. Les
plantes semées dans des conditions de température et d'ensoleillement idéales rattrapent et
dépassent fréquemment celles
qui ont été semées trop tôt et
qui ont eu du mal à s'enraciner.
Il en va de même pour le repiquage. Pour les espèces d'origine tropicale – le risque de
gelée doit être nul –, comptez le
10 mai, ou quelques jours
avant, dans la région parisienne.

Semez clair, après avoir mélangé
les graines fines à du sable fin.
Certaines petites graines (bégonia, pétunia) ont besoin de
lumière pour germer et il ne faut
donc pas les recouvrir: conten-

■ *Vos questions*
● Nos réponses

▶ *N'enterrez pas les graines mais
posez-les sur un mélange terreux tamisé, composé à parts
égales de terreau et de tourbe
ou de terre dite de bruyère.
Tenez le semis à l'obscurité jusqu'aux premiers signes de la
germination. Elle est lente et se
produit de manière échelonnée.
Maintenez la culture à l'ombre
et arrosez de temps en temps
pour que la terre ne se dessèche
pas. Dès que l'on peut manipuler les jeunes plants, repiquez-
les en pépinière. Déterrez-les
sans les abîmer. La plantation
définitive intervient en
automne, à 25 cm de distance
entre chaque plant. Le repiquage en pépinière peut être
remplacé par un rempotage des
plantules en godets de 9 cm de
diamètre, dans un mélange réalisé avec quatre parts de terre de
jardin, deux parts de terreau et
une part de sable de rivière.
Cette étape intermédiaire entre
le semis et la plantation définitive permet d'obtenir des
plantes vigoureuses qui s'instal-
leront avant les premiers froids.*

■ POIVRONS ROUGES
**Que faut-il faire pour obtenir
des poivrons rouges, lourds
et charnus, comme ceux
cultivés dans le Midi ?
Les miens restent verts…**

● *Les poivrons aiment un sol
fertile, humifère, profond, frais
et plutôt léger. Ce sont des
légumes de climats tempérés et
chauds. Ils n'apprécient pas une
température inférieure à 10 °C.
Plantez-les à l'endroit le plus
ensoleillé de votre potager.
Semez les graines en février-
mars en terrines ou, mieux, en* ▶

tez-vous de les plomber avec une planchette. Arrosez avec un pulvérisateur. Pour favoriser la germination, posez une vitre sur la caissette et retournez-la tous les jours (afin d'éviter les effets de la condensation). Pour toutes les plantes d'origine tropicale (ageratum, tomate), la température doit être de 10 à 20 °C.

TREMPAGE DES GRAINES

Les graines dures germent difficilement et irrégulièrement et, si le sol est trop compact, risquent aussi de pourrir avant de germer. Pour favoriser un démarrage rapide, toujours gage de vigueur, faites tremper les graines dans de l'eau à température ambiante pendant une nuit. Cette précaution vaut, par exemple, pour le persil, le haricot, le pois de senteur, l'ipomée volubilis.

Dès la levée, ôtez la vitre pour aérer et prévenir les maladies. Lorsque les jeunes plantes ont quelques feuilles et qu'il est possible de les manipuler, repiquez-les en godets (ou à nouveau en caissette). Déterrez-les avec précaution – par exemple avec une petite cuiller – en les tenant délicatement par les feuilles.
Ouvrez le trou de repiquage avec un petit bâton ou un crayon, et rebouchez en poussant la terre contre les racines, toujours avec le crayon.

◆ Repiquage en place

Le repiquage en place s'effectue quand le sol s'est suffisamment réchauffé, et que les plantes sont assez grandes pour être repiquées définitivement dans un massif ou un potager.

● Préparation

Les plantes semées sous abri chauffé et installées en godets doivent être endurcies, c'est-à-dire progressivement préparées au froid et au soleil. Aérez-les en ouvrant les vitres de la serre ou de la véranda. Sortez-les le jour, en les disposant d'abord à l'ombre, puis rentrez-les le soir. Vous pouvez aussi transférer les godets sous châssis froid, dès que la température extérieure est meilleure. La veille du repiquage, arrosez les plantes en godets et en pépinière, afin qu'elles soient gonflées d'humidité.

● Repiquage en motte

Les plantes élevées en godets sont repiquées avec la motte intacte, ce qui leur évite un stress. On peut aussi repiquer en motte des plantes semées en pépinière : il faut alors les déterrer avec toute la terre qui entoure leurs racines.

Extraction du godet

Retournez le godet pour sortir la motte, en retenant la plante entre deux doigts.

Creusez un trou avec un transplantoir et sortez la plante de son godet avec précaution, sans briser la motte. Mettez en place: la base de la tige au niveau du sol. Rebouchez avec de la terre fine et tassez légèrement à la main. Espacez les trous de repiquage en

fonction du développement de la plante à maturité.
Le repiquage terminé, arrosez les plantes une à une, au goulot (avec l'arrosoir sans la pomme ou avec un tuyau sans lance), ou arrosez toute la planche de culture, en pluie fine, à l'aide d'un tuyau et d'un arroseur.

● Repiquage à racines nues

Ce procédé est surtout réservé aux plantes semées sous châssis ou en pépinière. Effectuez-le de préférence par temps couvert, ou encore le matin ou le soir, à la fraîche, pour éviter que les plantes ne se dessèchent.

Prélèvement des plantes

Utilisez un transplantoir pour prélever la plante avec sa motte.

Préparez le sol comme pour un semis en place, puis, à l'aide du transplantoir, déterrez les plantes dans la pépinière et placez-les sur un plateau, en les mouillant s'il fait chaud. Si vous en avez une grande quantité à repiquer, n'arrachez pas tout d'un coup, procédez par étapes.
Ouvrez le trou de plantation à l'aide d'un plantoir. Placez la plante en la tenant par les feuilles, de manière que la base de la tige soit au niveau du sol. Enfoncez le plantoir juste à côté du trou, et poussez la terre contre les racines (bornage). Ne rebouchez pas le

Bornage

Une opération qui consiste à ramener la terre contre les racines à l'aide du plantoir.

trou de bornage: il favorisera la pénétration de l'eau vers les racines.

Arrosez ensuite chaque pied au goulot.

Restez très attentif les jours qui suivent le repiquage: arrosez, si le temps est sec. S'il fait très chaud, installez des claies ou des bâches sur des supports pour donner de l'ombre.

● Semis et repiquage sous abri léger

Le semis sous un châssis traditionnel ou léger (mobile), ou encore sous tunnel de matière plastique, permet de gagner de 2 à 3 semaines, parfois même

Film de forçage

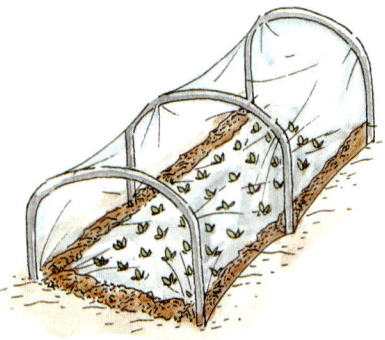

Un film sur arceaux forme un abri qui permet d'avancer la date des semis.

davantage, sur le semis ou le repiquage à l'extérieur. En général, on sème sous tunnel comme en pleine terre – puisqu'il couvre une grande longueur de terre –, et sous châssis comme en pépinière. Outre la chaleur que ces abris légers dispensent aux plantes, ils protègent des fortes averses, qui bouleversent la terre, et des vents desséchants.

ÉTIQUETTES

Afin d'éviter toute confusion, ayez soin d'étiqueter les semis. Vous pouvez utiliser le sachet de graines, en inscrivant la date du semis, ou une étiquette en bois ou en plastique sur laquelle vous noterez le nom de la plante et la variété, ainsi que la date du semis. Si vous tenez le « journal de bord » de votre jardin, les étiquettes vous permettent de noter les résultats pour chaque variété et chaque date de semis, et d'en tenir compte pour l'avenir.

Étiquetez soigneusement vos semis en pépinière, en mentionnant la date.

Le film de forçage maraîcher et le film de croissance sont des techniques assez récentes. Le premier est un film de plastique très fin que l'on étend sur la planche de culture, juste après le semis ou le repiquage, en l'arrimant avec de la terre. Il n'a en général pas de

▶ *godets. Placez-les sur une trame chauffante ou semez-les sur couche chaude. Repiquez-les en avril, toujours en chauffant le sol. Plantez-les au jardin vers la fin mai, lorsque la terre bien préparée, riche en terreau ou en compost, s'est suffisamment réchauffée. Évitez les fumures récentes et apportez de la potasse. Espacez les plants de 50 cm en tous sens.*
Si les vôtres ne rougissent pas, c'est que l'ensoleillement total n'est pas suffisant ou bien qu'ils ne restent pas assez longtemps en terre pour arriver à maturation. Dans ce cas, vous pouvez les installer à l'extérieur une quinzaine de jours plus tôt, à condition de les placer sous un tunnel en plastique. Pensez à aérer si la température est supérieure à 15 °C.

■ **CAROTTES AU SEC**
Depuis deux ans, le feuillage de mes carottes devient marron puis noir.
Ce sont des semis de juillet pour une récolte d'automne et d'hiver. Pouvez-vous me conseiller ?

● *Les carottes sont sensibles à plusieurs maladies. L'alternariose et la cercosporiose sont dues à des champignons qui provoquent un brunissement du feuillage. Une forte humidité favorise ces parasites. Vous en viendrez facilement à bout en traitant, dès la levée, avec des produits à base de bouillie bordelaise. Renouvelez la pulvérisation deux ou trois fois avant la récolte.*

support, et les plantes le soulèvent en poussant. Finement perforé, le second protège les plantes des intempéries : il est le plus souvent soutenu par des supports, mais on peut aussi l'étaler sur une planche de culture, en l'arrimant.

■ BOUTURAGE

Le bouturage consiste à prélever une partie de la plante – tige feuillée ou nue, ou racine – pour la multiplier. Ce procédé s'utilise pour certaines vivaces, et surtout pour les arbres et les arbustes. Il forme une plante semblable en tout point à la plante mère.

♦ Bouturage de tige
C'est la méthode le plus couramment pratiquée.
Prélevez une tige, de 5 à 30 cm, selon le type et le développement de la plante. Recoupez-la à la base au sécateur ou au couteau, à environ 1 cm sous un œil. Éliminez les feuilles de la partie inférieure, et placez la bouture dans un substrat léger.

● Choix et traitement des boutures
Sélectionnez des tiges vigoureuses sur une plante parfaitement saine. Dans de nombreux cas, la bouture de tête, c'est-à-dire la partie terminale de la tige, donne le meilleur résultat, mais vous pouvez aussi tronçonner une longue tige en plusieurs boutures.

● Boutures herbacées
Prélevez les boutures herbacées, au printemps, sur des tiges de l'année, en pleine croissance, ne portant pas de fleurs, sur les vivaces, sur certains arbustes et plantes grimpantes et sur de nombreuses plantes d'intérieur. À la main ou au couteau, supprimez les feuilles de la base, et n'en lais-

Habillage et plantation de la bouture

Supprimez les feuilles de la base et coupez les autres en deux.

Plantation de la bouture

Bouture de tête prête à être plantée.

Plantez en pot dans un mélange de terre et de sable.

BOUTURAGE À L'ÉTOUFFÉE

Pour améliorer les chances d'enracinement des boutures herbacées, il faut diminuer la transpiration. Après avoir planté et arrosé la bouture, piquez trois bâtonnets, ou un arceau métallique, dans le pot, et coiffez ce dernier d'un sac en matière plastique percé de quelques trous, attaché au pot par un brin de raphia. Laissez cette protection en place jusqu'à enracinement de la bouture, et enlevez-la ensuite pour aérer la plante.

Placez un arceau métallique puis coiffez le pot d'un film plastique attaché avec du raphia.

sez pas trop, car la bouture transpirerait plus qu'il ne faut ; s'il s'agit de grandes feuilles, coupez-les à la moitié. Plantez les boutures en godets ou en pots, dans un mélange léger, moitié tourbe-moitié sable, ou moitié terreau-moitié sable. Arrosez et placez les godets en situation bien abritée, à mi-ombre. Arrosez régulièrement et bassinez les feuilles, mais laissez le substrat s'assécher légèrement entre 2 apports, pour éviter la pourriture. Les boutures herbacées étant fragiles et sensibles au froid, il est préférable de les abriter, le premier hiver, sous un châssis ou sous une serre (non chauffée, sauf pour les espèces non rustiques).

Lorsque de nouvelles pousses apparaissent, repiquez-les en pots dans un mélange plus nourrissant (terre, terreau, sable, à parts égales). Mettez les jeunes plantes en place dès qu'elles sont suffisamment vigoureuses et que le temps le permet.

● Boutures semi-ligneuses

Prélevez les boutures semi-ligneuses en été, sur les arbres et les arbustes, en particulier sur les persistants. Choisissez des tiges dont la base commence à virer au brun. Recoupez sous un œil et supprimez les feuilles de la partie inférieure. Disposez les boutures, sur le quart de leur longueur, dans une terre légère, en pépinière abritée ou en pots.

● Boutures ligneuses

À la fin de l'été, prélevez des boutures assez longues (20 à 30 cm) sur les arbres et les arbustes rustiques, notamment les espèces fruitières. Recoupez sous un œil et éliminez les feuilles de la base.

Préparation des boutures ligneuses

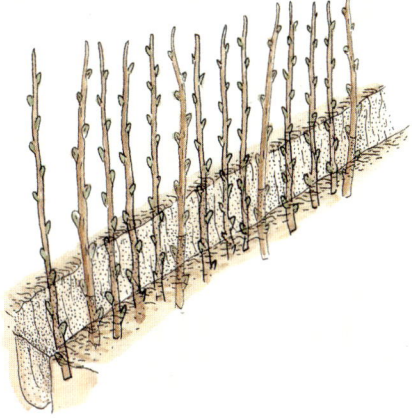

Avant l'hiver, placez les boutures ligneuses en tranchée, au jardin.

Ouvrez une petite tranchée de 10 cm de profondeur dans une partie abritée du jardin, dans un sol bien drainé (amendé avec du sable, si nécessaire), et alignez les boutures avant de reboucher et de tasser. L'année suivante, repiquez les boutures dans un autre endroit, ou en pots ; mettez les jeunes plantes en place quand elles sont bien développées.

● Bouturage en sec

Prélevez les boutures en automne, quand les rameaux sont dénudés (de préférence des boutures à talons, d'environ 20 cm de long). Constituez de petites bûches que vous mettrez dans le sable la tête en bas, tout l'hiver, à l'extérieur. En mars, plantez-les profondément au jardin, en pépinière.

Préparation des boutures ligneuses

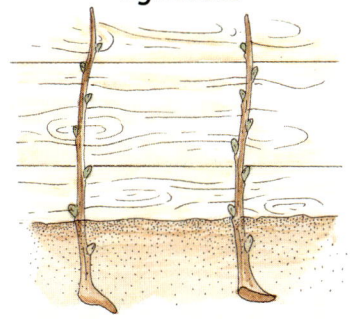

Avant l'hiver, placez les boutures ligneuses en tranchée, au jardin.

HORMONES DE BOUTURAGE

La poudre d'hormones, vendue en jardinerie, favorise l'apparition et le développement des racines sur les boutures. Trempez la base des boutures dans la poudre. Secouez-les ensuite pour éliminer l'excès, et plantez-les dans un mélange léger.

■ *Vos questions*
● Nos réponses

■ PLANTS DE POMMES DE TERRE

D'un an sur l'autre, nous gardons des variétés de pommes de terre roses. Nous les avons conservé dans une véranda peu chauffée. Les plants verdissent et se dessèchent. Comment obtenir une bonne germination ?

● *La conservation des plants de pommes de terre destinés à la plantation doit s'effectuer à une température constante comprise entre 3 et 4 °C. Le local doit être sombre, sain et bien aéré. Il ne devrait pas être nécessaire de les dégermer en cours de conservation. Quarante-cinq jours avant la plantation, placez les tubercules sur des clayettes, dans un local clair. La durée de l'éclairement doit être de 12 h par jour, sans soleil direct. La lumière est nécessaire à la formation de germes courts et bien colorés. Le dessèchement des pommes de terre, lors de leur conservation ou de leur germination, provient d'une atmosphère trop sèche. À l'inverse, si les tubercules pourrissent, le local est trop humide. L'hygrométrie idéale est de 85 %. Cette façon de procéder devrait augmenter vos rendements de 15 à 20 %. Rappelons que la pomme de terre ne doit pas revenir au même emplacement avant au moins quatre années. Ne la plantez pas après des tomates ou des aubergines, plantes de la même famille botanique. Vous limiterez ainsi les attaques de mildiou. La pomme de terre apprécie le voisinage des pois, haricots, épinards, du cresson de jardin et surtout des choux.*

◆ Bouturage de racine

Cette méthode est tout à fait adaptée aux vivaces à longues racines charnues, comme le physalis ou le pavot d'Orient. Prélevez les racines en automne ou en hiver, coupez-les en tronçons de 5 à 10 cm, et couchez-les dans une caissette, en les recouvrant de 1 ou 2 cm d'un mélange léger. Au printemps, lorsque les jeunes plantes apparaissent, placez-les en pépinière.

● Boutures à talon

Les boutures et semi-ligneuses, en particulier les boutures à sec, s'enracinent plus facilement quand elles sont prélevées avec un talon, c'est-à-dire un petit morceau d'écorce du rameau qui la porte. Détachez ce talon avec la bouture, simplement en arrachant le rameau à la main, ou en le coupant avec un couteau.

■ MARCOTTAGE

Proche du bouturage, le marcottage consiste à faire s'enraciner un rameau sans le détacher de la plante mère. Cette technique s'applique à tous les arbustes et plantes grimpantes présentant des rameaux suffisamment longs et bas pour être couchés sur le sol. Elle est adaptée aux espèces difficiles à bouturer, par exemple le magnolia ou le rhododendron. Utilisez-la aussi pour les clématites ligneuses *(Clematis montana)* et les ronces ornementales.
Sélectionnez un rameau suffisamment long, de l'année précédente, et supprimez les feuilles sur sa partie centrale. À cet endroit, entaillez légèrement l'écorce avec un couteau, et saupoudrez, éventuellement, avec un peu d'hormones de bouturage. Creusez ensuite un trou peu profond et enterrez cette partie centrale. Bloquez-la en place avec un cavalier métallique ou une pierre, et rebouchez. Redressez l'extrémité du rameau à l'aide d'un petit tuteur, et arrosez. L'enracinement demande souvent plusieurs mois. Lorsque de nouvelles pousses vigoureuses apparaissent à l'extrémité du rameau enterré, sevrez la marcotte en coupant en amont de la partie enterrée et transplantez, si possible avec la motte.

◆ Marcottage en cépée

Cette méthode permet d'obtenir de nombreuses jeunes plantes à partir d'un pied mère. On l'utilise pour des arbustes d'ornement, comme les bruyères.
En hiver, rabattez la plante à 10 cm du sol. Au printemps, de multiples pousses vigoureuses apparaissent, quand elles atteignent 10 à 15 cm, buttez la plante avec un mélange de terre et de sable. La base des jeunes rameaux va alors s'enraciner. Débuttez et prélevez les marcottes aux printemps suivants.
Beaucoup de plantes se marcottent naturellement: les tiges qui touchent le sol s'enracinent et donnent naissance à de nouvelles plantes, comme le chèvrefeuille et d'autres grimpantes de même type. Dans ce cas, la multiplication se résume au sevrage et à la transplantation des marcottes.

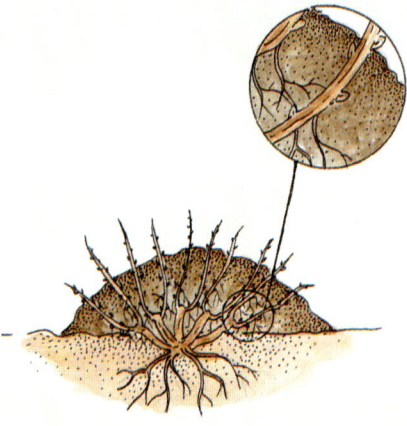

Marcottage en cépée

Après rabattage, buttez la souche pour que les rameaux s'enracinent.

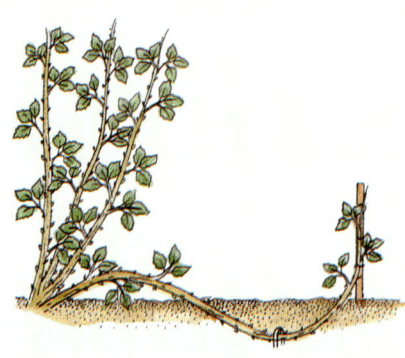

Marcottage

Enterrez une partie du rameau et soutenez l'extrémité par un petit tuteur.

MARCOTTAGE EN SERPENTEAU

Si le rameau à coucher est très allongé, enterrez-le plusieurs fois en pratiquant un marcottage en serpenteau.

Enterrez plusieurs fois un long rameau pour récupérer plusieurs marcottes enracinées.

♦ Marcottage aérien

Par marcottage aérien, la tige s'enracine hors sol. Cette méthode est pratiquée pour de nombreuses plantes d'intérieur à grand développement, et également pour la glycine ou l'hibiscus. Supprimez les feuilles sur la partie sélectionnée de la tige et incisez-la. Placez un bout d'allumette dans la plaie pour qu'elle ne se referme pas, et saupoudrez un peu d'hormones de bouturage. Entourez alors la tige d'un manchon de mousse humide (sphaigne de fleuriste) ou de tourbe, recouvert d'un film en plastique serré aux deux extrémités. L'enracinement demande plusieurs mois.

Vérifiez que la mousse demeure humide.

MARCOTTAGE AÉRIEN

1- Incision

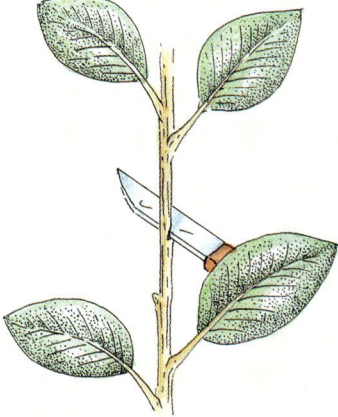

Incisez la tige et glissez une allumette dans la plaie.

2- Placement du manchon

Placez un manchon bourré de sphaigne ou de tourbe.

3- Mise en place du manchon

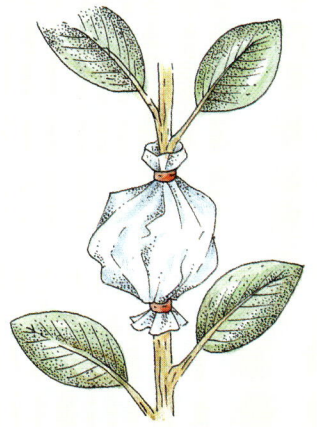

Fermez le film plastique avec de l'adhésif ou de la ficelle.

4- Sevrage

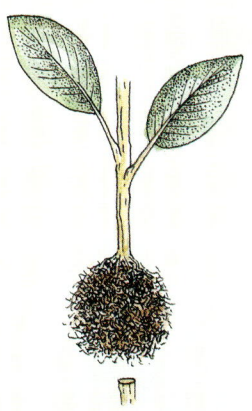

Après enracinement, sevrez la marcotte en coupant la tige.

■ *Vos questions*
● Nos réponses

■ MULTIPLIER LES ARBUSTES

Je désire bouturer des arbustes de mon jardin. Quels sont ceux qui peuvent l'être au mois de septembre ?

● *Les végétaux à feuillage persistant tels le buis, le fusain, l'aucuba, l'azalée, le cotonéaster, le houx, le mahonia, le pyracantha… se bouturent dès que les jeunes pousses sont suffisamment aoûtées (en voie de se transformer en bois). Opérez sous châssis, en serre ou en véranda. Supprimez-les feuilles de la base et réduisez de moitié les grandes feuilles conservées en haut. Placez les boutures dans des caissetttes profondes contenant du sable de rivière ou une terre sablonneuse. Maintenez le châssis fermé et ombré le temps de reprise des boutures, aérez une fois par jour pour assécher les verres. Sinon, mettez une vitre ou un plastique transparent sur le dessus des caissettes afin de favoriser une bonne humidité, aérez également.*

Les rosiers se bouturent aussi en septembre, lorsque les pousses commencent à durcir. Prélevez des tronçons de rameaux ayant fleuri. Les boutures doivent mesurer environ 20 cm de longueur. Coupez juste en dessous d'un œil. Enlevez les feuilles de la base et plantez les boutures les unes à côté des autres dans un coin du jardin. Choisissez une exposition ombragée et ajoutez du sable à votre terre. Seuls les deux yeux supérieurs doivent émerger de terre.

En mars, repiquez ces boutures tous les 25 cm en espaçant les rangs de 50 cm. Installez-les à leur place définitive à l'automne.

Cette méthode assez complexe consiste à « souder » la plante que l'on veut multiplier, sous la forme d'un greffon, sur un porte-greffe (en général un sauvageon), c'est-à-dire sur un sujet enraciné.

♦ Greffe en fente double

La greffe en fente double est surtout utilisée pour les arbres fruitiers. En mars-avril, sectionnez la tige d'un sujet développé au niveau correspondant au départ des branches charpentières. Avec une lame, faites une entaille verticale. Préparez deux greffons, prélevés sur des rameaux assez fins, munis de 3 bourgeons, et taillez leur base en sifflet. Mettez-les en place de part et d'autre de la fente (au contact de l'écorce), ligaturez avec du raphia et recouvrez complètement de mastic à greffer.

♦ Greffe en couronne

Cette technique est adaptée aux branches et aux troncs assez gros, pour régénérer un vieil arbre fruitier qui ne produit pas beaucoup. Coupez la tige et effectuez des incisions verticales afin de pouvoir soulever l'écorce. Préparez plusieurs greffons en taillant leur base en sifflet. Introduisez-les sous l'écorce, ligaturez avec du raphia et recouvrez de mastic.

♦ Greffe en écusson

L'écussonnage convient aux rosiers, aux arbres fruitiers et aussi à certains arbustes d'ornement. Avec un couteau, prélevez le greffon (un œil avec un morceau d'écorce, sans bois), en été, sur un rameau vigoureux. Incisez en forme de T sur le porte-greffe ; soulevez l'écorce et introduisez l'écusson. Ligaturez avec du raphia (en partant du haut et sans masquer l'œil). Ne posez pas de mastic.

GREFFE EN FENTE DOUBLE

1- Préparation des greffons

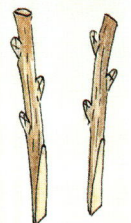

Préparez les greffons en les coupant en double biseau à la base.

2- Incision du porte-greffe

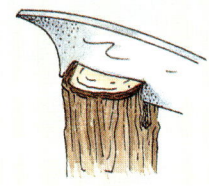

Incisez verticalement le porte-greffe, à l'aide d'un greffoir.

3- Mise en place des greffons

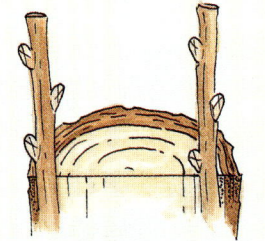

Placez les greffons en faisant coïncider les cambiums.

4- Ligature

Ligaturez au raphia et appliquez du mastic à greffer pour protéger les plaies du contact de l'air.

GREFFE EN COURONNE

1- Préparation des greffons

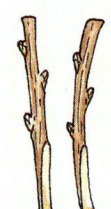

Préparez les greffons en les coupant en biseau à la base.

2- Incision du porte-greffe

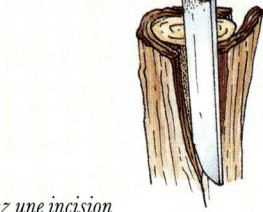

Effectuez une incision verticale de l'écorce sur une hauteur de 5 cm environ.

3- Mise en place des greffons

Insérez les biseaux des greffons sous l'écorce.

4- Ligature

Ligaturez avec du raphia et appliquez du mastic à greffer.

GREFFE EN ÉCUSSON

1- Préparation du greffon

Prélevez un œil avec un écusson d'écorce.

2- Incision du porte-greffe

Incisez l'écorce du porte-greffe en T.

3- Mise en place du greffon

Insérez le greffon dans la fente, en écartant les lèvres avec précaution.

4- Ligature

Ligaturez avec du raphia (sans mastiquer).

SAUVAGEONS

Les rejets qui se forment autour du pied de divers arbustes d'ornement greffés, du lilas en particulier, sont des sauvageons développés à partir des racines. Ils ne donnent donc pas la même floraison que la plante mère, puisque le porte-greffe est en général un lilas sauvage. Éliminez ces sauvageons en extirpant leurs racines.

◆ Greffe à cheval

Très utile pour de nombreux arbustes d'ornement, la greffe à cheval est assez simple à réaliser. Comme greffon, prélevez au printemps un rameau de même grosseur que la tige du porte-greffe (coupée à 20 cm du sol). Faites une entaille en V, en pointe, sur le porte-greffe, et une autre, en creux, sur le greffon. Emboîtez les deux parties, ligaturez avec du raphia et mastiquez.

GREFFE À CHEVAL

1-Réalisation de la greffe

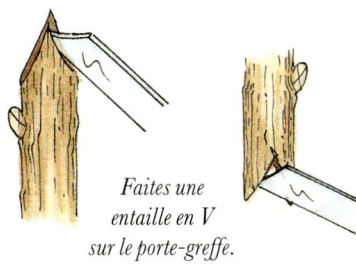

Faites une entaille en V sur le porte-greffe.

2-Ligature

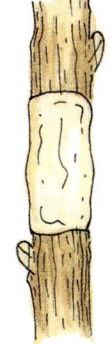

Emboîtez et ligaturez les 2 parties.

■ *Vos questions*
● Nos réponses

■ BOUTURAGE DU CYPRÈS
J'ai fait des boutures de cyprès de Leyland qui n'ont pas pris. Comment procéder pour les réussir ?

● *Pratiquez en septembre. Prélevez des boutures d'extrémité « à talon » (des pousses avec un tronçon de la branche porteuse). Trempez leur base dans une poudre d'hormones. Plantez-les en pleine terre sous cloche dans un mélange allégé par du sable. Vous pouvez les placer sous châssis ou en pots recouverts d'un film qui gardera chaleur et humidité. Aérez, maintenez le sol un peu humide et évitez l'échauffement en entrouvant vos cloches les jours de grand soleil. Repiquez les plants en place en avril-mai.*

■ BOUTURAGE DU CHÈVREFEUILLE
Possédant un beau chèvrefeuille, j'aimerais en faire des boutures. Comment dois-je procéder ?

● *En juillet et août, prélevez des extrémités de tiges de 10 cm de longueur. Ôtez les feuilles de la base et gardez celles de l'extrémité. Plantez-les en pépinière, voire en place, dans un mélange de sable de rivière et de tourbe, en situation ombragée. L'enracinement est rapide. Vous pouvez aussi placer les boutures dans de l'eau. Lorsque les racines mesurent environ 5 cm, plantez en terre. Surveillez les arrosages : trop d'eau risque de faire pourrir les jeunes plants, un manque entraînerait la mort de la plante. Au début, les jeunes racines ne sont pas assez étalées dans le sol pour y trouver assez d'eau.*

■ **FLORAISON DU SORBIER**

Mon sorbier âgé d'une quinzaine d'années n'a jamais fleuri. Il y a 4 ou 5 ans, je l'ai greffé avec des greffons qui portent des fleurs puis des fruits.
Le greffage a réussi mais l'arbre refuse toujours de fleurir. Pourquoi ?

● *Bien que votre arbre soit âgé de 15 ans, sa ramure, issue du greffage, n'a que 4 ou 5 ans. Il est normal qu'il ne fleurisse pas encore. Laissez-lui le temps de pousser, d'établir sa charpente. Cette dernière doit être suffisamment forte pour lui permettre de fleurir et de fructifier. Vous ne pouvez pas demander à un arbre trop jeune de se reproduire. Mais il est également possible qu'il soit trop vigoureux. Dans ce cas, il forme des pousses à bois au lieu de boutons floraux. Laissez-le se fatiguer sans lui apporter de nourriture, surtout pas d'engrais azoté qui favorise le développement du feuillage. Soyez patient, s'il est planté au soleil, il va fleurir.*

■ **DIVISION**

C'est la méthode de multiplication la plus utilisée, convenant également aux bulbeuses et à quelques arbustes, qui rejettent abondamment du pied (qui produisent de nombreuses pousses en périphérie); mais elle n'est pas adaptée aux vivaces présentant une grosse racine unique (pivot). Elle consiste tout simplement à diviser la plante mère, à la faire éclater, et à replanter ensuite les éclats qui vont former autant de plantes nouvelles.

Pratiquez la division en automne ou au printemps, à la fin ou au démarrage de la période de végétation.

Lorsque la plante émet de nombreux rejets, tout autour du pied, et parfois même à une certaine distance, contentez-vous de les prélever, ce qui évite de déranger la plante mère.

Mais un sujet qui présente une grosse souche fibreuse, ou une souche en partie ligneuse nécessite deux fourches-bêches placées dos à dos, et actionnées comme des leviers, ou encore un grand couteau, pour la faire éclater. Supprimez les parties trop vieilles, très lignifiées ou touchées par la pourriture, et gardez uniquement les éclats sains pourvus de bourgeons.

♦ **Plantes à rhizomes**

Pour diviser les iris, les hémérocalles et les autres plantes présentant un gros rhizome charnu, déterrez la souche en été (pour l'iris) ou en automne et, à l'aide d'un couteau bien propre, prélevez des segments d'une dizaine de centimètres. Éliminez les parties endommagées.

♦ **Plantes à tubercules**

Les tubercules de dahlia ou de bégonia se coupent au couteau bien affûté. Effectuez l'opération au moment de la plantation (en automne ou au printemps). Sectionnez le tubercule, chaque éclat présentant au moins un bourgeon.

♦ **Plantes à bulbes**

Quand vous arrachez les bulbes de tulipe ou de narcisse, en été, vous découvrez de petits bulbes accolés à leur base. Ce sont les caïeux, que vous pouvez prélever au moment de la plantation, pour les cultiver en pot ou en jardinage. Il faut compter en général 2 ou 3 ans pour que le caïeu donne une tige. Chez le crocus ou le glaïeul, le bulbe initial (appelé « cormus ») se dessèche après en avoir produit un autre au-dessus, ainsi que plusieurs caïeux tout autour: prélevez-les pour la multiplication.

Division des rhizomes d'iris

Coupez le rhizome
avec un couteau bien affûté.

Division des dahlias tubéreux

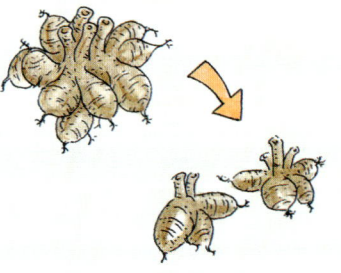

Effectuez la division
avant la plantation.

Division des caïeux

Prélevez les jeunes
bulbes qui se sont développés
sous le bulbe mère.

Achat et plantation

Où acheter les bulbes, les plantes vivaces, les arbustes d'ornement, les arbres fruitiers ? Les boutiques et les jardineries en proposent une gamme assez importante, mais le nom des espèces et des variétés n'est pas toujours très précis. Ce sont souvent des plantes de bonne qualité, mais assurez-vous de leur bonne santé en examinant chaque sujet.

■ ACHAT

La pépinière locale est peut-être la meilleure des sources. En effet, le pépiniériste vous proposera des plantes vraiment adaptées à la région, au sol et au climat, avec les meilleures garanties de reprise. Elles n'ont pas voyagé et sont en général en excellente santé. La diversité n'est pas toujours au rendez-vous, mais il est possible de visiter plusieurs pépinières, puisque ce métier semble actuellement en plein essor.
Si vous souhaitez disposer d'un très large choix et cultiver des plantes originales, vous avez à votre disposition toutes les pépinières de France et d'Europe. Il suffit de consulter leur liste (dans l'ouvrage *25 000 Plantes*, de la Société nationale d'horticulture de France, 26, rue Jacob 75006 Paris), et de vous faire envoyer leur catalogue.
Une fois commandées, les plantes vous seront expédiées par correspondance, en général dans de très bonnes conditions : il faut les déballer rapidement (dés réception) et vérifier chaque sujet avant de le mettre en place, car le transport est tout de même une épreuve pour les végétaux.

◆ Achat des vivaces

Achetez les vivaces au début de l'automne (septembre-octobre) ou au printemps. L'automne est préférable pour toutes les plantes robustes et rustiques, car elles ont le temps de s'installer avant les froids, et le printemps est à retenir, notamment pour les individus un peu frileux – et pour les régions à hiver rigoureux.
Les vivaces sont presque toujours présentées en godets, ce qui permet de les acheter et de les planter en pleine période de végétation – mais la reprise demande alors une étroite surveillance, notamment pour les arrosages. Vérifiez l'état de chaque plante: le feuillage doit être bien coloré et sain, sans trace d'oïdium, ni taches suspectes. Contrôlez aussi qu'il n'y a pas de parasites. Regardez sous le godet: si les racines sortent très abondamment par les trous de drainage, cela signifie que la plante est dans son godet depuis longtemps.
Les racines forment un nœud compact, qui rend difficile le développement, et il vaut mieux rejeter le sujet.

◆ Rosiers et arbustes

Achetez-les de préférence à racines nues, entre le 1er octobre et la fin mars. Ils sont moins onéreux que les plantes en godets et leur reprise est pratiquement assurée. Les tiges doivent être bien fermes, la charpente et le système racinaire équilibrés sans trace de pourriture.
Vérifiez également que le nom de l'espèce et la variété figurent bien sur l'étiquette.
De nombreux arbustes, y compris des rosiers, sont vendus en conte-

■ **Vos questions**
● Nos réponses

■ **FLEURIR UN MUR AU NORD**
Je désire planter des rosiers grimpants rouges contre un mur orienté au nord. Quelles variétés me conseillez-vous ?

● *Pour fleurir abondamment, la plupart des rosiers, surtout ceux à fleurs rouges, ont besoin d'une situation bien ensoleillée. Le nord ou l'ombre ne leur sont guère favorables. Cependant, quelques variétés supportent ces conditions difficiles. Mais elles portent des fleurs de couleur claire. 'Mme Alfred Carrière' est une variété ancienne à fort développement. Les grandes fleurs blanches, doubles, en bouquets, sont roses à l'épanouissement et deviennent crème en fanant. 'Albéric Barbier' est vigoureuse et présente des fleurs jaunes pâle. À part les rosiers, vous pouvez installer des plantes grimpantes qui fleurissent au nord. Retenez l'hortensia grimpant (Hydrangea petiolaris). C'est un grand arbuste sarmenteux qu'il faut palisser au début de sa croissance. Ensuite, il s'accrochera avec ses racines aériennes. Les fleurs blanches apparaissent en juin et juillet. La renouée du Turkestan (Fallopia Baldschuanica) forme des grappes de fleurs blanches qui donnent une impression de légèreté. Les feuilles sont petites, plus ou moins ovales. La croissance est rapide et la plante peut devenir envahissante. Certains chèvrefeuilles, supportent l'ombre. Le chèvrefeuille des bois (Lonicera periclymenum) est rustique et à feuilles caduques comme les deux autres grimpantes. Pour couvrir* ▶

neur au printemps et en automne. Comme pour les vivaces, veillez à ce que les racines ne sortent pas abondamment par les trous de drainage.

◆ Arbres fruitiers

Achetez-les de préférence à racines nues, en octobre-novembre, ou à la rigueur en hiver (jusqu'en mars). En pépinière, vous pouvez vous procurer une jeune branche greffée de 1 an (scion), qui reprend en général très facilement, mais il faut ensuite la tailler vous-même pour lui donner une forme. Il est aussi possible d'acheter des arbres déjà formés (fuseau ou quenouille, quart de tige, demi-tige ou tige), ou encore des formes palissées (palmette, cordon) à un prix évidemment beaucoup plus élevé. Devant l'abondance des variétés proposées, la principale difficulté sera certainement de faire un choix qui, pour être judicieux, doit tenir compte de la nature du sol, de l'emplacement prévu pour la plantation, de l'espace disponible, etc.

◆ Bulbes

Méfiez-vous des bulbes vendus en petits filets dans les grandes surfaces : vous risquez d'en trouver plusieurs desséchés, voire pourris. Achetez les bulbes dès qu'ils apparaissent sur le marché, en septembre-octobre pour les bulbeuses de printemps, en avril-mai pour les bulbeuses d'été. Choisissez les plus gros disponibles pour chaque variété, car un bulbe très volumineux offre une plus belle floraison. Les catalogues précisent le calibre des bulbes : sachez qu'il s'agit de la circonférence et non pas du diamètre (par exemple, des bulbes de tulipe ont une circonférence d'au moins 12 cm).
Vérifiez que les bulbes ne portent pas de trace de moisissure (c'est très fréquent !), que leur tunique est intacte et qu'ils sont fermes.

■ PLANTATION

Les plantes achetées en pépinière ou en jardinerie coûtent cher et sont destinées à devenir les plus beaux ornements de votre jardin. Il faut donc mettre toutes les chances de votre côté pour ne pas les perdre.

◆ Plantation des vivaces

Sauf s'il s'agit d'une espèce à grand développement, plantez les vivaces par groupe d'au moins trois ou cinq, ou plus, mais de préférence en nombre impair. C'est le bon moyen d'obtenir une masse conséquente de fleurs et de créer des taches de couleur.
Si vous décidez de consacrer une partie d'un massif à l'ancolie, au pavot d'Orient ou à une autre plante, assurez-vous d'abord que le sol est adapté; si nécessaire, amendez-le. Labourez et creusez

Mise en place des vivaces

Creusez un trou au transplantoir, mettez la plante en place en rebouchant avec de la terre fine. Tassez légèrement et arrosez généreusement.

les trous de plantation avec un transplantoir en les espaçant en fonction de l'étalement de chaque espèce. Mettez les plantes en place de manière que la base soit au niveau du sol. Rebouchez le trou avec de la terre fine et arrosez chaque plante. Par la suite, arrosez régulièrement : le sol doit rester frais jusqu'à ce que la

plante soit bien installée. Supprimez les mauvaises herbes et binez entre les pieds pour aérer le sol.

◆ Plantation des bulbes

Pour éviter la pourriture aux plantes bulbeuses et pour qu'elles refleurissent longtemps si vous les laissez en place, il faut prendre des précautions à la plantation. La plupart aiment les terres bien drainées et légères, qu'il peut être nécessaire d'amender avec un mélange de terreau et de sable.

Plantation des bulbes

En général, on place les bulbes à une profondeur égale à deux fois leur hauteur.

La profondeur de plantation variant selon les espèces, il faut, en général, enterrer un bulbe sous deux fois sa hauteur: un peu plus en terre légère, et un peu moins en sol compact et lourd. Dans les zones fraîches, une plantation profonde permet aux bulbes de mieux résister au gel.

◆ Plantation en groupe

Si vous plantez une dizaine ou une quinzaine de bulbes, dans l'idée de créer une tache colorée dans une rocaille ou un massif, creusez un trou de 10 à 20 cm de profondeur, selon la grosseur des bulbes, et déposez, dans le fond, un peu d'engrais pour plantes bulbeuses, ou de poudre d'os. En terrain lourd, étalez d'abord une couche de terre mélangée à du gravier fin. Mettez ensuite les bulbes en place, la pointe en l'air, en les espaçant en fonction de l'étalement de la plante. Rebouchez avec de la terre bien émiettée et arrosez.

RONGEURS

Les mulots, les souris et d'autres rongeurs se montrent très friands des bulbes : ils les déterrent, surtout en hiver, et les dévorent. Si vous plantez en groupe, recouvrez les bulbes d'une légère couche de terre, puis posez un grillage métallique ou en plastique, à mailles pas trop grosses, qui fera échec au fouissage des rongeurs.

◆ Plantation en isolé

Utilisez le plantoir à bulbe: il enlève une grosse carotte de terre et permet de planter à la bonne profondeur, en particulier les tulipes. Pour faciliter le drainage, versez une poignée de sable, ou de sable mélangé à un peu de terreau dans le fond du trou. Mettez le bulbe en place et rebouchez avec la carotte de terre (de préférence émiettée), avant d'arroser. Vous pouvez aussi planter avec un transplantoir.

Si vous plantez de petits bulbes (des crocus, par exemple) sur une pelouse ou dans une prairie, n'utilisez pas le plantoir ordinaire, pointu, car il laisse une cavité sous le bulbe : l'eau s'y accumule et la plante pourrit. Servez-vous plutôt d'un bâton, non pointu, ou du manche d'un outil. Là encore, versez un peu de sable dans le fond du trou pour

---

Plantation des petits bulbes

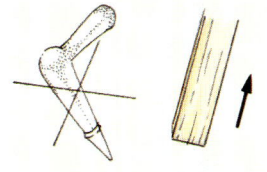

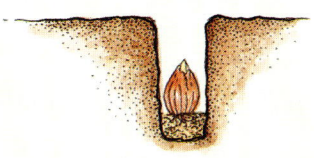

Utilisez un bâton à bout plat, et non un plantoir classique, pour ouvrir le trou de plantation. Jetez un peu de terreau additionné de sable dans le fond.

éviter la pourriture. Si vous souhaitez que les bulbes se naturalisent sur la pelouse, ne tondez pas avant que le feuillage des plantes ait jauni de lui-même, et n'utilisez pas de désherbant avant la première tonte.

■ PLANTATION DES ARBRES ET DES ARBUSTES

On plante à racines nues les arbres fruitiers, les rosiers et certains arbres et arbustes d'ornement, et en conteneur, avec leur motte, les persistants et les conifères, ainsi que de nombreux arbres et arbustes d'ornement.

◆ Plantation à racines nues

Ouvrez un trou d'une profondeur et d'un diamètre suffisants pour contenir toutes les racines, sans les déformer ni les plier. Ameublissez le fond à la fourche-bêche et incorporez éventuellement un peu d'engrais de fond. Au cas où il est nécessaire d'améliorer le drainage, creusez plus profondément et étalez une couche de terre mélangée à du gravier fin, ou un mélange de terre, de terreau et de sable.

▶ le mur, même en hiver, préférez le chèvrefeuille du Japon (L. japonica) aux fleurs jaunes ou rouges, parfumées.

■ SOIGNER DES HORTENSIAS

Je ne réussi pas la culture des hortensias : je les ai placés à plusieurs endroits, en vain, ils ne fleurissent pas. Ceux de mes voisins sont superbes. Comment les cultiver ?

● Il faut à l'hortensia une situation mi-ombragée, à l'aplomb de grands arbres. Il doit être planté dans un sol léger, riche en matières organiques, neutre ou peu acide. Si votre sol est lourd, allégez-le lors de la plantation en incorporant de la tourbe et de la terre dite de bruyère. Mélangez bien le tout. Ne faites pas une fosse de plantation. L'absence de floraison peut provenir de froids rigoureux surtout s'ils surviennent après une période de redoux en fin d'hiver. Les bourgeons démarrent puis sont abîmés par le froid. Ne taillez pas trop tôt vos arbustes. Mais si les fleurs n'apparaissent pas tous les ans, vos hortensias sont peut-être trop vigoureux en raison d'apports azotés importants. Cet élément favorise le développement du feuillage au détriment des boutons floraux. Taillez aussi au bon moment. Deux périodes sont possibles, soit en fin d'été, soit au printemps. La seconde solution est préférable dans les régions froides ou pluvieuses. Supprimez les fleurs fanées, le bois mort et quelques rameaux anciens du centre pour rajeunir les pieds. Ne taillez pas les pousses qui se sont développées dans l'année : elles porteront les fleurs l'été suivant.

Constituez un monticule de terre dans le fond du trou pour placer les racines, et orientez la face la plus décorative de la charpente du côté exposé aux regards. Réglez la hauteur en posant un tasseau de bois en travers du trou: le collet de l'arbre ou de l'arbuste, c'est-à-dire la limite entre tige (ou tronc) et système racinaire, marquée par un changement de couleur, doit se trouver au niveau du sol, ou légèrement au-dessus si le trou est profond, pour tenir compte du tassement ultérieur. S'il s'agit d'un sujet greffé, le point de greffe se trouvera un peu au-dessus du sol. Si nécessaire, ajustez la hauteur du monticule de terre.

Avant la plantation, trempez les racines de la plante dans une boue fertile, composée de pralin (que l'on trouve en jardinerie), pour favoriser les chances de reprise. Vous pouvez également la préparer vous-même avec de la terre argileuse et un peu de poudre d'hormones de bouturage (ou de la bouse de vache).

Rebouchez avec de la terre fine, éventuellement enrichie de terreau, en secouant légèrement les racines pour qu'elle pénètre. Ne tassez pas avec le pied, vous risqueriez d'endommager les racines. En revanche, arrosez copieusement (au moins 2 arrosoirs): la terre va se tasser d'elle-même et

PLANTATION D'UN ARBUSTE À RACINES NUES

Installation

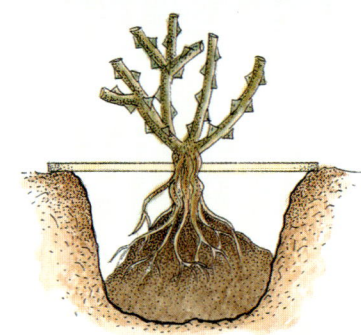

Asseyez les racines sur une butte de terre. Vérifiez, à l'aide d'un tasseau, que le collet se trouve au niveau du sol.

Pralinage

Ne tassez pas avec le pied, mais arrosez copieusement : la terre se tassera d'elle-même.

CONSEILS D'ARROSAGE

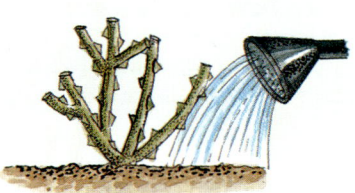

Ne tassez pas avec le pied, mais arrosez copieusement : la terre se tassera d'elle-même.

Ménagez une dépression autour de la plante pour retenir l'eau d'arrosage.

adhérer aux racines. Ajoutez de la terre, si nécessaire. Pour faciliter les arrosages, formez une cuvette autour du tronc, d'un diamètre correspondant à l'encombrement des racines.

Si vous plantez un arbre ayant déjà un tronc, son tuteurage est indispensable. Utilisez un poteau de bois dur fiché solidement en terre, avant la mise en place de l'arbuste.

Pour protéger l'arbre des coups de soleil, placez le tuteur au sud du tronc et attachez-le sans trop serrer avec un collier spécial acheté

en jardinerie. Vous pourrez resserrer quelques semaines plus tard, lorsque le sol se sera stabilisé.

Quand vous déballez un arbuste à racines nues, examinez bien les racines. Si nécessaire, procédez à un habillage, en supprimant les parties cassées ou endommagées au sécateur.

◆ Rosiers en motte

Les rosiers sont parfois vendus dans un emballage en plastique, leurs racines étant simplement enveloppées dans de la tourbe. Il s'agit de plantes à racines nues,

PLANTATION D'UN ARBRE

1- Plantation du tuteur

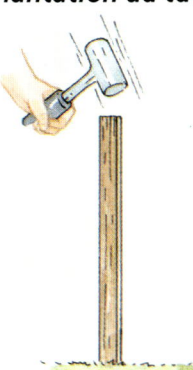

*Enfoncez un solide tuteur
dans le trou de plantation, sur une
profondeur de 50 cm.*

2- Fixation au tuteur

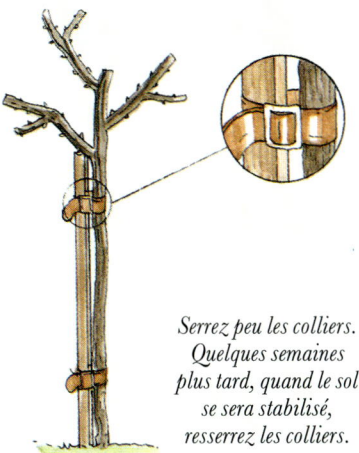

*Serrez peu les colliers.
Quelques semaines
plus tard, quand le sol
se sera stabilisé,
resserrez les colliers.*

Habillage

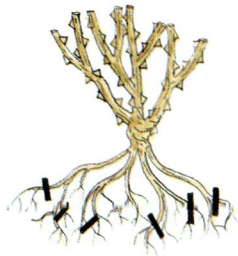

*Raccourcissez les racines et les rameaux
pour aider à la reprise après plantation.*

qu'il faut traiter comme telles. En revanche, s'ils sont vendus avec une motte de terreau maintenue par un filet, on les plante comme des rosiers en conteneur, sans abî-mer la motte et même sans retirer le filet qui finira par se décompo-ser dans le sol.

◆ Arbustes de terre de bruyère

Les arbustes de terre de bruyère, le rhododendron, l'azalée, le kalmia, l'hamamélis, l'érable, la bruyère, sont vendus en conteneur. Ils ont besoin d'un sol très acide, sinon ils sont touchés par la chlorose et ils périclitent. Il faut donc prendre des précautions à la plantation, notamment pour les rhododendrons et les azalées. En sol neutre, creusez un trou de 40 ou 70 cm de profondeur et de diamètre (selon les dimensions de la plante à l'état adulte) et remplissez-le entièrement de terre de bruyère (éventuellement mélangée à de la tourbe). En sol nettement calcaire, tapissez l'orifice d'un film « paysage », que vous aurez percé de quelques trous. Vous pouvez aussi planter les rhododendrons dans un vaste conteneur enterré (grande poubelle, par exemple), ou encore dans un massif surélevé, remblayé de terre de bruyère.

JAUGE

Si vous devez différer la plantation d'arbustes à racines nues, placez-les en jauge, dans une tranchée ouverte au jardin, de manière que leurs racines soient recouvertes de terre.

■ **Vos questions**
● Nos réponses

■ **HAIE DE NOISETIERS**
Je désire planter une haie de noisetiers de 100 m de longueur, une face exposée au sud, l'autre au nord. Quelles sont les meilleures variétés, les distances de plantation...

● Le noisetier a besoin d'une situation aérée et ensoleillée. Il préfère un sol léger, frais et profond, riche en humus. Un sol trop lourd ou au contraire trop sec occasionne une végétation peu vigoureuse par asphyxie des racines ou manque d'eau. Il tolère la présence de calcaire. Lors de la plantation, prévoyez un apport de fumier (400 kg par are), d'engrais phospho-potassique. Achetez des plants âgés de deux ans, plantez-les en les espaçants de 3 m. Ils vont former des buissons naturels avec des troncs courts. La taille consiste uniquement à éliminer chaque année une ou deux branches âgées pour aérer le centre des touffes. La pollinisation s'effectuant principalement par le vent, la ramure doit être assez aérée pour permettre la fécondation des fleurs femelles du centre de la touffe. Conservez une dizaine de branches charpentières par pied et limitez leur hauteur autour de 3 m. Alternez plusieurs variétés pour favoriser la pollinisation et obtenir plus de noisettes. 'Ronde de Piémont' est fécondée par 'Segorbe' ; 'Fertile de Coutard' par 'Ségorbe', 'Longue d'Espagne' et 'Merveille de Bollwiller' par 'Cosford'. Maintenez le sol propre par des sarclages. Pour lutter contre le balanin des noisettes, responsable des fruits véreux, binez souvent le sol pendant l'été.

Défense des plantes cultivées

Dans un jardin nettoyé et bien entretenu, aux cultures diversifiées, et au sol régulièrement travaillé et biné, les plantes sont en général peu touchées par les maladies et les insectes.

Cependant, il arrive qu'une attaque d'un champignon parasite, de chenilles ou de pucerons ruine complètement une culture potagère, compromette la récolte d'un arbre fruitier ou conduise à la perte d'un arbuste d'ornement. Beaucoup de maladies et de parasites sont spécifiques à telle ou telle plante (ou famille de plantes). D'autres, en revanche, touchent une bonne partie des espèces cultivées.

Une période de sécheresse, un sol ou une exposition ne répondant pas aux exigences d'une plante sont des facteurs qui entraînent sa vulnérabilité.

De même, les risques sont accrus pour les plantes, comme la tomate ou la pomme de terre, cultivées sur de vastes étendues, ou le cerisier dans une région productrice de cerises.

■ PRINCIPALES MALADIES

♦ Oïdium (ou blanc)

Au premier symptôme apparaissent de petites taches blanches sur les feuilles. Ensuite, une sorte de poussière blanche ou grisâtre se développe sur la plante. L'oïdium touche les tiges, les feuilles et les boutons floraux. Une saison fraîche et sèche, mais aussi, parfois, un temps humide favorisent cette maladie.

PRÉVENTION
Espacez suffisamment les plantes pour permettre une bonne circulation de l'air; si nécessaire, éclaircissez le feuillage par la taille, arrosez régulièrement et bassinez. Évitez l'excès de fumures et d'engrais azoté.

TRAITEMENT
Éliminez les parties touchées et pulvérisez un fongicide à base de soufre.

JARDINAGE BIOLOGIQUE
Pulvérisez de la décoction de prêle, ou une solution de soufre minéral dans l'huile de pin (vendue dans certaines jardineries).

♦ Mildiou

Les feuilles des plantes infectées se couvrent de taches jaunâtres ou blanchâtres, et d'un feutrage grisâtre au revers. Les extrémités se dessèchent et la plante périclite. Le mildiou se développe surtout quand la saison est particulièrement humide.

PRÉVENTION
Ameublissez et aérez le sol régulièrement, et améliorez le drainage ; arrosez sans mouiller le feuillage ; sur les plantes à risque, effectuez des pulvérisations de fongicide à base de cuivre (bouillie bordelaise).

TRAITEMENT
Supprimez rapidement les parties malades et traitez à la bouillie bordelaise.

♦ Pourriture grise (botrytis)

Apparition d'un feutrage grisâtre sur les feuilles et les tiges, suivie de larges taches brunâtres sur les feuilles ; la pourriture se propage rapidement. Ce champignon parasite cause des dégâts à la faveur d'une forte humidité.

PRÉVENTION
Amendez le sol pour améliorer le drainage et évitez l'excès d'engrais azoté, tout en fertilisant pour stimuler la croissance. Espacez suffisamment les plantes pour qu'elles soient bien aérées.

TRAITEMENT
Détruisez les parties ou les plantes touchées et traitez au fongicide.

♦ Fonte des semis

Les plantules se couchent juste après la germination et pourrissent. Cette maladie cryptogamique touche avant tout les semis sous abri ou en caissette, et se déclare parfois en plein air, sur les semis trop denses.

PRÉVENTION
Semez dans des caissettes bien nettoyées, sur un terreau à semis ou un terreau désinfecté. Semez clair pour que l'air circule entre les plantes. Dès la levée, aérez largement les caissettes.

TRAITEMENT
Si la maladie se déclare, enlevez toutes les plantules touchées et traitez au fongicide.

♦ Rouille

De petites taches jaunes, blanches ou brunes apparaissent sur la face supérieure des feuilles ; sur la face inférieure se développent des sortes de pustules ; la plante stagne ou dépérit.

PRÉVENTION

Évitez les excès d'engrais; sur les arbres et les arbustes (prunier, groseillier, rosier), ramassez les feuilles en automne, pour les brûler.

TRAITEMENT

Pulvérisez un fongicide spécifique pour la rouille.

◆ Virus

De nombreuses maladies à virus se traduisent par des déformations et des décolorations du feuillage (c'est pourquoi on les appelle « jaunisse » ou « mosaïque »), et l'arrêt de la croissance. Toutes sont extrêmement graves et entraînent la mort des plantes.

PRÉVENTION

Examinez très soigneusement les plantes avant de les acheter en jardinerie ou chez un pépiniériste ; rejetez celles qui vous paraissent suspectes par leur aspect ou bien par la couleur du feuillage; luttez contre les pucerons (principaux vecteurs des viroses) et les autres insectes parasites.

Nettoyez et désinfectez les outils de coupe (entre deux tailles).

TRAITEMENT

Arrachez et brûlez les plantes infectées.

■ PRINCIPAUX PARASITES

◆ Pucerons

Il en existe de très nombreuses espèces, d'aspect et de couleur très divers. Ces très petits insectes piquent la plante pour sucer la sève, provoquant ainsi son affaiblissement, la déformation des jeunes pousses et la décoloration des feuilles.

En outre, ils sécrètent une substance sucrée, le miellat, qui est rapidement envahie par un champignon pour former un enduit noir (la fumagine), très difficile à enlever sur le feuillage. Les pucerons sont aussi les vecteurs des maladies à virus.

■ *Vos questions*
● Nos réponses

■ BRANCHES DESSÉCHÉES
Je possède une haie d'aucubas de 4 ou 5 m de hauteur, située le long d'un mur, dont des feuilles puis des branches entières se dessèchent. Je les ai coupées et brûlées mais la « maladie » semble se propager. Que faire ?

● *Le noircissement des feuilles peut être le fait de brûlures, si les aucubas, plantes de mi-ombre, sont plantés en situation trop chaude, surtout dans votre région. Ce phénomène peut se produire en sol trop sec ou au contraire trop humide, ou trop calcaire. Mais en raison de l'âge de vos arbustes, la nature du sol est certainement responsable , les racines rencontrant une zone ne leur convenant pas. Apportez-leur, tous les ans, en fin d'hiver, de la corne torréfiée.*

PRÉSERVEZ LA SANTÉ DES PLANTES

TRAVAILLEZ LE SOL

Pour éviter les maladies et les attaques de parasites, une bonne hygiène est essentielle. Travaillez régulièrement le sol en l'ameublissant par des bêchages et des binages. Luttez contre les mauvaises herbes, qui servent souvent de refuge et de relais aux ennemis des plantes cultivées. Éliminez les déchets végétaux, qui attirent les limaces et isolez le tas de compost.

NETTOYEZ LES PLANTES

Supprimez les parties endommagées ou pourries, et pansez les plaies d'élagage en appliquant du goudron de Norvège. Au potager, et même dans les massifs d'annuelles, observez une rotation sur 3, 4 ou 5 ans. Il faut diviser les plantes en 5 groupes, chaque groupe rassemblant les plantes d'une même famille ou d'un même type.

EXEMPLES

1er groupe : légumes-feuilles (salades, chou et toutes les plantes de sa famille, épinards, fenouils) ;
2e groupe : bulbes (oignon, échalote, ail, poireau) ;
3e groupe : pois, haricots, fèves, engrais verts ;
4e groupe : légumes-racines (radis, carotte, panais) ;
5e groupe : légumes-fruits (concombre, aubergine, tomate, melon, poivron) et pomme de terre.
Si vous cultivez une plante potagère sur une grande étendue, fractionnez cette culture en plusieurs planches éloignées les unes des autres, afin de réduire les risques de contagion.
Sélectionnez des variétés résistant aux maladies, surtout si vos plantes ont été malades les années précédentes.
Faites pousser de préférence des espèces très rustiques : celles sensibles au froid sont plus vulnérables aux maladies.
Semez des plantes aromatiques et condimentaires, qui repoussent les parasites.

Puceron vert

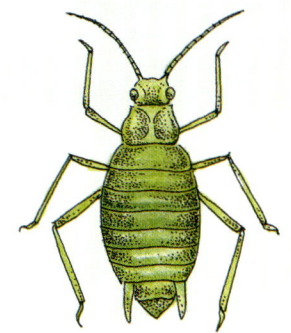

Cette espèce parasite notamment les jeunes pousses de rosier.

PRÉVENTION
Fertilisez les plantes, mais sans excès, pour qu'elles résistent mieux. En effet, une dose trop forte d'engrais azoté attire, au contraire, les pucerons. Favorisez les prédateurs naturels du puceron, en particulier les coccinelles, les guêpes parasites, les chrysopes.

TRAITEMENT
Pulvérisez un insecticide d'origine végétale, à base de pyrèthre ou de roténone. Sur les arbustes et les plantes suffisamment fermes, vous combattrez les pucerons par des jets d'eau sous pression suffisamment puissants.

JARDINAGE BIOLOGIQUE
Pulvérisez une infusion de tanaisie, une décoction de bois de quassia ou une solution de savon noir (autres infusions efficaces: absinthe, rhubarbe, pelures d'oignons, épluchures de pommes de terre).

♦ Cochenille

Ce parasite se présente souvent sous la forme d'un bouclier recouvert de petites écailles brunes, collées aux tiges et sous les feuilles (cochenilles à bouclier). Il existe aussi des cochenilles dites « farineuses », qui lais-

sent sur les tiges et les feuilles de petits dépôts blanchâtres facilement identifiables. Comme le puceron, ce sont des insectes suceurs qui affaiblissent considérablement la plante.

Cochenille

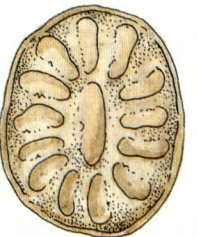

La cochenille est un parasite difficile à éliminer.

PRÉVENTION
Effectuez un traitement d'hiver sur les arbres et les arbustes.

TRAITEMENT
Utilisez un insecticide spécifique (émulsions d'huiles) contre les cochenilles.

JARDINAGE BIOLOGIQUE
Enlevez les parasites en brossant les plantes.

♦ Thrips

Petits insectes ailés, de 1 à 2 mm de long, brunâtres ou jaunâtres. Ils se logent au revers des feuilles, qu'ils piquent et dont ils sucent la sève, entraînant l'apparition de

Thrips

Ce parasite affaiblit la plante et lui transmet des maladies virales.

petites taches blanches sur la face supérieure (le revers paraît sale). Les thrips sont en outre les vecteurs de maladies virales.

PRÉVENTION
Bassinez et arrosez les plantes cultivées sous serre et châssis ; arrosez régulièrement au jardin.

TRAITEMENT
Utilisez un insecticide d'origine végétale (roténone).

JARDINAGE BIOLOGIQUE
Jet d'eau froide sur le revers des feuilles.

♦ Nématode

Petits vers parasites, vivant dans le sol et mesurant moins de 1 mm de long, qui piquent les racines et les tiges. La plante s'affaiblit, jaunit et présente souvent des galles (excroissances) sur les racines et à la base.

PRÉVENTION
Les nématodes sont souvent introduits dans un jardin par l'intermédiaire d'une plante en godet qui contient de la terre infestée : achetez des plantes chez les pépiniéristes sérieux.

JARDINAGE BIOLOGIQUE
Cultivez des œillets d'Inde, en particulier *Tagetes patula* 'Nemagon', dont les racines sécrètent des substances qui réveillent les nématodes sans les nourrir, les parasites meurent donc rapidement. Amendez les sols humides et malsains, ou posez des drains.

♦ Mouche blanche (aleurode)

Petit insecte de couleur blanche ou grise, de 1 à 2 mm de long, qui se manifeste surtout quand il fait chaud et sec ; c'est un parasite fréquent des serres et des plantes

Mouche blanche

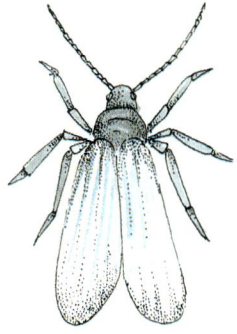

Ce parasite attaque particulièrement les plantes cultivées à l'intérieur ou en serre.

d'intérieur. Il pique les feuilles, affaiblit la plante et entraîne le développement de fumagine (comme le puceron).

PRÉVENTION

Arrosez régulièrement et bassinez le feuillage ; aérez les serres.

TRAITEMENT

Pulvérisez un insecticide d'origine végétale.

JARDINAGE BIOLOGIQUE

Pulvérisez une infusion de tanaisie.

♦ Ver fil de fer (taupin)

Ver cylindrique et fin, jaune vif, à tête plus foncée, de 15 à 25 mm de long. Il s'agit, en fait, non pas d'un ver, mais de la larve d'un coléoptère, le taupin. Les larves, parfois très nombreuses, s'atta-

Ver fil de fer

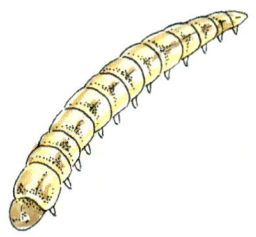

La larve du taupin s'attaque aux racines charnues et aux tubercules.

quent aux racines, en particulier aux racines charnues et aux tubercules des plantes potagères, dans lesquelles elles creusent de petites galeries.

PRÉVENTION

Travaillez régulièrement le sol et effectuez des binages; chaulez les terres acides, et favorisez les prédateurs naturels (oiseaux, taupes, musaraignes)

LUTTE

Piégez les vers fil de fer en enterrant des pommes de terre coupées en deux à 2 ou 3 cm de profondeur (face coupée au-dessous); ramassez après quelques jours.

♦ Chenilles

De nombreuses chenilles de papillon s'attaquent au feuillage des plantes qu'elles dévorent parfois à grande vitesse. C'est le cas de la noctuelle, très courante, de la phalène et du bombyx. De couleurs diverses, ces chenilles sont surtout actives la nuit.

Chenille

La chenille cause surtout des défoliations aux plantes.

LUTTE

Nettoyez le jardin et désherbez (les mauvaises herbes constituent un abri pour les chenilles). Binez régulièrement. Favorisez les prédateurs naturels (merles, oiseaux, chauves-souris).

TRAITEMENT

Procédez au ramassage systématique. Traitez à l'aide d'un insecticide de contact.

JARDINAGE BIOLOGIQUE

Traitez au Bt *(Bacillus thuringiensis)*, que l'on trouve dans certaines jardineries, efficace contre toutes les chenilles.

♦ Ver blanc (hanneton)

Bien connue, la grosse larve blanche du hanneton dévore les racines de nombreuses plantes, tandis que le hanneton adulte s'attaque aux feuilles des arbres.

Ver blanc

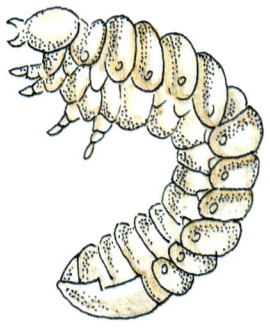

La larve du hanneton cause de gros dégâts aux racines des plantes.

■ *Vos questions* ● Nos réponses

■ ARAIGNÉES ROUGES SUR HARICOTS VERTS

Je ne peux cultiver des haricots verts sans les perdre. Les feuilles se dessèchent en quelques jours à cause d'attaques d'araignées rouges. Que me conseillez-vous ?

● *Les araignées rouges sont de plus en plus nombreuses depuis quelques années en raison de fortes chaleurs et de l'air particulièrement sec de nos derniers étés. Pulvérisez un produit spécialisé contenant du dicofol. Respectez bien les doses indiquées et arrêtez les traitements au moins quinze jours avant la récolte.*

Bêchez et binez régulièrement; favorisez les prédateurs naturels : oiseaux, chauves-souris, hérissons, taupes.

TRAITEMENT
Utilisez des insecticides du sol (en doses minimes).

JARDINAGE BIOLOGIQUE
Procédez au ramassage systématique des hannetons (en secouant les arbres).

♦ Tétranyques

Ces acariens parasites sont de très petites araignées, rouges ou jaunes, qui se logent au revers des feuilles ; elles piquent les tissus et tissent de très fines toiles. Le feuillage se ternit, et le revers des feuilles prend une couleur argentée. Les tétranyques envahissent les serres et les plantes d'intérieur, mais on les trouve aussi au jardin, notamment sur les arbres fruitiers et sur les légumes.

PRÉVENTION
Effectuez des bassinages réguliers du feuillage, et arrosez régulièrement : les tétranyques n'aiment pas l'humidité. Évitez

Araignée rouge

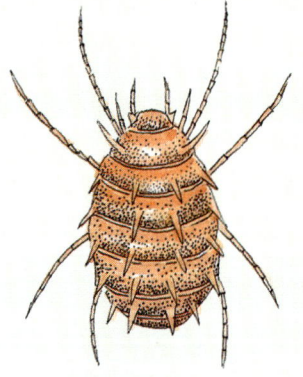

Cet acarien se développe surtout par temps sec.

les excès d'engrais azoté. Procédez à un traitement d'hiver, sur les arbres et les arbustes, pour supprimer les formes hivernantes.

TRAITEMENT
Utilisez un insecticide spécifique (acaricide).

JARDINAGE BIOLOGIQUE
Pulvérisez un insecticide d'origine naturelle (roténone, pyrèthre). Nettoyez les plantes au jet d'eau.

■ RAVAGEURS

♦ Limaces et escargots

Il existe plusieurs espèces de limaces, et celles qui commettent le plus de dégâts sont les plus petites (la limace horticole se montre particulièrement active au printemps). Les escargots sont beaucoup moins redoutables.

LUTTE
Les appâts empoisonnés sont efficaces, mais dangereux pour les animaux domestiques (même quand ils contiennent un répulsif). Placez-les sous une tuile pour que chiens et chats ne les atteignent pas.

JARDINAGE BIOLOGIQUE
Effectuez un ramassage systématique, surtout le soir, à l'aide d'une lampe torche. Nettoyez le jardin des déchets et émiettez le sol pour que les limaces ne puissent pas s'abriter sous les mottes. Déposez une couche épaisse de cendre de bois autour des plantes sensibles, et posez des appâts: morceaux de pomme de terre, légumes en partie pourris, sous une planche ou sous une tuile, et ramassez les limaces. Favorisez les prédateurs naturels, en particulier les oiseaux (merles),

les hérissons et les musaraignes. Si vous avez une basse-cour, lâchez de temps en temps les poules (et les canards) dans le jardin.

♦ Campagnols

Le campagnol terrestre, de couleur brune, et le campagnol des champs, de couleur grise, creusent des galeries et rongent les racines des plantes et des légumes du potager, ainsi que l'écorce des arbres et des arbustes.

PRÉVENTION
Favorisez les prédateurs naturels, rapaces (installation de perchoirs), belettes (dépôt de tas de pierres). Élevez des chats. Grillagez les jeunes arbres à la base du tronc.

LUTTE
Utilisez des pièges (mettez des gants pour les manipuler car les rongeurs fuient l'odeur humaine), et des appâts empoisonnés en prenant les précautions d'usage.

♦ Oiseaux

Certaines espèces causent parfois des dommages importants aux semis (notamment le gazon), mais attaquent surtout les arbres fruitiers sur lesquels ils dévorent la récolte (en particulier les étourneaux). D'autres oiseaux mangent aussi les bourgeons, au début du printemps.

LUTTE
La seule protection efficace consiste à recouvrir les arbres et les arbustes fruitiers (groseilliers, framboisiers) ainsi que les formes basses d'arbres fruitiers de filets anti-oiseaux. Ces filets sont conçus pour que les oiseaux ne puissent pas s'y prendre, et ne présentent donc aucun danger.

Taille des végétaux

La taille n'a pas seulement pour but de former les végétaux. Elle vise aussi à diriger la sève vers la production de fruits ou à encourager la naissance des fleurs selon les cas.

■ TAILLE DES ARBRES FRUITIERS

Par sa complexité, la taille des arbres fruitiers effraie toujours un peu le jardinier. Il existe, d'ailleurs, de nombreux traités sur la question, et les spécialistes sont loin d'être d'accord sur tout. Cependant, pour un amateur, les choses peuvent être assez simples. Les arbres de plein vent ne posent guère de problème : après la taille des 2 ou 3 premières années, on se contente d'un élagage périodique pour éclaircir la charpente et rapprocher la fructification du centre de l'arbre. Il en va autrement des formes palissées, qui concernent surtout les pommiers, les poiriers, les pêchers et les abricotiers, les plantes grimpantes (vigne et actinidia), les arbustes (framboisier, groseillier, cassissier) et, accessoirement, les cerisiers que l'on mène quelquefois en palmette. Pour ces fruitiers, dressés contre un mur ou en contre-espalier, la taille est d'abord nécessaire pour donner une forme, ensuite pour la conserver et favoriser la fructification. Dans la partie consacrée aux arbres fruitiers, vous trouverez des conseils de taille de formation spécifiques à chaque espèce. Revenons ici, d'une manière plus générale, aux principaux problèmes que ren-contre un jardinier amateur pour donner une forme à ses arbres, et sur quelques particularités. Rappelons que l'on taille plutôt long un arbre vigoureux, et plutôt court un sujet faible.

◆ Pommier et poirier (arbres fruitiers à pépins)

Ces deux espèces sont habituellement cultivées en espalier et en contre-espalier. Les formes les plus courantes sont le U simple (espacement de 60 cm) et le U double (1,20 m), ainsi que la palmette Verrier (1,20 m) et la palmette oblique à 1 ou 2 étages (3 à 4 m).

QUELQUES FORMATIONS PALISSÉES

U simple

U double

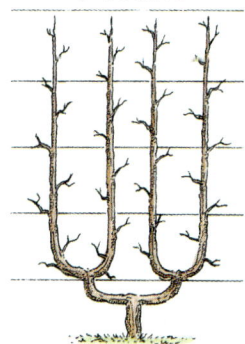

Palmette Verrier

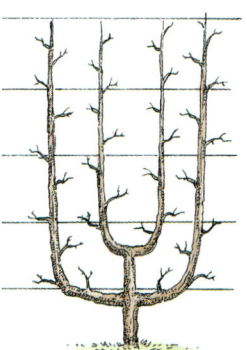

Palmette oblique

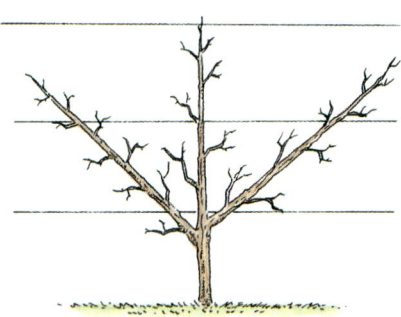

Il faut aussi procéder à une taille de formation sur le poirier de pleinvent (pour le pommier, voir le paragraphe consacré au pêcher, au prunier et au cerisier).

● Taille de formation d'un poirier de plein vent

– La première année, taillez les 3 rameaux issus de la greffe sur les 2 premiers yeux bien formés, de façon à obtenir 6 branches charpentières. Palissez sur un tuteur le rameau issu de l'œil supérieur pour former la flèche.

– La deuxième année, taillez d'un tiers ou de la moitié les 5 branches charpentières sur un œil extérieur et au même niveau. Éborgnez les yeux situés sur la face supérieure. Taillez la flèche à 9 yeux, en choisissant l'œil d'extrémité opposé à la première taille de la flèche et éborgnez les 3 yeux de la base.

● Taille de formation d'un U simple

Cette structure convient au verger d'amateur, et concerne surtout les variétés fragiles. On conserve 2 branches charpentières de vigueur égale.
– La première année, taillez le scion à 30 cm du sol, sur 2 yeux à bois bien placés latéralement. Au fur et à mesure de leur développement, palissez les 2 bourgeons obliquement, puis verticalement.
– La deuxième année et les suivantes, taillez les prolongements en les allongeant de 25 à 30 cm, suivant la vigueur, et en essayant d'obtenir un coursonnage régulier (répartition homogène des jeunes rameaux à fruits).

TAILLE DE FORMATION D'UN U SIMPLE

1re année
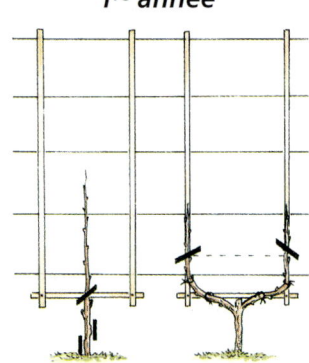

2e année
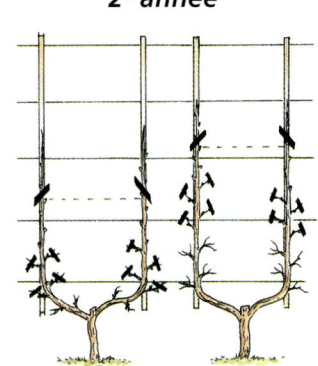

● Taille de formation d'un U double

Cette forme est appropriée aux variétés de vitalité moyenne. On dégage 2 branches charpentières portant 4 branches.

– La première année, taillez le scion à 20 cm du sol, sur 2 yeux placés latéralement, et éborgnez (supprimez) ceux de la base. Au fur et à mesure de leur développement, palissez les

TAILLE DE FORMATION D'UN U DOUBLE

1re année
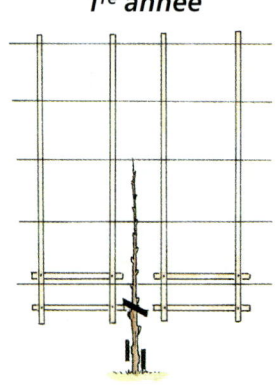

2e année
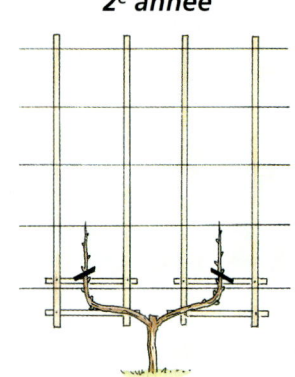

3e année
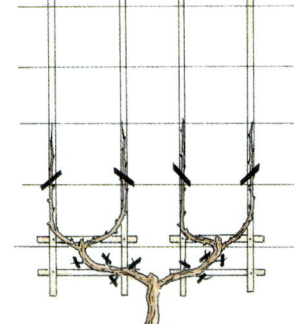

Années suivantes
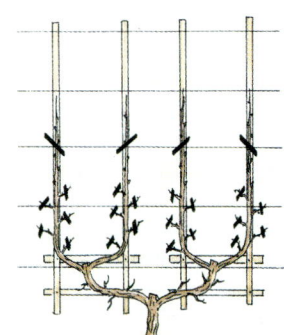

2 bourgeons obliquement, puis horizontalement et, enfin, verticalement.

– La deuxième année, taillez les rameaux obtenus sur 2 yeux latéraux, au niveau des lattes horizontales, et palissez les pousses obtenues sur les lattes verticales à mesure qu'elles se développent.

– La troisième année, taillez les 4 rameaux de prolongement au même niveau, de préférence sur un œil de face (tourné vers l'extérieur), à 20 à 30 cm de longueur (selon la vitalité).

– Les années suivantes, allongez les prolongements suivant la vigueur en essayant d'obtenir une répartition régulière des coursonnes. Dès la quatrième année, commencez la taille de fructification sur les rameaux obtenus après la première taille.

● Taille de formation d'une palmette Verrier

De nombreuses pépinières forment leurs pommiers et poiriers en palmette Verrier. Assez facile à obtenir, elle donne à l'arbre un bon équilibre.

– La première année, taillez à 30 cm du sol en choisissant 2 yeux placés latéralement avec un troisième de face, situé un peu au-dessus. Éborgnez les yeux de la base. Par la suite, palissez la pousse de face verticalement et les 2 autres obliquement. Toutefois, pour que la pousse centrale ne monopolise pas trop de sève, abaissez-la temporairement jusqu'à ce que les 2 autres la rattrapent. Palissez alors les 2 pousses latérales horizontalement et la pousse centrale verticalement.

– La deuxième année, rabattez assez sévèrement la pousse centrale, sur un œil de face. Taillez

les 2 pousses latérales 20 cm plus haut que la branche centrale. Au fur et à mesure de leur croissance, palissez les deux rameaux du U central d'abord obliquement, puis verticalement. Cependant, très souvent, le développement n'est pas suffisant et il faut attendre la troisième année pour former les branches centrales.

– Les années suivantes, allongez les branches charpentières tous les ans en taillant plus court celles de l'intérieur. Raccourcissez les prolongements de 20 à 30 cm, selon la vigueur, en essayant d'obtenir un coursonnage régulier. Commencez la taille de fructification sur les rameaux de la base.

● Taille de formation d'une palmette oblique

Cette taille, facile à réaliser, convient aux variétés de vigueur moyenne. La palmette oblique peut être à 1 ou 2 étages

Palmette oblique à 1 étage

– La première année, taillez le scion à 30 cm du sol en sélectionnant 2 yeux latéraux et un œil de face, situé au-dessus. Par la suite, palissez la pousse centrale verticalement et les 2 autres obliquement. Abaissez temporairement la première pour éviter qu'elle ne monopolise toute la sève.

– La deuxième année, taillez les 2 branches extérieures sur un œil de dessous, à 20 à 30 cm de longueur (suivant la vigueur); raccourcissez la branche centrale de 10 cm, sur un œil de face. Palissez les rameaux de prolongement au fur et à mesure de leur développement.

– Les années suivantes, allongez les branches charpentières, en taillant toujours plus court la

▶ Pensez également à apporter un engrais dosé 10/15/20 en NPK à raison de 1 kg pour 100 m².

■ TAILLE DU NOYER
Certains de mes noyers possèdent des branches très basses. Puis-je les couper et quand ?

● Si les branches basses vous gênent , effectuez la taille en octobre ou novembre. Effectuez des coupes nettes sans laisser de chicots. Le noyer présente un bois creux qui favorise la pénétration de maladies ou d'insectes. Protégez les plaies en les badigeonnant avec un produit cicatrisant telle l'argile verte.

■ TAILLE DE LA VIGNE
J'ai un pied de vigne dans mon jardin. À combien d'yeux le tailler pour obtenir des fruits dès cette année ?

● Selon les variétés, on garde deux, trois ou quatre yeux lors de la taille de fin d'hiver. L'œil conservé, situé le plus haut, donnera le rameau portant les fruits de l'année et l'œil inférieur servira de remplacement pour l'année suivante. Les yeux intermédiaires sont supprimés. Les variétés les plus courantes comme le chasselas, la plupart des muscats, se taillent à deux yeux. Par précaution, gardez quatre yeux lors de la taille. Conservez exceptionnellement le deuxième et le troisième œil. Observez sur quel rameau les grappes se forment. Supprimez alors à la base tous les rameaux inutiles (sauf celui de remplacement et le fructifère) pour limiter la végétation. L'afflux de sève sera plus important sur ces rameaux et les grains de raisin grossiront plus.

branche centrale. Taillez sur 20 à 30 cm, selon la vigueur – sur un œil du dessous et au même niveau pour les branches latérales.

Palmette oblique à 2 étage

Au cours des 2 premières années, on procède comme pour la palmette à 1 étage.

– La troisième année, continuez l'allongement des branches extérieures, sur un œil au-dessous, sur 20 à 30 cm, selon la vigueur et au même niveau. Taillez plus court la branche centrale, sur un œil de face. Palissez les pousses au fur et à mesure de leur développement. Commencez la taille de fructification sur les coursonnes déjà formées.
Commencez la taille de fructification sur les coursonnes déjà formées.

– La quatrième année, si les branches sont suffisamment développées, commencez la formation du deuxième étage en taillant la branche centrale sur 3 yeux: 2 latéraux et 1 de face. Taillez les branches inférieures en les allongeant de 20 à 30 cm, suivant la vigueur, sur un œil de

Palmette à la diable

dessous et au même niveau.
– La cinquième année, taillez les branches extérieures du premier étage sur un œil du dessous, et au même niveau, en les allongeant de 20 à 30 cm, selon la vigueur. Allongez les branches extérieures du deuxième étage de 20 à 30 cm, suivant la vigueur, en les taillant 10 cm plus court que celles du premier étage, sur un œil du dessous et au même niveau. Taillez la branche centrale plus court pour que le deuxième étage pousse plus

vigoureusement. Taillez les coursonnes. Les années suivantes, continuez à allonger les branches charpentières, selon les mêmes principes.

♦ Arbres à noyaux (abricotier, cerisier, pêcher, prunier et amandier)

Il s'agit en général d'arbres de plein vent (souvent des demi-tiges), mais on utilise également les formes palissées (surtout pour le pêcher et l'abricotier).

TAILLE D'UN ARBRE DE PLEIN VENT

Pommier

Poirier

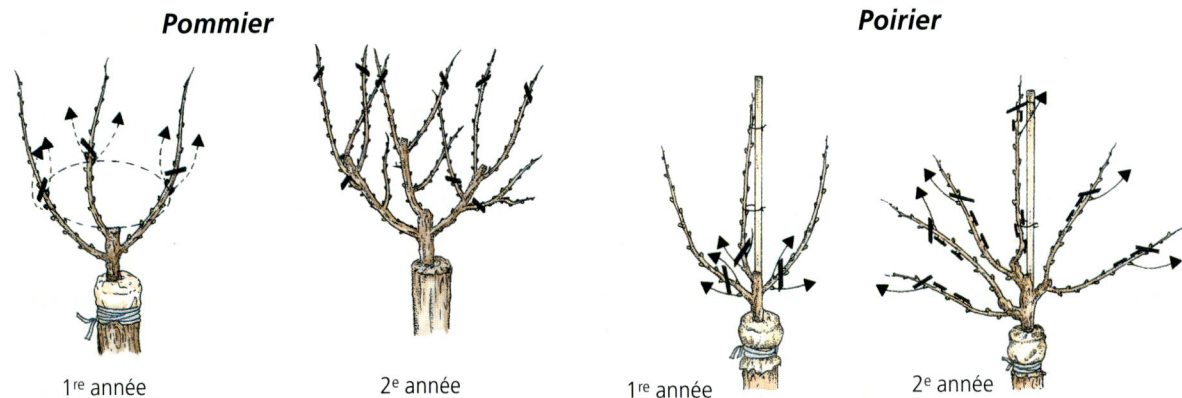

1re année   2e année   1re année   2e année

1re année

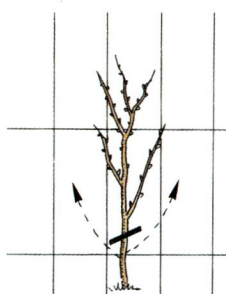

2e année

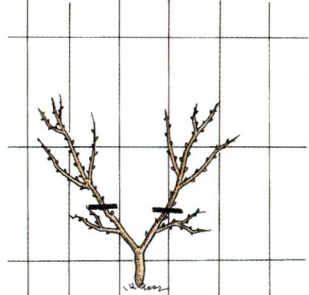

3e année

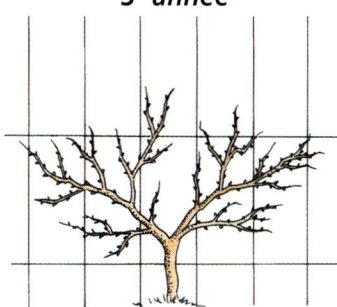

4e année

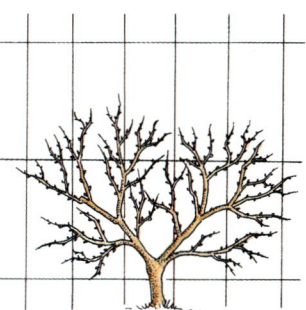

● **Taille de formation d'un arbre de plein vent**

(concerne aussi le pommier et l'amandier). Il s'agit ici d'un sujet greffé en tête, et d'un scion.

– La première année, taillez les 3 rameaux, issus de la greffe en tête (greffe à l'extrémité de la tige), sur un œil extérieur, à une longueur de 25 à 30 cm, selon la vigueur, et à peu près au même niveau.

– La deuxième année, six charpentières se sont développées. Taillez-les, au même niveau, à une longueur de 25 à 30 cm. Rabattez les branches inférieures à 2 yeux.

● **Taille de formation d'une palmette à la diable**

Cette technique concerne surtout le pêcher et l'abricotier et convient aussi pour l'amandier et le plaqueminier qui sont des espèces dont les branches meurent assez facilement en cas d'accident de végétation. La palmette à la diable est intéressante car, de réalisation facile, elle permet la sélection des meilleurs rameaux.

– La première année, après la plantation du scion, taillez à 30 cm du sol sur 2 yeux latéraux, pour provoquer leur démarrage. Palissez les branches au fur et à mesure de leur développement.

– La deuxième année, rabattez les branches charpentières des deux tiers de leur longueur, pour obtenir de nouvelles branches.

– La troisième année, raccourcissez de nouveau les charpentières de la moitié de leur longueur, pour diviser à nouveau la

■ **LA MONILIOSE DU PÊCHER**

L'année dernière, mes pêchers étaient superbement en fleurs. Mais les extrémités des branches se sont desséchées et les fleurs sont mortes. J'avais appliqué un traitement à base de bouillie bordelaise. N'est-ce pas suffisant ?

● *La moniliose est une affection cryptogamique. Le plus souvent, les fruits proches de la maturité sont atteints. À un point de blessure (piqûre, choc…), il apparaît une tache brune qui s'agrandit avec des cercles concentriques de coussinets blancs. Les fruits malades contaminent les fruits sains par contact. Cette maladie peut atteindre les pêchers bien plus tôt, au moment de la floraison. Les symptômes que vous décrivez lui correspondent. Les pétales et les rameaux se dessèchent. Des chancres et de la gomme peuvent se former. Au gonflement des bourgeons, avant la floraison, effectuez un traitement avec une spécialité qui contient du cuivre. Il sera également efficace contre la cloque et le corynéum. À l'ouverture des fleurs puis à la chute des pétales, pulvérisez un produit à base de myclobutanil, de triforine ou de bénomyl. Vous devez aussi nourrir vos arbres en apportant, tous les ans, un engrais spécial fruits, riche en phosphore et en potassium. Tous les trois ou quatre ans, apportez aux pieds de vos fruitiers du fumier bien décomposé. Enfouissez-le par un léger griffage, sans abîmer les racines superficielles.*

charpente et provoquer le démarrage des yeux intérieurs. Commencez la taille de fructification l'année suivante.

◆ Les formes de la vigne de table

La taille de formation ne commence que lorsque l'on a obtenu un cep vigoureux, c'est-à-dire après 3 ou 4 ans.

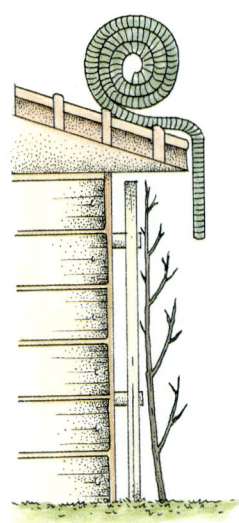

Précautions contre le gel

Le pêcher, l'abricotier et l'amandier se montrent assez résistants au froid, mais leur floraison, relativement précoce, est souvent détruite par les gelées printanières, ou endommagée par les pluies persistantes qui entraînent une maladie, la coulure. C'est pourquoi, dans les régions fraîches, ils sont cultivés en espalier, en situation bien abritée. Pour les préserver des pluies, ils sont protégés par un auvent, posé en haut du mur. Contre le gel, on a aussi recours à des paillassons ou à des bâches, que l'on déroule la nuit.

LES FORMES DE LA VIGNE DE TABLE

Taille à la Thomery

Cordon horizontal simple

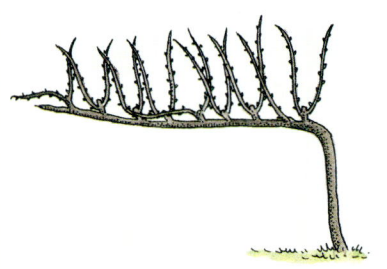

Cordons verticaux simples

– Cordon horizontal simple
Il convient notamment pour les vignes palissées sur une façade ou sur une pergola. Au mois de mars, arquez le sarment vertical et palissez-le à l'horizontale sur un fil de fer tendu. Taillez le prolongement à 5 ou 6 yeux, sous un œil de dessous. Palissez ensuite le nouveau prolongement, au fur et à mesure de son développement; supprimez les bourgeons inférieurs. Les années suivantes, allongez le prolongement en le taillant à 5 ou 6 yeux, et commencez la taille de fructification (taille des coursonnes). La formation d'un cordon horizontal à bras opposés se fait de la même façon, mais en taillant le sarment la première année, à hauteur vou-

lue, pour provoquer le démarrage de 2 pousses.
– Treille à la Thomery
Très décorative sur un mur bien exposé ou en garniture de pergola ou de tonnelle, la treille à la Thomery est faite de cordons horizontaux à bras opposés et superposés. Les sarments sont palissés sur des fils de fer espacés de 25 cm, le plus bas étant à 40 cm du sol, avec des lattes verticales pour guider les rameaux ascendants. Le nombre d'étages varie en fonction de la hauteur du support. L'espacement des ceps de vigne est de 3 m, pour chaque étage de la treille.

– Cordons verticaux simples
Cette méthode de palissage est la plus simple pour garnir un

Cordons verticaux alternés

Cordon Guyot simple

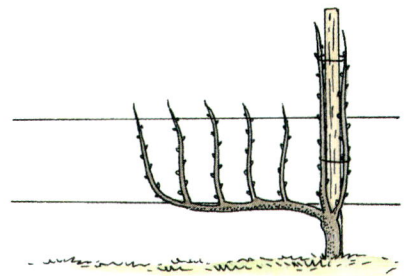

Cordon Guyot double

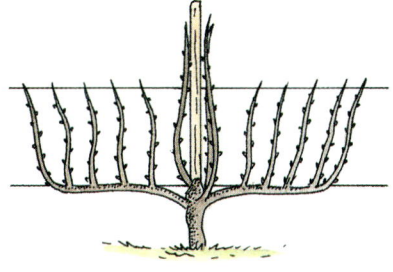

mur (jusqu'à une hauteur de 2,50 m). Les coursonnes latérales, de part et d'autre, sont espacées de 20 à 25 cm, et les pieds d'environ 80 cm. Lorsque les ceps seront suffisamment forts, effectuez une taille à

30 cm du sol et ne conservez que les 3 derniers bourgeons, qui donneront bientôt un prolongement et les 2 premières coursonnes latérales. Par la suite, pincez le prolongement à l m pour renforcer la végétation de la base. Palissez les rameaux latéraux obliquement, en arête de poisson, et pincez-les à 6 feuilles. Les années suivantes, taillez le rameau de prolongement à 3 ou 5 yeux, selon sa vigueur.

– Cordons verticaux alternés
Ce type de garniture convient pour les murs d'une hauteur de 2,50 à 4 m. Les plants pairs garnissent la partie haute à partir de sa moitié, et les plants impairs la partie basse.

– Cordons Guyot
Cette forme est surtout pratiquée pour la vigne à vin, mais elle convient aussi pour la production de raisin de table. Elle donne une production abondante. Les ceps sont maintenus très court et il faut sélectionner chaque année des rameaux de remplacement et des rameaux fructifères. La taille de formation est en même temps une taille de fructification puisqu'il n'y a pas de charpente permanente. Les sarments sont palissés sur 2 lignes de fil de fer à 40 et à 90 cm du sol, fixées sur des pieux de l,50 m de hauteur. Fixez des tuteurs verticaux tous les mètres pour le cordon simple et tous les 2 mètres pour le cordon double.

♦ **Les formes du framboisier**
Il est préférable de discipliner les longs rameaux sarmenteux du framboisier : la récolte n'en sera que plus belle et plus facile à cueillir.

■ **Vos questions**
● Nos réponses

■ **TAILLE DES AMANDIERS**
Nous possédons dans le Lot-et-Garonne environ 25 amandiers âgés de huit ans. Ils atteignent 5 à 6 m de hauteur et les branches montent verticalement. Faut-il les tailler et comment ?

● *Vos amandiers partent de toute évidence en «plumeau» et, comme pour tout arbre devenu trop haut, la récolte pose un sérieux problème. Vous pouvez les étêter ; cela facilite les traitements et les récoltes. L'amandier refait facilement de jeunes pousses productives lorsqu'il a été rabattu. C'est d'ailleurs parce que vos arbres ne font plus de jeune bois que la fructification diminue. Rabattez-les d'au moins 1m. Pour étaler le travail dans le temps vous pouvez réaliser l'opération sur deux ans. Ensuite chaque année, réduisez un peu la longueur des branches. Intervenez toujours en fin d'hiver, juste avant que la végétation se réveille. Ainsi, les jeunes pousses repartiront rapidement, les plaies se cicatriseront facilement. Appliquez un mastic sur celles d'un diamètre supérieur à 5 cm. Vous devez aussi fumer régulièrement vos plantations. Alternez un apport de compost ou de terreau enrichi d'algues et l'année suivante un engrais spécial arbre fruitier, riche en potasse et en acide phosphorique. Après l'élagage important de cette année, préférez l'apport de compost et d'algues, il stimulera davantage le départ de nouvelles branches.*

Vos questions
Nos réponses

■ **FEUILLES PERCÉES**

Mes cerisiers fleurissent mais les jeunes fruits sèchent et ensuite tombent. Les feuilles sont trouées. Quel traitement me conseillez-vous de faire ?

● *Le corynéum des arbres à noyaux est responsable des trous dans vos feuilles de cerisier. Ce champignon attaque souvent les arbres fruitiers mais aussi les lauriers-cerises. De petites taches brunes apparaissent sur les feuilles. Les tissus atteints se dégradent et laissent la place à des trous. L'affection frappe aussi les jeunes rameaux qui meurent et enfin les fruits. La chair se dessèche sous des taches brunes visibles sur l'épiderme. La lutte consiste à effectuer une pulvérisation de bouillie bordelaise, lors de la chute des feuilles. Renouvelez le traitement au gonflement des bourgeons, en fin d'hiver. La lutte des maladies cryptogamiques doit toujours intervenir de manière préventive. Il est très difficile de les combattre lorsqu'elles se déclarent. La chute de vos jeunes fruits n'est pas due à cette maladie mais peut provenir d'une insuffisance de nourriture de votre arbre. Apportez-lui tous les ans, au printemps, un engrais spécial fruits et, tous les trois ans, un fumier bien décomposé ou, à défaut, du fumier déshydraté vendu en sac dans les points de vente jardin.*

■ **MAUVAISE TAILLE**

Il y a 10 ans, j'ai planté une longue haie de thuyas. Je les ai rabattus plusieurs fois, maintenant ils mesurent ▶

LES FORMES DU FRAMBOISIER

Touffe fagotée

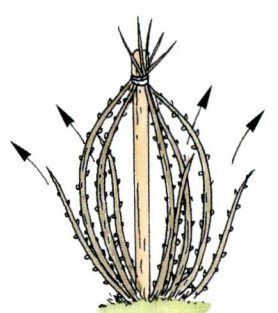 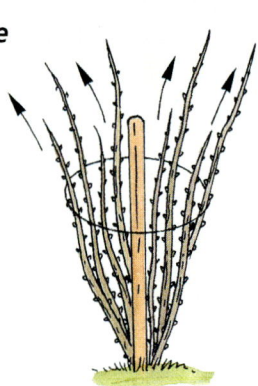

Touffe palissée en éventail

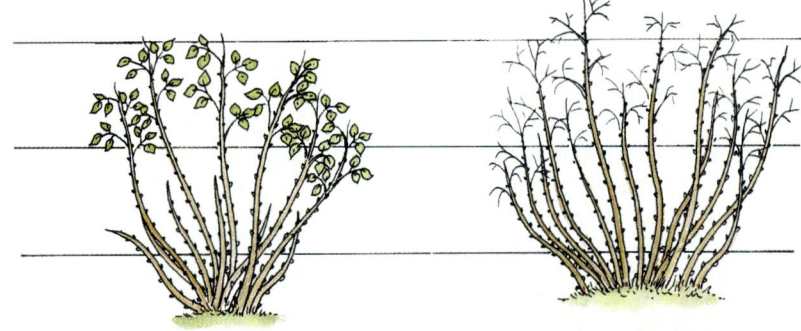

Palissage à la hollandaise

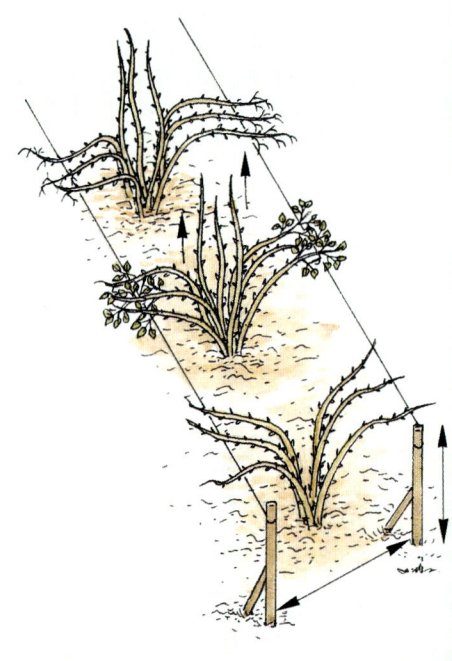

– Touffe fagotée
Cette forme convient aux variétés à tiges rigides. Les rameaux fructifères sont simplement fagotés à leur extrémité (touffe libre) ou palissés à l'extrémité d'un tuteur, placé au centre de la touffe. La distance de plantation est de 1,20 m sur le rang et de 2 m entre les lignes.

– Touffe palissée en éventail
C'est le procédé le plus courant dans les jardins d'amateurs, car il est simple et productif. Les branches sont palissées, en éventail, sur 2 ou 3 lignes de fil de fer tendues. La distance de plantation est de 1 à 1,50 m sur le rang et de 2 m entre les lignes.

– Palissage à la hollandaise
Cette méthode demande un

peu plus d'espace que les précédentes, mais elle est très productive car les pousses nouvelles ne sont pas ombragées par les autres. Palissez les rameaux de l'année précédente sur 2 lignes de fil de fer tendues parallèlement, à 40-50 cm du sol et à 50 cm de la ligne de plantation. Laissez croître librement les pousses de l'année au milieu. Vous pouvez aussi palisser d'un côté les rameaux fructifères et de l'autre les pousses de l'année: la récolte en sera facilitée. La distance de plantation est de 1 à 1,50 m sur le rang et de 2 m entre les lignes.

■ TAILLE DES PLANTES VIVACES

En général, elle n'a rien d'indispensable. Toutefois, les plantes se montrent souvent plus belles et plus florifères si vous prenez soin de les rabattre. Sur de nombreuses espèces formant des touffes denses, une taille sévère, après la première floraison, permet d'en obtenir une seconde (en particulier chez le géranium vivace). Selon le type de plante, rabattez à l'aide d'une cisaille ou d'un sécateur. Effectuez toujours l'opération immédiatement après la floraison.

■ TAILLE DES ARBUSTES D'ORNEMENT

Taillez certains arbustes au cours de leurs premières années, afin de leur donner une forme équilibrée et harmonieuse. Par la suite, il sera peut-être nécessaire de les tailler pour obtenir une plus belle floraison et une forme plus compacte. On distingue le cas des arbustes à floraison printanière, qui s'épanouissent sur le bois produit l'année précédente, de ceux à floraison estivale, qui éclosent sur le bois de l'année.

◆ Arbustes de printemps

Effectuez une taille après la floraison en rabattant les rameaux qui ont fleuri. Appliquez cette méthode au forsythia, au lilas, à la corête du Japon, aux prunus, à la viorne boule-de-neige, au deutzia, au weigela et au cognassier du Japon. Toutefois, tous ces arbustes peuvent fort bien se passer de taille. Dans bien des cas, un simple nettoyage est suffisant. On n'effectue en général aucune taille sur les camélias et les rhododendrons.

◆ Arbustes d'été

Une taille assez sévère, en hiver, est bénéfique pour de nombreux arbustes de cette catégorie. C'est le cas du buddléia (arbre aux papillons) qui se montre plus décoratif quand on rabat ses branches à environ 50 cm du sol. Taillez également en hiver l'hibiscus, la spirée d'été, le céanothe d'été, le choisya.
En revanche, l'hortensia se contentera d'un nettoyage en supprimant les branches ayant fleuri l'année précédente et les petits rameaux grêles; mais ne touchez pas aux bourgeons terminaux des tiges.

Taille du buddléia

*Pour le buddléia,
effectuez une taille en « tête de saule »*

▶ *2,50 m de hauteur mais ils se dégarnissent de l'intérieur. Comment rendre ma haie plus dense ?*

● *La taille que vous pratiquez ne convient pas. Il ne suffit pas de tailler en hauteur mais il faut également limiter la largeur pour que la haie reste bien dense. Pour cela, vous devez intervenir une ou deux fois par an (en avril et de nouveau en août si nécessaire). Le fait de rabattre une haie tous les trois ou quatre ans ne permet pas de la maintenir bien garnie de la base. Il est donc tout à fait normal que les rameaux du centre se dessèchent. Malheureusement, il est maintenant un peu tard pour intervenir efficacement. Si vous effectuez une taille latérale, elle va laisser les branches dénudées. Vous pourrez nourrir vos thuyas, en fin d'hiver, avec un engrais organique. Apportez 8 à 10 kg pour 100 m2 de corne torréfiée ou de sang desséché. Enfouissez cet engrais grâce à un léger griffage. Arrosez si nécessaire en période de sécheresse pour que les arbustes ne peinent pas.*

■ TAILLE DU FIGUIER
Mon figuier est encore jeune, mais j'aimerais qu'il ne prenne pas trop de place. Peut-on le tailler et à quel moment ?

● *Le figuier reste assez petit car il se taille tous les ans, en fin d'hiver. Vous devez équilibrer les branches charpentières et veiller au remplacement des branches âgées. Le but de la taille est aussi d'obtenir chaque année le développement de bourgeons* ▶

▶ fructifères de remplacement à la base des coursonnes. Elles doivent être réparties tous les 30 cm le long des branches charpentières. Dans les régions froides, il est souhaitable de planter le figuier le long d'un mur, dans un endroit abrité et bien exposé. Une forme réduite est alors indispensable. Cela permet d'installer une protection hivernale. Le bois du figuier gèle à partir de - 15 °C mais il peut repartir de la souche si elle a été bien protégée.

■ ÉCOULEMENTS DE SÈVE

Mon érable est sujet aux écoulements de sève. Faut-il mastiquer les plaies ? Quelle en est la cause ?

● *Les écoulements de sève peuvent être dus à une attaque de chenille dans le bois. Il s'agit sans doute du cossus gâtebois, une chenille de 10 cm de longueur, qui creuse des galeries dans les grosses branches ou le tronc. Le cycle de vie de cet insecte s'étale sur deux années. Si tel est le cas, vous devriez apercevoir de la sciure brunie au pied de l'arbre ou sur le bois, évacuée au fur et à mesure de la progression de la chenille dans l'arbre. Il faut tuer la larve de papillon qui se trouve à l'intérieur en enfonçant un fil de fer assez rigide dans la galerie. Vous pouvez également introduire un tampon d'ouate imbibé de para-dichlorobenzène en cristaux (antimites). Rebouchez le trou pendant quelques jours avec du mastic. Ensuite, extrayez ces corps étrangers des galeries. Nettoyez et mastiquez proprement les plaies.*

■ TAILLE DES PLANTES GRIMPANTES

Taillez les plantes grimpantes après la floraison ou en hiver, selon leur date de floraison (comme pour les arbustes). Vous pourrez donc tailler légèrement, au printemps, les clématites précoces (*Clematis alpina*, *Clematis montana*) et les hybrides, telles 'Belle Nantaise' ou 'Mme Le Coultre'. En revanche, taillez assez sévèrement, en hiver, les clématites d'été ('Jackmanii', 'Ville de Lyon', 'Lady Betty Balfour', *Clematis viticella*). C'est aussi en hiver qu'il faut tailler la glycine et la bignone (*Campsis*).

La taille des grimpantes à feuillage décoratif (vigne vierge, vigne d'ornement, lierre) peut se faire à n'importe quel moment de l'année, mais le début du printemps sera la période adéquate. Il s'agit surtout de limiter le développement de ces plantes très vigoureuses.

■ TAILLE DES HAIES

Pour obtenir des haies denses et saines, il est souvent nécessaire de faire des tailles bien adaptées. On donne en général une forme légèrement trapézoïdale aux haies régulières, afin que le pied bénéficie aussi d'un bon ensoleillement. Utilisez des cisailles à haie (manuelles ou électriques) pour toutes les espèces à petites feuilles (buis, troène, if, *Lonicera*). En revanche, préférez le sécateur pour les plantes à grandes feuilles, notamment pour l'aucuba, pour ne pas endommager le feuillage.

◆ Arbustes à feuillage caduc

Effectuez la taille de formation à la fin de l'hiver. Rabattez les arbustes assez sévèrement, pour les forcer à se ramifier, en raccourcissant d'un tiers ou de la moitié les rameaux de l'année précédente.

Par la suite, taillez les haies d'arbustes à feuillage décoratif en mai-juin. S'il s'agit d'arbustes à fleurs, taillez-les en hiver ou au printemps, en fonction de leur date de floraison. Taillez en hiver les espèces à fructification décorative (le berbéris et le cotonéaster).

◆ Arbustes à feuillage persistant

Répétez la même opération que pour les arbustes à feuillage caduc. Par la suite, taillez en mai-juin les haies de troène, de buis, d'aucuba, de laurier-cerise, de chèvrefeuille arbustif (Lonicera), et, si nécessaire, une nouvelle fois au début de l'automne.

◆ Conifères

N'effectuez aucune taille jusqu'à ce que les dimensions souhaitées soient obtenues. Ensuite, rabattez les pousses terminales et « rabotez » légèrement les flancs. Par la suite, effectuez une taille annuelle, au printemps (mai).

Taille d'une haie

Par sécurité, placez le cable du taille-haie électrique sur votre épaule.

Principales périodes de taille des arbres et arbustes fruitiers

Espèces	janvier	février	mars	avril	mai	juin	juillet	août	septembre	octobre	novembre	décembre	Observations
Abricotier			■			■	■						pincement avril-mai
Actinidia (Kiwi)			■										
Amandier	■	■											
Cassissier	■							■					si possible après la récolte
Cerisier						■					■		si possible pincement d'été
Châtaignier	■	■										■	élagage
Cognassier	■			■								■	
Figuier	■	■									■	■	
Framboisier	■	■					■				■	■	si possible après la récolte
Groseillier à grappes	■	■				■					■	■	
Groseillier à maquereaux	■	■					■				■	■	si possible après la récolte
Kaki	■	■									■	■	
Myrtillier	■	■								■	■	■	si possible après la récolte
Néflier	■	■									■	■	
Noisetier											■	■	
Noyer										■	■		à la chute des fruits
Pêcher			■				■						pincement en avril-mai
Poirier	■	■									■	■	pincement en juin
Pommier	■	■									■	■	pincement en juin
Prunier	■	■									■	■	
Vigne	■	■		■									si possible au débourrement

Principaux ennemis des arbres fruitiers

Espèces	Symptômes	Causes	Traitement
Abricotier	Perforation entourée d'une bordure pourpre sur les feuilles	Coryneum ou maladie criblée	En cours de végétation, traitez avec un fongicide (thirame) et pulvérisez des produits cupriques au printemps et en automne
	Feutrage blanc sur les feuilles	Oïdium ou blanc	Traitez à la chute des pétales avec du soufre et en cours de végétation avec un fongicide (fluzilazole)
	Dessèchement des fleurs	Moniliose	Traitez à l'ouverture des fleurs puis en cours de végétation avec un fongicide (fluzilazole)
Actinidia	Présence de petits boucliers blanchâtres	Cochenille	Traitez avec un anti-cochenille en fin d'hiver puis en cours de végétation avec une huile blanche et un insecticide (malathion)
Agrumes	Carapaces de couleurs diverses	Cochenille	Traitez avec un anti-cochenille en fin d'hiver puis en cours de végétation avec une huile blanche et un insecticide (malathion)
	Présence d'asticots dans les fruits	Mouche des fruits	Disposez des gobe-mouches, traitez avec un insecticide (diméthoate, formothion, cyperméthrine, diazinon...)
	Rameaux et feuilles déformés	Pucerons	Dès l'apparition des colonies, pulvérisez un aphicide (cyperméthrine, deltaméthrine, diazinon...)
Amandier	Dessèchement des fleurs	Moniliose	En cours de végétation, traitez avec un fongicide (thirame) et pulvérisez des produits cupriques au printemps et en automne
	Feuilles déformées	Pucerons	Effectuez un traitement d'hiver aux huiles de pétrole et, dès l'apparition des colonies, pulvérisez un aphicide (cyperméthrine, deltaméthrine, diazinon...)
	Feuilles grisâtres et satinées	Araignée rouge	Traitez avec un acaricide (dicofol...)
Cassissier	Pustules orangées sur feuilles entraînant leur chute	Rouille	Traitez avec un fongicide (cuivre, zinèbe, manèbe...)
	Feuilles desséchées restant sur l'arbre en hiver	Maladie des taches rouges	En cours de végétation, traitez avec un fongicide (captane, thirame, zirame) et pulvérisez des produits cupriques au printemps et en automne

Principaux ennemis des arbres fruitiers

Espèces	Symptômes	Causes	Traitement
Cerisier	Feuilles enroulées, déformées	Pucerons	Traitez en hiver aux huiles de pétrole et, dès l'apparition des colonies, pulvérisez un aphicide (cyperméthrine, deltaméthrine, diazinon...)
	Feuilles grisâtres	Araignée rouge	Traitez avec un acaricide (dicofol...)
	Asticots dans les fruits	Mouche des cerises	Disposez des pièges sexuels et traitez avec un insecticide (cyperméthrine, roténone)
Châtaignier	Feuilles desséchées et branches chancreuses	Chancre de l'écorce	Curetez, nettoyez les plaies, mastiquez, brûlez les branches trop attaquées
	Chute des fruits, présence de larves de 12 mm	Balanin	Traitez début septembre avec un insecticide (phosalone)
	Chute des fruits, présences de chenilles de 15 mm	Carpocapse	Traitez trois fois de mi-août à mi-septembre avec un insecticide (phosalone)
Figuier	Fruits pourris, présence de larves de 6 à 8 mm	Mouche noire	Disposez des gobe-mouches et traitez avec un insecticide (deltaméthrine)
Framboisier	Taches rouges sur toute la plante	Anthracnose	Traitez pendant la pousse avec un insecticide (manèbe, mancozèbe, zinèbe)
	Boutons floraux détruits et fruits véreux	Vers des framboises	Au début de la floraison, traitez avec un insecticide (phosalone ou roténone)
Groseillier à maquereaux	Pustules orangées, chute des feuilles	Rouille	Traitez avec un fongicide (cuivre, zinèbe, manèbe...)
Groseillier à grappes	Taches blanches bordées de rouge, chute des feuilles	Anthracnose	Traitez avec un fongicide (manèbe, mancozèbe)
	Dessèchement des rameaux avec moelle rongée par une chenille	Sésie	Disposez des pièges sexuels
	En avril-mai, larves dévorant les feuilles	Tenthrède	Traitez fin avril avec un produit à base de *Bacillus thuringiensis*
Kaki	Fruits pourris, présence de larves	Mouche méditerranéenne	Disposez des gobe-mouches et traitez avec un insecticide (diméthoate, formothion, diazinon, cyperméthrine)
Noisetier	Présence d'un ver à l'intérieur des fruits	Balanin	Traitez fin mai-début juin avec un insecticide (parathion, endosulfan)

Principaux ennemis des arbres fruitiers

Espèces	Symptômes	Causes	Traitement
Noyer	Branches desséchées, écoulement de sève noirâtre	Encre	Arrosez la base des noyers avec du fosétyl
	Jaunissement des feuilles, fruits petits, ne mûrissant pas	Anthracnose	Au printemps, traitez avec du mancozèbe ou du cuivre
	Fruits véreux tombant avant maturité	Carpocapse	Disposez des pièges sexuels, traitez avec un insecticide (méthomyl, cyperméthrine)
Olivier	Fruits creusés de galeries	Mouche de l'olive	Disposez des gobe-mouches et traitez avec un insecticide (diméthoate, diazinon) de fin juillet à fin août en trois traitements
Pêcher	Feuilles se cloquant, devenant rouge violacé puis tombant	Cloque	Traitez en cours de végétation avec un fongicide (captane, thirame). À l'automne et au printemps avec du cuivre
	Feutrage blanc sur feuilles et fruits	Oïdium	Traitez à la chute des pétales avec du soufre et en cours de végétation avec un fongicide (fluzilazole)
	Cercles concentriques sur les fruits	Moniliose	Traitez en cours de végétation avec un fongicide (fluzilazole). À l'automne et au printemps avec du cuivre
	Feuilles enroulées	Pucerons	Effectuez un traitement d'hiver aux huiles de pétrole et dès l'apparition des colonies pulvérisez un aphicide (cyperméthrine, deltaméthrine, diazinon...)
	Feuilles grisâtres	Araignée rouge	Traitez avec un acaricide (dicofol)
Poirier	Taches noirâtres sur feuilles, fruits crevassés	Tavelure	Au printemps, traitez avec un fongicide (captane, mancozèbe, fluzilazole)
	Feuilles poisseuses, enroulées	Psylle, pucerons	Effectuez un traitement d'hiver aux huiles de pétrole et pulvérisez un aphicide (cyperméthrine, delta-méthrine, diazinon...) dès l'apparition des colonies
	Fruits tombant prématurément	Carpocapse	Au printemps, traitez avec un insecticide (méthomyl, cyperméthrine, phosphamidon), disposez des pièges sexuels

Principaux ennemis des arbres fruitiers

Espèces	Symptômes	Causes	Traitement
Pommier	Écorce se crevassant, se nécrosant	Chancre	Protégez les plaies de taille, traitez avec un fongicide (cuivre en automne)
	Feuilles enroulées	Pucerons	Effectuez un traitement d'hiver aux huiles de pétrole et pulvérisez un aphicide (cyperméthrine, delta-méthrine, diazinon...) dès l'apparition des colonies
	Amas cotonneux, rameaux déformés	Pucerons lanigère	Supprimez toutes les parties atteintes, traitez avec un fongicide (triforine, fluzilazole)
	Fruits tombant prématurément	Carpocapse	Au printemps, traitez avec un insecticide (méthomyl, cyperméthrine, phosphamidon), posez des pièges sexuels
Prunier	Cercles concentriques bruns	Moniliose	Traitez en cours de végétation avec un fongicide (fluzilazole). À l'automne et au printemps avec du cuivre
	Taches rouge orangé sur les feuilles	Rouille	Traitez avec un fongicide (cuivre, zinèbe, manèbe...)
	Feuilles enroulées	Pucerons	Effectuez un traitement d'hiver aux huiles de pétrole et pulvérisez un aphicide (cyperméthrine, deltaméthrine, diazinon...) dès l'apparition des colonies
Ronce améliorée	Fruits véreux	Carpocapse	Au printemps, traitez avec un insecticide (méthomyl, cyperméthrine, phosphamidon), posez des pièges sexuels
Vigne	Fruits ne parvenant pas à maturité et renfermant de petits acariens	Phytope	Au départ de la végétation, traitez avec un acaricide (endosulfan...)
	Taches translucides se recouvrant de poussière blanchâtre sur les feuilles	Mildiou	Supprimez les extrémités des pousses, traitez avec une solution cuprique (bouillie bordelaise) avec un fongicide (mancozèbe, folpel)
	Taches blanchâtres et légères fissures sur les bords des feuilles	Oïdium	Traitez à la fin de la floraison, avant la fermeture des grappes, au début de la véraison et 4 semaines avant la récolte avec un fongicide (manèbe, bénomyl)
	Trous irréguliers déformant les feuilles	Anthracnose	Traitez en hiver avec une huile de pétrole, traitez avec une solution cuprique (bouillie bordelaise) avec un fongicide (mancozèbe, manèbe)

Utilisation des espèces par types de haies

Espèces	Brise-vent	Topiaire	Colorée (feuillage)	Décorative (fleur)	Utilitaire	Défensive	Sols calcaires	Sols acides	Bord de mer
Abelia (*Abelia grandiflora*)				■			■		
Ajonc d'Europe (*Ulex europaeus*)					■	■		■	
Alaterne (*Rhamnus alaternus*)			■					■	
Alisier (*Sorbus torminalis*)	■						■		
Amandier (*Prunus amygdalus*)	■								
Amelanchier (*Amelanchier ovalis*)	■						■		
Andromède (*Pieris japonica*)			■	■				■	
Arbre de Judée (*Cercis siliquastrum*)	■			■					
Arbousier (*Arbutus unedo*)	■				■		■		
Argousier (*Hippophae rhamnoides*)	■		■					■	■
Aucuba (*Aucuba japonica*)					■			■	
Aulne (*Alnus*)	■								
Azalée (*Azalea japonica*)				■				■	
Bambous	■								
Baguenaudier (*Colutea arborescens*)	■			■			■		
Berberis			■	■	■	■			
Bois joli (*Daphne mezereum*)				■				■	
Bouleau (*Betula*)	■				■				■
Bourdaine (*Rhamnus frangula*)	■				■			■	
Buis (*Buxus*)	■	■	■				■		
Canne de Provence (*Carundo donax*)	■								■
Callicarpa (*Callicarpa giraldiana*)					■			■	
Caryopteris				■				■	
Cerisier (*Prunus*)	■				■				
Charme commun (*Carpinus betulus*)	■		■				■		
Châtaignier commun (*Castenea sativa*)	■							■	
Chêne (*Quercus*)	■	■					■	■	■
Chimonanthe (*Chimonanthus fragans*)							■		
Cognassier commun (*Cydonia vulgaris*)	■				■		■		
Corête du Japon (*Kerria japonica*)				■			■		
Cornouiller (*Cornus*)	■		■	■	■		■	■	
Corylospsis			■						
Cotonéaster		■						■	
Coudrier (*Corylus avellana*)	■			■					
Cyprès (*Cupressus*)	■		■				■	■	■
Cytise (*Laburnum anagyroides*)	■			■			■		
Deutzia				■			■		
Eleagnus	■	■	■				■		■
Erable (*Acer*)	■		■				■		■
Escallonia				■					■
Févier (*Gleditschia triacanthos*)	■							■	
Figuier (*Ficus carica*)	■								■
Filaire (*Phylrea*)	■								■
Forsythia	■			■					
Fragon petit houx (*Rucus racemosus*)		■							
Frêne (*Fraxinus*)	■						■	■	■
Fuschia				■			■		
Fusain (*Euonymus*)		■	■		■				■

Espèces	Brise-vent	Topiaire	Colorée (feuillage)	Décorative (fleur)	Utilitaire	Défensive	Sols calcaires	Sols acides	Bord de mer
Genêts (Genista)			■				■		
Genévrier (Juniperus)	■		■				■		
Grenadier (Punica granatum)	■			■					
Grévillea				■					
Griselinia			■						
Groseillier à fleurs (Ribes sanguineum)				■					■
Hêtre (Fagus sylvatica)	■		■					■	■
Houx (Ilex)	■		■		■	■		■	
If (Taxus baccata)		■	■				■		
Kalmia (Kalmia latifolia)					■		■		
Laurier noble (Laurus nobilis)	■		■		■			■	■
Laurier palme (Prunus laurocerasus)			■						
Laurier du Portugal (Prunus lusitanica)	■		■		■				
Laurier rose (Nerium oleander)				■					■
Laurier tin (Viburnum tinus)	■		■				■		
Lavande (Lavandula officinale)			■	■	■		■		
Lilas (Syringa vulgaris)	■			■					
Lonicera nitida		■					■		
Merisier (Prunus avium)	■								
Millepertuis				■					
Mimosa (Acacia dealbata)	■			■			■		■
Murier (Morus)	■						■		
Mûrier à papier (Broussonetia papufera)	■						■		
Néflier (Mespilus germanica)	■			■	■				
Noisetier à fruits (Corylus maxima)	■		■		■				
Noyer (Juglans)	■				■				
Olivier de Bohême (Eleagnus)	■		■		■		■		■
Olivier (Olea europaea)	■				■		■		
Oranger du Mexique (Choisya ternata)			■	■				■	■
Osier (Salix)	■								
Osmanthus									■
Peuplier (Populus)	■		■				■		■
Pin (Pinus)	■		■					■	■
Potentille (Potentilla)							■		
Pourpier de mer (Atriplex halimus)			■	■					■
Prunelier (Prunus spinosa)	■				■		■		
Pyracantha			■				■		
Rhododendron				■				■	■
Robinier (Robinia pseudacacia)	■								
Rosier (Rosa rugosa)				■			■		
Saule (Salix)	■		■			■			■
Savonnier (Koelreuteria paniculata)				■			■		
Seringat (Philadelphus racemosus)				■					
Skimmia					■				
Spirée (Spirea japonica)				■					
Sumac (Cotinus coggygria)	■		■	■					
Sureau (Sambucus)	■				■		■		
Symphorine (Symphoricarpos)			■		■				■
Tamaris (Tamarix)			■				■		■
Thuya (Thuya plicata 'atrovirens')		■			■				
Tilleul (Tilia)	■		■				■		
Troène (Ligustrum)	■	■	■				■		■
Tulipier (Liriodendron tulipifera)	■								
Véronique (Hebe)			■	■					■
Viorne (Viburnum)	■				■				
Viburnum (Viburnum)		■	■	■			■		

Principales périodes de taille des arbres et arbustes d'ornement

Espèces	janvier	février	mars	avril	mai	juin	juillet	août	septembre	octobre	novembre	décembre	Observations
Althéa (Hibiscus)		■	■										
Andromède										■			
Arbousier		■											
Azalée et Rhododendron						■							
Buddléia						■	■						
Buis			■		■	■		■	■				
Camélia				■									taille légère
Céanothe			■										
Cerisier à fleurs											■		supporte mal la taille
Ciste						■					■		après floraison
Cognassier				■	■								
Cornouiller			■	■									
Cytise							■	■					
Forsythia				■									taille possible en haie
Fusain du Japon			■	■									taille possible en haie
Fuchsia													
Genêt						■							taille courte
Groseillier à fleurs				■									
Houx			■										taille possible en haie
Hydrangéa (Hortensia)			■										
Laurier-cerise			■										taille possible en haie
Laurier-tin			■										taille possible en haie
Lavatère									■	■			
Lilas					■								taille floraison en mai
Magnolia				■									
Mahonia				■									
Mimosa			■	■									(Acacia dealbata)
Oranger du Mexique				■									
Pittosporum			■						■				après floraison
Pommier à fleurs	■	■									■	■	élagage périodique
Potentille			■										
Rosiers			■							■			après floraison
Seringa						■	■						
Spirée					■								
Véronique arbustive										■	■		
Viorne					■								
Weigelia						■							

Index

CRÉDITS PHOTOGRAPHIQUES

MAP

◆ **J.-Y. Grospas :** p. 48. ◆ **A. Descat :** pp. 40 b, 42, 55, 59, 84 d, 97, 131, 132, 137, 148, 152 h, 155, 157 d, 184 g, 186, 188, 212, 224 h, 240 (Potager de St Jean de Beauregard), 273, 293, 304 - 305, 306 h, 307 b, 310, 313, 317, 319, 320, 322, 330, 331, 332, 336, 337 h et b, 339, 340, 342, 345 (Jardin de St Jean de Beauregard), 350, 352 h et b, 359, 361, 362 - 363, 382 g et d, 390, 396, 410, 416 h et b, 432, 434, 437, 438 h et b, 439, 440, 441, 442, 444, 445, 446, 447, 448, 450, 451 h et b, 453, 454, 455, 457, 458, 459 h et b, 460, 463, 464, 465, 466, 469 h et b, 470, 471, 472, 473, 474, 475, 478, 480, 481, 482, 483, 484, 485. ◆ **F. Didillon :** pp. 104, 110, 143 g, 146, 147 h, 153, 185, 194, 195, 215, 307 h, 312, 323 g, 343, 351, 360, 364, 366, 374, 392 g, 395 g, 402, 432 b, 435, 452, 456, 479. ◆ **M. Duyck :** pp. 321, 329, 379. ◆ **A. Guerrier :** pp. 12, 60, 63, 142. ◆ **N. et P. Mioulane :** pp. 16, 56, 88, 92, 115, 124, 128, 143 d, 149, 150, 151, 154, 171, 176, 183, 196, 224 b, 226 hg, 230 h, 291, 311, 318, , 321, 324 g, 333, 368, 380, 393, 406, 417, 427, 443, 449, 459 d, 461, 462, 467, 468. ◆ **C. Nichols :** pp. 82, 216, 375. ◆ **P. Nief :** p. 37 b. ◆ **Noun :** pp. 37 h. ◆ **F. Strauss :** pp. 83, 84 g, 140, 276 -277, 278, 282, 285, 286, 287, 288, 289, 290, 294, 296, 298, 300, 301, 302, 306 b, 334, 436, 476, 477. ◆ **Y. Monel :** pp. 157 g, 292, 324 d, 358,472.

◆ **B. et Ph. Perdereau :** pp. 8/9 ; 162/163 ; 220/221 ; 222 : *Wollerton Old Hall Garden* ; 223 : *Création Erwan Tymen* ; 228 : *Madame Dekker Fokker* ; 232/233 ; 234 ; 237 : *Hookstead House* ; 238 : *Furzey Garden* ; 239 : *Jardin de la petite Rochelle* ; 241 : *Jardin Van Buuren* ; 244/245 : *Création Timothy Vaughan* ; 246 ; 247, 249 : *Création Timothy Vaughan* ; 251 ; 253 : *Jardin de la petite Rochelle* ; 255 : *Jardin de Beth Chatto* ; 257 : *Jardin de Chaumont-sur-Loire* ; 259 : *Création Erwan Tymen* ; 261 : *Création Timothy Vaughan* ; 263 ; p. 265 : *Création Timothy Vaughan* ; 267 : *Ebbsworth Garden* ; 269 ; 271 : *Création Erwan Tymen* ; 275 : *Dino Pellizzaro, Valauris.*

RUSTICA

◆ **Ph. Asseray :** pp. 27, 30, 33, 81 h et b, 139, 168 g, 169 d, 177, 179 g, 187, 189 g et d, 190 h g, m et d, 191, 205 h, 213, 225, 231, 326, 335, 338 g, 355, 369, 370 h, b et m, 371, 372, 373, 376, 377, 381, 383, 384, 385, 386 d, 387 g, 391 g, 394, 395 d, 398, 399 h, m et b, 400 h et b, 401, 404, 407, 408, 411, 412 d, m et g. ◆ **O. Borderie :** pp. 80 h, 113, 127. ◆ **G. Cotonnec :** pp. 106 d et g, 107, 111, 112 h et b. ◆ **J. Creuse :** pp. 5, 62, 125, 184, 193 b. ◆ **I. Devaux :** pp. 78, 79 d, 123, 210 g et d, 217, 230 b, 328. ◆ **M. Guittard :** pp. 4 h, 6, 314 h et b, 315 h et b, 316, 338 d, 341, 386 g, 418, 419 g, m et d, 420 h et b. ◆ **C. Hochet :** gardes, pp. 4 b, 22, 134, 135 g, 172 g et d, 201 d et g, 242 h et b, 243 h et b, 325, 378, 388, 391 d, 405, 409 g et d, 486 - 487. ◆ **V. Klecka :** pp. 199, 323 d, 389. ◆ **J. Le Bret :** pp. 2, 10, 13, 14, 15 h et b, 19, 23, 24, 25, 26, 28 h et b, 29, 31 g et d, 32 g et d, 34, 35, 36 g et d, 38, 39, 40, 41, 43, 44, 45, 46, 47, 49, 50, 51, 52, 54, 57, 58, 61, 64, 65, 66, 67, 68, 69, 70, 71, 73 h, b et d, 74, 75, 76, 77, 79 g, 80 b, 85 h et b, 86, 87, 89, 90, 91, 93, 95, 96 h et b, 98, 99, 100, 101, 102, 103, 105, 108, 109, 114, 116, 117, 118, 119, 120, 121, 122, 126, 129, 130, 131, 133, 136, 139, 141, 144, 145, 166 d et g, 167, 173 g et d, 174, 175, 178, 182, 192, 193 h, 204, 205 b, 206, 207, 208 g et d, 209, 214. ◆ **V. Maisons :** pp. 11, 152 b, 156, 164, 200, 346, 347, 348, 356 - 357, 364. ◆ **J.-P. Pradéres :** pp. 135 d, 165 h, 170 g et d, 226 b et d, 227 h, b et m, 344. ◆ **M.- P. Samel, Jardin botanique de Rouen :** pp. 179 d, 180, 181 d et g, 211. ◆ **J.-C. Thobois :** pp. 40 h, 430 - 431. ◆ **P. Tourmente :** pp. 53, 303. ◆ **T. Trédoulat :** pp. 197, 198. ◆ **J. Verroust :** pp. 413 g et d, 415.

COUVERTURE

◆ **C. Hochet / Rustica** ◆ **B. et Ph. Perdereau** ◆ **Klein - Hubert / BIOS**

Photogravure
S.N.O. - 94200 Ivry-sur-Seine

Imprimé en France par
I.M.E. - 25110 Baume-les-Dames
Dépot légal : février 1998
N°d'imprimeur : 12181

N°d'éditeur : 48115